중견국 외교의 세계정치

글로벌-지역-국내 삼중구조 속의 대응전략

중견국 외교의 세계정치

글로벌-지역-국내 삼중구조 속의 대응전략

2020년 6월 25일 초판 1쇄 인쇄
2020년 7월 1일 초판 1쇄 발행

엮은이 김상배·이승주·전재성
지은이 김상배·신승휴·최종현·문용일·송태은·전재성·차태서·양종민·이승주·유재광·
　　　최경준·장기영

펴낸이 윤철호·고하영
펴낸곳 (주)사회평론아카데미
편집 김천희
디자인 김진운
마케팅 최민규
등록번호 2013-000247(2013년 8월 23일)
전화 02-326-0333
팩스 02-326-1626
주소 03993 서울특별시 마포구 월드컵북로6길 56
ISBN 979-11-89946-62-3 93340

이 저서는 2016년 대한민국 교육부와 한국연구재단의 지원을 받아 수행된 연구임(NRF-2016
S1A3A2924409); 이 저서는 2019년 서울대학교 국제문제연구소의 지원으로 연구를 수행하
였음.

중견국 외교의 세계정치

글로벌-지역-국내 삼중구조 속의 대응전략

김상배·이승주·전재성 엮음

사회평론아카데미

책머리에

국내 학계에서 중견국(中堅國, middle power) 외교에 대한 논의를 본격적으로 시작한 것은 2000년대 후반으로 기억된다. 21세기 세계정치의 변화를 보는 새로운 이론적 시각을 모색하면서였다. 2010년대에 들어서면서 현실 세계정치에서 높아진 한국의 위상은 중견국 외교에 대한 논의를 부채질했다. 한국은 2010년 현재 군사비 세계 12위, GDP 세계 15위를 달성하여 물질적 국력이라는 면에서 대략 세계 10-15위권을 차지했다. 2012년 6월에는 세계에서 일곱 번째로 국민소득 2만 달러와 인구 5천만 명을 넘어선 나라들의 대열인 이른바 '20-50클럽'에도 진입했다. 이렇게 커진 국력을 바탕으로 한국은 글로벌 거버넌스의 다양한 분야에서 외교적 역할을 발휘했다. 이 무렵 한국이 개최한 굵직한 국제회의만 보아도, 2010년 서울 G20정상회의, 2011년 부산 개발원조총회, 2012년 서울 핵안보정상회의, 2013년 서울 사이버공간총회, 2014년 부산 ITU전권회의 등이 있었다.

2012년 2월 시작된 믹타(MIKTA)는 중견국 외교에 대한 관심을 모으는 계기를 마련했다. 이 무렵 중견국 외교연구는 주로 글로벌 거버넌스, 특히 G20의 구도에서 G8과 브릭스(BRICS) 사이에서 또는 서방과 비서방 진영 사이에서, 좀 더 넓은 의미에서 선진국과 개도국 그룹 사이에서 한국이 담당할 외교적 역할과 관련하여 제기되었다. 정치군사 분야의 전통 국제정치보다는 기후변화, 개발원조, 사이버 안보, 정보통신 등과 같은 신흥 세계정치 분야가 주요 논의의 대상이었다. 이에 비해 주변 4강(強)이 각축하는 동북아의 지정학적 구도에서 한국의 중견국 외교를 논하려는 시도에 대해서는 다소 회의적이었다. 이른바 '동북아균형자론'과 '동북아평화협력구상'이 품고 있던 중견국 외교의 발상은 국내외의 냉소적인 시선에서 자유롭지 못했다. 미중 두 강대국 사이에서 한국과 같은 '약소국'이 무엇을 할 수 있느냐는 것이었다.

여하튼 이 시점까지 중견국 외교의 연구 성과는 2015년 6월 부산에서 개최된 한국국제정치학회와 2016년 3월 미국 애틀랜타에서 개최된 International Studies Association(ISA)에서의 한국의 중견국 정체성에 대한 패널에서 발표되었다. 또한 이 무렵까지 국내 학계에서 진행된 중견국 외교에 대한 연구는 2016년 6월에 발간된 『한국의 중견국 외교: 역사, 이론, 실제』에 담겼다. 당시 '중견국외교연구회'(일명 중외연)를 통해서 진행된 연구의 결과물이었다. 이렇게 발표된 연구 중에서 몇몇을 선발하여 2018년 7월 호주 브리즈번에서 개최된 International Political Science Association(IPSA)에서 중견국 외교 패널을 따로 구성하여 발표하기도 했다. 이들 연구는 주로 글로벌 중견국으로서 한국의 역할을 탐구했는데, 이 책에서 원용한 구분법에 따르면 '중견국 외교연구 1.0'이라고 불러 볼 수 있을 것이다.

그러던 것이 2018-19년 한반도 비핵화를 의제로 진행된 남북 정상회담과 북미 정상회담을 거치면서 중견국 외교에 대한 통념이 변화할 조짐을 보였다. 미국과 북한 사이에서 한국의 외교적 역할에 대한 기대가 커지면서 이른바 '한반도 운전자론'이나 '중재(仲裁)외교' 등과 같은 용어가 거론되었고, 그 의미를 적극적으로 평가하는 분위기가 조성되었다. 특히 전형적인 지정학적 어젠다인 핵무기와 군사전략 분야에서 중견국 외교의 가능성을 타진한다는 점에서 고무적이었다. 글로벌 거버넌스의 장에서만 중견국 외교에 대한 논의를 한정하려 했던 2010년대 전반에 비하면 그 분위기가 한 단계 업그레이드된 듯했고, 이러한 인식은 2018년 6월 부산에서 열린 한국국제정치학회 라운드테이블의 '중견국 외교연구 2.0'에 대한 토론으로 이어졌다.

이러한 과정에서 상대적으로 소홀히 취급되었다고 지적되었던 연구 어젠다는 중견국 외교의 국내적 기원이었다. 단순한 지정학적 위치나 국력과 같은 외연적 속성을 넘어서 각 중견국이 지니고 있는 국내 정치적 속성에 대한 탐색이 필요하다는 문제제기가 이루어졌다. 앞서 논한 구분법을 적용해 보자면, '중견국 외교연구 3.0'의 필요성이라고나 할까? 사실 기존 국내 학계의 중견국 외교연구는, 중견국은 강대국이나 개도국과는 다른 국익론에 입각해야 된다는 정도의 문제의식을 바탕으로 진행됐다. 따라서 중견국 외교에 영향을 미치는 정치리더십의 유형, 국가모델의 특징, 정치사회세력의 성격 등에 대한 탐구가 부족했던 것이 사실이다. 이러한 문제의식을 수용하여 이 책은 글로벌-지역-국내의 삼중구조 속에서 전개되는 중견국 외교의 세계정치를 탐구한 12편의 논문을 담았다.

제1부 '글로벌 이슈구조 속의 중견국 외교 1.0'은 글로벌 외교의 장에서 선진국과 개도국 사이의 국제규범 형성 과정에서 관찰된 중견국 외교의 사례들을 분석하였다.

제1장 '중견국의 사이버 안보 규범외교: 에스토니아, 네덜란드, 핀란드, 스위스 모델이 한국에 주는 함의'(김상배)는 최근 세계정치의 주요 쟁점으로 부상한 사이버 안보 분야에서 발견되는 중견국 규범외교의 네 가지 모델을 국제정치학적 시각에서 분석하였다. 특히 제1장은 네트워크 세계정치이론의 시각을 원용하여 각 모델을 개념화하고 체계적인 비교분석을 시도하였다. 이를 통해서 제1장이 제시하는 중견

국 규범외교의 네 가지 모델은, 에스토니아가 주도하는 국가동맹 모델로서의 '탈린 프로세스', 네덜란드가 주도하는 정부간레짐 모델로서의 '헤이그 프로세스', 핀란드가 주도하는 지역협력체 모델로서의 '헬싱키 프로세스', 그리고 스위스의 중립국 이미지를 원용하여 마이크로소프트가 제안한 평화윤리 모델로서의 '제네바 프로세스' 등이다. 이들 네 가지 모델은 각기 현실주의, 자유주의, 구성주의, 범세계주의 등으로 대변되는 국제정치이론의 시각에서 본 국제규범에 대한 논의의 스펙트럼 전반을 보여주는 의미가 있다. 또한 이들 모델은 최근 사이버 안보 분야에서 새로운 역할을 모색하고 있는 한국의 중견국 규범외교 모델, 즉 이른바 '서울 프로세스'의 개발에 주는 시사점도 크다.

제2장 '사이버 안보 분야 호주의 중견국 외교전략'(신승휴)은 인도-태평양 지역 사이버 공간을 중심으로 미국과 중국이 벌이는 경쟁과 갈등 속에서 중견국 호주가 전개해온 외교전략의 사례를 복합 네트워크 이론의 시각에서 분석하였다. 미국의 오랜 동맹으로서 미중 양자택일의 압박과 중국발 사이버 공격을 동시에 받아온 호주는 2016년 새로운 사이버 안보전략과 국방백서를 발표하여 자국이 직면한 사이버 안보 위협에 주목하는 한편 사이버 공간에서의 규칙기반 질서 구축을 핵심 국익으로 설정하는 모습을 보였다. 나아가 이러한 위협 및 국익 인식을 토대로 사이버 안보위기에 전략적으로 대응하고자 미국이 주도하는 정보동맹에 대한 참여를 강화함과 동시에 역내 사이버 안보 다자협력을 주도하는 외교를 전개하였다. 즉, 호주는 인태 지역 사이버 공간에서 자국의 역할을 '규범 선도국'(norm entrepreneur)으로 규정하고 사이버 안보 규범과 제도를 추구하는 역내 동지국가들과의 관계 속에서 중개국의 위치를 장악하고자 하였으며, 결과적으로 사이버 질서 형성구조의 네트워크에서 영향력을 확대해 나갈 수 있었다. 그리

고 이러한 전략은 자국의 배타적 국익을 지역 차원의 공익과 일치시켜 공익을 추구하는 다자협력 속에서 국익을 실현하려는 의도에서 비롯되었다. 이 점에서 호주의 중견국 외교의 사례는 미국과 중국 사이에서 영민한 외교를 요구받고 있는 한국에도 시사하는 바가 크다.

제3장 '중견국 공적개발원조 정책의 결정요인: 스웨덴과 호주의 비교를 중심으로'(최종현)는 중견국 공적개발원조(official development assistance, ODA) 정책을 유형화하고, ODA 정책의 차이를 불러오는 중요한 원인을 분석하였다. 우선 제3장은 ODA 지출 총액 및 ODA 주 수혜국의 성격에 기초해 인도주의적 국제주의와 현실주의적 국제주의로 중견국 ODA 정책을 유형화하였다. ODA 지출 총액이 크고, ODA가 상대적으로 가난한 나라에 집중될수록 해당 중견국의 ODA 정책은 인도주의적 국제주의에 가깝다고 할 수 있고, 반대의 경우 현실주의적 국제주의에 해당한다고 볼 수 있다. 이러한 인식을 바탕으로 제3장은 인도주의적 국제주의와 현실주의적 국제주의를 대표하는 두 나라로 각각 스웨덴과 호주를 선정한 뒤, 두 나라의 정책적 차이가 나타나는 원인을 국내정치 그리고 국제정치 수준에서 살펴보았다. 국내정치적으로는 정치경제 이념이 중요한데, 스웨덴과 호주의 ODA 정책에서 나타나는 차이는 부분적으로 스웨덴의 사회민주주의 이념과 호주의 자유주의 이념이 대외적으로 투사된 결과로 볼 수 있다. 국제정치적으로는 안보 환경이 큰 영향을 미치며, 자국 주변의 안보 환경에 직접적인 변화를 만들어 낼 수 있는지 여부가 ODA 정책의 차이를 불러온다. 강대국에 둘러싸인 스웨덴의 경우, 자국에 대한 침공 가능성을 낮추기 위한 전략으로 중립을 선택했고, 가난한 나라를 우선시하는 ODA 정책을 통해 자국의 중립 노선에 대한 신뢰를 높이고자 했다. 반면 호주의 경우, 강대국의 침공이 아닌 주변 저개발국가들의 정치적 불

안정이 주된 안보 위협이었고, 그 결과 아프리카 등지의 최빈국이 아닌 주변 나라들에 초점을 맞춘 ODA 정책을 추진하였다.

제4장 '한국의 중견국 규범외교와 장애인권리협약: 장애여성 단독조항 논의를 중심으로'(문용일)는 장애인권리협약(Convention on the Rights of Persons with Disability: 이하 CRPD) 성안 과정에서 EU 등 서구 국가들의 강한 반대에도 불구하고 장애여성 단독조항의 제정을 이끈 한국의 역할과 전략을 살펴보았다. 특히 한국의 전략적 틀 짜기와 비정부 행위자들과의 다층적이고 다각적인 연계 등 중견국 규범외교의 분석틀을 원용하여 규범확산의 양방향성과 중첩성에 대한 이론적·정책적 함의를 도출하고자 했다. 한국의 중견국 규범외교가 성공할 수 있었던 요인으로는 크게 두 가지를 지적할 수 있다. 첫째, 자기대표성 원칙(nothing about us, without us)에 기반한 CRPD의 담론구조가 한국의 제안에 정당성을 확보해주었다. 한국은 EU 등이 주장하던 국제인권규범의 보편성의 원칙이 제3세계 국가들의 현실에서 적실성이 떨어진다는 구조적 틈을 파악하고 이를 공략하는 동시에, CRPD에서 가장 중요한 원칙으로 자리 잡은 자기대표성 원칙을 차별의 직접적 피해자인 장애여성들의 인권환경을 실질적으로 개선하는 것을 지향해야 한다는 사회개발모델과 연결시키는 전략적 틀 짜기 및 규범접목(grafting)에 성공하였다. 둘째, CRPD의 상향식 거버넌스 구조 속에서 동류국가들만이 아닌 INGO, 장애인당사자단체 등 비정부 행위자들과의 다층적·다각적 연계와 협력이 결정적 역할을 하였다. 이는 글로벌 거버넌스의 층위에서 관계적 맥락의 조율을 통해 네트워크를 구축하고 규범을 모색해야 하는 중견국 외교의 복잡성과 중첩성을 여실히 보여주는 사례라 할 수 있다.

제2부 '지정학적 지역구조 속의 중견국 외교 2.0'은 강대국들이 형

성하는 지정학적 공간에서 살펴보아야 할 중견국 외교의 쟁점들을 분석하였다.

제5장 '미중경쟁 시대 미 우방 중견국의 대미갈등과 전략외교'(송태은)는 탈냉전기 유일한 패권인 미국이 세계적 공공재의 제공을 거부하고 동맹과 우방조차도 거래의 차원에서 다루고 있는 상황에서 최근 중견국들이 펼치고 있는 외교전략이 다양하게 진화하고 있음을 주장하였다. 사실 트럼프 행정부의 출범 이후 전방위로 격화되고 있는 미중 전략경쟁 속에서 중견국들은 다양한 외교 영역에서 선택의 제한과 한계를 경험하고 있다. 미 동맹 혹은 우방 중견국들은 군사안보 영역에서는 국방역량을 강화하고 역내 전략적 협력을 강화하고 있으며 미국에 대해 편승 전략을 펼치거나 혹은 내부적으로 전략적 자율성에 대한 논의를 증대하는 등의 행보를 보이고 있다. 또한 통상과 경제 영역에서 미 동맹 및 우방 중견국들은 군사안보와 경제 이슈를 서로 분리하여 철저하게 실리주의에 의해 경제 정책을 추구하고 있으며, 때로는 미중경쟁을 역이용하여 자국의 경제이익을 추구하고 있다. 또한 이들 중견국들은 특정 어젠다를 놓고 비슷한 상황에 놓인 유사국들과 연대하거나 소다자 협력을 추구하는 등의 경제외교 전략을 전개하고 있다.

제6장 '한국의 중견국 외교안보전략과 한미동맹'(전재성)은 미국 단극체제를 지나 경제위기 이후 미국 우선주의를 내세우고 있는 패권조정기에 접어든 국제환경에서 중견국 외교를 논하였다. 중국의 부상이 미국 패권조정기와 겹치면서 미중 전략경쟁도 함께 일어나고 있는 상황에서 한국의 중견국 안보전략, 특히 안보 분야의 중견국 전략의 입지는 급격히 감소하고 있다. 한국은 전반적으로 한편으로는 미중의 배타적 진영화를 막고 상호 보완적 지역구상을 추구하도록 추동하는 한편, 미중 대립적 안보 사안에서 현명하고 신중한 정책을 펴나가야 한

다. 자국의 이익을 증진하면서 강대국 정치가 지역질서를 완전히 주도하는 것을 막고 강대국은 물론 중견국과 약소국의 이익을 함께 증진할수 있는 지역질서의 규범과 규칙을 고안하고 추진하는 것이 중견국의당면 과제이다. 그러면서도 한미동맹의 관리 사안들, 북한이라는 안보위협에 대한 대처 등을 적절히 다루어 중요한 안보 자산인 한미동맹의장기적 발전도 도모해야 한다. 제6장은 중견국 외교의 이론적 기초를윤리학적 이기주의라는 철학적 입장에 비추어 살펴보고, 변화하는 미국의 외교안보 전략, 한미동맹 전략을 분석했다. 그리고 한국이 중견국외교를 강화할 수 있는 방안으로 지구적 차원의 중견국 안보전략과 한미동맹 전략을 어떻게 추구해야 할지 살펴보았다.

제7장 '한국의 중견국 외교와 정체성 공진화의 정치: 신동방정책과의 비교와 시사점'(차태서)은 구성주의적인 외교정책론을 분석틀로삼아 지난 시기 한국의 중견국 외교의 역사를 살펴봄과 함께 미래의과제를 탐구하였다. 특히 제7장은 냉전기 서독의 신동방정책을 비교사례 대상으로 삼아 한국의 중견국 외교가 어떻게 정체성 변환과 공진(co-evolution)의 정치를 작동시켜 한반도와 동아시아의 냉전체제에균열을 가져올 수 있을지에 대해서 질문을 던졌다. 구체적으로 적대의정치에서 공존의 정치로의 전환을 가져오는 변환적 중개자 전략을 세가지 층위로 나누어 살펴보았는데, 적대적 분단국가 간의 상호정체성공진, 지역 차원의 새로운 무정부 문화 재구성과 안보공동체 구축과함께, 중견국 내부의 포용적 정체성 심화전략 등을 시론적으로 논의하였다.

제8장 '문화산업의 신흥권력 경쟁과 중견국으로서 한국의 전략'(양종민)은 최근 정보문화산업에서 중요한 위치를 차지하는 게임산업을 중심으로 벌어지는 미중경쟁에서 논의를 시작하였다. 심화되는

미중경쟁의 모습은 양국의 문화산업 발전전략의 차원에서 살펴볼 수 있는데, 단순히 문화상품을 많이 만들어 시장에서 수익을 창출하는 차원에서 승리하는 것을 넘어, 자국 문화상품 생산을 뒷받침하는 체제, 제도의 경쟁과 함께, 문화상품이 가지는 매력을 해외시장에 발산하는 차원에까지 확장된다. 미국과 중국 간의 게임산업의 다차원적 경쟁의 틈바구니 속에 끼인 중견국으로서 한국은 게임시장의 건전성을 확보하고 양국의 게이트웨이의 위치를 확보해야 한다. 또한 글로벌 시장의 흐름을 먼저 읽고 선제적인 정책 대응을 일관성 있게 추진해야 할 필요가 있다. 궁극적으로 한국 게임의 문화적 매력을 발산하기 위해서 창의성을 중심으로 산업구조가 재편되어야 하며, 문화 속에서 움직이는 하위문화(sub-culture)를 적극적으로 활용해야 한다.

　제3부 '국내정치 구조 속의 중견국 외교 3.0'은 중견국 외교전략에 영향을 미치는 국내정치적 속성에 초점을 맞추어 사례 분석을 진행했다.

　제9장 '일본 통상정책의 변화와 중견국 외교: 전략적 다자주의의 부상을 중심으로'(이승주)는 아베 정부 하에서 커다란 변화가 발생한 통상정책의 사례를 다루었다. 아베 정부는 TPP 협상 참여 선언은 물론, 호주 등 농산물 수출국과의 FTA 협상도 타결시켰을 뿐 아니라, 2017년 12월에는 EU와의 협상도 기본적으로 합의하는 등 과거와는 차별화된 매우 공세적인 FTA 정책을 펼치고 있다. 지역 경제 질서의 형성 과정에서도 이러한 변화가 명확하게 나타났다. 트럼프 행정부가 TPP를 탈퇴한 이후에도, 일본은 CPTPP 협상의 개시, 타결, 발효에 이르기까지 전례 없이 신속한 추진을 주도하는 등 역내 무역을 활성화시키기 위해 지역 경제 질서를 재편하는 데 있어서 상당히 예외적인 리더십을 보여주었다. 아베 정부의 FTA 정책은 FTA 경쟁의 조류 속에서

따라잡기에 급급하였던 이전 정부와 달리, 트럼프 행정부의 양자주의로 인해 발생한 리더십 공백을 메우고, 새로운 지역 경제 질서를 수립하는 데 있어서 규칙 형성(rule-making)을 주도하며, 동류국가들과의 협력을 추구하였다는 점에서 '일본판' 중견국 외교의 가능성을 보여주었다. 또한 아베 정부는 메가 FTA를 추진하는 과정에서 역내 FTA 경쟁의 성격을 변화시켰다는 점에서 지역 경제 질서를 재편하는 데 상당한 영향을 미쳤다. 즉, 아베 정부의 FTA 정책 변화가 역내 주요 경쟁국들이 이에 대응하는 경쟁적 적응(competitive adjustment)을 촉발한 것은 일본 통상정책의 변화를 넘어 지역 경제 질서 차원의 체제적 변화를 수반하였다는 점에서 중견국 외교의 차원에서 검토할 가치가 있다.

제10장 '능력-의지 연관 모델을 통해 본 터키 중견국 외교'(유재광)는 터키의 사례를 들어 민주주의 발전 정도가 중견국 능력을 지닌 국가의 '의지'에 어떤 영향을 주어 다양한 중견국 외교에의 변이를 만들어 내는지를 살펴보고 이로부터 그 정책적 함의를 도출하고자 시도했다. 중견국 이론가들은 국제체제의 상대적 힘의 분포에서 '중간'에 위치한 국가들의 물질적 능력을 강조하여 이들 국가가 이러한 중간적 물질적 조건에 따라 특유의 외교행태, 즉 다자주의 선호, 강대국의 패권반대, 다극체제 선호, 갈등 중재자 역할 자처, 틈새외교, 규범외교 등 그동안의 강대국 외교에서 볼 수 없었던 행태를 보인다고 주장해 왔다. 그러나 제10장은 중견국의 국제체제상의 중간자적 위치는 중견국이 될 필요조건이지 그 충분조건은 될 수 없다고 주장한다. 물질적 능력이 중견국 외교의 능력은 설명해도 능력에 기반한 중견국 외교의 의지는 설명할 수 없기 때문이다. 의지를 결정짓는 변수에 대한 고려 없이는 중견국임에도 이들의 외교가 소극적 중견국 외교, 적극적 중견국 외교, 그리고 중견국 외교의 부재 등으로 나타나는 변이를 설명할 수

없다. 이에 제10장은 중견국 외교의 '능력-의지 연관 모델'에 근거하여, 중견국 외교의 변이는 중견국 '능력'과 '의지'의 함수라고 주장하며 특히 의지는 중견국의 국내정치적 변수인 민주주의의 공고화 여부에 영향을 받는다고 주장한다.

제11장 '중견국 외교의 제약된 자율성: 민주화와 경제발전에 따른 대만 외교정책의 변화'(최경준)는 민주화와 경제발전을 통해 중견국으로 성장한 국가가 외교정책의 수단과 제약의 측면에서 지니는 '제약된 자율성'을 대만 사례를 통해 분석했다. 민주화와 경제발전을 동시에 이룬 대만은 정치와 경제라는 대내적 조건과 외부 안보위협의 존재라는 대외적 조건이 중견국 외교정책을 안과 밖에서 이중적으로 제약함과 동시에 외부위협에 대응할 외교정책의 수단을 제공함을 보여준다. 제11장은 강력한 외부위협이 존재하는 안보환경 속에서 출현한 중견국 대만이 보여준 외교정책의 변화를 수교외교와 가입외교의 성과와 한계를 통해 살펴봄으로써 외부적 조건과 내부적 조건이 어떻게 상호작용하며 중견국의 외교정책을 제약하는지를 분석하였다. 그리고 이러한 제약된 정책 환경 속에서 정책결정자들이 어떻게 물질과 규범을 수단으로 활용하면서 외교정책의 제약된 자율성을 지니게 되는가를 규명하였다. 민주화와 경제발전은 중견국이 강대국과 안보위협을 상대하는 외교정책을 구속하는 제약임과 동시에 효과적인 정책적 수단이라고 주장한다.

제12장 '지도자-중심 접근법을 통해서 본 중견국 한국의 안보외교: 2018년 북미 핵협상 과정을 중심으로'(장기영)는 중견국 안보외교에 대한 사례연구로 강대국 국가지도자의 선호 및 기대효용의 변화를 중심으로 중견국인 한국의 외교가 제1차 북미 핵협상 과정에 미쳤던 영향을 분석하였다. 제12장은 국가를 단일한 합리적 행위자로 간주

하는 기존의 '국가-중심 접근법'과는 달리 강대국 지도자의 이익과 국가 전체의 이익을 분리하여 설명하는 '지도자-중심 접근법'을 사용하여 중견국의 안보외교를 분석했다. 지금까지 북핵 문제를 해결하는 데 있어 가장 큰 장애물은 북미 간 심각한 '약속이행의 문제'(commitment problem)라고 볼 수 있다. 이에 한국은 제1차 북미 핵협상 과정에서 정직한 중재자의 역할을 자처하면서 북미 지도자 간 약속이행에 대한 우려를 일정 부분 해소하는 한편, 북미 핵협상 과정에서 트럼프 대통령의 공로와 결단을 전략적으로 강조하여 그의 국내정치적 위상을 더욱 강화시키고자 하였다. 집권 초기에 제한된 선제타격을 선호했던 트럼프 대통령이 2018년 북미협상을 선택하게 되었던 정치적 배경에는 한국의 전략적인 안보외교가 결정적인 역할을 하였다고 볼 수 있다. 결과적으로 제12장은 강대국의 국내정치적 동학 및 강대국 지도자의 정치적 이해관계를 고려함으로써 중견국 안보외교의 확장 가능성을 재조명하였다.

이 책이 나오기까지 많은 분들의 도움을 얻었다. 먼저 여러 차례의 라운드를 거듭하며 독회모임과 초고발표 모임을 진행하는 중에 공동편집자로서 생산적인 코멘트를 제공해 주신 이승주, 전재성 두 분 교수께 감사의 말씀을 드린다. 또한 이러한 공부모임의 과정에 참여하여 격의 없는 토론과 집필 및 수정의 작업을 맡아 준 이 책의 다른 필자들께도 감사를 전한다. 이 책에 실린 논문들의 최종발표회를 겸해서 개최했던, 2019년 12월 한국국제정치학회의 패널에 토론자로 참여해 주신 박재적, 홍건식, 조한승, 정성철, 박인휘, 차정미 등 여섯 분 교수께도 감사드린다. 이 책의 연구는 서울대학교 국제문제연구소가 한국연구재단의 지원을 받아 진행한 한국사회기반연구사업(SSK)인 '신흥권

력의 부상과 중견국 미래전략' 프로젝트의 재정적 지원에서 마련되었
다. 이 책의 연구가 진행되는 동안 여러 명의 서울대학교 정치외교학부
외교학 전공 대학원생들의 도움을 받았다. 특히 여러 차례의 회의 준비
와 교정 작업의 번거로운 수고를 묵묵히 도맡아 준 신승휴에게 감사한
다. 끝으로 성심껏 이 책의 출판을 맡아주신 사회평론아카데미 관계자
들에 대한 고마움도 전한다.

2020년 5월 2일

김상배

차례

책머리에 5

제1부 글로벌 이슈구조 속의 중견국 외교 1.0

제1장 중견국의 사이버 안보 규범외교: 에스토니아, 네덜란드, 핀란드,
'스위스' 모델이 한국에 주는 함의 김상배

I. 지금 세계는?: 배타적 정체성의 정치 26

II. 중견국 규범외교의 분석틀 30

III. 중견국 규범외교의 네 가지 모델 38

IV. 네 가지 모델의 비교분석과 함의 도출 49

V. 맺음말 59

제2장 사이버 안보 분야 호주의 중견국 외교전략 신승휴

I. 머리말 68

II. 네트워크로 보는 중견국 외교전략 72

III. 인도-태평양 지역 사이버 질서 형성구조 78

IV. 호주의 국익 설정과 국내적 합의 86

V. 호주의 중견국 외교전략 98

VI. 맺음말 113

제3장 중견국 공적개발원조 정책의 결정요인: 스웨덴과 호주의 비교
를 중심으로 최종현

I. 서론 124

II. ODA 정책의 유형화와 이에 따른 중견국의 분류 125

III. 중견국 ODA 정책의 결정요인에 대한 기존 연구 130

IV. 인도주의적 국제주의와 현실주의적 국제주의의 결정요인: 스웨덴과
　　호주의 비교 분석 133

V. 결론 148

제4장　한국의 중견국 규범외교와 장애인권리협약: 장애여성 단독조항
　　　 논의를 중심으로　문용일

I. 머리말 156

II. 분석틀 160

III. 장애여성 단독조항 관련 프레임 경쟁과 한국의 중견국 규범외교 167

IV. 맺음말 190

제2부　지정학적 지역구조 속의 중견국 외교 2.0

제5장　미중경쟁 시대 미 우방 중견국의 대미갈등과 전략외교　송태은

I. 머리말 200

II. 미중경쟁 시대 중견국 외교의 대외환경 203

III. 미 우방 중견국의 미국과의 외교갈등 207

IV. 미 우방 중견국의 외교전략 219

V. 맺음말 236

제6장　한국의 중견국 외교안보전략과 한미동맹　전재성

I. 서론 244

II. 중견국 외교의 철학적 기초 245

III. 미국의 외교안보정책 변화와 한국의 안보환경 255

IV. 한국의 중견국 외교안보전략 265

V. 결론 276

제7장 한국의 중견국 외교와 정체성 공진화의 정치: 신동방정책과의
　　　비교와 시사점 차태서
　　　I. 서론: 구성주의적 중견국 외교론의 문제설정 282
　　　II. 20세기 서독몽: 유럽 냉전 완화 과정과 신동방정책 287
　　　III. 21세기 한국몽: 동북아 냉전해체 이니셔티브? 296
　　　IV. 결론: 대한민국 외교의 갈림길 306

제8장 문화산업의 신흥권력 경쟁과 중견국으로서 한국의 전략 양종민
　　　I. 문제제기 316
　　　II. 분석틀 320
　　　III. 미국과 중국의 게임산업 경쟁 324
　　　IV. 한국의 문화산업전략 344
　　　VI. 맺음말 356

제3부 국내정치 구조 속의 중견국 외교 3.0

제9장 일본 통상정책의 변화와 중견국 외교: 전략적 다자주의의
　　　부상을 중심으로 이승주
　　　I. 서론 368
　　　II. 일본 통상정책 변화의 성격 370
　　　III. 아베 정부의 통상정책 전환: 주요 특징과 정책결정구조의 변화 377
　　　IV. 아베 정부와 전략적 다자주의의 부상 386
　　　V. 결론 396

제10장 능력-의지 연관 모델을 통해 본 터키 중견국 외교   유재광

I. 연구 퍼즐 402

II. 국제정치 거대 이론들과 중견국 논쟁 405

III. 분석틀: 능력-의지 연관 모델 409

IV. 방법론: 핵심사례기법 421

V. 경험적 증거: 터키 중견국 외교 2002-2018 423

VI. MIKTA와 터키 중견국 외교의 후퇴 439

VII. 결론 및 함의 447

제11장 중견국 외교의 제약된 자율성: 민주화와 경제발전에 따른 대만 외교정책의 변화   최경준

I. 서론 458

II. 중견국 외교정책 459

III. 안보환경과 중견국 대만의 형성 468

IV. 중견국 대만의 외교정책 476

V. 결론 490

제12장 '지도자-중심 접근법'을 통해서 본 중견국 한국의 안보외교: 2018년 북미 핵협상 과정을 중심으로   장기영

I. 서론 498

II. 중견국 외교: '국가-중심 접근법' vs. '지도자-중심 접근법' 500

III. 제1차 북미 핵협상과 중견국 한국의 안보외교 507

IV. 중견국 안보외교의 가능성과 한계: 북핵 문제에 대한 트럼프의 선호 변화 518

V. 결론 526

지은이 소개 532

제1부   글로벌 이슈구조 속의 중견국 외교 1.0

제1장 중견국의 사이버 안보 규범외교: 에스토니아, 네덜란드, 핀란드, '스위스' 모델이 한국에 주는 함의

김상배(서울대학교)

* 이 논문은 서울대-중앙대 SSK 대형센터의 〈신흥권력의 부상과 중견국 미래전략〉 프로젝트의 일부로 2018-19년에 걸쳐서 수행되었으며, 그 과정에서 "사이버 안보와 중견국 규범외교: 네 가지 모델의 국제정치학적 성찰." 『국제정치논총』 59(2), (2019), pp.51-90로 출판되었음을 밝힙니다.

I. 지금 세계는?: 배타적 정체성의 정치

최근 사이버 안보 문제는 국가전략과 세계정치의 현안으로 자리 잡아 가고 있다.[1] 각국 차원의 대응전략을 마련하고 주변국과 국제협력을 강화하며 다자외교의 장에서 국제규범을 마련하기 위한 논의가 한창 진행되고 있다. 이러한 맥락에서 이 글은 사이버 안보의 국제규범 형성 과정에서 중견국이 담당할 역할이 무엇인지를 묻는다. 전통안보 분야의 국제규범 형성이 그러했듯이, 사이버 안보의 국제규범도 강대국들이 주도하여 만들 것인가? 아니면 강대국이 아닌 나라들, 특히 중견국도 자신들의 구상을 제시하고 이해관계를 반영하는 역할을 담당할 수 있을까? 중견국 규범외교는 얼마만큼 가능하며 그 내용과 범위는 어디까지인가? 개별 국가의 이익을 반영하는 차원을 넘어서 중견국이 보편적 규범을 주도할 가능성은 얼마나 있을까? 그리고 중견국 한국은 사이버 안보 분야에서 어떠한 규범외교를 추진해야 할 것인가?

이러한 문제의식을 바탕으로 이 글은 최근 사이버 안보 분야에서 활발한 활동으로 주목받고 있는, 에스토니아, 네덜란드, 핀란드, '스위스'[2] 등의 네 가지 사례를 비교분석하였다. 이들 국가는 사이버 안보의 국제규범과 관련하여 유사한 입장을 갖고 있는 동지국가들이라고 할 수 있다.[3] 그럼에도 자세히 살펴보면 이들 네 가지 사례는 서로 대비되

---

1   사이버 안보의 국가전략과 세계정치에 대한 전반적인 논의로는 김상배(2018)을 참조하라.
2   이 글에서 다룬 '스위스'의 사례는, 스위스라는 국가가 일국 차원에서 추구하는 사이버 안보전략의 사례라기보다는, 중립국으로서 스위스의 적십자정신을 상징으로 내걸고 최근 진행되고 있는 중견국들과 민간기업들의 행보를 염두에 두고 선정하였다.
3   흥미롭게도 이들 네 가지 사례는 유엔 정부전문가그룹(Group of Governmental Experts, GGE)의 제5차 회의 과정(2016-17)에서 논란이 되었던 '적절한 성의'(Due Diligence, DD)의 원칙을 옹호한 6개국 중에서 유럽의 4개국이다. '적절한 성의'(DD)

는 중견국 규범외교의 경로를 추구하는 특성을 보여준다. 각 사례는 사이버 안보의 규범외교를 국가동맹, 정부간레짐, 지역협력체, 평화윤리 등으로 각기 다르게 초점을 두어 접근하는데, 일견 상호 경쟁하는 양상을 보이고 있다. 또한 이들 네 가지 사례는 각기 현실주의, 자유주의, 구성주의,[4] 범세계주의 등으로 대변되는 국제정치이론의 시각에서 본 국제규범에 대한 논의의 스펙트럼 전반을 보여주는 사례들이기도 하다.

각국의 사이버 안보전략에 대한 비교분석 연구는 아직까지 그리 많이 진행되지 못했다. 그나마 진행된 연구도 주로 미·중·일·러와 같은 강대국의 사이버 안보전략과 추진체계에 대한 소개 위주이며, 이들 연구도 일국 전략 위주이지 비교분석을 행한 경우는 많지 않다.[5] 최근 중견국의 사이버 안보전략에 대한 비교연구가 조금씩 진행되고 있는 상황인데, 에스토니아, 핀란드, 독일, 네덜란드, 노르웨이 등 5개 중견국의 사이버 국방 추진체계(Pernik 2018), 호주, 에스토니아, 이스라엘, 네덜란드, 한국 등 5개 중견국의 사이버 안보 대외정책(Van der Meer 2016),[6] 비세그라드(Visegrad) 그룹에 속하는 체코, 폴란드, 슬로바키아, 헝가리 등 4개 중견국의 사이버 안보전략(Górka 2018), 그리고 브

의 원칙은 사이버 공격의 경유지가 된 제3국의 책임이 국제법으로 성립되는지 아니면 비구속적(non-binding) 규범인지에 대한 것으로, 강대국들의 견해와는 달리, 6개 중견국은 DD의 국제법적 지위를 주장했다. 6개국 중 나머지 두 나라는 한국과 일본이다. 이에 대한 자세한 내용은 김상배(2018), p.335를 참조하라.

4   이 글에서 다룬 '구성주의'는 엄밀히 보면 '공동체주의'(communitarianism)를 의미하는데, 이 글에서는 '구성주의'라는 용어를 범세계주의(cosmopolitanism)와 구별하여 사용하였다. 규범적 판단의 준거를 국가 행위자에 두느냐 아니면 인류 전체에 두느냐에 따라서 규범이론(또는 넓은 의미의 구성주의) 내에서는 공동체주의와 범세계주의를 구분한다. 자세한 내용은 이 글의 제2절을 참조하라.

5   미·중·일·러의 사이버 안보전략과 추진체계에 대한 연구로는 김상배(2018) 제5장에서 다룬 기존연구 소개를 참조하라.

6   호주 사례연구로는 Smith and Ingram(2017), pp.642-660도 참조하라.

릭스(BRICS) 5개국의 사이버 안보 외교정책(Ebert and Maurer 2013)
등에 대한 비교연구가 있다. 그러나 이들 연구는 단순 비교나 사례 소
개의 수준에 머물고 있어서, 국제정치학의 이론적 시각에서 본격적으
로 성찰한 연구가 시급히 필요한 실정이다.[7]

그런데 기존 국제정치이론만으로는 이들 네 가지 중견국 규범외
교를 비교분석하는 데 충분한 이론적 자원을 확보하기 어렵다. 우선,
주로 행위자 차원에 초점을 둔 기존 국제정치이론만으로는 이들 사례
가 당면하고 있는 각기 다른 성격의 '구조적 상황'과 그 안에서 각 행
위자가 차지하는 '구조적 위치'의 의미를 입체적으로 탐구하기 어렵다.
또한 주로 국민국가 단위에 주목하는 기존 국제정치이론만으로는 국
가동맹, 정부간레짐, 지역협력체, 초국적 네트워크 등과 같이 일국 단
위를 넘어서 활동하는 '중견국'의 복합적 성격을 파악하기 어렵다. 끝
으로, 주로 군사력과 경제력 같은 자원권력의 활용으로서 외교전략을
보는 기존의 국제정치이론만으로는 관계적 맥락의 조율을 통해서 네
트워크를 구축하고 규범을 모색해야 하는 중견국 외교의 동학을 설명
하기 어렵다. 이러한 문제의식을 반영하여 이 글은 소셜 네트워크 이
론, 네트워크 조직 이론, 행위자-네트워크 이론 등으로부터 개념적 자
원을 원용하여 중견국 규범외교를 이해하는 국제정치학적 비교분석의
틀을 마련하였다.[8]

---

7   예외적으로 국제정치이론의 시각을 적용하여 뉴질랜드 사례를 살펴본 연구로
     Burton(2013), pp.216-238가 있다. 또한 사이버 안보전략 자체를 다룬 것은 아니지만,
     에스토니아와 핀란드의 대외정책 일반을 국제정치이론 시각에서 비교분석한 연구로
     Raik(2015), pp.440-456를 참조하라.
8   다양한 네트워크 이론의 시각에서 보는 국제정치이론에 대한 논의로는 김상배(2014)를
     참조하라. 이를 사이버 안보의 중견국 외교에 적용한 사례로는 Kim(2014), pp.323-352
     를 참조하라.

　이러한 비교분석의 이론틀에 비추어 본 네 가지 사례는 사이버 안보 분야에서 나름의 경로를 따라서 모색되고 있는 중견국 규범외교의 각기 다른 모델을 대표한다. 이러한 차이는 이들 사례가 처해 있는 구조적 상황과 이에 대응하는 행위자의 성격, 그리고 구체적으로 추진되는 전략의 과정에서 나타난다. 이 글은 각 모델이 설정한 기본 프레임과 전략적 지향이라는 두 가지 잣대에 의거하여, 네 가지 유형의 프로세스를 개념화하였다. 이렇게 볼 때, 사이버 안보의 중견국 규범외교는 에스토니아가 주도하는 '탈린 프로세스', 네덜란드가 주도하는 '헤이그 프로세스', 핀란드가 주도하는 '헬싱키 프로세스', 스위스의 중립국 이미지를 빌려서 마이크로소프트가 제안한 '제네바 프로세스' 등의 네 가지 모델로 요약된다. 이들 프로세스는 아직 어느 것도 '표준'으로 정착되지 못하고 상호 경쟁하고 있으며, 강대국들이 벌이는 규범경쟁의 틈바구니에서 중견국 외교의 독자적 공간을 확보하기 위한 노력을 벌이고 있다.

　이러한 네 가지 모델이 한국이 모색할, 이른바 '서울 프로세스'에 주는 실천론적 함의도 크다. 어느 나라 못지않게 복잡한 구조적 상황에 놓인 한국이 추구할 사이버 안보 규범외교의 방향과 내용은 무엇일까? 미·중·일·러 사이에서, 그리고 서방 및 비서방 진영 사이에서 한국이 내세울 프레임의 구도는 무엇이며, 이를 풀어갈 전략적 지향성의 내용은 어떻게 채워야 할까? 탈린 프로세스와 같은 동맹의존 모델인가, 헤이그 프로세스와 같은 정부간레짐 모델인가, 헬싱키 프로세스 같은 지역협력체 모델인가, 아니면 제네바 프로세스와 같은 평화윤리 모델인가? 이 글의 주장은 이들 모델 중에 서울 프로세스가 벤치마킹할 어느 하나의 모델이 있다기보다는, 한국이 처한 구조적 상황을 고려하여 이들 네 가지 모델이 담고 있는 유용한 요소들을 선별적으로 추출해야 한다는 것이다. 결국 서울 프로세스가 지향하는 사이버 안보의 국제규범은 기존 모델을 복합적으로 엮어내는 '메타규범 모델'의 고안에서 찾아져야 할 것이다.

이 글은 다음과 같이 크게 세 부분으로 구성되었다. 제2절은 국제규범에 대한 국제정치이론적 이해의 지평을 소개하고, 네트워크 이론의 시각에서 보는 중견국 규범외교의 비교분석틀을 제시하였다. 제3절은 사이버 안보 분야의 중견국 규범외교를 보여주는, 탈린 프로세스, 헤이그 프로세스, 헬싱키 프로세스, 제네바 프로세스 등의 네 가지 사례를 개괄적으로 살펴보았다. 제4절은 앞서 제시한 네트워크 이론의 분석틀을 원용하여 사이버 안보 규범외교의 네 가지 모델을 비교분석하고, 이들 사례가 서울 프로세스로 개념화될 한국 모델에 주는 이론적·실천론적 함의를 도출하였다. 끝으로, 맺음말에서는 이 글의 주장을 종합·요약하고, 중견국 규범외교에 대한 비교연구가 지니는 의미와 향후 과제에 대해서 간략히 살펴보았다.

II. 중견국 규범외교의 분석틀

1. 국제규범의 국제정치이론적 이해

규범(規範, norm)이란 인간이 행동하거나 판단할 때에 마땅히 따르고 지켜야 할 가치판단의 기준이다. 일반적으로 공식적인 법제도의 기저에 깔려 있는 관념의 형태로 나타나는 표준, 원리, 모범, 본보기 등을 의미한다. 최근 국제정치학에서도 기존의 실증주의 인식론을 비판하면서 국제정치 과정에서 도덕과 윤리가 독자적인 변수로 작동하고 있다고 주장하는 '규범의 국제정치'에 대한 논의가 활발하다. 예를 들어, 국제정치에서 기본적인 규범 또는 옳고 그름의 권리와 의무로서 '정당한' 전쟁의 윤리나 핵무기 윤리, 국제적 차원의 정의, 보편적 인권 등에 대한 탐구가 진행되고 있다. 이러한 규범 연구는 근대 국제정치의 구성 원리로서 주권 원칙에 대한 성찰과 연결된다는 점에서 비판이론의 전통에 서 있다. 특히 규범과 주체의 판단 준거, 즉 국제정치적 옳고 그름, 권리와 의무가 국가라는 행위자 개체 차원에 근거를 두느냐, 아니면 인류 전체 차원에 근거를 두느냐 등에 따라서 규범이론의 갈래도 달리 나타난다(전재성 2012).

현실주의 전통은 국제규범을 물리력을 행사하지 않고도 원하는 목적을 달성하는 정치적 명분과 정당성 확보의 수단으로 이해한다. 현실주의에서 동맹이나 국제법 등과 같은 규범은 국가이익 추구의 연장선에서 이해되는 전략이다. 자유주의 전통은 국제규범을 행위자들 간의 제도적 합의와 협력의 산물이라는 맥락에서 본다. 규범은 상호 간 약속과 계약으로서 행위를 규제하는 레짐이며, 법보다는 비공식적인 구속과 자발적 제약을 가한다. 구성주의 전통 중에서 공동체주의가 이해하는 규범은 국가 간에 공유된 정체성의 산물에 착안한다. 국가의 주권과 자율성에 제약을 주는 도덕적 가치를 인정하지 않으며, 인류에 대한 의무는 국가를 매개로 이루어진다는 인식을 바탕으로 한다. 이에 비해 범세계주의 전통에서 이해하는 규범론은 국가를 초월하는 전체로서의 인류나 개인에 근거를 두는 윤리와 도덕 기반의 규범을 상정한다. 즉 국가의 자율성에 제약을 주는 당위의 존재를 인정하며 국가도 지켜야 하는 인도주의적 의무가 있다고 주장한다(샵콧 2015).

이러한 규범의 개념에 입각해서 보면, 중견국의 '규범외교' (normative diplomacy)를 보는 시각도 다르게 나타날 수밖에 없다.

현실주의 시각은 중견국 규범외교를 상대적으로 물리력이 부족한 중견국이 강대국의 힘에 대응하여 규범 변수를 도구적 또는 거래적 (transactional)으로 활용하는 차원에서 이해한다. 이는 주로 강대국의 규범에 참여하여 힘을 얻는 동맹외교의 형태로 나타난다. 자유주의 시각은 중견국 규범외교를 강대국들이 주도하는 규칙·제도·레짐의 형성 과정에 참여하는(participatory) 활동으로 이해한다. 다양한 국제규범의 형성 과정에 적극적으로 참여하여 자국의 이익을 반영하고 자국의 규범을 설파하는 외교라고 할 수 있다. 구성주의나 범세계주의 시각에서 보는 중견국 규범외교는 약자의 담론전략의 차원에서 강력외교에 대항해서 당위론적인 측면을 활용하는 외교이다. 이는 대안적 규범과 정체성의 변환까지도 포함하여 새로운 규범을 제시하는 변환적 (transformative) 외교로 볼 수 있다. 이는 실리외교의 차원을 넘어서 보편적인 윤리와 도덕에 기여하는 외교이다.

이러한 규범에 대한 국제정치학적 논의를 사이버 안보 분야에 적용해서 보면, 현재 다양한 시각에서 파악되는 국제규범 형성의 움직임을 좀 더 체계적으로 이해할 수 있다. 최근 주목을 받는 것은, 전통적인 국제법이나 국제기구의 틀에 기대어 사이버 안보의 국제규범을 모색하려는 현실주의적 시도이다. 탈린매뉴얼이나 유엔 정부전문가그룹(Group of Governmental Experts, GGE) 활동, 나토동맹의 활용 등이 사례이다. 사이버 공격으로부터 피해를 보는 당사국의 정부들이 나서서 국제협력의 레짐을 모색하려는 자유주의적 시도도 눈에 띈다. 정부 간의 양자 및 다자 협력이나 사이버공간총회, 유럽사이버범죄협약 등의 사례를 들 수 있다. 구성주의 시각에서 본 국제규범 형성의 움직임으로는 글로벌 인터넷 거버넌스 분야에서 ICANN(Internet Corporation for Assigned Names and Numbers)이나

ITU(International Telecommunication Union) 등이 벌이는 규범형성
의 노력이나 유럽연합이나 아세안의 지역 차원에서 벌이는 정체성 형
성의 시도들을 들 수 있다. 범세계주의 시각에서 본 국제규범의 모색과
관련하여 최근 민간 인터넷 기업들이 주도하고 유럽의 중견국들이 동
조하여 모색되고 있는 '디지털 제네바 협정'과 같은 평화윤리의 규범
에도 주목할 필요가 있다.

　이렇게 상이한 시각에서 이해된 사이버 안보의 국제규범은 각기
상이한 글로벌 질서의 상(像)을 상정한다. 각 글로벌 질서상은 서로 다
른 아키텍처와 작동방식을 지니고 있으며 21세기 질서변환의 시대를
맞이하여 서로 경합하는 모습을 보여주고 있다. 이러한 과정에서 이 글
이 특히 주목하는 것은 서로 상이하게 주장되는 국제규범의 기저에 깔
린 이익과 이를 구현하기 위한 담론의 경쟁, 즉 '프레임 경쟁'[9]이다. 사
실 사이버 안보의 국제규범과 관련하여 제시되는 프레임은 단순히 중
립적인 것이 아니라 이를 통해서 미래 현실을 자신에게 유리한 방향으
로 재구성하려는 담론과 이익이 반영된 것이다. 이러한 복합적인 국제
규범 모색의 과정에서 각국은 자국에게 유리한 국제규범을 실현하기
위한 프레임 경쟁을 벌이고 있다.

2. 네트워크로 보는 중견국 규범외교

사이버 안보 분야의 중견국 규범외교를 체계적으로 비교분석하기 위

9　이 글에서 사용한 프레임(frame) 경쟁의 개념은 미국의 미디어 학자 토드 기틀린(Todd
　Gitlin)이 개발하고 미국의 언어학자 조지 레이코프(George Lakoff)에 의해 널리 소개
　된 논의에서 착안했다. Gitlin(1980); 레이코프(2007). 이러한 프레임 경쟁의 시각을 사
　이버 안보에 운용한 연구로는 김상배(2014)의 제9장을 참조하라.

해서는 기존의 국제정치이론을 넘어서는 새로운 분석틀을 마련할 필요가 있다. 각기 다른 규범외교의 전략이 비롯되는 구조의 복합성을 체계적으로 분석하기에는 기존 국제정치이론이 상정하고 있는 '구조'에 대한 이론적 전제가 너무 단순하다. 또한 규범외교를 추진하는 중견국들의 성격도, 주류 국제정치이론이 상정하듯이, 그저 전통적인 국민국가로만 볼 수는 없다. 게다가 그 전략의 내용도 단순히 자원권력을 활용하는 세력균형의 권력게임으로만 보기에는 훨씬 더 복잡하다. 결국 구조와 행위자, 그리고 권력게임을 보는 새로운 이론적 시각이 필요하다. 이러한 맥락에서 이 글은 다양한 네트워크 이론, 특히 소셜 네트워크 이론과 네트워크 조직 이론 및 행위자-네트워크 이론 등에서 제기된 개념적 자원을 활용하여 새로운 비교분석의 틀을 마련하였다.[10]

우선, 강대국에 비해서 구조의 영향을 많이 받을 수밖에 없는 중견국의 행동을 설명하기 위해서는 그 중견국이 처한 구조적 상황에 대한 좀 더 면밀한 이해가 필요하다. 다시 말해 그 '구조'는 신현실주의가 상정하는 국가 간의 세력분포라는 맥락에서 이해한 '구조'의 개념보다는 좀 더 복합적이어야 한다. 그 구조는 이익구조이면서 동시에 정체성과 관념의 구조 등을 포괄하는 복합적인 구조이다. 물론 이러한 구조들이 실제로 구성되어 작동하는 복합의 정도는 각 사례마다 다를 것이다. 이러한 복합적인 구조에 대한 정확한 이해는 각 중견국이 처한 구조적 상황을 파악하여 행동하는 출발점이 된다. 이와 관련하여 소셜 네트워크 이론가인 로널드 버트(Ronald Burt)는, '구조적 공백'(structural hole)으로 불리는 네트워크상의 빈틈을 남보다 먼저 찾아서 메움으로써 그 구조적 상황에서 중심적 위치를 장악하고 거기에서 비롯되는 독

---

10 이 절에서 원용한 네트워크 세계정치이론에 대한 논의는 김상배(2014)의 제2부를 기반으로 하였다.

특한 '위치권력'(positional power)을 발휘하는 것이 중요하다고 지적한다(Burt 1992).

둘째, 중견국 규범외교를 벌이는 행위자의 성격을 새롭게 볼 필요가 있다. 사실 전통적인 기준으로만 보면 이들 행위자는 비강대국이어서 새로운 국제규범의 형성 과정에서 큰 영향력을 발휘하기 어렵다. 사실 이 글에서 다룬 네 나라는 모두 완전한 주권을 주장하는 전형적인 국민국가 행위자라기보다는 강대국들의 틈바구니에서 생존을 모색해야 하는 약소국이거나 국가의 존립을 위한 대외적 의존성의 정도가 매우 큰, 일종의 '불완전 주권국가'들이다. 따라서 일국 단위로 단일(unitary) 행위자를 상정하는 기존 국제정치이론의 시각만으로는 그 행위자의 행동이 잘 설명되지 않는다. 특히 이 글에서 다룬 '스위스'의 경우처럼, 국민국가의 경계를 넘나들며 초국적 네트워크 형태로 활동하는 비국가 행위자들과 유럽연합의 국가들과 기타 글로벌 중견국의 연대를 설명하기 어렵다. 이 글은 네트워크 조직 이론에서 말하는 '네트워크 국가'(network state)의 개념을 원용하여 이들 네트워크 행위자의 성격을 이해하였다(Carnoy and Manuel Castells 2001; 하영선·김상배 편 2006).

끝으로, 네트워크 국가로서 이들 중견국이 구조적 공백을 장악하기 위해서 벌이는 전략의 과정을 기존 국제정치이론이 상정하는 것처럼 자원권력의 추구라는 관점에서 본 세력균형의 권력게임으로만 볼 수는 없다. 사실 이들 중견국의 규범외교 전략이 그 의미를 발휘하는 대목은, 군사력과 경제력과 같은 자원권력은 부족하더라도, 이들이 구성하는 네트워크를 활용하여 새로운 권력게임, 즉 '네트워크 권력'(network power)의 게임을 벌일 수 있다는 데서 발견된다. 이러한 중견국의 네트워크 전략을 구체적으로 비교분석하기 위해서 이 글은 프랑스의 행위자-네트워크 이론가인 미셸 칼롱(Michel Callon)이 제시한 네트워크 전략의 네 단계를 외교전략 분야에 맞게 개작하여 원용하였다(Callon 1986).[11]

중견국 네트워크 전략의 첫 번째 단계는 '프레임 짜기'이다. 이는 행위자들의 이해관계를 정의하고 네트워크 전체의 구도를 파악하는 단계이다. 이 단계에서 이루어지는 외교전략은 마치 언론이 뉴스의 프레임을 짜는 것을 연상시킨다. 이는 행위자들이 놓여 있는 네트워크의 상황을 재구성하여 인식하고 이러한 상황에서 자국의 위치를 설정하여 그 역할을 정당화하는 방향으로 프레임을 짠다는 의미이다. 이러한 프레임 짜기의 단계에서는 세계정치를 둘러싼 사고와 행동의 플랫폼을 제시하려는 담론의 경쟁이 벌어진다. 중견국의 입장에서 볼 때, 강대국들이 주도하는 세계정치 현실에서 중견국의 입지를 부각시키는 방식으로 상황을 인식하게 만들 수 있느냐가 관건이 된다.

두 번째 단계는 '맺고 끊기'이다. 이는 기존에 형성되어 있던 관계를 해체하고 새로운 관계를 수립하기 위한 기초를 세우는 단계이다. 이 단계의 전략은 주로 네트워크상에서 끊어진 선을 잇고 새로운 선을 긋는 방식으로 나타나는데, 이러한 과정에서 집중과 선택의 비대칭적인 관계조율이 발생한다. 이러한 관계조율의 과정은 보통 기존의 네트워크를 끊고 새로운 네트워크를 맺거나 구조적 공백을 메우려고 사회적 자본을 활용하는 전략으로 나타나는데, 이러한 과정은 기회비용이 발생하는 전략적 선택의 영역이다. 주위의 행위자들과 될 수 있는 한 많

11　행위자-네트워크 이론의 국제정치학적 적용에 대한 좀 더 자세한 논의를 보기 위해서는 김상배(2014), pp.370-399를 참조하라. 한편 이하에서 서술한 네트워크 전략의 네 단계, 즉 프레임 짜기-맺고 끊기-내 편 모으기-표준 세우기에 대한 논의는 김상배(2018), pp.330-332의 내용을 요약하였다.

은 관계를 맺어 모두와 좋은 관계를 유지하는 것이 최선이겠지만, 만약에 이것이 가능하지 않다면 이른바 중심성(centrality)을 극대화하는 방향으로 맺고 끊기를 할 수밖에 없다.

세 번째 단계는 '내 편 모으기'이다. 이는 맺고 끊기를 통해 해체되고 재편된 관계를 다시 수습하여 자신의 주위에 새로운 네트워크를 건설하는 단계이다. 이전 단계들의 네트워킹 과정을 통해서 불러 모은 동지집단의 행위자들에게 새로운 역할을 부여하고 여럿이 함께 할 수 있는 둥지를 만드는 것이라고 볼 수 있다. 그리고 이러한 둥지 안에, 단순히 연결망을 치는 차원을 넘어서, 나를 지지하는 편을 얼마나 많이 끌어 모아 세(勢)를 형성하는 단계에까지 나아갈 것이냐가 관건이다. 따라서 이 단계의 과제는 네트워크상에서 일단 관계를 맺은 상대방을 끌어들이는 방법과 자원을 다각적으로 활용하는 데 있다. 연대외교나 협업외교 등은 외교 분야에서 나타나는 내 편 모으기의 대표적 사례들이다.

마지막 단계는 '표준 세우기'이다. 이는 새로이 만들어진 네트워크에 일반적 보편성을 부여하는 단계이다. 이 단계에서는 단순히 관계를 연결한 행위자들의 숫자를 늘리는 차원을 넘어서 일단 형성된 관계를 지속성 있는 네트워크로 계속 유지할 수 있느냐의 문제가 관건이다. 다시 말해 이는 몇 개의 특수한 성공사례의 샘플을 넘어서 표준 설정의 과정을 통해 세계정치의 '게임의 규칙'을 장악하느냐의 문제이다. 실제로 성공적으로 네트워크를 구축한 소수 행위자는 자신이 마련한 플랫폼 위에 동원된 다수 행위자들을 '대변'하는 권리를 갖게 됨으로써 세계정치라는 네트워크의 프로그램을 설계하는 권력을 행사하게 된다.

III. 중견국 규범외교의 네 가지 모델

1. 탈린 프로세스: 현실주의 국가동맹 모델

구소련 연방 국가였던 에스토니아가 탈냉전 이후 직면한 가장 큰 안보 위협은 여전히 러시아였다(Noreen and Sjöstedt 2004). 군사적 약소국 인 에스토니아의 입장에서는 중립을 유지하는 것도 쉽지 않았다. 이러 한 구조적 상황을 타개하는 에스토니아의 선택은 나토 가입에 맞춰졌 다(Männik 2004; Praks 2014). 투마스 일베스(Toomas Ilves) 대통령의 주도 하에 에스토니아 정부는 나토 가입의 요건을 충족시킬 국가역량 을 확보하기 위해 사회경제적 발전과 행정 시스템의 개혁에 착수했다. 대표적인 사례가 바로 1996년부터 시작한 '호랑이 도약'(Tiger Leap) 이라는 이름의 정보화 프로젝트였다(Runnel, Pruulmann-Vengerfeldt and Reinsalu 2009; 쉬만스카 2018). 이러한 에스토니아의 시도는 일정 한 성과를 거두었는데, 유럽 내에서도 상대적으로 높은 인터넷 보급률, 전자정부와 온라인 투표 도입 등의 성과를 바탕으로 'e-Stonia'라는 별 명을 얻기까지 했다. 이러한 일련의 시도를 통해서 에스토니아는 미개 발된 동유럽 국가의 이미지를 탈피하는 계기를 마련하였다(Kaljurand 2013).

　이러한 과정에서 2007년 4월 발생한 러시아의 사이버 공격은 에 스토니아의 사이버 안보전략을 도약시키는 직접적인 계기를 제공하였 다. 2007년 총선에서 반(反)러시아계 정당이 집권한 후 구성된 에스토 니아 정부가 2차 대전 참전을 기념해서 수도 탈린에 세운 옛 소련 군인 의 동상을 수도 외곽지역으로 이전하려는 계획이 빌미를 제공했다. 러 시아발 사이버 공격의 충격은 매우 컸는데, 에스토니아 정부의 전산망에 연결된 수만 대의 컴퓨터들이 디도스 공격을 받아 3주가 넘는 기간 동안 주요 국가기능이 마비될 정도였다. 나토 회원국인 에스토니아에 대한 재래식 공격이 나토의 집단 방위권을 발동시킬 우려가 있는 상황에서, 러시아가 에스토니아에 대한 직접적인 물리적 충돌 대신 사이버 공격 행위를 통해 에스토니아 내부의 갈등에 개입한 것으로 평가되었다(Czosseck, Ottis and Taliharm 2011; Crandall 2014; 김상배 2018, 126-127).

그러나 이러한 사이버 공격 행위에 대하여 에스토니아는 나토에 집단방위를 규정한 나토조약 제5조를 적용하여 러시아에 대항해 줄 것을 요구했다. 사이버 공격에 대한 명확한 국제규범이 부재한 상황에서 나토가 직접 개입하지는 않았지만, 2007년 사태는 이전부터 사이버 안보 분야에서 나토 회원국 내에서 자국의 역할을 찾고 있던 에스토니아에게 일종의 '구조적 공백'으로 작용했다. 일찌감치 사이버 안보 분야는 물리적 군사력이 취약한 에스토니아가 나토에 기여할 수 있는 영역으로 물색되어 있었다. 마침 에스토니아는 1990년대 말부터 추진한 '호랑이 도약 프로젝트'의 성과로 ICT 분야의 역량도 갖추고 있었다. 게다가 에스토니아 정부는 2003-2004년에 이미 나토에 CCDCOE(Cooperative Cyber Defence Centre of Excellence)의 설치를 제안했고 2006년에는 그에 대한 승인을 받은 상황이었다. 2007년 사태는 CCDCOE를 주도하려던 에스토니아에게 '구조적 공백'의 기회를 제공했다(쉬만스카 2018, 12-13).

이렇게 에스토니아가 추진한 사이버 안보전략의 기저에는 러시아에 대항하기 위해 나토라는 서방 진영의 정치군사 동맹을 활용하려는 전략적 프레임이 깔려 있었다. 다시 말해 구소련 연방에서 탈피하여 독자적인 발전전략을 추구하는 과정에서 친서방적인 노선을 취해야만 했던 구조적 상황이 에스토니아 사이버 안보전략의 프레임에 반영되었다. 이러한 일련의 과정에서 에스토니아가 취하고 있는 사이버 안보 분야 국제협력의 정향성은 전통안보의 경험에서 추출된 동맹모델을 적용하려는 현실주의적 접근이었다. 다시 말해, 에스토니아의 대내외 정책지향성은 기본적으로는 국가주권 프레임에 기반을 두고 국가안보를 보장하기 위해서 동맹국들과의 국제협력을 모색하는 모습으로 이해할 수 있었다(Crandall and Allan 2015).

정치군사동맹의 관점에서 사이버 안보에 접근한 에스토니아의 행보는 오프라인 공간의 국제법, 특히 전쟁법 규범을 사이버 공격 행위에 적용하여 일종의 사이버전 교전수칙을 마련하려는 시도로 나타났다. 그 대표적인 사례가 나토 CCDCOE의 총괄 하에 20여 명의 국제법 전문가들이 2009년부터 시작하여 3년 동안 공동연구를 거쳐 2013년에 발표한 총 95개 항의 사이버전 지침서인 '탈린매뉴얼'(Tallinn Manuel)이다. 탈린매뉴얼의 골자는 사이버 공간에서도 전통적인 교전수칙이 적용될 수 있으며, 사이버 공격으로 인해 인명 피해가 발생할 경우 해당 국가에 대한 군사적 보복이 가능하고, 핵티비스트 등과 같은 비국가 행위자에 대해서도 보복하겠다는 것이었다. 이러한 탈린매뉴얼은 그 실제 적용 가능성 등을 놓고 논란이 되기도 했지만, 사이버 안보 분야에서 나름대로의 '표준'을 설정하는 효과를 보기도 했다(Schmitt ed. 2013). 이후 에스토니아는 싸이콘(Cycon)으로 알려진 사이버 분쟁에 관한 국제회의를 매년 개최하며 나토 차원의 사이버 안보담론을 주도하고 있다.

2. 헤이그 프로세스: 자유주의 정부간레짐 모델

사이버전에 대한 대응을 강조한 에스토니아의 경우와는 달리, 네덜란드는 사이버 안보를 외교의 문제로 접근한다(Claver 2018). 이러한 네덜란드의 접근은 북해 연안 지역의 물류 중심지로 발전하면서 국제평화와 질서 확립을 위한 국제법과 다자외교의 추진을 국익 증진의 통로로 여겨온 역사적·구조적 상황과 밀접히 관련된다. 이는 기후변화, 개발협력, 인권, 군축 등의 분야뿐만 아니라 사이버 안보 분야에서도 나타난 바 있다. 사실 네덜란드는 인터넷 보급률이나 ICT 인프라에 대한 투자, 전자정부 시스템 도입, 데이터 센터의 보유 등에 있어서 유럽 국가들 중에서도 가장 앞선 나라 중의 하나이다. 이렇듯 고도로 디지털화된 시스템을 보유한 네덜란드와 같은 나라에게 사이버 공격은 치명적인 위협이 될 수밖에 없다. 이러한 이유로 네덜란드는 사이버 공간이 반드시 안전하게 지켜져야 함을 강조해 왔으며, 사이버 안보를 확보하기 위한 이해당사자들의 국제협력과 국제규범의 수립활동에 앞장서 왔다(양정윤 2018).

　이러한 네덜란드의 외교적 접근은 미국과 영국으로 대변되는 서방 진영과 러시아와 중국으로 대변되는 비서방 진영 사이에서 친서방 외교선봉대의 역할을 담당하는 것으로 나타났다. 네덜란드는 다자외교에 적합한 환경을 활용하여 다양한 사이버 안보 분야의 국제협력과 연합형성 활동에서 중개자의 역할을 적극적으로 수행했으며, 서방 진영의 규범 전파자 또는 촉진자 역할을 수행하려는 의지를 표방해 왔다. 특히 사이버 안보의 국제규범 형성에 대한 국제적 합의를 현행 국제법에서 시작해야 한다는 서방 진영의 입장을 대변했으며, 이러한 규범 형성의 과정을 인터넷 분야의 이해당사자들이 주도해야 한다는 입장을 취해 왔다. 특히 네덜란드는 사이버 안보 분야에서 민관협력을 강조하는 대표적인 나라로 알려져 있다.

네덜란드는 영국과 헝가리, 한국에 이어 2015년에 제4차 사이버공간총회를 헤이그에서 개최한 바 있다. '런던 프로세스'로 불리는 사이버공간총회는 사이버 안보의 직접적인 이해당사국의 정부 대표들이 나서 사이버 공간이라는 포괄적 의제를 명시적으로 내건 본격적인 논의의 장을 출현시켰다는 의미를 가진다. 이러한 사이버공간총회는 서방 국가들이 표방하는 이른바 '다중이해당사자주의'(multistakeholderism)를 대변하는데, 이는 러시아와 중국을 중심으로 한 비서방 진영이 주도하는 국가 행위자 주도의 접근, 즉 '국가간 다자주의'(multilateralism)와 대비된다. 이러한 서방과 비서방 진영의 경쟁 구도는 2010년대 초반 무렵부터 구체화되며 각기 상이한 국제규범을 모색하고 있는데, 네덜란드는 서방 진영의 담론 형성을 중개하는 허브의 역할을 자처하고 있다.

제4차 헤이그 총회의 가장 큰 결실로는 42개의 정부와 국제기구 및 기업이 참여한 GFCE(Global Forum on Cyber Expertise)의 설립과 글로벌정보보호센터 지원 사업의 제안을 들 수 있다. 초기 런던 프로세스가 서방 진영의 청사진에 따라서 진행되었다면, 헤이그 총회 이후 네덜란드가 서방 진영의 구도 속에서도 나름대로의 주도권을 가지고 규범외교를 진행하는 모습이 나타났다. 런던 프로세스에서 만들어진 사이버공간총회의 포맷에 국제법과 다자외교를 중시하는 네덜란드의 색채가 가미되면서 '헤이그 프로세스'로 업그레이드되며 발전할 가능성을 내비쳤다는 평가를 받는 대목이다. 이 밖에도 네덜란드는 유럽, 미국, 중동, 아시아, 아프리카 등의 30여 개국이 참여하는 정부간그룹인 자유온라인연합(Freedom Online Coalition, FOC)을 2011년 11월 헤이그에 창설한 바 있다. FOC는 자유로운 온라인을 기치로 내걸고 기본인권과 표현의 자유를 옹호하며 민주적 가치의 수호를 목적으로 한다(양정윤 2018, 18).

네덜란드는 헤이그 프로세스의 추진을 통해서 (평화)국제법을 사이버 공간에 적용하는 데 앞장서겠다는 입장이다. 기본적으로 네덜란드가 취하는 접근법은 전쟁(국제)법의 관점에서 접근한 에스토니아의 기조와는 다소 차이가 있다. 이러한 네덜란드의 입장은 '탈린매뉴얼 2.0'의 발간을 후원하여, 세 차례에 걸쳐 매뉴얼 초안을 각국 정부에 회람하고 의견을 수렴하는 재검토 작업 과정에서 드러났다(ASSR Institute 2016; 2017). '사이버전(cyber warfare)에 적용 가능한 국제법'을 논한 '탈린매뉴얼 1.0'과는 달리 '탈린매뉴얼 2.0'은 평시의 사이버 범죄까지도 포함하는 '사이버 작전(cyber operation)에 적용 가능한 국제법'을 논했다(Schmitt ed. 2017). 이러한 헤이그 프로세스의 진행을 통해 네덜란드는 기존 에스토니아 소재 나토 CCDCOE를 중심으로 이루어졌던, 사이버 안보에 관한 국제법 규범 형성 과정에 끼어들어 새로운 프레임을 제시하는 모습을 보여주었다.

3. 헬싱키 프로세스: 구성주의 지역협력체 모델

핀란드의 사이버 안보 전략은 국방이나 외교의 관점보다는 사회의 필수기능을 안전하게 유지한다는 포괄안보의 관점에서 접근한다. 이러한 비(非)정치적 접근은 유럽과 러시아 사이에서 핀란드가 차지하고 있는 구조적 상황에서 기인하는 바가 크다. 강대국 러시아를 마주보고 있는 지정학적 위치와 두 번의 전쟁을 통해 얻은 역사적 경험을 토대로 핀란드는 냉전시기 '친소련의 중립정책'을 시행했다. 소련과의 갈등 상황을 피하고자 노력했던 핀란드의 중립정책은 유럽 국가들로부터 '핀란드화'(Finlandization)라는 비판과 비웃음을 사기도 하였다. 그러나 소련의 눈치를 보는 상황에서 나토와 유럽연합과의 협력은 어려웠다. 따라서 '핀란드화'라는 비판을 무마하기 위해 유엔 평화유지 활동에 참여하며 국가 브랜드 이미지 개선을 꾀해왔으며, 나토와는 위기관리 대응 차원에서 협력하면서 유럽적 정체성을 유지하고자 했다(김진호·강병철 2007; Möller and Bjereld 2010; 안상욱 2017; 김인춘 2017).

냉전이 종식되어 이전보다 러시아의 위협을 덜 받는 상황이 되면서 핀란드는 좀 더 자유롭게 서방 국가들과의 안보 협력을 추진하게 되었다. 핀란드는 1995년 유럽연합에 가입하였으며, 1999년에는 유로화를 도입하였다. 소련 붕괴 이후 심각한 경제 위기를 겪었던 핀란드는 위기 타개책의 일환으로 유럽연합과의 관계 개선을 모색하게 되었다. 유럽연합 가입은 핀란드로 하여금 유럽연합의 CFSP(Common Foreign and Security Policy)를 준수할 의무를 발생시켰으며, 이러한 과정에서 핀란드는 점점 더 '유럽화'(Europeanization)의 길을 걷게 되었다(Raik 2015). 핀란드는 나토의 회원국은 아니지만 1994년 '평화를 위한 동반자 관계'(Partner for Peace, PfP)에 가입하였으며, 2014년 9월에는 나토와 협정 체결을 통해서 위기관리 활동을 벌이며 이미지 제고와 서방 국제기구와의 협력을 점차 증진시켰다.

이러한 핀란드의 전략은 사이버 안보 분야에도 반영되었다. 사실 핀란드는 노키아의 성공에서 보는 바와 같이 ICT 분야에서 성공한 나라인데, 유럽연합 내에서 디지털 인프라가 발달한 대표적인 국가 중의 하나이다. 이러한 성과를 바탕으로 핀란드는 전통적인 비(非)나토 노선을 넘어서 나토 회원국들과의 양자 간 파트너십을 늘려왔다. 핀란드는 아직까지도 나토에 참여하지 않고 있지만 나토와 다양한 모의훈련

을 매년 수행하고 있다. 나토 CCDCOE는 2010년부터 매년 나토 회원
국 및 파트너 국가와 함께 '락쉴드'(Locked Shields)라는 사이버 사고
대응 모의훈련을 실시하고 있는데, 2012년 이후 핀란드는 나토의 파트
너로서 이 훈련에 참여하고 있다. 또한 나토는 회원국 및 파트너국의
사이버 보안 전문가들과 '사이버 코얼리션'(Cyber Coalition)이라는 모
의훈련도 매년 개최하고 있는데, 핀란드는 여기에도 참여하고 있다(홍
지영 2018, 13).

이러한 행보는 구체적으로 유럽연합 차원에서 2017년 10월 헬싱
키에 유럽하이브리드위협대응센터가 설립되면서도 나타났다. 하이브
리드 위협이란 경제·산업·군사 및 정보 도메인 등 전방에 걸쳐서 일어
날 수 있는 위협을 의미한다. 2017년 8월 스웨덴, 프랑스, 독일, 영국,
미국, 폴란드, 라트비아 및 리투아니아 등이 참여하여 헬싱키에 유럽하
이브리드위협대응센터를 개설하는 양해각서에 서명하고, 10월에 개설
하여 현재 헬싱키에서 운영 중이다. 이 센터를 통해 핀란드는 나토와
유럽연합 간의 협력을 더욱 강화하고 새로운 정보기구 설립 및 훈련
강화 등을 추진하고 있다. 그럼에도 핀란드가 취하고 있는 사이버 안
보전략은 에스토니아와 같은 사이버 국방의 맥락이라기보다는 사이버
범죄나 기술 등 분야에서 유럽 국가들과 협력하는 형태로 나타났음에
주목할 필요가 있다.

이러한 과정에서 드러나는 핀란드의 사이버 안보 규범외교는 사
이버 위협에 대응하는 범유럽 차원의 지역협력에 적극 참여하는 형태
이다. 앞서 살펴본 바와 같이 핀란드는 냉전기 이래로 핀란드화의 오명
을 씻는 국가 브랜드 이미지 개선을 모색해 왔는데, 서방 국가와의 협
력 강화는 물론 범유럽 차원의 포괄안보를 추구하는 과정에서 이른바
'헬싱키 프로세스'로 알려진 나름대로의 중립적 역할을 자처해 왔다.

핀란드는 냉전기인 1972년 미국과 캐나다를 포함한 35개 유럽국가들 간의 다자간 협상 과정을 통해 산출된 1975년 헬싱키 의정서 체결과 CSCE(Conference on Security and Cooperation in Europe)로의 이행 과정에서 평화 조정의 중립허브 역할을 담당했었다(홍기준 2014). 최근 핀란드는 사이버 안보 분야에서도 CSCE 과정에서 나타났던 또 다른 버전의 '중립적 역할'을 염두에 두는 것으로 평가할 수 있다.[12]

4. 제네바 프로세스: 범세계주의 평화윤리 모델

이상에서 살펴본 세 모델과는 달리, 제네바 프로세스는 중견국으로서 스위스가 주도하는 사이버 안보 분야의 규범외교를 의미하는 것은 아니다. 스위스가 명시적 역할을 한 것은 아니고, 다만 스위스(또는 제네바)가 지니는 중립국 이미지를 차용하여 진행되고 있는 일련의 규범외교를 제네바 프로세스라고 명명해 보았다. 특히 이는 마이크로소프트가 주창한 '디지털 제네바 협정'(Digital Geneva Convention)의 제안에서 착안했다. 2017년 2월 마이크로소프트의 브래드 스미스(Brad

---

12 소련을 위시한 동유럽 국가들이 참여했던 1970년대의 헬싱키 프로세스 모델과는 달리, 2010년대의 모델은 러시아의 사이버 공격에 대한 대응을 전제로 한다는 점에서 차이가 있다. 다시 말해, 1975년 채택된 헬싱키 의정서의 경우, 유럽에서 핵전쟁이 일어나면 동서유럽 모두 공멸한다는 위협인식 하에 북유럽 중립국인 핀란드의 주도로 서유럽의 나토 진영 국가들과 소련을 위시한 동유럽의 바르샤바조약기구 참가국들이 모두 당사국으로 참여하였으며, 이에 따라 공동안보의 인식에 입각한 다자안보협의체인 CSCE가 결성되었다. 이러한 시각에서 보면, 러시아가 불참하고 대부분의 회원국이 나토 진영 국가들인 유럽하이브리드위협대응센터가 2017년 헬싱키에 설립되었다고 해서 이것을 디지털 시대의 CSCE 또는 구성주의에 의한 범유럽 차원의 지역안보협력기구의 모색으로 보기에는 아직까지는 다소 조심스러운 부분이 있다. 그럼에도 이 글은 사이버 안보 분야에서 핀란드가 내보이고 있는 행보가 정치군사적 성격을 탈색하고 기술협력과 범죄예방과 관련된 범유럽 지역의 협력에 치중하고 있다는 점에서 향후 러시아까지도 포괄하는 '디지털 헬싱키 프로세스'의 가능성을 지니고 있다고 해석한다.

Smith) 사장은 미국 샌프란시스코에서 개최된 RSA 2017 컨퍼런스에서, 2차 대전 이후 전시에 민간인과 비전투원을 보호하기 위해서 1949년 서명된 제네바 협정과 스위스의 오래된 중립의 전통에서 영감을 받아 국가 지원 사이버 공격으로부터 민간인을 보호하기 위한 목적으로 디지털 제네바 협정을 제안하였다(Microsoft 2017; Gurova 2017).

스미스 사장은 민간 부문과 기반시설 같은 핵심 인프라를 겨냥한 사이버 공격을 하지 말아야 한다고 주장했다. 적십자와 국제원자력기구(IAEA)와 같은 역할을 수행하는 독립기구를 공공·민간 부문에 걸쳐 설립하여 사이버 위협에 대처하고 특정 공격이 발생하면 조사해서 증거를 확보·공유할 수 있어야 한다는 것이다. 특히 사이버 안보를 위해서 마이크로소프트 등 기술기업들의 역할이 중요하다고 강조했다. 스미스 사장은 "제4차 제네바 조약이 전시에 민간인을 보호하기 위해 적십자에 의존하는 것처럼, 국가 지원 사이버 공격으로부터 보호하기 위해서는 기술 부문의 적극적인 지원이 필요하다"고 강조했다. 그에 의하면, 민간 보안기업들이 불법 사이버 공격 행위에 가담하지 말아야 할 뿐만 아니라 "중립국으로 자리한 스위스와 같은 역할을 해야 한다"는 것이다(Microsoft 2017; 『보안뉴스』 2017. 2. 15).

최근 민간 보안기업들은 사이버 공격으로부터 민간인을 보호하기 위한 공동행동에 실제로 나서고 있음에 주목할 필요가 있다. 2018년 4월 RSA 2018 컨퍼런스에서는 마이크로소프트, 페이스북, 시스코, 오라클 등 34개 주요 기업들은 사이버 공격으로부터 사용자를 보호하기 위한 '사이버안보기술협약'(Cybersecurity Tech Accord)에 서명했다. 마이크로소프트가 주도한 이 협약은 참여 기업들이 정부가 무고한 시민과 기업에게 사이버 공격을 가하지 못하도록 관련 국가와 협력하지 않는다는 원칙을 담았다. 사이버안보기술협약에 참여한 기업들은 "모든 사용자와 고객을 보호하고, 무고한 시민과 기업에 대한 사이버 공격을 반대하며, 사용자와 고객, 개발자가 사이버 보안을 강화할 수 있도록 지원하고, 사이버 보안을 강화하기 위해 같은 생각을 가진 그룹과 파트너가 된다"는 네 가지 원칙에 합의했다(『바이라인네트워크』 2018. 4. 19).

이러한 민간기업들의 노력은 스위스 다보스에서 열린 세계경제포럼(World Economic Forum, WEF) 또는 다보스 포럼으로도 이어졌다. 2018년 3월 세계경제포럼은 20여 명의 직원을 고용하여 제네바에 글로벌사이버보안센터(Global Centre for Cybersecurity, GCCS)를 개소하고, 사이버 안보에 대처할 것임을 밝혔다(『MK경제』 2018. 1. 16). GCCS는 정부와 기업, 국제기구가 함께 사이버 안보 문제를 해결하는 글로벌 플랫폼의 역할을 수행하며, 인터폴과도 협력한다. 사이버 공격은 혼자서 방어할 수 없는 형태로 변화했기 때문에 국제사회가 정보를 교환하고 협업하지 않으면 안 된다는 것이 GCCS 개소의 문제의식이다. GCCS는 그동안 세계경제포럼에서 다루었던 사이버 보안 이니셔티브를 통합하여, 사이버 모범 사례를 모은 독립 도서관을 설립하고, 사이버 안보 관련 지식을 널리 확산할 뿐만 아니라 각종 사이버 위협을 조기 경보하는 싱크탱크 역할 수행을 목표로 내세웠다(『전자신문』 2018. 1. 29).

한편 2018년 11월에는 프랑스에서 열린 파리평화포럼에서 '사이버 공간의 신뢰와 안보를 위한 파리의 요구', 즉 '파리 콜'(Paris Call)이 발표되었다. 파리 콜에는 유럽연합 회원국 전체와 세계 주요국들이 참여했고, 218개 컴퓨터 관련 기업과 93개 시민단체도 참여했다. 그러나 미국, 러시아, 중국, 북한, 이스라엘 등 사이버 공격의 배후로 의심받는 국가들은 불참했다. 그럼에도 파리 콜 참여국과 기업·시민단체들은 앞으로 국가 지원 사이버 공격의 형태와 범위를 규정하고, 공격을 가한 상대국에 대한 반격 범위와 민간 피해의 최소화에 대한 방안을 수립할 계획이라고 밝혔다(『서울신문』 2018. 11. 13). 파리 콜은 민간기업들이 시작한 디지털 제네바 협정의 프로세스에 국가 행위자들이 동참하는 의미를 갖는다. 또한 그 발표 과정에서 프랑스가 파리평화포럼과 인터넷 거버넌스 포럼(IGF) 활동의 일환으로 주도적 역할을 담당하여 주목을 끌었다(『엠아이앤뉴스』 2018. 11. 20).

IV. 네 가지 모델의 비교분석과 함의 도출

1. 네 가지 모델의 비교분석

이상에서 살펴본 사이버 안보 분야 중견국 규범외교의 네 가지 프로세스는, 물론 그 내용은 모두 다르지만, 상호 대립 또는 경합하는 두 세력 사이에서 형성되는 구조적 딜레마(동시에 구조적 공백)를 배경으로 출발하였다. 에스토니아가 주도한 탈린 프로세스는 러시아와 나토 사이의 대립구도 속에서 생존과 번영의 전략을 모색하려는 약소국의 국가안보에 대한 관심에서 비롯되었다. 네덜란드가 주도한 헤이그 프로세스는 서방 진영과 비서방 진영의 경쟁구조 사이에 서방의 다자포럼외교를 주도하려는 상업국가의 관심사에서 추동되었다. 핀란드가 주도한 헬싱키 프로세스는 유럽 지역과 러시아 사이에서 새로운 정체성을 모색하는 '탈핀란드화'의 고충을 담고 있었다. 제네바 프로세스는 국가 행위자들이 벌이는 사이버 안보의 군사화 경쟁을 넘어서 사이버 공간에서 민간인의 안전을 확보하려는 민간 보안기업들의 평화윤리 담론을 바탕에 깔고 있었다. 이러한 구조적 상황의 제약과 거기서 발생하는 차이는 구조적 공백을 공략하는 각 프로세스의 전략적 방향을 규정하였다.

무엇보다도 각 프로세스가 제시한 '프레임 짜기'의 성격을 다르게 규정하였다. 사실 각 프로세스는 사고와 행동의 플랫폼을 규정하는 이론적 기반과 안보관이 다르고, 이에 입각한 프레임의 설정이 달랐다. 탈린 프로세스는 지정학적 구조에서 잉태되는 현실주의 발상과 국가안보 중심의 안보관을 바탕으로 사이버전에 대응하는 군사적 프레임을 제시하였다. 헤이그 프로세스는 글로벌 차원에서 형성되는 사회경제적 이익구조의 공백을 제도적 협력을 통해서 메우려는 자유주의 발상을 바탕으로 이해당사자들의 안전을 중시하며 정부간레짐을 구축하기 위한 외교적 프레임을 원용하였다. 헬싱키 프로세스는 글로벌 차원의 국가 브랜드를 다듬고 지역 차원의 정체성을 구성하려는 구성주의 발상에 입각해서 범유럽 차원의 포괄안보를 해치는 사이버 위협에 대응하는 실무협력의 프레임을 제시하였다. 제네바 프로세스는 사이버 공간의 군사적 편향성을 지적하고 인도주의적 중립성을 주창하는 범세계주의 발상과 세계사회의 안보관에 입각해서 전시 민간인 보호를 위한 평화윤리의 프레임을 제시하였다.

각기 상이한 프레임 짜기에 입각해서 진행된 각 프로세스의 '맺고 끊기' 전략이 상이하게 제시되고 있음은 물론이다. 특히 각국이 처한 구조적 위치에 따라서 끊기와 맺기를 수행하는 비대칭 관계조율 전략의 내용과 그 과정에서 담당할 중개자의 역할이 달랐다. 탈린 프로세스에서 나타난 에스토니아의 전략은 러시아를 방어하기 위해서 취한 나토 가입의 노력을 핵심으로 하며, 이 과정에서 나토 내 사이버 안보의 '동맹허브'를 추구했다. 헤이그 프로세스에서 나타나는 네덜란드의 전략은 비서방 진영에 대응하는 서방 진영 내 협력을 강화하는 동시에 서방 진영 내에서도 차별화된 접근을 모색하는 다자포럼외교의 '중개허브'를 모색했다. 헬싱키 프로세스에서 나타나는 핀란드의 전략은 핀란드화의 오명을 벗고 유럽국가의 정체성을 회복하는 과정에서 러시아와의 갈등을 피하기 위해 '비나토 유럽화'를 추구하는 '중립허브'를 지향했다. 제네바 프로세스의 과정에서 마이크로소프트로 대변되는 초국가적 민간 네트워크는 군사-민간 분리의 명분을 바탕으로 사이버 공간의 군사화 담론에 대항하여 민간인 보호를 위한 기술적십자형 '평화허브' 역할을 강조하였다.

각 프로세스가 동원하는 '내 편 모으기'의 메커니즘도 구체적인 메커니즘과 추상적인 원칙이라는 점에서 각기 달랐는데, 동지그룹을 모으기 위한 사실상 네트워크 구축이나 법률상의 기구설치 등에서 상이한 접근을 보였다. 탈린 프로세스의 내 편 모으기 메커니즘은 주로 나토 CCDCOE 활동을 중심으로 진행되었으며 나토 국가들의 반러동맹을 결속시키는 새로운 전쟁법 규범을 지향했다. 아울러 싸이콘(CyCon)과 같은 컨퍼런스의 개최도 큰 몫을 담당했다. 헤이그 프로세스는 사이버공간총회나 자유온라인연합(FOC) 등과 같은 다자포럼을 활용하여 서방 선진국 진영의 공조와 연대를 모색했다. 헬싱키 프로세스는 나토나 유럽연합 차원에서 진행되는 사이버 모의훈련 참여나 유럽하이브리드위협대응센터의 설립 등을 통한 지역 차원의 협력을 지향했으며, 유엔 차원의 평화유지활동 참여로 국가브랜드의 개선을 꾸준히 꾀했다. 제네바 프로세스는 민간기업들의 '사이버안보기술협약' 서명이나 세계경제포럼의 글로벌사이버보안센터(GCCS) 설치, 그리고 이른바 파리 콜 등과 같은 메커니즘을 활용하여 사이버 평화윤리의 담론을 전파함으로써 밑으로부터 세력을 규합하고자 했다.

이상에서 살펴본 네트워크 전략은 각기 상이한 '표준 세우기'를 지향했는데, 이는 사이버 안보 국제규범의 네 가지 상이한 모델로 나타났다. 탈린 프로세스는 기존의 전쟁법 규범을 사이버전에 적용하려 했던 '탈린매뉴얼 1.0'에서 보는 바와 같이 이른바 사이버 정전론의 개념에 입각한 사이버 교전수칙의 수립을 목적으로 했다. 헤이그 프로세스는 사이버공간총회와 같은 정부 간 다자포럼의 개최 및 참여 등을 통해서 사실상 협력의 레짐을 주도하고자 했는데 이는 '탈린매뉴얼 2.0의 회람 과정에서도 나타났다. 헬싱키 프로세스는 유럽 지역에서 진행되는 실무 협력 메커니즘의 구축 차원에서 CSCE와 같은 범유럽 지역 안보협력체를 디지털 분야에서도 모색하는 데 앞장서는 모델이었다. 제네바 프로세스는 2차 대전 직후 체결된 제네바 협정과 같은 모델을 사이버 안보 분야에도 도입하여 초국가적 윤리규범을 수립하려는 디지털 적십자모델이라고 할 수 있다. 이러한 네 가지 모델의 내용을 요약하면 〈표 1〉과 같다.

이 글은 중견국 규범외교의 네 가지 모델을 좀 더 체계적으로 비교하기 위해서, 〈그림 1〉에서 보는 바와 같이, 이상에서 살펴본 내용을 응축한 두 가지 잣대에 의거해서 유형을 구분하였다. 첫 번째 잣대는 각 모델이 처해 있는 구조적 상황과 거기서 비롯되는 프레임 짜기의 차이인데, 이는 각 프로세스가 설정한 프레임이 정부간/국가 프레임이냐 아니면 지역/초국적 프레임이냐에 따라서 구분된다. 이러한 프레임의 차이는 현실주의-자유주의-구성주의-범세계주의 발상의 스펙트럼을 타고 나타난다. 두 번째 잣대는 각 모델이 추구하는 네트워크 전략의 양상, 특히 맺고 끊기와 내 편 모으기에서 나타나는 차이인데, 이는 각 프로세스가 채택한 전략이 사실상 협력 지향이냐, 아니면 법률상 규범 지향이냐에 따라서 구분된다. 이러한 전략적 지향성의 차이는 국가

표 1 중견국 규범외교의 네 가지 모델

	탈린 프로세스 (현실주의 국가동맹 모델)	헤이그 프로세스 (자유주의 정부간레짐 모델)	헬싱키 프로세스 (구성주의 지역협력체 모델)	제네바 프로세스 (범세계주의 평화윤리 모델)
구조적 상황	-러시아 vs. 나토 -약소국, ICT강국	-서방 vs. 비서방 -상업국가	-유럽 vs. 러시아 -탈핀란드화 정체성	-국가 vs. 민간 -초국가적 네트워크
프레임 짜기	-현실주의 발상 -국가 안보관 -사이버전 대응의 군사 프레임	-자유주의 발상 -이해당사자 안전관 -사이버 안보협력의 외교 프레임	-구성주의 발상 -범유럽 포괄안보관 -사이버 위협대응의 실무협력 프레임	-범세계주의 발상 -세계사회 안보관 -민간인 보호의 평화윤리 프레임
맺고 끊기	-러시아 방어 위한 나토 가입 -나토 가입의 노력 -사이버 안보의 동맹허브	-친서방 확대를 통한 대(對)비서방 -서방진영내 차별화 -다자포럼외교의 중개허브	-러시아와의 갈등을 피하는 비(非)나토 유럽화 전략 -디지털 탈핀란드화 중립허브	-군사-민간의 분리 접근 -초국적 민간협력 -기술 적십자형 평화허브
내 편 모으기	-나토 CCDCOE -싸이콘(CyCon) -반(反)러시아 동맹의 결속	-사이버공간총회 -자유온라인연합 -서방 선진국 진영의 연대	-나토, EU 등과 사이버 모의훈련 -유럽하이브리드위협 대응센터	-사이버안보기술협약 -다보스포럼 GCCS -파리 콜
표준 세우기	-탈린매뉴얼1.0 -사이버 정전론 -사이버 교전수칙	-탈린매뉴얼2.0 -이해당사국 포럼 -정부간 다자레짐	-범유럽 차원의 지역안보협력기구 -디지털 시대 CSCE	-디지털 제네바협정 -디지털 적십자모델 -초국가적 윤리규범

동맹-정부간포럼-지역협력체-초국적 네트워크 또는 국제법-다자레
짐-지역정체성-윤리규범의 스펙트럼을 타고 나타난다.

　이러한 두 가지 잣대를 적용하면, 〈그림 1〉에서 보는 바와 같은 네
가지 유형의 중견국 규범외교 모델을 설정해 볼 수 있다. 〈1-영역〉의
탈린 프로세스는 국가 프레임에 입각해서 법률상 규범을 지향하는 에
스토니아 모델이다. 〈2-영역〉의 헤이그 프로세스는 정부간 프레임에
입각해서 사실상 협력을 지향하는 네덜란드 모델이다. 〈3-영역〉의 헬
싱키 프로세스는 지역 프레임에 기초하여 사실상 협력을 지향하는 핀
란드 모델이다. 〈4-영역〉의 제네바 프로세스는 초국적 프레임에 근거
하여 법률상 규범을 지향하는 디지털 제네바협정 모델이다. 이들 모델

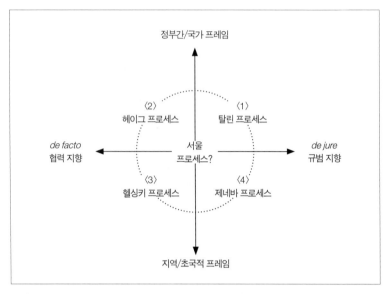

그림 1 중견국 규범외교의 유형구분

은 각기 다른 문제의식을 기반으로 하여 각각의 이익을 반영하고 있으며 각기 상이한 표준을 지향한다. 그러나 아직까지는 어느 것도 표준의 지위를 획득하지 못한 상태에서 규범경쟁을 벌이고 있는 상황이다. 그렇다면 이러한 네 가지 모델에 대한 고찰이 사이버 안보 분야에서 펼칠 한국의 중견국 규범외교, 이른바 '서울 프로세스'에 주는 함의는 무엇일까?

2. 서울 프로세스의 모색에 주는 함의

이상에서 살펴본 네 가지 사례의 비교분석이 주는 함의를 논하기 전에, 한국이 이상의 국가들과는 상이한 구조적 상황에 처해 있음을 명심해야 한다. 이들 국가에 비해서 한국의 사이버 안보 중견국 규범외교가 헤쳐 나가야 할 구조적 딜레마의 상황은 좀 더 복잡하다. 우선, 동북아 지역 차원에서 보면 한국은 패권경쟁을 벌이는 미국과 중국 사이에 놓여 있다. 이러한 미중경쟁은 최근 사이버 안보 분야에서도 치열하게 벌어지고 있다. 동아태 지역 차원에서 벌어지는 지역규범 모색에 있어서도 한국은 한미관계에 기반을 둔 미국 주도 아태동맹 정체성과 한중일과 아세안 지역협력을 기반으로 하는 동아시아 정체성 사이에 껴 있는 양상이다. 또한 글로벌 차원에서도 한국은 서방 진영과 비서방 진영 사이에서 또는 선진국 진영과 개도국 진영 사이에 껴 있는 중견국의 신세이다.

이렇게 복합적으로 펼쳐지는 구조적 딜레마에 직면하여 한국은 한미동맹이냐 한중협력이냐, 아태 국가냐 동아시아 국가냐, 선진국 편이냐 개도국 편이냐 등의 선택을 요구받고 있다. 게다가 한국은 'ICT 강국'으로서 역량은 있으면서도 사이버 공격에 대한 대비 정도는 상대적으로 낮은 나라이면서, 외부로부터의 사이버 위협은 상존하지만 법제도는 제대로 정비하지 못하는 나라라는 이중의 패러독스를 안고 있다. 이러한 상황에서 한국이 추구할 사이버 안보 중견국 외교의 방향은 어디인가? 예컨대, 만약에 '서울 프로세스'를 진행한다면, 프레임과 지향성의 잣대로 볼 때 한국 모델은 〈그림 1〉에서 어디에 위치시켜야 할까? 좀 더 구체적으로 서울 프로세스에 담길 내용은 무엇인가? 그리고 이상에서 살펴본 네 가지 프로세스가 주는 함의와 이를 실제로 한국의 사례에 적용할 경우 발생할 문제점은 무엇일까? 사실 이러한 문제제기는 지난 5-6년 동안 한국이 추구해온 사이버 안보전략의 고민 과정에서 나타났으며, 앞으로의 전략 모색 과정에서도 제기될 문제이기도 하다.

첫째, 에스토니아가 추진한 탈린 프로세스의 현실주의 처방이 한국에 주는 함의는, 북한(또는 중국)의 사이버 위협이 엄존하는 상황에서 강대국 정치군사 동맹규범에 의지하는 모델이 가장 쉬운 처방임을 보여줬다는 데 있다. 이는 한미동맹의 강화나 미국이 주도하는 아태동맹, 한미일 협력, 또는 파이브 아이즈(Five Eyes) 네트워크 등에 적극적으로 편입하는 모델이다. 한국에 나토 CCDCOE와 같은 성격의 '아태 CCDCOE'를 설립하는 방안도 고려될 수 있다. 사실 한국이 외부로부터 당한 사이버 피해나 ICT 강국으로서의 역량을 고려하면 충분히 추구해 봄직한 대안이며, 실제로 박근혜 정부 초반에 제기된 전략안이기도 하다. 그러나 이 모델은 한중관계의 특수성 때문에 현실적 대안이 되기는 쉽지 않다. 냉전 이후 러시아 변수가 에스토니아에 주는 의미와 최근 중국 변수가 한국에 주는 의미는 큰 차이가 있을 수밖에 없다. 사드(THAAD)의 한반도 배치 사태에서 경험한 바와 같이, 경제 분야에서 한중협력이 긴밀하게 진행되고 있는 상황에서 대미 편중의 노선은 한국에 예기치 않은 피해를 초래할 가능성이 있다. 이와 더불어 이 모델이 갖는 한계는 복합적인 네트워크 환경에서 사이버 정전론의 국제법적 적용과 같은 전통적인 발상이 얼마나 실효성이 있겠느냐는 의구심에서도 발견된다(Sleat 2017).

둘째, 네덜란드가 추진한 헤이그 프로세스의 자유주의 처방이 한국에 주는 함의는, ICT 강국이자 서방 국가들과 활발한 온라인·오프라인 교역을 벌이고 있는 한국이 사이버 공간을 안전한 환경으로 만들기 위해 친서방 외교를 펼치는 데 참고가 되는 모델이라는 데 있다. 실제로 한국은 2013년 제3차 사이버공간총회를 개최한 바 있으며, OECD 차원에서도 다양한 사이버 안보 분야의 협력을 주도한 바 있기 때문에, 이 모델의 적극적 채택을 통해서 동지국가들의 내 편 모으기를 모색하고 선진국들의 자유주의적 규범을 확산하는 계기를 마련하는 효과가 있을 것이다. 그러나 외부로부터의 사이버 위협이 엄연히 존재하는 상황에서 한국에게는 사이버 공간에서의 안전한 환경의 조성을 단순히 경제적 관심을 우선시하는 민간 주도 질서구축의 문제로만 볼 수 없는 속사정이 있다. 실제로 한국의 인터넷 및 사이버 안보 정책은 국가가 주도적인 역할을 담당했던 역사적 유산이 있어서 사이버 공간에서의 다중이해당사자들의 무제한적인 자유를 옹호하기에는 어려운 상황이 존재한다. 게다가 서방 진영이 표방하는 다중이해당사자주의 모델을 그대로 수용하기에는 국내적으로 한국의 민간기업이나 시민사회의 역량이 얼마나 성숙했는가의 문제도 존재한다. 다중이해당사자주의가 한국과 같은 나라에는 이데올로기일 수도 있다는 비판이 나오는 것은 바로 이러한 이유 때문이다.

셋째, 핀란드가 추진한 헬싱키 프로세스의 구성주의 처방이 한국에 주는 함의는, 동아시아 차원에서 벌어지는 사이버 안보 다자협의체에 적극 참여하는 문제와 관련된다. 현재 동아태 지역에는 APEC이나 아세안 등과 같은 지역협력체의 형식을 빌려 사이버 안보 논의가 지속되고 있다. 한국도 아세안지역안보포럼(ARF)에 참여하고 서울안보대화(SDD)도 주최하고 있다. 이러한 활동을 발전시켜 유럽연합과 나토처럼 동아시아 포괄안보를 해치는 사이버 위협에 대응하는 사이버 모의훈련을 수행하거나, CSCE와 같은 지역안보협력체를 사이버 안보 분야에서도 추진하든지, '동아시아하이브리드위협대응센터'를 설치하는 방안을 생각해 볼 수 있다. 그러나 현재 지지부진한 한중일 협력이나 논의만 무성한 아세안 협력이 드러내는 한계로 인해서 동아시아 지역협력이 한국에게 주는 의미는, 신뢰구축과 역량강화를 위한 사이버 외교를 실시하는 것을 넘어서는 실질적 매력은 그리 크지 않다. 게다가 자칫 동아시아 지역협력의 강조가 미국으로 대변되는 태평양 세력과 거리를 두고 중국으로 대변되는 동아시아로의 선회로 비칠 가능성도 없지 않다. 한중일과 아세안 지역협력을 기반으로 하는 동아시아 정체성의 구축에 주력하기보다는, 한미관계에 기반을 둔 미국 주도 아태동맹 정체성을 개방적으로 포용하는 외교적 발상을 병행하는 것이 사이버 안보 분야에서도 필요하다.

끝으로, 제네바 프로세스의 범세계주의 처방이 한국에 주는 함의는, 강대국들이 추구하는 힘의 논리에 기반을 둔 사이버 공간의 군사화 담론에 문제를 제기하고 중견국의 보편적 윤리규범으로서 '탈(脫)군사화 담론'을 제시할 필요가 있다는 데서 발견된다. 중견국으로서 한국은 전통적인 제로섬 게임에 기반을 둔 국가안보의 전통적 발상을 넘어서 '탈국가 평화 발상'의 담론을 제기해볼 필요가 있다. 이는 사이버 윤리 분야에서 새로운 담론을 개발하여 힘의 논리에 기반을 둔 강대국들의 안보담론을 제어하는 의미를 가질 뿐만 아니라 최근 중견국 한국이 추구하는 '신뢰외교'나 '어진(仁)외교'의 취지와도 맥이 통한다. 그런데 이러한 모델의 채택은 정부 차원의 노력만으로는 안 되고 국내외 시민사회의 참여를 바탕으로 해야만 한다. 그러나 한국 시민사회의 현실을 고려할 때 이 모델의 추진은 다소 추상적 시도로 그칠 가능성이 크다. 게다가 글로벌 차원에서 보아도, 현재 국제정치의 프레임워크 안에서 제네바 프로세스의 시도는 공공 영역의 지원 없이는 민간 영역의 공허한 문제제기가 될 가능성이 없지 않다. 특히 정부의 포괄적 지원이나 세계공동체로의 외연 확대 없이는 제네바 프로세스의 시도가 당위론적 문제제기로 끝날지도 모른다.

V. 맺음말

이 글이 다룬 사이버 안보 분야의 중견국 규범외교 연구는 21세기 세계정치에서 국제규범의 중요성에 대한 인식을 바탕에 깔고 있다. 강대국이 만드는 '힘의 규범'에 대한 논의를 넘어서 비강대국도 의지할 수 있는 '규범의 힘'에 대한 기대가 늘어났다. 국제정치학에서 국제규범을 보는 이론적 시각은 명분과 제도 그리고 정체성과 윤리 등에 이르기까지 다양하게 나타난다. 물론 21세기 세계정치에서도 물리적 힘의 행사는 사라지지 않겠지만, 이를 넘어서는 국제규범이라는 변수에 대한 관심은 계속 늘어날 것이다. 특히 국제정치의 전통무대보다는 미래 세계정치의 신흥무대에서 국제규범의 존재감은 더 두드러질 것으로 예견된다. 이 글에서 다룬 사이버 안보는 그 대표적인 사례 중의 하나이다. 무엇보다도 이 분야 국제규범의 형성 과정에서는 강대국의 힘의 논리만이 아닌 중견국의 규범외교가 주목을 받고 있다.

이러한 인식을 바탕으로 이 글은 사이버 안보 분야에서 발견되는 중견국 규범외교의 네 가지 모델을 이론적 시각에서 비교분석하였다. 특히 이 글은 네트워크 세계정치이론의 시각을 원용하여 체계적인 개념화를 시도하였다. 복합적인 구조적 상황 아래에서 각 행위자가 차지하는 위치에 대한 논의에서부터 시작해서 그 구조의 공백을 공략하는 행위자들의 전략을 구체적으로 비교분석하기 위해서 네트워크 이론의 개념적 자원들을 활용하였다. 이를 통해서 이 글이 발굴하고 개념화한, 중견국 규범외교의 네 가지 모델은 에스토니아가 주도하는 현실주의 국가동맹 모델로서의 탈린 프로세스, 네덜란드가 주도하는 자유주의 정부간레짐 모델로서의 헤이그 프로세스, 핀란드가 주도하는 구성주의 지역협력체 모델로서의 헬싱키 프로세스, 그리고 스위스의 중립국 이미지를 차용하여 마이크로소프트가 제안한 범세계주의 윤리규범 모델로서의 제네바 프로세스 등이다.

이러한 네 가지 모델의 개념화는 다소 도식적으로 보일 수도 있지만, 그 유형 구분의 국제정치학적 유용성은 매우 크다. 무엇보다도 이들 네 가지 모델은 각기 다른 이론적 기반을 바탕으로 한 실천적 처방의 시나리오를 담고 있다는 점에서 사이버 안보 분야에서 나타날 수 있는 중견국 규범외교의 스펙트럼 전반을 보여준다. 또한 이들 네 가지 모델은 최근 사이버 안보 분야에서 새로운 역할을 모색하고 있는 한국의 중견국 규범외교, 즉 서울 프로세스의 모델에 주는 시사점이 크다. 실제로 각 모델이 담고 있는 전략적 요소들이 한국의 사이버 안보전략 모색의 과정에서 일부 나타나기도 했었다. 그러나 이 글에서 비교분석한 네 가지 모델은 그 자체로는 어느 것도 서울 프로세스가 벤치마킹할 대상은 아니며, 다만 서울 프로세스의 모델을 개발하는 데 유용한 힌트를 제공할 뿐이다. 결국 서울 프로세스는 이들 네 가지 모델의 다양한 요소들을 한국의 상황에 복합적으로 응용하는 과정에서 개발될 것이다.

이상의 내용을 종합해서 볼 때, 한국이 추구할 중견국 규범외교의 모델로서 '서울 프로세스'는, 이상의 네 가지 모델 중에서 어느 하나를 선택하기보다는, 각 모델이 지니고 있는 유용한 요소들을 추출하여 복합적으로 구성한 모델일 가능성이 크다. 예를 들어, 서울 프로세스 발상은 현실주의, 자유주의, 구성주의, 범세계주의 중에서 어느 하나에만 근거할 수는 없다. 맺고 끊기를 추구하는 관계조율의 전략도 동맹허브, 중개허브, 중립허브, 평화허브 등을 포괄하는 복합 기능허브이어야 한다. 내 편 모으기의 메커니즘도 동맹국가, 선진국 정부, 동아시아 이웃 국가, 글로벌 시민사회 등을 모두 대상으로 진행되어야 할 것이다. 결

국 서울 프로세스 모델은 동맹규범 모델이며 협력레짐 모델이고 지역
협력 모델이며 초국적 윤리담론 모델을 모두 포괄하는 '메타규범 모
델'이어야 한다. 이러한 서울 프로세스 모델을 〈그림 1〉에 자리매김한
다면, 아마도 그 한복판에 위치지을 수 있을 것이다.

　　그러나 이러한 '메타규범 모델'에 대한 논의는 한국이 추구할 전
략의 방향성을 제시하는 데는 유용하지만, 그 내용적 요소들을 충분히
제시하지 못하는 한계를 안고 있다. 이 지점에서 이 글에서 수행한 사
이버 안보 분야 중견국 규범외교 연구의 향후 과제가 제기된다. 다시
말해, 이 글에서 서울 프로세스가 지향할 모델로서 제시한 '메타규범
모델'의 형성 조건과 내용 및 구체적인 정책방안에 대한 좀 더 구체적
인 연구가 필요하다. 사실 실천적 정책을 수립하는 관점에서 볼 때 '메
타 모델'이라는 개념적 범주의 설정은 다소 막연하게 들릴 수도 있다.
구체적으로 발생하는 구조적 상황에 맞추어 그 대응 모델의 내용을 채
우고 실제로 실천하는 데 원용할 수 있는 정책방안에 대한 논의를 도
출할 수 있어야 할 것이다. 한국 모델이 '서울 프로세스'가 되기 위해서
는 '형식'뿐만 아니라 '내용'을 제시하는 노력이 수반되어야 한다.

　　요컨대, 최근 사이버 안보 분야에서는, 기존 국제정치의 규칙 하에
서 자국의 이익을 추구하는 단순경쟁이 아니라, 게임의 규칙 자체를 자
신들에게 유리하게 설정하려는 복합경쟁이 벌어지고 있다. 이 글에서
다룬 중견국 규범외교는 이러한 복합경쟁으로서 규범경쟁 또는 프레
임 경쟁이 진행되고 있음을 보여주는 사례이다. 중견국의 입장에서 이
러한 규범경쟁에서 뒤지지 않고 적응하기 위해서는, 전통적인 국민국
가나 동맹의 프레임에만 갇혀 있어서는 안 되며, 좀 더 복합적인 프레
임에서 규범형성의 양상을 이해하고 대응하려는 노력이 필요하다. 아
울러 새로운 프레임을 수용하기 위한 인식론적 발상 전환도 병행되어

야 할 것이다. 이러한 맥락에서 볼 때, 이 글에서 살펴본 네 가지 모델
은 한국이 이러한 복합적인 프레임을 개발하는 데 큰 시사점을 주는
사례가 아닐 수 없다.

참고문헌

김상배. 2014. 『아라크네의 국제정치학: 네트워크 세계정치이론의 도전』. 파주: 한울.
_____. 2018. 『버추얼 창과 그물망 방패: 사이버 안보의 세계정치와 한국』. 파주: 한울.
김인춘. 2017. "20세기 핀란드의 사회적 분리와 정치적 통합: '사회적인 것'의 민주주의적
　　구성과 '정치계획'." 『스칸디나비아연구』 20, pp.137-180.
김진호·강병철. 2007. "스웨덴과 핀란드의 중립화의 정치: 국제-지역-국내정치의
　　다이내믹스." 『유럽연구』 제25집 3호, pp.49-87.
레이코프, 조지(Lakoff, George). 2007. 『프레임 전쟁: 보수에 맞서는 진보의 성공전략』. 서울:
　　창비.
『바이라인네트워크』. "사이버보안 위해 IT기업들이 뭉쳤다…'디지털제네바조약' 실현 첫 발."
　　(2018. 4. 19).
『보안뉴스』. "마이크로소프트, 보안 업계에 '제네바 협약' 도입 주장." (2017. 2. 15).
샵콧, 리처드(Shapcott, Richard). 2015. "국제윤리." 존 베일리스, 스티브 스미스, 퍼트리샤
　　오언스 편. 『세계정치론』. 서울: 을유문화사, pp.271-289.
『서울신문』. "미·러·北 빠진 채… 세계 51개국 '디지털 제네바협약' 합의." (2018. 11. 13).
쉬만스카, 알리나. 2018. "구소련의 약소국에서 유럽 규범의 주도국으로 진화: 에스토니아의
　　사이버 안보 중견국 외교 중심으로." 한국국제정치학회 연례학술대회 발표논문.
안상욱. 2017. "핀란드 외교정책 변화: 러시아 의존성 약화를 중심으로." 『유럽연구』 제35집
　　4호, pp.65-88.
양정윤. 2018. "중견국의 사이버 안보 전략 연구: 네덜란드의 규범외교 사례를 중심으로."
　　한국국제정치학회 연례학술대회 발표논문.
『엠아이앤뉴스』. "정부, 사이버 보안원칙에 관한 국제협약 발표." (2018. 11. 20).
『전자신문』. "WEF 사이버보안센터 3월 가동...사이버 위협 공동 대응." (2018. 1. 29).
전재성. 2012. "동아시아의 복합네트워크 규범론과 한국 전략의 규범적 기초." 하영선·김상배
　　편. 『복합세계정치론: 전략과 원리, 그리고 새로운 질서』. 파주: 한울, pp.310-340.
하영선·김상배 편. 2006. 『네트워크 지식국가: 21세기 세계정치의 변환』. 서울: 을유문화사.
홍기준. 2014. "헬싱키 프로세스의 경로창발성: 동북아에의 시사점." 『유럽연구』 제32집 1호,
　　pp.109-132.
홍지영. 2018. "중견국 외교로서의 핀란드 사이버 보안 전략 및 체계 분석." 한국국제정치학회
　　연례학술대회 발표논문.
『MK경제』. "다보스의 '사이버 공격' 경고…WEF, 연내 사이버보안센터 만든다." (2018. 1. 16).

ASSR Institute. 2016. "The Tallinn Manual 2.0 and The Hague Process: From Cyber
　　Warfare to Peacetime Regime." Center for International and European Law.
_____. 2017. "The International Law of Peacetime Cyber Operations: The Hague
　　Launch of the Tallinn Manual 2.0 on the International Law Applicable to Cyber

Operations and a Panel Discussion." Center for International and European Law.

Burt, Ronald S. 1992. *Structural Holes: The Social Structure of Competition*. Cambridge, MA: Harvard University Press.

Burton, Joe. 2013. "Small States and Cyber Security: The Case of New Zealand," *Political Science* 65-2, pp.216-238.

Callon, Michel. 1986. "Some Elements of a Sociology of Translation: Domestication of the Scallops and the Fishermen of St. Brieuc Bay," in John Law ed. *Power, Action and Belief: A New Sociology of Knowledge*. London: Routledge and Kegan Paul, pp.196-233

Carnoy, Martin, and Manuel Castells. 2001. "Globalization, the Knowledge Society, and the Network State: Poulantzas at the Millennium," *Global Networks* 1-1, pp.1-18.

Claver, Alexander. 2018. "Governance of Cyber Warfare in the Netherlands: an Exploratory Investigation," *The International Journal of Intelligence, Security, and Public Affairs* 20-2, pp.155-180.

Crandall, Matthew. 2014. "Soft Security Threats and Small States: the Case of Estonia," *Defence Studies* 14-1, pp.30-55.

Crandall, Matthew and Collin Allan. 2015. "Small States and Big Ideas: Estonia's Battle for Cybersecurity Norms," *Contemporary Security Policy* 36-2, pp.346-368.

Czosseck, Christian, Rain Ottis and Anna-Maria Taliharm. 2011. "Estonia after the 2007 Cyber Attacks: Legal, Strategic and Organisational Changes in Cyber Security," *International Journal of Cyber Warfare and Terrorism* 1-1, pp.24-34.

Ebert, Hannes, and Tim Maurer. 2013. "Contested Cyberspace and Rising Powers," *Third World Quarterly* 34-6, pp.1054‒1074.

Gitlin, Todd. 1980. *The Whole World Is Watching: Mass Media in the Making and Unmaking of the New Left*. Berkeley: University of California Press.

Górka, Marek. 2018. "The Cybersecurity Strategy of the Visegrad Group," *Politics in Central Europe* 14-2, pp.75-98.

Gurova, Maria. 2017. "The Proposed 'Digital Geneva' Convention: Towards an Inclusive Public-Private Agreement on Cyberspace?" Geneva Centre for Security Policy(GCSP). No.4, (July).

Kaljurand, Riina. 2013. "Security Challenges of a Small State: The Case of Estonia," in Raimonds Rublovskis, Margarita Šešelgyte and Riina Kaljurand, *Defence and Security for The Small: Perspectives from the Baltic States*. Centre for Small State Studies Institute of International Affairs, pp.55‒81.

Kim, Sangbae. 2014. "Cyber Security and Middle Power Diplomacy: A Network Perspective," *Korean Journal of International Studies* 12-2, pp.323-352.

Männik, Erik. 2004. "Small States: Invited to NATO-Able to Contribute?" *Defense & Security Analysis* 20-1, pp.21‒37.

Microsoft. 2017. "A Digital Geneva Convention to Protect Cyberspace," Policy Paper.

Möller, Ulrika and Ulf Bjereld. 2010. "From Nordic Neutrals to Post-neutral Europeans: Differences in Finnish and Swedish Policy Transformation," *Cooperation and Conflict* 45(4), pp.363-386.

Noreen, Eric and Roxana Sjöstedt. 2004. "Estonian Identity Formations and Threat Framing in the Post-Cold War Era," *Journal of Peace Research* 41-6, pp.733 – 750.

Pernik, Piret. 2018. *Preparing for Cyber Conflict Case Studies of Cyber Command.* International Centre for Defence and Security Report. (December).

Praks, Henric. 2014. "Estonia's First Steps in the Direction of NATO and National Defence," *Estonian Yearbook of Military History* 4, pp.113-140.

Raik, Kristi. 2015. "Renaissance of Realism, a New Stage of Europeanization, or Both? Estonia, Finland and EU Foreign Policy," *Cooperation and Conflict* 50-4, pp.440 – 456.

Runnel, Pille, Pille Pruulmann-Vengerfeldt and Kristina Reinsalu. 2009. "The Estonian Tiger Leap from Post-Communism to the Information Society: From Policy to Practice," *Journal of Baltic Studies* 40-1, pp.29-51.

Schmitt, Michael N. ed. 2013. *Tallinn Manual on the International Law Applicable to Cyber Warfare.* Cambridge, MA: Cambridge University Press.

_____. 2017. *Tallinn Manual 2.0 on the International Law Applicable to Cyber Operations.* Cambridge, MA: Cambridge University Press.

Sleat, Matt. 2017. "Just Cyber War?: Casus belli, Information Ethics, and the Human Perspective," *Review of International Studies* 44-2, pp.324 – 342.

Smith, Frank and Graham Ingram. 2017. "Organising Cyber Security in Australia and Beyond," *Australian Journal of International Affairs* 71-6, pp.642-660.

Van der Meer, Sico. 2016. "Medium-sized States in International Cyber Security Policies." Clingendael, Netherlands Institute of International Relations.

제2장　사이버 안보 분야 호주의 중견국 외교전략

신승휴(서울대학교)

I. 머리말

미국과 중국이 벌이는 전략적 경쟁은 지정학적, 지경학적 공간을 넘어 사이버 영역으로까지 확대되는 양상을 보이고 있다. 특히 미중 경쟁의 주 무대라 할 수 있는 인도-태평양(이하 '인태') 지역에서 두 강대국은 사이버 공간의 질서와 거버넌스를 둘러싼 치열한 경쟁을 벌여오고 있다. 이처럼 인태 지역을 중심으로 벌어지는 미중 간 사이버 안보의 갈등과 경쟁은 양자 간 군사·경제적 경합과 함께 지역 질서에 급변을 초래함으로써 역내 국가들에게 큰 도전이 되고 있다. 이와 같은 상황 속에서 미국의 핵심 동맹국인 호주는 2016년 새로운 국가사이버안보전략과 국방백서를 발표하고 인태 지역의 사이버 공간에서 자국이 직면한 안보위협에 주목하는 한편 사이버 공간에서의 규칙기반 질서 구축을 핵심 국익으로 설정하는 모습을 보였다. 나아가 사이버 안보 위기에 전략적으로 대응하기 위해 동맹과 다자협력을 활용한 중견국 외교를 구사해왔는데, 구체적으로 미국이 주도하는 정보동맹에 대한 참여를 강화함과 동시에 역내 사이버 안보 다자협력을 주도하는 외교를 전개하였다. 또한 중국의 사이버 공격행위를 강력히 규탄하고 자국 5세대 통신망 사업에 대한 중국 기업의 진출을 금지하는 등 반(反)중국 정책을 펼치기도 하였다.

　호주의 이러한 외교적 행태는 두 가지 측면에서 흥미롭다. 첫째, 호주의 사이버 안보전략은 미국과의 관계를 강화하고 중국을 밀어내는 양상을 보인다는 점에서 호주가 지정학적 차원에서 전개해온 외교전략, 즉 중국과의 경제 관계를 중시하면서도 간접균형(indirect balance)을 통해 중국을 견제하는 소위 헤징 전략과 차이를 보인다. 둘째, 호주는 자국에 대한 중국발 사이버 공격과 내정간섭의 위협을 완화하기 위해 미국과의 안보협력을 강화하는 것 이외에도 역내 동지국가 (likeminded states)들과의 연대를 강화하는 외교전략을 전개해왔다. 따라서 이 글은 왜 호주가 사이버 안보 분야에서만큼은 유독 중국을 배척하는 모습을 보여왔는지, 그리고 어떤 이유에서 동맹과 다자협력 을 복합적으로 활용하는 외교전략을 지향해왔는가 하는 연구 질문을 제시한다.

　이 글은 호주의 사이버 안보전략을 단순히 균형 논리에 따른 반중 국 전략으로 볼 수 없다는 문제의식을 바탕으로 중견국 호주가 미중 경쟁의 압박을 완화하고 중국의 사이버 위협에서 벗어나고자 선제적 대응으로서 다자협력을 통한 규범외교를 추구해왔다고 주장한다. 호 주는 인태 지역 사이버 공간에서 자국의 국익을 규칙기반 질서 구축으 로, 역할을 규범 선도국(norm entrepreneur)으로 규정하고 사이버 안 보 규범과 제도를 추구하는 역내 동지국가들과의 관계 속에서 중개국 의 위치를 장악하고자 하였다. 이 점에서 호주는 자국에 대한 사이버 공격과 내정개입의 가해국으로 지목된 중국을 반(反)규범적 국가로 규 정하고 대립각을 세우는 모습을 보였다. 따라서 사이버 공간에서 호주 가 전개해온 외교전략은 단순히 중국 봉쇄를 목적으로 하는 미국의 전 략과 구분된다.

　사이버 안보 분야의 호주의 외교적 행태를 조명한 기존 연구 또 는 분석들은 대부분 현실주의적 시각을 통해 사례를 바라봄으로써, '아시아 지역에서 미국의 보안관' 역할을 도맡아온 호주가 사이버 공 간에서도 역시 미국의 주니어 동맹 파트너로서 중국, 러시아 등에 대 항하는 전략에 적극적으로 참여해왔다는 식의 해석을 주로 제시한다 (O'Neil 2017; Intelligence Online 2019). 특히 중국의 부상을 견제하 는 차원에서 미국이 주도해온 비공식 안보 네트워크인 쿼드(Quad:

Quadrilateral Security Dialogue)[1]에 호주가 다시금 참여를 결정한 것과 더불어 자국 5세대 통신망 사업에서 중국 기업을 퇴출한 사례를 예로 들어 호주가 중국의 세력 팽창과 공세적 행위에 따른 안보위협에서 벗어나고자 미국의 중국 봉쇄 전략에 자국의 이해관계를 맞춰왔고, 그러한 의도와 목적이 사이버 공간에서의 외교전략에도 역시 반영된 것이라고 주장한다. 이러한 주장은 호주가 미국, 영국, 캐나다, 뉴질랜드와 함께 '파이브 아이즈'(Five Eyes intelligence alliance)[2] 정보동맹을 구성한다는 사실을 근거로 삼아 그 설득력을 더해왔다.

그러나 사이버 공간에서 호주가 전개해온 외교전략에는 단순히 현실주의적 시각만으로는 완벽히 설명되지 않는 부분이 존재한다. 호주는 중국발 사이버 위협으로부터 자국 안보를 지키기 위해 미국과의 협력관계를 강화하려는 일련의 모습을 보여왔지만, 그와 동시에 인태 지역 사이버 공간의 국제규범 안정화를 핵심 국익으로 설정하고 역내 국가들과의 다자적 사이버 안보협력 강화에도 역시 힘써왔다. 이는 분명 현실주의적 시각에선 제대로 설명되질 않는다. 한편 규칙기반 질서 구축을 지향하며 다른 국가들과의 연대외교를 모색했다고 하여 호주의 외교적 행태를 자유주의적 제도주의를 표방한 외교로 규정하기도 어려운데, 여기엔 두 가지 이유를 들 수 있다. 첫째, 호주는 지정학

---

1   쿼드는 2007년 일본의 주도로 결성된 비공식 안보 네트워크로서 미국, 일본, 인도 그리고 호주가 인도양에서의 해상 합동군사훈련을 전개하기 위해 처음 설립하였다. 그러나 같은 해 호주 연방정부의 정권교체가 이루어졌고, 새롭게 출범한 러드(Kevin Rudd) 정부가 중국과의 관계 악화를 우려해 2008년 일방적으로 쿼드에서 탈퇴함으로써 자연스럽게 해체된 바 있다.

2   파이브 아이즈 정보동맹, 또는 UKUSA 안보협정은 미국, 영국, 호주, 캐나다, 뉴질랜드가 참여하는 영어권 안보협력체로서 주로 이들 국가 간 신호정보(SIGINT) 공유를 목적으로 한다. 1943년 미국과 영국 간 정보 공유를 위해 결성되었고, 이후 캐나다와 호주 그리고 뉴질랜드가 참여하게 되었다.

적 차원에서와 마찬가지로 사이버 공간에서도 역시 미국 패권 질서의 현상 유지를 지향하고 이를 지원해왔다. 둘째, 호주가 다자적 연대를 통해 사이버 공간의 질서를 구축하고자 한 데에는 중국발 사이버 공격으로부터 자국 안보를 지키고자 하는 배타적 국익 인식이 결정적으로 작용하였다. 이렇듯 호주가 중국을 견제하는 차원에서 미국과의 안보 협력을 중시하면서도 미국의 전략에 전적으로 편승하지 않고 역내 양자·다자협력을 통해 안보 증진을 이루고자 했다는 점에서 현실주의나 자유주의적 제도주의에 기초한 해석은 호주의 사이버 안보 외교전략을 설명하는 데 한계를 가진다.

따라서 이 글은 기존 연구가 가지는 한계점을 보완하기 위해 네트워크의 시각에서 호주의 사이버 안보 중견국 외교전략을 살펴보았다. 즉, 인태 지역 사이버 공간을 역내 국가들이 대결과 협력을 벌이는 국제정치의 구조이자 일종의 네트워크로 보고, 그 구조에서 발견되는 공백이라 할 수 있는 '사이버 공간의 국제규범에 대한 지역적 합의 (regional consensus)의 부재' 그리고 '사이버 안보의 규범적 질서 형성을 주도할 수 있는 행위자의 역할'에 주목하여 호주의 외교전략을 분석하였다. 이를 뒷받침하고자 이 글은 특정 이슈를 중심으로 형성된 구조에서 국가가 갖는 구조적 위치와 역할, 즉 '구조적 위치론의 변수'에 주목하는 복합 네트워크 이론을 원용하여 호주의 외교전략에 대한 대안적 해석을 제시하였다. 복합 네트워크 이론은 이슈구조 내에서 중견국이 차지하는 위치와 역할에 대한 분석뿐만 아니라 중견국이 자국의 국익과 정체성을 규정해나가는 과정을 설명하는 데에도 역시 유용하다.

이 글은 크게 네 개의 부분으로 구성되었다. II절에서는 중견국 외교에 대한 이론적 논의를 복합 네트워크 이론의 시각에서 소개하였다.

III절에서는 미중 경쟁으로 인해 형성된 인태 지역 사이버 안보 환경과 그 안에서 호주가 당면한 안보위협에 먼저 주목하고, 거기서 발견되는 사이버 질서 형성구조와 구조적 공백을 짚어 보았다. 이어서 IV절에서 는 호주가 사이버 공간에서의 도전에 대응하기 위해 자국의 정체성 및 국익을 새롭게 설정한 과정과 그 가운데 발견되는 국내적 갈등과 합의 를 살펴보았다. 마지막으로 V절에서는 호주가 인태 지역 사이버 공간 의 규칙기반 질서 구축과 자국 안보 증진을 위해 동맹과 다자적 안보 협력 네트워크에서 지향해온 역할과 전략에 주목함으로써 호주의 사 이버 안보전략의 발전 및 전개 과정을 살펴보았다.

II. 네트워크로 보는 중견국 외교전략

지금까지 중견국 외교에 대한 논의는 주로 국가의 '능력'이나 '행태'를 지표로 삼아 중견국의 범주를 설정하고 그 범주에 속한 국가군의 외교 전략을 설명하는 것에 국한되어 왔다. 먼저, 국가의 능력을 기준으로 중견국의 범주를 설정한 연구는 국가의 영토, 인구, 경제력, 군사력 등 과 같은 물질적 능력과 더불어 그러한 능력에서 비롯되는 영향력의 측 면에서 강대국이나 약소국으로 볼 수 없는 국가를 중견국으로 간주하 였다(Holbraad 1984). 한편 국가의 행태적 경향을 지표로 중견국의 범 주를 설정한 논의는 글로벌 안보 문제나 국제분쟁을 해결함에 있어 다 자주의나 인도주의에 기초한 평화적 방법을 선호하는 국가들의 외교 적 행태, 즉 중견국 기질(middlepowermanship)에 의거하여 중견국 외교를 설명하였다(Cooper, Higgott and Nossal 1993). 행위자의 능력 이나 행태에 주목하는 속성론의 시각을 통해 중견국 외교를 분석한 기존의 연구들은 중견국의 범주를 설정하거나 과거 중견국으로 명명된 국가들의 특정한 외교적 행태를 설명하는 데 유용한 이론적 논의를 제공하였다.

그러나 속성론의 시각으로는 충분히 설명될 수 없는 중견국 외교의 사례들 역시 존재하는데, 이 글이 조명하는 사이버 안보 분야 호주의 중견국 외교전략이 그러한 사례 중 하나이다. 호주는 동맹과 다자협력을 통해 인태 지역 사이버 공간의 규칙기반 질서 확립을 이루려 했다는 점에서 자유주의적 제도주의의 성격을 보였다. 그러나 그 이면에는 질서가 형성되는 구조 내 여러 이웃 국가들 간의 관계 구도가 만들어내는 네트워크에서 중요한 위치를 장악함으로써 네트워크의 흐름을 자국의 국익이 최대한 보장되는 방향으로 이끌어가고자 하는 숨은 의도가 존재한다. 그렇다고 하여 호주가 자국의 배타적 이익만을 고집한 것은 아니다. 호주는 동맹과 다자협력을 이용해 규칙기반의 사이버 질서 구축 노력을 주도하여 역내 사이버 공간의 안정화에 앞장섬으로써 이웃 국가들과 공유할 수 있는 상호이익 역시 추구하는 모습을 보였다. 따라서 호주의 전략에서 드러나는 중견국 외교는 도덕성에 기반을 둔 '어진(仁)' 중견국 외교라기보다는 배타적 국익과 공익을 모두 추구하는 외교, 즉 이익 추구에 의한 중견국 외교로 볼 수 있다. 이러한 이익 기반 중견국 외교(interest-based middle power diplomacy)는 현실주의나 자유주의적 시각만으로는 제대로 설명될 수 없다.

이렇듯 중견국의 속성과 행태에 주목하는 기존 연구들의 기능적 한계를 고려할 때, 특정한 이슈를 둘러싸고 존재하는 국가 간의 관계 구도 및 상호작용이 만들어내는 네트워크와 그 네트워크에서 중견국이 차지하는 위치를 분석하여 중견국 외교를 설명하는 네트워크 이론은 유용한 보완적 분석틀이 될 수 있다. 따라서 이 글은 호주가 인태 지역 사이버 질서 구축에 참여하는 과정에서 중견국 외교의 일환으로 동맹과 다자협력을 활용해온 사례를 네트워크 이론, 특히 소셜 네트워크 이론(social network theory), 네트워크 조직이론(network organization theory) 그리고 행위자-네트워크 이론(Actor-Network Theory, ANT)을 복합적으로 원용하는 복합 네트워크 이론의 시각에서 분석하고자 한다.

먼저 소셜 네트워크 이론의 시각에서 본 중견국 외교는 단순히 중견국의 내재적 속성과 행태에서 비롯된 정책적 결과물이 아니며, 중견국이 복잡한 세계정치의 '구조' 속에서 자신의 국익을 최대한 확보할 수 있는 구조적 위치와 역할을 발견하고 이를 적절히 활용하여 위치권력(positional power)을 장악해나가는 과정이라고 할 수 있다(김상배 2014, 365-369). 여기서 말하는 구조는 행위자들 간 관계 구도와 상호작용의 패턴, 즉 탈지정학적 구조를 의미한다. 중견국은 특정 이슈를 둘러싸고 존재하는 다양한 행위자들—주로 국가들—간의 관계적 구도(relational configuration)가 만들어내는 구조의 네트워크에서 강대국이 메울 수 없는 '구조적 공백'(structural hole)을 찾아 채움으로써 물질적 국력과 지정학적 위치의 한계를 넘어 자신의 이해관계를 충족시킬 수 있다.

네트워크상에 존재하는 구조적 공백이란, 행위자들 간의 관계가 약하거나 느슨함에 따라 그들 간의 상호작용이 원활하게 이루어지지 못하는 것을 의미하는데, 이러한 관계의 균열이나 단절을 구조적 공백으로 볼 수 있다(Burt 1992). 이러한 구조적 공백을 가지는 네트워크를 분절 네트워크라고 하는데, 중견국은 이렇게 분절된 네트워크상에 존재하는 행위자들 간 관계의 균열을 메우거나 단절된 관계를 잇는 역할을 수행함으로써 네트워크상에서 중요한 위치를 차지할 수 있게 된다.

물론 네트워크의 구조적 공백을 메우는 역할이 중견국만을 위한 것은 아니다. 오히려 강력한 국력과 자원 동원력을 지닌 강대국은 중견국보다 더 성공적으로 구조적 공백을 메울 수 있다. 하지만 강대국이 특정 이슈를 중심으로 형성된 구조에서 공백을 발견하더라도 다양한 이유로 인해 이를 메우지 못하거나 메우기를 꺼리는 경우가 여전히 존재한다. 중견국은 이러한 공백을 메우는 중개자가 되어 네트워크의 전반적인 흐름을 바꾸는 권력을 행사할 수 있는 것이다.

네트워크 조직 이론은 중견국이 주권과 영토성의 원칙을 기반으로 하는 위계적 국민국가의 형태에서 네트워크 국가의 형태, 즉 국가기구 내 여러 하위 행위자들의 수평적 관계가 활발해지는 조직의 형태를 갖춘 탈위계적 국가로 변화하는 과정을 설명하는 데에 유용하다(김상배 2014, 62-63). 네트워크 국가로서 중견국은 기존의 국민국가 모델보다 더 열린 정체성과 국가이익을 추구하게 된다. 먼저, 중견국의 열린 정체성은 국가의 자아 정체성과 그 국가가 속한 구조적 환경의 상호작용을 통해 형성된다. 여기서 자아 정체성은 단순히 중견국의 속성과 주관적 정체성에서 비롯된 것이 아니라 특정 이슈를 중심으로 형성된 구조 속에서 자국의 위치 및 역할에 대한 국가의 인식과 더불어 그러한 국가 인식을 두고 정부와 국가기구 내 하위 행위자들이 갈등과 합의를 벌이는 상호작용 속에서 형성되는 것이라고 할 수 있다. 이러한 관점에서 중견국의 정체성은 부동적이지 않으며 오히려 국제적·국내적 상황에 맞춰 변화하는 유연함을 갖는다.

한편, 중견국 외교는 개별 국가 차원의 배타적 국익과 글로벌 또는 지역 차원에서 공유되는 공익이 적절히 배합된 열린 국익을 주장하는 외교정책이라고 할 수 있다. 하지만 강대국과는 달리 제한된 국력과 국제적 영향력을 가진 중견국이 국익과 공익을 모두 추구한다는 것은 현실적으로 어려운 과제일 수밖에 없으며, 때론 분수에 맞지 않는 행위로 비칠 수 있다. 공익의 추구는 국제적 호응과 지지를 불러올 수 있지만, 만약 그 과정에서 국익의 증진이 전혀 이루어지지 않거나 심지어 저해 된다면 극심한 국내적 반발을 초래할 수도 있다. 그렇다고 배타적 국익 만을 증진할 목적으로 중견국 외교를 전개한다면 국제사회의 참여와 지지를 얻을 수 없게 된다. 따라서 중견국은 배타적 국익과 상호이익을 균형에 맞게 배합하여 추구함으로써 자신의 역할에 대한 국제사회의 기대와 국내적 요구를 최대한 만족시키는 외교전략을 전개해야 한다.

마지막으로 행위자-네트워크 이론의 시각에서 본 중견국 외교 는 국가 행위자가 특정한 이슈를 둘러싸고 존재하는 여러 다른 행위 자들과 관계를 맺어가며 그 이슈를 중심으로 형성되는 네트워크를 자 신에게 유리한 방향으로 조정해가는 동태적 과정을 의미한다. 이렇게 중견국이 자신의 주위에 존재하는 다양한 행위자들과 관계를 맺어가 며 네트워크를 형성해가는 과정을 행위자-네트워크 이론에서는 '번 역'(translation)이라 부르는데, 이 번역의 과정은 프레임 짜기, 맺고 끊 기, 내 편 모으기, 표준 세우기의 네 단계로 구성된다(김상배 2014, 89- 92, 370-400).[3]

먼저 '프레임 짜기'의 단계에서 중견국은 특정 이슈를 둘러싼 상 황을 이해하는 상황지성(contextual intelligence)을 바탕으로 네트워 크의 구도를 포착하고 그 안에 속해 있는 여러 행위자들의 속성과 그 들 간의 이해관계를 파악한다. 이를 통해 중견국은 네트워크의 전반적 인 구도를 이해하고 이를 자신에게 유리하게끔 재구성해나가는 설계

---

3   이 글에서 원용하고자 하는 ANT 이론의 번역 과정은 사회학자 미셸 칼롱(Michel Callon)이 이야기하는 번역의 4단계—문제제기, 관심끌기, 등록하기, 동원하기—를 김상 배(2014a)가 중견국 외교론을 설명하기 위해 국제정치학에 맞춰 재구성한 것이다.

권력(programming power)을 장악하게 된다. 이 과정에서 네트워크상에 존재하는 구조적 공백을 발견할 수 있다. 두 번째 '맺고 끊기'의 단계에서 중견국은 네트워크를 이루는 행위자들 간의 이해관계를 조정하는데, 이는 네트워크상에 이미 존재하는 관계를 끊거나 이전에는 존재하지 않던 관계를 새롭게 만들어가는 중개적 역할을 수행함을 의미한다. 이러한 맺고 끊기의 중개를 통해 중견국은 네트워크의 중심을 장악하는 위치권력과 더불어 네트워크의 전반적인 흐름을 결정하는 중개권력(brokerage power)을 획득한다.

　세 번째 '내 편 모으기'의 단계에서 중견국은 이질적인 행위자들을 하나로 모으는 전략을 세우고 이를 실행한다. 중견국 외교의 성공 여부는 해당 중견국이 얼마나 많은 행위자를 자기편으로 끌어모을 수 있는가에 달려 있다고 해도 과언이 아니다. 이렇게 네트워크상에 존재하는 다른 행위자들을 자신의 편에 서게 만드는 능력을 집합권력(collective power)이라 한다. 여기서 주목할 점은 중견국의 집합권력은 강한 군사력과 경제력을 토대로 하는 하드파워와 상대방을 설득하고 유도하는 소프트파워가 복합된 형태의 권력이라 할 수 있다. 마지막 '표준 세우기'의 단계에서 중견국은 이미 수립된 네트워크를 더욱 보완하고 개선함으로써 다른 행위자들이 이를 보편적인 표준으로 받아들이게끔 만든다. 이는 번역의 주체가 되는 중견국이 네트워크에 포함된 여러 행위자에게 표준을 제시할 수 있는 능력을 장악하게 됨을 의미한다. 현실에서 중견국은 주로 강대국이 세운 표준의 정당성과 규범적 가치를 확대하는 보완책을 마련함으로써 전체 네트워크를 자신에게 유리한 방향으로 재구성해나간다. 이러한 번역의 네 단계는 꼭 순차적으로 진행되는 것은 아니며, 상황에 따라 중첩되어 전개되는 양상을 보인다.

III. 인도-태평양 지역 사이버 질서 형성구조

1. 사이버 공간에서의 미중 경쟁과 안보위협 증가

사이버 공간은 기본적으로 다양한 행위자가 국경에 제한을 받지 않고 상호작용하는 탈지정학적 공간이지만, 여전히 국가가 주요 행위자가 되어 치열한 갈등과 경쟁을 벌이는 지정학적 무대이기도 하다. 다시 말해 최대 자원 동원력을 행사하는 국가 행위자 간 경합이 영토의 경계를 넘어 담론경쟁과 사이버 공격-방어의 형태로 발생하는 복합지정학적 공간인 것이다(김상배 2019). 인태 지역 사이버 공간은 이러한 복합지정학적 성격이 뚜렷하게 드러나는 무대라 할 수 있다. 이 지역 사이버 안보 환경은 미중 간 세력 경쟁, 구체적으로 사이버 공간에서의 전략적 우위와 질서 형성의 주도권을 두고 미중 양국이 벌이는 치열한 갈등과 경쟁의 장으로 부상해왔다. 그리고 그 안에서 전개되는 양자 간 안보화 담론경쟁과 사이버 공격-방어 행위는 경쟁 당사국의 안보뿐만 아니라 지역 안정에도 역시 심각한 위협이 되어 왔다.

　미국이 주도하는 국제질서를 개편하고자 일대일로 정책을 통해 세력 팽창에 나선 중국과 그러한 중국을 봉쇄하고 기존 질서를 유지하려는 미국은 사이버 공간에서도 그 패권경쟁을 이어왔다. 군사·경제 영역에서와 마찬가지로 미국은 중국의 사이버 전력 강화와 공세적 행위를 억제하고자 오프라인에서의 군사동맹을 사이버 안보 협력관계로 발전시켜나가는 전략을 전개해왔다. 특히 2017년 미국 트럼프 대통령이 아시아태평양경제협의체(APEC) 정상회의에서 처음 '인도-태평양 구상'(a free and open Indo-Pacific Initiative)을 발표하고 본격적으로 중국과의 경쟁에 돌입하면서 미국의 사이버 전략은 일본, 호주 등을 비

롯한 역내 동맹국들과의 사이버 안보협력을 강화하여 중국을 견제하
는 데 집중되었다.

미국이 인도-태평양 구상을 발표하고 약 1년이 지난 시점에 폼
페이오 국무장관은 워싱턴에서 열린 인도-태평양 비즈니스 포럼에
서 인태 전략의 4대 목표 중 하나로 역내 국가들의 사이버 안보 대
응능력 강화를 위한 디지털 연계성 및 사이버 안보 파트너십(Digital
Connectivity and Cybersecurity Partnership) 구축을 내걸었다. 이는
미국이 지정학적 차원에서 항행의 자유를 원칙으로 하는 규칙기반 질
서를 추구하는 것과 마찬가지로 사이버 안보 영역에서도 역시 규칙과
규범에 기초한 질서 형성을 지향하며, 이를 실현하기 위해 동맹과 안보
협력 관계를 강화해나가겠다는 의지를 분명히 한 것으로 볼 수 있다.
같은 자리에서 그는 미국이 인태 지역에서 추구하고자 하는 것은 (중
국과 달리) 지배가 아닌 파트너십이라는 점을 강조하면서 중국에 대한
노골적인 경계심을 드러내는 것을 주저하지 않았다(Ghosh 2018).

이러한 미국의 행보는 지역 사이버 공간의 국제규범과 국제제도를
설정하는 문제, 달리 말해 사이버 질서를 구축하는 게임에서 전략적 우
위를 장악하려는 의지에서 비롯된 것으로 볼 수 있다. 2018년 발표된
국가사이버전략에서 미국은 전략 구축의 핵심 원칙 중 하나로 사이버
공간에서 미국의 영향력 증대를 꼽으며, 이를 위해 국가 중심의 인터넷
거버넌스에 반대하는 다중이해당사자 모델(multi-stakeholder model)
을 내세웠다. 이는 중국과 러시아 등으로 대표되는 비서방·비자유민주
주의 진영 국가들이 지향하는 국가중심적 사이버 안보 거버넌스와 상
충하는 모델로서 그 이면에는 단연 중국에 대한 견제가 존재한다. 즉,
미국은 인태 지역 사이버 공간에 다중이해당사자주의에 기초한 안보
거버넌스를 구축함으로써 지정학적 차원에서와 마찬가지로 지역 사이

버 질서를 구성하는 경쟁에서도 중국을 따돌리고자 하는 것이다.

이러한 맥락에서 미국은 국가중심적 사이버 거버넌스를 추구하는 국가들, 특히 중국이 개방적이고 자유로우며 안정된 역내 사이버 공간을 구축하려는 노력을 와해한다는 인식을 가져왔다. 그러한 인식을 토대로 미국은 중국이 배타적 국익을 추구하는 과정에서 악의적 사이버 활동을 후원함으로써 역내 사이버 안보 환경을 어지럽힘은 물론이거니와 미국을 비롯한 역내 국가들을 직간접적으로 위협한다는 '중국 해커 위협론'을 펼쳤다. 미국은 2007년 중국 정부가 배후에 있는 것으로 추정되는 중국발 해커들이 미국 국방부 전산망을 공격했다고 주장한 바 있으며, 2015년에는 미국 연방 공무원 신상자료에 대한 중국의 대규모 사이버 절도 사건이 있었다고 밝히기도 하였다(성연철 2015). 이와 관련하여 당시 미국 재무장관은 미중 전략경제대화에서 중국 고위 관리들에게 미국을 겨냥한 중국의 국가 주도적 대규모 사이버 절도에 대한 우려를 노골적으로 표하기도 하였다.

물론 중국은 미국의 중국발 해커 위협론이 모두 조작된 것이라고 주장하면서 일련의 해킹 사건과 중국 정부의 관련성을 전면 부인해왔다. 더 나아가 중국이야말로 외부적인 사이버 공격의 피해국임을 주장해왔는데, 특히 인터넷과 정보통신 분야에서 오랫동안 기술패권을 장악해온 미국이 중국의 기술발전과 정보주권을 위협한다는 주장을 앞세워 미국의 담론적 공격에 대응하는 모습을 보였다. 사이버 국제질서 구축을 위한 전략에서도 중국은 다중이해당사자 거버넌스를 지향하는 미국과 반대로 국가중심적 시각에서 국가사이버안보전략을 수립하고 '정보콘텐츠의 정치안전과 인터넷에 대한 검열과 규제를 수행할 수 있는 국가 정책적 권리'를 보장하는 사이버 거버넌스를 구축하고자 노력해왔다(김상배 2017). 즉, 사이버 공간을 새로운 주권 영역으로 인식하

고 거기에서 자국의 국가 지배력과 국제적 영향력을 강화하는 것을 목
표로 해왔다고 할 수 있다.

사이버 공간에서 전략적 우위를 점하고 나아가 사이버 안보 영역
의 국제규범과 국제제도 형성의 주도권을 장악하기 위해 미중이 벌이
는 경쟁, 그리고 그 안에서 발생하는 안보화 담론경쟁과 사이버 공격-
방어는 경쟁 당사국은 물론이고 나머지 역내 국가들의 안보 역시 위협
해왔다. 특히 미국과 동맹 또는 우호 관계에 있는 역내 국가들에 대한
중국발 사이버 공격이 급증하였다. 예로 한국은 중국의 고고도 미사일
방어체계(THAAD) 보복이 거셌던 2017년 중국발로 의심되는 사이버
공격을 집중적으로 받은 바 있으며(박성제 2017), 같은 해 싱가포르 총
리의 개인신상정보를 겨냥한 대규모 사이버 공격이 있었고 전문가들
은 그 배후로 중국 정부를 지목하였다(Lee 2018). 심지어 2018년에는
중국 정부와 관련된 것으로 추정되는 해커 그룹이 친중 국가로 알려진
캄보디아의 총선에 개입하고자 정부기관, 언론, 비정부기구 등을 공격
했다는 의혹이 불거지기도 하였다(민영규 2018).

인태 지역 내 사이버 공격의 최대 피해국은 미국의 오랜 동맹국이
자 최근 자국 5세대 통신망 사업에서 중국 기업을 전격 퇴출한 호주다.
2016년 호주 연방정부가 발표한 국가사이버안보전략에 따르면, 악의
적 사이버 공격으로 인한 호주의 경제적 손해는 매년 약 170억 호주달
러에 육박하며, 그 외에도 중요 정보를 빼내기 위해 정부 기관을 공격
하는 사이버 스파이 행위 역시 국가안보에 치명적 위협이 되고 있다.
2018년 다국적 정보기술 보안업체 시스코(CISCO)가 발표한 보고서에
서 호주는 아시아-태평양(이하 아태) 지역에서 가장 많은 사이버 공격
을 받는 국가로 지목된 바 있다(Cisco 2018).

이러한 상황 속에서 호주는 자국에 대한 중국발 사이버 공격행

위에 특히 민감한 반응을 보여왔다. 2017년 말 말콤 턴불(Malcolm Turnbull) 당시 호주 총리는 '외국영향투명성제도법안'(Foreign Influence Transparency Scheme Act 2018)을 제안하는 과정에서 정보기관의 보고서를 인용하여 지난 10년간 호주에 대한 중국 정부의 지속적인 내정간섭 및 스파이 행위가 있어 왔다고 주장한 바 있다(Knaus and Phillips 2017). 또한 2019년 2월 스콧 모리슨(Scott Morrison) 호주 신임 총리는 최근 호주 연방의회 전산망이 '정교한 국가 행위자'(sophisticated state actor)의 악의적 공격을 받았으며, 호주 주요 정당인 자유당과 노동당 그리고 국민당의 전산망 역시 비슷한 공격을 받았다고 밝혔다(Tillett 2019). 당시 모리슨 총리는 그 악의적 국가 행위자가 어느 국가인지 밝히지는 않았지만, 그해 9월 호주 신호정보국(Australian Signals Directorate)은 해당 공격의 배후로 중국 정부를 지목하였다(Packham 2019).

호주에 대한 중국의 사이버 공격은 정부뿐만 아니라 일반 기업과 대학 역시 겨냥해왔다. 최근까지 호주 사이버안보센터를 이끌어온 앨러스테어 맥기본(Alastair MacGibbon) 전 센터장은 수천 개의 호주 내 대기업 및 중소기업이 중국 국가안전부의 지시를 받는 해커 그룹 APT10으로부터 사이버 공격을 받아왔다고 밝힌 바 있다(Kehoe 2018). 또한, 2018년 7월 중국 정부의 지원을 받은 것으로 의심되는 해커들이 호주국립대학교(ANU) 전산망에 침투하여 정보를 탈취한 사건이 있었으며(Westbrook 2018), 2019년 6월에는 약 20만 명에 달하는 이 대학 졸업생과 교원의 신상정보가 중국 정부의 후원을 받은 것으로 의심되는 해커집단에 의해 유출된 사실이 밝혀져 충격을 안겼다. 일련의 사건은 해킹 공격의 대상이 된 해당 대학이 연방정부, 국방부, 외교부, 국가정보기관 등과 밀접한 관계를 지닌 교육기관이라는 점에서 심각한 사회적 우려를 불러일으켰다(Wroe 2019). 전문가들은 유출된 졸업생 신상정보가 연방정부를 포함한 국가 기관 내 중요인사를 포섭할 목적으로 탈취되었을 가능성이 농후하다는 의견을 내놓았다(Borys 2019).

2. 사이버 안보의 규범적 질서 형성구조와 구조적 공백

인태 지역 사이버 안보 위협의 증가는 역내 국가들이 사이버 공간에서 국가 행위를 규제할 수 있는 일련의 규칙과 제도를 추구하게끔 하는 결과로 이어졌다. 이러한 지역적 요구는 미국과 중국을 중심으로 하는 역내 국가 간 지정학적 갈등과 중첩되면서 사이버 공간의 질서 형성을 둘러싼 이슈구조, 즉 사이버 질서 형성구조를 구축하였다. 사이버 질서 형성구조란 역내 국가들이 사이버 공간에서 일련의 규범과 제도에 기초한 질서를 형성하려는 이해관계를 가지고 상호작용하는 동태적 과정이며, 동시에 그들 간 관계구도를 의미한다. 이 구조는 크게 두 가지 특징을 가진다. 그 첫 번째는 미중 경쟁과 갈등이다. 앞 절에서 살펴본 바와 같이 미국과 중국은 지정학적 차원에서와 마찬가지로 사이버 공간에서도 역시 안보 거버넌스 형성의 주도권을 두고 첨예하게 대치해 왔다. 두 번째 특징은 사이버 공간의 국제규범에 대한 역내 국가 간 합의가 부재하다는 점이다. 미중 간 세력 경쟁은 역내 국가들이 사이버 공간의 규범과 제도를 설정하는 문제에 있어 합의점에 도달하는 데 걸림돌이 되어 왔다.

물론 역내 주요국들이 사이버 공간에 대한 인식과 전략을 아예 모색해오지 않은 것은 아니다. 이들 국가 역시 사이버 공간에 대한 나름의 구상과 전략을 세워왔다. 일본의 경우 지정학적 차원에서와 마찬가지로 사이버 안보에 있어서도 미국과의 협력 강화를 최우선으로 하는 전략을 모색해왔다. 2015년 9월 일본은 사이버 안보전략에서 자국이 자유롭고 공정하며 안전한 사이버 공간의 실현을 위해 '정보의 자유로운 유통, 법의 지배, 개방성, 자율성, 다양한 주체의 제휴' 등을 지향한다고 밝혔다(김상배 2017, 80). 이는 미국이 추구하는 다중이해당사자주의적 거버넌스 구상과 맥을 같이 한다. 또한, 외부적인 사이버 위협으로부터 국가안보를 보호하는 차원에서도 역시 일본은 미국과의 협력을 통해 자국 사이버 방위능력을 강화하려는 노력을 전개하였는데, 그 대표적인 예로 2015년 4월 정상회담과 2019년 4월 외교·국방 2+2 장관급 회의를 통해 일본에 대한 미국의 '안보 우산'을 사이버 영역에까지 확장한 사례를 들 수 있다(Hurst 2019).

사이버 안보 위협에 대응하는 노력은 동남아시아 지역에서도 역시 전개되었다. 특히 2018년 4월 아세안 회원국들은 싱가포르에서 열린 아세안 정상회담에서 규칙기반의 사이버 공간을 만든다는 공통된 목표를 세우고 사이버 안보 문제에 공동대응하기 위한 정책 틀의 구축을 약속하였다(ASEAN Leaders' Statement on Cybersecurity Cooperation 2018). 같은 해 10월엔 아세안 10개국 모두가 동남아 지역 대테러, 공해 안전, 사이버 안보 문제에 공동 대응하고자 인도네시아의 주도로 발족된 정보공유 네트워크인 '아워 아이즈'(Our Eyes)에 참여를 결정하기도 하였다(최수진 2018). 그러나 이러한 일련의 노력에도 불구하고 사이버 질서에 대한 아세안 차원의 합의가 제대로 이루어졌다고 보긴 어렵다. 아세안 국가들은 아세안 중심적이며 규칙기반의 사이버 안보 거버넌스를 원한다는 점에서만큼은 뜻을 함께하지만, 아세안 자체가 태국, 필리핀, 싱가포르 등의 친미 국가와 캄보디아, 미얀마 등의 친중(親中) 국가를 포괄하는 다자협의체인 탓에 미중 간 사이버 안보 경쟁에서 더욱 자유롭지 못한 상황에 놓여 있다(Thu 2019).

이 글이 주목하는 호주는 사이버 안보 문제와 관련하여 유독 미국과 입장을 같이해왔는데, 특히 중국 정부가 후원하는 것으로 추정되는 사이버 공격으로부터 자국 안보를 보호하기 위해 미국과의 양자적 협력관계와 더불어 미국이 주도하는 파이브 아이즈 정보동맹에 적극적으로 참여하는 모습을 보였다(Barkin 2018). 또한, '안정되고 평화로운 온라인 환경'(a stable and peaceful online environment)의 실현을 목적으로 다중이해당사자주의에 입각한 거버넌스 형성을 지향한다는 점에서 사이버 질서를 세우는 문제에서도 역시 미국과 뜻을 함께해 왔다.

이렇듯 미국과 동맹 관계에 놓여 있는 일본과 호주는 기본적으로 미국이 추구하는 사이버 안보 거버넌스에 부합한 국제규범을 지향하는 모습을 보여왔다. 그러나 아세안 회원국들은 미국의 사이버 안보전략이 중국을 적성국으로 상정한다는 점에서 중국과의 관계 악화를 우려하여 사이버 질서에 대한 입장표명과 전략 모색에 다소 제한적이고 모호한 태도를 취해왔다. 이렇듯 사이버 공간의 국제규범에 대한 분명한 지역적 합의가 부재하다보니 사이버 공간에서 국가 행위를 규율하고 나아가 안보위협을 관리하는 데에 필요한 규범적 질서는 제대로 구축되지 못했다. 따라서 사이버 질서 형성구조에서 국제규범에 대한 지역적 합의의 부재는 구조적 공백으로 존재해왔다고 볼 수 있다.

한편, 사이버 공간의 국제규범에 대한 역내 국가 간 합의를 주도할 수 있는 중개자의 역할은 미국이나 중국이 메우지 못하는 또 다른 구조적 공백으로 존재해왔다. 앞서 본 바와 같이 패권국 미국은 자유롭고 개방된 인태 지역을 만든다는 명목하에 다중이해당사자주의적 사이버 안보 거버넌스 구축에 힘써왔다. 그러나, 트럼프 행정부의 미국 우선주의 행보와 미중 경쟁으로 인한 양자택일의 압박은 미국이 독자적으로 사이버 공간의 국제규범에 대한 지역적 합의를 이끌어 내고 질서 구축 과정에서 주도권을 행사하는 것을 어렵게 만들었다. 중국 역시 국가주권과 내정불간섭의 원칙이 보장되며 국가의 강력한 통제에 기초한 사이버 안보 거버넌스를 추구해왔지만, 그러한 거버넌스가 자유롭고 개방된 인터넷 공간을 억압한다는 점에서 소수를 제외한 나머지 역내 국가들의 호응을 얻지 못했다. 따라서 사이버 질서 형성구조에서 규범 선도국의 역할은 미국이나 중국이 메울 수 없는 또 다른 구조적 공백이라 할 수 있다.

IV. 호주의 국익 설정과 국내적 합의

1. 사이버 공간에서의 국익 및 역할 설정

미중 경쟁으로 인한 인태 지역의 부상은 2차 세계대전 이후부터 호주가 지속해서 추구해온 국익이자 공익, 즉 안정된 규칙기반 질서에 대한 욕구를 더욱 강화하는 계기가 되었다. 호주는 인태 지역이 자유롭고 개방적이며 안전한 공간이 되기 위해선 규칙에 기초한 질서가 필요하며, 그러한 질서가 확립되어야만 자국의 안보와 번영 역시 지켜낼 수 있다고 판단해왔다. 이러한 판단에서 호주는 지역 안정을 추구하는 역내 국가들과 협력관계를 증진하여 지역 차원의 다자협력을 통해 사이버 안보의 국제규범을 구축하고자 하였다. 이를 통해 알 수 있는 사실은 호주가 규칙기반의 사이버 질서라는 지역 차원의 공익을 자국의 국익과 결부시키고 이를 추구하는 과정에서 자국의 안보와 경제를 지켜내고자 했다는 점이다.

이처럼 호주가 배타적 차원의 국익을 다른 국가들과 공유할 수 있는 상호이익과 연결 지어 추구해온 것은 호주의 외교가 기본적으로 다자협력을 이용해 분쟁 해결 및 규범 확산을 도모함으로써 배타적 국익을 증대하는 전략을 지향해왔기 때문으로 볼 수 있다. 비강대국으로서 물질적 국력과 지정학적 영향력에 있어 분명한 한계를 가질 수밖에 없는 호주의 처지에서는 역내 이웃 국가 또는 동류 국가들과의 상호이익을 추구하는 과정에서 자국의 국익을 증대하는 전략이 대개 효과적이었기 때문이다(Carr 2015; Evans 2012).

이러한 맥락에서 호주는 2016년과 2017년에 각각 발표한 새로운 국방백서와 외교백서를 통해 규칙기반 질서의 유지를 자국의 핵심 국익으로 설정하였다. 여기서 호주가 지향하는 규칙기반 질서란, 2차 세계대전 이후 호주를 비롯한 아태 지역 국가들의 경제적 번영과 안보 증진을 보장해준 국제적 환경을 의미하는 것으로서 미국의 주도로 형성된 질서를 의미한다. 즉, 미국이 제공하는 글로벌 안보체제, 열린 시장경제와 무역환경, 보편적 권리와 자유, 국제규범 등 일련의 규칙을 기반으로 해온 질서이다(Australian Department of Foreign Affairs and Trade 2017a). 따라서 호주는 인태 지역 질서가 평화적인 분쟁 해결, 자유롭고 개방된 시장경제, 항행의 자유, 약소국의 권리 보호 등의 규칙을 강화하는 형태로 세워지길 희망하며, 그러한 질서를 형성하는 데에 미국이 주도적 역할을 다하고 중국을 포함한 역내 국가들 역시 이에 동참해줄 것을 촉구해왔다(Green 2019).

그러나 한 가지 짚고 넘어갈 점은 중국의 급격한 부상으로 인해 미국 패권에 기초한 기존 자유주의 질서의 유지가 점점 더 어려워지고 있다는 판단에서 호주는 미국의 패권을 전제로 하지 않는 규칙기반 질서 역시 조심스럽게 그려왔다는 사실이다. 물론 호주는 미국의 강력한 리더십과 지속적인 지역 관여를 희망하고 있지만, 인태 지역 질서가 미국의 주도만으론 구축되지 않을 것이라고 인식해왔다. 이러한 인식은 필립 그린(Philip Green) 호주 외교부 미국·인도-태평양전략부 제1차관의 발언에서 잘 드러나는데, 그는 한 연설을 통해 미국이 인태 지역에서 가장 강력한 국가이긴 하나 그 우월적 지위가 도전받고 있으며, 미국의 이해관계와 영향력이 인태 지역의 미래를 형성하는 유일한 요소는 아니라는 점을 분명히 하였다. 같은 연설에서 그는 지역 규칙기반 질서 유지에 있어 미국과 중국의 역할은 핵심적이지만 동시에 일본, 인도, 아세안 그리고 호주 역시 중요한 행위자가 될 것이라고 주장하기도 하였다(Green 2019).

이와 같은 맥락에서 호주 정부는 2016년 국방백서에서 '안정된 규칙기반 질서'(stable rules-based order)라는 단어를 무려 56번이나 사용하고, 향후 호주군의 역할을 질서 보호자로 설정하는 등 규칙기반 질서에 대한 강한 집착을 보였다(Australian Department of Defence 2016). 이러한 집착은 불투명한 미래에 대한 호주의 우려를 방증한다. 호주는 미중 경쟁으로 인해 부상하는 인태 지역에서 규칙기반의 질서가 부재할 경우 자국의 안보와 경제가 심각한 위기에 봉착하게 될 것으로 여긴다. 이러한 위협인식은 중국의 지정학적 세력 팽창과 사이버 공간에서의 공세적 행태, 그리고 미국의 자국 우선주의적 행보와 안보 공약의 약화를 우려한 데서 비롯된 것이다. 즉, 강대국 경쟁으로 인해 기존 질서가 흔들리는 상황에서 그 질서를 지탱해 온 규칙을 강화하는 데 필요한 강대국들의 의지와 능력을 기대할 수 없다는 판단이 규칙기반 질서에 대한 집착으로 이어졌다고 볼 수 있다(Bisley and Schreer 2018).

규칙기반 질서에 대한 호주의 의지는 지정학적 차원에서뿐만 아

니라 사이버 공간에서도 역시 뚜렷하게 드러난다. 호주는 '개방되고 자
유로우며 안전한 인터넷'(an open, free and secure Internet) 환경을
형성하기 위해 일련의 규칙에 기초한 질서가 세워져야 한다고 믿는다.
호주 연방정부는 2016년 국가사이버안보전략 발표를 통해 호주가 '언
론의 자유, 사생활 권리, 법질서'에 기초한 '개방되고 자유로우며 안전
한 인터넷 환경'을 항상 옹호해왔다는 점을 강조하였으며, 호주가 지
향하는 국제 사이버 전략의 3대 원칙으로 '다중이해당사자 모델에 기
초한 인터넷 거버넌스', '국제법과 국제규범을 통한 사이버 공간에서
의 국가 행위 규제', '개발도상국의 사이버 역량 강화 지원'을 내걸었
다(Australian Department of the Prime Minister and Cabinet 2016a,
41). 더 나아가 지역 국가 간 불신과 갈등을 최소화하기 위해 사이버
공간에서도 역시 국가 행위에 대한 평시 규범(peacetime norms)을 지
속해서 고취할 것이라고 밝혔다(Australian Department of the Prime
Minister and Cabinet 2016a, 42).

　같은 맥락에서 턴불 총리는 국가사이버안보전략을 발표하는 자리
에서 해외 사이버 공격에 대응하는 방안 중 하나로 신호정보국의 '공
격적 사이버 역량'(offensive cyber capability)을 사용하겠다는 뜻을
밝혔는데, 그는 "공격적 사이버 역량은 (해외 사이버 공격에 대한) 정부
대응 방안 중 하나로서 이는 엄격한 법의 테두리 안에서 이루어지며
규칙기반 국제질서에 대한 우리의 지지 그리고 국제법에 대한 우리의
의무를 따른다…이러한 사이버 역량을 공식적으로 인정하는 것은 국
제무대에서 선행적 규범을 추구하는 호주의 신용을 높이는 일"이라고
말하였다(Australian Department of the Prime Minister and Cabinet
2016b). 또한, 2017년 줄리 비숍(Julie Bishop) 당시 호주 외교부 장관
역시 국제사이버협력전략(International Cyber Engagement Strategy)

을 발표하는 자리에서 사이버 공간에도 역시 규칙기반 질서가 필요하다는 점을 역설하면서 "국가 행위를 규정하는 국제적 규칙이 존재하고 또 지난 70년간 규칙기반 국제질서가 존재해온 것과 마찬가지로, 국가 행위자들은 전통적 영역에서 군사안보 행위가 규칙에 지배를 받아온 것처럼 사이버 공간에서의 행동 역시 똑같은 규칙에 지배받는다는 점을 인정할 것"을 촉구하기도 하였다(Australian Minister for Foreign Affairs 2017).

이렇듯 호주는 자국의 안보를 지켜내기 위해선 규범과 제도에 기초한 사이버 질서가 필요하다는 인식을 바탕으로 질서 구축 및 안정화를 지향하는 역내 국가들과의 연대를 강화하고, 이를 토대로 질서 형성을 위한 다자협력을 주도해나가고자 하였다. 이는 호주가 규칙기반 사이버 질서를 추구하는 역내 국가들 사이에서 중개자로서 자국의 영향력을 확대하고, 이를 통해 사이버 안보의 규범적 질서 형성구조의 네트워크에서 규범 선도국의 위치를 장악하길 원했기 때문이다. 이러한 전략적 이해관계는 호주 정부가 국가안보상의 이유로 자국의 5세대 통신망 사업에서 중국 통신장비 업체를 퇴출했던 사례에서 잘 드러난다.

2018년 8월 호주 연방정부는 국가안보상의 이유로 자국 5세대 통신망 사업에서 중국 통신장비 업체인 화웨이와 ZTE를 퇴출하였는데, 이러한 결정은 이들 기업이 중국의 사이버 공격 수단으로 이용될 위험이 크다는 호주 신호정보국의 조언을 바탕으로 한 것이었다. 2018년 초 연방정부는 국가 5세대 통신망이 공격받을 시 발생할 수 있는 위협을 측정하기 위해 신호정보국 소속 전문 해커들과 함께 사이버 공간에서의 모의전(war game)을 시행하였고, 그 결과는 호주 정치인 및 안보전문가들에게 충격을 안겼다. 모의전에 임했던 신호정보국 해커들은 자신들이 행한 비슷한 수준의 사이버 공격이 호주의 5세대 통신망에 가해질 경우, 모든 주요 기반시설이 마비되어 국가적 피해가 엄청날 것이라는 보고를 올렸다(Bryan-Low and Packham 2019). 그리고 모의전이 시행되고 불과 여섯 달이 지난 시점에 호주 정부는 공식적으로 자국의 5세대 통신망 사업에서 중국 기업의 참여를 배제한다는 결정을 발표하였다.

호주 정부가 중국과의 관계 악화와 기술·경제적 손해에도 불구하고 화웨이와 ZTE의 통신장비 도입을 금지한 결정적 이유는 해당 기업의 장비가 중국의 첩보 활동에 이용될 수 있다는 안보적 우려 때문이지만, 또 한편으론 사이버 영역에서 중국과 거리를 둠으로써 규범 선도국으로서의 이미지를 확고히 구축하길 원했기 때문이기도 하다. 호주 정부는 중국이 호주를 비롯한 서방 국가들을 상대로 사이버 공격과 탈취 행위를 벌여온 것에 대해 심각한 우려를 표해왔으며, 특히 중국의 행동이 안전하고 자유로운 사이버 환경 구축을 방해한다는 인식을 가져왔다. 호주가 자국의 5세대 통신망 사업에서 중국 통신기업을 퇴출하고 나아가 미국을 비롯한 우방국들에 자국과 뜻을 함께할 것을 강력히 요구했던 것은 이러한 인식에서 비롯된 행동이라 볼 수 있다. 이는 턴불 총리가 중국의 사이버 탈취 및 공격행위와 화웨이/ZTE 문제를 연계시켜 이들 기업이 중국의 사이버 공격 및 탈취 수단으로 사용될 가능성이 농후하다는 인식을 우방국들에 전달코자 노력하였던 것에서 잘 드러난다(Bryan-Low and Packham 2019; IISS 2019).

또한, 같은 해 12월 호주 정부는 외교부와 내무부의 공식 성명을 통해 중국 정부가 해커 그룹 APT10의 사이버 절도 행위를 후원해온 것을 강력히 규탄하였는데, 이러한 행동은 자국에 대한 중국발 사이버 위협을 완화하고자 하는 의도와 더불어 규칙기반의 사이버 질서 구축 네트워크에서 자국의 영향력을 증대하고자 하는 의도에서 비롯되었다

고 볼 수 있다. 호주 정부는 중국 규탄 성명에서 중국을 비롯한 모든 국
가가 G20을 통해 정해진 바 있는 재적 재산에 대한 사이버 절도 행위
금지 협약을 준수할 것을 촉구하는 한편 호주가 '안정된 사이버 안보
문화'(a resilient cyber security culture)를 촉진하는 데에 전념해온 국
가라는 점을 특히 강조하였다(Australian Minister for Foreign Affairs
2018). 그리고 해당 성명을 파이브 아이즈 동맹국인 미국, 영국, 캐나
다, 뉴질랜드와 같은 날 동시에 발표함으로써 호주가 규범적 사이버 질
서를 추구하는 국가 간 네트워크에서 핵심축이 되고자 한다는 점을 분
명히 하였다.

2. 국내정치적 지지 확보

사이버 안보 영역에서 호주 연방정부가 설정한 정책 방향은 비교적 순
조롭게 초당파적 지지를 확보할 수 있었다. 특히 전통적으로 친중 외
교를 지향해온 대표 야당인 노동당은 중국을 사이버 공격의 배후이자
규칙기반 사이버 질서 구축에 비협조적인 행위자로 규정하는 연방정
부의 정책에 동조하는 태도를 보였는데, 이는 연방정부의 화웨이/ZTE
퇴출 결정, 호주 신호정보국의 사이버 공격 대응 결정, 호주에 대한 외
국의 내정간섭을 방지하는 외국영향투명성제도법안, 그리고 정부 기
관이 민간기업들에 사용자 메시지 데이터의 암호화 해제를 강제할 수
있는 '지원 및 접근 법안'(Assistance and Access Bill 2018)에 노동당
이 지지를 표명하거나 협조한 데에서 잘 드러난다.
　　2018년 호주 정부는 국가안보상의 이유로 자국의 5세대 통신망
사업에서 화웨이와 ZTE를 퇴출한다는 결정을 발표함과 동시에 파이
브 아이즈 동맹국들에 호주와 뜻을 함께하기를 강력히 요구하기 시작

하였다. 그리고 정부의 이러한 결정과 행보에 대표 야당인 노동당은 지지와 협조 의사를 밝혔는데, 노동당 대변인은 연방정부의 화웨이/ZTE 퇴출 결정에 동의의 뜻을 밝히면서 "노동당은 국가안보 문제에 있어선 호주 정보기관의 조언을 항상 받아들일 것이며, 이는 오래된 초당파적 입장으로 변치 않을 것"이라고 말하였다. 익명을 요구하는 몇몇 노동당 주요 인사들 역시 노동당이 차기 연방정부를 구성하게 되더라도 화웨이/ZTE 퇴출 결정이 번복되는 일은 없을 것이라는 점을 분명히 하였다(Hunter 2019). 중국을 대함에 있어 연방정부 및 여당인 자유국민연립당과 차별된 접근을 지향해온 노동당이 화웨이/ZTE 사태와 관련해 연방정부와 같은 위치에 서 있다는 점을 분명히 한 것은 사이버 안보 영역에서 정부가 설정한 국익과 역할을 지지한 것으로 해석할 수 있다.

한편, 해외 사이버 범죄 네트워크, 특히 이슬람 극단주의 테러조직인 IS 퇴치에 호주 신호정보국이 공격적 사이버 역량을 사용할 수 있도록 하는 연방정부의 결정에도 역시 야당은 지지 의사를 표하였다. 전술한 것처럼 2016년 턴불 총리는 국가사이버안보전략 발표를 통해 호주가 해외 사이버 공격에 대응하는 방법의 하나로 공격적 사이버 역량을 선제적으로 사용할 것을 공표하면서, 이러한 공격적 사이버 역량은 국제적 규칙과 국제법이 허용하는 범위 내에서만 사용될 것이며 따라서 국제무대에서 선행적 규범을 옹호하는 호주의 신용을 높일 것이라고 말한 바 있다. 이에 대해 빌 쇼튼(Bill Shorten) 노동당 당수는 의회 연설에서 "테러에 대응하고 극단주의를 물리치는 것은…공중지원과 군사훈련을 제공하는 일뿐만 아니라 적의 사이버 활동을 방어적 방법과 더불어 공격적 방법으로 방해하는 일 역시 포함한다"라는 발언을 통해 정부 정책에 찬성의 뜻을 내비쳤다(Parliament of Australia 2016).

비슷한 맥락에서 2018년 연방정부가 제안한 외국영향투명성제도 법안에도 노동당은 협조하는 모습을 보였다. 2017년 턴불 총리는 호주에 대한 외국, 특히 중국의 내정간섭이 심각한 수준에 이르렀다고 주장하면서, 이를 사전에 방지할 수 있는 새로운 법안을 제시하였다. 해당 법안의 주요 골자는 호주의 정치, 경제, 사회, 교육 등의 분야에 대한 외국 세력의 개입과 간첩 활동을 방지하는 차원에서 외국 정부를 위해 활동하는 로비스트들에게 대리인 등록을 강제하고, 이들이 호주의 내정에 간섭하거나 간첩 행위를 자행할 경우 처벌하도록 하는 것이었다. 2018년 6월 해당 법안은 어렵지 않게 하원의 승인을 받고 초당파적 지지하에 상원에서도 역시 찬성 39표, 반대 12표로 무난히 통과되었다(Scott 2018). 주목할 점은 전통적으로 친중 외교를 지향해온 노동당이 해당 법안 통과가 중국과의 관계 악화를 초래할 수밖에 없다는 사실을 인지하면서도 연방정부와 여당에 협조하였다는 점이다.

연방정부에 대한 노동당의 협조는 같은 해 12월 정부 기관이 민간 기업들에 사용자 메세지 데이터의 암호화 해제를 강제할 수 있도록 하는 법안 제정으로도 이어졌다. '지원 및 접근 법'(Telecommunications and Other Legislation Amendment (Assistance and Access) Act 2018)으로 불리는 이 법은 정보기관과 법 집행기관이 국가 안보적 필요에 따라 통신 서비스 제공 업체의 암호화된 통신 메시지에 언제든지 접근할 수 있도록 하는 규정을 담고 있는데, 이는 통신의 암호화가 안전한 온라인 환경 구축에 필수적이기도 하지만 동시에 사이버 공간에서 국가안보를 위협하는 범죄 조직의 수단으로 악용되기도 한다는 연방정부의 판단에서 비롯된 것이다(Australian Department of Home Affairs 2019). 2018년 9월 해당 법안이 하원에 처음 제출되어 같은 해 12월 상하원에서 모두 통과되기까지의 과정에서 노동당은 세부 조항의 수정을 요구하며 여당과 대립하였지만, 연말 연휴 전까지 법안이 통과되지 못할 경우, 국가안보에 대한 사회적 우려가 노동당에 대한 비난 여론으로 이어질 것을 우려하여 결국 수정안을 철회하고 법안 통과에 합의하였다(Karp 2019).

이렇듯 연방정부가 야당의 협조를 비교적 어렵지 않게 이끌어 낼 수 있었던 것은 중국의 사이버 공격과 내정간섭을 실존하는 위협으로 구성하려는 연방정부의 안보화 노력이 호주 국민을 설득하는 데에 성공하였기 때문으로 볼 수 있다. 안보화의 결과로 중국에 대한 호주 국민의 불신과 우려가 증대되어 국내적 여론이 연방정부의 정책을 지지하는 방향으로 조정되었고, 노동당 역시 그러한 여론을 의식할 수밖에 없게 되었던 것이다. 물론, 연방정부가 추진한 지원 및 접근 법안의 경우 국가가 필요에 따라 안보를 앞세워 개인의 권리와 사생활을 침해할 가능성이 있다는 점에서 야당과 통신 기술 관련 기업 그리고 호주 변호사협회(The Law Council of Australia)나 인권위원회(Australian Human Rights Commission) 등 개인정보 보호를 옹호하는 국내단체들의 비난을 초래하기도 하였지만, 이는 국민적 반대여론으로 이어지지는 않았다.

2019년 호주의 싱크탱크인 로위 연구소(Lowy Institute)가 발표한 국민 여론조사 결과에 따르면, '중국이 국제사회에서 책임 있게 행동하고 있는가'라는 질문에 조사 대상자 32%만이 '매우 그렇다' 또는 '다소 그렇다'고 답하였다(Kassam 2019, 8). 이는 작년 결과보다 20% 낮은 수치이다. 한편, '외국 기업의 기술 도입 문제와 관련하여 최우선적 고려사항은 무엇인가'라는 질문에 조사 대상자의 절반에 가까운 43%가 '외부적 내정개입 위협 여부'를 꼽았다(그림 1 참고). 그 외에도 조사 대상자의 77%가 '호주 인근 지역에서 중국의 군사 활동을 억제하는 데 호주 정부가 더욱 적극적인 자세를 취해야 하는가'라는 질문에 동의 의사를 밝혔으며, '호주 정부가 중국으로부터 지나치게 많은 투자를 받고 있다고 생각하는가'라는 질문에 68%가 '그렇다'고 답하였다.

해당 여론조사 결과에서 또 한 가지 눈여겨볼 점은 호주 국민의 안보 위협인식의 변화인데, 조사에 따르면, 조사 대상자의 62%가 '외국의 사이버 공격'을 호주의 핵심 국익에 대한 심각한 위협으로 꼽았으며, 절반에 가까운 49%가 '호주의 정치에 대한 외국의 내정간섭'이 호주 안보에 심각한 위협이 된다는 데에 동의하였다(Kassam 2019, 12-13). 로위 연구소의 2017년, 2018년도 조사 결과를 종합해보면, 외국의 사이버 공격을 안보위협으로 인식하는 호주 국민이 2017년도에 55%, 2018년도에 57%, 2019년도에 62%로 꾸준히 증가하였음을 알수 있다. 호주 정치에 대한 외국의 영향력 행사 및 내정간섭을 심각한 국가 안보위협으로 인식하는 국민 역시 2018년 41%에서 2019년 49%로 8% 더 증가하였다(그림 2 참고).

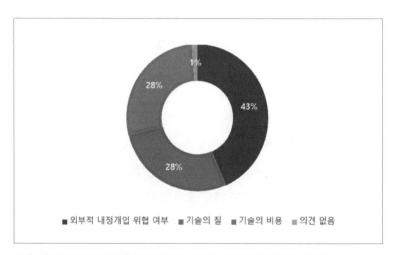

그림 1 외국 기업의 기술 도입 문제와 관련한 국민적 관심사항 및 우선적 고려사항
출처: Kassam 2019에서 재가공.

이러한 결과는 연방정부가 2016년 국가사이버안보전략을 발표하고 그 이듬해 중국을 겨냥한 외국영향투명성제도법을 공포하는 등 호주의 정치, 경제, 사회 전반에 걸친 외부적 안보위협을 성공적으로 부각시킨 데 따른 것으로 볼 수 있다. 특히 호주 국민 다수가 외국 기업의 기술을 도입하는 문제에 있어 해당 기술 도입이 내정개입 위협의 증대로 이어질 수 있는지 여부에 주의를 기울이는 현상은 화웨이를 비롯한 중국 통신기업을 잠재적 위협으로 구성하려는 연방정부의 안보화, 혹은 턴불 총리 개인의 화행(speech act)이 효과를 거뒀다는 사실을 증명한다(Kassam 2019, 14). 물론 이러한 안보화가 성공적일 수 있었던 것은 남중국해와 남태평양 등 호주 인근 지역에서 중국이 보여온 전략적 야심과 공세적 행동 그리고 호주 정부 기관, 정당, 대학 등을 겨냥한 중국발 사이버 공격이 중국에 대한 호주 국민의 불신과 우려를 키웠기 때문이기도 하다.

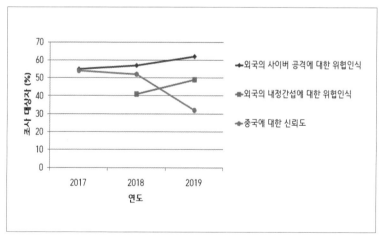

그림 2 호주 국민의 이슈별 위협인식 및 대중 신뢰도 변화
출처: Kassam 2019; Oliver 2017, 2018을 참조하여 재구성.

V. 호주의 중견국 외교전략

앞서 본 바와 같이 호주는 미중 갈등이 만들어내는 사이버 안보위기를 타개하기 위해선 규범적 질서가 구축되어야 한다고 판단하였고, 그에 따라 사이버 안보의 국제규범 확산을 자국의 핵심 국익으로 설정하였다. 그리고 이를 위해 동맹과 다자협력을 활용하는 변환적 중개외교를 전개함으로써 역내 사이버 질서 형성구조에서 자국의 영향력을 키워나갔다. 특히 호주는 미국이 주도하는 파이브 아이즈 정보동맹에서 입지를 강화하는 한편 자국의 영향력이 가장 효과적으로 투사될 수 있는 동남아 및 남태평양 지역에서 안보 다자협력을 주도하기 위한 노력을 전개하였다. 이러한 전략은 사이버 질서 형성구조의 구조적 공백, 즉 인태 지역 사이버 질서에 대한 역내 국가들 간의 합의가 존재하지 않는다는 점과 더불어 그러한 지역적 합의를 효과적으로 끌어낼 수 있는 선도국 역시 부재하다는 점을 전략적으로 파악하고 규범 선도국 역할을 자처함으로써 자국의 위치권력과 중개권력을 강화하려는 의도에서 비롯된 것이라고 할 수 있다. 이를 통해 호주는 사이버 공간의 국제규범을 확립하는 지역 차원의 공익을 추구하는 과정에서 자국의 배타적 이익 역시 증진하고자 하였다.

　　그렇다면 여기서 중요한 질문은 제한된 국력과 지정학적 영향력을 가진 비강대국 호주가 어떻게 강대국과의 동맹 관계에서 자국의 입지를 키우고 지역 차원의 다자협력을 주도하여 질서에 대한 합의를 유도하는 중개자의 역할을 수행해왔는가이다. 다시 말해 호주가 부상하는 인태 지역 사이버 질서 형성구조의 네트워크를 자국의 국익에 부합하는 방향으로 유도하기 위해 어떤 전략을 구사해왔는가 하는 질문이라 할 수 있다. 따라서 이 절에서는 호주가 동맹과 양자·다자협력을 활용하여 사이버 공간의 규칙기반 질서 형성에 앞장서온 과정을 행위자-네트워크 이론에서 말하는 '번역'의 네 단계—프레임 짜기, 맺고 끊기, 내 편 모으기, 표준 세우기—를 통해 분석하고자 한다.

1. 역내 국가들의 이해관계 파악 과정

호주의 외교전략은 인태 지역의 사이버 안보 환경과 사이버 질서를 바라보는 역내 국가들의 입장과 인식을 파악하는 것에서 출발하였다. 이러한 이해관계 파악 과정은 호주가 국제규범에 기초한 사이버 질서 구축을 위해 다자협력 네트워크를 형성하고자 자국과 비슷한 위협인식 및 질서 구상을 가진 동지국가들을 모색했던 행위, 즉 중견국 네트워크 전략의 '프레임 짜기' 단계와 관련이 있다. 앞서 2절에서 살펴본 바와 같이 프레임 짜기 단계에서 중견국은 자국을 둘러싼 구조적 환경과 상황을 이해하는 상황지성을 바탕으로 그 안에 속한 여러 행위자의 이해관계를 파악하고 이를 통해 그들 간의 관계 구도, 즉 네트워크를 이해함으로써 이를 자국에 유리한 방향으로 재구성해나간다.

호주의 프레임 짜기 전략은 호주 정부가 동남아 지역 국가들이 사이버 공간의 질서에 어떤 이해관계를 가지는지 파악하기 위해 노력하였던 사례에서 특히 잘 드러난다. 호주는 역내 사이버 공간의 규칙기반 질서 구축과 관련하여 아세안 국가들이 어떠한 입장과 이해관계를 가지는지 파악하고자 하였다. 2016년 호주 정부는 국가사이버안보전략 발표를 통해 호주가 개방되고 자유로우며 안전한 사이버 공간 형성에 앞장설 것을 밝힘과 동시에 '사이버 안보 대사'(Ambassador for Cyber Affairs)를 임명하여 인태 지역 사이버 공간에서 국제협력을 촉구하는 '조직화되고 일관되며 영향력 있는 목소리'를 내겠다는 공약을 내걸었다(Australian Minister for Foreign Affairs 2016). 그리고 2016년 말 그
자리에 임명된 토비아스 피킨(Tobias Feakin) 사이버 안보 대사는 본
격적으로 호주가 그리는 인태 지역 규칙기반 사이버 질서의 청사진을
대외적으로 알림으로써 이에 동조하는 역내 국가들을 모색하기 시작
하였다.

　이 과정에서 호주는 인도네시아 그리고 싱가포르와 각각 양자적
사이버 안보 협약을 맺음으로써 호주의 사이버 안보 다자협력 주도에
대한 이들 국가의 긍정적 의사를 확인해나갔다. 2017년 2월 턴불 총
리는 조코 위도도(Joko Widodo) 인도네시아 대통령을 시드니로 초청
해 사이버 공간의 규칙기반 질서에 대한 인도네시아의 이해관계를 확
인하는 자리를 가졌고, 이를 통해 인도네시아가 호주와 뜻을 함께한다
는 점을 확인할 수 있었다. 양국 정상은 사이버 안보 위협에 양국이 공
동 대응할 수 있는 플랫폼으로서 양국 간 사이버 정책 대화(Australia-
Indonesia Cyber Policy Dialogue)를 구축하기로 합의하였고, 그해 5
월 피킨 대사는 인도네시아 대표부를 수도 캔버라로 초청하여 첫 번째
사이버 정책 대화를 가졌다(Australian Department of Foreign Affairs
and Trade 2017b). 호주에 대한 인도네시아의 호의적 입장은 2018년
3월 위도도 대통령이 호주 언론과 가진 인터뷰에서 호주의 아세안 가
입을 공개적으로 지지하면서 더욱 분명해졌다. 해당 인터뷰에서 그는
"(호주의 아세안 가입은) 좋은 생각이다…이는 우리 지역의 안정, 경제
적 안정뿐만 아니라 정치적 안정 개선에도 좋을 것"이라 말함으로써
호주에 대한 옹호적 견해를 밝혔다(Massola and Hartcher 2018).

　한편 턴불 총리는 같은 해 6월 피킨 대사와 함께 싱가포르를 방
문하여 정상회담을 가진 자리에서 양국 간 사이버 안보협력을 강화하
는 양해각서(MOU)를 체결하였다. 이를 통해 호주와 싱가포르는 사이

버 안보위협에 공동 대응할 수 있는 역량 개발과 더불어 역내 사이버 공간에서 규범에 기초한 책임 있는 국가 행위를 촉진하는 데에 협력할 것을 약속하였다(Cyber Security Agency of Singapore 2017). MOU를 체결하는 자리에서 데이비드 고(David Koh) 싱가포르 사이버안보기관(CSA) 기관장은 "싱가포르와 호주의 MOU 체결은 양국이 안전하고 회복력 있는 사이버 공간 구축에 뜻을 함께함을 의미한다"고 말함으로써 역내 사이버 공간에서 호주가 추구하는 규칙기반 질서 구축에 싱가포르가 협조할 의지가 있음을 전달하였다.

여기서 중요한 질문은 호주가 규칙기반의 사이버 질서 구축을 위한 다자협력을 추동하려는 과정에서 왜 하필 인도네시아와 싱가포르의 입장을 특히 신중하게 여겼는가 하는 것이다. 여기엔 두 가지 이유를 들 수 있다. 첫째, 전통적으로 호주의 협력안보 규범외교가 성공하기 위해선 동남아 국가들의 협조가 필요한데, 특히 아세안 내에서도 상대적으로 큰 입지와 영향력을 가진 인도네시아와 싱가포르의 협조가 중요하기 때문으로 볼 수 있다(Carr 2015, 116). 2000년대 초 아태 지역 난민 문제에 대응코자 지역적 다자협력을 주도했던 당시에도 호주는 비슷한 전략을 전개한 바 있다(신승휴 2016). 둘째, 아세안 국가 중 인도네시아와 싱가포르가 사이버 안보 문제에 상대적으로 큰 관심을 보이며 대응 모색에 적극적인 모습을 보여왔기 때문이다. 일찍이 싱가포르는 사이버 안보가 자국의 미래 번영과 생존에 필수적이라는 인식하에 국가 사이버 추진체계를 정비하고 영국과의 양자적 협력을 체결하는 등 대응 모색에 발 빠른 모습을 보여왔다(Tham 2015; Cyber Security Agency of Singapore 2015). 인도네시아 역시 2015년 사이버 공간에 대한 국제법 적용을 촉구하는 유엔 보고서 채택에 참여하는 등 사이버 안보 거버넌스 구축에 관심을 보여왔다(Rustici 2013).

2. 관계의 수립과 단절

인태 지역 사이버 공간에서 안정을 추구하는 역내 국가들의 관계 구도를 전략적으로 파악한 호주는 이를 자국에 유리한 방향으로 조정해나갔는데, 이는 중견국 네트워크 전략의 '맺고 끊기' 단계로 볼 수 있다. 이 단계에서 중견국은 자신의 주변에 존재하는 다른 행위자들과 새로운 관계를 형성하거나 이미 존재하는 관계를 강화 또는 약화시키는 변환적 중개외교를 전개함으로써 전체적인 관계 구도에서 자국의 위치와 역할을 극대화해나간다.

호주의 맺기 전략은 2018년 말 호주가 아세안 회원국들의 정보 공유체인 아워 아이즈에 편입하고자 했던 사례에서 잘 드러난다. 2018년 10월 크리스토퍼 페인(Christopher Pyne) 호주 당시 국방장관은 호주-인도네시아 국방장관 회의에서 호주가 아세안과의 대테러 관련 정보공유 및 사이버 안보 협력관계를 구축하길 원하며, 따라서 아워 아이즈에 가입을 희망하고 있다는 뜻을 전달하였다(Australian Department of Defence 2018). 장관회의에 앞서 호주 언론과 가진 인터뷰에서 페인 장관은 "아직 호주는 아워 아이즈 가입을 공식적으로 초대받진 않았지만, 우리는 가입과 정보 및 훈련 제공을 희망하고 있다"라고 말하면서, 참여가 결정될 경우 호주는 아워 아이즈 국가의 정보 수집 및 분석 능력 향상을 돕는 역할을 담당하게 될 것이라고 밝혔다(Massola 2018).

호주가 아워 아이즈에 대한 가입 의사를 표명한 것은 기본적으로 아세안과의 사이버 안보 협력관계를 강화하길 원했기 때문이지만, 또 한편으로는 파이브 아이즈와 아워 아이즈를 잇는 중개국이 되는 것을 희망했기 때문으로 해석해볼 수도 있다. 만약 호주가 아워 아이즈에 가입하게 된다면 사이버 공간에서 발생하는 테러 및 초국적 범죄와 관련한 중요 정보가 파이브 아이즈와 아워 아이즈 간에 공유될 수 있으며, 이러한 정보공유 과정에서 호주의 중개권력과 위치권력은 자연스럽게 커질 수밖에 없다(Massola 2018). 나아가 두 정보공유 네트워크를 연계시킴으로써 파이브 아이즈에 대한 아세안의 시각을 긍정적인 방향으로 전환하고, 이를 토대로 아세안을 다중이해당사자주의 거버넌스를 지향하는 진영으로 끌어들일 기회 역시 창출할 수 있었을 것이다.

한편, 호주의 끊기 전략은 호주가 사이버 공간에서 중국의 행동을 배격하는 태도를 분명히 밝힘으로써 중국과 의도적으로 거리를 둔 사례에서 잘 드러난다. 특히 호주는 앞서 IV절에서 본 바와 같이 자국의 5세대 통신망 사업에서 중국 기업 화웨이와 ZTE를 퇴출하였는데, 주목할 점은 호주가 그러한 결정을 내린 시점을 전후로 나머지 파이브 아이즈 국가들에 화웨이의 5세대 통신망 사업 참여 배제를 강력히 요구했다는 사실이다. 실제로 호주는 파이브 아이즈 국가 중 처음으로 화웨이를 5세대 통신망 사업에서 퇴출하였으며, 그 이후로도 지속해서 파이브 아이즈 파트너들에게 호주의 전례를 따르길 주문해왔다(Adhikari 2019). 특히 화웨이 퇴출을 결정한 장본인인 턴불 총리는 퇴임 이후에도 영국 정부에 화웨이를 배제하는 데 동참할 것을 강력히 촉구하였다. 예로 2019년 3월 턴불 총리는 영국 방문 중 한 연설에서 "호주는 이러한 (화웨이 퇴출) 결정을 내린 첫 번째 국가이다. 우리가 이러한 결정을 내린 것은 우리 스스로 주권을 지키고 변화에 대비하기 위함이다…(화웨이 퇴출 문제에 있어) 영국이 결정에 앞서 여전히 고민 중인 것으로 아는데, 나는 영국 신호정보국 GCHQ가 (화웨이 장비 도입의 위험과 관련해) 우리와 일치한 견해를 드러냈다는 사실에 놀라지 않았다"라는 발언을 전하면서 영국 역시 호주와 뜻을 함께할 것을 촉구하였다(Turnbull 2019).

이렇듯 호주가 화웨이 퇴출 운동에 앞장서온 데는 크게 세 가지 이유가 있다. 첫째, 호주는 중국을 자국에 대한 사이버 공격 및 탈취 행위의 가해국으로 여겨왔으며, 동시에 안전하고 자유로운 규칙기반의 사이버 질서를 교란하는 위협 국가로 인식해왔기 때문이다. 이러한 인식은 2019년 10월 피터 더튼(Peter Dutton) 호주 내무부 장관이 호주를 겨냥한 중국의 사이버 공격과 내정간섭 행위를 비난했던 데서 잘 드러난다. 더튼 장관은 "호주는 중국과 매우 중요한 무역 관계를 맺고 있다. 그러나 우린 우리 대학생들이 부당하게 영향을 받는 것을 용납하지 않을 것이며, 지적 재산 침탈과 정부 및 비정부 기관을 겨냥한 해킹을 용납하지 않을 것"이라고 발언함으로써 중국 정부에 대한 비난 수위를 높였다(Doherty and Davey 2019). 둘째, 호주는 지역 사이버 공간에서 미국과의 관계를 강화하고 중국과는 거리를 둠으로써 파이브 아이즈 정보동맹 내에서 자국의 입지를 키워 사이버 질서 형성구조의 네트워크에서 중요한 위치를 장악하고자 했기 때문이다(Zhou and Fang 2019).

마지막으로, 호주는 사이버 안보 영역에서 중국과의 관계를 단절함으로써 파이브 아이즈 동맹 자체를 강화하길 원하였기 때문이다. 호주는 중국의 사이버 공격 역량이 증대하는 상황 가운데 안전하고 자유로운 지역 사이버 공간을 구축하기 위해선 파이브 아이즈 정보동맹이 강력한 사이버 역량을 갖춰야 한다고 믿어왔고, 따라서 파이브 아이즈 동맹국들이 화웨이 문제를 두고 일치된 행동을 보이지 않을 시 정보동맹의 사이버 역량이 약화됨은 물론 동맹 자체 역시 약화될 수 있음을 우려하였던 것으로 보인다(Zhou and Fang 2019).

3. 양자 및 다자적 사이버 안보 협력관계 구축

호주의 중견국 외교전략의 궁극적 목적은 단순히 파이브 아이즈나 아세안 등 자국과 밀접한 연결고리를 가진 동맹 또는 다자협력체 내에서 영향력을 키우는 것이 아닌 인태 지역 사이버 질서 형성구조의 네트워크에서 자국의 영향력을 확대하는 것이었다. 따라서 호주에게 중요한 것은 가능한 한 최대한 많은 동지국가를 자신의 편에 서게 만드는 일이었고, 이를 위해 기존에 존재하는 동맹과 다자협력 내에서 관계를 강화하는 전략과 더불어 새로운 다자협력을 모색해나가는 전략 역시 전개해왔다. 이는 중견국 네트워크 전략의 '내 편 모으기' 단계와 관련된 것으로 이 단계에서 중견국은 이질적인 행위자들을 하나로 모으는 전략을 세우고 이를 실행함으로써 특정 네트워크상에 존재하는 여러 다른 행위자들을 자신의 편에 서게 만드는 집합권력을 강화해나간다.

2018년 초 호주의 주도로 시드니에서 열린 아세안-호주 특별 정상회의는 이러한 내 편 모으기 전략의 한 사례라고 할 수 있다. 앞서 본 바와 같이 2017년 2월 호주는 인도네시아와 사이버 정책 대화 채널을 구축하였고, 이듬해 8월에는 포괄적 전략적 동반관계 조약을 체결하였다. 그리고 2017년 6월에는 싱가포르와 사이버 안보협력을 강화하는 MOU를 맺음으로써 아세안 내에서 리더 역할을 도맡아온 인도네시아와 싱가포르를 같은 편에 포섭하는 데에 성공을 거두었다. 이를 토대로 호주는 2018년 3월 아세안 국가 정상들을 시드니에 초청해 특별 정상회의를 주최할 수 있었고, 뒤에서 더 자세히 다뤄질 시드니 선언(The Sydney Declaration)[4] 발표라는 외교적 성과를 도출해낼 수 있었다. 아

---

4   자세한 내용은 시드니 선언 전문을 참조. Joint Statement of The ASEAN-Australia Special Summit: The Sydney Declaration, https://asean.org/joint-statement-of-the-

세안-호주 특별 정상회의의 성공적 개최는 호주가 아세안이라는 지역 다자협력체의 네트워크에서 가장 강한 영향력을 행사하는 인도네시아와 싱가포르를 포섭함으로써 아세안 전체를 자신의 편으로 끌어들인 사례라고 할 수 있다. 정상회의 개최와 시드니 선언은 아세안이 중국과의 관계 문제로 인해 내부적 분열을 겪고 있는 상황 속에서 이루어졌다는 점에서 더욱 주목할 만하다.

호주의 내 편 모으기 전략은 태평양 도서국들을 상대로도 전개되어 왔다. 호주는 2016년 사이버 협력 프로그램(Cyber Cooperation Program)을 설립해 동남아와 남태평양 지역 국가들의 사이버 방어력 및 복원력 증진을 도움으로써 이들 국가와의 협력관계를 강화해왔다. 호주 외교부에 따르면, 호주는 해당 프로그램 설립 당시 400만 호주달러를 투자하였으며 현재까지 그 투자 규모를 꾸준히 늘려 2023년에는 그 규모가 3,400만 호주달러에 이를 것으로 예상된다.[5] 호주 정부는 인태 지역 사이버 공간에서 위협을 줄이고 기회를 창출한다는 목적 아래산업, 학계, 시민사회, 정부 관련 부처들과의 연계를 강화하고 이를 바탕으로 다양한 지역적 사이버 역량 개발 프로그램을 지원해왔다. 그 대표적인 예로 호주가 중심이 되어 태평양 도서국들과 설립한 비영리 사이버 안보 네트워크인 팩슨(PacSON)과 남태평양 지역 사이버 범죄 인식 제고를 목적으로 설립된 지역 경찰협력체인 사이버 안전 파시피카 (Cyber Safety Pasifika) 등을 들 수 있다(Hendry 2017; Peters 2018). 현재까지 동남아와 태평양 지역 국가들의 대부분이 호주의 사이버 협력 프로그램을 통해 지역 사이버 역량 강화에 참여해오고 있다.

최근 들어 호주가 남태평양 도서국들에 대한 지원을 대폭 확대한 데에는 지정학적 이해관계 역시 작용했다고 볼 수 있는데, 근래 호주는 중국이 남태평양 지역으로 영향력을 확대해나가는 것에 깊은 우려를 품어왔다(White 2019). 실제로 중국은 자국의 경제력을 앞세워 남태평양 지역에 막대한 원조를 쏟아 부어왔고 특히 파푸아 뉴기니, 피지, 사모아, 바누아투, 미크로네시아에 집중적 원조 공세를 이어왔다(정재용 2018). 이렇듯 호주는 자신의 뒷마당 격인 남태평양 지역에서 중국이 경제력을 앞세워 영향력을 확대해나가자 그에 대한 대응으로 '태평양으로의 회귀'(pivot to the Pacific)를 선언하고 남태평양 지역 인프라구축 지원 및 시장 확대에 더욱 심혈을 기울이는 모습을 보였다. 동시에 남태평양 지역에 대한 외교적·군사적 개입 역시 늘려왔는데, 호주는 해당 지역에서 자국의 군사 활동을 늘리는 한편 파푸아 뉴기니에 합동 군사기지 및 사이버 안보 기관을 설립하는 노력을 전개하였다. 2018년 11월 모리슨 총리는 호주가 파푸아 뉴기니의 마누스(Manus)섬에 해군 기지를 재개발하는 데 지원할 것을 공식적으로 발표하였으며(Morrison 2018b; Packham 2018), 같은 달 파푸아 뉴기니에 새로운 국립사이버안보센터를 설립하기도 하였다(Australian High Commission in Papua New Guinea 2018).

또한 호주는 2018년 7월 호주 대륙과 솔로몬제도 그리고 파푸아 뉴기니를 잇는 해저 통신 케이블 설치에 1억 3,000만 호주달러 규모의 원조를 지원하기도 하였는데, 이 역시 자국의 집합권력 강화를 위한 노력으로 볼 수 있다. 호주는 오랫동안 남태평양 지역에서 강력한 경제력과 군사력을 바탕으로 독보적인 지역 패권을 누려왔으나 최근 중국이 경제력을 앞세워 해당 지역으로 세력 확대에 나서면서 남태평양 도서국들을 사이에 두고 중국과 경쟁해야 하는 부담을 껴안게 되었다. 따라서 중국에게 솔로몬제도와 파푸아 뉴기니를 빼앗기지 않기 위해 두 도서국에 해저케이블을 설치하는 데 드는 막대한 비용을 나서서 지급하기로 한 것이다(Fox 2018). 같은 맥락에서 호주는 중국의 세력 팽창에 대한 우려를 공유하는 동맹국 뉴질랜드와 함께 본격적으로 남태평양 지역 도서국들과의 포괄적 안보협력을 가능케 하는 새로운 조약을 체결하는 데 주력함으로써 역내 도서국들과의 연대를 강화하려는 노력을 기울였다(Pearlman 2018).

그러나 호주의 내 편 모으기 전략이 꼭 경제적 지원을 통해서만 이루어진 것은 아니다. 호주는 지역 질서 형성구조의 네트워크에서 자국을 지지해줄 수 있는 국가들과의 양자적 우호 관계를 돈독히 하기 위해 총리가 직접 역내 이웃 국가들을 국빈방문하는 친선외교를 펼치기도 하였다. 대표적 예로 2019년 모리슨 총리는 솔로몬제도, 파푸아 뉴기니, 피지, 바누아투에 직접 방문함으로써 호주가 남태평양 도서국들을 동등한 지역 파트너로 인정하고 있다는 인식을 전달하고자 하였는데(O'Callaghan 2019; Dziedzic 2019), 이러한 의도는 그가 바누아투 방문 연설 중 "우리 정부는 호주가 태평양 지역으로 '나아갈 것'(step up)을 선언했다. (호주가 태평양 지역으로) 나아가길 원한다면, 눈에 띄어야 하며 모습을 보여야 한다"라고 발언한 데서 잘 나타난다(Morrison 2019). 모리슨 총리는 그보다 앞서 2018년에 인도네시아를 공식 방문하여 그 이듬해 양국 간 체결된 포괄적 경제협력조약의 토대를 마련하는 등 이웃 국가들과의 양자적 관계개선에 힘쓰는 모습을 보이기도 하였다(Morrison 2018a). 2017년과 2018년에는 턴불 총리가 인도, 싱가포르, 인도네시아를 국빈방문하여 이들 국가와 호주 간 신뢰 구축에 심혈을 기울였으며, 특히 턴불 총리의 인도 방문은 양국이

단순히 전략적 차원을 넘어 경제적, 문화적 차원에서도 매우 밀접한 이
해관계와 관계 발전의 가능성을 가지고 있음을 확인할 기회를 마련했
다는 점에서 그 의미가 크다고 할 수 있다(Borah 2017).

4. 질서 형성구조에서 영향력 확장의 성과

중견국 네트워크 전략의 마지막 단계인 '표준 세우기'는 특정한 네트
워크에 일반적 보편성이 부여되는 단계로서, 중견국이 그 네트워크에
포함된 다른 행위자들에게 표준을 제시할 수 있는 위치를 장악해가는
과정을 의미한다. 여기서 한 가지 짚고 넘어갈 점은 현실에서 중견국
의 표준 세우기 전략은 주로 강대국이 세운 표준을 보완하는 차원에서
전개된다는 사실이다. 이 점에서 2018년 호주가 아세안 국가들과 이
뤄낸 시드니 선언 그리고 남태평양 도서국들과 이뤄낸 보에 선언(Boe
Declaration on Regional Security)[6]은 사이버 공간의 국제규범의 표준
을 성공적으로 제시한 대표적인 사례라 할 수 있다. 물론 시드니 선언
과 보에 선언은 각각 동남아와 남태평양 지역에 국한된 선언이며, 또
미중 경쟁 역시 여전히 진행되고 있다는 점에서 호주가 지향하는 사이
버 질서가 인태 지역 사이버 공간 전체의 표준으로 자리했다고 보긴
어렵다. 그러나 이 두 선언은 역내 사이버 질서 형성구조에서 호주가
중요한 위치를 장악했다는 사실을 보여줌은 물론 규칙기반 사이버 질
서에 대한 호주의 구상이 역내 동지국가들의 지지를 받게 되었음을 보
여준다.

---

6   자세한 내용은 보에 선언 전문을 참조. Pacific Islands Forum Secretariat: Boe Declara
     tion on Regional Security, https://www.forumsec.org/boe-declaration-on-regional-
     security/

2018년 3월 호주의 주도로 열린 아세안-호주 특별 정상회의에서 호주와 아세안 국가들은 포괄적 안보협력과 더불어 경제 인프라구축 협력을 약속하는 시드니 선언을 발표하였다. 이 선언의 핵심은 호주와 아세안이 규칙기반 지역 질서 유지에 뜻을 함께하며 국제법과 규칙기반 질서 원칙에 따른 분쟁 해결을 지향하고 보호무역에 반대한다는 것이다. 시드니 선언은 인태 지역 사이버 공간의 규칙기반 질서 형성에 긍정적 영향을 미쳤다고 볼 수 있다. 호주와 아세안은 시드니 선언을 통해 사이버 안보 위협을 지역적 다자협력이 필요한 핵심 이슈 중 하나로 설정하고 당사국들이 공동대응해 나갈 것을 공표하였으며, 그 실천적 행동으로서 매년 아세안-호주 사이버 정책 대화(ASEAN-Australia Cyber Policy Dialogue)를 실시하여 지역 사이버 환경이 규칙과 법규에 기초한 공간이 되도록 노력하겠다는 의지를 밝혔다. 그리고 2018년 9월 호주는 싱가포르와 함께 사이버 정책 대화의 초대 공동 의장국 자격으로 1차 사이버 정책 대화를 주최하였다. 이 정책 대화에는 호주, 싱가포르, 태국, 브루나이, 인도네시아, 말레이시아, 베트남과 더불어 대표적인 친중 국가인 라오스와 캄보디아가 참석하여 인태 지역 사이버 공간의 규범 확산과 신뢰 구축을 위한 다자협력에 힘을 더할 것을 약속하였다(Australian Department of Foreign Affairs and Trade 2018).

무엇보다 호주가 시드니 선언을 통해 얻은 가장 큰 성과는 인태 지역 사이버 공간의 규칙기반 질서를 추구하는 역내 국가들 간의 네트워크에서 핵심적인 중개적 위치를 장악하고 규범 선도국의 이미지를 확고히 할 수 있었다는 데에 있다. 미국의 전통적 군사동맹국이자 파이브 아이즈 구성원인 호주는 자주 주변국들로부터 '미국의 추종국'으로 인식되어 왔다. 특히 최근 미중 경쟁이 본격화된 상황에서 호주가 쿼드에 복귀하고 사이버 안보 영역에서 미국과 함께 중국에 강력히 대항하는 모습은 이러한 주변 인식을 높이는 결과를 낳았다. 하지만 시드니 선언을 계기로 호주는 자국에 대한 주변 인식을 '미국의 대리 보안관'(deputy sheriff)에서 '규칙기반 질서 보호에 앞장서는 국가'로 전환하는 데 어느 정도 성공할 수 있었다(Heydarian 2018). 특히, 이 선언을 통해 호주가 미국과의 동맹에만 매달리지 않고 질서 안정화를 위해 역내 동지국가들과의 관계를 더욱 중요하게 여기고 있다는 메시지를 주변국들에 전달함으로써 규칙기반 사이버 질서 형성구조의 네트워크에서 확고한 입지를 다질 수 있었다.

같은 맥락에서 호주 정부가 2018년 9월 태평양제도 포럼(Pacific Islands Forum)을 통해 남태평양 지역 도서국들과 함께 도출해낸 보에 선언 역시 인태 지역의 규칙기반 질서 안정화를 위한 일종의 보편적인 행동규범을 제시했다는 점에서 성공적인 표준 세우기 사례라 할 수 있다. 사실 호주는 2000년에도 태평양제도 포럼을 통해 남태평양 도서국들과 비케타와(Biketawa) 선언을 채택함으로써 해당 지역 안보위기에 대처하는 다자적 협력관계를 구축한 바 있으며, 보에 선언 역시 이 비케타와 선언을 계승하는 차원에서 탄생한 것이기도 하다. 그러나 보에 선언과 비케타와 선언은 그 목적에서 분명한 차이를 가진다. 먼저, 비케타와 선언은 남태평양 도서국들의 내부적 안보위협, 즉 '종족 갈등이나 사회·경제적 불평등, 굿 거버넌스의 결여, 토지 분쟁, 문화의 침식 등에 의한 긴장이나 대립' 등의 문제 해결에 호주가 적극적으로 개입할 수 있는 발판을 마련한다는 차원에서 세워졌다(박지은 2016). 따라서 여기에는 자국의 뒷마당 격인 남태평양 지역의 불안정을 완화하려는 호주의 의도가 다분히 반영되었다.

반면에 보에 선언은 남태평양 지역이 미국과 중국의 패권경쟁에 휘말리는 것을 막고, 나아가 이 지역의 지정학·탈지정학적 안정을 위해 규범과 원칙에 기초한 지역적 다자협력을 강화하려는 목적에서 채택된 선언이다. 이 선언이 '태평양 지역 안보협력과 집단행동이 이 지역 국가들의 의지와 이 지역 사람들의 목소리에 따라 강화되어야 한다'는 원칙을 특히 강조하는 것 역시 이러한 목적 때문이다. 즉, 비케타와 선언이 남태평양 지역 내에서 발생하는 안보위협을 완화하기 위해 세워진 것이라면, 보에 선언은 외부로부터 발생하는 안보위협, 즉 강대국 경쟁과 갈등의 위협으로부터 남태평양 지역의 이해관계를 보호하기 위해 세워졌다고 볼 수 있다.

보에 선언이 태평양 지역 사이버 질서 구축에 긍정적인 영향을 미칠 것으로 기대되는 이유는 두 가지가 있다. 첫째, 해당 선언이 '규칙기반 질서', '국제법', '평화로운 분쟁 해결' 등의 개념을 강조한다는 점이다. 보에 선언 당사국들은 외부적 압력에서 벗어나 태평양 지역의 평화, 화합, 안보, 사회적 포섭 그리고 번영을 역내 국가들이 공동으로 지켜낸다는 '태평양 지역주의 체제'와 '블루 퍼시픽'(Blue Pacific) 정체성을 지지한다는 점을 분명히 하였다. 둘째, 해당 선언에서 당사국들은 인간안보, 환경 및 자원안보, 초국적 범죄와 함께 사이버 안보를 지역 차원의 공동 대응을 요구하는 4대 안보 문제로 지정하였다. 구체적으로 '디지털 시대에 태평양 지역의 사회기반시설과 지역민들의 보호와 기회를 최대화'하기 위해 사이버 안보에 집중할 것을 선언하였다. 흥미로운 점은 태평양 도서국들이 사이버 관련 기술 및 사회기반시설을 제대로 갖추지 못한 상황에서 사이버 안보를 핵심 안보 사안으로 채택하였다는 것인데, 여기서 유추해볼 수 있는 점은 사이버 질서 구축에 대한 호주의 의지가 보에 선언 구성 과정에 상당한 영향을 미쳤다는 것이다.

VI. 맺음말

이 글은 인태 지역 사이버 공간을 중심으로 미국과 중국이 벌이는 경쟁 속에서 중견국 호주가 전개해온 외교전략의 사례를 복합 네트워크 이론의 시각에서 분석하였다. 중국의 세력 팽창과 이를 억제하려는 미국이 만들어내는 강대국 경쟁과 갈등은 지정학적 차원을 넘어 사이버 공간에서도 전개되어 왔다. 이러한 상황 가운데 미국의 오랜 동맹국으로서 미중 양자택일의 압박과 중국발 사이버 공격을 동시에 받아온 호주는 2016년 국가사이버안보전략 발표를 통해 자국이 직면한 사이버 위협에 주목하는 한편, 인태 지역 사이버 공간의 규칙기반 질서 형성을 핵심 국익으로 설정하고 동맹을 비롯한 양자·다자협력을 전략적으로 활용해 이를 추구해나가는 모습을 보였다.

호주의 이러한 중견국 외교전략의 이면에는 위협, 국익, 역할에 대한 분명한 인식이 존재했는데, 호주는 중국의 직접적인 사이버 위협과 미중 간 양자택일의 압박이 만들어내는 총체적 안보위기에서 벗어나는 길은 규칙기반의 사이버 질서를 구축하는 것뿐이라는 판단에서 역내 동지국가들을 포섭하는 전략을 전개하였다. 이는 인태 지역 사이버 공간의 안정을 추구하는 역내 동지국가들과의 관계 속에서 핵심적인 중개적 위치를 장악하고 이를 기반으로 질서 형성구조의 네트워크에서 자국의 영향력을 증대하는 한편 해당 네트워크를 자국이 지향하는 방향으로 조정하고자 하는 의도에서 비롯된 것이다. 즉, 호주의 전략은 자국의 배타적 국익을 지역 차원의 상호이익과 일치시켜 지역적 공익을 추구하는 다자협력 속에서 배타적 국익을 실현하는 이익기반 중견국 외교전략의 대표적인 사례라 할 수 있다.

호주는 미국이 주도하는 파이브 아이즈 정보동맹 내에서 입지를 강화하고 나아가 자국의 영향력이 가장 효과적으로 투사될 수 있는 동남아 및 남태평양 지역에서 사이버 안보 다자협력 구축을 주도하는 모습을 보였다. 그 과정에서 지역 사이버 질서 형성구조의 네트워크에서 중개적 위치를 장악해 자국의 영향력을 확대할 수 있었고, 이를 기반으로 하여 애초에 국익으로 설정한 규칙기반 사이버 질서와 자국 안보를 동시에 추구해나갔다. 물론, 전술한 바와 같이, 호주의 주도로 도출된 시드니 선언과 보에 선언이 각각 동남아와 남태평양 지역에 국한된 선언이라는 점, 그리고 미중 간 패권경쟁이 여전히 진행되고 있다는 점에서 호주의 전략이 얼마나 더 큰 성과를 거둘 수 있을지는 미지수다. 그러나 이미 호주가 인태 지역에서 중요한 부분을 차지하는 동남아 및 태평양 지역에서 규범 선도국으로서 사이버 국제규범을 제시할 수 있는 위치와 능력을 확보하는 데 성공했다는 사실을 고려할 때 호주 외교전략의 향후 성과 역시 기대해볼 만하다.

이 점에서 이 사례는 미국과 중국 사이에서 영민한 외교를 요구받고 있는 한국에도 시사하는 바가 크다. 호주와 마찬가지로 한국은 미국의 오랜 동맹국이며, 동시에 중국과 밀접한 지정학·지경학적 관계에 놓여 있다. 그리고 최근 미중 경쟁과 갈등이 격화되면서 자국의 국가안보와 경제적 이익을 지켜내는 데에 상당한 어려움을 겪고 있다. 물론 지금까지 한국은 미국과 중국 사이에서 모호한 태도를 유지함으로써 양자택일을 겨우 피해왔지만, 이러한 외교정책은 미중 양쪽을 다 잃는 외교적 참패를 낳을 수 있다. 미중 간 양자택일의 압박이 갈수록 거세져 가는 상황에서 한국이 핵심 국익을 지켜내기 위해선 무엇보다 비슷한 처지에 놓여 있는 국가들과의 연대를 강화하고 이를 토대로 비강대국의 이해관계를 최대한 보호해줄 수 있는 규칙기반 질서 보호에 적극적으로 참여할 필요가 있다. 나아가 규칙기반 질서 보호를 위한 다자

협력의 네트워크에서 중요한 위치를 선점할 수 있다면 인태 지역의 부
상은 중견국 한국의 외교력을 키울 수 있는 기회가 될 수 있을 것이다.

참고문헌

김상배. 2014a. 『아라크네의 국제정치학: 네트워크 세계정치이론의 도전』. 한울.
_____. 2017. "세계 주요국의 사이버 안보 전략: 비교 국가전략론의 시각." 『국제지역연구』
　　26권 3호, pp.67-108.
_____. 2019. "사이버 안보와 미중 기술패권 경쟁: 그 진화의 복합지정학." EAI 특별기획논평
　　시리즈: 미중 경쟁과 세계 정치 경제 질서의 변환 - 기술편.
민영규. 2018. "캄보디아 '총선 앞둔 중국의 해킹 공격 조사." 『연합뉴스』. 2018/7/16. https://
　　www.yna.co.kr/view/AKR20180716153500084 (검색일: 2019.9.10.)
박성제. 2017. "WSJ '한국에 사드 보복하는 중국…비밀 병기는 해커." 『연합뉴스』. 2017/4/21.
　　https://www.yna.co.kr/view/AKR20170421188100072 (검색일: 2019.9.8.)
박지은. 2016. "호주의 동티모르 다국적국 파병외교." 서울대학교 대학원 석사학위 논문.
성연철. 2015. "중국, 미국 공무원 400만명 자료 해킹." 『한겨레』 2015/6/5. http://www.hani.
　　co.kr/arti/international/china/694516.html (검색일: 2019.5.26.)
신승휴. 2016. "난민문제와 호주의 중견국 외교 전략." 김상배 편. 『신흥권력과 신흥안보: 미래
　　세계정치의 경쟁과 협력』. 사회평론아카데미, pp.413-459.
정재용. 2018. "중국, 남태평양 섬나라에 원조 공세…'부채위기 씨앗' 경계론도." 『연합뉴스』
　　2018/8/9. https://www.yna.co.kr/view/AKR20180809062000009 (검색일:
　　2019.6.9.)
최수진. 2018. "대테러연합 '아워아이즈', 아세안 10개국 모두 뭉쳤다." 『아시아경제』.
　　2018/10/21. https://www.asiae.co.kr/article/2018102017145316844 (검색일:
　　2019.10.21.)

Adhikari, S. 2019. "Former PM Malcolm Turnbull tells UK to follow Australia's lead
　　on Huawei 5G ban." *The Australian.* 2019/3/6. https://www.theaustralian.com.
　　au/business/news/former-pm-malcolm-turnbull-tells-uk-to-follow-australias-lead-
　　on-huawei-5g-ban/news-story/df3c7cd172a4b34b70d88a67a196d48b (검색일:
　　2019.6.7.)
ASEAN Leaders' Statement on Cybersecurity Cooperation. 2018. Association of
　　Southeast Asian Nations. 2018/4/27.
_____. 2018. "2018 Australia-Indonesia Defence Ministers' Meeting." Commonwealth of
　　Australia, Canberra.
Australian Department of Defence. 2016. *2016 Defence White Paper.* Commonwealth of
　　Australia, Canberra.
Australian Department of Foreign Affairs and Trade. 2017a. *2017 Foreign Policy White*
　　Paper. Commonwealth of Australia, Canberra.
_____. 2017b. "First Australia-Indonesia Cyber Policy Dialogue." Commonwealth of

Australia, Canberra. https://dfat.gov.au/international-relations/themes/cyber-affairs/Pages/australia-indonesia-cyber-policy-dialogue.aspx (검색일: 2019.6.2.)

_____. 2018. "Joint Chairs' Statement: ASEAN-Australia Cyber Policy Dialogue." Commonwealth of Australia. Canberra. 2018/9/18.

Australian Department of Home Affairs. 2019. "The Assistance and Access Act 2018." Commonwealth of Australia, Canberra. 2019/9/16. https://www.homeaffairs.gov.au/about-us/our-portfolios/national-security/lawful-access-telecommunications/data-encryption (검색일: 2019.11.11.)

Australian Department of the Prime Minister and Cabinet. 2016a. *Australia's Cyber Security Strategy.* Commonwealth of Australia, Canberra. 2016/4/21.

_____. 2016b. "Malcolm Turnbull: Launch of Australia's Cyber Security Strategy Sydney." PM Transcripts. Commonwealth of Australia, Canberra. 2016/4/21. http://pmtranscripts.pmc.gov.au/release/transcript-40308 (검색일: 2019.5.22.)

Australian High Commission, Papua New Guinea. 2018. "Launch of the National Cyber Security Centre." Australian High Commission, Papua New Guinea website. https://png.embassy.gov.au/pmsb/784.html (검색일: 2019.6.10.)

Australian Minister for Foreign Affairs. 2016. "MediaRelease: Ambassador for Cyber Affairs." Commonwealth of Australia, Canberra. 2016/11/10. https://foreignminister.gov.au/releases/Pages/2016/jb_mr_161110.aspx (검색일: 2018.10.22.)

_____. 2017. "The Hon Julie Bishop's speech at the launching of International Cyber Engagement Strategy." Commonwealth of Australia, Canberra. 2017/10/04. https://foreignminister.gov.au/speeches/Pages/2017/jb_sp_171004.aspx (검색일: 2019.5.30.)

_____. 2018. "Attribution of Chinese cyber-enabled commercial intellectual property theft." Commonwealth of Australia, Canberra. 2018/12/21. https://foreignminister.gov.au/releases/Pages/2018/mp_mr_181221.aspx (검색일: 2019.5.14.)

Barkin, N. 2018. "Exclusive: Five Eyes intelligence alliance builds coalition to counter China." *Reuters.* 2018/10/12. https://www.reuters.com/article/us-china-fiveeyes/exclusive-five-eyes-intelligence-alliance-builds-coalition-to-counter-china-idUSKCN1MM0GH (검색일: 2019.2.2.)

Bisley, N. and Schreer, B. 2018. "Will Australia defend the 'rules-based order' in Asia?" *The Strategist.* 2018/4/18. https://www.aspistrategist.org.au/will-australia-defend-rules-based-order-asia/ (검색일: 2019.11.1.)

Borah, R. 2017. "Turnbull's India Visit: A New Chapter for Bilateral Ties?" *The Diplomat.* 2017/4/12. https://thediplomat.com/2017/04/turnbulls-india-visit-a-new-chapter-for-bilateral-ties/ (검색일: 2019.6.13.)

Borys, S. 2019. "The ANU hack came down to a single email — here's what we know." *ABC News.* 2019/10/2. https://www.abc.net.au/news/2019-10-02/thesophisticated-anu-hack-that-compromised-private-details/11566540 (검색일: 2019.10.3.)

Bryan-Low, C. and Packham, C. 2019. "How Australia led the US in its global war against Huawei." *The Sydney Morning Herald*. 2019/5/22. https://www.smh. com.au/world/asia/how-australia-led-the-us-in-its-global-war-against-huawei-20190522-p51pv8.html (검색일: 2019.5.30.)

Burt, R. 1992. *Structural Holes: The Social Structure of Competition*. Cambridge, MA: Harvard University Press.

Carr, A. 2015. *Winning the peace: Australia's campaign to change the Asia-Pacific*. Melbourne: Melbourne University Press.

Cisco. 2018. *Cisco 2018 Asia Pacific Security Capabilities Benchmark Study*.

Cooper, A., Higgott, R. and Nossal, K. 1993. *Relocating Middle Powers: Australia and Canada in a Changing World Order*. Vancouver: UBC Press.

Cyber Security Agency of Singapore. 2015. "Singapore and the UK Commit to Work Together to Ensure a Secure Cyberspace." 2015/7/29. https://www.csa.gov.sg/news/press-releases/singapore-and-the-uk-commit-to-work-together-to-ensure-a-secure-cyberspace (검색일: 2019.8.22.)

_____. 2017. "Singapore Signs MOU with Australia to Enhance Cybersecurity Collaboration." 2017/6/2. https://www.csa.gov.sg/news/press-releases/singapore-signs-mou-with-australia-to-enhance-cybersecurity-collaboration (검색일: 2019.6.2.)

Doherty, B. and Davey, M. 2019. "Peter Dutton: China accuses home affairs minister of 'shocking' and 'malicious' slur." *The Guardian*. 2019/10/12. https://www. theguardian.com/australia-news/2019/oct/12/peter-dutton-accuses-china-of-stealing-intellectual-property-and-silencing-free-speech (검색일:2019.11.2.)

Dziedzic, S. 2019. "Scott Morrison to make historic trip to Fiji and Vanuatu to shore up Australian influence in Pacific." *ABC News*. 2019/1/14. https://www.abc.net.au/news/2019-01-14/scott-morrison-historic-vanuatu-fiji-state-visit/10712212 (검색일: 2019.6.10.)

Evans, G. 2012. "No Power? No Influence? Australia's Middle Power Diplomacy in the Asian Century." Charteris Lecture by Professor the Hon Gareth Evans AO QC at the Australian Institute of International Affairs (AIIA). New South Wales Branch, Sydney. 2012/06/06. http://www.gevans.org/speeches/speech472.html (검색일: 2018.10.10.)

Fox, L. 2018. "Australia, Solomon Islands, PNG sign undersea cable deal amid criticism from China." *ABC News*. 2018/7/12. https://www.abc.net.au/news/2018-07-12/australia-solomon-islands-png-sign-undersea-cable-deal/9983102 (검색일: 2019.6.12.)

Ghosh, N. 2018. "Mike Pompeo announces $154m in US initiatives for Indo-Pacific."

The Straits Times. 2018/7/31. https://www.straitstimes.com/world/united-states/ pompeo-announces-154m-in-us-initiatives-for-indo-pacific (검색일: 2019.7.5.)

Green, P. 2019. "Australia-Japan-ASEAN: Strengthening the Core of the Indo-Pacific." Speech delivered at Perth USAsia Centre conference. 2019/3/22. https://dfat.gov. au/news/speeches/Pages/australia-japan-asean-strengthening-the-core-of-the-indo-pacific.aspx (검색일: 2019.5.31.)

Grigg, A., Murray, L. and Tillett, A. 2018. "Malcolm Turnbull unveils ASEAN-Australia infrastructure cooperative." *The Australian Financial Review*. 2018/3/18. https:// www.afr.com/news/world/asia/australia-challenges-china-on-infrastructure-20180318-h0xmu1 (검색일: 2019.6.7.)

Hendry, J. 2017. "Australia tackles regional cyber resilience." *iTnews*. 2017/10/4. https:// www.itnews.com.au/news/australia-tackles-regional-cyber-resilience-474675 (검색일: 2019.5.22.)

Heydarian, R. 2018. "Australia right to huddle closer to Southeast Asia." *Nikkei Asian Review*. 2018/3/20. https://asia.nikkei.com/Politics/International-relations/ Australia-right-to-huddle-closer-to-Southeast-Asia (검색일:2019.6.14.)

Holbraad, C. 1984. *Middle Powers in International Politics*. London: Macmillan.

Hunter, F. 2019. "Labor rules out overturning Huawei 5G ban, as renewed pressure expected." *The Sydney Morning Herald*. 2019/4/18. https://www.smh.com.au/ politics/federal/labor-rules-out-overturning-huawei-5g-ban-as-renewed-pressure-expected-20190416-p51emp.html (검색일: 2019.6.1.)

Hurst. D. 2019. "Japan, US Beef up Their Cyber Alliance." *The Diplomat*. 2019/4/26. https://thediplomat.com/2019/04/japan-us-beef-up-their-cyber-alliance/ (검색일: 2019.9.4.)

IISS. 2019. "Australia, Huawei and 5G," *Strategic Comments* 25(7).

Intelligence Online. 2019. "Canberra acts as Five Eyes' cyber vanguard amid growing tensions with Beijing." *Intelligence Online*. 2019/6/19. https://www. intelligenceonline.com/grey-areas/2019/06/19/canberra-acts-as-five-eyes—cyber-vanguard-amid-growing-tensions-with-beijing,108362056-art (검색일: 2019.10.11.)

Karp, P. 2019. "Labor accuses Coalition of welching on a deal over encryption bill." *The Guardian*. 2019/2/12. https://www.theguardian.com/australia-news/2019/ feb/12/labor-accuses-coalition-of-welching-on-a-deal-over-encryption-bill (검색일: 2019.10.29.)

Kassam, N. 2019. *Lowy Institute Poll 2019*. Lowy Institute, Sydney.

Kehoe, J. 2018. "Australia blasts China for hacking Australian companies." *Australian Financial Review*. 2018/12/21. https://www.afr.com/technology/australia-blasts-china-for-hacking-australian-companies-20181221-h19d6h (검색일: 2019.5.14.)

Knaus, C. and Phillips, T. 2017. "Turnbull says Australia will 'stand up' to China as foreign influence row heats up." *The Guardian*. 2017/12/9. https://www.

theguardian.com/australia-news/2017/dec/09/china-says-turnbulls-remarks-have-poisoned-the-atmosphere-of-relations (검색일: 2019.11.7.)

Lee, J. 2018. "Suspected China cyberhack on Singapore is a wake-up call for Asia." *Nikkei Asian Review*. 2018/8/21. https://asia.nikkei.com/Spotlight/Asia-Insight/Suspected-China-cyberhack-on-Singapore-is-a-wake-up-call-for-Asia (검색일: 2019.9.2.)

Massola, J. and Hartcher, P. 2018. "Indonesian President Widodo says Australia should be in ASEAN." *The Sydney Morning Herald*. 2018/3/15. https://www.smh.com.au/world/asia/indonesian-president-widodo-says-australia-should-be-in-asean-20180315-p4z4ha.html (검색일: 2019.6.7.)

Massola, J. 2018. "Christopher Pyne backs Australia joining Asia's 'Our Eyes' intelligence group." *The Sydney Morning Herald*. 2018/10/11. https://www.smh.com.au/world/asia/christopher-pyne-backs-australia-joining-asia-s-our-eyes-intelligence-group-20181011-p5092t.html (검색일: 2019.8.25.)

Morrison, S. 2018a. "Indonesia-Australia Comprehensive Strategic Partnership." Prime Minister of Australia official website. 2018/8/31. https://www.pm.gov.au/media/indonesia-australia-comprehensive-strategic-partnership (검색일: 2019.6.11.)

_____. 2018b. "Joint Statement between Australia and Papua New Guinea." Prime Minister of Australia official website. 2018/11/1. https://www.pm.gov.au/media/joint-statement-between-australia-and-papua-new-guinea (검색일: 2019.6.10.)

_____. 2019. "Joint remarks with the Prime Minister of Vanuatu." Prime Minister of Australia official website. 2019/1/16. https://www.pm.gov.au/media/joint-remarks-prime-minister-vanuatu (검색일: 2019.6.6.)

Oliver, A. 2017. *Lowy Institute Poll 2017*. Lowy Institute, Sydney.

_____. 2018. Lowy Institute Poll 2018. Lowy Institute, Sydney.

O'Callaghan, M. 2019. "Stepping out – and up – in the hot mess of the Pacific." *The Interpreter*. 2019/6/5. http://www.lowyinterpreter.org/the-interpreter/stepping-out-and-hot-mess-pacific (검색일:2019.6.12.)

O'Neil, A. 2017. "Australia and the 'Five Eyes' intelligence network: the perils of an asymmetric alliance," *Australian Journal of International Affairs* 71(5), pp.529-543.

Packham, C. 2018. "Australia to help PNG build a navy base to fend off China." *Reuters*. 2018/11/1. https://www.reuters.com/article/us-australia-papua/australia-to-help-png-build-a-navy-base-to-fend-off-china-idUSKCN1N63WM (검색일: 2019.6.10.)

_____. 2019. "Exclusive: Australia concluded China was behind hack on parliament, political parties – sources." *Reuters*. 2019/9/16. https://www.reuters.com/article/us-australia-china-cyber-exclusive/exclusive-australia-concluded-china-was-behind-hack-on-parliament-political-parties-sources-idUSKBN1W00VF (검색일:2019.7.19.)

Parliament of Australia. 2016. "Speech by Bill Shorten MP." Ministerial Statements, Commonwealth of Australia, Canberra. 2016/11/23.

Pearlman, J. 2018. "Australia, NZ to sign security pact with South Pacific nations." *The Straits Times.* 2018/7/7. https://www.straitstimes.com/asia/australianz/australia-nz-to-sign-security-pact-with-south-pacific-nations (검색일: 2019.6.11.)

Peters, W. 2018. "Australia and New Zealand announce joint Pacific Cyber cooperation." The official website of the New Zealand Government. 2018/11/16. https://www.beehive.govt.nz/release/australia-and-new-zealand-announce-joint-pacific-cyber-cooperation (검색일: 2019.3.19.)

Rustici, K. 2013. "Indonesia's Cybersecurity: An Opportunity for Deeper Cooperation." *Center for Strategic and International Studies.* 2013/11/26. https://www.csis.org/analysis/indonesia%E2%80%99s-cybersecurity-opportunity-deeper-cooperation (검색일: 2019.8.23.)

Scott, J. "Australia Passes Anti-Foreign Meddling Laws in Message to China." *Bloomberg.* 2018/6/28. https://www.bloomberg.com/news/articles/2018-06-28/australia-passes-anti-foreign-meddling-laws-in-message-to-china (검색일: 2019.11.11.)

Smyth, J. 2018. "Australia leads 'Five Eyes' charge against foreign interference." *Financial Times.* 2018/6/27. https://www.ft.com/content/afa7fd54-79b1-11e8-bc55-50daf11b720d (검색일: 2019.3.10.)

Tham, I. 2015. "New Cyber Security Agency to be set up in April, Yaacob Ibrahim to be minister in charge of cyber security." *The Straits Times.* 2015/1/27. https://www.straitstimes.com/singapore/new-cyber-security-agency-to-be-set-up-in-april-yaacob-ibrahim-to-be-minister-in-charge-of (검색일: 2019.8.22.)

Thu, H. 2019. "Cybersecurity and geopolitics: why Southeast Asia is wary of a Huawei ban." *The Strategist.* 2019/10/5. https://www.aspistrategist.org.au/cybersecurity-and-geopolitics-why-southeast-asia-is-wary-of-a-huawei-ban/ (검색일: 2019.10.22.)

Tillett, A. 2019. "Chinese spies suspected in cyber attack on major parties." *The Australian Financial Review.* 2019/2/18. https://www.afr.com/news/politics/cyber-attack-on-major-parties-computer-systems-scott-morrison-reveals-20190218-h1bdzm (검색일: 2019.3.10.)

Turnbull, M. 2019. "Address to the Henry Jackson Society, London." The Hon Malcolm Turnbull's personal website. 2019/3/5. https://www.malcolmturnbull.com.au/media/address-to-the-henry-jackson-society-london (검색일: 2019.6.7.)

Westbrook, T. 2018. "Top-ranked Australian university hit by Chinese hackers: media." *Reuters.* 2018/7/6. https://www.reuters.com/article/us-australia-cyber/top-ranked-australian-university-hit-by-chinese-hackers-media-idUSKBN1JW1KE (검색일: 2019.3.2.)

White, H. 2019. "In denial: Defending Australia as China looks south," *Australian*

Foreign Affairs, No. 6, pp.5-27.

Wroe, D. 2019. "China 'behind' huge ANU hack amid fears government employees couldbe compromised." *The Sydney Morning Herald*. 2019/6/5. https://www.smh. com.au/politics/federal/china-behind-huge-anu-hack-amid-fears-government-employees-could-be-compromised-20190605-p51uro.html (검색일: 2019.6.11.)

Zhou, C. and Fang J. 2019. "Why Australia is prepared to ban Huawei from its 5G network while the UK and Germany aren't." *ABC News*. 2019/3/8. https://www. abc.net.au/news/2019-03-07/why-is-the-uk-seemingly-not-as-worried-about-huawei-as-australia/10866848 (검색일: 2019.6.7.)

제3장   중견국 공적개발원조 정책의
결정요인: 스웨덴과 호주의 비교를
중심으로

최종현(중앙대학교)

I. 서론

지난 몇십 년간 중견국 외교에 대한 국내외의 연구는 양적, 질적으로 큰 발전을 이루었다. 중견국이라 지칭될 수 있는 여러 나라에서 자국의 중견국 정체성에 대한 이론적 논쟁이 전개되었고, 실제 외교정책에 대한 역사적 분석이 이루어졌다. 특히 한국에서는 중견국 외교의 새로운 이론적 토대에 대한 모색과 함께, 다양한 이슈 영역에서의 중견국 외교에 대한 검토가 진행된 바 있다(강선주 2015; 김치욱 2009; 손열·김상배·이승주 편 2016). 이를 통해 중견국 외교에 대한 개념적 이해와 각 영역에서의 중견국 외교의 가능성 및 효과에 대해 상당한 지식이 축적되었다. 그러나 아직은 각 나라에 국한된 연구가 주를 이루고 있고, 따라서 여러 나라의 경험을 비교적으로 분석하여 중견국 외교 행태에서 나타나는 차이를 밝히는 연구는 상대적으로 드문 실정이며, 나아가 이러한 차이를 결정짓는 요인들에 관한 연구 또한 부족한 편이다. 본 논문은 이러한 공백을 메우기 위한 하나의 시도이다. 이를 위해서 논문은 우선 중견국의 대표적인 외교 수단이라고 할 수 있는 공적개발원조(official development assistance, ODA) 정책으로 분석을 한정하여 우선 이 영역에서 나타나는 중견국들의 정책적 차이를 유형화한다. 다음으로는 이를 바탕으로 서로 반대되는 성격의 ODA 정책을 일관적으로 추구해 온 두 대표적인 중견국인 스웨덴과 호주를 비교하여 두 나라가 서로 다른 ODA 정책을 펼치는 데 기여한 요인을 밝히고자 한다. 본 논문은 국내의 정치경제 이념과 안보 환경이 스웨덴과 호주의 ODA 정책의 차이를 설명하는 가장 중요한 요인임을 주장하고, 이에 대해 1차 및 2차 자료에 기초한 근거를 제시한다. 이 연구를 통해 중견국 외교가 마주하는 구조적 제약에 대한 이해의 제고하고자 하며,

논문의 맺음말에서는 연구 결과를 토대로 한국 ODA 정책의 가능성과 한계를 간략히 짚어보고자 한다.

II. ODA 정책의 유형화와 이에 따른 중견국의 분류

중견국은 국력의 한계 때문에 경성권력을 내세운 대외 정책을 추진하기에는 많은 제약이 따른다. 따라서 중견국은 한정된 자원을 특정 이슈 영역에 집중하는 틈새외교 정책을 추구하게 되는데, 이 중 대표적인 영역이 개발협력이다(Lee 2014, 2). 소위 1.5세대 중견국이라고 할 수 있는 스웨덴이나 노르웨이가 상대적으로 약한 군사력과 작은 국내 총생산 규모에도 불구하고 중견국으로서 자리매김할 수 있었던 이유가 바로 이들 국가의 개발원조 노력 때문이라고 할 수 있다. 한국 외교부 ODA 독립패널 또한 "개발협력은 세계 공동이익 추구를 위해 노력하는 공공재 창출, 국제규범의 준수, 이를 통한 국가의 위상과 국격 향상이라는 중견국 외교의 전형적인 외교 형태 및 목적에 부합하기 때문에 중견국 외교를 견인하는 가장 중요한 분야가 될 수 있다"는 판단하에 한국 ODA의 효과를 제고할 방법을 모색한 바 있다(외교부 ODA 독립패널 2014, 2). 그 중요성이 이처럼 크기 때문에 ODA 분야에서 나타나는 중견국들의 행태적 차이는 중견국들의 외교정책 전반에서 발견되는 차이를 이해하는 데도 큰 도움이 된다고 할 수 있다.

그렇다면 ODA 정책을 어떻게 유형화할 수 있을 것인가? 이 글에서는 스토케(Olave Stokke)가 제시한 인도주의적 국제주의(humane internationalism)와 현실주의적 국제주의(realist internationalism)의 구분을 활용하고자 한다(Stokke 1989). 이러한 구분이 ODA의 여러 측면, 즉 총액, 대상 국가, 지원 방식 등에서 나타나는 국가 간의 차이를 효과적으로 포착하고 있다고 판단되기 때문이다. 스토케는 인도주의적 국제주의를 "산업화된 국가들이 국경을 넘어 존재하는 사람 및 사건들에 도덕적 책임이 있다는 점을 수용하는 것"이라고 정의한다(Stokke 1989, 10). 그리고 현실주의 국제주의에 대해서는 "국제관계를 국가들이 자국의 이익만을 추구하고, 또 추구해야만 하는 무정부상태로 바라보는 세계관에 기초하고 있다"고 한다(Stokke 1989, 11).

한 나라의 ODA 정책이 인도주의적 국제주의에 기초하고 있는지 아니면 현실주의적 국제주의에 기초하고 있는지를 판가름하는 우선적인 기준은 ODA 지출 총액이라 할 수 있다. 자국의 이익을 추구하기 위한 수단으로서 ODA는 근본적인 한계를 지니고 있기 때문이다. 이는 ODA 정책이 현실주의적 고려로 좌우될 수 있음을 부정하는 것은 아니다. 다만 ODA를 집행하는 데에는 여러 제약이 존재하기 때문에 순수히 자국의 이익을 극대화한다는 관점에서는 같은 비용으로 더 크고 직접적인 성과를 얻을 수 있는 다른 정책 수단들이 존재한다는 점을 감안해야 한다는 것이다. 현재 널리 통용되고 있는 경제협력개발기구(Organisation for Economic Co-operation and Development, OECD) 개발원조위원회(Development Assistance Committee, DAC)의 정의에 따르면 ODA는 "개발도상국의 경제사회 개발을 증진할 목적으로 이루어지는 공적거래와 양허적 성격으로 이루어지는 자금"이며 보다 구체적으로는 다음 네 가지의 조건을 충족시켜야 한다.[1]

–중앙정부와 지방정부를 포함한 공공부문 또는 그 실시기관에 의

---

1   ODA 정보포털. "ODA 정의." http://www.oda.go.kr/opo/odin/mainInfoPage.do?P_SCRIN_ID=OPOA601000S01 (검색일: 2019. 8. 26.)

해 개발도상국, 국제기구 또는 개발 NGO에 공여될 것.

-개발도상국의 경제개발 및 복지증진에 기여하는 것이 주목적일 것.

-차관일 경우 양허성이 있는(concessional) 재원이어야 하며 증여율(grant element)이 25% 이상이어야 할 것.

-개발원조위원회 수원국 리스트에 속해 있는 국가 및 동 국가를 주요 수혜대상으로 하는 국제기구를 대상으로 할 것.

이처럼 ODA는 일정한 국제적 기준을 충족시켜야 하므로 자국의 이익 극대화에 부합하는 방향으로 정책을 집행하기에는 어려움이 따른다. 그러므로 적어도 경향적으로는 현실주의에 기초한 ODA 정책을 펼칠수록 ODA 총액이 적을 것이라 예상할 수 있다.

ODA 정책의 인도주의와 현실주의를 판가름하는 또 다른 지표로 ODA가 가장 가난한 나라들에 집중되는지 아니면 덜 가난한 나라들에 더 많이 분배되는지를 들 수 있다. 이를 통해 수혜국의 발전과 자국 이익의 증진 중 어떠한 목적을 달성하는 데 더 큰 비중을 두고 있는지 판단해 볼 수 있다. 인도주의가 빈곤 내지 저개발을 해소하는 것을 최우선적인 목표로 삼는다고 할 때, 가난한 나라에 더 많은 지원이 이루어지고 있다면 이는 인도주의가 ODA 정책의 근간을 이룬다는 신호로 볼 수 있을 것이며, 반대로 상대적으로 덜 가난한 개발도상국에 더 많은 지원이 돌아간다면 이는 개발도상국의 필요가 최우선적인 고려 사항이 아니라는 점을 시사하며, 따라서 현실주의적 ODA 정책이 이루어지고 있음을 반증한다고 할 수 있을 것이다.

2017년을 기준으로 OECD DAC 회원국들을 국민총소득 대비 ODA 총지출 그리고 ODA 수혜국 중 빈국의 비중을 기준으로 순위를 매기면 아래 〈표 1〉과 같다. ODA/GNI 순위는 OECD의 원자료를 활용했고(OECD, Net ODA), 빈국 지원 순위는 Center for Global Development의 Quality of Official Development Assistance (QuODA) Data에서 계산한 값을 활용했으며,[2] 계산된 값의 의미를 직관적으로 파악하기 어렵기 때문에 대신 표준편차를 기입하였다 (Center for Global Development Assistance).

이 자료를 이용하여 산포도를 그려보면 아래의 〈그림 1〉과 같다. 표준편차 0을 기준으로 국가들을 네 개의 국가군으로 나누면 대부분의 나라가 국민총소득 대비 ODA 지출 총액이 평균보다 크고, 이와 함께 빈국 지원 비중도 평균보다 많은 제1 사분면에 속하거나 아니면 둘

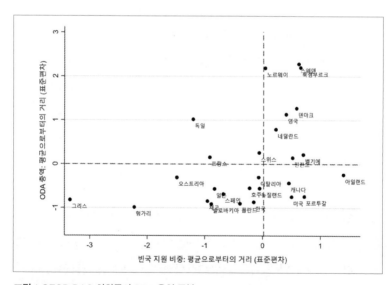

그림 1 OECD DAC 회원국의 ODA 유형 구분

2 슬로베니아와 아이슬란드가 제외되었다. 지원국을 d, 수혜국을 r이라고 할 때, 값은 다음 수식과 같이 계산되었다.

$$\sum \frac{oda(d,r)}{oda(d)} \times \log(GDP/Population)_r$$

표 1 OECD DAC 회원국의 ODA 분야별 순위 (2017)

순위	국가	ODA/GNI (%)	표준편차	순위	국가	빈국 지원 비중 (표준편차)
		ODA/GNI 순위				**빈국 지원 순위**
1	스웨덴	1.02	2.28	1	아일랜드	1.40
2	룩셈부르크	1.00	2.20	2	포르투갈	0.72
3	노르웨이	0.99	2.19	3	벨기에	0.70
4	덴마크	0.74	1.27	4	룩셈부르크	0.65
5	영국	0.70	1.13	5	스웨덴	0.62
6	독일	0.67	1.02	6	덴마크	0.58
7	네덜란드	0.60	0.79	7	핀란드	0.51
8	스위스	0.46	0.26	8	미국	0.49
9	벨기에	0.45	0.22	9	캐나다	0.45
10	프랑스	0.43	0.16	10	영국	0.40
11	핀란드	0.42	0.14	11	네덜란드	0.22
12	아일랜드	0.32	-0.24	12	노르웨이	0.04
13	이탈리아	0.30	-0.30	13	뉴질랜드	-0.05
14	오스트리아	0.30	-0.31	14	스위스	-0.06
15	아이슬란드	0.28	-0.36	15	이탈리아	-0.07
16	캐나다	0.26	-0.43	16	한국	-0.15
17	호주	0.23	-0.55	17	호주	-0.23
18	뉴질랜드	0.23	-0.56	18	폴란드	-0.39
19	일본	0.23	-0.57	19	스페인	-0.68
20	스페인	0.19	-0.68	20	일본	-0.83
21	포르투갈	0.18	-0.74	21	슬로바키아	-0.89
22	미국	0.18	-0.75	22	프랑스	-0.91
23	슬로베니아	0.16	-0.81	23	체코	-0.95
24	그리스	0.16	-0.82	24	독일	-1.20
25	체코	0.15	-0.84	25	오스트리아	-1.49
26	한국	0.14	-0.87	26	헝가리	-2.23
27	폴란드	0.13	-0.90	27	그리스	-3.34
28	슬로바키아	0.13	-0.91			
29	헝가리	0.11	-0.99			

출처: OECD, Net ODA; Center for Global Development Assistance, QuODA.

모두 평균 이하인 제3 사분면에 속하는 것을 알 수 있다. 실제 두 지표
는 통계적으로 유의미한 양의 상관관계를 띠고 있다(r=0.39, p=0.04).
이처럼 두 지표는 인도주의적 국제주의를 한 끝으로 하고 현실주의적
국제주의를 다른 한 끝으로 하는 ODA 정책의 스펙트럼을 공통적으로
포착하고 있다고 볼 수 있다.

III. 중견국 ODA 정책의 결정요인에 대한 기존 연구

대부분의 기존 연구들은 분석 대상을 중견국으로 한정하지 않고 ODA
공여국 전체를 대상으로 ODA 정책의 결정요인을 분석해 왔다. 따라
서 이 연구들은 근본적으로 중견국의 특수성을 밝히기에는 한계가 있
으나, 여기에서 도출된 결론은 중견국에도 공통적으로 적용할 수 있는
성격의 것들이므로 잠시 살펴보고 넘어갈 필요가 있다. 통계를 이용한
양적 연구들은 경제 규모 대비 ODA 총액의 국가 간, 그리고 국가 내의
연도별 차이를 설명하는 연구들이 주를 이룬다. 대내적 요인 중 특히
많은 주목을 받은 것은 정치경제 이념이다. 노엘과 테리엔(Alain Noël
and Jean-Philippe Thérien)의 연구에 따르면 국민들에게 보다 많은
복지 혜택을 부여할수록(Noël and Thérien 1995), 그리고 좌파의 정치
적 힘이 더 강력할수록(Thérien and Noël, 2000) 경제규모 대비 ODA
지출이 큰 경향을 보인다. 이들에 따르면 너그러운 복지제도나 좌파
의 정치적 강세는 경제적 평등을 위한 국가의 개입을 호의적으로 바
라보는 정치경제 이념의 영향력을 보여주는 것이며, 이러한 이념이 대
외적으로 확장되어 국제적 불평등과 빈곤 해결을 위해서도 국가가 일
정한 역할을 해야 한다는 인식이 자리 잡은 결과 ODA에 대한 투자가

늘어난다. ODA 정책의 관념적 결정요인을 강조하는 럼스데인(David Halloran Lumsdaine) 역시 국내적 가치의 대외적인 투사를 강조한다 (Lumsdaine 1993).

대외적 요인들에 주목하는 연구들의 경우, 대부분 국가 간에 나타나는 정책적 차이를 설명하기보다는 국가들 사이에 공통적으로 나타나는 경향을 설명하는 작업이 주를 이룬다. 크게는 경제규모 대비 ODA 지출 총액을 종속변수로 하는 연구들과 어떤 수혜국들에 얼마만큼의 ODA가 배정되는지를 종속변수로 하는 연구들로 나누어 볼 수 있는데, 전자는 냉전의 종식(Boschini and Olofsgård 2007), 테러와의 전쟁(Dreher and Fuchs 2011; Fleck and Kilby 2010) 등 모든 국가들에 공통적으로 영향을 미치는 변수들이 주로 검토되어 원조 정책의 국가 간 차이를 설명하는 데는 무리가 따른다. 각 수혜국에 배분되는 원조액을 종속변수로 삼는 연구들은 공여국들이 과거 자신의 식민지였던 나라(Alesina and Dollar 2000), 현재 동맹을 맺고 있는 나라 (Alesina and Dollar 2000), 혹은 반공산주의와 같은 정치 이념을 공유하는 나라에(Schraeder, Hook and Taylor 1998) 우선적으로 원조를 배분한다는 주장을 펼친 바 있다. 이러한 설명은 앞서 말한 대로 공여국들이 공통적으로 보이는 특성에 초점을 둔다는 점에서 국가 간 ODA 정책의 차이를 밝히는 데에는 한계가 있으며, 또한 다수의 중견국들이 식민 지배의 경험이 없거나 역외에서 군사동맹이나 이념에 기초한 대외 정책을 추진하지는 않는다는 점에서 중견국의 경험을 설명하는 데는 부족함이 있다.

직접적으로 중견국의 ODA 정책에 주목하는 연구로는 스칸디나비아 국가들을 분석한 김준석의 연구 그리고 네덜란드, 덴마크, 스웨덴, 캐나다를 비교 분석한 스토케(Olav Stokke)의 편저가 있다(김준석

2010; Stokke eds. 1989). 이 연구들은 강대국 수준의 국력을 갖추지는 못했지만 국제무대에서 일정한 영향력을 행사하는 중견국들의 특성을 고려하는 가운데 ODA 정책의 대내외적 결정요인을 폭넓게 다룬다. 두 연구는 대내적 정치경제 이념과 지정학의 중요성을 강조한다는 점에서 본고와 공통점을 갖는다. 하지만 앞의 〈그림 1〉을 참고할 때, 두 연구 모두 정책적으로 큰 차이가 없는 국가들을 분석대상으로 삼는다는 점에서 중견국 ODA 정책에서 나타나는 차이 전반을 설명한다고 보기는 어렵다.

본고는 기존 연구 성과, 특히 정치경제 이념의 역할에 대한 설명을 받아들이되, 정책적 차이가 분명하게 드러나는 중견국들을 사례로 선정하여 기존 연구의 한계를 극복하고자 한다. 이에 기초한 비교 연구를 통해 드러나는 것은 기존 연구에서 강조한 정치경제 이념에 더해 지정학적으로 결정된 안보 환경이 공여국들의 원조액을 결정하는 중요한 변수라는 점이다. 강대국들에 둘러싸여 자신의 지역에서 유의미한 변화를 이끌어낼 수 없는 중견국의 경우 ODA를 통해 자국에 대한 국제사회의 지지를 높이는 데 관심을 갖게 된다. 반대로 상대적으로 안보 위협으로부터 자유롭고 자신의 지역 내에서 일정한 영향력을 발휘할 수 있는 중견국은 주변 안보 환경을 개선하는 데 일차적인 관심을 갖게 된다. 그 결과 ODA는 정책 우선순위에서 밀려나게 되며 원조 금액도 빈국 중심이 아닌 자국 안보와 직접 연결된 주변국들 위주로 배정되는 경향이 나타난다. 본고가 지정학을 처음으로 강조한 연구는 아니지만, 안보 환경이 구체적으로 어떻게 ODA 정책에 영향을 미치는지를 비교 사례 분석을 통해 자세히 밝힌다는 점에서 연구의 의의를 찾을 수 있다.

IV. 인도주의적 국제주의와 현실주의적 국제주의의 결정요인: 스웨덴과 호주의 비교 분석

1. 사례 선정

본고는 인도주의적 국제주의와 현실주의적 국제주의를 대표하는 국가로서 각각 스웨덴과 호주를 선택하여 두 나라 ODA 정책에서 나타나는 차이의 원인을 살펴보고자 한다. 우선 두 나라 모두 중견국으로서의 위상이 확실하고 비교적 오랜 대외원조의 전통을 지니고 있기 때문이다. 스웨덴은 1965년, 호주는 1966년에 OECD DAC에 가입한 바 있다. 경제적으로도 두 나라 세계 10위권 안의 부국에 속하며, 2017년 기준 1인당 국내총생산이 호주의 경우 $53,800, 스웨덴의 경우 $53,442으로 서로 거의 차이가 없다(World Bank 2019). 이처럼 경제적 여유의 차이로 두 나라 ODA 정책의 차이를 설명할 수 없기에, 정치적인 차이에 초점을 맞추는 것이 용이해진다.

이에 더해 스웨덴과 호주는 본 연구에서 ODA 정책의 두 지표 모두에서 뚜렷한 차이를 보여준다. 우선 현재 두 나라의 국민총소득 대비 ODA 비중은 앞서 〈표 1〉에서 보았듯이 큰 차이를 보여준다(스웨덴 1.02%, 호주 0.23%). 이를 역사적으로 비교하여도 두 나라의 차이는 상당히 오랜 기간 동안 지속되어 왔음을 알 수 있다. 아래 〈그림 2〉에서 볼 수 있듯이 스웨덴은 호주보다 후발주자였지만, 1962년 법안을 통해 GNP(국민총생산) 대비 1%까지 ODA를 확대할 것을 결의한 이후 1975년에 이르러서는 UN이 제시한 목표치인 GNP대비 ODA 0.7%를 넘겼고, 1980년대부터는 1%에 근접하거나 종종 그것을 넘어선 바 있다(Åkerlund 2016, 77-78). 이후 국제적 기준이 GNP에서 GNI(국민총소득)으로 바뀌며 약간의 조정이 이루어지고, 또한 1990년대 초반 금융위기를 겪으며 ODA 비중이 다소 줄어들기도 했지만, 스웨덴은 2000년대 중반 이후부터 다시 꾸준히 ODA 예산을 GNI 대비 1% 수준 으로 유지하고 있다. 반면 호주의 경우, 1970년대 중반 이후부터의 큰 흐름은 GNI 대비 ODA 금액의 지속적인 삭감이었다. 이러한 추세는 집권 정당에 큰 상관없이 유지되어 왔으며(Corbett 2017), 1990년대부 터는 줄곧 0.2-0.4% 범위를 오가고 있다. 2000년대 중반 이후에는 7-8 년 동안 상승 추세를 보이기도 했으나 2013년부터는 꾸준한 경제성장 에도 불구하고 계속해서 ODA 예산을 삭감해오고 있다(OECD 2018, 23).

또한 스웨덴, 호주가 어떤 나라들에 ODA를 지원하는지 살펴보 면, ODA 배정 기준에 있어 양국 간에 차이가 역시 지속적으로 나타나 는 것을 알 수 있다. 아래 〈표 2〉와 〈표 3〉에는 스웨덴과 호주의 양자 간 ODA 수혜국이 1996-1997, 2006-2007, 그리고 2016년도별로 순위

그림 2 호주와 스웨덴의 ODA/GNI (%)
출처: OECD(2019).

대로 나열되어 있다.[3] 표에서 드러나듯, 스웨덴의 양자 간 ODA는 주
로 아프리카에 위치한 개도국에 공여되고 있는 반면에, 호주의 양자 간

표 2 스웨덴 양자 간(bilateral) ODA 연도별 수혜국 순위

1996-1997 (평균)	2006-2007 (평균)	2016
1 탄자니아	1 이라크	1 아프가니스탄
2 모잠비크	2 탄자니아	2 탄자니아
3 베트남	3 모잠비크	3 모잠비크
4 이라크	4 우간다	4 소말리아
5 인도	5 수단	5 팔레스타인
6 에티오피아	6 팔레스타인	6 콩고민주공화국
7 남아프리카공화국	7 아프가니스탄	7 케냐
8 니카라과	8 잠비아	8 에티오피아
9 앙골라	9 케냐	9 시리아
10 우간다	10 베트남	10 잠비아

출처: OECD(2018a; 2009; 1998).

표 3 호주 양자 간(bilateral) ODA 연도별 수혜국 순위

1996-1997 (평균)	2006-2007 (평균)	2016
1 파푸아 뉴기니	1 인도네시아	1 파푸아 뉴기니
2 인도네시아	2 이라크	2 인도네시아
3 필리핀	3 파푸아 뉴기니	3 솔로몬 제도
4 베트남	4 솔로몬 제도	4 아프가니스탄
5 중국	5 동티모르	5 캄보디아
6 캄보디아	6 필리핀	6 피지
7 태국	7 베트남	7 동티모르
8 방글라데시	8 중국	8 베트남
9 인도	9 아프가니스탄	9 필리핀
10 라오스	10 캄보디아	10 미얀마

출처: OECD(2018a; 2009; 1998).

3   양자 간 ODA는 ODA 전체에서 다자기구를 통해 집행하는 다자 간(multilateral) ODA
를 제외한 금액에 해당한다. 대부분의 국가에서 양자 간 ODA의 규모가 다자 간 ODA의
규모를 압도한다.

혜국의 필요에 기초해서 ODA 정책을 실행하고 있음을 알 수 있다.

위와 같은 평가는 또한 두 나라에 대한 기존 연구들의 평가와도 궤를 같이 한다. 알레시나와 달러(Alberto Alesina and David Dollar) 의 경우, 통계 분석을 토대로 스웨덴을 포함한 "노르딕 국가들이 가장 가난한 나라들을 지원하고, 그리고 그 가운데 수혜국의 좋은 정책과 정치 제도를 보상하는 것으로 보인다"고 평가한 바 있고(Alesina and Dollar 2000, 50), 게이츠와 회플러(Gates and Hoeffler 2004) 역시 비슷한 견해를 내보인 바 있다. 반면, 알레시나와 달러의 연구에서 수혜국의 국민소득은 호주의 ODA 수혜국 선정에 유의미한 고려사항으로 작용하지 않는 것으로 나타났고(Alesina and Dollar 2000), 베르텔레미 (Berthélemy 2006) 역시 통계 분석을 통해 대외원조에서 가장 자국 중심적인(egoistic) 나라의 하나로 호주를 꼽은 바 있는데, 그의 연구에 포함된 19개 선진국 중에서 호주는 무역 교류가 많은 나라에 원조를 집중하는 경향이 가장 큰 것으로 드러났다(Berthélemy 2006).

종합하자면 스웨덴과 호주는 비슷한 경제 수준에도 불구하고, ODA 정책의 양 측면 모두에서 현격한 차이를 보인다는 점에서 비교 분석을 통해 ODA 정책의 결정요인을 탐색하는데 적합한 사례라고 하겠다. 이어지는 두 절에서는 스웨덴과 호주의 ODA 정책 결정요인을 국제정치적 요인과 국내정치적 요인으로 나누어 분석한다.

2. 국내정치적 요인

스웨덴은 호주에 비해 1970년대 이후부터 지속적으로 더 많은 대외 원조를 해왔다. 이와 관련하여 다소 놀라운 점은 그럼에도 원조 지출이 지나치게 많다고 생각하는 사람들의 비율이 호주가 더 높다는 점이다. 2004년 유럽연합 집행위원회에서 실시한 Eurobarometer 특별 설문조사에서는 "(당신이 속한 나라의) 정부가 개발 원조에 쓰는 예산의 비율이 어떠하다고 생각하는가?(Do you think that the share of its budget that the (NATIONALITY) Government dedicates to development aid is…?)"라는 질문을 던진 바 있는데, "너무 적다(too small)"라고 답변한 이들이 29%, "적당하다(about right)"라고 답변한 이들이 45%를 차지해서 긍정적인 대답을 한 응답자가 74%에 달했다. "너무 많다(too big)"라고 응답한 이들은 10%에 그쳤고, 17%는 "모른다(don't know)"라고 대답했다(European Commission 2005, 36). 비슷한 질문이 호주에서는 2011년 Essential Media Communications라는 조사업체에서 실시한 설문조사에 포함된 적이 있다. 조사에서는 "당신이 아는 바에 따르면 연방 예산 중 어느 정도가 해외 원조에 사용되는가?(As far as you know, about how much of the Federal budget is spent on foreign aid?)"라는 객관식 질문에 이어 "그리고 당신은 호주가 해외 원조비용을 너무 많이 지출한다고 생각하는가 혹은 너무 적게 지출한다고 생각하는가?(And do you think Australia spends too much or too little on foreign aid?)"라는 질문을 던졌는데, "너무 적게 지출한다(Spends too little)"는 응답은 16%, "적당한 금액을 지출하고 있다(Spends about the right amount)"는 응답은 21%로, 긍정적인 응답이 37%에 그쳤다. 반면 "너무 많이 지출한다(Spends too much)"는 응답은 42%로 긍정적인 응답 전체보다 많았고, "잘 모르겠다(Don't know)"가 21%로 나머지를 차지했다(Burkot and Wood 2015, 29). 동일한 질문이 아니고 서로 시기적인 차이가 있어 단순 비교는 어렵지만, 적어도 스웨덴 국민들이 원조에 대해 더 호의적이라는 인상을 주기에는 충분해 보인다.

다른 예로 스웨덴과 호주가 함께 포함된 2015년의 한 여론조사를 들 수 있다. 국제적 시장조사 업체인 입소스(Ipsos)에서 대외원조와 관련해 2015년 17개국 12,906명을 대상으로 설문조사를 한 바 있는데, "'국내 사업에 예산을 쓰는 것이 더 낫다'라는 진술에 어느 정도로 동의 혹은 동의하지 않는가?(To what extent, if at all, do you agree or disagree with the following statement? Money is better spent on domestic programs.)"라는 질문에 "매우 동의(strongly agree)," 혹은 "대체로 동의(somewhat agree)" 한다고 선택한 응답자의 비율이 스웨덴은 57%에 그쳤지만 호주는 80%에 달했다(Ipsos 2015). 아래 〈표 4〉에 나오듯이 설문에 포함된 9개의 선진 자본주의 국가 중 스웨덴은 여론이 해외 원조에 가장 우호적이었고, 호주의 여론은 미국, 캐나다 다음으로 가장 비우호적이었다.

여러 학자들은 대외원조에 대한 이러한 태도의 차이가 국내 정치경제의 차이에서 비롯된다고 주장한다. 노엘과 테리엔의 표현을 빌리자면 국내에서 통용되는 정의가 대외적으로 확장되는 것이다(Noël and Therien 1995). 럼스데인이 정리한 1983년 Eurobarometer 설문 자료에 따르면(표 5 참고)(Lumsdaine 1993, 146), 우리나라에서 손길이 필요한 사람을 돕는 일에 더욱 높은 중요성을 부과한 사람일수록 해외 원조를 확대해야 한다고 말한 사람의 비중이 높았다. 또한 이와 유사하게 좌우 정치 스펙트럼에서 자신을 좌파로 정의한 사람들 중에서 원조를 확대해야 한다고 답한 사람의 비중이 가장 높았고, 중도층에서 원조를 확대해야 한다는 응답이 자신을 우파로 정의한 사람들보다 많았다.

위에서 드러난 "국내 정의의 대외적 확장"이라는 경향성에 스웨덴, 호주 국민들이 각각 정치경제적 정의를 바라보는 시각을 결합하

표 4 해외 원조 관련 설문조사 결과 발췌

"국내 사업에 예산을 쓰는 것이 더 낫다"라는 진술에 매우 동의 혹은 대체로 동의하는 비율	스웨덴	57%
	프랑스	65%
	독일	67%
	한국	70%
	일본	74%
	영국	77%
	호주	80%
	캐나다	83%
	미국	84%

출처: Ipsos(2015).

표 5 Eurobarometer 해외 원조 관련 설문조사 결과 발췌 (1983년)

	원조를 확대해야 한다 (Aid should be increased)	원조를 감축해야 한다 (Aid should be decreased)
우리나라에서 가장 도움을 필요로 하는 이들을 돕는 것은 (Helping those most in need in our country is)		
(23%) 매우 중요하다(Very important)	42%	9%
(51%) 상당히 중요하다(Fairly important)	30%	9%
(20%) 덜 중요하다(Less important)	21%	18%
스스로 좌우 위치짓기(Left-right self-placement)		
(26%) 좌파(Left)	42%	10%
(37%) 중도(Middle)	28%	9%
(25%) 우파(Right)	25%	14%

출처: Lumsdaine(1993), p.146.

면 두 나라의 해외 원조에 대한 여론을 이해할 수 있는 실마리가 제공된다. 즉, 국내의 정치경제적 정의를 이해하는 방식에서 두 나라 사이에 큰 차이가 발견이 되는데, 바로 이러한 차이가 ODA 정책에 대한 두 국민들의 서로 다른 여론으로 이어지는 것이다. 그리고 이렇게 형성된 여론이 ODA 정책을 제약하는 중요한 요인으로 작용한다고 볼 수 있

표 6 ISSP 복지국가 관련 설문조사 결과 발췌 (1992년)

	동의하는 비율	
	스웨덴	호주
고소득층과 저소득층의 차이를 줄이는 것은 정부의 의무이다.	53.7	42.6
(It is the responsibility of the government to reduce the differences between people with high incomes and those with low incomes.)		
정부는 일하기를 원하는 모두에게 일자리를 제공해야 한다.	74.1	39.4
(The government should provide a job for everyone who wants one.)		
정부는 모든 이들에게 보장된 기초소득을 제공해야 한다.	45.5	50.9
(The government should provide everyone with a guaranteed basic income.)		

출처: Svallfors(1997), p.288.

다. 〈표 6〉은 스발포스(Stefan Svallfors)가 정리한 International Social Survey Programme의 1992년 설문조사 내용 중 스웨덴과 호주에 해당하는 부분을 발췌한 것이다(Svallfors 1997, 283-304). 여기에서 파악할 수 있는 것은 대체로 스웨덴 국민들이 호주 국민들에 비해 정부가 복지 영역에서 적극적인 역할을 해야 한다고 생각한다는 점이다. 정부가 제공하는 기초소득에 대해서만 스웨덴에서 5%가량 지지율이 낮았을 뿐, 재분배와 일자리 문제에 정부가 적극적으로 나서야 한다는 의견이 호주보다 스웨덴에서 확연히 많았다. 즉, 스웨덴에서는 정부가 복지 정책을 통해 국내의 가난한 사람들을 도와야 한다는 사회민주주의적 정의관이 자리 잡았고, 호주에서는 시민들이 스스로 경제적 책임을 져야 한다는 자유주의적 정의관이 자리 잡았다고 볼 수 있는 것이다.

3. 국제정치적 요인

냉전 그리고 탈냉전기 스웨덴과 호주의 국제정치적인 상황을 비교할 때 가장 확연히 나타나는 차이는 지정학적인 차이이다. 스웨덴의 경우 그 주변으로 소련과 같은 초강대국 혹은 초강대국은 아니지만 자신보다 월등히 큰 국력을 자랑하는 국가들(영국, 독일, 프랑스와 탈냉전기 러시아)에 둘러싸여 있다. 반면 호주는 잘 알려져 있다시피 강대국들과 지리적으로 격리되어 있고, 주변에는 동남아시아의 여러 개도국, 자신보다 4분의 1 내지 5분의 1 정도의 인구를 보유한 뉴질랜드, 남태평양의 섬나라들이 있을 뿐이다. 이러한 차이는 다음과 같은 함의를 갖는다. 첫째, 스웨덴의 경우 유럽 내에서는 스스로 어떠한 노력을 하든지 지역 질서의 판도를 바꾸는 데 별다른 영향을 미칠 수 없는 상황에 놓여 있고, 호주의 경우 자신의 노력으로 지역 질서의 변화를 이끌어낼 수 있는 위치를 점하고 있다고 할 수 있다. 둘째, 스웨덴은 자신을 침략할 충분한 능력을 보유하고 있는 국가들과 인접해 있기 때문에 외국의 침입 가능성은 상존하고 있으며, 특히 유럽 대륙에서 초강대국 사이의 경쟁이 벌어지던 냉전기에 스웨덴 정부는 유사시 소련이나 미국이 스웨덴 영토를 점령할 가능성에 대해 깊이 우려하였다. 반대로 호주는 긴 해안선을 스스로 지켜야만 하는 처지이지만, 소위 "바다의 차단성"(Mearshemier 2001) 덕분에 전면적인 공습을 받을 우려는 스웨덴에 비해 상대적으로 적으며, 냉전기에도 미소 간의 직접적인 갈등으로부터 상대적으로 자유로운 편이었다.

이 절의 주요 주장은 다음과 같다. 스웨덴의 경우 국제정치적 환경이 인도주의적 ODA 정책을 추구할 수 있는 기본 조건을 마련해주었고, 동시에 그러한 정책을 추구해야만 하는 상황을 만들었다. 반면 호주의 경우 국제정치적 환경이 자국과 그 주변 외의 일들에 신경을 쓰기 어렵게 했다. 이 주장을 뒷받침하기 위해 아래에서는 제2차 세계대전 이후 스웨덴과 호주가 각각 자국이 처한 국제정치적 환경에 대응하여 어떠한 대외 정책을 추구했는지 살펴보고, 이러한 큰 틀 아래에서 ODA 정책이 가졌던 위상과 역할을 검토한다.

1) 스웨덴

적어도 나폴레옹 전쟁 이후부터 군사적 중립은 스웨덴 대외 정책의 주요 근간을 이루고 있다(Malmborg 2001, 1-2). 비록 2014년 러시아의 크림반도 합병 이후 잠재적인 러시아의 위협에 대항하기 위해 북대서양조약기구(NATO)와의 협력을 강화하고 있지만(Wieslander 2019), 여전히 스웨덴은 중립국의 지위를 유지하고 있다. 호퍼(Bruce Hopper)에 따르면, 나폴레옹 전쟁 이후 스웨덴과 같은 작은 나라에 주어진 유일한 선택지는 중립이었다. 프랑스 혁명 이후 징병제가 도입되고 국가 전체가 전쟁에 동원되는 체제가 전 유럽에 퍼진 이후, 스웨덴 규모의 작은 나라들이 독일이나 프랑스 같은 규모의 나라들과 더 이상 군사적으로 경쟁할 수는 없게 된 것이다(Hopper 1945, 436). 이후 스웨덴은 유럽 강대국들 간의 다극체제 동안 중립을 견지했고, 유럽의 주요 전쟁에 휘말리는 것을 피할 수 있었다.[4]

　칼스내스(Walter Carlsnaes)에 의하면 다극체제를 종결지은 제2차 세계대전의 경험은 스웨덴의 중립 정책의 성격을 근본적으로 바꿔 놓았다(Carlsnaes 1993, 73). 중립을 표명한 유럽의 다른 여러 소국들이 제2차 세계대전 때 침략받은 것을 목도한 이후 스웨덴은 단순히 중립을 선언하는 것만으로는 침략을 피할 수 없다는 것을 뚜렷이 인식하게 된다. 즉, 강대국들이 중립을 인정해주리라는 보장은 전혀 없다는 것이 명확해졌고, 이는 미국과 소련이라는 더욱 강력한 초강대국이 등장한 냉전 상황에서는 더욱 현실적인 문제로 다가오게 됐다. 따라서 스웨덴은 유사시 두 초강대국이 자신의 중립을 존중해 줄 가능성을 높이기 위한 방법을 고민했고, 이러한 고민은 중립에 대한 스스로의 헌신

4　스웨덴의 중립 정책이 스웨덴이 전쟁을 피하는 데 얼마나 결정적인 기여를 했는지는 여전히 논쟁 중인 주제이다. Malmborg(2001), pp.1-2를 참조하라.

(commitment)을 국제사회에 꾸준히 증명하여 제3국의 시각에서 볼 때 스웨덴이 스스로 이 정책을 뒤집을 가능성이 없는 상태를 만들어야 한다는 결론으로 이어졌다. 그리고 이를 위해서는 평상시에 두 가지 정책 기조를 유지해야 하는데, 우선 "다른 국가들 사이의 전쟁이 일어났을 때, 국제법상 중립국으로서의 의무를 지키는 것을 가로막는 어떠한 약속도 해서는 안 되며," 이에 더해 "전쟁 시에 중립적이고 독립적인 국가로 남겠다는 의지와 능력에 대한 세계 다른 나라들의 믿음을 북돋고 유지시킬 수 있는 정책을 추진해야 한다(Åström 1987, 9; Carlsnaes 1993, 73에서 재인용)." 1986년 무렵 의회에 제출한 스웨덴 정부의 한 법안은 이러한 시각을 잘 보여주는데, 해당 문서에서 스웨덴 정부는 다음과 같이 말하고 있다. "세계가 [중립] 정책이 확고하다는 것을 믿을 수 있도록 하는 것은 스웨덴의 근본적인 관심사이다. 세계가 언제나 중립을 지키고자 하는 우리의 의지와 능력을 받아들이도록 하는 것은 중요하다(Government of Sweden 1986/87: 95, 27)."[5]

스웨덴의 ODA 정책은 자국의 중립성에 대한 외국의 신뢰를 높이기 위한 노력의 일환으로 전개되었다(Goldman 1991, 122-143). 이것은 스웨덴의 대외원조가 중립성을 제고하려는 목적을 위해서만 진행되었다는 의미는 아니다. 하지만 스웨덴의 대외 정책의 큰 틀에서 대외원조의 중요한 역할 중 하나가 중립에 대한 자국의 의지와 능력을 보이는 것이었음은 분명해 보인다. 중립에 대한 확고한 입장을 외국에 각인시키려는 노력은 크게 세 축으로 이루어졌다(Goldman 1991, 123-126). 첫 번째 축은 방어에 힘을 기울여 강대국들이 어느 정도의 군사적인 희생을 들이지 않고는 스웨덴을 점령할 수 없다는 인식을 갖게

---

5   스웨덴어-영어 구글 번역기를 이용해서 저자가 번역하였다.

함으로써 강대국의 침략을 억지하거나 예방하는 것이다. 두 번째 축
은 중립에 대한 국민들의 공고한 지지 확보이다. 마지막은 바로 대외
정책인데, 골드만(Kjell Goldmann)의 말을 빌리자면 "스웨덴은 자국
이 강대국들이 서로 간에 대립하고 있는 사안에 대해 독립적인 입장을
취하고, 또한 강대국들이 힘으로 자신들이 원하는 바를 관철시키려 할
때 대담하게 이들에게 맞서는 한편 부유한 나라임에도 가난한 나라의
편에 서는 나라라는 이미지를 대외적으로 표출하고자 했다(Goldman
1991, 126)." 스웨덴이 미국의 베트남 전쟁에 대해 공개적인 비판을 한
이유가 바로 여기에 있었다. 스웨덴 정부는 베트남 전쟁에 대한 침묵
이 중립 정책의 근간을 흔들 것이라 염려했던 것이다(Goldman 1991,
126, fn. 25). 인도주의적인 ODA 정책도 이러한 맥락에서 이해할 수
있는데, 앞서 언급한 정부 법안에서 이를 확인할 수 있다.

> 중립 정책은 다른 나라들이 우리가 우리 스스로 선택한 대외 정책을
> 확고히 지켜나갈 것이란 신뢰와 존중을 갖는 것을 전제로 한다. 이러
> 한 신뢰는 평화로운 시기에 보여주는 우리의 행동, 장기간의 공고하
> 고 일관된 대외 정책, 그리고 얽매여 있지 않은 상태를 유지하려는 우
> 리의 결심을 뒷받침하는 대외적 입장에서 자라난다. 긴장 완화, 국제
> 적 군축, 그리고 평화적인 발전을 목표로 하는 적극적인 대외 정책
> 은 스웨덴 안보 정책의 핵심적인 요소이다(Government of Sweden
> 1986/87: 95, 26).[6]

그리고 위의 인용문에 나오는 "평화적인 발전"에 이바지하는 대외

6　스웨덴어-영어 구글 번역기를 이용해서 저자가 번역하였다.

정책 수단의 핵심이 바로 대외원조라고 할 수 있다. 또 다른 정부 문서에서 이러한 인식을 확인할 수 있다.

> 세계 인구의 다수가 심각한 고난 속에 살고 있음에도 불구하고 많은 개발도상국들은 사회 및 경제 발전이 아닌 군사 발전에 자원을 투입해야 한다고 생각하고 있다. 이것은 불확실성과 갈등을 더 증폭시킬 위험을 갖는다. 평화와 발전은 상호의존적이기 때문에 발전을 위한 자원을 확보하려는 노력은 국제적인 평화와 안보를 증진하고 무력 분쟁을 예방하려는 노력과 결합해야 한다. 이렇게 볼 때 양자 간 그리고 다자 간 원조는 스웨덴의 대외 정책과 안보 정책의 일부를 구성한다고 할 수 있다(Ministry of Defence 1985: 23, 80).[7]

이처럼 스웨덴 ODA 정책의 인도주의적 성격은 스웨덴이 처한 지정학적인 상황으로부터 상당 부분 기인한다고 할 수 있다. 스웨덴은 제2차 세계대전까지의 역사적 경험을 통해 자국의 안보를 위해서는 강대국 사이에서 철저히 중립을 지켜야 한다는 인식을 갖게 되었다. 그리고 중립에 대한 자국의 결의를 대외적으로 보여주는 효과적인 방법이라는 판단 하에 인도주의적인 ODA 정책을 추진하였던 것이다. 즉 자국의 직접적인 정치적 혹은 경제적인 이익과 상관없이 평화적인 발전에 가장 기여할 수 있도록 ODA를 배분함으로써 사심 없이 ODA 정책을 추진한다는 신호를 보내고 이를 통해 중립에 대한 헌신을 대외적으로 보인 것이다. 이를 다른 각도에서 보자면, 스웨덴의 인도주의적 ODA 정책은 스웨덴이 유럽 내부적으로는 자국 영토 밖에서 자국의 안보를

---

7   스웨덴어-영어 구글 번역기를 이용해서 저자가 번역하였다.

증진시키기 위해 할 수 있는 바가 별로 없었기에 가능했다고도 할 수 있다. 만약 스웨덴이 자국 주변에서의 직접적인 군사적 노력을 통해 안보를 증진시킬 여지가 있었다고 하더라도 지금까지 보여준 수준의 인도주의를 ODA를 비롯한 대외 정책 전반에서 추구했을지는 장담하기 어렵다. 이는 호주의 사례를 살펴봄으로써 더욱 명확해질 것이다.

2) 호주

호주의 대외 정책은 제2차 세계대전을 겪으며 비로소 그 틀을 갖추게 된다. 1901년에 여섯 개의 식민지가 합쳐 호주연방이 비로소 수립되었으나, 이후에도 오랜 기간 동안 호주의 대외 정책은 영국의 관할 하에 있었다. 호주는 1935년이 되어서야 외무부(Department of External Affairs)를 설치했고, 제2차 세계대전을 겪으면서 점차 영국으로부터 독립적인 대외 정책을 추진하게 된다(Watt 1967). 본격적인 호주 대외 정책의 출발은 1950년 콜롬보계획(Colmobo Plan)에 참여하면서부터라고 할 수 있다. 1950년 스리랑카(당시에는 실론) 콜롬보에서 열린 영연방 외무장관회의에서 제안되고 1951년부터 시행된 콜롬보계획은 마셜 플랜에서 영감을 얻은 것으로 남아시아와 동남아시아 영연방 국가들(인도, 파키스탄, 실론)의 발전과 생활수준 향상을 목표로 했고, 이후 회원국들이 늘어났지만 그 초점은 남아시아와 동남아시아에 계속 맞춰져 있었다.

다른 대륙과 멀리 떨어져 있는 지리적 특성 덕분에 강대국에 의한 직접적인 침공은 스웨덴의 경우와 달리 호주에 있어서는 큰 염려 사항이 아니었다. 대신 냉전 기간 동안 호주의 핵심적인 안보 우려는 인근 지역의 정치적 불안정과 공산주의의 확산이었다(Corbett 2017, 18). 호주가 콜롬보계획에 적극 참여한 이유는 콜롬보계획을 통해 주변의 저개발 국가들이 경제발전을 이루게 되면 대중들이 공산주의에 호응할 가능성도 낮아지고 따라서 정치적으로도 안정을 찾게 될 것이라는 계산 때문이었다. 그렇게 되면 호주와 공산주의 진영 사이에 완충지대가 형성되어 호주의 안보는 크게 향상될 것이라고 판단했다(Corbett 2017, 145). 당시 호주의 외무장관이었던 스펜더(Percy Spender)는 ODA를 통해 "동남아시아의 국가들이 민주주의 제도와 경제를 발전시킬 수 있도록 도울 수 있고, 이를 통해 이들 나라들을 급변하는 정치적 상황과 낮은 생활수준을 이용하는 기회주의자들과 위험 분자들로부터 보호할 수 있으므로" ODA는 호주의 국익을 증진하는 수단임을 강조한 바 있다(Corbett 2017, 18).

ODA에 안보를 확보하는 수단으로서의 의미가 부여된 것은 스웨덴과 마찬가지였지만, 호주가 당면하고 있던 안보 위협은 초강대국의 갈등에 끼어 있던 스웨덴의 경우처럼 실존적인 성격의 것은 아니었다. 동시에 호주가 마주한 안부 위협은 호주의 노력이 유의미한 변화를 불러올 수 있는 문제들이었고, 이 점에서도 역시 스웨덴과는 큰 차이가 있었다. 호주 주변에 존재하는 다수의 저개발국가들은 번갈아가며 이따금씩 정치적 혹은 경제적 불안정을 드러냈고, 많은 경우 호주는 직접적인 군사 개입을 통해 문제를 해결했다. 동티모르 국제군(INTERFET)의 주 구성원으로 동티모르에 파병한 사례나 2003년부터 2017년까지 솔로몬 제도에 대한 지역 원조 미션(RAMSI)을 주도하며 솔로몬 제도에 군을 배치한 사례가 대표적이다. 솔로몬 제도에 대한 호주의 개입을 결정할 당시 총리였던 하워드(John Howard)는 "솔로몬 제도는 우리의 관할 구역(our patch)"이라는 표현을 쓰며 자신의 결정을 정당화했다(Corbett 2017, 145). 솔로몬 제도가 실패한 국가로 전락하면 결과적으로 호주가 신경 쓸 문제가 더욱 늘어나므로, 군대를 파견하여 이러한 문제를 사전에 예방한다는 것이다. 이처럼 호주는 인근 지역에서 직접 해결해야 하고 직접 해결할 수 있는 문제들을 직면하고 있었고, 그 결과 호주의 ODA 정책에서 인도주의에 기반하여 가장 필요한 나라에 원조를 한다는 원칙은 상대적으로 부차적인 지위를 갖게 되었다.

V. 결론

ODA는 중견국들이 활용할 수 있는 중요한 외교정책적 수단의 하나이다. 그러나 모든 중견국들이 원조에 적극적인 모습을 보이는 것은 아니며, 원조를 배분하는 방식에 있어서도 중견국별로 많은 차이를 드러내고 있다. 중견국의 ODA 정책에서 나타나는 이러한 차이를 이해하기 위해 이 글은 인도주의적 국제주의와 현실주의적 국제주의라는 개념을 동원하여 중견국 ODA 정책을 유형화했다. 이어서 인도주의적 국제주의와 현실주의적 국제주의를 대표하는 사례로서 각각 스웨덴과 호주를 선정, 비교함으로써 ODA 정책에서 나타나는 국가 간 차이의 원인을 밝히고자 시도했다.

우선 국내정치적 요인을 살펴보면, 사회민주주의 이념이 큰 영향력을 발휘하는 스웨덴의 경우 정부가 가난한 사람들을 도와야 한다는 정의관을 갖는 시민들의 비중이 높은데, 이러한 시민들은 정부가 외국의 가난한 사람들을 돕는 것에 대해서도 거부감이 상대적으로 적다. 따라서 스웨덴 정부는 큰 국내적 저항 없이 인도주의적 ODA 정책을 추진할 수 있었다. 이에 비해 호주에서는 자유주의 이념의 입지가 상대적으로 굳건한 편이고, 따라서 스스로 경제적 책임을 져야 한다는 자유주의적 정의관이 보다 넓게 퍼져 있다. 따라서 호주에서는 정부가 ODA

를 통해 외국 국민을 돕는 데 대한 반감이 상대적으로 높으며, 이에 따라 호주의 ODA 정책은 현실주의적 방향으로 전개되었다.

다음으로 국제정치적 측면에서 볼 때, 스웨덴은 초강대국 간 경쟁의 한가운데 놓여 있는 상황에서 자국의 안보를 확보하기 위해 중립 노선을 선택했고, 중립 선언을 국제적으로 확실하게 인정받기 위한 노력의 일환으로 인도주의적인 ODA 정책을 채택했다. 반면 호주는 지리적 위치 덕분에 초강대국 경쟁에서 한 발 벗어나 있을 수 있었고, 직접적인 군사 침략 위협으로부터 상대적으로 자유로울 수 있었다. 이러한 상황에서 호주는 스스로의 힘으로 주변 안보 환경에 유의미한 변화를 미칠 수 있었고, ODA 정책도 이러한 노력의 일환으로 추진했다. 결과적으로 호주의 대외원조는 자국의 주변 나라들에 집중되면서 현실주의적 색채를 강하게 띠게 되었다.

ODA 정책에 영향을 미치는 위와 같은 국제적 그리고 국내적 요인들은 달리 말하면 ODA 정책을 추진하는 정부가 마주하는 제약과 가능성이라고 할 수 있다. 효과적인 ODA 정책을 위해서는 이러한 제약과 가능성에 대한 이해가 제고되어야 할 것이며, 바로 이 점에서 본 연구의 의의를 찾을 수 있다고 하겠다. 한국의 경우 우선 스웨덴처럼 인도주의적 ODA 정책을 펼치는 중견국에 비해 상대적으로 사회민주주의적 정치경제 이념이 약한 편이다. 국제정치적으로는 중국, 미국, 러시아와 같은 열강을 마주하고 있다는 점에서 스웨덴과 크게 다르지 않으나, 이에 더해 북한이라는 중대한 잠재적 안보 위협이 상존하고 있으며, 적어도 이 위협에 대해서는 스스로의 노력을 통해 유의미한 대응을 할 수 있는 위치에 있다는 점에서 전반적인 안보 환경이 갖는 함의는 스웨덴보다 오히려 호주와 유사하다고 할 수 있다. 따라서 한국은 인도주의적 국제주의에 기반한 ODA 정책을 펼치는 데는 많은 제약이 따른다고 볼 수 있으므로, ODA 정책을 중심에 두는 중견국 외교를 무리하게 펼치기보다는 다른 정책 수단을 중점적으로 활용하는 중견국 외교를 모색하는 것이 더 현실적인 방안이라고 하겠다.

참고문헌

강선주. 2015. "중견국 이론화의 이슈와 쟁점." 『국제정치논총』 제55집 1호.

김준석. 2010. "중견국가와 인도적 국제주의 외교정책: 스칸디나비아 국가들의 대외원조 정책을 중심으로." 『세계지역연구논총』 제28집 1호.

김치욱. 2009. "국제정치의 분석단위로서 중견국가(Middle Power): 그 개념화와 시사점." 『국제정치논총』 제49집 1호.

손열·김상배·이승주 편. 2016. 『한국의 중견국 외교』. 서울: 명인문화사.

외교부 ODA 독립패널. 2014. "효과적 개발협력을 통한 중견국 외교 실현: 외교부 무상원조 개선방안 제언 20."

Åkerlund, Andreas. 2016. *Public Diplomacy and Academic Mobility in Sweden: The Swedish Institute and Scholarship Programs for Foreign Academics*. Lund, Sweden: Nordic Academic Press.

Alesina, Alberto and David Dollar. 2000. "Who Gives Foreign Aid to Whom and Why?" *Journal of Economic Growth* 5.

Åström, Sverker. 1987. Sweden's Policy of Neutrality. Stockholm: Swedish Institute.

Berthélemy, Jean-Claude. 2006. "Bilateral Donors' Interest vs. Recipients' Development Motives in Aid Allocation: Do All Donors Behave the Same?" *Review of Development Economics* 10-2.

Boschini, Anne and Anders Olofsgård. 2007. "Foreign Aid: An Instrument for Fighting Communism?" *Journal of Development Studies* 43-4.

Burkot, Camilla and Terence Wood. 2015. "Australian Public Opinion about Foreign Aid, 2011-2015." Development Policy Centre Discussion Paper 40. Crawford School of Public Policy, The Australian National University.

Carlsnaes, Walter. 1993. "Sweden Facing the New Europe: Whither Neutrality?" *European Security* 2-1.

Center for Global Development Assistance. Quality of Official Development Assistance (QuODA) Data. https://www.cgdev.org/topics/quoda (검색일: 2019. 2. 21.)

Corbett, Jack. 2017. *Australia's oreign Aid Dilemma: Humanitarian Aspirations Confront Democratic Legitimacy*. Abingdon, UK: Routledge.

Dreher, Axel and Andreas Fuchs. 2011. "Does Terror Increase Aid?" *Public Choice* 149-3/4.

European Commission. 2005. Attitudes towards Development Aid.

Fleck, Robert K. and Christopher Kilby. 2010. "Changing Aid Regimes? U.S. Foreign Aid from the Cold War to the War on Terror," *Journal of Development Economics* 91-2.

Gates, Scott and Anke Hoeffler. 2004. "Global Aid Allocation: Are Nordic Donors

Different?" CSAE Working Paper Series 2004-34. Centre for the Study of African Economies, University of Oxford.

Goldmann, Kjell. 1991. "The Swedish Model of Security Policy," *West European Politics* 14-3.

Government of Sweden. "Totalförsvarets Fortsatta Utveckling." Regeringens Proposition 1986/87: 95.

Hopper, Bruce. 1945. "Sweden: A Case Study in Neutrality," *Foreign Affairs* 23-3.

Ipsos. 2015. "17-Country Study on Foreign Aid and the Sustainable Development Goals."

Lee, Seungjoo. 2014. "Multilayered World Order and South Korea's Middle Power Diplomacy: The Case of Development Cooperation Policy." EAI Middle Power Diplomacy Initiative Working Paper 6. East Asia Institute.

Lumsdaine, David Halloran. 1993. *Moral Vision in International Politics: The Foreign Aid Regime, 1949-1989.* Princeton, NJ: Princeton University Press.

Malmborg, Mikael af. 2001. *Neutrality and State-Building in Sweden.* Basingstoke, UK: Palgrave Macmillan.

Mearsheimer, John J. 2001. *Tragedy of Great Power Politics.* New York: W. W. Norton.

Ministry of Defence. "Svensk Säkerhetspolitik inför 90-Talet." Statens Offentliga Utredningar 1985: 23.

Noël, Alain and Jean-Philippe Thérien. 1995. "From Domestic to International Justice: The Welfare State and Foreign Aid," *International Organization* 49-3.

Organisation for Economic Co-operation and Development. Net ODA. doi: 10.1787/33346549-en (검색일 2019. 3. 17.)

_____. 1999. *Development Co-operation Report 1998: Efforts and Policies of the Members of the Development Assistance Committee.* Paris: OECD Publishing.

_____. 2009. *Development Co-operation Report 2009.* Paris: OECD Publishing.

_____. 2018a. *Development Co-operation Report 2018: Joining Forces to Leave No One Behind.* Paris: OECD Publishing.

_____. 2018b. *OECD Development Co-operation Peer Reviews: Australia 2018.* Paris: OECD Publishing.

Schraeder, Peter J., Steven W. Hook and Bruce Taylor. 1998. "Clarifying the Foreign Aid Puzzle: A Comparison of American, Japanese, French, and Swedish Aid Flows," *World Politics* 50-2.

Stokke, Olav. 1989. "The Determinants of Aid Policies: General Introduction," in Olav Stokke ed. *Western Middle Powers and Global Poverty: The Deterimants of Aid Policies of Canada, Denmark, the Netherlands and Sweden.* Uppsala, Sweden: The Scandinavian Institute of African Studies.

Stokke, Olav (eds.). 1989. *Western Middle Powers and Global Poverty: The Deterimants of Aid Policies of Canada, Denmark, the Netherlands and Sweden.* Uppsala,

Sweden: The Scandinavian Institute of African Studies.

Svallfors, Stefan. 1997. "Worlds of Welfare and Attitudes to Redistribution: A Comparison of Eight Western Nations," *European Sociological Review* 13-3.

Thérien, Jean-Philippe and Alain Noël. 2000. "Political Parties and Foreign Aid," *American Political Science Review* 94-1.

Watt, Alan. 1967. *The Evolution of Australian Foreign Policy, 1938-1965.* Cambridge, UK: Cambridge University Press.

Wieslander, Anna. 2019. "What Makes an Ally? Sweden and Finland as NATO Partners." *New Atlanticist* (April 1).

제4장   한국의 중견국 규범외교와
장애인권리협약: 장애여성
단독조항 논의를 중심으로

문용일(경남대학교)

* 이 글은 문용일. 2020. "장애인권리협약의 성안과 프레임 경쟁: 장애여성 단독조항 논의를
중심으로." 『국제정치논총』 제60집 1호. pp. 63-97을 수정한 것이다.

I. 머리말

2006년 12월 13일에 열린 제61차 유엔 총회에서 만장일치로 채택된 장애인권리협약(Convention on the Rights of Persons with Disabilities, 이하 CRPD)은 가장 최근에 제정된 유엔 핵심 인권규약의 하나로 국제시민사회가 적극적으로 참여한 상향식 거버넌스의 모범사례인 동시에 한국이 성안 과정에서부터 적극적으로 참여한 국제인권 조약이다. 또한, 제정 논의의 본격적인 시작(2002년 8월 1차 특별위원회)부터 공식 서명 및 발효(2008년 3월)까지 6년이라는 짧은 기간 동안 만들어지고 전 세계가 받아들인 조약이기도 하다.[1] CRPD의 제정과 발효는 장애에 대한 인식과 접근이 의료적 모델, 즉 장애 혹은 장애인이 치료의 대상이자 시혜의 대상이 되어야 한다는 접근법에서 벗어나 비장애인과 같이 보편적 인권을 향유할 권리가 있다는 인권 모델이 자리 잡게 되는 패러다임 전환이 일어나는 결정적 계기가 되었다(Kanter 2014). 한국도 CRPD 비준은 2007년 제정된 장애인차별금지법과 더불어 장애인의 기본적 권리의 문제를 복지혜택에 집중한 기존의 시혜적 접근에서 벗어나 장애를 이유로 한 차별의 철폐와 시민으로서 당연히 누려야 할 권리가 장애를 이유로 침해받지 않도록 하는 것이 국가의 의무라는 점을 강조하는 획기적 전환이 이루어지게 되는 계기가 되었다.[2]

---

1   1976년 발효된 시민적 및 정치적 권리에 관한 국제규약(International Covenant on Civil and Political Rights)의 경우, 제정 논의의 시작부터 조약의 발효까지 약 30여 년의 시간이 걸렸다.

2   CRPD와 더불어, 한국의 장애인차별금지법 제2조는 장애의 개념을 "신체적, 정신적 손상 또는 기능상실이 장기간에 걸쳐 개인의 일상 또는 사회생활에 상당한 제약을 초래하는 상태"로 규정하고 있다. 이전까지의 장애인복지법은 장애인의 개인적, 의학적 모델에

CRPD 성안 과정에서 다양한 이슈들이 논의의 대상이 되었다. 장애의 개념에서부터 장애인권 보호와 증진을 위한 국제협력의 필요성, 협약의 이행과 준수를 강화할 수 있는 감시제도의 모습에 이르기까지 다양한 의제를 둘러싼 논쟁이 이어졌다. 그 중에서도 장애여성 단독조항의 포함 문제는 CRPD 성안 과정에서 가장 첨예한 논쟁이 벌어진 의제 중 하나였다. 이는 단순히 CRPD에 장애여성에 대한 개별조항 하나를 추가하느냐 마느냐의 문제가 아니라 협약의 목표와 성격을 규정짓는 문제였기 때문이다.

장애여성 단독조항 논의는 CRPD 성안을 위한 특별위원회 제3차 회의에서 한국의 제안으로 시작하였다. EU를 비롯한 서구 국가들은 장애여성 단독조항이 장애를 이유로 한 차별의 철폐를 목표로 하는 CRPD의 취지에서 벗어난다며 반대한 반면, 제3세계 및 비서구 국가들은 장애여성 단독조항이 장애인들의 실질적인 권리 증진에 필요하다며 지지하였다. 장애여성 단독조항 논의는 협약의 목표와 지향점에 대한 양측의 담론이 경합하는 프레임 경쟁의 양상을 보여준다. 장애여성 단독조항 제정을 둘러싼 프레임 경쟁에서는 한국을 포함한 비서구 국가들이 주창하였던 '사회개발모델' 담론이 CRPD의 핵심담론으로 발전하였다.

사실 어떠한 규범이 국제규범으로 자리 잡고 확산되는가라는 문

기반하여 개인이 가지고 있는 손상 및 기능상실이라는 문제를 시혜적 차원에서 해결하고자 했던 것이라면, 장애인차별금지법은 사회적 모델에 기반하여 장애가 개인이 아닌 장애를 가진 이들이 적응할 수 없는 사회환경과 태도의 문제라는 점을 지적하고 있다. 서구 국가들에서는 일찍이 1980년대 말부터 사회적 모델에 기반한 장애정책이 도입되기 시작하였고, 세계보건기구 역시 2001년 사회적 모델에 기반한 새로운 장애 개념을 제시하였으나, 한국을 비롯한 대다수 국가에서는 여전히 개인적, 의학적 모델에 기반한 법안들이 대부분이었다.

제에 대한 연구는 학술적·이론적 의의를 넘어 현실정치에서도 중요한
정책적 함의를 가진다. 지금까지 규범수용자(norm follower)적 특성
이 강했던 비서구 국가가 주창한 담론이 구조적·물질적 우위에 기반
한 강대국의 정책선호나 모범적 실천국으로서 확보한 규범권력[3]을 향
유하는 서구 국가의 담론과의 갈등과 충돌을 극복하고 국제사회의 지
배적 담론으로 발전한 경우는 많지 않다.

　　그러나 세계장애인권리협약의 제정 과정에서 한국은 장애인 인
권 분야의 모범적 실천국이 아니었음에도 불구하고 장애여성 항목이
단독조항으로 포함되는 데 결정적인 역할을 담당하였다. 구조적·물질
적 차원에서 강대국이 아니었고, 규범적 차원에서 선도적 입지나 도덕
적 우위를 확보한 규범선진국이 아니었음에도 불구하고, 국제인권협
약의 설계 및 법제화에 있어서 공동설계자로서 기여하였다. 서구적 가
치와 담론의 영향이 지배적이었던 국제인권규범의 성안과 발전 과정
에서 선도적 입지나 모범적 실천성에 기반한 규범권력을 향유하던 EU
등 서구 국가들의 담론이 아니라 그동안 국제인권규범의 후발주자이
자 피동적 수용자로서의 성격이 강했던 한국이 다자주의적 틀 속에서
국제인권규범의 새로운 의제 선정과 제도화를 이끌었다는 점에서 한
국 규범외교[4]의 성공 사례인 동시에 국제인권규범의 전파 과정에서 규
범 후발주자의 담론이 규범제도화의 모습을 결정지은 예외적 사례라
할 수 있다.

3　　규범권력이란 "국제정치의 장에서 한 행위자가 다른 행위자들을 위해 '무엇이 표준이 될
　　　수 있는지를 재정의'함으로써 그들의 행위패턴을 변화시킬 수 있는 능력"을 의미한다
　　　(김준석 2013, 170).
4　　규범외교는 "국제정치의 장에서 보편적인 혹은 보편화될 수 있는 가치를 전파하고, 그러
　　　한 가치에 근거하여 행동함으로써 타 행위자에 대한 영향력과 자국의 국제정치적 위상
　　　을 제고하는 것을 목표로 하는 외교정책"이라고 할 수 있다(김준석 2013, 154).

따라서 본 연구는 CRPD 성안 과정에서 한국을 비롯한 비서구 국가들이 주창하였던 '사회개발모델'이 EU 등 서구 국가들이 지향하였던 '차별금지모델'과의 경합을 거쳐 CRPD의 지배적 담론으로 자리 잡게 되는 과정을 중견국 규범외교와 프레임 경쟁의 분석틀을 통해 살펴봄으로써 규범확산의 양방향성과 중첩성에 대한 이론적·정책적 함의를 도출하고자 한다. 이를 위해 본 연구는 2002년 8월부터 CRPD의 공식 서명식이 행해진 2007년 3월 30일까지 CRPD 성안을 위해 진행되었던 유엔 특별위원회 및 유엔 총회의 보고서와 회의록 등에 대한 문헌연구에 기반한 과정추적(process-tracing) 연구방법을 통해 CRPD 성안 과정에서 한국의 중견국 규범외교가 장애여성 단독조항 담론의 형성 및 발전 과정에 미친 영향을 분석하고자 한다.

이 글은 크게 세 부분으로 구성된다. 먼저 제II절에서는 규범확산 이론 및 국제인권규범의 서구 중심적 구조와 전파의 단방향성, 프레임 경쟁과 중견국 규범외교에 대해 논의한다. 제III절에서는 한국의 장애여성 단독조항 제안 이후 나타난 프레임 경쟁의 양상, 즉 보편성 원칙에 기반한 '차별금지모델'과 실질적 인권개선을 위한 '사회개발모델' 간 경합 과정에 대해 살펴본 후, 그 프레임 경쟁의 과정에서 한국이 전략적 틀짜기와 각국 정부 및 비정부 행위자(non-governmental organization, 이하 NGO)들과의 복합적 연계전략을 통해 단독조항 제정을 주도한 과정을 중견국 규범외교의 분석틀을 이용하여 살펴본다. 특히, 한국 등 비서구 국가들이 주창하였던 '사회개발모델'이 CRPD의 지배적 담론으로 발전하는 데 기여한 두 가지 핵심변수인 '자기대표성 원칙(nothing about us, without us)'과의 접목(grafting) 및 NGO들과의 다층다각적 연대에 대해 살펴본다. 마지막으로 제IV절에서는 본 연구가 규범 연구에 가지는 이론적 함의 및 향후 한국의 규범외교에 가지는 시사점에 대해 간략히 살펴보고자 한다.

II. 분석틀

1. 규범 연구의 비대칭성과 프레임 경쟁

규범(norm)이란 주어진 정체성 속에서 행위자들이 올바른 것으로 인
식하는 행동의 가치판단 기준이다(Finnemore and Sikkink 1998, 891).
지금까지 많은 규범 연구들이 규범의 확산과 전파에 있어서 국가의 합
리적 국가이익의 고려(Dobbin et al. 2007; Elkins et al. 2006; Simmons
and Elkins 2004), 국제무대에서의 국가위상(Curowitz 1999), 국제
기구나 초국경적 협력 등을 통한 국제적 사회화(Carpenter 2014;
Greenhill 2010; Risse and Sikkink 1999), 국제규범과 국내적 가치/제
도 간의 공명(resonance) 정도(Acharya 2004; Checkel 1999; Cortell
and Davis 1996; Flowers 2008), 국제규범의 도입을 위한 국내 규범주
창자들의 운동 및 전략(Gurowitz 1999; Tsutsui and Shin 2008) 등에
대해 분석하였다. 규범확산에 있어서 전문가, NGO, 초국적 네트워크
(transnational advocacy network) 등 규범주창자들의 영향과 역할 역
시 강조되어왔다(Risse et al. 1999; Cortell and Davis 2000; Kim 2013;
Tsuisui and Shin 2008). 여기서 규범주창자(norm entrepreneur)란 특
정 규범에 대한 관심과 여론을 환기하고 이슈화시킴으로써 규범의 전
파와 내재화를 선도하는 행위자들이다(Finnemore and Sikkink 1998,
897). 이들은 전략적 틀짜기(framing)를 통해 해당 규범의 가치와 특성
을 규정하고 국내 및 초국경적 네트워크를 통해 규범을 전파하려고 한

다(Keck and Sikkink 1998).

규범의 창발과 확산에 대한 국제정치학적 선행연구는 대부분 규범주창자로서 EU 등 서구 국가들이나 서구 지역에 기반을 둔 NGO들의 선도적 역할을 조명하는 경향이 강하다. 반면, 제3세계를 비롯한 비서구 지역의 정부/비정부 행위자들은 서구의 규범주창자들이 선도한 국제규범을 따르거나 국내 현실에 맞게 변용(adaptation)하는 규범수용자로 여겨지는 경향이 존재한다.

규범 연구의 서구 중심적 경향은 국제인권규범 분야에서 더욱 강하게 나타난다. 국제인권규범의 상당수가 서구적 가치에 기반하여 발전하였을 뿐 아니라 주요 인권규범 주창자들 역시 서구 국가 또는 서구 지역에서 설립된 조직인 경우가 대부분이기 때문이다(정진성 2019, 41-75). 뿐만 아니라, 서구 중심적 인권규범을 따라야 하는 규범수용자인 비서구 국가로서는 국제규범의 창발 및 성안 과정을 선도하거나 규범권력에 기반한 규범외교를 효과적으로 추진하기가 쉽지 않다. 규범권력에 기반하여 자신이 주창하는 특정 규범을 전파하기 위해서는 스스로 먼저 해당 규범을 충실히 실천함으로써 도덕적 우위와 실천적 모범성을 확보해야 하기 때문이다. 이로 인해, 국제인권규범의 확산에 있어서 서구 국가와 비서구 국가들 사이에는 비대칭적 구조 및 전파의 단방향성이 존재하는 것이 현실이다.

규범확산의 이러한 단방향성에 대한 문제의식을 바탕으로 규범의 도입 과정에서 수용자의 전략과 역할을 강조하는 연구들이 나타나고 있다. 일련의 연구들은 국제규범의 내재화를 위해 국내 행위자들이 일종의 브로커로서 해당 규범을 지역화(localization)하거나 토착화(vernacularization)하는 과정을 강조한다(Archarya 2004; 2014; Merry 2006). 리즈베스 짐머만(Lisbeth Zimmermann)은 국제규범의 국내 전

이과정(translation)을 담론, 입법, 이행의 세 단계로 구분하여 살펴봄으로써 동일한 규범이 국내변수의 영향에 따라 각기 다른 모습으로 나타나는 국가별 상이성을 설명한다(Zimmerman 2016). 국내의 다양한 전략적 행위자들이 국제규범을 국내 상황에 맞게 변용함으로써 국내 도입과 내재화를 촉진하는 모습을 살펴보기도 한다(Risse et al. 1999; Checkel 1999). 즉, 국제적 층위에서는 규범수용자적 성격이 강하지만 국내정치의 층위에서는 규범주창자의 성격이 강한 국내 행위자들이 어떻게 국제규범과 국내현실 간의 간극을 중개하고 정책변화를 추동하는지에 대해 살펴본 것이다(Merry and Stern 2005).

그러나 규범확산에 있어서 서구 국가나 서구 지역의 초국가적 규범주창자가 아닌 비서구 지역 행위자들이 (단순히 국제규범의 전략적 국내 도입과 변용의 수준을 넘어) 특정 규범의 창발과 확산을 선도하는 사례는 많지 않으며, 이에 대한 연구 역시 부족한 실정이다. CRPD 장애여성 단독조항의 성안 과정에서 나타난 서구 국가와 비서구 국가들 간 프레임 경쟁의 과정은 구조적 차원과 규범권력적 차원 모두에서 우위를 가지지 못했던 규범 후발주자들의 담론이 국제인권협약의 지배적 담론으로 발전하였다는 점에서 그간 경시되어왔던 비서구 지역 행위자들의 역할을 분석하고 규범확산의 서구 중심적 단방향성의 극복 방안에 대해 살펴볼 수 있는 중요한 사례이다.

더군다나, 비록 규범이 효용의 극대화를 추구하는 결과의 논리(logic of consequences)보다는 옳고 그름에 대한 가치판단에 근거한 타당성의 논리(logic of appropriateness)에 기반한 것이라고는 하지만, 국제정치의 장에서 어떤 행위자의 어떠한 가치와 담론이 국제규범으로 자리 잡고 전파되는가의 문제는 전적으로 타당성의 논리에 따른 가치판단의 문제일 수만은 없다. 또한, 국제사회에서 확립된 모든 규범이 항상 모든 행위자들에 의해 준수되는 경우도 드물다. 국제관계에 있어서 가장 강력한 규범으로 받아들여져왔던 주권 및 내정불간섭의 원칙 역시 지켜지지 않는 경우가 많았다(김준석 2013, 177-178).

로버트 벤포드(Robert Benford)와 데이비드 스노우(David Snow)에 따르면, 프레임의 포괄성(inclusivity), 유연성(flexibility), 신뢰성(credibility)이 높을수록 프레임 경쟁에서 지배적 담론으로 발전할 가능성이 크다(Benford and Snow 2000). 프레이밍이론에 기반하여 손혁상은 2011년 부산 세계개발원조총회에서 기존의 규범이었던 '원조효과성' 담론의 한계에도 불구하고 국제시민사회가 제안한 '개발효과성' 프레임이 주요 국가 및 국제기구 행위자들의 지지까지 끌어낼 수 있을 정도로 '증폭(amplification)'되지 못했기 때문에 지배적 담론으로 발전하는 데 실패하였다고 분석하였다(손혁상 2013). 이러한 프레임 연구의 접근법은 특정 규범이 도입 국가나 사회가 가지고 있던 기존의 가치·제도·규범과 공명하는 정도가 높을수록 규범확산이 활발히 이루어진다는 규범 연구의 분석과도 궤를 같이한다(Checkel 1999; Cortell and Davis 1996).

따라서, 행위자들이 자신이 원하는 바를 얻기 위해 상황과 간주관적 인식에 따라 어떠한 담론을 어떠한 모습으로 형성하고 발전시키는지에 대한 프레임 연구는 규범의 창발과 확산에 있어서도 상당히 유용한 분석틀을 제공한다(손혁상 2013).

2. 중견국 규범외교

중견국은 규범외교의 추진에 있어서 일정한 구조적 제약을 받을 가능성이 크다. 중견국은 독자적으로는 체제의 변화에 영향을 줄 수는 없으나, 협력을 통해서 체제에 영향을 줄 수 있는 국가를 의미한다는 마레스의 개념 정의 역시 이를 잘 지적하고 있다(Mares 1998). 따라서 중견국 규범외교에 대한 선행연구들은 주로 구조적·물질적 역량이 부족한 호주, 캐나다, 북유럽 등 국가들이 규범적 차원에서의 도덕적 우위와 정당성을 바탕으로 규범의 창출과 전파, 이를 통한 강대국 등 다른 국가 행위자들의 행태변화를 추구하는 점에 주목하였다.

구조적·물질적 한계는 중견국 외교의 행태적 특징으로 연결된다. 행태적 측면에 기반한 중견국 정의에 따르면, 중견국은 창조적이고 혁신적인 외교 및 틈새외교를 추진하고, 가치와 생각을 공유하는 국가들과 연계하며, 국제사회의 책임감 있는 구성원으로서 지구적 문제의 해결을 위해 노력하는 모습을 보인다(Downie 2017; Robertson 2017). 또한, 중견국은 다자주의적 접근과 해결을 선호하며, 주요 외교적 이니셔티브의 촉진자 및 제도의 구축을 돕는 관리자의 역할을 담당한다(Cooper et al. 1993; Downie 2017).

CRPD 성안 과정에서 나타난 한국의 외교적 노력과 역할은 중견국 규범외교로서의 면모를 분명히 보여준다. 21세기 초반 제정 논의가 시작되었던 CRPD는 그동안 국제인권협약 등 주요 국제규범의 법제화 과정에서 소외되어왔던 피동적 수동자였던 한국이 다자주의적 틀 속에서 국제사회의 책임감 있는 구성원으로서 규범확립에 참여할 수 있는 무대였던 동시에 주요 이니셔티브의 촉진을 통해 지구적 거버넌스 구조의 공동설계자로서 활약할 수 있는 기회였다. 그리고 CRPD 제정 과정에서 한국은 규범적 차원에서 후발주자였던 국가들 및 비정부 행위자들과의 다층다각적 협력과 전략적 틈짜기 등 중견국 규범외교 전략을 통해 EU 등 장애인정책 및 인권규범의 모범적 실천국들의 선호와 상충되는 규범을 제도화하는 데 성공하였다. 규범선진국의 원칙적 접근이 적실성이 떨어지는 장애여성의 권리보호와 이중차별 현실 개선이라는 의제설정과 법제화를 이끄는 틈새외교를 통해 규범주창자적 역할을 담당한다는 점에서도 중견국 외교의 면모를 분명히 보이고 있다(Cooper and Dal 2016).

사실 CRPD 장애여성 단독조항 제정 과정에서 한국은 구조적·물질적 역량이 부족했을 뿐 아니라 장애인 인권보호라는 규범적 차원에서도 모범적 실천국이 아니었다. EU 등 규범선진국에 비해 도덕적 우위도 없었다. 이러한 상황에서 한국은 단순히 행태적 측면에서 중견국의 모습을 보인 것이 아니라 다자주의적 틀 속에서 일정한 리더십을 발휘하고 국제인권규범의 법제화라는 가시적 성과로 이어진 성공사례라 할 수 있다.

강대국에 비해 구조적·물질적 역량도 부족하고, 국제인권규범의 비대칭적 구조 속에서 서구 국가들에 비해 규범권력 역시 부족한 비서구 국가들, 특히 한국이 CRPD 성안 과정에서의 프레임 경쟁에서 자신들의 담론을 협약의 지배적 담론으로 발전시킬 수 있었던 이유는 무엇인가? 이 글에서는 한국의 중견국 규범외교가 '사회개발모델'의 포괄성과 신뢰성을 증가시켜 프레임의 증폭을 야기하고, 이에 대한 지지의 외연을 확대할 수 있었던 요인으로 두 가지를 지목한다.

첫째, CRPD의 가장 핵심적 규범으로 확립되어 있던 자기대표성 원칙과의 접목을 통해 장애인들의 실질적 인권 개선을 우선시하는 '사회개발모델'이 장애 당사자들이 원하는 현실적인 방안이라는 프레임 증폭을 통한 정당성 확보이다. 특히, 한국은 EU 등이 주장하던 보편성의 원칙이 개도국의 현실에서 적실성이 떨어진다는 구조적 틈으로 파악하고 이를 공략하였으며, CRPD가 차별의 직접적 피해자인 장애여성들의 실질적인 인권 개선을 우선시해야 한다는 논리로 발전시키는 전략적 틀짜기를 추진하였다. 결국 장애여성 단독조항이 전 세계 대다수의 국가에서 이중적 차별과 침해에 노출되어 있는 장애여성 당사자들이 원하는 현실적인 방안이라는 프레이밍이 효과적이었던 것으로 보인다.

둘째, CRPD의 상향식 거버넌스 구조 속에서 동류 국가들만이 아닌 INGO, 장애인 당사자 시민단체 등 비정부 행위자들과의 다층다각적 연계와 협력이 결정적 역할을 하였다. 중견국 외교에 대한 여러 선행연구들은 '동류 국가들과의 연계'를 중요 특징으로 지적한다(Efstathopoulos 2018; Robertson 2017). 그러나 국가와 국가 간의 관계에만 집중하였던 기존 국제정치이론들이 오늘날 지구적 거버넌스의 현실과 중견국의 면모를 설명함에 있어 한계를 보이고 있듯이, 중견국 외교의 연계전략을 통한 '내 편 모으기' 역시 국가와 국가 간 연계와 협력만이 아니라 다층다각적인 행위자들과의 연계와 협력에 대한 이해와 분석이 필요하다. 특히, CRPD는 제정 논의 초기부터 장애인 당사자들의 자기대표성이 중요하다는 공감대가 형성되었고, 따라서 각국 정부만이 아니라 장애인단체를 포함한 다양한 비정부 행위자들이 단순한 관찰자(observer)가 아닌 정책결정자로 참여하는 상향식 거버넌스의 구조가 확립되었다. 이러한 구조적 특성 속에서 한국의 장애여성 단독조항 제정 노력은 동류 국가만이 아니라 비정부 행위자들과의 연계 및 협력을 통해 추동력을 확보할 수 있었고, 이를 통해 한국이 국제인권규범의 법제적 설계에 있어서 공동설계자로 기여할 수 있는 계기가 되었다.

III. 장애여성 단독조항 관련 프레임 경쟁과 한국의 중견국 규범외교

1. 장애인권리협약의 성안과 장애여성조항 제정

1) 장애인권리협약의 성안

CRPD는 전문(25개 조)과 분문(50개 조항), 그리고 선택의정서로 구성되어 있다. 협약 제정의 목적과 기본원칙 등에 대해 CRPD 1조는 "모든 장애인들이 모든 인권과 기본적 자유를 완전하고 동등하게 누릴 수 있도록 장려하고, 보호하며, 보장해주는 동시에 그들의 태생적 존엄성에 대한 존중을 장려하는 것"을 목적으로 한다고 밝히고 있다. 또한, CRPD 전문(25조)은 협약이 "개발도상국과 선진국 모두에서 장애인에 대한 뿌리 깊은 사회적 불이익을 시정하는 데 중요한 기여를 할 것이며, (중략) 장애인이 동등한 기회를 가지고 참여하는 것을 촉진할 것"이라고 설명한다.

장애인의 권리에 대한 입법 및 제도적 장치의 필요성은 CRPD 제정 이전부터 주요 국가들을 중심으로 진행되고 있었다. 1990년 미국이 장애인법(Americans with Disabilities Act, ADA)을 제정한 이후, 2002년까지 40여 개 국가에서 비슷한 성격의 장애인차별금지법안을 제정하였다. 이들 법안은 "장애를 가진 이들도 사회참여에 대한 신체적·제도적·태도적(attitudinal) 장벽만 사라진다면, 얼마든지 일하고 사회활동에 참여할 수 있을 것"이라는 원칙에 기반하였다(Burke and Barnes 2015, 99). 그러나 미국, 캐나다 등 북미 국가나 EU, 호주 등을 제외한 다른 지역, 특히 저개발 국가들 중에서 CRPD 제정 논의 이전까지 장애인차별금지법의 법제화에 성공한 국가는 많지 않았다.

장애인의 권리를 위한 협약 제정을 위한 국제사회의 노력은 이미 1980년대부터 시작되었다. 1981년, 유엔은 세계장애인의 해를 선포하였고, 이듬해에는 UN 장애인10년(1983~1992)을 위한 세계행동계획을 발표하는 등 회원국들이 장애인들의 사회참여를 지원할 수 있는 정책을 적극적으로 추진할 것을 촉구하였다. 1980년대 후반, 장애인에 대한 차별철폐를 위한 국제협약 제정 논의에 대한 필요성이 스웨덴 등 일부 유럽 국가를 중심으로 제기되었으나 호응이 부족한 탓에 흐지부지되었다.

CRPD는 2001년 9월 멕시코의 빈센트 폭스(Vincente Fox) 대통령이 제56차 유엔 총회에서 장애인 권리에 관한 국제인권협약의 제정을 논의하는 것을 목적으로 하는 특별위원회를 제안하였고, 이를 총회가 받아들이면서 공식화되었다.[5] 이는 1999년 9월 세계장애인재활협회(Rehabilitation Iinternational, RI)가 장애인권리에 관한 협약 제정을 유엔에 요청하고, 2000년 3월에는 주요 장애 관련 국제비정부행위자(International NGO, INGO)[6]들이 '베이징선언'을 통해 이를 재요청하는 등 협약제정을 위해 적극적으로 노력하였던 장애인단체 및 국제시민사회의 요청에 대한 호응이었다. 이후 2002년 8월 제1차 특별위원회부터 2006년 8월에 열린 제8차 특별위원회까지 4년 동안 CRPD의 제정을 위한 논의가 계속되었다. 2006년 12월 13일 제61차 유엔 총회에

5   UN General Assembly Resolution 56/162. 사실 멕시코는 이미 2001년 더반에서 열렸던 인종차별, 외국인 혐오 및 이에 대한 불관용에 관한 세계회의(World Conference against Racism, Racial Discrimination, Xenophobia and Related Intolerance in Durban)에서 장애인의 권리를 보호하기 위한 국제협약을 만들 것을 제안한 바 있다. 폭스 대통령의 제안은 그 연장선상에서 이루어졌다.

6   국제장애인연맹(Disabled Peoples' International, DPI), Inclusion International, RI, 세계시각장애인연합(World Blind Union), 세계청각장애인연맹(World Federation of the Deaf)이 참여하였다.

서 만장일치로 채택되었고, 2007년 3월 30일 뉴욕 유엔본부에서 83개국이 참여한 가운데 공식 서명식이 있었으며, 이후 2008년 5월 3일자로 발효가 되었다. 2019년 11월 현재 비준국가는 181개국에 이른다.[7] 또한, 125개국이 일정 형태의 장애인차별금지법을 제정하였는데, 그 수는 CRPD 제정을 전후해서 급증하였을 뿐 아니라 한국 등 상당수의 국가에서 CRPD 가입을 통한 해당 법률의 개보정이 이루어졌다.[8]

한국은 2007년 3월 30일 협약의 공식 서명식에서 유시민 복지부장관의 서명으로 CRPD에 가입하였다. 그러나 2007년 3월 당시에는 국내에서 장애인차별금지법 제정을 둘러싼 논의가 한창 진행 중이었던 상황이었고, 장애인의 생명보험 가입과 관련한 국내법(상법)과 CRPD 25조 1항이 충돌하는 부분이 있었기 때문에 해당 조항 및 (개인진정제도를 포함한) 선택의정서의 유보 등 조정 과정을 거쳐 2008년 12월 12일 국회의 비준을 얻어 2009년 1월 10일자로 국내 발효가 되었다.[9]

---

7   UN Treaty Collection. https://treaties.un.org/Pages/ViewDetails.aspx?src=TREATY &mtdsg_no=IV-15&chapter=4&clang=_en

8   한국 역시 2007년 3월이 되어서야 장애인차별금지법이 제정되었다. 참여정부가 들어서면서, 그동안 분열되어 있던 국내 장애계, 특히 한국장애인단체총연합과 한국장애인단체총연맹 등 최대 장애인단체가 장애인차별금지법 제정을 위한 연대에 합의하면서 2003년 4월 20일 장애인차별금지법 제정추진연대를 결성하였다. 2006년 여름 정부는 장애인차별금지법 민관공동기획단을 구성하고 논의를 진행하였다. 민관공동기획단의 논의와 합의를 바탕으로 차별시정위원회, 당시 여당이었던 열린우리당 등의 의견조율 과정을 거쳐 2006년 12월 정부 최종안을 중심으로 한 장애인차별금지 및 권리구제에 관한 법률안(장향숙 의원 외 53인 발의)이 국회에 제출되었고, 2007년 3월 6일 국회 본회의를 통과하였다.

9   한편, CRPD의 절차법적 효력 확보를 위해 선택의정서가 제정되었는데, 이는 총 18개 조항으로 구성되어져 있다. 그러나 한국은 아직 선택의정서 비준은 유보 중인 상태이다. 따라서 CRPD 위반으로 인한 권리침해 피해자들의 (세계 장애인권리위원회에 대한) 개인청원은 한국에서는 아직 허용되지 않는다.

2) 장애여성 단독조항 제정

CRPD 성안 과정에서 장애여성 단독조항 제정을 제안한 것은 한국
이었다(김미주 2007, 58).[10] 2003년 6월에 열린 제2차 특별위원회는
CRPD의 초안을 만들기 위한 실무그룹을 구성하기로 하였다. 2004년
협약의 초안을 작성하기 위해 정부대표 27명, NGO대표 12명, 1명의
국가인권기구 대표로 구성된 실무그룹을 만들었는데, 여기에 한국 정
부대표가 포함되었다.[11] 2004년 1월 실무그룹 회의에서 협약의 초안이
마련되었고, 2004년 5월 제3차 특별위원회부터 초안에 대한 구체적 논
의와 검토가 시작되었다.

    한국은 CRPD 논의를 위한 제3차 특별위원회 회의에서 협약의 초
안에 장애여성에 대한 고려가 부족하다고 지적하면서, 장애여성 항목
을 별도의 조항으로 포함해야 한다고 적극적으로 제안하였다. 한국이
제안한 초안은 2개조 5개항으로 이루어져 있었는데, 장애여성에 대한
차별금지에 관한 1조와 더불어 2조에서는 성적 착취, 학대 및 폭력으
로부터의 자유, 교육, 고용, 설문 및 통계에서 장애여성의 포함, 장애여
성 임산부에 대한 강제낙태방지 및 지원방안 등 주요 문제들에 대해

10   현재 유엔 장애인권리위원회 위원인 김미주 위원은 CRPD 제정 과정에 적극적으로 참여
     했던 한국 장애여성활동가이다.
11   실무그룹 구성은 다음과 같다. 1) 아시아 7개국 정부대표: 한국(이익섭), 중국, 일본, 인
     도, 필리핀, 태국, 레바논; 2) 아프리카 7개국: 카메룬, 코모로스, 말리, 모로코, 시에라리
     온, 남아공, 우간다; 3) 중남미 5개국: 콜롬비아, 에콰도르, 자메이카, 멕시코, 베네수엘라;
     4) 서유럽 및 기타 5개국: 캐나다, 독일, 아일랜드, 뉴질랜드, 스웨덴; 5) 동유럽 3개국: 러
     시아, 세르비아와 몬테네그로, 슬로베니아; 6) 비정부기구 12개(괄호 안은 대표자의 국
     적): Landmine Survivors Network(요르단), Inter-American Institute on Disability(코
     스타리카), Disabled People's International(남아공), European Disability Forum(그
     리스), World Federation of the Deafblind(덴마크), World Federation of the Deaf(핀
     란드), Inclusion International(뉴질랜드), World Network of Users an dSurvivors of
     Psychiatry(미국), Disability Australia Limited(인도), World Blind Union(스웨덴),
     Rehabilitation International(아일랜드); 7) 남아공 인권위원회.

열거하였다.

또한, 한국 대표단은 제6차 특별위원회에서는 다음과 같이 장애여성 문제 논의의 필요성을 주창하였다.

"장애여성들의 역경은 단순히 장애인이 직면하는 장벽과 여성이 직면하는 장벽을 합친 정도가 아니다. 이는 완전한 무시, 그 이상이다. 장애여성들은 그동안 철저하게 무시되어왔고, 장애 담론과 여성권리 담론 어디에서도 의지할 곳이 없었다. (따라서) 이 특별위원회의 목표는 장애여성들의 비가시성을 없애는 것이 되어야 한다"(Schulze 2010, 63).

한국 대표단의 제안은 상당한 논란을 야기하였다. CRPD가 장애여성의 권리를 보다 명시적으로 언급해야 한다는 입장과 장애여성에 대한 특별한 고려의 필요성에 반대하는 입장이 첨예하게 대립하였다. 아프리카 및 중남미 국가들은 한국의 제안에 대한 지지의사를 표명한 반면, EU, 호주, 캐나다, 뉴질랜드 등 서구 국가들은 대부분 장애여성 단독조항 제정에 반대하였다.

한국이 장애여성 단독조항 제정을 처음 제안하였던 제3차 특별위원회에서는 지지의견이 다소 열세였던 상황이었지만, 비공식적 회의와 대화를 통해 장애여성문제에 대한 논의를 거듭하면서 분위기가 반전하였다. 제4차 특별위원회와 제5차 특별위원회 회기 동안 장애여성 단독조항에 대한 공식적인 논의는 없었으나, 비공식적 논의가 정부대표단 및 NGO들 사이에 활발히 이루어졌던 것이다.

2005년 8월에 열린 제6차 특별위원회에서 장애여성 관련 내용이 CRPD 초안 제15bis조의 형태로 포함되면서 장애여성 단독조항에 대

표 1 CRPD 협상 일정

2001년 9월	멕시코 폭스 대통령 제안
2002년 8월	1차 특별위원회
2003년 6월	2차 특별위원회
2004년 1월	실무그룹 회의
2004년 5월	3차 특별위원회 (한국의 장애여성 단독조항 제안)
2004년 8월	4차 특별위원회
2005년 1월	5차 특별위원회
2005년 8월	6차 특별위원회
2006년 1월	7차 특별위원회
2006년 8월	8차 특별위원회
2006년 12월	제61차 유엔 총회, 만장일치로 채택
2007년 3월 30일	공식 서명식 (한국 가입)
2008년 12월	한국 국회 비준

한 공식적인 논의가 재개되었다. 의장은 모두발언에서 장애여성의 권리 문제를 협약에 담는 것은 더 이상 선택의 문제가 아니라 어떠한 형태로 담아내느냐라는 형식의 문제라는 점을 명확히 하였다.[12] 그러나 2005년 10월 특별위원회 의장이었던 돈 맥케이 대사(Ambassador Don MacKay)가 제시한 의장안(Chair's text)에서 장애여성 조항은 조항명만 있을 뿐 내용은 없는 상태였다. EU의 강력한 반대 등으로 인해 아직 합의된 바가 없었기 때문이다.

반면, CRPD 문구가 거의 확정되었던 제7차 특별위원회에 제출된 중재자(facilitator)안에서는 이미 2개 조로 구성된 장애여성 단독조항(6조)이 포함되어 있었다. 특히 6차 특별위원회까지는 단독조항 신설에 다소 회의적이었던 캐나다, 호주, 뉴질랜드와 같은 중견국들

---

12 제6차 특별위원회 8월 2일자 회의록(2005), p. 2.

이 입장을 선회하여 단독조항 제정을 포함한 병행적 접근(twin track)에 대한 지지의사를 분명히 하였다.[13] 제7차 특별위원회에서 단독조항에 대한 호의적 분위기가 형성되었으나, 장애여성 단독조항의 제2항이 여성차별철폐협약(Convention on the Elimination of All Forms of Discrimination against Women, CEDAW)의 조항들과 상충되는 것은 아닌지에 대한 논란이 있었고, 최종 결정은 2006년 8월의 제8차 특별위원회에서 하기로 하였다.

특별위원회 최종회의에서는 예멘 등 예상외의 국가 역시 장애여성 단독조항 제정에 대한 지지를 표명하였고, 결국 EU 등 서구 국가의 반대 속에서도 한국이 제안하고 주도하였던 장애여성 단독조항이 CRPD 최종안에 포함되었다.

최종적으로 합의된 CRPD의 장애여성 단독조항인 6조의 내용은 다음과 같다.

"1조: 당사국은 장애여성과 장애소녀가 다중적 차별의 대상이 되고 있음을 인정하고, 이러한 측면에서 장애여성과 장애소녀가 모든 인권과 기본적인 자유를 완전하고 동등하게 향유하도록 보장하기 위한 조치를 취한다.

2조: 당사국은 여성이 이 협약에서 정한 인권과 기본적인 자유를 행사하고 향유하는 것을 보장하기 위한 목적으로, 여성의 완전한 발전과 진보, 권한강화를 보장하기 위하여 모든 적절한 조치를 취한다."[14]

---

13 제7차 특별위원회 2월 1일자 회의록(2006).
14 장애인권리협약의 한글번역본은 국가인권위원회 홈페이지 국제인권자료실에서 확인할 수 있다. https://www.humanrights.go.kr/site/program/board/basicboard/view?cur

2. 프레임 경쟁: 차별금지모델 대 사회개발모델

CRPD 장애여성 단독조항을 둘러싼 프레임 경쟁에서 EU를 비롯한 서구 선진국들은 기존 국제인권협약에서 지속적으로 강조되어왔던 보편성의 원칙에 기반하여 CRPD가 장애인들이 인간으로서 누려야 할 기본적·보편적 권리를 장애로 인해 향유하지 못하는 차별의 문제를 철폐하는 데 집중해야 한다고 주장한 반면, 한국 등 다수의 비서구 국가는 CRPD가 단순히 차별금지만을 지향할 것이 아니라 인권현실이 여전히 열악한 세계 대부분의 국가에서 장애인 인권의 실질적 개선을 추동할 수 있는 보다 적극적인 내용을 포함해야 한다고 주장하였다. 즉, 장애여성 단독조항의 논쟁 과정은 단순히 조항 하나의 신설 여부에 관한 문제가 아니라 CRPD의 목표와 발전방향에 대하여 EU 등 서구 선진국가의 '차별금지모델'과 한국 등 규범 후발국가의 '사회개발모델'이라는 두 프레임이 첨예하게 경합하는 양상을 보였다(이익섭 2007, 7-8). 〈그림 1〉은 CRPD 장애여성 단독조항 제정을 둘러싼 프레임 경쟁의 구조를 보여준다. 특히, '차별금지모델'과 '사회개발모델' 간 프레임 경쟁에서 CRPD의 가장 중요한 원칙으로서 자리매김하였던 장애인들의 자기대표성원칙이 규범접목을 통해 직접당사자들인 장애여성의 실질적 인권 개선을 위한 '사회개발모델'의 정당성 강화로 연결되었음을 보여준다.

rentpage=2&menuid=001003007003&pagesize=10&searchcategory=%EC%9E%A5
%EC%95%A0%EC%9D%B8%EA%B6%8C%EB%A6%AC%ED%98%91%EC%95%BD
&boardtypeid=7041&boardid=7602215 (최종검색일: 2020. 1. 5.)

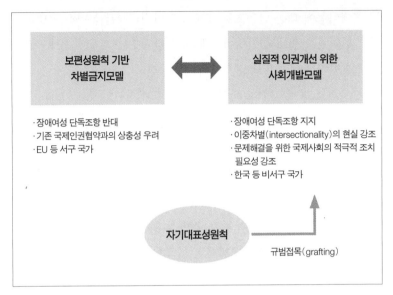

그림 1 CRPD 장애여성 단독조항 제정 과정의 규범 충돌

1) 서구 국가의 '차별금지모델'

EU 등 서구 국가는 CRPD의 목표이자 우선순위는 장애를 이유로 한 차별의 철폐에 있어야 하고, 이는 모든 사람이 인간으로서 향유해야 하는 권리를 장애인 역시 동등하게 부여받았고 누릴 수 있도록 해야 하는 것이 협약의 주된 목적이 되어야 한다고 주장하였다.[15] CRPD가 장애인이라는 이유로 비장애인에게는 없는 새로운 권리를 부여할 것이 아니라 장애인과 비장애인 모두가 당연히 누려야 하는 보편적 권리의 회복에 제한되어야 한다는 차별금지모델적 접근의 필요성을 강조하였다. 따라서 장애여성 단독조항은 국제인권협약이 추구해야 할 보편성의 원칙에 위배된다고 비판하였다. 이러한 원칙적 접근에 기반하여 EU

---

15   제3차 특별위원회 5월 28일자 회의록(2004), p. 8.

는 장애아동에 대한 단독조항 제정에도 반대의사를 분명히 표명하였다.[16] 원칙적 측면에서 장애여성에 대한 단독조항 제정이 장애인권리 문제에 있어서 여성과 남성 사이에 불평등한 구조를 야기할 수 있다는 점도 문제로 지적되었다. 예컨대, 제7차 특별위원회에서 자메이카는 카리브해 지역에서는 장애여아보다는 장애남아가 버려질 가능성이 더욱 높다는 점을 지적하였다.[17]

장애여성 등 특정한 하위집단을 위한 별도의 조항이나 특별대우는 오히려 역효과를 유발할 수 있다는 비판도 제기되었다. 장애여성 단독조항을 만들 경우, 장애노약자, 장애를 가진 원주민, 농어촌지역 장애인 등 다른 하위집단군을 위한 단독조항 역시 필요해질 수 있다는 점도 문제로 부각되었다. 다양한 하위집단들 중 어느 하위집단이 단독조항 제정의 고려대상이 되어야 하는지에 대한 지난한 논쟁이 발생할 가능성이 크고, 이러한 실무적·지엽적 문제로 인해 협약의 성안과 비준 자체가 흔들리게 될 가능성에 대한 우려 역시 표명하였다.[18]

특정 집단에 대한 단독조항의 유효성에 대해서도 강한 의문을 제기하였다. 특히 장애아동에 대해 규정하고 있는 아동권리협약 (Convention on the Rights of the Child, CRC) 23조[19]가 과연 장애아동

---

16 제3차 특별위원회 5월 28일자 회의록(2004), p. 9.
17 제7차 특별위원회 2월 1일자 회의록(2006), p. 12.
18 제3차 특별위원회 5월 28일자 회의록(2004), p. 9.
19 아동권리협약 제23조
   1. 당사국은 정신적 또는 신체적 장애아동이 존엄성이 보장되고 자립이 촉진되며 적극적 사회참여가 조장되는 여건 속에서 충분히 품위 있는 생활을 누려야 함을 인정한다.
   2. 당사국은 장애아동의 특별한 보호를 받을 권리를 인정하며, 신청에 의하여 그리고 아동의 여건과 부모나 다른 아동양육자의 사정에 적합한 지원이, 활용 가능한 재원의 범위 안에서, 이를 받을 만한 아동과 그의 양육 책임자에게 제공될 것을 장려하고 보장하여야 한다.
   3. 장애아동의 특별한 어려움을 인식하며, 제2항에 따라 제공된 지원은 부모나 다른 아

의 권리 보호 및 인권 증진에 얼마나 기여하였는지에 대한 강한 문제 제기가 있었다.[20] CRC의 불완전한 요소들을 CRPD에서 다시 언급하고 포함하는 것이 장애인들의 권리보호 증진에 기여하지 않을 것이라고 걱정하였다.

또한, 여러 하위집단을 위한 단독조항들을 일일이 열거하듯 제정할 경우, 협약의 의미와 효과가 퇴색될 것이라고 걱정하였다.[21] 별도조항에서 명시된 권리만 강조되면서, 장애아동이나 장애여성이 누려야 할 다른 모든 권리의 중요성이 간과되는 부작용에 대한 경계와 우려 역시 분명히 하였다. 예컨대, 제3차 특별위원회에서 논의되었던 장애여성 단독조항 초안(15bis조)처럼 주요 이슈가 열거될 경우 장애여성의 권리가 CRPD의 해당 조항에서 명시된 사항으로만 제한되거나 축소해석되는 부작용이 발생할 가능성이 크다는 것이다.

다른 국제인권협약과의 상충성 역시 문제가 되었다. 장애여성에 대한 별도조항은 여성에 대한 차별 문제를 지적하고 여성의 권리 증진

동양육자의 재산을 고려하여 가능한 한 무상으로 제공되어야 하며, 장애아동의 가능한 한 전면적인 사회참여와 문화적·정신적 발전을 포함한 개인적 발전의 달성에 이바지하는 방법으로 그 아동이 교육, 훈련, 건강관리지원, 재활지원, 취업준비 및 오락기회를 효과적으로 이용하고 제공받을 수 있도록 계획되어야 한다.
4. 당사국은 국제협력의 정신에 입각하여, 그리고 당해 분야에서의 능력과 기술을 향상시키고 경험을 확대하기 위하여 재활, 교육 및 직업보도 방법에 관한 정보의 보급 및 이용을 포함하여, 예방의학 분야 및 장애아동에 대한 의학적·심리적·기능적 처치 분야에 있어서의 적절한 정보의 교환을 촉진하여야 한다. 이 문제에 있어서 개발도상국의 필요에 대하여 특별한 고려가 베풀어져야 한다.
아동권리협약의 한글번역본은 외교부 인권자료실에서 확인할 수 있다. http://www.mofa.go.kr/www/brd/m_3998/view.do?seq=303438&srchFr=&srchTo=&srchWord=&srchTp=&multi_itm_seq=0&itm_seq_1=0&itm_seq_2=0&company_cd=&company_nm=&page=41 (최종검색일: 2020. 1. 5.)
20 제6차 특별위원회 장애아동 조항의 필요성에 대한 리히텐슈타인의 모두발언을 참조할 것[제6차 특별위원회 8월 2일자 회의록(2005), p. 12].
21 제6차 특별위원회 8월 2일자 회의록(2005), pp. 2-3.

을 위해 제정된 CEDAW 등 기존 인권협약 이행의무와 충돌하거나 해석에 있어서 법적 불확실성으로 인한 혼란을 야기할 가능성이 크다는 비판이 제기되었다. CRPD가 세계인권선언, CEDAW, 인종차별철폐협약(the International Convention on the Ellimination of All Forms of Racism, CERD) 등 기존 국제인권협약의 체제와 문구에 기반하여 작성되어야 한다는 입장에서 볼 때, 장애인권리 문제를 다루는 CRPD에서 여성에 대한 별도조항은 불필요할 뿐 아니라 협약의 목적을 벗어나는 것이었다. 게다가, 인권규약의 해석에 있어서 중복 또는 상충되는 상황이 발생할 경우, 협약준수에 대한 감시 메커니즘의 운용이 어려워져 인권 증진에 오히려 방해가 될 수도 있다고 지적하였다.[22]

이러한 이유로 EU 등은 CRPD가 특정 장애집단의 새로운 권리를 주장할 것이 아니라 장애를 가진 이들이 비장애인들과 동등한 권리를 가지고 있음을 적시하고 이의 회복을 목표로 해야 한다고 강조하였다. 따라서 CRPD에서 특정 하위집단들을 위한 새로운 권리를 규정하는 단독조항을 신설할 것이 아니라, 기존 국제인권규약의 이행과 준수를 강화하고 이를 더욱 감시/촉진하는 것이 더 바람직한 발전방향이라고 믿었다. 이러한 문제의식에 기반하여, EU 등은 장애여성에 대한 별도조항의 제정 방식이 아니라 CRPD 전문 및 당사국의 일반적 의무를 다루는 제4조 등에서 장애여성 차별의 문제를 포괄적이고 일반론적인 차원에서 언급하자는 대안을 제시하였다.

2) 비서구 국가의 '사회개발모델'
반면, 한국을 비롯한 다수의 비서구 국가는 장애여성 단독조항 제정의

22　제6차 특별위원회 8월 2일자 회의록(2005), pp. 2-3.

필요성을 강조하였다. CRPD가 단순히 차별금지를 넘어 소외되고 차별받던 이들에 대한 다양한 사회적 책임의 강조를 수반해야 한다고 주장하였다.[23] 이들은 북미와 유럽 등 서구 선진국의 상황과는 달리 세계 장애인들 중 80%가 살고 있는 세계 다수의 지역, 특히 저개발 국가에서는 장애를 가진 여성들이 중첩적 차별의 구조에 항시 노출되어 있으며 이로 인한 피해가 극심하다는 점을 강조하였다. 성적 착취, 폭력과 학대, 출산 및 양육 등 여성 장애인들이 가지는 특별한 필요성이 존재한다는 것이다. 차별금지만으로 충분하다는 주장은 제3세계 비서구 국가들의 열악한 장애인권 문제, 특히 장애여성의 참담한 현실을 개선하기 위한 조치들의 정당성을 침해한다고 반박하였다. 보편성원칙을 강조하는 것은 원리원칙의 측면에서는 타당할 수 있으나 장애여성에 대한 이중적 차별이 일상화되어 있는 대다수 국가들의 현실을 고려하지 않은 접근이라고 비판하였다.[24] 따라서 비서구 국가들은 (EU의 주장처럼) 장애여성의 문제를 협약의 전문에서 원칙적 수준으로 언급하는 데 그친다면, CRPD의 발효가 장애여성의 차별 문제를 해결할 가능성은 크지 않다며, 협약이 적극적으로 장애인의 인권 증진에 관여해야 한다고 피력하였다.[25]

한국은 특히 장애여성 문제의 비가시성(invisibility), 즉 장애인 권리나 여성 권리와 같은 기존의 지구적 규범체계에서는 장애여성차별의 중첩적 구조가 다루어지지 않는 현실 역시 지적하였다.[26] 예컨대, CEDAW는 장애여성에 대한 언급이 없었다. 이는 국제인권규약의 일

---

23 제6차 특별위원회 8월 2일자 회의록(2005).
24 제6차 특별위원회 8월 2일자 회의록(2005).
25 제6차 특별위원회 8월 2일자 회의록(2005), pp. 1-2.
26 제6차 특별위원회 8월 2일자 회의록(2005).

반적 모습이라 할 수 있다. 인권의 보편적 원칙과 무차별 원칙을 강조
하면서 이중차별의 문제(intersectionality)[27]에 대한 고려와 언급은 최
대한 피해왔던 것이다. 비서구 국가들은 기존 국제인권규약의 이러한
단면을 지적하면서, 어느 쪽에서도 조명받지 못하는 장애여성의 이중
차별의 문제가 결코 간과되어서는 안 된다고 주장하였다. 예컨대, 장애
여성 단독조항이 없을 경우 사회발전 과정, 특히 고용의 문제에 있어서
장애여성에 대한 차별이 고착화·제도화되어 장애여성의 빈곤 문제가
악화될 수 있다는 점도 지적되었다. 따라서 장애여성 단독조항 제정을
통해 장애여성이 가지는 이중적이고 다층적인 차별 문제를 공론화하
고 장애여성의 완전한 사회참여와 권리 보장을 촉구할 필요가 있음을
강조하였다.

특정한 하위집단에 대한 단독조항의 제정이 CRPD의 보편성을 침
해한다는 지적에 대해서, 이들은 아동권리협약의 장애 조항, 여성차별
철폐협약의 농촌여성 조항(CEDAW 14조)[28] 등 국제인권협약 내에 이미

---

27 CRPD 일반논평 3호에 따르면, "다중적 차별(multiple discrimination)은 한 개인이 두
    개 또는 다수의 (차별)근거로 인해 더욱 복합적이고 가중적 차별에 직면하는 상황을 의
    미한다. 이중차별(intersectional discrimination)은 다수의 차별의 근거가 떼려야 뗄
    수 없는 방식으로 동시에 상호작용하는 상황을 의미한다"(CRPD 2016. CRPD General
    Comment No. 3. CRPD/C/GC/3, p. 2). 한국을 비롯한 비서구 국가들은 장애여성이 직
    면하는 장애의 현실은 단순히 장애와 여성이라는 두 가지의 차별근거에 기반한 다중적
    차별이 아니라 장애를 가진 여성이라는 교차적 특성으로 인해 중첩적인 이중차별의 문
    제라고 인식하였다.
28 여성차별철폐협약 제14조
    1. 당사국은 시골여성이 직면하고 있는 특수한 문제와 화폐로 표시되지 않는 경제 부문
       에서의 노동을 포함하여 시골여성이 가족의 경제적 생존을 위하여 수행하는 중요한
       역할을 고려하여야 하며, 시골여성에게 본 협약의 제 조항의 적용을 확보하도록 모든
       적절한 조치를 취하여야 한다.
    2. 당사국은 남녀평등의 기초 위에 시골여성이 지역개발에 참여하며 그 개발에 따른 이
       익을 향유할 수 있도록 보장하기 위하여 시골여성에 대한 차별을 철폐하기 위한 모든
       적절한 조치를 취하여야 하며, 특히 시골여성에 대하여 다음의 권리를 확보하여야 한

하위집단군에 대한 단독조항들을 포함한 전례가 있다고 반론하였다. 특히 농촌여성 조항의 존재로 인해 CEDAW 이행과 준수에 관한 국가 보고서 작성 시 농촌여성에 대한 분석이 포함되면서 감시 효과가 급격히 강화되었다는 사실 역시 강조하였다.[29]

결론적으로, 한국뿐 아니라 아프리카, 중남미의 주요 국가들이 장애여성 단독조항 제정을 주장하였던 것은 장애여성의 이중차별 현실과 CRPD에 대한 사회적 개발 모델에 기반한 접근의 필요성에 대한 공감 때문이라 할 수 있다(Kayess 2014, 387). 또한, 이들은 CEDAW나 CRC 이상의 효력을 발생시킬 수 있는 조항을 CRPD에 포함시킬 것을 추구하였다. 이미 가입은 하였으나 실제로 국내 이행이 원활히 되지 않

다.

(a) 모든 수준에서 개발계획의 작성 및 실시에 참여하는 것

(b) 가족계획에 대한 정보, 상담 및 서비스를 포함한 적절한 보건시설의 혜택을 받는 것

(c) 사회보장 계획으로부터 직접적인 혜택을 받는 것

(d) 기술적 능력을 향상시키기 위하여 기능적 문자 해독능력에 관한 것을 포함한 모든 형태의 공식, 비공식 훈련 및 교육과, 특히 지역사회교육 및 특별교육의 혜택을 받는 것

(e) 취업 또는 자가경영을 통한 경제적 기회에 있어 평등한 혜택을 받을 수 있도록 자조집단 및 협동조합을 결성하는 것

(f) 모든 지역사회활동에 참여하는 것

(g) 농업신용 및 대부, 매매시설, 적절한 공업기술의 혜택을 받으며, 토지 및 농지개혁과 재정착 계획에 있어 동등한 대우를 받는 것

(h) 적절한 생활조건, 특히 주거, 위생시설, 전력 및 용수공급, 운송 및 통신 등과 관련한 생활조건을 향유하는 것.

여성차별철폐협약의 한글번역본은 국가인권위원회 국제인권자료실에서 확인할 수 있다. https://www.humanrights.go.kr/site/program/board/basicboard/view?menuid=001003007003&searchcategory=%EC%97%AC%EC%84%B1%EC%B0%A8%EB%B3%84%EC%B2%A0%ED%8F%90%ED%98%91%EC%95%BD&pagesize=10&boardtypeid=7041&boardid=7602174 (최종검색일: 2020. 1. 5.)

29 제7차 특별위원회 회기 중 한국 정부대표단 자문이었던 연세대 이익섭 교수의 모두발언을 참조할 것[제7차 특별위원회 1월 31일자 회의록(2006), p. 23].

는 CEDAW나 CRC가 아니라 CRPD와 같이 새로운 국제인권규약의 제
정과 비준을 통해 열악한 국내 인권상황의 변화를 추동할 수 있는 기
회를 확보하고자 하였기 때문이다.

3. 장애여성 단독조항 제정을 위한 한국의 중견국 규범외교 노력

1) 전략적 틀짜기를 통한 사회개발모델과 자기대표성 원칙의 규범접목

CRPD 성안 과정에서 장애여성 단독조항 제정을 둘러싼 서구 국가와
비서구 국가 간 프레임 경쟁, 즉 '차별금지모델'과 '사회개발모델' 간
프레임 경쟁에서는 규범 후발주자의 담론이었던 '사회개발모델'이 지
배적 담론으로 발전하였다. 이를 가능하게 했던 첫 번째 요인은 규범접
목을 통한 '사회개발모델' 프레임의 증폭과 외연 확대였다.

리처드 프라이스(Richard Price)에 따르면, 규범접목은 능동적이
고 조작적인 설득을 통해 새로운 가치나 담론을 기존 규범체계와 연결
시킴으로써 야기한 규범적 변화이다(Price 1998, 617). 새로운 가치나
담론은 규범으로서의 지위를 이미 확고히 하고 있는 기존 규범체계에
잘 부합할 경우, 규범으로 받아들여질 가능성이 크다는 것이다(Cortell
and Davis 1996; Price 1998).

미국의 ADA 이후 제정된 세계 각국의 장애인권 관련 법안의 제정
과정에서는 당사자인 장애인들의 필요와 요구가 반영되어야 한다는
장애 당사자들의 자기대표성원칙이 강조되었다. CRPD 성안 과정에서
역시 장애당사자들의 참여가 적극적으로 장려되는 동시에 이를 제도
적으로 지원하기 위한 노력이 이어졌다. 다른 국제인권규범의 성안 과
정, 특히 CRC의 경우와는 달리 전문가들의 식견이나 정부대표단의 입
장보다는 장애당사자들의 필요와 희망사항에 대한 고려가 우선되어야

한다는 인식이 핵심원칙이자 규범으로 자리 잡았다(Harpur 2017).

이러한 구조 속에서 CRPD 성안 과정에 참여하였던 장애당사자 단체들은 EU의 원칙적 접근에 기반하였던 '차별금지모델'보다는 장애 인권의 실질적 개선을 주창하였던 비서구 국가들의 '사회개발모델'을 선호하였다. 동시에, 비서구 국가들 역시 '사회개발모델'이 장애당사자 들의 목소리를 반영한 담론임을 강조하였다. 장애당사자들의 필요와 요구를 최대한 담아야하는 CRPD는 보편적 인권에 따른 차별철폐의 추구라는 원칙의 원론적 적용을 지향할 것이 아니라 전 세계 80% 이 상의 장애인들이 일상생활을 영위해가고 있는 제3세계 및 저소득 국 가의 열악한 인권 상황 속에서 실질적 인권환경 개선과 장애권리 향상 을 이끌어내는 것을 목표로 해야 하며, 이를 위해서는 장애여성 단독 조항 제정 등 주요 의제들의 명문화를 통해 각국 정부가 협약 당사국 으로서 이행하고 준수해야 하는 의무를 보다 명확히 해야 한다고 주장 하였다.[30] 이는 프라이스가 얘기하던 규범접목의 모습에 가까운 것이다 (Price 1998).

사실 한국이 제안하였던 장애여성 단독조항은 제안 초기에는 호 응이 크지 않았다.[31] 그러나 장애여성 단독조항 제정에 대한 논의가 계 속되면서 보편성원칙에 기반하여 장애여성 단독조항 제정에 대해 반 대하던 EU의 주장보다는 단독조항 제정의 필요성을 주창하던 비서구 국가와 NGO들의 주장에 대한 동조의 목소리가 커졌다.

〈표 2〉는 CRPD 특별위원회 참가국가들 중 장애여성 단독조항 제 정에 대한 지지와 반대의 입장을 밝힌 국가들을 정리한 것이다. 〈표 2〉 를 보면, EU 및 유럽 국가들은 모두 단독조항 제정을 강하게 반대하였

---

30   제6차 특별위원회 8월 2일자 회의록(2005).
31   제3차 특별위원회 5월 28일자 회의록(2004).

표 2 국가별 장애여성 단독조항 지지/반대 현황

지역	단독조항 지지 국가	단독조항 반대 국가
아시아	태국, 중국	인도, 일본
아프리카	나미비아, 말리, 모로코 모리셔스, 수단, 시에라리온, 케냐	에티오피아 남아공(찬성 → 반대)
유럽		EU, 오스트리아 노르웨이, 보스니아/헤르체코비나 세르비아/몬테네그로, 아일랜드
중남미	멕시코(반대 → 찬성) 브라질, 엘살바도르 우루과이, 페루	칠레, 코스타리카
중동	레바논, 시리아, 이란, 이스라엘 예멘(유보 → 찬성)	사우디아라비아, 요르단
기타	러시아 뉴질랜드(반대 → 찬성) 호주(반대 → 찬성) 캐나다(반대 → 찬성)	

※ CRPD 성안을 위한 특별위원회 제1~8차 회의 회의록에 기반하여 저자가 작성.

음을 알 수 있다. 주목할 점은 영연방국가이자 인권 분야에서 모범적 실천국이었던 뉴질랜드, 호주, 캐나다가 논의 초기에는 장애여성 단독조항 제정에 반대하였으나 논의 과정에서 찬성으로 입장을 선회하였다는 점이다. 반대의사를 표명한 아프리카 2개국 중 남아프리카공화국은 제6차 특별위원회까지 단독조항 제정을 지지하였으나 제7차 특별위원회 논의 과정에서 장애여성 인권피해의 심각성을 강조하면서 이의 적극적 해결을 위해서는 단독조항보다 전문에서 보다 강력한 문구로 장애여성 문제를 다루어야 한다며 반대의 입장을 표명하였다. 반면, 아프리카 및 중남미의 다수 국가들은 장애여성 단독조항 제안을 지지하였고, 러시아는 제6차 특별위원회까지는 단독조항 문제에 대한 언급이나 입장 표명이 없었으나 제7차 특별위원회에서 단독조항 제정에

대한 지지의 입장을 명확히 하였다.[32]

이는 장애여성 단독조항이 국제장애연대(International Disability Causus, IDC)[33] 등 장애인단체들의 지지를 얻었기 때문이기도 했지만, '사회개발모델'이 CRPD의 핵심규범으로 이미 확고히 자리매김하였던 자기대표성원칙과의 접목을 통해 정당성을 확보하면서 호주, 캐나다 등 기존 반대국가들의 공감과 지지까지 이끌어낼 수 있는 규범으로 받아들여졌기 때문이다.

2) CRPD의 상향식 거버넌스와 한국의 다층다각적 연계전략

한국이 선도하였던 장애여성 단독조항이 제정되고, 비서구 국가의 '사회개발모델'이 CRPD의 지배적 담론으로 발전할 수 있었던 두 번째 요인은 한국이 비서구 국가들 및 NGO들과 펼쳤던 다층다각적 연대와 협력이었다. 자기대표성원칙이 핵심규범으로 작동하였던 CRPD 성안 과정에서는 장애당사자들을 비롯한 NGO들이 단순히 옵저버로서 정부 간 논의와 협상을 관찰하는 것이 아니라 CRPD 성안을 위한 논의 과정에서 적극적으로 참여하고 의견을 개진할 수 있었다. 유엔 역시 참여를 원하는 NGO, 특히 저소득 국가의 NGO에 대해 재정지원을 제공하는 한편, 각국 정부대표단이 장애당사자들과 긴밀히 협의하거나 장애당사자를 정부대표단에 포함시킬 것을 적극 장려하였다.[34] 비록

---

32 미국은 자국이 ADA 제정으로 이미 장애차별 및 장애인권리 문제를 충분히 다루고 있기 때문에 장애에 대한 국제협약의 필요성이 없다며 CRPD 성안에 참여하지 않았다.

33 CRPD 제정 및 성안 과정에서 장애인들의 목소리를 반영하기 위한 초국적 NGO연대로, 한국장애인재활협회를 포함하여 세계 각지의 시민단체 60여 개가 참여하였다.

34 UN Committee on the Rihts of Persons with Disabilities, General Comment No. 7 on the Participation of Persons with Disabilities, Including Children with Disabilities, through Their Representative Organizations, in the Implementation and Monitoring of the Convention. UN DOC. CRPD/C/GC/7(2018). Kayess et

NGO들이 CRPD 성안을 위한 유엔 총회의 표결에 참석할 수는 없었지만, 협약의 성안 과정뿐 아니라 준수와 감시에 있어서도 장애인당사자단체 및 시민사회의 역할은 강조되었다.

CRPD 성안 과정 내내, 장애인단체를 포함한 NGO들은 협약의 초안 작성에 적극적으로 참여하였다(Schulze 2010).[35] 협약의 초안을 만드는 실무그룹 활동에서부터 다양한 장애인단체들이 당사자 및 전문가로 참여하였고, 각국 정부대표단 역시 장애인들의 참여가 활발하였다. 특히, 다양한 층위의 장애인단체 및 NGO들이 힘을 모아 IDC를 설립하여 협약의 성안 과정에서 시민사회 및 장애당사자들의 목소리를 최대한 반영하기 위해 응집된 영향력을 행사하였다. 여러 INGO들 역시 특별위원회 회의를 전후하여 다양한 연대를 통해 장애당사자와 국제시민사회 차원의 입장과 전략을 정하였고, 이를 반영하기 위해 노력하였다(한국장애인재활협회 2005, 17). 특별위원회가 거듭될수록 참여를 승인받은 NGO들의 수는 급증하여 제7차 특별위원회 회의에서는 참여 NGO의 수가 110개에 이르렀다(Arduin 2019, 417). 이들은 자신들의 목소리가 담긴 초안들을 제출하기도 하였으며, IDC 등 주요 장애인단체들이 작성한 협약 초안의 내용은 CRPD 최종안에 상당부분 반영되기도 하였다. CRPD 협상을 상향식 거버넌스의 모범적 사례라고 부르는 이유이다(Arduin 2019, 417).

규범권력의 측면에서 열세였던 한국은 CRPD의 상향식 거버넌스 구조 속에서 주요행위자로 기능하였던 NGO들과의 연대와 협력을 강화하였다. NGO들과의 협력과 연계는 다양한 층위와 경로를 통해 이

---

al.(2014, 388) 역시 참조할 것.

35 2006년 8월의 마지막 특별위원회 및 2007년 3월 30일의 공동 서명식 행사에는 800명 이상의 장애활동가 및 NGO 관계자들이 참석하였다.

루어졌다. 먼저, 한국, 태국 등은 역내 장애활동가들과 함께 유엔 아시아·태평양 경제사회위원회(UN Economic and Social Commission for Asia and the Pacific, UNESCAP) 지역회의에서 장애여성 단독조항 제정에 대한 역내국가 및 주요 국제기구들의 지지를 이끌어내기 위해 노력하였다.[36] 뿐만 아니라, 장애여성 단독조항이 논의되지 않았던 제4차와 제5차 특별위원회 회기 동안 한국을 비롯한 비서구 국가의 정부대표단 및 NGO들과 INGO들의 비공식회의가 지속되었다.

또한, 한국은 CRPD 성안 논의를 위한 정부대표단에 전통관료뿐 아니라 시민단체 및 장애인 활동가/전문가들을 포함하였다. 여성장애인 활동가들 역시 적극적으로 참여하였다. 당시 장애인차별금지법 제정을 위한 노력이 국내에서 진행 중이었으나, 장추련 법무팀 소속 연구원들을 포함한 다수의 여성 장애인 활동가들이 자비를 들여가면서 제네바에서 열리는 CRPD 특별위원회 회의에 참석하는 등 적극적으로 참여하였다. 장애여성들의 적극적 주장으로 장애여성 단독조항이 한국 정부의 외교 기조가 되었고, 중견국 규범외교적 성격의 확충에 있어서 장애여성이 포함되어 당사자주의에 기반한 정당성을 확보하는 데 도움이 되었다.

한국은 단순히 개발도상국가들의 지지를 추진한 것만이 아니라 CRPD 논의에 참여한 IDC 등 비정부기구들, 장애인단체들과의 연계 전략을 적극적으로 추진하였고, 다층위적인 측면에서 연계전략을 추진하였다. 앞서 설명하였듯이, 3차 특별위원회에서 한국이 제안

---

36   특히, 장애여성 단독조항 제정 문제가 집중적으로 논의되었던 6차 특별위원회를 앞둔 2005년 여름에 있었던 UNESCAP 지역워크숍에는 호주, 중국, 일본, 태국 등 18개국과 더불어 UNOHCHR, 지뢰생존자 네트워크 및 기타 장애인단체 등에서 120여 명이 참석하여, 자기대표성원칙의 확인, 차별금지모델의 적절성, 국제협력의 필요성 등에 대해 논의하였다. 보다 자세한 내용은 한국장애인재활협회(2005)를 참조할 것.

했던 장애여성 별도조항은 CRPD 협상 초기에는 강한 지지를 얻지는 못했다. 4차 특별위원회에 참여했던 한 NGO(Landmine survivors network)의 공식 제언을 보면, 특별위원회의 참석자들은 장애여성이 이중차별의 피해자이자 가장 취약한 집단이라는 사실에 공감하였다. 지뢰생존자네트워크는 장애인 중 특정 집단에 대한 단독조항이 불공평하다는 이유로 장애여성 단독조항을 거부하는 것은 불충분한 이유라고 지적하기도 하였다. 그럼에도 불구하고, 해당 NGO는 장애여성 단독조항에 대한 지지의사를 분명히 표명하지는 않았다.

INGO들과의 협력과 연계는 다양한 층위와 경로를 통해 이루어졌다. 이들 INGO 대표들에 대한 설득작업과 더불어, 여러 한국 장애활동가들이 CRPD 제정 과정에 참여한 다양한 INGO들에 참여하여 장애여성 단독조항에 대한 지지를 이끌어냈다. 예컨대, 한국여성 NGO 연대(Korean Women's nongovernmental organizations)는 협약 15bis조(장애여성 단독조항)에 대한 IDC 코디네이터로 활동하여 장애여성 단독조항뿐 아니라 전문과 일반의무에 대한 CRPD 4조에서 성평등성에 대한 언급이 포함되어야 한다는 twin track 접근의 필요성을 강조하는 IDC의 지지를 주도하였다.[37] 마찬가지로 장애인 인구의 반 이상을 차지하는 여성은 결코 하위집단으로 분류되어서는 안 된다면서, 병행전략에 기반한 접근을 강조하였던 DPI(Disabled Peoples' International)에도 다수의 한국 장애활동가들이 참여하였다.[38]

장애여성 단독조항 제정에 관한 결정적 지지는 NGO, 특히 장애인단체의 연대적 성격이 강했던 IDC로부터 나왔다. IDC는 7차 특별위원회에서 장애여성 단독조항을 제안하면서, 해당 단독조항이 CRPD의

---

37 6차 특별위원회 8월 2일자 회의록(2005), p. 6.
38 6차 특별위원회 8월 2일자 회의록(2005), p. 6.

초반에 포함되어 협약 전반에 걸쳐 적용될 수 있도록 해야 한다고 강하게 주장하였다. 한국의 장애인권리협약연대(International Disability Convention Solidairty in Korea, IDCSK)는 IDC 안에 적극 찬성하면서도, 장애여성 단독조항 제정의 필요성을 강조하였다. 한국 대표단의 입장과 동일한 것이었다.

물론 CRPD 성안에 참여한 주요 INGO에는 서구 국가의 활동가들도 참여하였다. 그러나 이들은 주요 NGO들과 서구 국가들 간의 연대와 협력을 강화하기보다는 오히려 서구 국가들의 정책선호를 '사회개발모델'에 가깝게 변화시키는 통로의 역할을 하였다. 장애당사자들의 선호가 서구 국가들이 주창하였던 '차별금지모델'보다는 실질적 인권환경 개선을 우선시하였던 비서구 국가들의 '사회개발모델'과 더 일치하였기 때문이다.

캐나다, 호주, 뉴질랜드 등 장애여성 단독조항 논의 초기에는 다소 회의적이었던 주요 서구 선진국들의 입장 변화 역시 장애당사자들의 참여 및 INGO들과의 다층다각적 협력의 결과라 할 수 있다. 호주의 경우, 호주장애인연맹(People With Disability Australia, PWDA), 호주장애인법센터(Australian Centre for Disability Law, ACDL) 등 호주의 주요 장애인단체들은 CRPD 특별위원회 제2차 회의부터 참석하기 시작하였고, 호주 대표단에도 장애당사자가 포함되었다(Kayess et al. 2014, 388). 이러한 과정에서 장애당사자들의 영향으로 CRPD 성안 자체를 반대하던 호주 정부의 입장이 찬성으로 선회하였고, 이후 장애여성 단독조항 논의에서도 제안 초기의 반대 입장에서 선회하여 최종적으로는 장애여성 단독조항에 찬성하게 된다(Kayess et al. 2014, 388). 특히, 호주는 제7차 특별위원회에 들어서면서 (조문 내용을 부분적으로 수정할 필요가 있음을 강조하기는 했지만) 장애여성 조항의 단독조항으로의 포함을 지지한다는 의사를 분명히 하였다.

　　국가인권기구(National Human Rights Institutions) 간 회의 역시 한국을 비롯한 비서구 국가의 사회개발모델적 주요 의제에 대한 이해와 협력을 촉진하는 데 기여하였다. CRPD 성안 과정에서 유엔 인권고 등판무관실은 세계 각국의 국가인권기구들이 상호소통과 논의를 통해 CRPD에 대한 공동의 의견을 정리하고 이를 특별위원회에 제출할 수 있도록 하였는데, 이 국가인권기구 간 회의는 CRPD 성안 과정에서 각국 정부와 NGO 간의 또 다른 의사소통 및 공론의 장이 되었다. 참석자들이 각국 정부대표단의 일원으로도 활동하거나 장애인단체에서 활동하는 경우가 많았고, CRPD 특별위원회에 참석한 기간 동안 자국의 NGO와 지속적으로 협의하는 경우도 많았기 때문이다(국가인권위원회 2003; 2005). 한국 역시 국가인권기구 간 회의에서 장애여성 단독조항 제정의 필요성을 지속적으로 피력하였다(국가인권위원회 2005, 11).

IV. 맺음말

　CRPD는 국제인권규범의 발전 과정에서 그동안 소외되어왔던 한국이 다자주의적 틀 속에서 국제사회의 책임감 있는 구성원으로서 국제인권규범의 성안 과정에 참여하고 지구적 거버넌스 구조의 공동설계자로 활약할 수 있는 기회를 제공하였다. 국제인권규범의 비대칭적 구조 속에서 규범권력을 향유하던 서구 국가들의 '차별금지모델'과의 프레임 경쟁에서 비서구 국가들의 '사회개발모델'이 지배적 담론으로 발전하였다.

　　서구 국가들과 비서구 국가들의 프레임 경쟁이 치열하게 전개되는 상황에서 한국은 경성권력의 측면에서 '위치적 중견국'이자 인권규범의 측면에서는 비서구 저개발 국가들과 공통점을 가지고 있던 상황을 적극 활용하였고, 그 결과 장애인의 권리라는 포괄적 틀에서는 적극적인 규범수용자(norm follower)였던 한국이 장애여성의 권리라는 하부적 규범의 측면에서는 국제인권규범 제정에 적극적으로 기여하는 제도의 공동설계자가 되었다. 특히 장애차별의 철폐라는 기존의 인권규범에 장애여성에 대한 이중차별의 철폐라는 의제를 제시하고 다른 국가 및 NGO와의 연계전략을 통해 CRPD에 해당 의제를 단독조항으로 포함시켰다는 점에서 '행태적 중견국'으로서 주요 이니셔티브의 촉매이자 촉진자 역할을 담당하였다고 볼 수 있다.

이는 당사자주의의 강조를 통해 장애인 당사자단체 등 비정부 행위자들의 영향력이 상대적으로 강했던 상향식 글로벌거버넌스의 층위에서, 다른 국가만이 아닌 비정부 행위자들과의 연계와 협력을 통해 중견국의 규범외교를 추진했던 모범적 사례라고 할 수 있겠다. 관계적 맥락의 조율을 통해 네트워크를 구축하고 규범을 모색해야 하는 중견국 외교의 동학, 특히 그 복잡성과 중첩성을 여실히 보여주는 사례라 할 수 있다. 뿐만 아니라, 한국 및 주요 국가들의 장애활동가들, 특히 장애여성활동가들이 CRPD 장애여성 단독조항 제정에 결정적 역할을 한 것은 비정부 행위자들이 이제 단순히 정책결정 과정에서 소외된 피동적인 소비자가 아니라 규범의 창출자이자 정책 선구자로서 활동할 수 있음을 보여주는 것이 동시에 한국 중견국 외교에 있어서 정부뿐 아니라 주체의 다양화도 도움이 될 수 있음을 분명히 보여준다.

또한, CRPD 장애여성 단독조항 제정에서 나타난 서구 국가와 비서구 국가 간 프레임 경쟁의 과정과 결과는 국제인권규범의 비대칭성 구조 속에서 전통적으로 규범수용자적 역할에 그쳐왔던 비서구 국가들이 인권규범의 창발과 확산을 선도할 수 있는 가능성을 보여주었다. 규범확산에 관한 연구가 서구 중심적 단방향성의 한계에서 벗어나야 함을 보여준다.

참고문헌

국가인권위원회. 2003. "장애인권리협약(안) 관련 제2차 유엔 특별위원회 참가 결과 보고서."
_____. 2005. "제6차 장애인권리협약 특별위원회 참가 결과보고."
김미주. 2007. "국제장애인권리협약의 여성이슈: 제6조 장애여성 및 관련조항." 『젠더리뷰』
　　여름호.
김상배. 2019. "사이버 안보와 중견국 규범외교: 네 가지 모델의 국제정치학적 성찰."
　　『국제정치논총』 59(2).
김준석. 2007. "규범권력과 유럽연합: 새로운 국제정치 행위자의 등장?" 『국제지역연구』
　　16(2).
_____. 2013. "공공외교로서 규범외교: 유럽연합의 사례." 김상배 외. 『중견국의 공공외교』.
　　서울: 사회평론.
손혁상. 2013. "프레이밍이론으로 본 국제개발협력의 '원조효과성'과 '개발효과성'담론 경합에
　　관한 연구." 『국제정치논총』 53(1).
이익섭. 2007. "장애인권리협약의 의미와 핵심 과제." 『보건복지포럼』 127.
정진성. 2019. 『유엔과 인권규범의 형성』. 파주: 나남.
한국장애인재활협회. 2005. 『장애인권리협약 주요쟁점은 무엇인가: UNESCAP과
　　UN특별위원회의 중심으로』. 서울: 한국장애인재활협회.

Acharya, Amitav. 2004. "How Ideas Spread: Whose Norms Matter? Norm Localization
　　and Institutional Change in Asian Regionalism." _International Organization_
　　58(2).
_____. 2014. "Who Are the Norm Makers? The Asian-African Conference in Bandung
　　and the Evolution of Norms." _Global Governance_ 20(3).
Arduin, Sarah. 2019. "Taking Metaregulation to the United Nations Human Rights Treaty
　　Regime: The Case of the Convention on the Rights of Persons with Disabilities."
　　Law and Policy 41(4).
Bae, Sangmin. 2011. "International Norms, Domestic Politics, and the Death Penalty."
　　Comparative Politics 44(1).
Burke, Thomas. 2004. "The European Union and the Diffusion of Disability Rights."
　　in Martin Levin and Mrtin Shapiro eds. _Transatlantic Policymaking in an Age of_
　　Austerity. Washington, D.C.: Georgetown University Press.
Burke, Thomas, and Jeb Barnes. 2015. "The Civil Rights Template and the Americans
　　with Disabilities Act." in Lynda Dodd ed. _The Rights Revolution Revisited_.
　　Cambridge: Cambridge University Press.
Carpenter, Charli. 2014. _"Last" Causes: Agenda Vetting in Global Issue Networks and_
　　the Shaping of Human Security. Ithaca, NY: Cornell University Press.

Checkel, Jeffrey. 1999. "Norms, Institutions, and National Identity in Contemporary Europe." *International Studies Quarterly* 43(1).

Cortell, Anderw, and James Davis. 1996. "How Do International Institutions Matter? The Domestic Impact of International Rules and Norms." *International Studies Quarterly* 40(4).

_____. 2000. "Understanding the Domestic Impact of International Norms: A Research Agenda." *International Studies Quarterly* 2(1).

Dobbin, Frank, Beth Simmons, and Geoffrey Garrett. 2007. "The Global Diffusion of Public Policies: Social Construction, Coercion, Competition, or Learning?" *Annual Reviews of Sociology* 33.

Downie, Christian. 2017. "One in 20: the G20, Middle Powers and Global Governance Reform." *Third World Quarterly* 38(7).

Efstathopoulos, Charalampos. 2018. "Middle Powers and The Behavioural Model." *Global Society* 32(1).

Elkins, Zachary, Andrew Guzman, and Beth Simmons. 2006. "Competing for Capital: The Diffusion of Bilateral Investment Treaties, 1960 – 2000." *International Organization* 60(4).

Finnemore, Martha, and Kathryn Sikkink, 1998. "International Norm Dynamics and Political Change." *International Organization* 52(4).

Flowers, Petrice. 2008. "Failure to Protect Regufees? Domestic Institutions, International Organizations, and Civil Society in Japan." *Journal of Japanese Studies* 34(2).

Greenhill, Brian. 2010. "The Company You Keep: International Socialization and The Diffusion of Human Rights Norms." *International Studies Quarterly* 54(1).

Gurowitz, Amy. 1999. "Mobilizing Internaitonal Norms: Domestic Actors, Immigrants, and the Japanese State." *World Politics* 51(3).

Harpur, Paul. 2017. "Nothing About Us Without Us: The UN Convention on the Rights of Persons with Disabilities." *Oxford Research Encyclopedias: Politics.*

Kanter, Arlene. 2014. *The Development of Disability Rights under International Law: From Charity to Human Rights.* New York, NY: Routledge.

Kayess, Rosemary, and Phillip French. 2008. "Out of Darkness into Light? Introducing the Convention on the Rights of Persons with Disabilities." *Human Rights Law Review* 8(1).

Kayess, Rosemary, Therese Sands, and Karen Fisher. 2014. "International Power and Local Action – Imiplications for the Intersectionality of the Rights of Women with Disability." *Australian Journal of Public Administration* 73(3).

Keck, Margaret and Kathryn Sikkink. 1998. *Activists Beyond Borders: Advocacy Networks in International Politics.* Ithaca, NY: Cornell University Press.

Kim, Dongwook. 2013. "International Nongovernmental Organizations and the Global Diffusion of National Human Rights Institutions." *International Organization*

67(3).

Lobell, Steven, Neal Jesse, and Kristen Williams. 2015. "Why do Secondary States Choose to Support, Follow or Challenge?" *International Politics* 52(2).

Long, Tom. 2017a. "It's not the Size, it's the Relationship: From 'Small States' to Asymmetry." *International Politics* 54(2).

_____. 2017b. "Small States, Great Power? Gaining Influence Through Intrinsic, Derivative, and Collective Power." *International Studies Review* 19(2).

Mares, David. 1988. "Middle Powers under Hegemony: To Challenge or Acquiesce in Hegemonic Enforcement." *International Studies Quarterly* 32(4).

Merry, Sally. 2006. "Transnational Human Rights and Local Activism: Mapping the Middle." *American Anthropologist* 108(1).

Merry, Sally and Rachel Stern. 2005. "The Female Inheritance Movement in Hong Kong: Theorizing the Local/Global Interface." *Current Anthropology* 46(3).

Patience, Allan. 2014. "Imagining Middle Powers." *Australian Journal of International Affairs* 68(2).

Price, Richard. 1998. "Reversing the Gun Sights: Transnational Civil Society Targets Land Mines." *International Organization* 52(1).

Risse, Thomas, and Kathryn Sikkink. 1999. "The Socialization of International Human Rights Norms into Domestic Practices: Introduction." in Thoass Risse, Stephen Ropp, and Kathryn Sikkink. *The Power of Human Rights: International Norms and Domestic Change*. Cambridge: Cambridge University Press.

Robertson, Jeggrey. 2017. "Middle-power Definitions: Confusion Reigns Supreme." *Australian Journal of International Affairs* 71(4).

Simmons, Beth, and Zackary Elkins. 2004. "The Globalization of Liberalization: Policy Diffusion in The International Political Economy." *American Political Science Review* 98(1).

Schulze, Marianne. 2010. *Understanding the UN Convention on the Rights of Persons with Disabilities: A Handbook on the Human Rights of Persons with Disabilities*. New York, NY: Handicap International.

Tsutsui, Kiyoteru, and Hwa Ji Shin. 2008. "Global Norms, Local Activism, and Social Movement Outcomes: Global Human Rights and Resident Koreans in Japan." *Social Problems* 55(3).

Zimmermann, Lisbeth. 2016. "Same Same or Different? Norm Diffusion Between Resistance, COmpliance, and Localization in Post-conflict States." *International Studies Perspectives* 17(1).

CRPD 특별위원회 회의록 및 CRPD 관련 주요 인권협약

아동권리협약(한글번역본)

http://www.mofa.go.kr/www/brd/m_3998/view.do?seq=303438&srchFr=&srchTo

=&srchWord=&srchTp=&multi_itm_seq=0&itm_seq_1=0&itm_seq_2=0&company_c
d=&company_nm=&page=41 (최종검색일: 2020. 1. 5.)
여성차별철폐협약(한글번역본)
    https://www.humanrights.go.kr/site/program/board/basicboard/view?menuid=00
    1003007003&searchcategory=%EC%97%AC%EC%84%B1%EC%B0%A8%EB%B3%8
    4%EC%B2%A0%ED%8F%90%ED%98%91%EC%95%BD&pagesize=10&boardtypei
    d=7041&boardid=7602174 (최종검색일: 2020. 1. 5.)
장애권리협약(한글번역본)
    https://www.humanrights.go.kr/site/program/board/basicboard/view?currentpag
    e=2&menuid=001003007003&pagesize=10&searchcategory=%EC%9E%A5%EC%9
    5%A0%EC%9D%B8%EA%B6%8C%EB%A6%AC%ED%98%91%EC%95%BD&board
    typeid=7041&boardid=7602215 (최종검색일: 2020. 1. 5.)

CRPD 특별위원회 회의록
    https://www.un.org/development/desa/disabilities/resources/ad-hoc-committee-
    on-a-comprehensive-and-integral-international-convention-on-the-protection-and-
    promotion-of-the-rights-and-dignity-of-persons-with-disabilities.html (최종검색일:
    2020. 1. 5.)

CRPD 특별위원회 실무그룹 문서
    http::://www.un.org/esa/socdevv/enable/rights/ahcwgreport.htm (최종검색일:
    2020. 1. 5.)

제2부   지정학적 지역구조 속의 중견국 외교 2.0

제5장   미중경쟁 시대 미 우방 중견국의
대미갈등과 전략외교

송태은(국립외교원)

I. 머리말

2017년 트럼프 행정부 출범 이후 미국의 일방주의 외교와 전방위로 확대되고 있는 미중경쟁으로 인해 각국 정부는 국가전략 모색의 대혼란을 경험하고 있다. 탈냉전기 미국 일극의 패권질서 속에서 급속한 경제성장으로 부상한 중국이 경제, 군사, 사이버, 과학기술, 우주 등 전 분야에서 미국과 경쟁하고 세계 각지로 영향력을 확대하면서 미국이 주요 동맹과 우방국에 대하여 양자택일의 압박을 가하기 시작한 것이다. 중국의 부상과 함께 미국의 세계적 리더십도 퇴보하고 있다는 방증은 현재의 미국이 동맹과 우방을 다루는 방식에서도 극명하게 드러나고 있다. 트럼프 행정부는 동맹과 우방국들에게 과거 미국의 군사안보 및 경제통상 영역에서의 기여와 협력에 대해 느닷없이 각종 청구서를 내놓으며 전례 없는 외교적 압박을 가하면서 비우호적 패권의 모습을 드러낸 것이다. 더군다나 트럼프 행정부가 과거 미국이 스스로 이끌어왔던 다자주의와 국제규범으로부터 이탈하고 지구 거버넌스의 영역에서 세계적 공공재 제공에 소극적인 태도로 일관하면서 미 우방 중견국들은 세계평화와 공영을 위해 이들이 펼쳤던 '중견국'으로서의 다양한 외교적 이니셔티브를 지속하는 데에도 현실적인 제약을 받고 있다.

　　그동안 미국이 이끌어온 세계질서에 문제를 제기하기보다 미국과의 군사적·경제적 협력을 통해 안정적인 경제발전을 도모하며 나름의 국제적 위상을 구축해온 미국의 우방 중견국들은 트럼프 행정부의 '미국 우선주의'(America First) 대외정책 기조에 따른 미국의 세계적 리더십과 공공재 제공의 후퇴로 인해 가장 충격을 받고 있는 국가군들이다. 다자주의와 보편주의적 가치를 중시하는 중견국 외교가 발휘될 수 있었던 조건과 다름없는 자유주의와 규범기반 세계질서가 퇴조하고

대신 미국발 강대국 정치가 부활하면서 중견국들의 외교적 활동 공간
이 심각하게 제약되었기 때문이다. 결과적으로 현실주의 이론의 핵심
개념인 '자구'(self-help)와 각자도생의 법칙이 세계정치의 생존 방식
으로 재등장하고 있는 셈이다.

그동안 중견국들은 주로 세계정치의 '상위정치'(high politics) 영
역인 군사안보 이슈보다 환경, 빈곤, 인권, 보건과 같은 비군사적 이슈
인 '하위정치'(low politics) 영역에서 국가능력을 발휘해왔다. 즉 중
견국들은 초국경 문제가 빈번하게 등장하는 이슈 영역에서 문제해결
을 위한 아이디어와 전문적 기술 등을 제공하는 이니셔티브를 취하
면서 '기업가적 면모'(entrepreneurship)를 발휘하거나 소위 '틈새외
교'(niche diplomacy)를 펼치면서 나름의 국가위상을 구축해왔다. 대
개 중견국들은 미국이 이끄는 세계질서의 '현 상태'(status quo)에 도
전하기보다 순응해왔고, 그러한 질서가 유지되는 데에도 기여해왔다.
대부분의 중견국들이 탈냉전기 미국이 주도한 자유무역질서 속에서
대개 타국과의 활발한 무역과 경제협력을 통해 경제 선진화의 혜택을
누린 경우가 대다수이고, 대부분이 민주주의 체제인 중견국들에게 민
주주의 패권인 미국이 이끄는 세계질서에 도전할 이유나 명분이 부재
했던 것이다.

그러므로 중견국은 자연스럽게 현 세계질서의 유지에 기여하
고 국제문제에 대해 다자주의 접근법을 지향하며 국제분쟁에 대해서
도 평화적 해법을 선호하고 유엔의 평화유지 활동 등을 지원하는 등
일종의 '모범국가'(good state), '선한 세계시민'(good international
citizens) 혹은 '선한 다자적 시민'(good multilateral citizen)의 역할을
자처해왔다. 그러한 과정에서 중견국들은 협소한 의미의 국익보다도
세계평화와 공영을 도모하고 국제규범이 정착되는 데에도 관심을 가

질 수 있었던 것이다(Cooper et al. 1993; Lawler 2005, 427-449).

하지만 현재의 비우호적 패권이 이끄는 새로운 대외환경은 중견국들이 현재의 미국이 이끌거나 방치하는 방식의 현 세계질서에 대한 그동안의 이들의 암묵적 동의 혹은 지지가 현실적으로 지속 가능하지 않음을 시사한다. 특히 유럽과 아시아의 많은 중견국들은 점차 미국에 대한 안보·경제적 의존으로부터 탈피하고 미국의 방기 위험에 대비하여 독립적인 군사능력을 확보하고 미국 외 다른 국가들과 다양한 경제협력을 확대하는 전략을 추구할 유인을 갖게 되었다.

이와 같은 맥락에서 이 글은 특히 미 우방 중견국들이 격화되고 있는 미중경쟁 속에서 군사안보와 경제통상 영역에서 트럼프 행정부의 다양한 압박과 요구에 어떻게 대응하고 있고 현실적 외교 공간의 제약을 극복하고자 어떤 전략을 펼치는지 살펴본다. 먼저 이 글 II절은 기존 연구가 중견국 외교를 주로 어떤 맥락에서 설명해왔는지 살펴보고, 최근 중견국들이 미중경쟁으로 인해 급격하게 변화하고 있는 국제정치 환경 속에서 어떤 외교적 어려움에 처해 있는지 짚어본다. III절에서는 유럽, 중남미, 아시아 지역의 미 우방 중견국들이 트럼프 행정부 출범 이후 미국과 군사안보 및 경제통상 영역에서 어떤 사안들을 중심으로 외교갈등을 겪고 있는지 살펴보고, IV절에서는 미 우방 중견국들이 어떤 외교전략을 펼치며 미국의 양자택일 압박에 대응하고 있는지 고찰한다. 마지막으로 V절은 현재의 중견국 외교를 평가하고 한국 중견국 외교에 대한 함의를 간략히 짚어보는 것으로 이 글을 마무리한다.

II. 미중경쟁 시대 중견국 외교의 대외환경

탈냉전기에 들어와 진영 간 총력전의 위험이 제거되고 세계 유일 패권이 자유무역질서를 안정적으로 관리하는 동안 중견국들은 반세기 가까이 자국 경제발전을 도모하는 데 집중하며 국제정치의 다양한 이슈영역에서 세계적 리더십과 위상을 고양시킬 기회를 가졌다. 그동안 '중견국 외교'(middle power diplomacy)에 대한 학계의 논의도 주로 개발, 환경, 인권, 보건과 같은 지구 거버넌스(global governance)의 다양한 영역에서 중견국들이 국제정치의 다양한 행위자들과 공조하며 보여준 '역할'(role)에 대한 관심이 주를 이루었다. 중견국들은 세계복지와 정의를 추구하는 선한 세계시민으로서 협소한 국익보다 보편주의(cosmopolitanism)의 관점에서 공영을 추구하는 모습을 보여줬고, 이는 일종의 위상추구 행위(status-seeking behavior)로 묘사되기도 했다. 즉 중견국들은 인본주의 가치를 추구하고 세계적 공공재를 제공하는 행위를 통해 '신뢰할 만한(credible) 행위자'로서의 명성과 지위를 추구했다는 것이다(Efstathopoulus 2018).

하지만 중견국들이 본래부터 지구 거버넌스의 영역에서 지식과 기술이 특출했던 것은 아니다. 중견국들이 이러한 영역을 특별히 선호하고 이러한 분야에서의 영향력 행사를 원했다기보다 제한된 국력의 한계로 세계적 영향력을 행사할 여지를 하위정치의 영역에서 발견했기 때문이다. 또한 초강대국과 패권경쟁을 추구할 동기를 갖지 않은 중견국들은 자연스럽게 평화로운 세계질서와 역내 안정을 추구했던 것이고, 실제 영향력의 유무와 별개로 타협과 합의를 통한 다자주의에 대한 강력한 선호를 갖게 된 것이다. 그러므로 군사안보 이슈보다 세계정치의 연성이슈에서 '중견국 외교'가 두드러졌던 원인은 탈냉전기 국제정치의 구조적 '결과'인 동시에 강대국의 틈바구니 속에서 중견국이 자율적 외교의 활로를 찾아 나서며 '중견국 기질'을 발휘한, 중견국 스스로의 '의도와 의지'에 의한 것이기도 하다.

이러한 맥락에서 기존 연구는 역내 강대국 정치에 의해 발생하는 안보위협이나 역내 불안정에 대해 중견국들이 어떻게 대응하는지에 관심을 갖기보다 어떤 국가를 '중견국'으로 정의하고 중견국이 어떤 국제정치 이슈에서 가시적인 활동을 전개했는지 등 중견국 외교의 '영향력'(influence)보다 '중견국 개념'과 중견국의 '외교적 선호'(diplomatic preferences)에 분석의 초점을 두었다(Efstathopoulus 2018). 예컨대 중견국 외교의 서로 다른 특징을 통해 중견국들은 몇 개의 '세대'로 구분지어지기도 하는데, 이를테면 '1세대 중견국'으로 불리는 캐나다와 호주는 냉전기와 탈냉전기 동맹 미국이 이끄는 세계질서를 지원하면서 비안보 이슈 영역에서 보편적 가치를 중시하고 다자주의를 선호하며 국제주의적 역할을 통해 중재외교와 틈새외교를 펼쳤다. 북구 유럽의 스웨덴과 노르웨이 등 노딕 복지국가들은 평화적인 대외정책과 높은 수준의 국제 개발협력을 통해 규범외교의 명성을 획득한 1.5세대 중견국들이다(Lawler 1997; Browing 2007).

또한 대개 권위주의 체제 하의 지역 강국인 인도, 브라질, 남아공은 강대국의 주권침해 행위와 서구 중심 국제레짐에 대해 비판적인, 수정주의적 성향의 외교행태를 보이는 '2세대 중견국'으로 분류된다. 이들 2세대 중견국들은 강대국에 대해 일정 수준에서의 저항적인 성격의 연대를 추구한 점에서 다른 중견국들과 대비된다. 예컨대 브라질이나 남아공은 지구 남반구의 제3세계를 대변하면서 개발도상국과 연대하고 강대국들의 일방적 군사개입이나 정권교체(regime change) 행위를 비판해왔다. 특히 브라질은 WTO와 같은 다자주의 협상에서 개발도상국의 이익을 대변하며 '중재자' 역할을 취했고, 개발도상국의 정책결정 참여가 제한된 UNSC, World Bank, IMF의 개혁을 주창하면서 '지역 혹은 지역의 하위 리더'(regional or sub-regional leader)의 면모를 보여주기도 했다. 하지만 서방과의 갈등에서 2세대 중견국들은 대안 제시에 실패하고 다자주의 영향력과 리더십 발휘에는 한계를 보이는 등 외교적 역량은 제한적이었다(Efstathopoulus 2018).

이 같은 세대별 분류 외 중견국을 유형화하는 데에는 서로 다른 기준과 접근법이 적용될 수 있다. 가장 표면적인 국가 속성(attributes)인 '국가능력'(capabilities), 즉 '국력'의 크기를 기준으로 삼을 경우, 인구, 경제력, 군사력, 지리 등을 종합적으로 환산하여 국력의 수치화된 순위 나열이 가능하다. 예컨대 로위연구소(Lowy Institute)가 아시아에서의 국력 크기를 측정한 '로위아시아국력지수'(Lowy Institute Asia Power Index)에 의하면 미국, 중국과 같은 초강대국(superpower)과 인도 등 몇몇 강대국(major power) 외 나머지 국가들은 자연스럽게 '중견국' 혹은 '약소국'으로 분류된다. 영국, 프랑스, 일본은 한때는 강대국으로 분류되었으나 탈냉전기 국력의 점차적인 쇠퇴로 중견국으로 하향 분류되기도 한다.[1] 또한 시간이 경과함에 따라 중견국의 국력이나 외교방식의 변화 등 중견국 그룹이 진화할 수 있으며, 현실 속에서 중견국들이 이슈와 영역에 따라 다르게 행동하는 경우가 있다(강선주 2015, 202-207). 수치화될 수 있는 국력에 근거해서 중견국을 분류하는 인위적인 방식이 아니라 '규범기획자'(norm entrepreneurship)나 '선한 국제시민'의 역할 등 '중견국다움'(middlepowermanship)을 외교

---

1   '중견국'으로 분류하는 문제의 다양한 측면, 즉 국가 속성적 접근법과 행태적 접근법 및 현실적 국력의 지표로 보는 방법과 사례는 강선주의 연구에서 구체적으로 논의되고 있다. 강선주(2015, 198-212).

행위를 통해 보여주는지의 여부로써 중견국을 분류하기도 한다(강선주 2015, 198-207). 앞서 언급한 세대별 중견국 유형화는 행태적 기준으로 중견국을 분류한 경우이다.

　일반적으로 중견국 외교에서 2세대 중견국이 보여준 강대국에 대한 저항적 성격은 보통 '중견국 외교'의 '중견국다움'에 있어서는 오히려 예외적이다. 특히 탈냉전기 패권 미국의 우방 중견국들은 군사안보 차원에서의 생존전략이나 강대국에 대한 헤징(hedging) 전략을 골몰할 만큼 미국과 심각한 군사갈등이나 위기를 겪지 않았다. 그러므로 자연스럽게 이들 중견국들은 미국과의 동맹을 통해 안보를 해결하고 국제무대의 다양한 영역에서 지위나 명성을 추구하는 '무임승차자'(free rider) 혹은 '지위 추구자'(status seeker)로 묘사되기도 한다(Wood 1988, 21-28). 한편, 현재 트럼프 행정부의 일방적인 외교행태와 강압적인 협상방식은 미국의 경쟁국, 적국뿐 아니라 동맹과 우방 중견국도 미국에 휘둘리지 않을 외교전략을 강구할 강력한 동기를 제공하고 있다. 트럼프 대통령은 외교를 '거래'(deal)의 프레임으로 인식하므로 우방과 적국을 다루는 협상방식이 서로 다르지 않다. 오히려 동맹이나 우방에게 제공되는 미국의 군사적 보호와 경제적 호혜는 트럼프 대통령의 시각에서는 미국의 '손실'(loss) 혹은 우방의 '무임승차'(free-riding)로 간주되므로 이들에 대한 미국의 정치적 압박 명분은 오히려 쉽게 합리화된다. 이제 비자유주의 패권으로서의 새로운 정체성을 드러내고 있는 미국의 외교는 우방 중견국들로 하여금 생존을 위한 '외교전략'(foreign policy strategy)의 모색을 서두르게 하고 있다.

　자국 안보가 미국과의 긴밀한 군사협력에 의존하고 자체 군사력만으로는 완전 방위가 불가능한 많은 미 우방 중견국들은 경제지표로는 사실상 경제 강국이며 중국과도 높은 수준의 경제협력 관계를 지속해온 경우가 대다수이다. 그러므로 현재 고조되고 있는 미중 전략경쟁은 대부분의 미 우방 중견국들을 '낀'(middling) 국가의 처지에 빈번하게 놓이게 하고 있고, 앞으로 상당 기간 동안 지정학적 불확실성이 높은 국제정세 속에서 이들의 외교전략이 시행착오적 혼란을 경험할 수 있다. 또한 현재의 격화되는 미중경쟁이 뚜렷한 한 일방의 승패 없이 상당 기간 장기화될 것으로 예상할수록 중견국들은 안보전략과 경제전략을 서로 차별되게 구사할 가능성이 크다. 현재 미국이 세계적 리더의 위치로부터 자발적으로 퇴보하는 모습은 트럼프 행정부의 미국 우선주의 외교 기조에 의한 것이기도 하지만, 중국의 부상과 미국 패권의 점진적 쇠퇴에 따른 중장기적 힘의 이동(power shift)에 따른 현상으로 전망되기 때문이다. 따라서 각 지역의 미 우방 중견국들은 미국과 중국 중 한 국가와 여러 영역에서의 협력을 집중시키기보다 영역에 따라 서로 다른 차별된 외교전략을 구사하거나 혹은 협력 파트너를 확장시킬 수 있다. 더불어, 중견국들은 트럼프 행정부의 비자유주의 기조에 맞서 기존의 국제규범과 다자주의를 공고히 하려는 중견국다운 외교를 더 강화할 수도 있으며, 또한 과거 시도하지 않았던 새로운 중견국 외교를 구사하며 중견국 외교의 지평이 확장될 수도 있다.

III. 미 우방 중견국의 미국과의 외교갈등

1. 군사안보 갈등

1) 방위비 분담 압박
트럼프 행정부 출범 이후 미 우방국 중견국들은 미국과의 군사안보 및

경제관계에서 그동안 겪지 않은 새로운 갈등에 직면해 있다. 아시아에
서는 미국의 인도태평양전략(Indo-Pacific Strategy)과 중국의 일대일
로가 충돌하고 있고, 미국의 전통적 영향권인 유럽과 중남미에서도 미
국의 리더십이 퇴보하는 가운데 그 공백을 중국이나 러시아가 채워나
가면서 세계정치의 진영화, 블럭화가 부활하고 있는 것이다. 그동안 나
름의 역내 영향력과 리더십을 발휘했던 중견국들은 미중경쟁의 여러
전선에서 자국의 입지를 확보하려는 외교전략을 전개하고 있고, 특히
프랑스와 독일, 터키 등은 미국의 다른 우방에 비해 보다 적극적으로
트럼프 행정부에 대해 비판의 목소리를 내고 있다. 트럼프 대통령은 과
거 미국이 탈냉전기의 유일 패권으로서 세계질서 운영에 과도한 부담
과 손해를 감내하며 동맹과 우방을 위해 희생한 것으로 인식하고 있다.
트럼프 행정부가 출범 직후 2017년 1월에는 환태평양경제동반자협정
(Trans-Pacific Partnership, TPP), 2018년 5월에는 이란핵협정, 즉 포괄
적공동행동계획(Joint Comprehensive Plan of Action, JCPOA), 2019
년 8월에는 중거리핵전력조약(Intermediate-Range Nuclear Forces,
INF)으로부터 탈퇴한 것은 새 행정부의 그러한 인식을 보여준다.

　트럼프 행정부는 위와 같이 과거 미 행정부가 체결한 주요 다자협
정으로부터 연달아 이탈함과 동시에 유럽과 아시아의 거의 모든 미 동
맹에 대해 과도한 수준의 방위비 증액을 강력하게 요구하고 있는데, 그
러한 요구는 미국과 동맹 간 분열과 긴장을 일으키며 각 지역에서 안
보 공백을 초래하고 있다. 예컨대 트럼프 대통령은 비공식 석상에서 방
위비 부담의 이유로 미국의 NATO 탈퇴 의사를 반복적으로 피력했고,[2]

2　Julian E. Barnes and Helene Cooper. "Trump Discussed Pulling U.S. From NATO,
　Aides Say Amid New Concerns Over Russia" *New York Times* (January 14, 2019).
　https://www.nytimes.com/2019/01/14/us/politics/nato-president-trump.html

2019년 10월 브뤼셀에서 열린 NATO 국방장관회의에서 마크 에스퍼 (Mark T. Esper) 미 국방장관은 NATO 회원국의 안보 무임승차를 비판하면서 2024년까지 GDP의 2% 수준으로 방위비를 증액할 것을 촉구한 바 있다. 2019년 11월 9일 독일 국방장관 안네그레트 크람프-카렌바우어(Annegret Kramp-Karrenbauer)는 트럼프 대통령이 언급한 GDP 4%에는 못 미치나 2031년까지 독일의 NATO 분담금을 GDP의 2%까지 증액할 계획을 밝혔다.[3] 최근 NATO는 2021년부터 NATO 예산에서 미국의 기여금을 독일과 동일한 수준인 16%까지 감액시키는 동시에 부족분에 대해서는 회원국들이 방위비 지출을 증액할 것을 합의했고,[4] 결국 2019년 11월 NATO 회원국 중 9개국은 GDP의 2% 수준으로 방위비를 증액할 것을 결정했다.

동아시아의 우방 중견국 중 트럼프 행정부의 과도한 방위비 분담금 증액 요구를 받고 있는 국가는 일본과 한국으로, 이러한 요구는 이들과의 무역협상과도 연계되어 양국 정부의 부담을 가중시키고 있다. 미국은 동맹 중 분담금 비중이 가장 큰 일본에 대해 2019년 주일미군 주둔비용 기존 액수의 4배에 해당하는 80억불을 요구했고, 2020년 3월 현재 계속되고 있는 한미 방위비분담 특별협정(Special Measures Agreement, SMA) 협상에서 미국은 한국에 대해 2019년 한국의 방위비 분담금인 1조 389억 원의 약 5배에 해당하는 약 6조원으로 증액할 것을 요구하고 있다. 이러한 요구는 기존 SMA에 규정이 없는 주한미군

3 Adam Taylor. "Germany finally pledges to increase military spending to NATO levels, but Trump still won't be happy." *The Washington Post* (November 9, 2019). https://www.washingtonpost.com/world/2019/11/08/germany-finally-pledges-increase-military-spending-nato-levels-trump-still-wont-be-happy/

4 박현영. "트럼프, 결국 나토에 방위비 이겼다…연말 韓 협상도 파장." 『중앙일보』 (2019. 12.02.) https://news.joins.com/article/23646715#none

에 대한 인건비, 군무원 및 가족 지원 비용과 미국의 한반도 순환배치 비용 및 역외훈련 비용 등 새로운 항목이 포함되는 것이다. 미국은 방위비 분담금에 대한 양측 타결안이 도출되지 않을 경우 4월부터 주한미군 군무원 65%의 무급휴직이 불가피함을 압박하고 있는 상황이다.

트럼프 행정부는 애초에 주요 동맹 중견국들이 현재의 미군 주둔 비용에서 추가적으로 50%의 비용을 더 부담하도록 하는 'Cost Plus 50' 계획을 구상했으나 이러한 과도한 방위비 분담 증액 요구는 미국 내에서도 상당한 비판을 받고 있다. 미 헤리티지재단(Heritage Foundation)의 브루스 클링너(Bruce Klingner)는 한국과 일본이 미군 주둔과 관련하여 이미 많은 비용을 지불하고 있고 미국으로부터 주요 무기들을 구매해온 점을 지적하면서 미국의 요구가 동맹과의 긴장 관계와 반미감정을 유발하고 동맹을 약화시켜 결국 중국, 러시아, 북한이 이득을 보게 하고 있다고 비판했다.[5] 또한 트럼프 대통령이 동맹을 거래하듯 다루는 데 대하여 미 의회도 트럼프의 동맹에 대한 돌발적 의사결정 가능성에 대비하기 위해 다양한 법적, 정치적 조치들을 취하고 있다. 트럼프의 NATO 탈퇴 가능성 발언이 현실화될 것을 우려한 미 의회는 2019년 1월 22일 미국의 NATO 탈퇴 금지 법안을 하원에서 찬성 357표 대 반대 22표로 통과시키는 국내 조치를 단행했다. 또한 2019년 12월 트럼프 대통령이 서명한, 미 상하원을 통과한 2020 국방수권법(National Defense Authorization Act, NDAA)은 주한미군의 규모를 2만 8500명인 현행 수준으로 유지시키는 조항을 만들어 한미 방위비 분담금 협상에서 미국이 주한미군 감축안을 협상 카드로 사용할

5   Lara Seligman & Robbie Gramer. "Trump Asks Tokyo to Quadruple Payments for U.S. Troops in Japan" *Foreign Policy* (November 15, 2019). https://foreignpolicy.com/2019/11/15/trump-asks-tokyo-quadruple-payments-us-troops-japan/#

가능성을 차단시켰다. 또한 이번 NDAA는 미군 주둔과 관련한 한국과 일본의 직간접 기여와 부담 분담 기여에 대한 보고서를 의회에 제출하는 조항을 만들어서 한국과 일본에 대한 과도한 방위비 분담금 증액 압박을 차단시켰다. 더불어, 이번 NDAA는 방위비 협상이 미 동맹과의 공통 이익과 상호존중에 기반을 둘 것을 첨언하여 미국과 동맹 간 균열 가능성을 차단하고 있다.[6]

2) 독단적 지역정책

트럼프 행정부는 유럽의 우방 중견국들과의 협의 없이 독단적인 지역정책을 펼치고 있고, 그러한 과정에서 우방의 일탈적인 군사행동도 나타나고 있다. 예컨대 최근 시리아 지역에 거점을 두고 활동한 이슬람국가(IS)가 궤멸됨에 따라 2011년 이후 이어져왔던 시리아 내전이 종식될 가능성에 대한 기대가 있었으나 트럼프 행정부는 비용부담을 이유로 2019년 10월 8일 시리아 북동부 지역으로부터의 철군을 발표했다. 그러한 발표 다음날인 10월 9일 터키는 시리아 북동부 지역의 안정화 명분을 내세우며 이 지역 쿠르드족에 대한 군사공격을 감행했고, 쿠르드족을 접경지역에서 몰아낸 후 터키 에르도안 대통령은 푸틴 러시아 대통령과 이 지역에서의 안전지대 설치 및 공동 관리를 합의했다. 결국 양국이 접경해 있는 시리아 북부의 안전지대에서 터키군과 러시아 군사경찰은 70여 km 구간에 대해 약 2시간 동안 공동순찰을 실시했으며, 이러한 터키의 행동에 대해 미국의 우방인 카타르도 터키를 지지하기에 이르렀다.

 NATO는 시리아 북부지역에서 터키가 자제력을 보여줄 것을 촉

---

6 『연합뉴스』. "'주한미군 현수준' 미 국방수권법, 상원도 통과…트럼프 서명예정." (2019. 12.18.) https://www.yna.co.kr/view/AKR20191218007451071

구했으나 영국, 프랑스, 독일 등 NATO 회원국들은 터키를 NATO에서 축출하는 데에는 조심스러워하는 반면, 러시아로부터 S-400 미사일 방어시스템 장비를 도입한 바 있는 터키에 대한 신규 무기 수출을 중단하는 제재에 착수했다.[7] 터키는 냉전기 공산권과 최전선에서 대치했고, 터키 남동부 인지를리크 공군기지에는 미 핵무기 50여 기가 배치되어 있지만, 미국이 초래한 안보 공백은 러시아가 이 지역에서 터키의 친러시아 행보를 통해 미국과 NATO의 영향력을 견제하고 NATO 내 분열을 유발하는 전략이 효과적일 수 있음을 확인시켜주고 있는 셈이다.

한편 트럼프 행정부는 세계 병력 재배치를 이유로 현재 프랑스가 대테러 활동을 펼치고 있는 아프리카 사하라 이남 지역에서도 철군하려고 하며 영국군도 철수할 가능성이 커지고 있다. 이러한 계획에 반발하는 프랑스는 2020년 1월 13일 아프리카 사헬지대 5개국의 정상회담을 통해 미군 철수에 반대하는 공동성명을 발표하기도 했다.[8]

트럼프 대통령의 각 지역에서의 돌발적인 의사결정은 이란 및 이스라엘 정책에서도 반복되고 있다. 트럼프 대통령은 2017년 12월 예루살렘을 이스라엘의 수도로 공식 발표하고, 2018년 5월에는 주이스라엘 미 대사관을 예루살렘으로 이전했으며, JCPOA으로부터 미국 탈퇴를 결정하면서 이란에 대한 경제 제재를 재개했다. 2015년 7월 JCPOA 타결 이후 이란과 급증하는 교역을 통해 경제적 수혜를 누렸던 프랑스와 독일은 미국의 이러한 일련의 결정에 거세게 반발했고 트럼프 대통령이 무력화시키려는 JCPOA 지지를 선언했다. 하지만 이후 일련의 미

7   김승욱. "터키를 어찌해야 하나...골머리 앓는 나토."『연합뉴스』(2019.10.24.) https://www.yna.co.kr/view/AKR20191024187900108

8   김용래. "미 아프리카 철군카드에 애타는 프랑스...국방 곧 워싱턴 방문."『연합뉴스』(2020.1.16.) https://www.yna.co.kr/view/AKR20200116001800081

국과 이란의 이라크에서의 반복적인 군사적 충돌이 이어졌고[9] 2020년 1월 5일 이란이 JCPOA의 규정을 더 이상 준수하지 않겠다고 선언하면서 JCPOA는 붕괴 위기에 놓이게 되었다.

미국은 역사적으로 먼로주의(Monroe Docrine)를 통해 19세기에는 유럽 열강, 20세기에는 공산주의 진영으로부터 중남미에 대한 개입을 차단하며 이 지역에 경제·군사적 지원을 제공하며 광범위한 영향력을 행사해왔다. 하지만 트럼프 행정부의 대외정책에서 중남미는 미국의 국익과 직접적으로 관련되는 이민, 마약, 통상 정책과 관련해서만 중요하게 다뤄지고 있고, 이러한 이슈와 관련하여 중남미는 위험한 존재로 인식되고 있다. 불법이민 문제를 안보에 대한 위협으로 간주하는 트럼프 대통령은 미국과 멕시코 간 국경경비 강화, 국경장벽 건설, 피난처 도시에 대한 예산지원 중단, 불법체류 청소년 추방 유예제도 폐지, 불법이민자 추방, 가족이민 축소, 송금제한 등 중남미에 대한 일련의 반이민 정책을 일방적으로 추진했고, 미국 내 불법이민자 중 80%를 차지하는 중남미 지역에 대한 원조를 35% 삭감하기도 했다(손혜현 2019b, 10-12).

유럽과 중동, 중남미뿐만 아니라 아시아에서도 트럼프 행정부의 정책은 역내 우방들과의 긴밀한 협의에 의해 추진되기보다 일방적인 군사안보 정책으로 인식된 측면이 있다. 트럼프 대통령은 취임 후 첫 아시아 순방에서 '자유롭고 개방된 인도태평양'(Free and Open Indo-Pacific) 전략을 제시하며 미국이 이 지역의 안전, 안보, 번영을 달성할

---

9   2019년 12월 28일 이라크 내 미군 주둔기지에 이란이 지원하는 헤즈볼라 반군 단체의 소행으로 추정되는 로켓포 공격이 있었고, 12월 31일에는 이라크의 친이란 시위대가 이라크 내 미 대사관을 공습하자 2020년 1월 2일 미국은 솔레이마니 이란 혁명수비대 사령관을 드론으로 살해했다. 이에 대해 1월 8일 이란은 이라크 내 미 공군기지를 미사일로 공격하는 등 양국 간 군사적 복수가 반복되었다.

것을 천명했다. 하지만 트럼프 행정부가 출범 초기에 보여준 태도는 역내 국가들과 파트너십을 통해 협력을 추구하기보다 미국의 군사안보 전략을 이 지역에 일방적으로 투사하는 것으로 비춰진데다가 인도태평양전략이 중국을 견제하는 목적을 가진 것으로 읽히면서 역내 참여국인 호주, 인도, 일본의 반응은 초기에는 미온적이었다. 아시아에서의 미중 패권경쟁은 이미 오바마 행정부가 아시아 재균형 정책을 천명하고 중국 중심의 '역내포괄적동반자협정'(RCEP)을 견제할 목적으로 TPP를 추진하면서 시작되었다. 그러나 트럼프 행정부는 출범 직후 TPP로부터 탈퇴하는 한편, 트럼프 대통령은 첫 아시아 순방에서 2017년과 2018년 모두 동아시아정상회의(East Asia Summit, EAS)에 불참하고 대신 국무장관이나 상무장관 등을 참석시켰다. 이러한 결정은 역내 미 우방국들의 시각에서는 트럼프 행정부의 동아시아 지역에 대한 무시 혹은 관여 부족의 징후로 보였고 중국의 이 지역에서의 리더십과 대비되었다. 특히 EAS는 아시아재균형 정책을 추진한 오바마 대통령의 경우 미 연방정부의 셧다운이 있었던 2013년을 제외하고 모두 참석한 회의였다. 따라서 역내 국가들에게 있어서 2017년 미국이 제시한 상당히 모호한 인도태평양전략은 동남아시아에서 경제협력과 인적 교류보다 미국의 무기체계의 아시아 배치 등 중국을 견제하기 위한 미국의 군사력 투사에 경도된 군사안보 협력체로 인식되었다.

2. 경제통상갈등

1) 보호주의 성격의 무역협상

트럼프 행정부의 통상정책은 통상과 안보를 연계하여 자국의 무역적자 문제를 해소하고 자국 시장을 보호하는 것을 목표로 삼기 때문에

미국과 긴밀한 경제통상 관계를 이어온 우방일수록 미국이 가하는 무
역협상의 압박은 오히려 더 거세다. 더군다나 트럼프 행정부는 오바
마 행정부와 달리 중국을 건설적으로 관여하기(engage)보다 '전략
적 경쟁자'(strategic competitor)로서 인식하며 러시아와 중국을 '수
정주의 세력'(revisionist powers)으로 보고 있다(The White House
2017). 특히 중국위협론은 트럼프 행정부가 경제 국수주의(economic
nationalism)와 경제 포퓰리즘(economic populism)을 추구하는 명분
으로 작동하고 있고, 이에 따라 미국은 WTO를 중심으로 하는 다자무
역체제가 아닌 양자협상을 통해 경제 선진국이 대다수인 미 우방 중견
국들에게 양자택일의 압박을 가하고 있다.

　미국의 2위, 3위 교역국이며 전통 우방인 캐나다와 멕시코는 트
럼프 취임 이후 미국과 NAFTA 재협상을 거쳤고, 최근 미국·멕시코·
캐나다협정(United States-Mexico-Canada Agreement, USMCA)이 출
범하기까지의 과정에서 많은 갈등을 겪었다. 멕시코는 중미 국가 캐러
밴 난민 문제에 대한 미국의 해결책인 미국–멕시코 국경 폐쇄를 비롯
하여 미국의 멕시코 철강과 알루미늄에 대한 고율 관세 부과 등 다양
한 압박에 직면했다. 미국은 캐나다와의 NAFTA 재협상 과정에서 캐
나다를 압박하기 위해 2018년 8월 NAFTA 개정에 먼저 합의한 멕시코
와 양자 무역협정을 할 가능성을 언급했고, 최종적으로 캐나다와의 10
월 1일 협상 타결 전 9월 30일을 협상 데드라인으로 제시하며 캐나다
를 압박했다. USMCA의 출범은 미국의 제조업 산업을 보호하고 북미
지역 생산 공급망에서 중국을 배제하는 목적을 갖고 있다. USMCA가
NAFTA의 무역자유화 수준으로부터 개선된 측면도 있지만 USMCA는
기본적으로 미국이 추구하는 보호무역주의의 성격을 갖는 것으로 평
가되고 있다(이효영 2019, 8).

트럼프 행정부는 1962년 제정된 후 사문화된 무역확장법 232조를 최근 부활시켜 유럽과 일본, 한국 등 동맹 중견국들과의 무역협상에 적용하고 있다. 미국은 EU와 일본에 대해 농업 분야의 의제를 포함시키지 않을 경우 자동차 관세를 부과할 것을 위협했고, EU는 미국과의 협상 자체를 중단하겠다며 반발했다. 미국과 EU 간 무역갈등은 2019년 7월 프랑스가 구글(Google)과 같은 해외 IT 기업에 대해 프랑스에서의 매출에 3% 세금을 매기는 디지털세를 도입하면서 불거졌다. 트럼프 대통령은 프랑스의 디지털세가 미국 기업을 겨냥한 조치라며 보복관세를 부과했고, 2020년 1월 프랑스는 디지털세 도입을 연기했다. 이에 더해, 트럼프 대통령은 유럽산 자동차에 25%의 징벌적 관세 부과 가능성을 제기하며 앞으로의 EU와의 무역협상을 압박하고 있다.[10]

2) 중국·러시아 배제 요구의 양자택일 압박

에너지 협력에 있어서도 미국은 우방에 대해 중국과 러시아를 배제할 것을 요구하고 있다. 최근 트럼프 행정부는 러시아로부터 가스를 수입하는 유럽과 신경전을 벌이고 있는데, 트럼프 대통령은 러시아에서 독일, 프랑스 및 서유럽으로 연결되는 노르트스트림 II(Nord Stream II) 천연가스 수송관 공사에 대해 반복적으로 반대했으며, 이스라엘-그리스-키프로스를 연결하는 '이스트메드'(East-Med) 가스관 건설 계획을 통해 러시아의 유럽에 대한 영향력 행사를 견제하고 있다. 터키도 동유럽까지 연결되는 러시아 천연가스관 '터키 스트림' 공사를 진행하고 있는데,[11] 미국의 2020 NDAA는 미국의 터키에 대한 F-35 전투기 판매 금

---

10   강서구. "트럼프의 경고, 다음 무역협상 타깃은 EU." 『더스쿠프』 (2020.2.15.) https://www.thescoop.co.kr/news/articleView.html?idxno=38224.

11   손진석. "미, 러시아 에너지 견제...이스라엘~그리스 가스관 2000km 연결." 『조선일보』

지 제재 및 러시아의 가스관사업 참여 업체에 대한 제재가 담겨 있어 터키와 독일, EU 등은 합법적 사업에 대한 미국의 제재가 '주권에 대한 침해행위'라며 반발하고 있다. 대러 제재에 참여하고 있지 않은 한국의 경우, 정부는 2017년 8월 북방경제협력위원회를 두고 신북방정책과 아울러 한러 간 가스, 철도, 항만, 전력, 북극항로, 조선, 일자리, 농업, 수산 9개 분야에서의 협력인 '9-Bridge 전략' 구상을 제시하는 등 푸틴 대통령의 신동방정책과 한국의 신북방정책을 연계시키고자 하였다. 하지만, 미국의 대러 경제제재로 인해 러시아에 대한 투자와 경제협력에 있어 한국은 많은 한계를 경험하고 있다.

트럼프 행정부는 중국 통신회사 화웨이(Huawei)가 자사 장비를 통해 스파이 활동을 펼칠 가능성을 제기하면서 미국의 정보통신 기술과 서비스를 보호한다는 명분으로 2019년 5월 국가비상사태를 선포하고 '정보통신 기술 및 서비스 공급망 확보' 행정명령에 서명했다. 이러한 결정에 따라 미국은 미국의 기밀정보 동맹체 '파이브 아이즈'(Five Eyes)를 비롯하여 유럽 동맹국들에 대해 5G 통신 네트워크 장비에서 화웨이 장비를 배제하는 조치에 동참할 것을 요구했다. 호주와 뉴질랜드는 미국의 요구대로 화웨이 5G 통신 사용을 금지했고, 영국은 이러한 조치에 동참했다가 2020년 2월 비핵심 부문에 한해 화웨이 장비 점유율을 35%로 허용했다. 이러한 결정에 대해 미국은 영국이 화웨이 장비 도입 시 그동안 미국이 영국과 공유해온 정보기관의 기밀정보를 제한할 것과 영국이 원하는 영미 FTA 조기 체결이 무산될 수 있다고 경고했다. 브렉시트(Brexit) 이후 미국과의 관계를 강화하려 했던 영국은 화웨이 장비 도입 결정 외에도 미국과의 개별 FTA 협상에서 농축산물

(2019.12.27.)

개방 등 미국의 압력에 홀로 대응해야 하는 상황에 놓이게 되었다.

미중경쟁의 격화로 경제통상 영역에서 '끼인 상황'에 직면한 국가
는 미 우방 중견국들만이 아니다. 브라질은 역사적으로 동맹체제가 아
닌 중립외교를 견지하며 전략적 자율성을 추구해온 역사가 있고 브라
질이 미중경쟁의 주 무대는 아니었으므로 실리주의에 입각한 비교적
독립적인 입장을 유지할 수 있었다. 그런데 최근 중국의 화웨이가 브라
질에 5G 통신 네트워크 구축을 제안하면서 브라질도 미중 간 디지털
기술 패권경쟁의 낀 국가의 상황에 직면하고 있다. 브라질은 2021년까
지 5G 통신 네트워크 구축 사업을 위한 사업자 선정을 보류하려는 입
장이나, 이러한 미중 간 선택 지연은 기술 도입 시기를 놓쳐 브라질의
기술경쟁력을 낮출 것이라는 내부로부터의 우려도 제기되고 있다.[12]

앞서 논의한바 군사안보 정책에 경도된 것으로 인식되어온 미국
의 아시아 정책에 대한 비판을 의식해온 트럼프 행정부는 TPP 탈퇴로
인한 역내 다자주의 접근의 결여를 만회하기 위해 역내 투자 및 기반
시설 분야에서의 새로운 협력 이니셔티브를 추진하고 있다. 일본과 호
주는 인도태평양전략이 ASEAN 회원국들에게 미중 간 양자택일을 강
요하여 이들을 분열시킬 수 있으므로 역내 국가들에게 안전하고 합리
적인 경제적 유인을 제공하여 이들의 참여를 이끌어낼 수 있어야 하는
것과 ASEAN 중심성(centrality)을 존중해야 함을 미국에 설득해온 바
있다. 2018년 미국, 일본, 호주, 인도가 참여하는 4개국 안보연대인 쿼
드(Quadrilateral Security Dialogue, QUAD) 국장급 실무회의에서 4개
국은 개방성, 투명성, 경제성, 채무이행 가능성 등 양질의 인프라를 역

---

12   Oliver Stuenkel. "Brazilian 5G: The Next Bettleground in the US-China Standoff."
     Americas Quarterly (2020.1.16.). https://www.americasquarterly.org/content/
     brazils-5g-next-battleground-us-china-stand

내에 구축하고 폭넓은 경제발전을 지원하기로 합의했다. 미국은 인도 태평양 지역의 인프라 확충을 위해 일본과 600억 달러의 공적 기금을 제공하기로 하고, 중국의 일대일로가 추진하는 국가 중심적 사업 방식과 대비되는 '민간'이 주도하는 인프라 개발사업을 지원할 것을 천명했다. 하지만 미국과 일본이 제공하겠다고 한 600억 달러는 중국의 일대일로가 투자하는 규모에 비할 때 극히 작으며 민간 차원의 이러한 사업이 단기효과를 낼 수 있을지는 상당히 불확실하다(배긍찬 2018, 11-13).

IV. 미 우방 중견국의 외교전략

1. 군사안보 전략

1) 국방역량 강화 및 전략적 자율성 논의

미국의 우방 중견국들은 트럼프 행정부의 일방주의 외교행태가 이들의 세계 각지에서의 군사안보 및 경제이익을 지속적으로 훼손시키는 데 대해 미국과의 양자관계를 넘어서 보다 중장기적 차원에서의 외교전략 마련에 고심하고 있다. 게다가 최근 2020년 2월 5일 트럼프 대통령 탄핵안이 미 상원에서 최종 부결되는 과정에서 트럼프 대통령은 공화당에 대한 확고한 장악력과 지지층 결집을 과시하며 재선을 위한 행보를 본격화하고 있다. 하지만 2019년 말 중국에서 시작된 신종 코로나 바이러스 감염증이 전 세계를 강타하고 미국의 사망자 수가 세계 최고를 경신하는 가운데 유례없는 이번 전염병 변수가 미 대선에 끼칠 영향에 세계 각국이 촉각을 곤두세우고 있다.

핵 보유국 영국과 프랑스의 존재에도 불구하고 지난 70년간 유럽은 NATO를 중심으로 군사력을 발전시켜 왔기 때문에 독자적 군사력을 보유하지 못하고 있고, 과거 독자적 군사행동에 대한 논의가 있었어도 NATO의 기능을 대체하는 수준의 군사력 확보를 구상하지 않았었다. 그런데 러시아의 우크라이나와 발트지역에 대한 군사행동, 중동지역의 대규모 난민 발생, 이슬람 극단주의에 의한 유럽 내 테러 빈발, 영국의 브렉시트, 그리고 미국의 고립주의에 의한 역내 안보 공백과 러시아의 군사적 영향력 확장 등 유럽 대내외로 안보 불확실성이 증대하는 상황은 유럽의 미 우방 중견국이 이전과 다른 대외인식을 갖게 하고 있다. 또한 미중경쟁에 총력을 쏟는 트럼프 행정부의 유럽에 대한 방위비 분담 증대 요구와 NATO에 대한 반복적인 회의론 표출은 유럽의 미 우방 중견국들로 하여금 역내 안보 문제를 제3자의 의사와 능력에 의존하지 않고 결정할 수 있는 '전략적 자율성'(strategic autonomy)에 대한 논의를 본격화시키고 있다. 영국과 달리 프랑스는 EU가 영구적이고 자율적인 전략계획 능력을 확보할 수 있어야 한다는 입장을 오래 전부터 피력했으므로 유럽의 전략적 자율성 논의는 새로운 현상은 아니다. 하지만 이제 독일도 미국의 핵우산에 대해 불안감을 표명하고 영국과 프랑스의 핵우산 제공 가능성을 언급하기 시작했다. 요컨대 EU와 NATO 간의 관계를 급진적으로 재고해볼 시기라는 공감대가 유럽 내에서 점차 확산되고 있는 것이다(이재승 외 2019).

유럽의 미 우방 중견국들은 그동안 EU의 무기체계가 미국 방위산업체에 심각하게 의존해왔던 문제, 즉 무기의 외부 조달 문제를 극복하고 유럽 자체 기술을 개발하여 첨단 무기를 생산할 수 있는 EU 방위산업을 발전시키고자 2017년 12월 영국, 덴마크, 몰타를 제외한 EU 25개 회원국이 주축이 되어 '상설구조협력'(Permanent Structured

Cooperation, PESCO)을 추진했다. EU 회원국들에게 군사적, 산업적, 경제적 혜택을 제공할 수 있는 이러한 방위산업과 EU의 증대하는 국방예산은 EU에 대규모의 미국산 무기를 판매하려는 트럼프 대통령의 기대와는 반대되는 방향을 향하고 있다(전혜원 2019a, 3-5). NATO 회원국의 최근 방위비 증액 결정은 트럼프 대통령의 방위비 증액 압박에 따른 조치로 비춰질 수 있지만, 근본적으로는 군사안보 영역에서 전략적 자율성을 확보하려는 NATO 회원국들의 자발적 결정에 의한 것이다. NATO는 2014년 러시아의 우크라이나 침공을 계기로 이후 2015년부터 2024년을 목표로 매년 방위비를 집단적으로 증액시켜왔었다.[13]

영국의 브렉시트는 NATO 차원에서 전략적 자율성 확보에 대한 공감대가 형성되게 하는 또 다른 동인이 되고 있다. 브렉시트 이후 EU와 영국의 관계는 무역, 경제, 외교 및 안보 협력 등 전 영역에서 협상이 진행 중이며, EU는 영국이 유럽의 안보체제에서 여전히 NATO 회원국으로서 주요한 역할을 감당할 것을 원하고 있다. EU로서는 영국의 이탈로 인해 유럽 내 군사력 하락이 우려되고 있고 이란 등 중동정세의 지속되는 불안정한 상황에서 유럽의 안보체제에서 영국을 상실할 여력이 없다.[14] 벤 월리스(Ben Wallace) 영국 국방장관은 2019년 12월 선데이타임즈(*Sunday Times*)지와의 인터뷰에서 NATO와 상의

---

13 Michael Birnbaum. "NATO countries boost defense spending ahead of summit showdown with Trump." *The Washington Post* (November 29, 2019). https://www.washingtonpost.com/world/europe/nato-countries-boost-defense-spending-ahead-of-summit-showdown-with-trump/2019/11/29/65f5ba1a-0fb1-11ea-924c-b34d09bbc948_story.html

14 Martin Banks. "Britain's defense ties to the EU are still up in the air post-Brexit." *Defense News Weekly* (November 29, 2019). https://www.defensenews.com/global/europe/2019/11/29/britains-defense-ties-to-the-eu-are-still-up-in-the-air-post-brexit/

없이 시리아 철군을 결정한 미국을 언급하며 "미국의 도움 없이 영국
이 독자적으로 전쟁을 감당할 군사력을 갖출 것"과 "미국의 정보·감
시·정찰자산에 대한 의존을 다변화할 필요가 있다"고 발언하여 미국
에 대한 불안감을 피력했다.

   미 우방 중견국들은 미국의 군사적 요청에 대해 일정 수준에서 전
략적 모호성을 활용하고 있다. 최근 미국과 이란의 갈등은 미 우방 중
견국들에 대한 또 다른 압박을 만들어내고 있는데, 미국의 호르무즈
해협 파병요구에 대하여 미국의 솔레이마니 살해 이후 고심하던 한국
과 일본은 모두 주요 원유 수입국인 이란과의 우호관계를 고려하여 독
자파병의 방식을 택했다. 한국과 일본은 모두 단독 작전을 펼치는 부
대를 각각 독자파병하기로 결정했고, 일본의 경우 자위대의 활동 지역
에서 호르무즈 해협 자체를 배제했다. 이러한 과정에서 흥미로운 점은
미국이 자국이 주도하는 중동 항해안전 연합체인 국제해양안보구상
(International Maritime Security Construct, IMSC)이라는 명칭을 '국
제해양안보 이니셔티브'(Maritime Security Initiative, MSI)로 바꾼 것
이다. 미국의 요청에 우방의 참여가 소극적인 데 대해 군사적 이미지를
상쇄시키기 위해 명칭을 변경한 것이다.[15] 하지만 명칭의 변경에도 불
구하고 영국과 호주만이 미국이 주도하는 국제해양안보 이니셔티브에
참여했다. 독일과 프랑스는 미국의 요청을 거절하며 EU 차원에서 '유
럽호르무즈해협호위작전'(EMASOH)이라는 군사동맹체를 구성하여
자국 상선을 보호하기로 했다.

   군사안보 영역에서의 미국의 다양한 정치적 압력에 대해 미 우방
중견국들이 미국에 대해 펼칠 수 있는 헤징(hedging) 전략은 위와 같

---

15   "미, 호르무즈호위연합 ⇒ 해양안보이니셔티브 호칭 변경." 『연합뉴스』 (2019.8.29.)
     https://www.yna.co.kr/view/AKR20190828117700073.

은 자국 국방력 강화 혹은 역내 군사협력, 그리고 소극적인 전략적 모호성 유지 외에는 사실상 거의 제한되어 있다. 대부분의 경우 중견국 수준에서 취할 수 있는 미국 일방주의에 대한 저항 행위는 '유사입장국 간 연대'를 보여주는 정도이다. 2017년 10월 트럼프 대통령이 오바마 행정부의 주요 중동지역 업적이었던 2015년 체결된 JCPOA을 불인정한다고 선언했을 때, JCPOA 협상에 참여했던 유럽 주요국인 영국, 프랑스, 독일은 이란 핵협정의 유효함을 공동성명을 통해 재차 확인하여 미국의 합의 무력화 시도에 제동을 걸었다. 이란의 핵합의 이행실태를 감독하는 국제원자력기구(IAEA)도 2017년 11월 13일 이란이 핵협정을 준수하고 있다는 평가 보고서를 발표했다. 또한 미국의 이란 군부 실세 솔레이마니 제거 공습 직후 이란이 우라늄 농축 정도와 양에 제한을 두지 않겠다고 선언했을 때 영국과 독일, 프랑스는 공동성명을 내고 이란의 JCPOA 이행중단 조치를 재고할 것을 촉구했다. 이후 영국, 프랑스, 독일은 핵합의 36조인 분쟁조절 절차에[16] 착수했지만 미국처럼 JCPOA로부터 탈퇴하거나 이란에 대한 경제제재를 재개하지는 않았다.[17] 이 밖에도 2019년 3월 트럼프 대통령이 이스라엘과 시리아 간 분쟁지역인 골란고원에 대한 이스라엘의 주권을 인정해야 한다고 주장했을 때, EU는 골란고원을 포함해 1967년 6월 이후 이스라엘이 점령한 영토에 대한 주권을 인정하지 않을 것을 천명하며 트럼프의 발언

---

16 핵협상 당사국 중 하나가 합의를 어길 경우 EU를 위원장으로 하는 중재기구공동위원회(Joint commission)를 열어 다수결로 위반 여부를 판단하고 공동위원회의 결정은 유엔안보리에 회부될 수 있음. 이러한 안건 상정 후 유엔안보리는 30일 안에 표결을 통해 결정을 내리지 않으면 핵합의는 파기된 것으로 간주됨.

17 이민영. "이란, 영·프·독 핵합의 분쟁해결절차 착수에 '경고장'…"결과 받아들일 준비 돼 있어야." 『아시아투데이』 (2020.1.15.) http://www.asiatoday.co.kr/view.php?key=20200115010008652

이 전쟁으로 영토를 획득하는 것을 금지한 유엔안보리 결의에 위배됨을 지적하기도 했다.

하지만 우방들의 집단적 반대 목소리에 영향을 받아 트럼프 행정부가 펼쳤던 외교정책을 철회한 사례는 거의 찾아보기 힘들다. 트럼프 행정부가 이들의 연대와 공동의 목소리에 대해 JCPOA 탈퇴를 비롯한 독단적인 지역정책에 대해 우방들이 요구하는 방향으로의 정책적 결단을 내릴 가능성은 거의 희박하다.

2) 역내 전략적 협력 이니셔티브 추진

유럽의 NATO와 같이 미국을 주축으로 하는 집단적인 군사동맹체가 부재한 아시아에서 미국은 아시아 우방과의 양자동맹 체제와 QUAD를 주축으로 하는 인도태평양전략을 통해 미국의 군사적 이익을 추구하고 있다. 호주는 14년 만에 발간한 2017년 11월 발표한 외교백서(*2017 Foreign Policy White Paper*)에서 아시아에서의 미국의 안보 개입이 호주 국익에 부합함과 규칙에 기초한 아시아 국제질서를 강조하고 미국과의 동맹 강화가 호주의 자유민주주의와 인권, 법치 등 호주의 정체성을 지킬 수 있음을 밝혔다.[18] 2020년 2월 19일 베트남 하노이에서 열린 '아세안확대국방장관회의'(ASEAN Defence Ministers' Meeting, ADMM)의 비공식 회의에서 호주는 "개방되고 포용적이며 번영하는 인도태평양"(open, inclusive and prosperous Indo-Pacific)을 ASEAN과의 2020 국방협력 비전으로 제시했고, 이러한 비전을 달성하기 위해 상호존중, ASEAN 중심성(centrality), 주권 존중, 각 회원국과의 공통의 우선순위 추구, 투명성, 법치와 국제규범 존중 등을 협력의

---

18 Australian government. *2017 Foreign Policy White Paper*. https://www.fpwhite paper.gov.au/

원칙으로서 제시한 바 있다.[19] 사실상 호주는 지역 및 세계 안보와 관련한 중국의 책임 있는 역할을 주문하며 현재 호주와 중국의 '포괄적 동반자 관계'(Comprehensive Strategic Partnership)를 앞으로도 지속하려고 한다. 즉 호주의 인태전략은 중국에 대해 관여의 접근법을 미국의 안보구상에 대한 호주의 리프레이밍(reframining) 전략으로도 볼 수 있다.

일본이나 인도는 군사력이나 경제력 등 객관적 지표의 기준으로는 강대국이지만 자신들을 중견국으로 인식하려는 경향을 보이며(강선주 2015, 19), 미국의 인태전략이 중국에 대해 대결적인 접근법을 취하는 것을 경계한다. 일본의 경우 미국과의 관계에서 다른 미 우방 중견국들과 마찬가지로 방위비 증액 압박에 놓이는 등 비슷한 외교적 어려움을 겪고 있다. 하지만 일본은 미국의 인도태평양전략에 적극 참여하면서도 미국이 인도태평양전략을 통해 경제뿐만 아니라 군사적인 측면에서 중국을 견제하겠다는 의도를 표면적으로 드러내는 공격적인 접근법에 대해서는 경계하며 우려하고 있다. 일본은 중국과의 경제협력을 통해 관계 개선을 추진해왔고, 미중 간 무역분쟁 속에서도 중국과의 협력에 중점을 두면서 인도태평양전략과 일대일로와의 접점을 추구해왔기 때문이다. 2017년 트럼프 행정부가 제시했던 인도태평양전략보다도 이미 일본은 이전부터 민주주의, 법치, 시장경제 등 자유와 개방성의 규범적 성격을 강조한 자국 버전의 인도태평양전략을 추구해왔고(Hosoya 2019; 손열 2019) 미중 사이에서 일정 수준의 전략적

---

19 "MinDef outlines Australia's 2020 vision for ASEAN defence engagement." *Defence Connect* (February 21, 2020). https://www.defenceconnect.com.au/key-enablers/5609-mindef -outlines-australia-s-2020-vision-for-asean-defence-engagement

자율성을 확보하고자 노력하고 있다고 볼 수 있다.

특히 일본의 아베 정권은 트럼프 행정부가 자국의 안보부담을 줄이고자 동맹에 대해 방위비 증액을 요구하고 자국 무기를 대거 판매하려는 계획을 일본의 보통군사화에 역이용하고 있다. 일본은 2018년 12월 확정한 '방위계획대강'에서 독자적 방위력 증강, '자유롭고 열린 인도태평양전략'을 통한 미일동맹의 심화, 호주, 인도, ASEAN과 같은 해양 민주주의 우방국과의 안보협력 강화를 강조하면서 육해공 자위대의 통합운용과 강화, 우주·사이버·전자전 등 새로운 영역에서의 안보역량을 강화할 계획을 '다차원횡단방위력' 개념을 통해 밝혔다. 또한 일본 정부는 2019-2023년의 5년간 국방예산으로 사상 최대인 27조 4700억 엔(약 274조 2000억 원)을 투입할 예정이다(조은일 2019).

한국은 트럼프 행정부 출범 이후 한미동맹을 약화시키지 않으면서 외교정책의 자율적 선택지를 증대시키려는 고민이 가장 큰 국가 중 하나이다. 한국은 2010년대부터 미국과 중국으로부터의 상반된 안보 요구에 직면하며 지속적인 양자택일의 상황에 놓여왔다. 중국 전승절 70주년 기념 열병식 참석, 사드(THAAD) 배치, 한미일 삼각 군사협력, 미국의 남중국해 자유항행 작전 참여 등의 사안에서 미중 양국에 '낀' 국가의 상황에 지속적으로 놓였던 것이다. 여기에 더해, 2018년 동안 북한 핵문제를 풀기 위한 세 번의 북미협상이 개최되었음에도 불구하고 구체적인 계획이나 성과가 전혀 도출되지 못하고 비핵화 협상이 교착된 상황에서 한국 정부가 추구하는 한반도 평화프로세스는 지연되고 정부가 원했던 '한반도 운전자론'의 동력도 상실된 상황이다. 하지만 한국 정부는 미국과 대북정책의 중요한 원칙에는 협의하고 공조하지만 남북관계 개선 문제에 있어서는 한국의 정책선호를 미국에 대해 적극적으로 밝혀오고 있다.

또한 한국은 트럼프 행정부의 방위비 증액 요구 가운데 미군철수의 가능성이 간헐적으로 언급되는 데 따른 대응으로서 '독자적인 국방역량 강화'를 추구하며 과거 미국으로부터 수입했던 주요 전략자산을 스스로 생산하기 위한 노력을 펼치고 있다. 현재 한국은 전투기, 잠수함, 구축함, 탱크, 장갑차, 자주포 등을 수출하고 있으며, 초음속 전투기를 세계에서 5번째로 개발한 바 있다.[20] 한국은 미국에 대해서도 한국의 차별화된 전략적 가치를 강조, 부각시키고 미국이 요구하는 한반도 내 전략무기의 배치 등의 요구와 압박에 대응하여 한국 스스로 그러한 무기체계를 선제적으로 확보하고 한국의 통제 하에 독자적으로 자산화하는 방안을 검토하고 있다. 미국과의 방위비 분담 협상에서도[21] 한국은 동맹 운영에 있어서의 직간접 기여를 강조하며 한국의 미국 무기 구매도 그러한 기여의 일환임을 강조하고 있다.

트럼프 행정부는 출범 직후부터 한국의 인도태평양전략에의 참여를 희망했지만 한국은 2019년 정부의 신남방정책과 인도태평양전략 간의 접점을 만드는 방식을 도모하고 있다. 한·ASEAN 양자 협력을 넘어 ASEAN과의 전략적 소통과 협력을 미국의 인도태평양전략과 연계하여 양 전략의 접점을 찾고 한미동맹을 강화하는 기회로 삼으려는 것이다. 한국은 2017년 11월 문재인 대통령의 동남아시아 3개국 순방을 계기로 ASEAN, 인도와의 관계 강화와 이들과의 협력 수준을 미국, 일본, 중국, 러시아의 주변 4강 수준으로 발전시키겠다는 계획을 담은 신남방정책을 발표했으며, 그동안 협의채널로 기능했던 주ASEAN대표부를 UN대표부와 동등한 수준의 다자외교 공관으로 격상시켜 ASEAN

---

20 http://www.edujin.co.kr/news/articleView.html?idxno=32237
21 한미 협상팀은 2019년 12월에 서울에서 11차 방위비분담 특별협정(SMA) 협상 5차 회의를 개최했지만 합의에 이르지는 못한 상태이다.

회원국 주재 10개 외교공관의 컨트롤타워의 역할을 부여했다. 한국에게 있어서 ASEAN은 미중경쟁에서 돌발적으로 등장하는 역내 안보·통상 리스크를 완화시키고 역내 평화와 성장을 함께 추구할 중요한 전략적 파트너로 인식되고 있다.

전봉근은 ASEAN이 1995년 '동남아시아 비핵무기지대 조약'에 10개국 회원국 모두가 서명하고 1997년에는 이를 발효시킨 바 있으므로 북한이 비핵화할 경우 한국과 ASEAN이 '동아시아 비핵무기지대'도 창설할 수 있음을 제언한다. 탈냉전기 비동맹외교와 실용외교의 전통을 이어왔고 남북한과 동시에 수교한 ASEAN은 경제협력뿐만 아니라 북한 문제를 둘러싼 한반도 안보 문제에 있어서도 전략적 협력 파트너로서의 역할을 감당할 수 있다는 것이다(전봉근 2019a).

호주, 한국과 마찬가지로 일본도 ASEAN의 전략적 파트너로서의 중요성을 인지하고 있다. 2020년 초부터 모테기 도시미쓰 일본 외무상은 베트남, 태국, 필리핀, 인도네시아를 방문하여 일본이 생각하는 인도태평양의 비전과 'ASEAN의 인도태평양에 관한 관점(outlook)' 간 접점을 찾고 연계를 통한 시너지 창출을 강조했고, 자카르타 소재 ASEAN 사무국을 방문하여 일본의 ASEAN 정책을 발표하고 향후 3년간 총 30억 달러의 경제지원을 제공할 계획을 밝혔다.

2019년 재선에 승리하며 '신동방정책'(Act East Policy)을 전개하는 인도 모디 정부는 중국이 파키스탄, 동남아, 인도양 및 벵골만 지역, 서남아 등으로 영향력을 넓혀가며 역내 패권으로 부상하는 데 대하여 경계하고 있다. 특히 중국은 인도와 2017년 히말라야 도클람(Doklam) 지역에서 군사적으로 대치하며 국경분쟁을 치르고 있다. 중국이 이 지역에서 일대일로의 명분으로 심해항을 개발하는 등 해군력을 투사하거나 '중국·파키스탄 경제회랑'(China-Pakistan Economic

Corridor, CPEC)을 건설하는 일들은 최근 인도가 중국에 대한 견제를 강화하게 된 계기가 되었고 인도는 그동안 전통적으로 추구한 비동맹 (nonalignment) 노선에서 벗어나 친서방 행보를 본격화하고 있다(최 원기 2019b).

인도태평양전략으로 인해 전략적 가치가 높아진 인도는 초기에는 QUAD 참여에 소극적이었고 회의체 격상에 대해서도 유보적이었으나, 현재는 미국과 합동훈련, 방산 등의 분야에서 군사협력을 강화해나가 면서 QUAD 4국과의 전략적 파트너십을 강화하고 있다. 2018년 11월 ASEAN 정상회의에서 모디 총리는 펜스 미 부통령에게 미 방산기업이 인도에 제조업 기지를 설립할 것을 촉구하고 미국과 인도의 안보협력 이 미국에게 새로운 경제적 기회가 될 수 있다고 강조했다. 실제로 인 도는 최근 러시아로부터의 무기 수입을 줄이고 미국산 무기 수입을 기 존보다 5배 늘렸으며, 미국도 인도를 2017년 러시아 방산기업과 거래 하는 국가에 대한 제재에서 배제했다(조원득 2018, 16-17). 2020년 2월 뉴델리에서의 인도-미국 정상회담에서 인도는 26억 달러의 미국산 첨 단 해상작전 헬기와 8억 달러의 공격헬기 구매를 확정했고, 미국으로부 터 18억 7천만 달러의 통합방공망시스템(IADWS) 구매도 추진했다.

2. 경제통상 전략

1) 안보-경제 분리의 실리주의와 미중경쟁 역이용

탈냉전 이후 30년 동안 세계 유일 패권국 미국이 안보를 담당하며 자 유무역질서를 안정적으로 운영하는 동안 미 동맹과 우방은 러시아와 중국 등 냉전기 공산진영 국가들과도 자유롭게 교류, 교역하며 경제성 장을 추구할 수 있었다. 이 기간 동안 개발도상국에서 경제 선진국의 지위로 성장하거나 혹은 오랜 기간 경제 강국의 지위를 유지할 수 있었던 상위 중견국들에게 현재의 미중 무역전쟁은 트럼프 행정부에 의한 단기 현상이기보다 미국의 점차적인 쇠퇴에 따른 중장기 추세로 인식되고 있다. 스스로가 이끌어왔던 자유무역질서를 부정하면서라도 중국을 압박하며 패권경쟁의 승패를 겨루려는 미국의 행위가 구조적 변화의 맥락에서 읽혀지고 있는 것이다. 특히 트럼프 행정부 출범 이후 더욱 격화되고 있는 미중 전략경쟁은 경제와 안보 이슈가 서로 복합적으로 연계되어 서로 배타적인 권역 간 경쟁으로 확대되는 양상을 보이고 있다. 역내 미 우방 중견국들은 빈번하게 양자택일의 딜레마에 직면하면서 미중경쟁의 불확실성이 감소할 때까지 관망할 여유가 없으므로 철저하게 군사안보와 경제영역을 서로 분리하여 미국의 압박에 대응하는, 실리주의에 입각한 경제정책을 추구하고 있다.

발효만을 앞두고 있는, 미국-멕시코-캐나다가 체결한 USMCA에는 캐나다와 멕시코가 중국과 FTA를 체결하는 것을 견제하는 조항이 있지만 두 국가는 대미무역 의존도를 낮추기 위해 중국과 FTA 협상을 진행하고 있다. 캐나다와 중국은 2016년 FTA 예비교섭을 개시하기로 합의했으나 환경과 노동 문제로 교섭이 교착되었다. 그러나 2018년 11월 양국은 다시 FTA 협의를 재개하기로 합의했다. 멕시코와 캐나다는 아시아태평양 시장에 대한 접근을 확대하기 위해 2018년 12월 30일 발효된, 미국이 빠진 TPP인, 미국 중심의 통상 갈등을 상쇄시키는 역할을 할 수 있는 '포괄적·점진적 환태평양경제동반자협정'(Comprehensive and Progressive Agreement for Trans-Pacific Partnership, CPTPP)에도 참여하고 있다.

멕시코는 미중경쟁을 역이용하는 전략도 펼치고 있다. 멕시코 대통령 안드레스 마누엘 로페스 오브라도르(AMLO·암로)는 고용기회를 늘리고 치안문제를 해결하여 캐러밴 문제를 근본적으로 해결하고자 2018년 12월 중미판 마셜플랜을 가동시키고 미국에 대해 멕시코에 대한 공공·민간 투자, 에너지 분야 개발정책에 동참할 것을 요청하면서, 만약 미국이 멕시코에 투자하지 않으면 중국의 투자를 이용할 것을 언급하며 자국에 대한 미국과 중국의 투자경쟁을 유도하기도 했다.[22] 미국은 중남미 경제의 1/3을 차지하는 최대 경제 파트너이지만 현재 중국은 중남미의 2대 경제 파트너로 부상하고 있고, 미중 무역경쟁이 심화될수록 중국의 대중남미 수입은 증가할 것으로 기대되고 있다. 중남미 중견국들에게 있어서 중국은 트럼프 행정부의 과도한 무역협상의 압박을 상쇄시킬 대안 세력으로 여겨지고 있고, 이들은 중국과 자원 및 에너지뿐만 아니라 물류와 정보통신 기술 분야에서도 경제협력을 강화하고 있다(손혜현 2019a, 136-138). 트럼프 행정부는 중남미에 대해 5G 시장에서 화웨이를 배제할 것을 압박했지만 중남미 24개국은 화웨이 혹은 ZTE와 이미 사업 계약을 체결했고, 멕시코와 아르헨티나도 2020년부터 5G 통신망 보급을 시작할 계획이며, 브라질 또한 2021년 화웨이의 5G 통신망 보급을 시작하려 하고 있다.

 중남미 국가들이 미중경쟁을 역이용하며 보다 과감한 실리주의 원칙을 견지하고 있는 반면, 방위비 증액 압박을 받는 서유럽은 화웨이 정책을 두고 미국의 요구에 응했던 정책을 번복하여 결국에는 실리주의 행보를 취하고 있다. 미국의 화웨이 배제 압박에 대해 영국은 2020년 1월 28일 독일에 이어 중국 화웨이의 5G 통신장비 중 핵 시설이나 군사시설과 같이 국가기밀 정보가 많은 장소를 제외한 곳에서의 일부 품목에 한하여 35%까지 사용을 허용했다. 미국은 영국의 결정에 대해

22　임소연. 2018. "멕시코의 미국 다루기."『이투데이』(2018.12.18) http://www.etoday. co.kr/news/section/newsview.php?idxno=1701105

재고를 촉구했으나 영국의 통신산업은 이미 화웨이 장비에 크게 의존하고 있는 상태이다. 한편 화웨이는 최근 2억 유로(2조 6000억 원)의 초기비용을 들여 프랑스에 5G 무선통신장비 공장을 지을 계획을 밝혔는데, 이는 화웨이가 유럽에 공장을 건설하는 최초의 사례로서 화웨이의 해외 공장 중 최대 규모가 될 예정이다.[23] 이렇게 프랑스를 비롯하여 독일, 영국, 스위스, 스페인 등 서유럽권 미 우방 중견국들은 화웨이 장비 도입을 허용하는 입장을 취하고 있고, 남아공을 비롯하여 인도네시아, 필리핀, 태국과 같은 ASEAN 회원국 대부분도 화웨이 장비를 허용하는 방향으로 움직이고 있다.[24] 화웨이의 최고 재무책임자 멍완저우를 체포한 캐나다도 그러한 움직임에 합류할 것으로 보인다.[25] 결과적으로 화웨이를 완전히 배제한 미 우방 중견국은 호주와 일본뿐이다. 화웨이를 대체할 국내 통신업체가 미국 내 부재하기 때문에 미 우방 중견국들은 양자택일의 압박 속에서도 실리주의를 취하고 있다.

트럼프 행정부는 러시아와 관련해서도 서유럽 우방 중견국들에 대해 양자택일을 요구하고 있다. 독일은 2020년 1월 독러 정상회담에서 러시아와 두 국가를 잇는 두 번째 가스관인 노르트스트림(Nord Stream) II 사업을 추진할 의지를 밝힌 바 있다. 가스관이 자국 영해를 통과하는 데 대해 반대했던 덴마크에 대해 독일과 러시아가 설득했고 덴마크가 공사를 허가하면서 사업 추진이 가능해진 것이다. 노르트스트림 II가 가동되면 유럽 전체 가스 소비량의 1/4 이상을 러시아가 공급하게 되며, 탈원전 정책을 시행하는 독일은 러시아산 가스를 재판매하여 상당한 이윤을 거둘 수 있다. 유럽에 있어서 선박이 아닌 가스관을 통해 훨씬 저렴한 비용으로 수입할 수 있는 러시아산 천연가스는 미국산 가스에 비해 경쟁력이 높고 미국산 가스를 수입하는 것이 가능하려면 유럽은 항구와 저장시설에 고비용의 투자가 불가피하다.[26]

2) 다자무역체제의 대안으로서 지역무역협정 추구

미국에 유리한 새로운 무역체계로의 개편을 추구하는 트럼프 행정부발 보호주의가 그동안 세계 다자무역체제를 지탱해 온 WTO체제의 상소기구 기능을 무력화시키면서 세계 경제질서는 다극체제로의 변환을 예고하고 있다. 2019년 12월 11일 이후 WTO 상소기구 위원 7명 중 1명만 남게 된 상태에서 미국이 상소기구 신임위원 임명을 거부하면서 WTO의 핵심 기능 중 하나인 분쟁 해결 기능이 무력화된 것이다. 미 우방 중견국들에게 다자주의의 약화는 미국과의 경제 문제를 양자적으로 해결하게 하는 부담을 지우고 있다. WTO의 상소기구 무력화는 근본적으로 미국의 WTO체제에 대한 불만과 WTO의 무력화를 방기한 미국의 태도로부터 비롯되었으므로 미국 외 나머지 국가들이 다자무역 규범의 유지를 위해 연대하는 것 외에는 뚜렷한 대안이 없다.

그러한 맥락에서 2020년 1월 24일 중국을 포함하여 한국, EU, 호주, 멕시코, 뉴질랜드, 스위스, 브라질 등 다수의 미 우방 중견국들이 세계경제포럼(Word Economic Forum, WEF) 연차 총회, 즉 다보스포럼에서 국가 간 무역 분쟁 발생 시 이를 상소할 대안 마련을 논의하는

---

26 "독-러 가스관…미국이 죽으라 막으려는 이유."『머니투데이』(2019.12.23.) https://news.mt.co.kr/mtview.php?no=2019122311423748253

등 이들을 중심으로 대안과 해법이 마련되고 있다.[27] 또한 미 우방 중견
국들은 다자무역체제(multilateral trade system)가 동력을 잃는 데 대
해 지역별, 분야별로 무역협정을 다수 추진하는 경제통상 전략을 추구
하고 있고, 그 결과 세계무역체제는 다층(multi-layered)무역체제로 전
이되고 있다. 많은 미 우방 중견국들이 다자주의 퇴보에 대한 대안으로
지역무역 활성화를 통해 무역자유화 기조를 유지하려는 노력을 전개
하고 있는 것이다. 2017년 1월 미국이 TPP를 탈퇴한 이후 '메가 지역
주의'(mega-regionalism)의 성격을 띠게 된 CPTPP는 단순한 무역협
정이 아닌 mega-RTA(regional trade agreement)로서 멕시코, 호주, 캐
나다, 일본 등 환태평양 주요 중견국들이 참여하고 있고, 디지털 무역
등 최신의 무역규범을 반영하면서 지역 차원에서의 정치안보 전략이
되고 있다(이효영 2019, 8-18).

일본도 유럽이나 동아시아 주요국들과 기존 FTA에 더하여 투
자, 인적 자원의 이동, 경제 환경 정비, 중소기업 육성 등 국가 간 협
력을 강조한 무역협정인 '경제동반자협정'(Economic Partnership
Agreement, EPA)을 다수 체결하고 있다. 일본은 말레이시아·싱가포
르·태국·인도네시아·브루나이·필리핀·베트남 7개국과 무역자유
화 개별 EPA를 맺고 있으며, EU와도 2018년 7월 일-EU EPA를 맺고,
2019년 2월에는 일-EU FTA를 공식 발효시켜 전 세계 GDP의 1/3, 세
계 교역액의 40%를 차지하는 세계 최대의 자유무역지대를 구축했다.
요컨대 미중 통상갈등의 지속과 미국의 우방과의 통상갈등은 미 우방
중견국들로 하여금 이들이 속한 역내에서 메가 FTA와 복수의 무역협
정을 체결할 동인을 지속적으로 제공하고 있는 셈이며, 세계적으로 이

---

27   "한국·EU 등 17개국, '기능 중단' 무역분쟁 상소 대안 모색." 『매일경제』 (2020.1.25.)
https://www.mk.co.kr/news/world/view/2020/01/80945/

원화된 무역체제가 형성되는 결과를 가져오고 있다.

사실상 GDP 세계 11위, 1인당 GDP 3만 달러, 군사력 세계 7위, 수출액 세계 5위 등 다양한 평가지표에서 국력 수준이 전 세계 200여 개국 중 최상위권에 속하는 한국은 최근 2019년 10월 25일 공식적으로 WTO에서 개도국 지위를 포기하고 WTO 기준 선진국으로 전환했다. 한국은 새로운 자기 위치에 걸맞게 ASEAN, 인도, 중앙아시아, 유럽, 러시아 등 주변 주요국들을 향해 신남방정책, 신북방정책, 동아시아철도공동체와 같은 다자협력과 다자안보의 다양한 이니셔티브 및 협력 의제를 제안하고 있다. 2020년 한국은 신남방정책의 일환으로 ASEAN 상위 5대 교역국 중 인도네시아, 필리핀을 포함한 4개국과 양자무역협정을 맺을 계획이고, 인도네시아와는 포괄적경제동반자협정 (CEPA)을 발효시키고, 필리핀과는 FTA를 타결할 예정이며, 베트남과 싱가포르와는 이미 FTA를 발효했다.

ASEAN은 미중경쟁으로 인해 역내 미 우방 중견국들의 주요 협력 상대로 부상하고 있다. 동남아 국가들은 트럼프 대통령이 오바마 대통령보다 동남아시아에 무관심한 것을 인지하고 있지만, 중국이 역내 패권으로 부상하는 것을 견제하기 위해 미국의 인도태평양전략을 이용하고 있다. ASEAN은 ASEAN+3 협력 체제를 유지할 강력한 동인을 갖고 있으며, 특히 한국은 2019년 한·메콩 1차 정상회의 및 한·ASEAN 특별정상회의 등 ASEAN과 특별정상회의를 3회 개최한 유일한 국가이다. ASEAN, 인도와의 관계 강화를 꾀하는 한국의 신남방정책은 러시아, 몽골, 카자흐스탄과의 협력을 목표로 하는 신북방정책과도 연계되고 있으며, 한국은 신남방·신북방 정책과 중국의 일대일로를 서로 연계하여 협력을 발전시킴으로써 한중의 공통 이익을 증대시키고 미중 전략경쟁의 부정적 여파를 상쇄시키려 노력하고 있다. 이 밖에도 한국은 RCEP에의 참여, 브라질·아르헨티나·우루과이·파라과이·베네수엘라 남미 5개국 공동시장 메르코수르와 무역협정(TA), 멕시코·페루·콜롬비아·칠레 4개국의 지역경제 연합 태평양동맹(PA) 준회원국 가입 협상을 진행하는 등 주요 중견국과의 연대를 통해 새로운 통상규범을 형성하려는 노력을 펼치고 있다.[28]

V. 맺음말

독자적인 군사적 세력권을 형성할 국력이 제한되고 강대국 세력경쟁과 같은 외부변수가 자국 외교입지 및 국내정치에 끼치는 파급력이 지대한 중견국은 강대국 정치의 틈바구니에서도 외교 운신의 공간을 확보하고 국익을 관철시켜 자국의 국제정치적·경제적 위상과 평판을 고양시키는 것이 국내정책 성과만큼 국내정치 입지 강화에 중요하다. 그런데 이 연구에서 살펴본 바와 같이 트럼프 시대 많은 미 우방 중견국들은 '국익 관철', '국제정치적 영향력의 확대'와 같은 국가외교의 목표와 국력 사이의 불균형, 그리고 미 우방이라는 위치로 인한 외교정책 선택지의 제한 등 다양한 한계를 경험하고 있다. 기존의 중견국 외교에 대한 연구는 군사안보와 경제통상과 같은 영역에서 생존과 국익을 위해 현실적 한계를 타개하는 중견국의 외교전략 자체에 대해서는 상대적으로 덜 주목했다. 그런데 이 연구가 논의한바, 오늘날 트럼프발 자국 우선주의와 각자도생의 원리가 중견국들이 중시하는 규칙과 규범 기반의 세계질서를 퇴보시키고 있는 상황에서 많은 미 우방 중견국들

---

28   박수련. "힘빠진 WTO…한국, 중견국과 새 규범 주도를." 『중앙일보』 (2019.11.18.) https://news.joins.com/article/23634966

은 경제통상 영역에서는 군사안보 문제와 통상 문제를 구분하여 보다
실리주의 원칙에 따른 경제외교를 펼치고 있고, 지역별, 분야별로 다양
한 무역협정을 체결하는 등의 대안을 탐색하고 있다.

흥미롭게도 미 우방 중견국들은 미국이 이탈하고 있는 국제규범
과 규칙 기반의 세계질서를 유지하기 위해 뜻을 같이하는 국가들과 연
대하는 전략도 구사하고 있다. 현재 미국의 지지를 결여하고 있는 다수
국제규범과 관련하여 미 우방 중견국들은 일종의 '규모의 확대' 혹은
'완충지대의 형성' 전략을 구사하여 규범기반 국제질서가 약화되는 데
대한 연대전략도 펼치고 있다(전봉근 2019b, 48). 특히 독일과 프랑스
는 규범기반 국제질서의 위기에 대해 우려를 공유하는(like-minded)
역외 국가들과 연대하는 노력을 전개하고 있는데, 그러한 대표적인 최
근 사례는 독일 하이코 마스(Heiko Maas) 연방 외무장관과 프랑스 장
이브 르드리앙(Jean-Yves Le Drian) 외무장관이 구상한 비공식협의체
인 '다자주의 연대'(alliance for multilateralism)를 들 수 있다. 2019년
4월 독일과 프랑스가 공동으로 발표한 다자주의 연대 이니셔티브는
현재 미국이 방치하고 있는 지구적 문제를 국제협력을 통해 해결하려
는 목적으로 출범했다.[29] 역외 협력 파트너로서 EU, 영국, 캐나다, 한국,
노르웨이, 일본, 호주, 인도, 인도네시아, 아르헨티나, 멕시코, 남아공
13개국은 독일과 프랑스의 이러한 이니셔티브에 공감하고 다자주의
연대 출범 행사에 참석했다. 프랑스와 독일은 6대 관심 분야로 사이버
안보, 민주주의, 기후안보, 양성평등, 국제인도법, 자율살상무기체계를

---

29   B. Lana Guggenheim. "A new alliance for multilateralism seeks to restore
     international cooperation." *South EU Summit* (April 12, 2019). https://www.southe
     usummit.com/europe/france/a-new-alliance-for-multilateralism-seeks-to-restore-
     international-cooperation/

지목했으며 이러한 이슈들을 중심으로 국제규범을 형성하고 강화하기 위한 노력을 계획하고 있다. 요컨대 미 우방 중견국들은 강대국 정치를 흉내 내기보다 원래 이들이 창의력과 유연성을 발휘하며 리더십을 발휘했던 기존의 중견국 외교를 지속하면서 미국의 리더십 부재와 퇴보를 비판하고 세계공동체를 대변하는 공동의 메시지를 반복적으로 발신하는 모습을 보여주고 있는 것이다.

비슷한 맥락에서 한국의 문재인 정부는 동북아 및 동남아, 태평양 및 유라시아를 포함하는 주변국들이 역내 평화와 번영을 함께 책임지며 공동체를 형성한다는 구상의 '동북아플러스 책임공동체'를 국정과제로 선정하여 기존의 안보 영역뿐 아니라 경제, 사회, 문화 및 규범과 가치 영역에서도 참여 국가들이 각 이슈 영역에서 협력할 것을 제안했다. 이러한 구상은 한국이 동북아 국가 간 평화협력을 플랫폼으로서 구축하고, 인도 및 동남아 국가와의 협력 구상인 신남방정책과 유라시아 국가들과의 협력을 목표로 하는 신북방정책을 모두 연계함으로써 미중경쟁의 부정적 역내 영향력을 상쇄시키고 중견국으로서의 한국의 역할을 책임감 있게 실천해나가겠다는 한국 정부의 의지를 담고 있다.[30]

결론적으로, 자국 우선주의와 극우 민족주의, 우파 포퓰리즘과 외교정책 포퓰리즘, 지정학과 진영화의 부활과 권위주의의 전 세계적 확산 등 현재의 국제정세 속에서 많은 중견국들은 어쩌면 세계정치가 강대국들의 일방적 힘의 행사, 규범과 거버넌스의 붕괴, 민족과 인종 및 계층 간 분열과 배제로 치닫지 않도록 나서서 소수 지성의 외교지략을 펼치며 그 지평을 확대시킬 수 있는 유일한 국제정치 행위자들일지 모

30 　대한민국 외교부 '동북아 평화협력 플랫폼' 정책자료. http://www.korea.kr/pdf/govVision/5_14.pdf

른다. 다만 오늘날 이들 중견국들의 이러한 연대와 공동 메시지의 발신으로 인해 과연 현재의 '미국 우선주의'에 몰두한 미국이 과거와 같이 다시 다자주의를 이끌며 우호적 패권으로 귀환할지의 여부는 매우 불투명하며, 마찬가지로, 중국이 과거 미국이 세계체제를 이끌던 방식으로의 리더십을 발휘하며 미국의 옛 자리를 대신할 우호적 패권으로 성장할 가능성 또한 현재로서는 불확실해 보인다.

앞으로 외교적 자율성 증진을 위한 한국 외교의 과제는 중견국이면서도 미중 사이에 낀 '중간국'으로서의 우리의 위치를 적극 활용하여 정부가 강조하는바 해양과 대륙, 선진국과 개도국을 연결하는 '교량국가'의 역할을 지속해나가고, 세계질서가 배타적인 경쟁시스템이 되지 않도록 유사상황국 간 다양한 연대외교를 전개해 나가는 것이다. 또한, 현재 한국을 비롯한 대부분의 미 우방 중견국들은 진영 간 '낀' 위치로 인해 자국 외교전략의 '전략적 모호성'을 유지하기가 점점 어려워지고 있는바, 이에 대한 대책은 '전략적 투명성'(strategic transparency)을 높여 공개한 바를 견지해야 하는 추가적인 압박요인을 만들기보다 '추상성'(abstractness)의 정도를 조절하며 우리의 '외교원칙'을 제시하고 그러한 원칙에 상응하여 우리의 정책을 변화시키거나 합리화하는 '전략적 유연성'(strategic flexibility)을 기르는 일이다. 이러한 맥락에서 우리 정부는 앞으로도 지속될 다양한 양자택일의 '시나리오별' 중장기 대응 방안을 마련하고, 끼인 상황에서도 우리의 외교원칙과 목표, 합리적인 명분에 근거하여 일관적이고도 유연한 외교관행을 지속적으로 축적하여 우리의 중견국·중간국 정체성을 강점으로 변환시킬 수 있어야 할 것이다.

참고문헌

강선주. 2015. "중견국 외교전략: MIKTA의 외연 확장을 중심으로." 『2014년 정책연구과제 2』.
　　국립외교원 외교안보연구소.
배긍찬. 2018. "2018년 ASEAN 관련 정상회의 결과분석: 한-ASEAN, ASEAN+3, EAS를
　　중심으로." 『IFANS 주요국제문제분석』 2018-44, 국립외교원 외교안보연구소.
손열. 2019. "기로에 선 일본의 인도·태평양 전략: 공생을 위한 한일 협력 모색해야." 『EAI
　　특별기획논평』. http://www.eai.or.kr/main/publication_01_view.asp?intSeq=10050&
　　board=kor_report&keyword_option=&keyword=&more=
손열·김상배·이승주. 2016. 『한국의 중견국 외교: 역사, 이론, 실제』. 명인문화사.
손혜현. 2019a. "미중 패권경쟁 속 실리에 입각한 균형외교 모색." 『2020 국제정세전망』.
　　국립외교원 외교안보연구소.
_____. 2019b. "중남미에서의 미국 패권에 대한 중국의 도전과 함의." 『IFANS
　　주요국제문제분석』 2019-29. 국립외교원 외교안보연구소.
이재승·김용민·김주희·심성은. 2019. "유럽의 전략적 자율성 논의 동향 전문가 세미나: EU,
　　프랑스, 영국 및 독일을 중심으로." 국립외교원 외교안보연구소 세미나 발제문.
이효영. 2019. "최근 지역무역주의의 부상과 한국 통상외교의 과제." 『IFANS
　　주요국제문제분석』 2019-14. 국립외교원 외교안보연구소.
전봉근. 2019a. "2019 한·아세안 특별정상회의 개최 의의: 미중경쟁 시대 한·아세안 협력
　　필요성." IFANS FOCUS 국립외교원 외교안보연구소(2019.11.5.).
_____. 2019b. "미중경쟁 시대 한국의 '중간국' 외교전략 모색." 『정책연구시리즈』 2019-3.
　　국립외교원 외교안보연구소.
전혜원. 2019. "브렉시트가 유럽의 안보 역할과 역량에 미치는 영향과 함의." 『IFANS
　　주요국제문제분석』 2019-28. 국립외교원 외교안보연구소.
조원득. 2018. "트럼프 행정부의 남아시아 전략과 시사점." 『IFANS 주요국제문제분석』 2018-
　　53. 국립외교원 외교안보연구소.
조은일. 2019. "일본 방위계획 대강의 2018년 개정 배경과 주요 내용." 『국방논단』 제1742호.
최원기. 2019a. "신남방정책, 새로운 대아세안 외교전략." 최원기 외. 『한-아세안 외교 30년을
　　말하다』. 국립외교원 아세안·인도연구센터.
_____. 2019b. "최근 인도의 외교전략." 『IFANS FOCUS』 (8월 9일).

Australian government. 2017 *Foreign Policy White Paper*, https://www.fpwhitepaper.
　　gov.au/
Browing, Christopher S. 2007. "Branding Nordicity: Models, Identity and the Decline of
　　Exceptionalism," *Cooperation and Conflict* 42-1.
Cooper, Andrew F., Higgott, Richard A. & Kim Richard Nossal. 1993. *Relocating Middle
　　Powers: Australia and Canada in a Changing World Order*. Vancouver: UBC

Press, 1993.

Efstathopoulus, Charalampos. 2018. "Middle Powers and the Behavioral Model," *Global Society* 32(1): 47-69.

Hosoya, Yuichi. 2019. "FOIP 2.0: The Evolution of Japan's Free and Open Indo-Pacific Strategy," *Asia-Pacific Review* Vol. 26, Issue 1.

Lawler, Peter. 1997. "Scandinavian Exceptionalism and European Union," *Journal of Common Market Studies* 35-4.

_____. 2005. "The Good State: In Praise of 'Classical' Internationalism," *Review of International Studies* Vol. 31, No. 3.

Posen, Barry R. 2018. "The Rise of Illiberal Hegemony: Trump's Surprising Grand Strategy," *Foreign Affairs* (March/April).

Robertson, Jeffrey. 2017. "Middle-Power Definitions: Confusion Reigns Supreme," *Australian Journal of International Affairs* 71-4.

Seligman, Lara & Robbie Gramer. 2019. "Trump Asks Tokyo to Quadruple Payments for U.S. Troops in Japan" *Foreign Policy* (November 15).

Taylor, Adam. 2019. "Germany finally pledges to increase military spending to NATO levels, but Trump still won't be happy," *The Washington Post* (November 9).

White House. 2017. *National Security Strategy of the United States of America* (December). https://www.whitehouse.gov/wp-content/uploads/2017/12/NSS-Final-12-18-2017-0905.pdf.

Wood, Bernard. 1988. *The Middle Powers and the General Interest*. Ottawa: North-South Institute.

제6장 한국의 중견국 외교안보전략과 한미동맹

전재성(서울대학교)

I. 서론

한국은 세계의 패권국인 미국과 동맹을 맺고 있으며, 세계적 강대국들이 몰려 있는 동북아에 위치하고 있다. 다른 지역의 중견국이 겪지 않고 있는 분단의 문제도 겪고 있어 단지 중견국(middle power)일 뿐 아니라 중간국(power in the middle)이기도 하다. 한국은 단극체제 하에서 중견국 외교를 본격적으로 추구하기 시작했고 중견국 외교의 경험은 단극의 최강국인 미국과의 동맹 속에서 비교적 우호적인 환경 속에서 형성되었다.

지금의 국제정치는 미국 단극체제를 지나 경제위기 이후 미국 우선주의를 내세우고 있는 패권조정기에 접어들었다. 중국의 부상이 미국 패권조정기와 겹치면서 미중 전략 경쟁도 함께 일어나고 있다. 한국은 미국과 안보동맹을 유지하면서도 한국 안보에 핵심적인 북핵 문제에 큰 영향력을 행사해온 중국과 전략협력동반자 관계를 맺고 있다. 앞으로의 상황은 기존의 중견국 경험과는 매우 다른 것이 될 전망이다.

강대국들 간 지정학 경쟁이 치열해지면 중견국 외교, 특히 생사가 걸린 외교안보전략의 입지는 줄어들 수밖에 없다. 그렇다고 중견국의 현실주의 외교 대안인 균형, 편승, 헤징 등의 전략으로 급격히 선회하기도 어렵다. 자국의 이익을 증진하면서 강대국 정치가 지역질서를 완전히 주도하는 것을 막고 강대국은 물론 중견국과 약소국의 이익을 함께 증진할 수 있는 지역질서의 규범과 규칙을 고안하고 추진하는 것이 당면한 과제이다.

이 글에서는 중견국 외교의 이론적 기초를 윤리학적 이기주의라는 철학적 입장에 비추어 살펴보고, 변화하는 미국의 외교안보전략, 한미동맹 전략을 분석한다. 그리고 한국이 중견국 외교를 강화할 수 있는 방안으로 지구적 차원의 중견국 안보전략과 한미동맹 전략을 어떻게 추구해야 할지 살펴본다.

II. 중견국 외교의 철학적 기초

중견국 외교를 정의할 때 비단 국력의 크기만을 기준으로 삼기는 어렵다. 국제정치에서 중견국의 정의는 행위의 양태를 중시하며, 중견국은 보편적 규범을 추구, 제고하는 국가라고 정의된다(Chun 2014). 이렇게 되면 다음과 같은 질문들이 발생한다. 중견국은 보편적 규범들을 추구, 제고하기 위해 스스로 보편적 규범을 준수해야 하는가. 지금의 근대 국제정치질서에서 보편적 규범은 무엇이며 누가 어떻게 만들어가는가. 국제정치에서 보편적 규범을 논의할 때 가장 먼저 등장하는 질문은 보편적 규범이 국가이익을 위한 것인가, 아니면 국가이익을 넘어서는 이익과 가치를 위한 것인가 하는 점이다. 근대 국제정치는 무정부 상태 하 개별 국가의 권력과 이익을 극대화하는 조직원리를 기본으로 하고 있기 때문에 자국의 이익을 증진하는 것이 그 자체로 규범이라고 할 수 있다. 국가이성, 현실주의 등 소위 국가 차원의 윤리적 이기주의 (ethical egoism)가 기본 규범이다.

중견국 외교전략으로 보편규범 추구를 상정할 때, 중견국의 행동 규범은 윤리학적 이기주의를 넘어서는 규범을 상정하는 경향이 있다. 예를 들어 공적개발협력, 인권증진, 평화유지 등 중견국이 추구하는 많은 외교정책의 내용들은 개별 국가의 협소한 이익을 넘어서서 타국과 인류 전체의 이익을 상정하는 경우가 많다. 이는 개별 국가 차원에서 이타적 행동으로 여겨질 수 있다.

과연 보편적 규범을 증진하는 중견국 외교전략이 국가적 이타주의를 추구하는 것인가. 윤리적 이타주의는 타인의 이익을 자신의 이익보다 앞세우는 행동이 윤리적이라고 주장하는 입론이다. 그러나 윤리적 이타주의가 실현 가능한가는 별도의 문제이다. 첫째, 철저한 이타주의는 자신의 생존과 보존이 불가능하다는 문제가 있다. 전적으로 이타주의적이라면 자신의 이익을 추구할 수 있는 여지가 점차 줄어들게 되므로 목숨을 유지하는 최소한의 노력도 기울일 수 없게 되고 만다. 타인에 대한 희생과 봉사가 자신의 독립된 삶을 불가능하게 하는 문제이다. 자신의 삶을 존엄하게 여기는 인간 능력을 훼손시키고 인간 본연의 모습을 지탱 불가능하게 하는 원리가 윤리적 원리라고 보기는 어렵다(최용철 2008, 313).

두 번째 문제는 이타주의는 타인의 이익을 증진하기 위해 타인의 이익이 무엇인지를 안다는 것을 전제로 한다. 타인에게 무엇이 이익인지 알지 못하면 타인의 이익을 추구한다는 것은 불가능하기 때문이다. 그러나 다른 상황과 처지에 있는 타인의 이익을 온전히 안다는 것은 불가능하다. 결국 자신의 입장에서 타인의 이익을 상상하여 이타적 행동을 한다는 것이므로 온전한 의미의 이타적 행동이 가능한지가 문제이다.

세 번째 문제는 이타의 대상이 타자가 하나가 아닌 다수라 상정해야 하고, 여기서 다수는 불특정 다수이다. 불특정 다수 모두에게 이익이 되는 행위를 계산하기는 매우 어렵다는 것이다. 어느 한 타자에게 이익이 되는 행위가 다른 타자에게는 불이익이 될 수 있다. 따라서 현실적인 이타주의는 결과주의적 윤리관에 입각하여 최대 다수의 타자가 최대의 이익을 보는 행동으로 결론지을 수밖에 없다. 그러나 이 경우에도 나의 행동이 일부의 타자들에게 해를 가하는 행동이 된다는 결과를 피할 수 없기 때문에 일관되고 순수한 이타주의는 성립이 어렵다 (김진선 2015, 126-127).

국가 차원에서 윤리적 이타주의를 행하기는 매우 어렵다. 국가에 속해 있는 개인 간의 관계보다 폭력과 강제에 더 적나라하게 노출되어 있는 근대 국가의 경우 윤리적 이타주의를 행하면 스스로의 생존과 독립을 보장하기 어렵기 때문이다. 자국의 이익보다 타국의 이익을 앞세우는 행동은 국제정치에서 행하기 어렵다. 더욱이 강대국이 아닌 중견국이나 약소국인 경우 생존의 위협이 더 심한 상태에서 윤리적 이타주의를 행할 수는 없다. 따라서 중견국의 외교정책이 규범을 증진하는 목적을 가진다 하여 윤리적 이타주의에 기반할 수는 없는 일이다.

그렇다면 중견국 외교전략의 규범 추구 행위는 윤리학적 이기주의에 기초할 수밖에 없다. 윤리학적 이기주의는 모든 주체는 각자 자신의 이익을 증진시키는 행위를 하는 것이 윤리적이라는 명제이다. 즉, 도덕적으로 옳은 행위가 되기 위한 필요충분조건은 자신에게 가장 큰 이익을 주는 행위를 하는 것이라는 명제이다. 윤리적 이기주의는 개인적 윤리학적 이기주의(personal ethical egoism), 독자적 윤리학적 이기주의(individual ethical egoism), 그리고 보편적 윤리학적 이기주의(universal ethical egoism)로 분류할 수 있다(김진선 2015, 132). 개인적 윤리학적 이기주의는 나는 나의 이익에 따라 행동해야 한다는 명제이다. 이는 그 자체로 구체적인 윤리규범을 상정하지 못하기 때문에 다음의 논의가 필요하다.

독자적 윤리학적 이기주의는 나는 나의 이익에 따라 행동해야 하는 것은 물론 나 이외의 사람들이 나의 이익에 따라 행동해야 한다는 명제이다. 왜냐하면 나의 이익이 무엇보다 중요하기 때문이다. 독자적 윤리학적 이기주의의 문제는 윤리적 적합성과는 별도로 이를 행할 수 있는 능력이 확보되지 않는다는 점이다. 모든 다른 사람의 행동을 나의 이익에 부합하도록 강제하거나 설득할 능력이 있지 않으면 독자적 윤리학적 이기주의가 성립할 수 없기 때문이다.

보편적 윤리학적 이기주의는 모든 사람은 자기의 이익을 위해 행동해야 한다는 주장으로 행복 추구를 일반적 가치로 상정함으로써 모든 사람의 보편적 권리를 전제하고 있다. 문제는 이기주의의 추구가 사회 속에서 타자와의 관계를 통해 이루어지므로 서로 간의 이익이 충돌될 경우 이를 추구하기 어렵다는 것이다. 결국 이기주의의 올바른 실현을 위해서는 타자의 행동에 대한 자기의 기준, 그리고 사회에 대한 스스로의 기준과 목적을 상정하고 행동하지 않으면 윤리학적 이기주의를 실현할 수 없다는 것이다.

윤리학적 이기주의가 필연적으로 사회적 차원을 가진다고 해서 이타성을 전제로 하는 것은 아니다. 또한 이타적이 아니라도 제한된 선을 행해야 한다는 것도 아니다. 선을 행하지 않는 무선(無善)한 행동이 악한 것은 아니다. 자신의 이익을 추구하면서 타인의 이익을 침해하지 않는다고 해서 윤리학적 악이 아니기 때문이다. 따라서 타인의 이익을 침해하지 않는 자신의 이익 추구 행동은 윤리학적으로 선으로 규정될 수 있다.

문제는 독자적 윤리학적 이기주의를 피하면서 보편적 이기주의를 실행할 수 있는 방법에 관한 것이다. 여기서 이기적임(selfishness)과 자기이익(self-interest)을 구별하는 것이 필요하다(김진선 2015, 132-134; 문병도 2008, 339-340). 자기이익을 추구하는 행동이 반드시 이기적인 것은 아니며 타자의 이익을 함께 추구하는 목표를 배제하는 것도 아니다. 윤리학적 이기주의는 실천 과정에서 비이기적이며 자기희생적인 행동과 양립 가능하다(문병도 2008, 340). 이는 한편으로는 개인의 동기가 이타적임을 포용한다면 이타적 행동이 이기적 동기를 만족하는 것이기 때문에 그러하다. 다른 한편으로는 이기적 행동의 결과가 반드시 타인의 이익을 침해하는 상황만 있는 것이 아니기 때문에 그러하다. 개인의 이기적 동기 속에 이타성을 포함시키게 하는 것은 쉬운 일은 아니다. 이는 개인 동기에 대한 교육 속에서 가능한 일이다. 개인의 공감 능력을 배양하여 배타적 이기심을 극복하도록 한다거나 종교적 가르침을 통해 자아의 개념에 대한 성찰을 새롭게 함으로써 가능한 일일 수 있다(이영재 2014; 허남결 2008).

   보다 현실성이 있는 경우는 주체의 이익이 타자의 이익과 일치하거나 조화로운 경우로 이를 추구하는 행동은 윤리학적 이기주의에 부합할 뿐 아니라 모든 인간의 행복 추구라는 보편성에도 봉사하는 경우이다. 윤리학적 이기주의는 협동을 배제하지 않을 뿐 아니라 이기주의에 기반한 협동의 가능성을 오히려 강조한다. 협동을 통한 상호 이익의 증진은 이기주의의 목적에 부합할 뿐 아니라 오히려 이기주의자의 장기적 투자라고 보아야 한다. 즉흥적이고 단기적인 이익을 추구하여 협동을 배제하는 행동이야말로 이기주의자로서 어리석은 행동이기 때문이다(최용철 2008, 321-322). 흔히 수인의 딜레마나 루소가 말한 사슴 사냥의 딜레마가 이기주의 때문이라고 논의되지만 사실은 온전한 이기주의, 혹은 계몽된 이기주의(enlightended egoism)의 경우 이러한 딜레마를 해결할 수 있을 뿐 아니라, 이를 해결할 수 있는 유일한 대안일 수 있다. 앞서 살펴본 바와 같이 이타주의가 장기적으로 볼 때 사회가 유지될 수 있는 원칙이 될 수 없다면, 순수한 이타적 자살이 아니라 계몽된 이기주의에 기반한 목적적 이타주의가 딜레마를 해결하는 방안일 수 있기 때문이다(최용철 2008, 324). 그렇다면 문제는 합리적 이기주의(reasonable egoism) 하에 유덕한 욕망을 증진시키는 방법을 어떻게 확보할 수 있는가 하는 점이다(김진선 2015, 137).

국제정치에서도 이러한 논의는 설득력이 있다. 현실주의 국제정치이론은 모든 인간이 자신의 이익을 추구하는 이기주의자라는 분석적 명제를 중시한다. 윤리학적 이기주의와 구분되는 심리학적 이기주의(psychological egoism)의 기본 전제이다. 그러나 현실주의가 국가는 자신의 이익에 따라 행동해야 한다는 원칙을 제시한다고 해서 규범적으로도 반드시 독자적 윤리학적 이기주의를 표방하는 것은 아니다. 오히려 타국의 이익을 적극적으로 고려하는 보편적 차원의 이기주의가 더욱 유리하다는 판단을 하고 있다. 자국의 이익을 극대화하더라도 다른 국가의 이익을 함께 고려할 수 있다는 것이다. 오히려 자국의 이익만이 중요하다는 독선(self-righteousness)이 국가의 이익을 해한다는 니버의 경고도 보편적 이기주의와 상통하는 부분이다. 최근 미어샤이머는 탈냉전기 미국의 자유주의 외교정책을 비판하면서, 미국이 자국의 진정한 이익을 위한 외교정책을 추구해야지, 다른 국가나 다른 지역의 이익을 자신의 기준으로 판단하여 무리한 인도적 개입을 행할 때 파국이 도래한다고 논하고 있다. 고전현실주의나 신현실주의 모두 국가의 이기주의를 옹호하면서도 독자적 이기주의를 경고하면서 보편적 이기주의, 혹은 계몽된 이기주의를 주장하는 셈이다.

신자유주의 국제정치이론 역시 대체적으로 국가의 이기성을 전제하면서도 협력의 가능성을 논하고 있다. 국가들 간에 공통의 이익을 추구하면서 협력이 가능하며, 반복된 협력을 통해 협력의 제도화를 이룰 수 있다는 것이다. 이를 촉진하는 경우로 시장에 의한 협력이나 민주주의적 상호 소통 과정을 통한 협력을 들고 있다. 국가들의 이기주의적 동기를 부정하지 않으면서 협력의 조건을 확대함으로써 상호 이익이 되는 보편적 이기주의의 상황을 지향하는 것이다. 이러한 상황이 반복되면 국가들의 동기 역시 협력 지향적으로 변화할 수 있으며 학습과 관성의 효과가 나타난다는 것이 코헤인과 같은 자유주의자들의 논의 이다.

문제는 국가들의 진정한 이익, 혹은 장기적 이익과 어긋나는 그 릇된 이익과 단기적 이익을 추구하는 행동이 빈번하게 존재한다는 것 이다. 우선 국가의 진정한, 장기적 이익이 무엇인가를 인식하는 것 이 가능한가의 문제이다. 루소의 경우 생피에르의 영구평화론에 대해 다루면서 국가의 진정한 이익(real interest)과 피상적 이익(apparent interest)을 구별한 바 있다. 군주는 진정한 이익이 국가들 간의 협력과 영구평화에 있다는 것을 인식하지 못하고, 단기적 이익에 휘둘린다는 것이다. 즉, 군주는 국가의 부와 이익을 진작시키는 진정한 이익보다 단기적인 열정이나 근거 없는 희망에 좌우되는 경향이 강하다는 것이 다.[1] 이러한 경향은 현대에도 비일비재하다. 국가들 간의 협력, 약속 준 수, 장기적 계획이 유익함에도 불구하고 구조적 안보딜레마나 단기적 이익을 추진하는 외교정책 때문에 장기적 상호 이익이 희생되는 것이 다. 개인의 경우와 달리 국가의 경우 이는 국가의 이익을 정의하는 과 정에 국내정치가 강하게 개입하기 때문이다. 정책결정자들은 국가의 이익을 고려하지만 국내정치적 지지의 유지, 여론의 동향에 민감하게

1　"Judgment of the Plan for Perpetual Peace," Christopher Kelly and Judith Bush, trans. Collected Writings of Rousseau, vol. 11, London: University Press of New England, 2005, p.54: "Let us distinguish, then, in politics as in morality, real interest from apparent interest; the first would be found in perpetual peace, that has been demonstrated in the plan, the second is found in the state of absolute independence which removes sovereigns from the empire of the law in order to subject them to that of fortune, like an insane pilot who, in order to make a show of a vain knowledge and command his sailors, would rather drift among rocks during the storm than tie down his vessel with anchors."

반응하기 때문에 임기를 넘어선 국가의 장기적 이익보다 단기적 이익에 좌우되는 경우가 빈번하다.

둘째, 여러 국가들 간의 상호작용 속에서 서로의 이익이 무엇인지에 대한 전략적 소통이 온전하기 어렵다는 것이다. 국가들 간에는 상호 불신, 경쟁이 존재하므로 장기적 이익을 위한 소통의 기반이 마련되기 어렵다. 배반과 불신의 가능성이 존재하는 상황, 특히 적대적인 국가들 간에 상호 장기적 이익을 논의하는 제도적 장치가 존재하지 않는 경우가 많다. 특히 강대국들은 자신의 힘으로 절대적 안보를 추진하는 경향이 강하기 때문에 불신의 위험이 있는 전략 대화보다는 자국의 국력 증진을 추구하고 이는 안보딜레마로 연결되어 강대국들 간의 안보 경쟁이라는 비극을 불러올 수 있는 것이다.

중견국 외교정책은 중견국들의 국가이익을 증진하는 것은 물론 강대국들의 이익 증진 방식에 일정한 영향력을 행사하여 공통의 진정한, 장기적 이익을 확대하는 것을 목적으로 한다. 중견국이 보편규범을 증진한다고 할 때, 국가들의 이익과 상반되지 않는 인간의 이익을 추진하는 것을 목표로 할 수도 있지만 무엇보다 국가들 간의 공통의 이익을 증진하는 규범과 규칙을 증진하는 것이 중요하다. 개별 국가들의 이익을 중대하게 침해하지 않는 보편적으로 선한 결과를 가져오기 위한 행동은 물론 유의미하다. 그러나 강대국들 간의 권력정치와 경쟁, 단기적 이익을 추구하기 위한 지정학적 경쟁이 유지된다면 중견국의 이익 역시 심각하게 침해될 수밖에 없다. 중견국의 이익이 강대국 정치의 결과에 크게 좌우되는 것이 명백하다면 중견국 외교정책은 강대국 상호 간의 진정한 이익을 증진하고 강대국이 계몽된 윤리학적 이기주의를 추구할 수 있도록 역할을 하는 것을 목표로 해야 한다.

이를 위해서는 강대국들의 개별적인 진정한 이익과 상호 협동에서 얻어질 수 있는 이익에 대한 정확한 지식이 필요하다. 단기적 이익에 매몰되는 것은 국가들이 진정으로 자국의 이익을 정확하게 계산할수 있는 지식의 부족에 기인한다. 이는 지적 능력의 부족에 기인하기보다는 정책결정자들의 국내정치적 계산, 강대국 상호 간의 경쟁과 신뢰부족으로 인한 소통의 부족 때문이라고 본다. 따라서 국내정치적 계산 넘어 진정한 국가이익을 인식하게 하고, 강대국들 간의 소통 부족을 넘어설 수 있는 제3자의 협력 촉진 기능을 담당하는 주체가 필요한데 국제정치의 경우 중견국이 그러한 주체라고 할 수 있다. 중견국은 비단자국의 이익뿐 아니라 강대국의 이익을 강대국의 입장에서 인식하고분석할 수 있는 지식외교의 능력을 반드시 갖추어야 한다.

둘째, 강대국이 독자적 윤리학적 이기주의, 자기중심적 이기주의에 빠지지 않고 보편적 이기주의의 입장을 견지하도록 제재 기제를 마련해야 한다. 강대국은 자국의 이익을 추구하는 것은 물론 자국의 이익에 타국도 이에 봉사해야 한다는 편협한 이기주의에 경도되는 경향이 강하다. 그러한 이기주의를 강제할 수 있는 힘을 가지는 경우가 많을 뿐 아니라, 단기적으로 큰 효과를 거둘 수 있기 때문이다. 그러나 이는 다른 국가들의 반발을 불러오게 되고, 특히 냉전 종식 이후 국제정치 상황 속에서 소수 강대국들의 강제력은 약화되고 있다. 9·11 테러에서 보듯이 소수의 집단이 발달된 과학기술을 이용하여 막대한 폭력을 소유할 수 있고, 국제정치적 의사소통이 활발해짐에 따라 자기중심적 강대국의 외교정책에 대한 지구적 반발을 불러올 수도 있다. 국제정치가 더욱 제도화되면서 국제기구 및 국제여론의 영향력도 커지고 있다. 따라서 강대국들이 보편적 이기주의에 기반한 외교정책을 추구하도록 중견국이 규범적 정당성을 확보하고 이를 현실적으로 활용하여 강대국을 제어할 수 있는 연대를 만들어가야 한다.

셋째, 규칙 이기주의(rule egoism)의 증진에 힘써야 한다. 규칙 이기주의는 어떤 규칙을 준수함으로써 그 규칙을 준수하는 당사자들이 이익을 얻을 수 있음을 강조하는 원리이다(최용철 2008, 329). 규칙을 준수함으로써 상호 간에 이익이 증진될 수 있다면 장기적이고 안정된 협력이 가능하다. 중견국 외교정책은 특정한 강대국의 정책에 반대하거나 이를 견제하는 것이 아니라 강대국 정치라는 양태 자체를 반대하는 것이다. 즉 강대국 정치가 국제질서를 온전히 좌우하는 것을 막고 모든 국가들에게 계몽된 이익을 줄 수 있는 대안적 규칙, 다시 말해서 중견국과 약소국의 이익이 함께 증진될 수 있는 규칙을 제시하고 실현하는 것이다. 이를 위해서는 국제질서의 구성원들이 함께 이익을 얻을 수 있는 규칙을 개발하고 이를 바탕으로 보편적 윤리학적 이기주의를 증진해야 한다.

결국 중견국 외교정책이 보편규범을 증진한다는 것은 특별히 중견국이 다른 국가들의 이익을 더 중시하거나 이타적인 행동을 하는 것을 의미하는 것이 아니다. 모든 국가들이 단기적이고 협소하며 결국에는 스스로에게 이기적이지 못한 행동을 하는 상황을 타개하도록 새로운 대안을 제시하는 것이다. 개별 국가들이 자신의 장기적 이익을 실현하지 못하는 상황에 대한 원인을 규명하고 강대국 상호 간, 그리고 강대국과 중견국, 약소국들의 이익을 함께 증진하도록 계몽된 이기주의의 길을 제시하는 것이다. 그 길은 개별 국가들의 행위를 제안하기보다는 이를 체계적으로 이룰 수 있는 규칙과 규범을 제시하는 것이며, 이는 국제정치에서 규칙 이기주의의 증진이라고 할 수 있다.

III. 미국의 외교안보정책 변화와 한국의 안보환경

안보 영역은 중견국 외교와 생존 외교가 첨예하게 부딪히는 장이다. 중견국 외교가 단지 강대국보다 약한 국가들의 균형전략을 통한 생존 외교가 아니라 강대국 간의 충돌과 비극을 막고 강대국 갈등에 대한 지역적 수용성은 높이는 보편주의적 규범외교라고 한다면 외교 부분에서 중견국의 역할은 다른 이슈 영역보다 더 어려운 것이 사실이다 (Chun 2014). 강대국 간 세력균형이 점차 제로섬 게임을 띠게 되면 중견국의 안보전략은 강대국 간 공통이익을 함께 증진하는 전략을 유지하기 어려워진다. 외교안보 이슈들은 강대국 세력균형에 중립적인 이슈와 강대국 세력균형의 제로섬 게임에 연관되는 이슈로 나뉜다. 냉전 종식 이후 역사상 유례가 없는 미국 단극의 약 30년간 강대국 정치는 유례없이 협력적 모습을 띠어왔다. 미국의 압도적 힘 때문이기도 하지만 테러와 같은 강대국 간 공유된 안보 이슈가 비중이 컸기 때문이기도 하다. 한국은 미래를 내다보고 과연 어떠한 중견국 외교를 추진하며 이를 어떻게 동맹과 조화시켜나가야 하는가.

이와 관련된 질문을 구체적으로 물으면 다음과 같다. 국가들 간의 협력의 공간이 가장 적고 제로섬 게임적인 관계가 주종이며 강대국 정치의 위력이 가장 강한 안보 영역에서 중견국 안보전략이 가능한가; 강대국 안보관계에서 중견국은 세력균형(balance of power)의 정책을 따를 수밖에 없다는 것이 현실주의의 원칙인데, 강대국 정치 자체에 대한 균형(balance against power politics)이 가능한가, 혹은 양자의 공유 부분을 찾아야 하는가; 중견국 외교가 냉전기, 탈냉전 미국 단극기를 거쳐 현재 미국 패권의 조정기 및 미중 전략 경쟁기에 접어들고 있는데 국제정치 환경의 변화에 따라 중견국 외교는 어떻게 달라져야 하

는가; 미국 패권조정기에 패권은 시혜적 성격보다 강압적 성격을 더
띠게 마련인데 이때 중견국 외교의 공간은 좁아지는가; 미중 전략 경
쟁이 치열하게 전개되면 저위정치 영역에서부터 제로섬 게임의 경쟁
이 치열해지는데 이때 중견국 안보전략은 가능한가; 1945년 이후 현재
까지 미국 주도의 세계안보구도가 정착되어 국제정치에 질서를 부여
해왔고, 그 핵심은 동맹인데 지금 미국의 동맹정책은 어떻게 달라지고
있는가, 또한 미국이 한미동맹에 대해 요구하는 바는 무엇인가; 한국
은 변화되는 미국의 동맹정책 속에서 동맹전략과 중견국전략을 함께
추구할 수 있는 방법이 있는가; 한국은 미국과 안보동맹을 유지하면서
중국과 경제, 한반도 문제에서 협력해야 하는데 양자의 협력을 도모할
수 있는 방법이 있는가; 한국은 중견국으로 국제질서의 진화를 위해
노력해왔는데, 미국과 중국의 아시아 지역구도 경쟁에 적절한 정책투
입을 할 수 있는가, 이를 통해 미중 간 전략 경쟁을 완화할 수 있는가;
한국은 한미동맹 전략을 통해 미국이 다시 시혜적이고 시대에 맞는 패
권으로 스스로를 재정립하고 한미동맹을 발전시키도록 노력할 수 있
는가.

1. 미국의 패권조정 전략과 미중 전략 경쟁

트럼프 정부 등장 이후 미국의 외교안보전략은 자국 중심주의의 경향
을 극대화하고 있다. 앞서 살펴본 윤리학적 기준에 따르면 보편적 윤리
학적 이기주의의 노선을 버리고 독자적 윤리학적 이기주의, 혹은 자기
중심적 이기적 전략을 추진하고 있는 모습이다.
　　미국의 국가전략 및 외교안보전략이 기존의 미국 전략과 사뭇 다
른 비자유주의적 패권의 모습을 보이는 데에는 다양한 이유가 있다. 일

견 독특한 이력과 배경을 가진 트럼프 대통령의 개인 변수가 크게 작동하고 있는 것으로 보이지만 사실 구조변수 역시 살펴보아야 한다. 핵심은 미국 패권의 등락 주기와 중국의 부상에 따른 미중 경쟁의 구조적 변수이다. 미국 외교정책은 트럼프 대통령 이전부터 패권의 상대적 쇠락에 대처하는 노력을 반영해왔다. 단극체제는 미국의 힘을 강화시키기보다 약화시키는 결과를 가져왔고 그 과정에서 미국의 외교정책이 반드시 합리적이었는가는 평가가 필요하다. 미국은 중동 문제에 대한 과대팽창, 경제적 자원의 소진, 패권국가로서 도덕적 해이와 경제위기 등을 겪으면서 이미 오바마 정부 후기에 패권조정의 전략을 사용해왔다. 대중 무역적자를 줄이고, 미국 중심의 각 이슈별 표준을 만들고, 동맹국들로부터 부담금을 증액시키려는 노력을 기울였다. 패권의 경제적, 외교적 기반이 소진되었을 때 우선 동맹국들에 대한 과세가 시작되고 뒤이어 다자질서에 대한 변화 시도가 시작된다는 점에서 미국의 정책은 트럼프 이전에 이미 트럼프주의의 모습을 보였고 트럼프 이후에도 트럼프주의가 지속될 전망이다.

미국의 외교안보전략은 백악관의 『국가안보전략』, 국방부의 『국방전략』, 국방부의 『인도태평양안보전략』 등에 명시되어 왔다. 트럼프 대통령의 미국우선주의와 힘을 통한 평화의 기치 하에 중국과 러시아를 전략적 경쟁자로 삼고, 이란, 북한과 같은 소위 불법국가에 대응하며, 반테러정책을 지속하여 수행한다는 것이 골자이다. 2019년 10월 IS의 수장인 알바그다디가 제거되어 미국 안보전략의 성과를 거두었지만, 다른 부문에서는 여전히 많은 노력이 필요한 상황이다. 이와 더불어 트럼프 대통령은 동맹국들의 군사비 지출과 부담의 분담이 충분치 않다며 유럽과 아시아의 동맹국들을 압박해왔다.

이러한 미국의 외교안보정책 및 동맹정책은 다음과 같은 함의를 가진다. 첫째, 미국의 패권적 능력의 축적 및 부활을 위해 미국 이익을 우선하면서 동맹 파트너들의 공헌과 헌신을 더욱 요구하고 있다. 미국이 1945년 이후 수립한 지구적 안보구조는 지역별로 다양한 동맹네트워크를 통해 미국의 군사력이 전진배치되고 선진 무기체계를 배치하며, 통상전력에서 위협에 대해 우위를 점하면서, 핵우산을 제공하고, 지구적 비확산체제를 강화하는 형태로 이루어졌다. 탈냉전기에는 9·11 테러 이후 비국가 행위자의 도전에 대처하기 위해 동맹을 넘어 전략적 파트너를 강화하고 미국의 반테러전쟁의 이념을 확산하면서 지구적 군사네트워크를 설립하는 형태였다. 이는 미국의 많은 군사적, 경제적 비용을 전제로 한 것이었는데, 2008년 경제위기 이후 미국의 패권 유지를 위한 경제적 상황이 악화되면서 동맹국들의 공헌을 더욱 많이 요구하게 된 것이다. 특히 트럼프 대통령은 변화하는 미국의 전반적 외교안보전략에 대한 일관된 비전 없이 동맹국의 분담금 증가만을 요구하는 모습을 보여 현재까지 동맹들의 반발과 비판을 사고 있는 실정이다.

둘째, 트럼프 대통령의 비일관된 비자유주의 패권전략에도 불구하고, 미국 부처별, 특히 국방부와 군부는 새로운 안보환경에 대비한 지구적 안보전략태세를 변화시켜가고 있다. 우선 미국의 강대국 위협으로 정의된 중국과 러시아에 대비하기 위한 준비태세 강화를 표방하고 있는데 이는 소위 3차 상쇄전략의 모습을 띠고 있다. 4차 산업혁명 시대에 군사무기가 빠르게 변화하고 있고 미국과 경쟁국들 간의 기술격차가 줄어들면서 미국은 경쟁국가들의 군사력 발전을 상쇄하기 위한 전략을 추진하고 있다. 더불어 중국과 러시아 등이 자국과 자신의 영향권 밖으로 미국의 전진군사배치 상태를 밀어내고 미국의 군사력 투사를 막기 위한 지역거부, 반접근 전략을 공통적으로 추구함에 따라

이에 대비하는 전략을 추진하고 있다. 중국은 소위, 제 1, 2도련선의 개념을 통해 미국의 대중국 접근 군사배치를 견제하고 있고, 러시아는 크림반도와 중동 등 자신의 영향권을 확대하면서 미국의 대응을 막기 위한 군사거점 마련에 부심하고 있다. 미국은 해군과 공군 중심의 군사력 투사전략을 추구하다가, 사이버, 우주, 해병대, 육군 등 다차원의 군사력을 동원한 다영역작전 개념을 제시하고 있다.

이에 따라 동맹국들과 위협인식 공유, 전략적 분업, 상호 운용성 증가 등의 노력을 새롭게 기울이고 있다. 유럽에서는 러시아에 대한 경제제재의 전선을 강화하는 동시에 중거리미사일협정을 파기함으로써 러시아에 대한 견제의 준비태세도 강화하고 있다. 중국의 반접근, 지역거부 전략에 대비하기 위해 미국은 한국, 일본 등 아시아의 동맹국들과 인도, 동남아 전략 파트너 국가들과 군사협력을 강화하고 있고, 이 과정에서 미사일방어체제, 이지스 대응, 군사정보 교류, 무기수출, 군사훈련 등 다양한 협력을 시행해가고 있다.

셋째, 가장 중요한 것은 트럼프 정부 시기에 기존의 지구적 차원, 지역적 차원의 안보구도가 근본적으로 변화할 가능성이 존재한다는 것이다. 9·11 테러 이후 부시 행정부는 소위 동맹변환전략을 통해 지구적 동맹을 재조정한다는 목표 하에 각 지역과 국가의 주둔 미군의 전략적 유연성을 증대하였다. 한미동맹도 즉각 영향을 받아 주한미군이 반테러전쟁에 동원될 수 있도록 전략적 유연성 개념을 추가하였다. 이제는 반테러전쟁의 목적이 후퇴하고 중국, 러시아 등 강대국에 대한 견제전략과 이란, 북한 등에 대한 군사적 대응전략이 전면에 나오고 이를 위한 지역구상이 점차 자리 잡게 되었다.

미국은 러시아의 크림반도 점령을 위시한 서진정책과 시리아를 비롯한 중동에 대한 영향력 확대 정책에 대항하여 유럽과의 안보협력을 강화하고 있다. 유럽은 트럼프 대통령이 요구하는 나토 회원국들의 국방비 증가 압박에 대해서 반발하고 미국의 강압적 동맹정책을 비판하고 있지만 러시아의 서진정책에 대한 근본적 비판에서는 미국과 입장을 같이한다. 한편에서는 유럽의 대미 자율성 증대가 중요한 유럽연합의 목적이기는 하지만 여전히 미국과 유럽 간의 군사력 격차가 크고 전략적 목적이 일치하는 한, 유럽 독자적인 군사연합이 효율적으로 만들어질 확률은 낮다.

더 중요한 변화는 아시아에서 일어나고 있다. 미국은 중국의 일대일로 정책 및 남중국해 군사화에 대항하여 점차 인도태평양전략을 군사전략화하고 있다. 인도태평양안보전략서 출간을 전후하여 미국 국방부는 기존의 동맹을 중시하면서도 보다 네트워크화된 아시아 군사협력체제를 추구하고 있다. 아직은 정확한 모습이 나타나고 있지 않지만 네트워크화된 아시아 군사협력체제는 기존의 양자동맹, 3자 안보협력, 더 나아가 다자안보협력을 모두 아우르는 개념이라고 여겨진다. 인도태평양안보전략서는 아시아의 모든 군사협력 파트너와의 관계를 다차원적으로 언급하고 있으며 궁극적으로는 중국의 규범저해 행위에 대해 군사적으로 대응할 수 있는 새로운 체제를 지향하고 있다.

이는 1945년 이후 만들어진 동아시아의 샌프란시스코 체제의 일정한 변화를 야기할 것이다. 샌프란시스코 체제는 소련을 위시한 공산권의 안보위협에 대항하기 위해 태평양전쟁의 패전국인 일본과 동맹을 맺고, 한국전쟁 이후 한국 및 대만과 긴밀한 군사동맹을 맺으며, 호주, 뉴질랜드, 태국, 필리핀 등과 동맹을 추구하고 싱가포르와 같은 나라와도 군사 파트너십을 강화한 양자동맹의 네트워크이다. 각각의 군사동맹은 공산권의 특정위협에 대항하기 위해 역할 분담을 하고 있었고, 이들 동맹파트너들 간의 직접적인 연계는 상대적으로 적었다. 미국은 한편으로는 양자동맹을 통해 동맹관리를 효율적으로 하면서, 다른 한편으로는 중국에 대항한다는 인상을 주지 않도록 노력했음도 알 수 있다. 한일관계처럼 과거사 문제로 현실적으로 한일을 연결하는 다자 안보협력이 불가능했던 것도 바퀴살체제를 만든 하나의 역사적 배경이다.

이러한 샌프란시스코 체제가 중국의 일대일로 정책과 안보적 영향력 확대를 맞이하여 점차 변화하고 있다. 아시아 국가들을 하나의 네트워크로 묶어 다양한 운용방식에 따라 중국을 군사적으로 견제하려는 것이다. 양자동맹은 물론, 일본, 호주, 인도 등과 4자 군사협력을 강화하는 새로운 메커니즘을 마련하고 있다. 미국이 샌프란시스코 체제에서처럼 적극적인 군사적 비용을 지불하는 대신 동맹국들과 협력국들이 우선적으로 중국을 적극거부(active denial)하게 만들고 미국은 중대한 국면에 대응하는 선택적 개입과 역외균형을 결합한 전략을 추진한다. 다른 한편으로 중국의 미 본토 공격에 대해 아시아 동맹국들이 중국을 억지하는 역확장억지 정책도 나타나고 있다. 이 과정에서 일본은 적극적으로 인도태평양전략에 참가하고 있고 점진적인 군사적 역할 확대도 추진하고 있다. 향후 중국에 대한 미국과 아시아 파트너 국가들의 공동 대응이 아시아의 군사적 지역구상을 어떻게 변화할지, 그리고 중국 역시 이에 대항하여 어떠한 군사적 대응체제를 만들어갈지가 중요한 일이다.

2. 한미동맹에 대한 미국의 구상 변화

미국 패권의 조정 과정과 미중 전략 경쟁 속에서 한미동맹은 과거와는 다른 의미를 띠어가고 있다. 트럼프 대통령의 정책과 미국 정부 전반의 정책이 일정한 괴리를 보이면서 한미동맹에 대한 언급과 정책 간의 불일치도 목격할 수 있다. 이 과정에서 나타나는 미국의 한미동맹 정책을 긴 관점에서 살펴볼 필요가 있다.

첫째, 방위비 분담 문제이다. 한국의 방위비 지출은 GDP 대비 2.5%대를 유지하고 있다. 나토 국가들의 방위비가 2%에 미치지 못하고 있는 데 비해 고정적으로 많은 액수를 지출하고 있다. 방위비 분담 역시 계산하기에 따라 다르기는 하지만 전체의 50% 이상을 분담하고 있고 미군이 사용하는 토지를 계산할 경우 더 큰 액수를 부담하고 있다. 그럼에도 불구하고 트럼프 정부는 한국의 방위비 분담금 증가를 지속적으로 요구하고 있다. 2018년 1년 단위로 협정을 개정하기로 하였고 방위비 분담금도 최초로 1조 원을 돌파하였다. 2019년 방위비 분담금 협상에서도 미국은 "미국은 전 세계에서 우리의 방위 조약상의 의무를 충족하기 위해 상당한 군사적 자원과 능력을 투자하고 있으며, 이러한 의무를 충족시키는 데는 막대한 비용이 수반된다"고 주장하고, "우리의 전 세계적인 군사적 주둔 비용을 지속하는 것은 미국 납세자들이 혼자서 책임져야 할 부담이 아니라 주둔으로 득을 보는 동맹 및 파트너들이 공평하게 분담해야 하는 책임"이라는 논리를 펴면서 분담금 증액을 압박하고 있다.

한미동맹은 미국이 제공하는 안보공공재의 효용과 한국이 지불하는 비용 간의 정확한 계산에 따라 유지되고 발전하는 것이므로 미국의 분담금 압박이 거세어질 경우 한국은 한미동맹의 가치에 대해 새로운 인식을 가질 가능성도 부정할 수 없다. 트럼프 정부 역시 동맹의 가치에 대해 부족한 인식을 보이고 있는데, 미국이 가지고 있는 아시아 동맹을 상실할 경우 중국의 부상에 대한 군사적 견제 자체가 매우 어려워지고 이는 곧 미국의 막대한 부담으로 돌아간다는 합리적 계산을 할 필요가 있다. 과연 한미동맹의 가치에 대한 양측의 비용대비 효용에 대한 계산이 동의를 유지해갈 수 있는가가 관건이다.

둘째, 트럼프 대통령의 경제우선주의와는 별도로 미국 내에서는 동맹의 가치를 안보적 차원에서 높게 평가하는 의견이 여전히 강하다고 볼 수 있다. 일례로 2019년 2월 퇴임한 매티스 장관은 미국의 안보를 위해 동맹의 중요성을 재차 강조한 바 있다. 한미동맹의 효용에 관해서 합리적 평가도 다수 존재한다. 한국은 아시아에서 일본, 호주와 함께 강력한 미국의 동맹이며 해양국이 아닌 대륙에 면해 있는 동맹으로 가장 신뢰할 수 있는 동맹이라는 점을 인식할 필요가 있다. 또한 미국의 동맹국 중에서 가장 큰 규모의 군대를 유지하고 있으며 다른 동맹국과 달리 실제 전투에서 역량을 발휘할 수 있는 높은 수준의 준비태세를 유지하고 있다. 미국이 중동 및 지구 여러 곳에서 반테러전쟁과 평화유지전투를 벌일 때 전투군대를 파견하여 미국을 지원한 몇 안되는 동맹국이기도 한다. 세계 10위권의 경제를 유지하며 높은 수준의 기술력을 가지고 아시아에서 미국과 함께 위협을 공유하여 동맹을 이룰 수 있는 미국 안보의 중요한 자산이라는 평가가 여전히 존재하고 있다.

특히 북한의 비핵화와 군사 위협에 대한 대처에서 한미동맹은 중요한 수단이지만, 이와는 별도로 중국의 군사적 부상에 대한 공동대처에 한미동맹이 유용하다는 시각이 미국에 강하게 존재한다. 중국은 남중국해 군사화 및 사이버 영역에서의 공격적 행위, 기술 절취 등 자유주의 질서를 훼손한다는 생각을 미국이 가지고 있으며, 중국에 대한 군사적 견제에 한미동맹이 매우 유용하다는 견해를 피력하기도 한다. 이는 한국에게는 매우 부담스러운 일이지만 중국의 군사강대국화에 대처해야 하는 한국의 고민과 상통하는 부분도 있다.

넷째, 인도태평양 지역의 새로운 군사협력을 위해 한미동맹을 다른 군사동맹 및 군사협력체와 연결시키려는 노력도 등장하고 있다. 특히 다영역작전 개념이 확산되면 한국은 일본 등 주변국과의 긴밀한 군사정보 공유, 정찰, 탐지자산의 한반도 배치, 미군의 대중 견제 전략의 전초기지로서 평택기지 활용 등의 역할을 요구받게 될 것이다. 이는 한국이 북핵 문제 해결 이후 대미 수평적 관계 추진, 한미동맹에서 서서히 자율성을 획득하고 자주국방을 이루려는 움직임과 긴장관계를 이루기도 한다. 만약 한반도 평화체제가 이룩되면 주한미군의 점진적 축소도 가능하고, 유엔사의 해체도 논의의 대상이 될 수 있다. 전시전작권 환수 역시 오랫동안 추진되어 온 한국 안보전략의 목표이기 때문에 북핵 문제와 평화프로세스의 진전에 따라 한미동맹의 미래는 매우 불투명하다.

더 나아가 인도태평양 지역의 다른 국가들과의 협력 역시 전망이 어렵다. 한일 간에 불거진 역사 문제, 일본의 수출규제, 지소미아 연장을 둘러싼 논란 등 한일 간 안보협력을 어렵게 하는 일련의 사안들이 발생했다. 미국은 한일 협력을 독려하고 한미일 안보협력을 추진하려는 동력을 상실하고 있다. 세 나라의 민족주의가 각각 자신의 이익을 중심으로 영향력을 발휘하면서 한미일 협력의 미래가 어두워지고 있다. 인도태평양 안보협력의 요체가 미국의 동맹국들 간 수평적 협력이라면 한미동맹은 미국 주도 네트워크에서 점차 약한 고리로 자리 잡아가고 있다.

IV. 한국의 중견국 외교안보전략

1. 한국의 중견국 외교안보전략의 목표와 분류

중견국 외교전략의 요체는 강대국 정치에 대해 비판적인 입장을 취하면서 보편적 이익을 증진한 대안을 마련하고 가치를 옹호하는 규칙 이기주의를 추구하는 것이다. 중견국 외교안보전략의 중심은 강대국 간 군사충돌을 막고, 강대국들이 합리적이고 협력적인 외교정책을 추구하게 하며, 세력이 아닌 규범에 기초한 외교안보정책을 보편화시키고, 다자주의적 협력기제를 강화하는 것이라고 볼 수 있다. 양자관계와 지역 차원의 안보환경뿐 아니라 지구적 차원에서 평화조성, 평화유지에도 적극 참여하고 좁은 의미의 전통군사안보를 넘어 넓은 의미의 인간안보도 함께 추구하는 것이 중견국 외교안보정책의 목표라 할 수 있다.

문제는 안보의 영역은 강대국들의 힘이 두드러지고 규범이 작용할 여지가 상대적으로 적으며, 중견국의 군사력이 부족한 상황에서 정책목표를 달성하기가 매우 어렵다는 것이다. 지구적 차원에서 평화유지 및 외교와 중재 노력에 적극 참여하는 것이 일정 부분 가능하더라도 미국과 같은 패권의 외교정책에 영향력을 행사하거나, 미중 전략 경쟁과 같은 사활적 이익을 건 강대국 간 충돌을 중재하기에는 역부족인 상황이 전개된다. 따라서 규범적으로 올바르고 현실적으로 가능한 중견국 외교안보전략의 방향을 탐색하는 것이 중요하며, 이 과정에서 어떠한 동맹을 유지해나가야 하는가가 핵심이다. 한편으로는 동맹을 활용하여 한국의 외교안보 이익을 극대화하면서 동시에 동맹을 통해 강대국 경쟁과 충돌을 완화하는 긍정적 역할도 모색해야 할 것이다.

한국이 처한 안보상황을 고려하여 중견국 외교안보전략과 동맹전략의 내용을 표로 만들어보면 다음과 같다.

	한반도 차원	아시아 차원	지구적 차원
중견국 외교안보전략	대량살상무기 비확산, 불법국가 정상화	미중 전략 경쟁 완화 및 협력 촉진, 다자주의/규칙기반 안보제도 활성화, 인간안보 이슈 해결 동참	세계적 분쟁에 참여, 평화조성 및 평화유지 활동, 인간안보 이슈에 적극 참여, 개발원조 증액
동맹전략	북한의 도발 억지, 공격에 대한 방어, 비핵화 과정 관리, 비핵화 이후 대북 억지 및 통일 유도	중국의 규칙기반 질서 저해 가능성 차단, 지역 내 안정을 위한 한미 협력, 분쟁방지를 위한 억지	분쟁지역에 대한 공동 대처, 수송로 보호, 유럽동맹국들과 사안별 협력
복합전략	비핵화, 평화프로세스에 따른 유엔사, 전작권 전환 등 문제 해결, 지역평화와 연결, 북한의 정상화 추진	미국의 일방주의 견제, 미중 협력 촉진을 위한 한미동맹 역할 마련, 한미동맹/한중 협력의 균형발전	지구적 안보규범 확립 및 분쟁해결을 위한 한미 간 협력, 3세계 문제에 대한 미국의 이해 촉구 및 한미 협력, 인간안보 적극 협력

2. 한국의 중견국 외교안보전략: 강대국 경쟁 중립적 사안

한국의 안보와 관련된 이슈들 중에는 미중 전략 경쟁 속에서 상대적으로 경쟁 중립적인 이슈가 있는가 하면 경쟁 연결적인 이슈도 있다. 중견국 외교는 경쟁 중립적 이슈에서는 별다른 고민 없이 추구할 수 있지만 경쟁 연결적 이슈에서는 양자택일의 모습을 띨 수밖에 없다. 미중 모두와 심화된 상호의존 관계를 가진 국가들의 경우 양자택일은 필연적으로 강대국의 비우호 전략, 혹은 보복을 불러오게 된다. 상호의존을 민감성과 취약성으로 구분한 코헤인과 나이의 구분을 따른다면 취약성이 강한 상호의존 국가일수록 경쟁 연결적 이슈에서 중견국 외교가 어렵게 된다.

한국의 경우 미중 모두와 상호의존 정도도 높은데다가 외교안보 이슈에서 취약성이 매우 높은 국가이다. 한국은 대외통상국가로 전체

GDP의 37%가량 수출에 의존하고 있으며 중국(홍콩 포함)에 대한 의존도는 2019년 산업통상자원부 발표 34.4%로 역대 최고에 이르고 있다. 전체 GDP의 13%가량이 중국으로부터 오는 셈이다. 미국에 대한 의존도는 비단 12% 안팎의 수출 의존도로 설명하기는 어렵다. 안보적 의존이 심대한데다 미국의 안보적 지원이 경제신용도에 큰 영향을 미치고 있기 때문이다. 더 나아가 미국이 제공하고 있는 경제적이며 구조적인 편익—예를 들어 수송로 안전—을 제공 중단할 경우, 혹은 과세할 경우 한국 경제는 지탱하기가 더욱 어려워진다.

한국은 국력의 증가와 함께 중견국 외교안보전략의 방향을 추구해왔다. 이들은 주로 단극체제 하에서 추진된 강대국 경쟁 중립적 사안이다. 지구적 안보 이슈에 대한 관심이 증가하고 공헌의 정도도 꾸준히 강화되었다. 이러한 사안이 향후 강대국 경쟁이 격화될 때 무력해지는 것은 아니다. 한국의 평판이 이미 증가해 있고 다른 중견국들에 대한 지도력을 확보하는 한편, 미중의 배타적 지역 구상을 협력적인 구상으로 대체할 수 있는 제도적 기반을 확보할 수 있다. 강대국들의 경쟁과 직접 연관이 적은 사안에서 한국의 입지를 강화하고 영향력을 확보할수록 보다 경쟁적인 사안에서 중견국 연대를 이끌 수 있는 한국의 경험과 리더십이 강화될 수 있다.

이 과정에서 미국과의 관계는 여러 면에서 중요하다. 한편으로는 미국의 요구에 부응하는 측면도 있고, 다른 한편으로는 미국과 함께 참여하여 보다 효율적인 중견국 안보전략을 추진하기도 하였다. 세계 여러 중견국들과 한국의 지구적 차원의 중견국 외교안보전략을 비교해보면 한국은 2017년 기준 UN 평화유지 재정지원에서 12위를 차지하고 있다(Oosterveld and Torossian 2019).

한국은 외교안보 차원에서 평화유지, 해외파병, 비확산/테러/사이버 안보 등 다양한 분야에서 중견국 안보전략을 추구하고 있다. 한국 국방부는 해외파병을 통한 국제기여를 강조하고 있는데, "유엔과 국제 사회의 지원으로 6·25 전쟁의 비극을 극복한 우리나라는 눈부신 경제 성장과 민주화를 바탕으로 도움을 잊지 않고 도움을 주는 나라, 국제 사회의 책임 있는 일원으로 국제평화유지 활동에 적극 참여하는 나라" 가 되었다고 서술하고 있다. 한국은 "2018년 11월 기준 약 1,000여 명 이 유엔 평화유지활동, 다국적군 평화활동, 국방교류협력활동 등 다양 한 파병활동을 통해 국가위상 제고에 기여"하고 있다고 언급하고 있다 (국방부 2019).

보다 구체적으로 1993년 소말리아에 공병부대를 파견한 이후 서 부 사하라 국군의료지원단, 앙골라 공병부대, 동티모르 상록수부대, 아 이티 단비부대를 파견하였고, 지금도 전 세계 분쟁 지역에서 평화유지 활동에 참여하고 있다. 2018년 11월 현재 레바논 동명부대 331명, 남 수단 한빛부대 280명과 개인 단위 파병 등 6개국에서 635명이 임무를 수행하고 있다.

동명부대는 정찰과 감시 활동을 통해 불법무기와 무장세력이 레 바논 남부 작전지역으로 유입되는 것을 차단하고 있으며, 정전감시 활 동 이외에도 피스웨이브(Peace Wave)라는 다기능 민군 작전과 인도 적 지원 활동을 수행하고 있다. 현재까지 10만여 명이 넘는 환자를 진 료하고 하수도와 학교 시설 개선, 도서관 설치 등의 인도적 지원 활동 을 통해 현지 주민의 생활 여건을 개선하였다. 한빛부대는 내전으로 황 폐해진 남수단 보르 지역에서 도로, 비행장, 교량 건설 및 보수, 나일강 차수벽 설치 등 재건지원 활동과, 난민 보호, 식수 및 의료지원 등 인도 적 지원 임무를 수행하고 있다.

정부는 인도, 파키스탄, 레바논, 남수단, 서부 사하라 등 주요 분

다양한 국제평화유지활동 비교

구분	유엔 평화유지활동	다국적군 평화활동	국방교류협력활동
주체	유엔이 직접 주도	지역안보기구 또는 특정 국가 주도	파견국 주도
지휘통제	유엔 사무총장이 임명한 평화유지군 사령관	다국적군 사령관	파견국 군지휘관
소요경비	유엔에서 경비 보전	파견국 부담	파견국 부담

쟁지역에 설치된 유엔 임무단에 정전감시 요원인 옵서버와 유엔 임무단 참모장교 등 20여 명을 파견하고 있다. 옵서버는 현지 임무단의 통제하에 정전협정 위반 여부를 감시하고 순찰, 조사, 보고, 중재 등의 임무를 수행하고 있다. 참모장교는 각 사령부의 정보, 작전, 군수 등 주요 참모부에 소속되어 담당 임무를 수행 중이다.

다국적군 평화활동 관련, 2018년 11월 현재 우리나라는 다국적군 평화활동을 위해 소말리아 청해부대 302명과 개인 단위 파병 9명 등 5개국에 총 311명을 파견하고 있다. 아프가니스탄의 안정화와 재건활동을 지원하기 위해 2010년 파견된 오쉬노부대는 2014년 6월까지 1,800여 회에 달하는 호송 작전과 정찰 작전을 수행하여 단 한 건의 피해도 없이 지방재건팀의 재건활동을 보호하고 아프가니스탄의 안정과 재건에 기여하였다. 소말리아 청해부대의 주요 임무는 국내외 선박을 호송하고 안전항해를 지원하며 연합해군사령부와 유럽연합의 해양안보 작전에 참여하여 유사시 한국 국민을 보호하는 것이다. 청해부대는 2018년 11월 기준으로 구축함 1척, 헬기 1대, 고속단정 3척과 302명의 병력으로 구성되어 있다. 아덴만 지역의 해적활동은 점차 감소하고 있으나 아덴만 해역은 원유와 액화천연가스(LNG) 등 전략물자의 주요 수송로로 한국 전체 물동량의 29%가 인근 해역을 통항함에 따라 이 지역의 안전 확보는 여전히 중요하다.

다국적군 참모 및 협조 장교 활동 관련, 한국군은 바레인의 연합해군사령부, 지부티의 연합합동기동부대(CJTF-HOA), 미국 중부사령부와 아프리카사령부 등에 총 10여 명의 참모 및 협조 장교를 파견하여 연합해군사령부 참모업무 수행, 연합작전계획 수립, 한국군 해외파병부대 교대 및 전투근무 지원, 현지 동맹군 협조 업무를 수행하고 있다.

그 밖의 교류협력 활동을 위해 특정 국가의 요청에 따라 전투 위험이 없고 장병의 안전이 확보된 지역에 한국군을 파견하여 교육훈련, 인도적 지원, 재난 구호 등 비전투 분야에서의 국방교류협력 활동을 추구한다. 2013년 11월 심각한 태풍 피해를 본 필리핀의 복구활동을 지원하기 위해 아라우부대를 파견하였다. 아라우부대는 피해지역 복구 임무를 완수하고 2014년 12월에 철수하였다. 2014년 3월에는 말레이시아의 실종 여객기 탐색 지원을 위해 해외에서 장기간 체류하면서 다국적 연합탐색작전 임무를 수행하였다. 에볼라 바이러스의 확산을 저지하기 위해 2014년 12월부터 2015년 3월까지 서아프리카 주요 발병 국가인 시에라리온에 민간 의료 인력과 함께 군의관 6명과 간호장교 9명으로 구성된 에볼라 대응 해외긴급구호대(KDRT75)를 파견하였다. 특정 국가의 요청에 따라 전투 위험이 없고 장병의 안전이 확보된 지역에 한국군을 파견하여 교육훈련, 인도적 지원, 재난 구호 등 비전투 분야에서의 국방교류협력활동을 펼치고 있다. 2013년 11월 심각한 태풍 피해를 본 필리핀의 복구활동을 지원하기 위해 아라우부대를 파견하였다. 아라우부대는 피해지역 복구 임무를 훌륭히 완수하고 2014년 12월에 철수하였다. 2014년 3월에는 말레이시아의 실종 여객기 탐색 지원을 위해 해외에서 장기간 체류하면서 다국적 연합탐색작전임무를 수행하였다. 또한 한국 정부는 에볼라 바이러스의 확산을 저지하기 위해 2014년 12월부터 2015년 3월까지 서아프리카 주요 발병 국가인 시에라리온에 민간 의료인력과 함께 군의관 6명과 간호장교 9명으로 구성된 에볼라 대응 대한민국 해외긴급구호대(KDRT75)를 파견하였다.

평화 유지 및 평화 구축과 관련된 외교활동도 전개되고 있다. 한국은 2018년 12월 3~4일 서울에서 평화유지활동 국제회의(Seoul Conference on UN Peacekeeping)를 개최했다. 이 회의에는 평화유지활동 공여국 및 유엔, EU, 아프리카연합(AU) 등 국제·지역기구 관계자, 전문가 등 80여 명이 참여해 최근 평화 유지 활동의 논의 동향을 점검하고 미래 발전 방향을 모색하는 한편, 각국의 모범 사례 및 도전 과제를 공유했다(외교부 2019, 180-181).

최근 유엔 내에서는 법치 확립, 민주주의 증진, 국가 화해 촉구, 인권 증진 등 다양한 수단을 통해 사전에 분쟁을 예방하고 평화의 지속화(sustaining peace)를 추구하는 '평화 구축'이 핵심 과제로 자리 잡고 있다. 한국은 유엔 평화구축위원회(Peacebuilding Commission, PBC) 위원국으로서 유엔의 분쟁 예방 및 평화 구축 노력에 참여하고 있다. 유엔 평화구축위원회는 평화 구축 및 분쟁 예방 활동에 관해 유엔안보리, 유엔총회 및 경제사회이사회(ECOSOC)에 자문 역할을 수행하는 유엔 기관이다. 한국은 2017년 의장국을 수임한 데 이어 2018년 부의장국으로 활동했으며 평화 구축 이슈의 유엔 내 주류화에 기여했다(외교부 2019, 181).

이 밖에도 다른 중견국 외교안보 이슈로서, 국제 원자력·군축비확산 체제 강화 노력 참여, 군축비확산 네트워크 구축·강화, 다자 차원의 대테러 협력, 지역·양자 차원의 대테러 협력, 사이버 안보 위협 대처를 위한 국제 협력, 해적 퇴치를 위한 국제 공조 등에서 활동을 전개하고 있다.

3. 한미동맹의 당면 과제들의 처리 방향: 강대국 경쟁 연관적 사안들

지구적 차원에서 보편이익을 위해 추진되고 있는 한국의 중견국 외교 안보전략이 한미동맹 전략과 선순환관계를 이루려면 한미동맹이 좁은 의미의 한국의 국가이익, 또는 한미 간의 안보 공통이익에 국한해서는 안 된다. 한미동맹이 보다 넓고, 장기적인 지역질서 자체의 이익을 위해 공헌하는 중견국형 동맹이 되려면 다음의 점들을 반영해야 한다. 첫째, 한국은 한국의 중견국 외교안보전략이 크게 변화된 국제정치 상황에 처해 있다는 점을 인식해야 한다. 냉전기 중견국 전략이 미소 간 협력을 도모하며, 미국의 공산권 정책에 적절하게 참여하는 것을 의미했고, 탈냉전기 미국 단극체제 하의 중견국 외교안보전략이 미국 중심의 규칙기반 질서를 보완하고 미국과 협력 하에 세계 각 이슈에 적극 참여하는 것을 의미했다면, 현재의 상황은 매우 다르다.

미국은 패권조정기에 일방주의 전략을 추진하고 있고 미중 전략 경쟁 하에서 중국에 대한 선제적 균형전략을 사용하고 있다. 미국의 동맹전략은 지역별 안보 아키텍처의 변환 및 동맹 부담 재조정의 모습을 띠고 있고 기존의 안보규범의 변화를 추진하고 있다. 중국에 대한 견제 목적 하에 인도태평양전략을 추진하고 있고 이 과정에서 한국의 지역 미사일 방어체제 편입, 아시아 분쟁 지역에서 한국의 대중 견제 참여, 동남아 국가들의 군비증강에 대한 참여 등을 요구하고 있다. 한국의 중견국 외교안보전략의 여지가 크게 줄어들고 있고 보다 장기적으로 대처해야 한다는 인식을 가다듬는 것이 첫 번째 과제이다.

둘째, 미국의 동맹국으로서 미국의 안보이익에 대해 미국이 보지 못하는 것을 파악하는 것이 중요하다. 미국은 단기적인 국력회복을 위해 패권조정을 시도하고 사활적 이익이 있는 지역을 중시하면서도 비용을 절감하는 전략을 추진하고 있다. 미중 전략 경쟁에서 아시아 국가들에게 전략적 선택을 요구하는 모습도 보이고 있다.

그러나 미중 경쟁은 아시아 국가들에게 많은 전략적 난관을 창출하고 있고, 미중 양국 중 전략적 선택이 아닌 협력적 공간을 더 많이 창출해 주는 국가가 동의와 지원을 얻을 것이다. 미국이 단기적인 패권조정의 필요, 대중 견제의 필요에 따라 동맹에 대한 다양한 일방주의적 과세를 할 것이 아니라 장기적 관점에서 대중 관여와 규칙기반 안보질서의 창출, 동맹국 및 파트너 국가들과의 안보구상에 대한 공동 구상을 추진해 나갈 수 있도록 한미 전략대화와 협력을 추구해나가야 한다. 한미동맹의 틀 속에서 미국의 안보전략에 대한 적절한 변화를 추구하는 것이 중견국 외교와 동맹정책을 조화하는 한 방법이다.

셋째, 한국은 아시아의 다른 중견국들과 협력 가능한 범위를 정확히 인식해야 한다. 흔히 같은 의사를 가진 집단(like-minded power)이나 같은 상황에 놓인 국가(like-situated power)와의 협력을 강조하지만 미중 간 세력균형이 첨예해질수록 중견국 간 동질성보다 이질성이 더욱 강화된다. 미중 역시 자신의 이익을 위해 중견국 중심성(middle power centrality)을 약화시키려고 노력하게 된다. 자연스러운 분할지배(divide and rule)의 전략이다.

한국은 일본이 강대국화 노선을 추구하기도 하지만 국제협조주의에 기반한 중견국 외교 노선이 있다는 점에 착안하여 한일 협력을 주창하기도 한다. 그러나 일본이 가지는 취약성 상호의존의 경우 한국에 비해 매우 강력한 국력을 가지고 있으며 따라서 중견국 노선을 추구하더라도 전략 추구 형태가 다를 수밖에 없다. 일본은 한편으로는 미일동맹을 강화하면서 중일 관계를 촉진하는 전략을 추진하며 이 과정에서 한국보다는 강한 보복내구성을 가진다. 아세안 국가들은 한국과 비슷한 위치에 처해 있기도 하지만, 한국은 분단국가로 미중 양국의 영향력이 더욱 강하고, 아세안 국가들이 여전히 지역연합체에 의해 강한 보복내구성을 가지는 것과 달리 한국은 보다 취약하다. 따라서 한국이 중견국 연합을 추구하더라도 서로 다른 상황을 정확히 인식하고 대처방안을 강구해야 한다.

넷째, 미중 관계의 미래에 대한 지역구상을 개발하여 지속적으로 제시하고 공감을 획득하는 것이 중요하다. 현재 미중의 경쟁은 무역경쟁, 기술경쟁과 같은 양자 측면에서 진행됨과 동시에 경제 가치사슬과 안보 협력사슬에서 점차 양분화(decoupling)되는 경향을 보인다. 이에 따라 미중에 양면 상호의존을 하던 아시아 국가들도 미중 양분화에 따라 점차 재편성(regrouping)되는 상황에 처하고 있다. 아시아 국가들의 재편성이 점차 표준과 가치를 진영화하는 양대 진영 혹은 블록으로 화하게 되면 배타적인 두 진영으로 나뉘어 중견국 외교는 설 자리를 잃고 만다. 2019년을 기준으로 미국은 대중 견제적 인도태평양전략을 정립하고 동맹 및 파트너 국가들과의 네트워크를 강조하기 시작했다. 중국 역시 일대일로전략으로 중국의 경제, 인프라 지원, 안보, 더 나아가 거버넌스와 가치를 공유하는 지역을 창출하기 시작했고, 동아시아의 경우 도련전략을 가속화하고 있다. 2019년 10월 1일 건국 70주년 열병식 때 과시된 중국의 군사력은 강력한 반접근, 지역거부 전략의 무기 체계를 보여주고 있다.

미중이 점차 배타적인 양대 진영 분리로 나아가지 않게 하기 위해서는 무엇보다 중국의 강대국화에 걸맞는 중국의 지위 설정, 기존 미국 주도 자유주의 질서 하 중국의 역할 설정, 그 속에서 중국에 대한 강력한 구조적 관여를 추구해야 한다. 미국 주도 질서에서 강대국 중국이 설자리를 잃게 되면 중국은 필연적으로 배타적인 지역구상을 추구할 수밖에 없다. 미국 역시 19세기 초 강대국 지위를 추구하면서 먼로 독트린으로 자신의 지역구상을 추구했지만 점차 영국 주도 질서 하에서 일정한 위치를 차지하면서 미영 간 세력전이, 혹은 강대국 협력이 가능하게 되었다(Zakaria 2019).

한국은 미중 지역구상이 배타적이 되지 않도록 미중 양국에 기존의 자유주의 질서가 미국만의 주도로 이루어진 것이 아니며, 중국의 강대국 역할을 인정하고 구조적 관여를 추진할 여지를 만들어가야 한다. 우선은 한국이 처해 있는 강대국 경쟁 연관 사안에서 한국의 외교전략 방향을 명확히 하고 미중을 함께 관여할 수 있도록 노력해야 한다.

다섯째, 이와 연관하여 협력이 가능한 외교안보 사안을 개발하여 한미동맹과 연관시키는 노력이 필요하다. 한반도 차원에서 당면한 북핵 문제는 한국의 사활적 이익에 관련한 것이므로 중견국 외교안보의 비중이 높지 않을 수 있다. 우선은 북한의 핵 위협과 향후 발생할 수 있는 남북 안보갈등을 해결하는 한미동맹의 전통적인 기능을 유지해야 한다. 또한 미국의 확장억지를 지속 가능하게 하도록 미국과 긴밀한 협의를 하면서 비핵화 노력을 위한 전략 대화도 필요하다.

북핵 문제는 동시에 지구적 핵 비확산의 문제이기도 하고 많은 세계 국가들이 관심을 기울이는 규범적 이슈이기도 하다. 중국 역시 국제연합 유엔안보리 상임이사국의 하나로 비확산 규범을 준수하고 책임 있는 강대국으로서 규범외교를 추구해야 하는 국가이다. 미중 간에 많은 갈등 사안들이 있지만 북핵 문제는 미중의 이익이 일치하는 문제이다. 비확산의 관점에서 일치하는 미중 간 이익구조가 한반도를 둘러싼 지정학 이익구조와 일관되게 하는 것이 한국의 중견국 외교 및 동맹 외교의 핵심이다. 미중 양국은 지정학 경쟁 구도 속에서 비핵화된 한반도의 미래가 자국의 지정학 이익에 도움이 될 것인지를 두고 끊임없이 고민해왔으며 확신이 없는 상황에서는 현상유지를 선호하는 경향을 보인다. 한국은 비핵화 이후 평화가 정착된 한반도가 미중의 지정학 이익에 모두 공헌할 수 있다는 점을 논리적으로나 실제적으로 확신시켜야 한다.

그러려면 현재 비핵화 이전 한국의 중견국 외교안보전략이 공고하게 뿌리내리고 현실에 반영되고 있다는 점을 명확히 해야 한다. 비핵화 이전 한국의 중견국 전략이 비핵화 이후 평화한반도에 필연적으로 반영될 것이라는 점, 그리고 이러한 중견국 전략이 미중 모두의 전략적 이익과 미중의 협력 촉진에 도움이 된다는 점이 설득될 때 미중 양국은 지정학적 이익을 확신하는 가운데 비핵화 과정에 보다 적극적으로 참여할 것이다.

여섯째, 당면 동맹 이슈들을 원활하게 처리하는 것이 중요하다. 동맹 이슈는 한미 양자 간의 이슈로 북한의 군사위협과 장차 있을 수 있는 중국의 위협에 대처하는 전통적 동맹 이슈로 여겨지기 쉽다. 그러나 한국의 전반적인 중견국 외교안보전략이 강화되고 그에 대한 미국의 이해가 쌓여갈 때 동맹 역시 새로운 안보환경에서 새로운 기능을 할 수 있을 것이다. 북한의 비핵화와 한반도 평화프로세스, 유엔사의 향후 기능, 전작권 환수 이후 한미동맹의 지휘권 문제 등이 당면 과제로 이를 중견국 외교안보전략의 관점에서 다루어나갈 필요가 있다.

V. 결론

미국 단극체제 하에서 한국은 발전된 국력과 국제적 평판을 기초로 중

견국 외교를 시작했다. 단극체제 하에서 강대국들 간 제로섬 게임적인
대립이 상대적으로 적었기 때문에 중견국 외교는 우호적 환경에서 진
행될 수 있었다. 그러나 미국의 패권조정과 미중 전략 경쟁이 심화되면
서 한국의 중견국 안보전략, 특히 안보 분야의 중견국 전략의 입지는
급격히 감소하고 있다. 한국은 전반적으로 한편으로는 미중의 배타적
진영화를 막고 상호보완적 지역구상을 추구하도록 추동하는 한편, 미
중 대립적 안보 사안에서 현명하고 신중한 정책을 펴나가야 한다. 그러
면서도 한미동맹의 관리 사안들, 북한이라는 안보 위협에 대한 대처 등
을 적절히 다루어 중요한 안보 자산인 한미동맹의 장기적 발전도 도모
해야 한다.

한미동맹은 한국의 중견국 외교안보전략 이전에 한국의 안보를
확고히 하기 위한 중요한 정책 수단이다. 한미 양국 간 동맹 유지에 필
요한 문제들을 다루고, 동맹 유지의 다양한 딜레마들, 즉 안보와 자율
성의 딜레마, 연루와 방기의 딜레마 등을 효과적으로 다룰 필요가 있
다. 미국이 패권조정 과정에서 무리한 동맹조정을 추구할 때 이에 대한
적절한 대응을 하는 것도 중요하다.

급변하는 미중 관계 속에서 한미동맹의 기능을 설정하는 일도 중
견국 외교와 관련하여 중요한 과제로 대두되고 있다. 한국은 평화체제
를 이루면서 남북 군사적 신뢰구축, 군비통제 등에 골몰하게 될 것이
다. 그러나 북핵 문제 해결 과정에서 목도하였듯이 미중 관계는 한반
도 문제에 지대한 영향을 미치는 핵심적 요소이다. 미국은 인도태평양
안보전략을 형성해가면서 기존의 바퀴살체제에 기반한 샌프란시스코
체제를 변화시키려는 의사를 부분적으로 표명하고 있다. 바퀴살체제
를 대신하는 네트워크화된 안보체제를 추구하고 있으며 이 경우 미국
의 동맹파트너들 간의 직접 연계를 중시하는 다자안보체제로 나아갈

수도 있다. 이 경우 한미동맹의 유엔사는 다자안보에 유리한 플랫폼이 된다는 점에서 북핵 문제와 유엔사의 위상 문제, 이와 연계된 유엔사와 전작권 환수 문제 등을 슬기롭게 다룰 필요가 있다.

현재 상황에서 중국을 견제하기 위한 다자안보는 중국의 강한 반발을 불러올 수 있고 중국과 이해관계가 얽힌 아시아 국가들 간의 입장 차이를 조율하기 어려우며, 미국 동맹국들 간의 협력을 방해하는 무임승차의 문제 및 이해관계 차이의 문제가 여전히 존재한다. 향후 중국을 관여하여 협력적 지역질서를 이루어야 하는 한국의 중견국 외교 관점에서 중국 견제의 다자안보는 배타적 안보체제로 굳어질 확률이 높다. 한국은 인도태평양 지역구상과 일대일로 지역구상이 여전히 형성 중이라는 점에 착안하고 양쪽 모두에 적극 참여하여 양자의 공유점을 늘이고 한국의 목소리를 확보할 필요가 있다. 이 과정에서 한미동맹이 지역안보를 위한 중요한 기능을 할 수 있도록 한미 협력도 동시에 추구해야 한다.

더불어 향후 한국이 미중 관계에서 국익을 극대화하기 위해 어떠한 수단을 축적해야 할지, 특히 군사적으로 의미 있는 행위자가 되기 위해 어떠한 형태의, 어느 정도의 군사력을 축적해야 하는지를 고민할 필요가 있다.

참고문헌

김동욱. 2009. "주한 유엔군사령부의 법적 지위와 전시작전통제권 전환." 『군사』 71: 241-262.

김진선. 2015. "현대사회에서 합리적 이기주의의 필요성 연구." 『윤리연구』 102: 123-143.

문병도. 2008. "윤리학적 이기주의 비판과 이에 대한 반론의 검토: 바이어와 칼린의 주장을
중심으로." 『범한철학』 50: 337-360.

문정인. 2015. "전시작전통제권 환수 연기, 무엇이 문제인가?" 『내일을 여는 역사』 58: 14-23.

박기덕·이상현. 2008. 『북핵문제와 한반도 평화체제』. 서울: 세종연구소.

박휘락. 2012. "한미연합사령부 해체가 유엔군사령부에 미치는 영향과 정책제안." 『신아세아』
19-3: 76-98.

이영재. 2014. "데이비드 흄의 '공감' 개념에 관한 연구." 『한국정치학회보』 48-4: 155-174.

정재욱. 2014. "전시작전통제권 전환과 한미동맹: 유엔군사령부의 역할 정립을 중심으로."
『JPI 정책포럼』.

정태욱. 2007. "주한 "유엔군사령부"(UNC)의 법적 성격." 『민주법학』 34: 197-227.

최용철. 2008. "윤리적 이기주의 연구." 『범한철학』 51: 309-332.

한국 국방부. 『국방백서 2019』.

한국 외교부. 2019. 『외교백서 2019』.

허남결. 2008. "불교(윤리적)적 이기주의는 가능한가?: 새로운 버전의 '자리(우선)이타행'을
제안하며." 『윤리문화연구』 4: 185-229.

Chun, Chaesung. 2014. *East Asian Security and South Korea's Middle Power Diplomacy.*
East Asia Institute Working Paper.

Oosterveld, Willem and Bianca Torossian. 2019. "A Balancing Act: The Role of Middle
Powers in Contemporary Diplomacy." https://www.hcss.nl/pub/2018/strategic-
monitor-2018-2019/a-balancing-act/

Rousseau, Jean-Jacques. 1756[2005]. "Judgment of the Plan for Perpetual Peace,"
Christopher Kelly and Judith Bush, trans. *Collected Writings of Rousseau*, vol. 11,
London: University Press of New England.

Zakaria, Fareed. 2019. "The New China Scare: Why America Shouldn't Panic About Its
Latest Challenger," *Foreign Affairs* (December).

제7장   한국의 중견국 외교와 정체성
공진화의 정치: 신동방정책과의
비교와 시사점

차태서(성균관대학교)

* 이 글은 차태서. 2019. 『국제관계연구』 제24권 제2호. pp.43-72에 게재된 논문을 수정·보완한 것이다. 초고에 건설적인 코멘트를 해주신 정성철, 조한승 교수님들께 감사드린다.

I. 서론: 구성주의적 중견국 외교론의 문제설정

한반도의 국제관계는 2018년 이후 현재까지 또다시 급격한 침로 수정을 겪으며 요동치고 있다. 우선 북한의 계속되는 핵, 미사일 실험과 이에 대응한 미국의 "코피 작전"이 운위되던 일촉즉발의 시기를 경유하였고, 2018년 초 평창올림픽을 기점으로 세 차례에 걸친 남북정상회담과 함께, 싱가포르와 하노이, 판문점 등에서 있었던 북한과 미국 수뇌들 간의 만남이 갑작스러운 평화무드를 자아내는가 했더니, 2019년 중반부터 또다시 교착국면에 접어들고 있다. 그리고 다른 한편으로 트럼프 시대에 들어 대결적 양상이 심화되고 있는 미중 패권경쟁이 동북아 전체의 구조적 배경을 형성하면서, 지정학적 긴장도를 높이고 있기도 하다.

이러한 시공간적 맥락에서 대한민국 정부는 한반도를 둘러싼 국제정치적 곤란의 근본적인 원인을 역내 냉전구도의 지속에서 찾고, 과거 20세기 말 유럽 냉전체제 해체의 선례를 좇아 동아시아에 다자평화안보체제를 구축하는 것을 최종적인 해법 혹은 국가 대전략의 기본으로 제시해 왔다. 문재인 정부의 이른바 "신한반도체제"[1]란 바로 이와 같은 문제인식의 계보를 잇는 슬로건이다. 이는 동북아의 냉전구도 해체를 추진하고 새로운 지역질서를 설계하는 전략을 의미하는데, 본 연구에서는 이러한 접근법이 이론적인 차원에서 구성주의적 외교론과 친화성을 보인다는 점에 주목하면서, 그간 한국의 중견국 외교의 역사와 함께 미래의 방향성을 탐구해보고자 한다.

그동안의 1-2세대 중견국 이론들에서는 국력변수(현실주의)나 행

---

1   문재인. "제100주년 3·1절 기념식 기념사." https://www1.president.go.kr/articles/5607 (검색일: 2019. 12. 19.)

태분석(자유주의)에 주로 집중해 왔으나(김치욱 2009; 강선주 2015), 구성주의적 이론화의 관점에서는 중견국 개념을 자기반성 혹은 정체성 구성의 영역으로 이해한다(손열 2016, 3). 특히 자아와 타자 간의 관계 설정에 주목하는 구성주의 국제정치이론의 입장에서 중견국이 가지는 특이성이란 국가 간 상호정체성의 변환 혹은 공진화(co-evolution)를 통해 새로운 이익의 계산법을 제시하는 것을 외교정책의 목표로 삼는다는 점이다. 즉, 갈등하는 국가들 사이에 대화를 촉진하거나 공통의 이해기반을 마련함으로써 국제적 위험을 회피하고, 자유주의적 집합 정체성이 지역 내에서 성장토록 하는 "변환적 중개자"(transformative broker) 역할을 자임하는 것이 제3세대 중견국이 지향하는 표준이다(김상배 2016, 52). 그리고 이러한 "중립자, 중재자, 화해촉진자"로서 중견국의 역할수행을 통해 변환된 지역 국제사회에서는 정체성의 다원성이 인정되어 타자와의 차이가 포용되고, 공존의 논리가 지배적인 에토스로 자리 잡게 된다(김태환 2019).

보다 구체적으로 본고는 한국의 중견국 외교의 이론적 자원으로 알렉산더 웬트(Alexander Wendt)의 무정부 문화론과 김학노의 서로주체성 개념을 원용하고자 한다. 우선 거시적인 시각에서 웬트는 "아나키는 국가들이 만드는 것"(Wendt 1992)이라는 자신의 구호에 따라 국가 간의 집단적 정체성 형성과 세계정치에서 체제수준의 문화들(="무정부 상태의 세 가지 문화들")을 설명해 왔는데, 그에 따르면 무정부 상태의 문화란 조직된 폭력을 관장하는 공유된 관념들에 의해 형성된 국제체제의 심원한 구조를 의미한다. 그리고 아나키 문화의 세 가지 이상형들을 구성하여 그 특징을 "홉스적", "로크적", "칸트적"이라고 명명하는데, 이는 각각 "적", "경쟁자", "친구"라고 하는 상이한 국가 간의 역할관계 관념에 기반하고 있다. 먼저, 홉스적 문화란 공격적 신현실주의가 묘사하는 국제정치의 모습과 유사하게 국가 간의 적대가 두드러진 상태이며, 죽느냐 죽이느냐가 중심적인 아나키의 원리이다. 말 그대로 "만인 대 만인의 투쟁의 세계"(Bellum omnium contra omnes)로서 제도적·규범적 제약이 거의 부재하다. 다음으로 로크적 문화는 방어적 현실주의나 신자유주의가 그리는 아나키 질서와 비슷한데, 비록 국가 간의 경쟁이 만연하지만 때로 협력도 일어나는 세계상이다. 또한 영국학파의 국제사회론과 유사하게 최소한의 공존규칙 혹은 주권규범이 준수되는 공간이기도 하다. 마지막으로 칸트적 문화는 우리가 아는 베스트팔렌 체제에 근본적인 변혁이 발생한 공간을 상정한다. 국가들은 서로를 친구로 간주하며, 비록 단일 세계정부 아래의 코스모폴리탄적 공동체에는 이르지 못했더라도, 집단안보체제가 정착하여 국가 간 협력이 한껏 증진되고 당연시되는 세계상이라 할 수 있다. 이와 같이 아나키 문화들을 유형론적으로 구분하는 작업은 국가의 이익이란 개념이 대개의 경우 국제체제의 구성물이기 때문에 중요하다. 즉, 어떤 아나키 문화가 존재하는지를 먼저 분석해야 특정한 역사적 조건에 처한 국가들의 정체성과 이익을 올바로 분석할 수 있다는 것이 구조적 구성주의자로서 웬트의 설명이다(Wendt 1999, 246-312).

중견국 외교론의 입장에서 이러한 웬트의 범주화가 흥미로운 것은 두 가지 이유 때문인데, 하나는 그가 무정부 상태 문화 간의 "이행"에 대해 논하고 있기 때문이다. 가령, 탈냉전이라는 역사적 사건은 적대적 국가 정체성이 주를 이루던 홉스적 아나키가 다원주의적-공존적 차원의 집단정체성("로크적 아나키")으로 전환된 관념구조적 변동으로 이론화될 수 있다. 나아가 더 중요한 것은 이러한 이행 과정을 주동적으로 선도하는 행위자에 대한 개념적 포착의 부분인데, 미하일 고르바초프(Mikhail Gorbachev)의 신사고가 냉전해체 과정에 기여한 바에 대한 웬트의 설명은 행위자의 주체성(agency)이 역사적 대전환 와중에 어떤 역할을 할 수 있는지를 뚜렷이 예시한다(Wendt 1999, 76, 129, 375). 이러한 논의는 국가전략 혹은 외교론에 대한 구성주의적 접근의 중요한 일면을 보여주는데, 웬트는 "만약 정치적 의지와 창의성이 충분히 갖춰진다면, 적어도 원론적으로는 이러한 표상들과 표상을 재창출시키는 행위들이 변화될 수 있다"고 설명하면서 "비록 현재는 벗어날 가망이 없어 보이는 갈등일지라도 우호적 관계가 싹틀 수 있다는 희망"을 강조한다(Wendt 2009, 10-11).

이런 맥락에서 김학노의 서로주체적 통합에 대한 개념화는 보다 직접적으로 중견국 한국의 외교전략을 구성주의적 방식으로 풀어나가려는 노력으로 해석 가능하다(김학노 2018). 남한과 북한 사이에 존재하는 홉스적 적대관계와(Wendt 1999, 281) 동아시아의 로크적 경쟁관계(Wendt 2009, 8-9)를 보다 평화적인 무정부 문화로 이행시키는 것을 추구하는 외교전략을 이론화하려는 시도이기 때문이다. 저자는 분단 이후 남북관계의 변동을 개념화하기 위한 방편으로 "홀로주체적" 만남과 "서로주체적" 만남을 구분하는데, 전자가 타자를 주체적 존재로 인정하지 않고 자아의 목적을 추구하기 위한 대상이나 객체로서만 대하는 태도를 뜻하는 반면, 후자는 자아와 타자가 서로의 주체성을 인정한 바탕 위에서 동등한 주체로 만나는 윤리적 상황을 의미한다.[2] 이러한 범주화는 사실 비판적 구성주의자들 혹은 탈구조주의적 비판이론가들(Weldes 1999)이 주목하는 "동일성(=정체성)의 정치학"(politics of identity) 개념과 맞닿는 측면이 있는데, 이들에 따르면 기본적으로 자아는 타자들과의 차이를 통해 규정되는 관계적 개념이자 사회적 구

---

2   서로주체성 개념의 철학적 정의에 대해서는 김상봉(2007)을 참조할 것.

성물이다. 그런데 이 지점에서 문제가 되는 것은 여러 차이들을 본질적으로 사악하고, 비합리적이며, 비정상적이고, 위험한 야만적 존재로 규정하는 "타자화"(Othering)의 경향성이다. 이 강렬한 정동(affect)은 기본적으로 자신을 본질적으로 선하고 합리적이며 완전한 것으로 구성하려는 독단적 욕망에 기초하며, "우리"와 "그들" 사이를 이분법적으로 가르고 타자를 억압하는 배제의 정치를 가동한다(Connolly 2002). 김학노가 말하는 홀로주체적 만남이란 바로 이러한 폭력적 이분법에 기반한 동일성의 정치를 일컫는 것이며, 반대로 서로주체적 만남이란 마니교적 자아/타자 분리를 지양하는, 다원주의와 포용성에 기반한 개방적 정체성의 정치와 공명하는 개념이다. 아울러 앞서 논의한 웬트의 아나키 문화 스펙트럼과 연결 지을 경우, 홀로주체적 만남과 배제의 정체성 정치가 만연한 국제정치가 홉스적 무정부 상태에 가까운 것이라면, 그 반대쪽에 위치한 서로주체적 만남과 포용의 정체성 정치가 주류를 이루는 국가 간 정치의 공간은 칸트적 무정부 상태에 근접한 것이라 할 수 있다.

이상의 이론적 분석틀을 바탕으로 하여, 본문에서는 냉전기 서독의 신동방정책을 하나의 비교대상으로 삼아 중견국 외교가 어떻게 정체성 변환과 공진의 정치를 가동시켜 냉전구도에 균열을 가져올 수 있을지를 탐구해보고자 한다. 특히 적대의 정치에서 공존의 정치로의 전환을 가져오는 변환적 중개자 전략을 세 가지 층위로 나누어 살펴볼 것인데, 적대적 분단국가 간 정체성 공진(①), 지역 차원의 새로운 무정부 문화 재구성과 안보공동체 구축(②) 등과 함께, ①+② 층위의 전환을 추동할 수 있는 중견국가 내부의 포용적 정체성 함양(③)과 관련된 내용을 살펴볼 예정이다.

여기서 한 가지, 왜 유럽의 "강대국" 독일을 중견국 연구의 대상으로 삼느냐는 반론이 제기될 수 있지만, 단순히 물질적 국력에 집중하는 현실주의적 중견국 정의보다 행태와 정체성의 차원을 주목하는 본 연구의 취지를 반추해 볼 필요가 있다. 냉전기 미소 초강대국 정치에 의해 적대적으로 구성된 동서독 간 정치와 유럽지역 국제정치 문화의 전변에 집중한 서독의 사례는, 오늘날 미중 패권경쟁 구도 속에서 한반도 국제정치와 동아시아 지역정치의 적대적/경쟁적 문화를 어떻게 서로 주체적 문화로 이행시킬 수 있을 것인가를 고민하는 우리에게 여러 유용한 함의를 제공할 수 있다. 사실 독일의 신동방정책과 한국의 탈냉전 전략의 유사성에 대한 논의는 김대중 정부 이래 꾸준히 제기되어 왔고 (황병덕·김학성·박종철·전성훈 2002), 현 문재인 정부의 경우도 독일 통일의 선례와 유럽에서의 탈냉전 과정을 모델로 삼아 대전략을 구성하고 있다는 점[3]을 염두에 둔다면, 서독의 사례를 비교대상으로 삼는 것의 정당성은 충분히 지지될 수 있을 것이다.

II. 20세기 서독몽: 유럽 냉전 완화 과정과 신동방정책

빌리 브란트(Willy Brandt)의 신동방정책(Neue Ostpolitik)은 구성주의적 가정의 유용성을 증명하는 역사적 사례로 볼 수 있다. 국제권력 혹은 구조변수의 변화가 가져온 힘도 물론 허용조건(permissive condition)으로 존재했지만, 한 행위자가 양극으로 이루어진 기성권력관계에 새로운 "의미"를 부여함으로써 냉전체제의 변화를 추동한 경우로 볼 수 있기 때문이다. 동서진영을 가르는 경계선의 현상유지

---

3   문재인. "평범함의 위대함: 새로운 세계질서를 생각하며." https://www1.president.go.
     kr/articles/6246 (검색일: 2019. 12. 19.)

는 그대로 지속되었으나, 그 분할의 성격을 재정의함으로써 데탕트
(Détente)를 선도해 나간 것이 바로 신동방정책의 역사적 성과이다
(Kleuters 2009, 520). 환언하면, 브란트 이니셔티브의 핵심은 국제적
차원에서 자아와 타자 사이의 관계를 재설정하는 일이었다. 냉전시대
적대적으로 분열된 정체성에 토대한 대립과 갈등의식을 극복하기 위
한 방편으로 보다 큰 단위의 탈민족적 정체성 구성을 추구하고, 그를
통해 평화와 공존, 나아가 통합을 모색한 것이 사회민주당(SPD) 집권
기 서독의 국가적 어젠다였다(노명환 2013). 그런 점에서 브란트는 기
본적으로 초국가주의적 사상을 지녔다고 평가할 수 있는데, "정체성에
대한 의식의 전환을 꾀하고 각 정체성의 단위를 상대화"함으로써 닫힌
민족주의의 지양을 통해 분단의 극복을 추진하였다는 점에서 그러하
다. 아울러 그는 주권의 초국적 양도를 통해 지역, 나아가 세계 수준에
서 평화로 가는 길을 탐색하기도 하였다(노명환 2012, 135).

중견국 외교론을 탐구하는 본고의 입장에서 브란트 집권기 서독
의 신동방정책이 더욱 흥미로운 것은 초강대국 간 진영정치에 종속된
피후원국(client)이라는 구조적 위치에도 불구하고, 주체성이 돋보이
는 역사적 순간을 만들어낸 창조력(entrepreneurship) 때문이다. 자신
의 안정지향적 대공산권 화해정책에 비해 서독의 동방정책이 지나치
게 현상변경적이라고 생각한 후원자(patron) 미국의 반대에도 불구하
고 브란트의 이니셔티브는 일관되게 실행되었으며, 일정 한계 내에서
지역질서의 아키텍트(architect) 역할을 충실히 수행하였다(Kieninger
2019). 당시 미소 간 긴장완화의 전개라고 하는 국제환경 변화는—니
콜로 마키아벨리(Niccolò Machiavelli)의 용어를 빌자면—사민당 정권
에게 있어 일종의 행운(fortuna)이었다고 볼 수도 있다. 그러나 그 열
려진 기회의 창에서 필요한 것(necessità)이 무엇인지를 정확히 판단하

고 적절한 전략으로서 신동방정책을 밀어붙인 것은 브란트를 비롯한
당대 독일연방공화국(BRD) 지도자들의 능력(virtù)의 영역으로 인정
되어야만 할 것이다(김학성 2002, 78).

1. 대동독정책: 적대적 불인정에서 평화적 공존으로의 이행

분단 초기의 서독은 철저히 현실주의적 세계관 속에서 동서독 관계
를 인식하고 이에 대응하였다. "힘의 정책"(Politik der Stärke)이라는
콘라트 아데나워(Konrad Adenauer) 정부의 기본노선은 이러한 기본
철학과 자기 정체성을 고스란히 반영했다. 무엇보다 이른바 "단독대
표권"(Alleinvertretungsanspruch)을 국가의 헌법에 해당하는 "기본
법"(Grundgesetz)에 명시함으로써, 독일민주공화국(DDR)의 실체 자
체를 완전히 부정하는 원칙을 1949년 이래 고수하였다. 따라서 단순히
소련의 점령지역으로 간주된 동독과는 어떠한 공식적 외교관계 수립
도 거부되었다(Kleuters 2009, 522; 한관수 2011, 258). 아울러 미국을
위시한 서방의 일원이라는 정체성만을 강조하면서, 그 동맹체의 힘을
등에 업고 동독의 고립을 꾀하는 정책이 지배적 경향이었다. 같은 맥
락에서 소위 "자석이론"(Magnettheorie)이 주창되었는데, 이는 공산체
제 치하에서 억압받고 있는 동독인들에게 서독이 매력공세를 펼쳐 공
략한다고 하는 흡수통일론을 의미한다(노명환 2000, 95-96). 이와 같이
홉스적 아나키 문화를 전제로 하면서 철저히 홀로주체적 태도를 보여
주는 아데나워 정권의 분단정책은 할슈타인 독트린(Hallstein Doktrin)
으로 집약되었다. 1955년 서독이 소련과 외교관계를 수립할 당시 아데
나워는 "서독과 외교관계를 맺고 있는 나라가 동독과도 외교관계를 맺
는다면 이는 독일 분단을 더욱 고착화시키는 결과를 낳기 때문에, 이를

비우호적인 행위로 간주하여 서독은 이 나라와 외교관계를 자동적으로 단절하겠다"고 선언하였다. 그리고 이 대외원칙은 동 정책의 입안자이자 당시 외무부 차관이던 발터 할슈타인(Walter Hallstein)의 이름을 따서 할슈타인 독트린이라 불리게 되었다. 실제로 이후 유고슬라비아와 쿠바가 동독과 수교하자 서독은 이들 나라와 외교관계를 단절하는 조치를 취하였다(손선홍 2005, 88).

그러나 1960년대 들어 베를린 장벽의 건설과 존 케네디(John F. Kennedy)의 "평화전략" 추진 등 새로운 외교환경 속에 충격을 받은 브란트와 사민당은 기성 분단정책을 완전히 반전시키는 신동방정책의 대강을 발표하게 되었다. 그리고 마침내 1969년 총리에 취임한 브란트는 기존 기민/기사당(CDU/CSU)의 보수적, 냉전적 헤게모니 연합을 대체하여 새로운 지배연합을 서독정치체제 내에 구성해 가면서 국가전략 전반의 근본적 변화를 추동하였다(Kleuters 2009, 528-531). 특히 대동독 정책에 있어 브란트 정부는 홀로주체적 관계를 서로주체적 관계로 전변하는 데 노력을 기울여, 기존의 홉스적 문화를 대체하고자 시도하였다. 그리고 사실상(de facto) 동독의 존재를 인정하고, 두 독일 간의 평화공존을 규정한 기본조약 체결(1972년)로 브란트 정부는 일차적 목표를 달성하게 된다. 이는 기존의 할슈타인 독트린의 공식적인 폐기를 선언한 것으로, 뒤이어 1973년 두 독일이 별개의 회원국으로 국제연합(UN)에 가입함으로써, 두 주권국가의 존재는 국제적 승인까지 획득하게 된다(Smyser 2019, 513). 이에 기독사회당은 브란트를 반통일분자로 규정하고 서독 연방헌법재판소에 제소까지 하지만, 사법부는 1973년 동서독 기본조약이 기본법의 1민족 1국가원칙(ein Nation, ein Staat)과 재통일의무에 위배되지 않는다며 합헌판결을 내리게 된다. 결국 브란트의 신동방정책이 국제, 국내 영역 모두에서 정당성을 인정받게 된 셈이다(손선홍 2005, 199; 김진호 2009, 211-212).

그런데 여기서 한 가지 주의할 점은 경계선 너머 상대의 존재를 인정하는 정책이 곧 분단현실의 고착화를 목표로 한 것은 아니었다는 사실이다. "바꾸기 위해 현실을 인정"한다는 것이 브란트의 기본자세였다는 점을 유념할 필요가 있다(김진호 2009, 211). 이것이 바로 "작은 걸음의 정책"(Politik der kleinen Schritte)이 의미하는 바이며, 브란트의 외교 브레인이자 신동방정책의 기획자인 에곤 바르(Egon Bahr)가 애초에 주창한 "접근을 통한 변화"(Wandel durch Annäherung)가 의도한 지점이다. 신동방정책의 원점으로 알려진 1963년 7월 튀칭(Tutzing) 연설에서부터 이미 바르는 다음과 같이 자신의 정책에 내포된 의도를 명확히 하였다.

공산 정권은 몰락될 수 없고 단지 변화될 뿐이다. 동독과의 관계는 가능한 한 폭넓은 무역을 통해 동독인의 생활수준을 향상시키도록 해야 한다. 이는 동독 정권을 안정시키겠지만, 긴장 완화와 느슨함이 가능하게 된다. 존립에 대한 동독 정권의 두려움이 줄어들면, 국경과 베를린 장벽을 넘어 더 큰 침투가 가능할 것이다(손선홍 2005, 161).

윌리엄 스마이저(William R. Smyser)에 따르면, 근본적인 차원에서 고려할 때 접근을 통한 평화란 "상호 화해를 통한 변환"(transformation through mutual accomodation)으로 번역될 수 있으며, 화해 과정에 참여한 당사자들이 그 과정에서 "부지불식간에 심오하게 바뀔 수 있음"을 의미한다고 한다(Smyser 2019, 420). 즉, 근저에 상호정체성 변환을 함축한 전략이라고 볼 수 있다. 당대 보수파의 비난과 달리 단순한 현상유지의 차원을 넘어 두 독일의 공진화를 추구하는 정책이었던 셈이다.

2. 유럽통합과 통일독일 꿈의 병진

브란트는 독일 통일이 단순한 재통일이 아닌 새로운 독일의 탄생을 의미할 것임을 반복해 강조하였다(노명환 2012, 157). 즉, 분단 극복 과정은 유럽 지역의 평화, 나아가 세계 전체의 평화체제 구축에 기여하는 과정이어야 했다. 민족주의적 정체성을 넘어선 초국적 정체성의 발명으로서 신동방정책의 의의를 자리매김한 셈이다. 다시 말해, 독일의 자아를 유럽적 차원의 자아로 새롭게 구성하고 그에 따라 유럽국가 간의 이해관계도 경쟁상대나 적대국과는 다른 형태의 공동의 이해관계로 재구성할 것을 촉구하였다(노명환 2013, 213).

실제로 1970년대 유럽에서의 데탕트와 오늘날까지 이어져 온 유럽통합의 기원도 상당 부분 당대 서독의 정책 이니셔티브에 공을 돌릴 수 있다(김학재 2017, 227-229). 집권 직후인 1970년대 초 과감히 기존의 적성국들과 일련의 동방조약들(Ostverträge)—모스크바조약(1970), 바르샤바조약(1970), 독일기본관계조약(1972), 프라하조약(1973)—을 체결함으로써, 브란트 정부는 전후 지속적으로 제기된 국경선 문제에 있어 오데르-나이세강을 폴란드의 국경선으로 인정하고 독일의 영토 주장을 포기하였다. 이는 곧 얄타체제 혹은 전후 수립된 유럽국경의 현상유지를 인정함—홉스적 문화에서 로크적 문화로의 이행—을 의미했다. 또한 1970년 12월 7일 폴란드 방문 시 브란트 총리가 2차 대전 중 나치에 의해 희생된 유태인 추모기념비 앞에서 무릎을 꿇는 인상적 장면을 연출하여, 국가의 역사적 죄에 참회하는 모습을 보였다. 이는 이웃 유럽 국가들이 갖고 있던 미래 독일에 대한 불안감을 불식시키는 차원을 넘어, "새로운 독일"이 탄생했음을 고지하는 상징적인 계기가 되었다. 그리고 그 신독일이 유럽 국제사회의 정상적인 구성원으로 받아들여질 수 있는 정서적 토대를 구축하는 것에도 성공하였다(노명환 2000, 100).

나아가 "변환적 중개자"로서 1970년대 초중반, 헬싱키 프로세스를 주도한 것이 신동방정책의 절정이라고 평가할 수 있을 텐데, 이는 독일이 양차 세계대전의 가해자에서 평화구축자로 변신했음을 예시한 사변이다. 본래 유럽 국경선의 현상유지와 다자간 유럽안보협력은 냉전 초기 소련이 제안한 사안이었다. 그런데 그간 서방 진영은 이를 미국의 영향력이 배제된 형태로 유럽 전역을 중립화하기 위한 소련의 술책이라고 생각해 거부해 왔다. 이러한 당시 상황에서 과감히 정책의 방향을 전환한 것이 바로 브란트 이니셔티브였다(신인아 2008, 65). 1975년 채택된 헬싱키협정(Helsinki Accords)은 냉전기 유럽의 평화공존 원칙을 수립한 것으로 제2차 세계대전 종전 이후 건설된 국제질서와 국가들에 대해 전 유럽과 북미가 법적인 승인을 했다는 의미를 지닌다(김진호 2009, 232). 나아가 유럽안보협력회의(CSCE)를 출범시켜 유럽 다자안보거버넌스 체제 구축과 냉전 완화에 결정적 돌파구를 제공하기도 하였으니, 유럽 국제관계가 칸트적 형태로 진화, 이행할 수 있는 토대를 마련했다고 볼 수 있다(박명림 2010, 415).

이는 독일이 미소 간의 전 지구적 대결구도를 뚫고 역내에서 통합과 화해로의 행위성(agency)을 발휘하는 독자적 정책을 추구한 결과일 뿐만 아니라(이동기 2015, 34-39; 노명환 2012, 156), 국제정치를 바라보는 기본시각에 변화가 생겼음을 고지한 것이었다. 아데나워의 정책이 우리(=서방)끼리의 작은 통합을 추구하는 타자에 대한 "배제"의 원칙에 기반했다면, 신동방정책은 보다 넓은 우리(=유럽 전체)의 구성

을 위해 상대의 다름을 인정하고 존중하는 "포용"의 원칙을 적용하였
다(신인아 2008, 67). 유럽평화추구자 혹은 초국적 이익추구자로서 자
기 정체성 및 역할관념을 변환하면서, 동시에 유럽 대륙 전체의 아나키
문화도 전변시킨 전략이라고 평가할 수 있다. 아울러 서방 측이 헬싱키
협정 협상 과정에서 제기한 인권과 자유화 논의가 이후 브란트의 신동
방정책이 애초에 의도했던 "접근을 통한 변화"를 실현하는 씨앗이 되
었고, 실제 1980년대 말 동구권 개혁에 추동력이 되었다는 점도 특기
할 만한 부분이다(김진호 2009, 237).

　　마지막으로 헬싱키 프로세스-CSCE의 장기적 영향으로서, 이후
독일 통일 국면에서 주변 강대국의 안보 불안이 해소되는 성과도 나타
나게 된다. 유럽통합의 심화와 함께 독일의 팽창주의적 성장에 대한 결
박도 더 강화되어 강대국 독일의 부상에 대한 위협인식을 근본적으로
제거해 주는 효과가 발휘된 것이다(한관수 2011, 271). 유럽 다자안보
체제로의 참여가 독일이 통일 후에도 계속해서 유럽 속의 독일로 남을
것이란 점을 보여주는 신호로 기능한 셈이다.

3. 사회민주주의의 심화: 국내 정체성의 포용적 전환

한편, 브란트 집권기(1969~1974)는 "서독 제2의 건국기"라고 불리
는 국내적 개혁시대로도 평가되고 있는데, "더 많은 민주주의"(Mehr
Demokratie wagen)라는 구호가 그 변환의 내용을 압축적으로 표현
해준다. 여기서 브란트가 말하는 민주주의는 기본적으로 사회민주주
의—1959년 고데스베르크 강령(Godesberger Programm)을 경유해 정
통 마르크스주의와 결별한—를 의미한다. 1969년 발표된 그의 글에 따
르면, 우파정당에게 민주주의는 단순한 국가조직 형태에 불과하나 "사

민당에게 민주주의는 인민의 모든 사회적 생활영역에 영향을 주고 관철되어야 하는 하나의 원칙"으로서 "민주주의는 지속적인 과정이며, 그 실현을 위해 부단하게 노력해야 하는 과제"이다(이진모 2014, 150). 사회적 자유주의가 공고화된 시대로서 사민당의 집권기는 독일 현대사에서 이전 아데나워의 기민/기사당 정부시기와 뚜렷이 구분되는 패러다임 전환기로 기록된다. 즉, 케인즈주의적인 국가주도 경제정책을 강력하게 추진하여 서독이 복지국가 발전의 큰 도약을 이룬 시기이다. 구체적으로 경제민주화의 일환으로 종업원평의회의 공동결정권을 확대하는 경영구조개선법, 하층민들에게 교육 기회를 확대하는 연방교육촉진법 등이 제정되었고, 사회국가의 요소로서 의료보험확대 시행, 연금개혁법 제정 등의 성과도 있었다(이진모 2014, 153).

여기서 본고의 주제와 관련해 중요한 것은 내부 (사회)민주주의의 심화라는 조건이 대외적인 신동방정책의 전제로서 작동했다는 점이다. 더 많은 민주주의의 달성이 국민들에게 더 깊은 사회적 연대의식을 갖게 하고 나아가 서독인들이 외부인들과 좋은 이웃 관계를 맺게 하는 결과를 가져왔다. 다시 말해, 내적 개혁(innere Reformen)의 정치가 타협적, 포용적 자기 정체성의 강화 효과를 낳았던 것이다. 포용적 정체성 구성의 방법론과 과정은 곧 참여민주주의의 심화와 구성원들 간의 끊임없는 교류와 상호작용을 통한 공동체 운명의식의 함양에 달려 있기 때문이다(노명환 2013, 203-206). 그리고 바로 이런 맥락에서 서독에서 민주적 복지국가의 달성이 이후 평화통일의 기초를 구성했다는 평가가 나오게 된다(이병천 2016, 46-53). 1990년대 동독의 체제전환 과정과 독일 통합의 과정이 우발적 역사조건으로 인해 의도치 않게 사실상 홀로주체적인 흡수통일로 귀결되었음에도 불구하고, 통일 후 사회통합의 과정이 비교적 평화적으로 전개될 수 있었던 것도 바로 서독이 심화시켜온 "사회국가성" 덕분이라는 지적이다. 발달된 사회복지제도와 연대의식이 구동독인들의 포용에 유리하게 작용했다는 설명이다 (송태수 2016).

III. 21세기 한국몽: 동북아 냉전해체 이니셔티브?

1. 남북관계에서 아나키 문화의 변전 시도

제2차 세계대전 직후 초기 미소 냉전 구도에서 생성(혹은 이식)된 대한민국과 조선민주주의인민공화국의 관계도 동서독과 유사하게 홉스적 정체성 관계로 출발하였다. 일제로부터의 광복 이후 서로를 "괴뢰"정권이라 부르며 정통성을 부정하는 철저한 숙적관계의 형태로 두 정치체 간의 역사가 시작된 것이다. 특히 1950년 상대의 존재를 삭제하기 위한 정복전쟁의 형태로 한국전쟁이 발발하였고(Wendt 1999, 283),[4] 휴전 이후에도 이승만 정권과 김일성 정권 모두 무력통일론을 포기하지 않음으로써, 홀로주체적 남북관계가 지속되었다(김학노 2018, 155-163). 즉, 냉전기의 분단체제에서 남북은 상대를 적법한 국가로 인정하지 않고 "미수복지역"으로 인식하였기에, 서로가 자신만을 한반도의 유일 합법정부로 간주하고 흡수통일을 당위로 여겼다(김병로 2018, 127).[5] 1960년대에 들어선 박정희 정권도 반공을 제1의 국시로 내걸고

---

4   사실 이 점 때문에 동서독 관계보다도 남북한 아나키 문화가 훨씬 더 홉스적으로 구성되었다고 볼 수 있다. 실제로 상대를 "죽이기" 위한 강렬한 시도에서부터 그 관계가 출발했기 때문이다.

5   같은 맥락에서 김학재가 말하는 "판문점 체제"의 본질도 바로 이러한 홉스적 아나키 문화에 놓여 있다. "1950~1960년대 내내 남과 북은 상대를 적으로 규정하며 군사적 수단

쿠데타를 통해 권력을 장악한 것에서 알 수 있듯이, 배타적인 정체성 정치를 기반으로 대북정책을 운용하였다. 다만 멸공통일론을 내세운 이승만 정권의 호전적 태도와는 달리, "선건설 후통일"론을 내세워 국내적인 실력배양, 즉 경제건설에 매진한 것이 일정한 차이점이라 할 수 있다(김학노 2018, 161-162). 이는 한계 내에서 분단체제가 안정화 단계에 접어 들어갔음을 의미한 것으로, 여전히 상대의 존재 정당성을 부정하나, 암묵적으로 각자의 경계를 인정한 채 내부적 역량강화에 집중하는 새로운 시기로 진입했다고 볼 수 있다.

그러던 중 1970년대에 들어서면서 전 지구적 긴장완화를 배경으로 남북관계의 전기가 발생하게 된다(김학노 2018, 163-172). 1970년 8·15 경축사[6]의 평화통일구상선언은 홀로주체적 관계에서 서로주체적 관계로의 첫 전환점이라고 볼 수 있는데, 박정희 정권이 소위 "선의의 경쟁"을 제의함으로써 북한을 섬멸의 대상인 "적"에서 동등한 "경쟁자"로 보는 인식의 변화를 선언하였다. 미약하나마 홉스적 무정부 상태에서 로크적 무정부 상태로의 이행을 기도한 것이라고 볼 수 있으며, 무력통일론의 공식적 포기이자 평화통일론이 남한의 정책담론으로 자리 잡게 되는 첫 계기라고 평가할 수 있다. 뒤이은 1972년 7·4 남북공동성명(이후락·김영주 2018) 역시 "자주, 평화, 민족대단결"의 3원칙을 표명했을 뿐만 아니라, 두 분단국가가 상호의 존재와 주체성을 공식문서를 통해 인정하고 적법한 대화의 상대로 대하기 시작했음을 대외에 천명한 사건이었다. 그러나 주지하다시피 미소 데탕트라고 하

의 통일 외에는 어떤 대안적인 평화적 관계도 거부한 채 체제경쟁에 돌입했다. 판문점 체제가 주권에 대한 불인정 규범에 기반해 있었기 때문에 남과 북은 서로의 주권과 정당성을 불인정했다"(김학재 2018, 141).

6   박정희. "제25주년 광복절 경축사." http://pa.go.kr/research/contents/speech/index. jsp?spMode=view&artid=1306179&catid=c_pa02062 (검색일: 2019. 12. 19.)

는 호기도 결국에는 남북이 서로의 독재체제를 강화하는 계기—남한
의 유신체제와 북한의 주석체제의 수립—로 귀결되고 말았으며, 이른
바 적대적 상호의존/공생관계를 공고화하는 결과를 낳고 말았다(박명
림 1997). 잠시간 존재했던 아나키 문화의 이행 가능성이 정권안보의
이해관계에 따라 소진되고 만 것으로, 앞서 살펴본 동일한 시기 서독의
신동방정책이 지속 추진된 것과 대조적이다(신인아 2008, 74).

　　따라서 진정한 의미에서 서로주체성 관계의 등장은 1988년의 7·7
선언(노태우 2018)을 기점으로 시작된 탈냉전기 노태우 정부의 북방정
책을 기다려야만 했다. 1991년 체결된 남북기본합의서는 1장 1조에서
"남과 북은 서로 상대방의 체제를 인정하고 존중한다"(정원식·연형묵
2018, 9)고 명시함으로써, 두 분단국이 상호 주권을 존중함을 공식화
하였다. 이는 1972년 동서독 간 기본조약에 비견할 만한 성과라고 할
수 있다. 또한 같은 맥락에서 남북은 UN에 동시 가입함으로써 국제적
으로도 두 개의 국가 실체가 인정되는 계기를 맞이하였다. 이는 "적대
적 공존체제로 존재하던 남한과 북한이 한국과 조선으로서의 협력적
공존체제를 추구하기 시작"(김병로 2018, 123)했음을 의미하는 것으로
탈냉전기 남북한 관계가 로크적 아나키 형태로 접어들었음을 지시한
다. 이후 브란트의 신동방정책에서 영감을 받은 김대중 대통령의 햇볕
정책과 이를 계승한 노무현 정부의 평화번영정책은 1, 2차 북핵위기의
파고 속에서도 2000년 6·15 공동선언, 2007년 10·4 공동선언 등의 결
실을 보며 남북 간의 서로주체적 관계를 심화하는 데 성공하는 듯 보
였다. 기능주의적 확산효과(spill-over effect)가 나타날 것을 예상하며,
상호교류와 관여를 증가시켜 보다 포용적이고 공존지향적인 정체성이
남과 북 모두에 자리 잡는 공진효과가 나타날 것을 기대했던 것이다
(김학노 2018, 184-189).

그러나 2008년 이후 2016년까지 보수정권 기간 동안 등장한 대
북정책 기조인 "비핵개방 3000"(이명박 정부)과, "통일대박"(박근혜 정
부) 독트린 등은 다시 냉전시기의 북한흡수통일론(혹은 식민지화론)으
로 회귀하는 듯한 모습을 보였다(구갑우 2016, 180-184). 그 철학적 배
경에는 기본적으로 북한을 사악하고 열등한 존재로 인식하는 가정이
도사리고 있었으며, 따라서 평양이 일방적으로 "정상화"되어야 한다
는 생각이 지배적이었다. 또한 북한이 자체적인 모순에 의해 곧 붕괴될
것으로 예측되었기 때문에—때로 "참수작전" 등의 무력사용 가능성도
배제하지 않으면서—외부에서 강한 압박을 가하면 김씨 정권이 스스
로 항복하거나 내부 쿠데타/봉기가 발생해 북한 민주화와 해방이 달성
될 수 있을 것이라는 희망적 사고(wishful thinking)가 팽배하였다. 결
국 남북관계에 대한 홀로주체적 태도와 홉스적 무정부 상태 문화가 일
정 부분 귀환한 시기였다고 평가할 수 있다(김학노 2018, 190-197).

이상의 역사적 맥락에서 볼 때, 오늘날 문재인 정권기는 다시 한번
대북정책 패러다임에 변동이 일어나 이전 진보정권들의 햇볕정책론이
부활한 것으로 해석 가능하다. 그러나 여기서 한 가지 쟁점이 새롭게
부상하였는데, 2018년 3월 21일 남북정상회담 2차 준비회의에서 나
온 문재인 대통령의 발언이 일종의 발화점이 되었다. 여기서 그는 "남
북이 함께 살든 따로 살든 서로 간섭하지 않고 서로 피해 주지 않고 함
께 번영하며 평화롭게 살 수 있게 만들어야 합니다"[7]라고 하였는데, 이
는 기존의 서로주체적 접근과 일맥상통하면서도, 또 한편으로는 통합
과 분리의 문제에 있어서는 결이 다른 부분이 있어 주목할 필요가 있
다. 노태우 정부 이래 대한민국 정부의 대북정책 논의는 아무리 일차적

---

7 문재인. "남북정상회담 준비위원회 제2차 회의 모두발언." https://www1.president.
   go.kr/articles/2687 (검색일: 2019. 12. 19.)

으로 남북의 공존을 추구한다 하더라도 최종적인 목표지점으로는 늘 통일을 상정하였다. 가령, 남북기본합의서에서도 "쌍방 사이의 관계가 나라와 나라 사이의 관계가 아닌 통일을 지향하는 과정에서 잠정적으로 형성되는 특수관계라는 것을 인정하고 평화통일을 성취하기 위한 공동의 노력을 경주할 것을 다짐"(정원식·연형묵 2018, 9)하였고, 6·15 공동선언에도 "남과 북은 나라의 통일을 위한 남측의 연합제안과 북측의 낮은 연방제안이 서로 공통성이 있다고 인정하고 앞으로 이 방향에서 통일을 지향시켜 나가기로 하였다"(김대중·김정일 2018, 3)는 내용이 담겼다. 그런데 앞서 문재인 대통령의 발언은 남북관계에서 서로 주체성을 추구하되 통일에 대해서는 괄호를 쳐두는, 즉 민족주의적 과제보다 평화공존의 무정부 상태 구성에 우선성을 두는 자세를 표현하였다. 최근 진보학계의 원로인 최장집과 백낙청 사이에 있었던 논쟁은 이런 점에서 흥미롭다. 최 명예교수가 "한반도에서 남북의 평화공존은 통일로 가는 전 단계가 아니"며 통일 가능성을 배제한 뒤 양국 간 평화공존 논의를 해야 한다고 주장한 데 반해, 백 명예교수가 "양국체제론" 또는 "한반도 2국가론"은 "분단체제 기득권 수호라는 기능을 수행하기 십상"이라고 맞선 것이다.[8] 향후 한국 주도의 남북관계 아나키 문화의 서로주체적 변전 시도에 있어 과연 분리와 통합 중 어느 쪽을 국가적 대전략 목표로 설정할지에 대한 논쟁이 촉발된 셈이다.

---

8 『프레시안』. "백낙청-최장집 한반도 평화체제 논쟁: 한반도 평화와 통일은 양립 가능한가?" http://www.pressian.com/news/article/?no=203769 (검색일: 2019. 12. 19.); 김상준(2018, 39-75).

2. 동아시아 지역질서의 새로운 설계

한편, 한반도 차원을 넘어 동아시아 범위의 무정부 상태를 두고 어떠한 지역질서를 설계할 것인가의 문제도 중견국 한국의 중대한 외교문제로 제기되어 왔다. 특히 핵개발 문제를 둘러싼 북미 간 갈등의 지속이 사반세기 넘게 동아시아 "구"냉전의 종식을 어렵게 만들고 있고, 이에 더해 새롭게 심화되고 있는 미중 패권경쟁이 역내 안보 딜레마를 가중시키며 "신"냉전의 기운을 불러오고 있다는 점에서 매우 심각한 과제가 아닐 수 없다. 더욱 깊이 들어가 보면, 동아시아 지역은 그 고유한 역사성의 중층결정 때문에 전 지구적 차원의 갈등선과는 상대적으로 자율적인 자신만의 경쟁논리와 안보 문제를 지닌다는 점에 주목할 필요가 있다. 이삼성의 설명에서 보듯, 이미 20세기 전반 식민주의 시절 배태된 중국과 일본 간의 심상적 거리와 기억의 상처는 전후 미소 냉전체제와 결합하여 유럽과는 또 다른 형태의 거대한 분열선, 즉 동아시아 "대분단체제"를 형성하였다. 그리고 그렇기 때문에 소련의 몰락에도 불구하고 역내의 분단시스템은 21세기까지 존속될 수 있었다. 더나아가 동아시아의 분단체제는 한반도의 남북분단과 중국과 대만의 분단이라는 "소분단체제"도 하위범주에 포함하고 있는데, 이것들이 일정한 자율성과 독자성을 가지고 현재까지도 지역질서의 지속적인 균열선과 갈등을 재생산하는 데 일조하고 있다(이삼성 2006).

결국 유럽과 같은 다자안보질서가 부재한 가운데, 상호 적대적인 정체성들의 집합체로서 존재하는 것이 현대 동아시아의 본 모습이다. 유럽의 통합이나 연대를 가능케 하는 혼합 정체성의 생성이나 정체성의 공유가 어려운 지역인 것이다(서정민 2019; 박명림 2010, 412). 박근혜 정부 시절 강조된 "아시아 패러독스"―자유국제주의의 통상적 기

대와 달리 높은 경제상호의존의 수준에도 불구하고 안보 차원에서의
갈등이 지속되는 지역의 상황―현상은 이러한 역사적 토대에 기반해
있다(이승주 2015).

이런 맥락에서 노무현 정부의 "평화와 번영의 동북아시대 구상"은
중견국으로서의 지위자각을 바탕으로 지역의 적대적 무정부 문화를
전환하기 위해 한국의 능동적 주체성을 발휘하겠다고 선언한, 한국외
교 전략사에 있어 중대한 시도로 간주할 수 있다(이수형 2009, 10-11).[9]
당시 북핵 문제 해결을 위해 소집된 6자 회담이 일정 부분 한국 정부
의 동북아 협력체건설 구상의 장으로 활용되었으며(구갑우 2016, 170),
9·19 공동선언이라는 실제적인 성과물을 남기기도 하였다. 여기서 당
사자 6개국(남한, 북한, 미국, 일본, 러시아, 중국)은 단순한 북핵 문제의
해결을 넘어 "동북아시아의 항구적인 평화와 안정을 위해 공동 노력할
것을 공약"하고, 구체적으로 "동북아시아에서의 안보협력 증진을 위
한 방안과 수단을 모색하기로 합의"했다(제4차 6자회담 공동성명 2018,
125).

여기서 한 가지 특기할 점은 동북아시아 역내 국가 정체성의 공진
화와 통합을 위한 모델로서 유럽의 현대사가 소환되었다는 점이다. 임
기 말 노무현 대통령이 *Global Asia* 저널에 발표한 "역사, 민족주의,
동북아공동체"라는 주제의 기고문에 따르면, 현대 유럽 지역은 "대결
과 파멸의 과거 역사를 평화와 번영의 역사로 바꾸어 나가고" 있다는
점에서 우리 지역의 미래에 많은 시사점을 주고 있다. 특히 "유럽통합

---

9   사실, 전임자인 김대중의 햇볕정책에도 이와 유사하게 남북분단체제 극복 수준을 넘어
    동아시아 및 유라시아 공동체에 대한 비전이 존재하였다. 그 사상적 기원은 브란트와 동
    시대인 1970년대 초반까지 거슬러 올라갈 수 있다. 이에 대해서는 노명환(2012, 158-
    170) 참조.

의 아버지라 불리는 모네, 유럽석탄철강공동체 창설을 제안한 슈망, 그리고 서유럽의 협력을 통해 유럽통합의 기초를 놓은 아데나워와 드골, 동서유럽의 화해를 이룬 브란트 등"이 우리가 배워야 할 선구자적 지도자들이라고 열거되었다. 또한 EU와 같은 평화공존체제를 이루어야만 "문명의 중심"이 될 수 있기에, 동북아 역내 국가들은 "자국만의 이익, 소아(小我)의 울타리를 넘어서 공동 이해에 기초한 새 역사를 일구어 나가야"한다며 탈민족주의적 정체성의 확대를 중요해법으로 역설하였다(Roh 2007).

　초국적 평화체제 구축이란 점에서 유럽을 문명표준으로 인식하는 이러한 거대서사는 현재 문재인 정부에도 그대로 계승되고 있는데, 이른바 "동북아철도공동체론"과 "신한반도체제" 논의 등은 모두 냉전기 이래 유럽의 지역통합 모델을 역사적 전거로 삼고 있다. 가령, 2018년 8·15 경축사에서 문재인 대통령은 유럽연합의 모체가 된 "유럽석탄철강공동체"의 사례를 거론하면서 동북아 국가들과 미국이 함께하는 "동아시아철도공동체"를 제안하고, 이것이 이후 지역의 에너지공동체와 경제공동체, 나아가 다자평화안보체제로 가는 출발점이 될 것이라는 포부를 밝혔다(문재인 2018, 255). 더불어 2019년 6월 북유럽 국가들 순방 시에는 보다 직접적으로 헬싱키 프로세스와 1972년 동서독 기본조약 등의 유럽평화 모델을 한반도에 적용할 것이라는 입장을 설명하였다.[10]

10　문재인. "오슬로 포럼 기조연설 '국민을 위한 평화'." https://www1.president.go.kr/ articles/6495 (검색일: 2019. 12. 19.)

3. 한국발 21세기 국가 모델: 포용적 평화복지국가?

앞서 살펴보았듯 서독의 대외적 신동방정책은 대내적인 사회민주주의 정체성 심화에 기초해 있었다. 즉, "더 많은 민주주의의 감행"을 통한 내부적 경제민주화와 복지국가의 건설이 외부적 탈냉전체제 구축과 병진하는 선순환 모델을 만들어낸 것이 서독의 역사적 성취이다. 그렇다면 우리의 동북아 냉전해체 이니셔티브 역시 국내적인 포용적 사회정체성 구성 과정에 토대를 두고 진행될 수밖에 없을 것이다. 안으로부터 차이와 다양성을 포용할 수 있는 다원주의적 자아상이 자리 잡지 않는다면, 외부의 타자들을 품으면서 한반도, 나아가 지역 차원의 안보공동체를 구성하는 일은 요원할 것이기 때문이다.

일례로 최근 수년간 참여사회연구소가 주창해온 "평화복지국가"론이 그러한 문제의식을 보유하고 있는 일군의 지식인들의 비전을 집약하고 있다(윤홍식 편 2013; 조홍식·장지연 편 2014; 이병천·윤홍식·구갑우 편 2016). 적대적 분단의 해체와 복지국가/민주주의 실현을 동시에 함께 진행되어야만 하는 과제들로 인식하면서, 냉전기 권위주의 시절부터 전래된 안보개발국가 모델을 평화복지국가 모델로 대체하고자 하는 국가 정체성 변환의 시도이다(이병천 2016, 34-38). 이는 또한 그람시적 용어를 빌리자면, 서로주체적 통합을 지지하는 세력이 사회 내의 헤게모니를 수립하고 서로주체적 에토스를 함양하는 작업을 의미하기도 하는데, 급진민주주의 전통에서 말하는 전방위적인 민주주의의 확대 및 심화의 프로젝트와 공명한다. 사회의 각 영역에서 모두가 모두를 주체로 인정하고 대등하게 수용하는 심층적 다원주의(deep pluralism)의 다문화주의 요구(Connolly 1995; 2005) 혹은 "사회 일반의 서로주체적 관계로의 변혁"이 필요하다는 주장이다(김학노 2018,

444). 사회적 수준에서의 통합 또는 "사회적 평화"가 심화되어야 비로소 진정한 의미의 국가 간 통합과 평화도 가능하며, 단순한 정치적 상부 영역의 제도적 통합만으로는 불완전한 상태가 지속될 수밖에 없다(김학노 2018, 387-428; 김학재 2019). 어떻게 표층적인 군사적 폭력의 축소 차원을 넘어, 한반도의 타자들/소수자들에 대한 착취와 차별, 배제라고 하는 구조적 폭력을 종식시킬 수 있는 적극적 평화체제를 구축할 것인지의 문제가 제기되는 셈이다(진태원 2019).

그러나 이와 같은 평화복지국가 프로젝트의 청사진과는 정반대되는 경향들이 오늘날 현실에서 두드러지게 나타나고 있어 우려를 자아낸다. 다시 말해, 남한 사회에서 민주주의와 복지체제의 기반이 침식되면서, 적대적인 안보 정체성 혹은 제국주의적 자아상이 사회적 층위에서 강화되고 있는 징후가 곳곳에서 감지된다. 우선, 북한을 일종의 경제적 돌파구, 미래의 성장동력 등으로 인지하는 시각이 주도권을 행사하고 있다는 점이 주목된다. 가령, "우리 기업 입장에서 보면 '노조 없는 대한민국 노동력'이 북한 노동력입니다"[11]라는 식의 발언이 소위 진보정권의 전직 통일부 장관의 입에서 흘러나오는가 하면, 문재인 정부의 "한반도 신경제지도 구상"도 기본적으로 통일을 경제의 활로, 새롭게 개척할 프런티어로 전제하는 등, 내부 식민화 담론과 공명하는 북한에 대한 홀로주체적 정체성이 한국 사회 내에서 헤게모니를 얻어가고 있다. 좌우의 이념 스펙트럼을 넘나드는 컨센서스로서 "통일대박론"이 부상하는 듯한 모양새이다. 비핵화 이후 이북의 미래 청사진으로 약속되는 덩샤오핑-도이모이-박정희 등의 정치경제 비전이 모두 북한의 권위주의적 개발 모델과 남한의 신자유주의적 토건국가 모델의 결합

---

11 『참세상』. "그들의 소원은 '통일'과 '저임금'." http://www.newscham.net/news/view.php?board=news&nid=103216 (검색일: 2019. 12. 19.)

을 전제하고 있다는 점에서, 21세기 한반도의 꿈으로서 생태적, 사회
복지적, 포용적 미래국가 모델을 남북평화체제 수립을 계기로 설계, 전
파하는 것이 과연 가능할지에 대해 근본적인 의문이 제기된다(천정환
2018; 고민택 2019; 이재현 2019).

　유사한 맥락에서, 지난 2018년 출현한 두 가지 사건은 부의 양극
화와 사회적 불안이 부채질한 포퓰리즘 정치의 강화가 어떻게 대한민
국 내부로부터 타자들에 대한 배타적인 정체성을 구성하여 대외관계
에도 영향을 미치게 되는지를 보여주었다. 평창 동계올림픽을 앞두고
추진된 여자아이스하키 남북 단일팀 구성 과정에서 불거진 20대 청년
층의 반발(정영철 2019)과 제주도에 들어온 예멘 난민에 대한 젊은 여
성들의 혐오감 표출(김현미 2018; 조경희 2018) 등은 향후 남북통합
과 동아시아공동체 구성 과정에 중대한 장애가 될 수 있는 홀로주체
적 배외주의가 한국 사회 내에 팽배해 있음을 예시하였다. 물론 각각
의 사건에는 기회의 공정성에 대한 요구, 만연한 여성폭력에 대한 항
의 등 정당한 이유에 근거해 촉발된 사회운동의 측면도 존재하나, 결
과적으로는 북한인과 난민에 대한 혐오와 타자화로 귀결되었다는 점
에 주의할 필요가 있다. 현대 한국 사회의 심층적 존재불안(ontological
insecurity)이 가일층한 적대적 정체성 정치를 작동시킬 수 있는 가능
성을 표현해주었기 때문이다.

IV. 결론: 대한민국 외교의 갈림길

이상에서 본 논문은 구성주의적 외교정책론을 분석틀로 삼아 지난 시
기 한국의 중견국 외교의 역사와 함께 미래의 방향성을 탐구해보고자

하였다. 웬트의 무정부 문화들에 대한 유형론적 논의, 김학노의 서로주체성과 홀로주체성의 대비 등이 중견국 외교전략을 분석하기 위한 이론적 자원으로 사용되었으며, 냉전기 서독의 신동방정책을 비교사례 대상으로 삼아 중견국 외교가 어떻게 정체성 변환과 공진의 정치를 작동시켜 냉전체제에 균열을 가져올 수 있을지를 질문해보았다. 구체적으로 적대의 정치에서 공존의 정치로의 전환을 가져오는 변환적 중개자 전략을 세 가지 층위로 나누어 살펴보았는데, 적대적 분단국가 간의 상호정체성 공진, 지역 차원의 새로운 무정부 문화 재구성과 안보공동체 구축과 함께, 중견국가 내부의 포용적 정체성 심화 과정 등을 논의하였다.

그런데 사실 분단의 압력과 주요 강대국에 둘러싸인 지정학적 위치를 이미 주어진 조건으로 감수해야만 하는 중견국 한국의 입장에서 정체성 변환의 정치를 가동하기에 오늘날의 객관적, 구조적 환경은 날로 악화되고 있는 형국이다. 즉, 본 연구에서 비교의 대상 및 모범으로 삼았던 냉전기 서독의 신동방정책이 직면했던 상황보다 훨씬 불리한 조건에 우리가 처해 있다고 판단할 근거가 여럿 존재한다. 무엇보다 1960년대 말~1970년대 초 브란트 정권은 미소 간의 데탕트라고 하는 우호적 대외환경 속에 처해 있었으며, 전체적으로 지구화와 초국적 통합화라는 유럽 전체의 흐름에 몸을 싣고 있었던 측면이 강하다. 다시 말해, 당대 서구의 국제정치에서는 중견국의 외교적 운신의 폭을 넓혀주는 칸트적 무정부 문화로의 이행이 시작되었기에, 신동방정책의 이니셔티브가 적절히 작동할 수 있는 구조적 맥락이 존재했다고 볼 수 있다. 반면, 21세기 초 남한의 경우는 지역적 차원에서 과거의 미소 데탕트와는 정반대로 미중 경쟁이 심화되고 있어 브란트가 처했던 구조적 기회와는 상반되는 상황이라고 할 수 있다. 나아가 동아시아 질서 재구축에서 관건은 탈냉전 이후에도 진행 중인 북핵 문제 혹은 북미관계의 비정상성 문제 해결 여부로 귀결되는데, 여러 행위자의 노력에도 불구하고 2018년의 긴장완화 모멘텀이 쉽게 비핵화와 한반도 평화체제 구축이라는 가시적인 성과로 이어지지 못하고 있다. 여기에 더해 최근에 또 다른 숙제가 덧씌워지는 모양새인데, 오늘날 "반동의 국제정치"(MacKay and LaRoche 2018)—포퓰리즘의 고조로 인한 국가주의와 지정학의 귀환—의 등장은 지난 탈냉전기의 시대적 흐름을 역전시켜 국가들 사이에 적대적 정체성 정치가 심화되고 탈지구화와 탈통합화의 흐름이 강화되는 결과를 낳고 있다(차태서 2019, 136-138). 이 모두가 경쟁적 아나키 문화의 재부상을 의미하며, 결국 중견국인 한국의 외교적, 전략적 공간이 갈수록 협소해지고 있음을 시사한다.[12]

반대로 이러한 상황의 엄중성은 그만큼 오늘날 한국의 중견국 외교전략, 또는 정체성 변환의 정치 구상의 필요성을 더욱 절실히 만들어 주는 것이기도 하다. 과연 우리는 서독의 사례를 발판으로 삼아 지역 갈등구조의 핵심축을 이루는 북미관계와 미중관계의 진전을 가속화하는 변환적 중개자의 임무를 수행할 수 있을 것인가? 다시 말해, 나라들 사이에 새로운 "의미의 흐름"을 창출하여 적대적 상호위협인식을 다원주의적 공존의 관계로 전환시키는 난제를 해결할 수 있을 것인가? 아울러 이런 외교전략의 실행을 뒷받침할 포용적이고 다원주의적

---

12 여기에 더해 최근 대한민국 국내정치의 양극화가 갈수록 심화되어 대내외 정책에 있어 초당적 컨센서스를 수립하기 난망한 것도 냉전 후반기 서독과 비교할 때 또 다른 차이점이라 하겠다. 사민당과 기민/기사연합 사이에 사회복지국가 건설과 신동방정책에 대한 일종의 국가적 합의가 생성되었고, 실제 1980년대 헬무트 콜(Helmut Kohl) 총리의 대내외 정책이 브란트의 정책에서 크게 벗어나지 않았던 상황과 대조된다(고상두 2015, 61-81). 최근 한국 사회에서 부정적 당파성의 증대와 양극화 심화에 대한 실증적 분석으로는 정동준(2018, 143-180) 참조.

인 국가 정체성을 국내 정치의 컨센서스 구축을 통해 만들어낼 수 있을 것인가? 이 모든 질문이 지금 대한민국의 대전략 수립에 있어 중차대한 숙제로 제시되고 있다. 그리고 이러한 물음들의 의미와 위급성을 깨닫는 것에서부터 우리의 일은 시작될 것이다.

참고문헌

강선주. 2015. "중견국 이론화의 이슈와 쟁점." 『국제정치논총』 제55집 1호.

고민택. 2019. "'한반도 신경제(지도) 구상'과 노동자민중의 과제." 『진보평론』 79호.

고상두. 2015. "독일통일에서 기민당과 사민당의 초당적 협력: 전개과정과 수렴요인."
　　『국제지역연구』 제19권 1호.

구갑우. 2016. "탈식민·탈패권·탈분단의 한반도 평화체제." 이병천·윤홍식·구갑우 편.
　　『안보개발국가를 넘어 평화복지국가로: 독일의 경험과 한국의 과제』. 서울: 사회평론.

김대중·김정일. 2018. "6·15 남북공동선언." 박주화·윤혜령 편. 『한반도 평화체제 및 비핵화
　　관련 자료집1: 평화·비핵화』. 서울: 통일연구원.

김병로. 2018. "한국형 발전모델과 남북관계사." 김병로 외. 『한국형 발전모델의 대외관계사』.
　　고양: 인간사랑.

김상배. 2016. "제3세대 중견국 외교론의 모색: 네트워크 이론의 시각." 손열·김상배·이승주
　　편. 『한국의 중견국 외교: 역사, 이론, 실제』. 서울: 명인문화사.

김상봉. 2007. 『서로주체성의 이념: 철학의 혁신을 위한 서론』. 서울: 길.

김상준. 2018. "코리아 양국체제: 한 민족 두 나라 공존을 통해 평화적 통일로 가는 길."
　　『한국사회학』 52권 4호.

김진호. 2009. "1969-74년 시기의 독일연방공화국의 독일정책과 CSCE." 『평화연구』 제17권
　　1호.

김치욱. 2009. "국제정치의 분석단위로서 중견국가(Middle Power): 그 개념화와 시사점."
　　『국제정치논총』 제49집 1호.

김태환. 2019. "가치외교의 부상과 가치의 '진영화': 강대국 사례와 한국 공공외교의 방향성."
　　『문화와 정치』 6권 1호.

김학노. 2018. 『남과 북의 서로주체적 통합』. 서울: 사회평론.

김학성. 2002. "독일의 통일문제와 국제정치." 『통일정책연구』 제11권 1호.

김학재. 2017. "'냉전'과 '열전'의 지역적 기원: 유럽과 동아시아 냉전의 비교 역사사회학."
　　『사회와 역사』.

＿＿＿. 2018. "판문점 체제의 기원과 변화: 한반도 평화의 제도적 변화에 대한 역사적 분석."
　　『경제와 사회』 제119호.

＿＿＿. 2019. "'사회적 평화'와 한반도 평화 프로세스: 포퓰리즘과 포용의 평화 사회학."
　　『경제와 사회』 제122호.

김현미. 2018. "난민 포비아와 한국 정치적 정동의 시간성." 『황해문화』 제101호.

노명환. 2000. "독일의 분단·통일 과정과 유럽통합사의 이중주." 『유럽연구』 제11호.

＿＿＿. 2012. "초국가주의 민주주의 평화사상과 지역공동체의 추구 및 분단극복 정책: 빌리
　　브란트의 동방정책과 김대중의 햇볕정책의 비교사적 연구." 『EU연구』 제30호.

＿＿＿. 2013. "분단국의 민주주의와 통일정책의 상호관계: 구성주의 이론과 하버마스의
　　공론장 개념을 적용한 빌리 브란트와 김대중의 민주주의 이념과 정책, 분단극복 방안에

대한 비교를 중심으로."『역사학연구』제49집.

노태우. 2018. "민족자존과 통일번영을 위한 '7·7 특별선언." 박주화·윤혜령 편.『한반도 평화체제 및 비핵화 관련 자료집1: 평화·비핵화』. 서울: 통일연구원.

문재인. 2018. "제73주년 광복절 경축사." 박주화·윤혜령 편.『한반도 평화체제 및 비핵화 관련 자료집1: 평화·비핵화』. 서울: 통일연구원.

박명림. 1997. "분단질서의 구조와 변화: 적대와 의존의 대쌍관계 동학, 1945-1995." 『국가전략』제3권 1호.

_____. 2010. "동북아 공동체와 한반도 평화: 쌍방향 선순환 구조의 모색." 임혁백·이은정 편.『한반도는 통일 독일이 될 수 있을까?: 베를린 장벽 붕괴 20년이 한반도 통일에 주는 교훈』. 서울: 송정문화사.

서정민. 2019. "평화를 위한 동북아시아 기억의 지형." 서울대학교-연세대학교 통일대비국가전략연구팀 편.『평화의 신지정학』. 서울: 박영사.

손선홍. 2005. 『분단과 통일의 독일 현대사』. 서울: 소나무.

손열. 2016. "서론: 한국의 중견국 외교, 개념과 역사." 손열·김상배·이승주 편.『한국의 중견국 외교: 역사, 이론, 실제』. 서울: 명인문화사.

송태수. 2016. "독일의 경제통합과 한반도에 주는 함의." 이병천·윤홍식·구갑우 편. 『안보개발국가를 넘어 평화복지국가로: 독일의 경험과 한국의 과제』. 서울: 사회평론.

신인아. 2008. "냉전기 동서독관계와 현재 남북관계의 비교: 서독의 신동방정책을 중심으로." 『유럽연구』제26권 2호.

윤홍식 편. 2013. 『평화복지국가: 분단과 전쟁을 넘어 새로운 복지국가를 상상하다』. 서울: 이매진.

이동기. 2015. "유럽 냉전의 개요: '탈냉전'의 관점에서."『세계정치』22호.

이병천. 2016. "한국은 평화복지국가를 건너뛰는가: 한국모델의 성찰과 반성적 현대화의 과제, 독일의 경험과 관련하여." 이병천·윤홍식·구갑우 편.『안보개발국가를 넘어 평화복지국가로: 독일의 경험과 한국의 과제』. 서울: 사회평론.

이병천·윤홍식·구갑우 편. 2016.『안보개발국가를 넘어 평화복지국가로: 독일의 경험과 한국의 과제』. 서울: 사회평론.

이삼성. 2006. "동아시아 국제질서의 성격에 관한 일고: '대분단체제'로 본 동아시아."『한국과 국제정치』제22권 4호.

이승주. 2015. "아시아 패러독스(Asia Paradox)를 넘어서: 경제적 상호의존과 제도화의 관계에 대한 비판적 검토."『한국정치외교사논총』제36집 2호.

이수형. 2009. "중견국가와 한국의 외교안보정책: 노무현정부의 동맹재조정 정책을 중심으로."『국방연구』제52권 1호.

이재현. 2019. "(동)아시아 발전과 한반도 평화: 비판적·학제적 공중급유의 감각으로." 『진보평론』제79호.

이진모. 2014. "내적 개혁과 적극적 사회정책: 70년대 사민당 사회정책 재조명."『역사와 담론』 제70집.

이후락·김영주. 2018. "7·4 남북공동성명." 박주화·윤혜령 편.『한반도 평화체제 및 비핵화 관련 자료집3: 남북관계』. 서울: 통일연구원.

정동준. 2018. "2018년 지방선거 이후 유권자들의 정치 양극화: 당파적 배열과 부정적
　　당파성을 중심으로." 『오토피아』 제33권 3호.
정영철. 2019. "분단, 탈분단 그리고 통일의 상상력 넓히기." 『북한학연구』 제15권 1호.
정원식·연형묵. 2018. "남북 사이의 화해와 불가침 및 교류·협력에 관한 합의서."
　　박주화·윤혜령 편. 『한반도 평화체제 및 비핵화 관련 자료집3: 남북관계』. 서울:
　　통일연구원.
"제4차 6자회담 공동성명(9·19합의)." 2018. 박주화·윤혜령 편. 『한반도 평화체제 및 비핵화
　　관련 자료집1: 평화·비핵화』. 서울: 통일연구원.
조경희. 2018. "다문화주의의 배반: 난민 혐오의 근과거." 『황해문화』 제101호.
조흥식·장지연 편. 2014. 『평화와 복지, 경계를 넘어: 평화복지국가의 정치적 조건과 주체를
　　찾아』. 서울: 이매진.
진태원. 2019. "한반도 평화체제의 (탈)구축을 위하여: 을의 민주주의 관점에서." 『코기토』
　　제88호.
차태서. 2019. "아메리카 합중국과 주권의 문제설정: 탈근대 네트워크 주권에서 근대 완전
　　주권으로의 퇴행?" 『한국정치학회보』 53집 4호.
천정환. 2018. "다시, 우리의 소원은 통일?: 4·27 판문점 선언과 북미회담 전후 통일·평화
　　담론의 전변." 『역사비평』 제124호.
한관수. 2011. "독일의 전승 4개국에 대한 통일외교 재조명: 정부수립 이후 통일 직전까지."
　　『통일전략』 11권 3호.
황병덕·김학성·박종철·전성훈. 2002. "한반도·독일의 냉전구조해체방안 비교연구와 정책적
　　함의." 『한국과 국제정치』 18권 1호.

Connolly, William E. 1995. *The Ethos of Pluralization*. Minneapolis: University of
　　Minnesota Press.
_____. 2002. *Identity\Difference: Democratic Negotiations of Political Paradox*. Expa
　　ed. Minneapolis: University of Minnesota Press.
_____. 2005. *Pluralism*. Durham: Duke University Press.
Kieninger, Stephen. 2019. "A Preponderance of Stability: Henry Kissinger's Concern
　　over the Dynamics of Ostpolitik," *Journal of Transatlantic Studies* Vol. 17, Iss. 1.
Kleuters, Joost. 2009. "Between Continuity and Change: Ostpolitik and the Constructivist
　　Approach Revisited," *German Politics* Vol. 18, No. 4.
MacKay, Joseph and Christopher David LaRoche. 2018. "Why is there no Reactionary
　　International Theory?" *International Studies Quarterly* Vol. 62, No. 2.
Roh, Moo-hyun. 2007. "History, Nationalism and Community." *Global Asia* 2(1).
Smyser, William R. 저. 2019. 김남섭 역. 『얄타에서 베를린까지: 독일은 어떻게 분단되고
　　통일되었는가』. 파주: 동녘.
Weldes, Jutta. 1999. *Constructing National Interests: The United States and the Cuban
　　Missile Crisis*. Minneapolis: University of Minnesota Press.
Wendt, Alexander. 1992. "Anarchy is what States Make of it: The Social Construction of

Power Politics," *International Organization* Vol. 46, No. 2.

_____. 1999. *Social Theory of International Politics*. New York: Cambridge University Press.

_____. 2009. 박건영 외 옮김.『국제정치의 사회적 이론: 구성주의』. 서울: 사회평론.

인터넷 자료

문재인. "남북정상회담 준비위원회 제2차 회의 모두발언." https://www1.president.go.kr/articles/2687 (검색일: 2019. 12. 19.)

_____. "제100주년 3.1절 기념식 기념사." https://www1.president.go.kr/articles/5607 (검색일: 2019. 10. 24.)

_____. "평범함의 위대함: 새로운 세계질서를 생각하며." https://www1.president.go.kr/articles/6246 (검색일: 2019. 12. 19.)

_____. "오슬로 포럼 기조연설 '국민을 위한 평화'." https://www1.president.go.kr/articles/6495 (검색일: 2019. 12. 19.)

박정희. "제25주년 광복절 경축사." http://pa.go.kr/research/contents/speech/index.jsp?spMode=view&artid=1306179&catid=c_pa02062 (검색일: 2019. 12. 19.)

신문 자료

『대한민국 정책브리핑』
『참세상』
『프레시안』

제8장　문화산업의 신흥권력 경쟁과 중견국으로서 한국의 전략

양종민(서울대학교)

* 이 글은 양종민. 2020. "문화산업의 신흥권력경쟁: 게임산업의 미중경쟁."『국제·지역연구』 제29권 2호에 게재한 글을 토대로 재구성했음을 밝힌다.

I. 문제제기

미국과 중국 사이의 경쟁은 군사력, 경제력 등 전통적인 분야를 넘어 글로벌화 및 정보기술혁명과 함께 등장한 새로운 이슈까지 확장되고 있다. 새롭게 등장하는 이슈는 기존의 군사, 경제 영역 외에 기술, 문화 등등의 영역을 포함하며, 이들에 집중하여 세계적으로, 지역적으로 권력 경쟁을 살펴보는 것은 새로움의 의미를 넘어서서 전체적인 세계 권력 구조를 총체적으로 이해하는 데 중요하다. 특히 이 글에서는 국제정치학계에서 그동안 자주 다루어지지 않았던 문화산업, 특히 게임산업을 중심으로 동북아 지역에서의 미국과 중국 간의 산업구조 경쟁 양상의 현황을 분석하고, 지역적 구조에서 중견국으로서 한국의 전략을 도출하고자 한다.

게임산업은 시장 규모가 크고, 지속해서 증가하고 있다는 점에서 대표적인 문화산업 중의 하나로 꼽힌다. 게임산업은 게임 콘텐츠 관련 유/무형의 재화나 서비스의 기획, 제작, 유통과 관련된 산업을 의미한다. 특히 한국에서 게임산업의 규모는 전체 문화산업 수출액의 절반 이상을 차지할 만큼 타 문화산업 분야를 넘어선 지 오래되었고, 세계 시장에서 4위를 달성하고 있을 만큼 경쟁력을 증명한다. 그런데도 게임산업의 정치경제 자체는 물론이거니와 게임산업을 둘러싼 미중 경쟁은 비교적 소홀히 다루어지고 있다. 이 글은 문화산업의 맥락에서 디지털 환경의 변화에 가장 민감하게 반응하는 게임산업을 동북아 지역에서 살펴보고자 한다. 동북아 지역에서 전통적인 분야에서의 패권 경쟁이 문화산업의 차원에서도 똑같이 적용된다는 단순한 논리에서 벗어나서, 비슷하지만 다른 양식의 패권 경쟁이 벌어지고 있다는 점에 주목한다. 복합적으로 벌어지고 있는 지역적 패권 경쟁의 양상을 제대로 파

악하고 전망하려는 시도는 지역적 구조에 민감하게 반응해야 하는 중
견행위자인 한국이 문화산업 전략을 만들고, 수행하는 데 선결되어야
한다.

문화산업의 정치경제는 국가와 시장 간의 관계에 대한 보다 넓은
논의에도 연결되면서 관계에 대한 정책적, 제도적 표준경쟁, 문화콘텐
츠를 통한 매력경쟁 등으로 파생된다. 이로 인해 정치학에서 전통이슈
에서 볼 수 없었던 틈새가 나타나며, 중견국의 전략 또한 새롭게 짜야
하는 필요성이 대두된다.[1] 한국의 현재를 제대로 파악하지 못한다면,
새롭게 짜이는 지역 구조에 적극적으로 반응하지 못하여 중견국의 지
위조차 잃어버릴 가능성도 존재한다. 따라서 이 글은 지역적 차원에서
미국, 중국 간의 경쟁을 게임산업의 정치경제, 산업정책, 제도 등을 통
해 살펴보고, 그 안에서 한국 게임산업의 미래전략을 마련할 수 있는
발판을 제시한다.

미국과 중국의 게임산업, 더 큰 의미에서 문화산업을 다룬 연구는
크게 세 가지 부류로 나누어 볼 수 있다. 게임을 중점으로 다루는 미국
학계는 다시 산업의 정치경제, 게임 콘텐츠의 정치사회학적 분석, 그리
고 소비자의 적극적 콘텐츠 해석의 세 그룹으로 나누어 볼 수 있으며,[2]

---

1   여기에서 말하는 국가는 근대적인 의미의 전통적 국가 행위자를 의미하지 않는다. 문화
     산업 분야에서 국가는 여전히 일정한 역할을 담당하고 있지만, 실제 경쟁은 국가에 기반
     한 사적 행위자, 즉 기업들 간에 나타나게 되며, 시장에 위치한 소비자 또한 경쟁의 게임
     에 속해 있다. 따라서 다양한 행위자들이 각국의 국적을 기반으로 복합적으로 경쟁을 벌
     이는 모습을 이해하기 위해서는 전통 국가의 개념보다는 확장된 네트워크 국가의 개념
     에 더욱 가깝다고 할 수 있다. 네트워크 국가 개념에 대해서는 김상배(2018)를 참조할
     것.
2   우선 한 국가의 비디오 게임산업의 정치경제를 다루고 있는 연구로는 대표적으로 Dyer-
     Witheford and Sharman(2005); O'Donnell(2012); Kerr(2012); Sandqvist(2012) 등
     을 들 수 있고, 게임 콘텐츠의 정치사회학적 분석을 하고 있는 연구로서 대표적으로
     Robinson(2015)에 주목할 필요가 있으며, 게임 소비자의 적극적 해석을 다루고 있는 연

이 글에서 다루는 미국과 중국의 게임산업을 둘러싼 플랫폼 경쟁을 다룬 학술적 연구는 거의 없다고 해도 과언이 아니다. 두 번째로, 중국 시장에 관한 연구는 중국 학계와 함께 일부 미국 학계에서 이루어지고 있는데, 이러한 연구들은 중국 게임산업의 현황을 소개하고 전 세계에서 중국 시장이 가지는 매력과 앞으로 나아가야 할 방향에 대해서 주로 다루고 있으나, 대부분 정치학적 시각보다는 경제학, 사회학, 그리고 문화학적 시각을 담고 있다.[3] 마지막으로 한국 학계에서는 주로 중국 비디오 게임산업이 발전하게 된 요인과 함께 한국 산업의 돌파구를 찾기 위해 중국의 빠르게 변모하고 있는 시장과, 이를 뒷받침하는 제도를 분석하고 있지만, 주로 중국 지역연구의 일부로 다루어지거나 시장 현황에 대한 정책보고서 수준에 머무르고 있어서[4] 학술적 엄밀함이 부족하고 이 연구가 다루려고 하는 부분을 메우지 못한다.

이 글은 새로운 분석틀을 이용하여 미국과 중국 간에 벌어지는 문화산업에서의 경쟁을 이해하고, 중견국으로서 한국의 문화산업 전략을 모색하는 데에 목적이 있다. 게임산업에서 보이는 미국과 중국 사이의 경쟁에 관해, 이 글은 산업발전 전략이라는 아키텍처를 만드는 데 있어 그저 기술을 새롭게 만들어내고 더 많은 문화물(Cultural Representations), 또는 문화상품(Cultural Commodities)을 생산함으

구는 Bos(2015) 등이 있다.

3　중국의 비디오 게임산업에 대한 연구로는 Qiu et al.(2004); Cao and Downing(2008); Ernkvist and Ström(2008); Chung and Yuan(2009) 등이 있다. 다소 기본적인 정보의 나열인 이들 연구와 달리 Jiang and Fung(2019)는 중국 온라인 게임산업의 발전상을 중국 정부의 기술전략에 비추어 바라보고 있고, Chew(2019)는 중국 비디오 게임산업의 창의성에 대한 분석적인 시도를 하고 있어서 주목할 만하다.

4　대표적으로 정광호(2008); 강명주(2012); 무림(2012); 박소영(2012); 오려군(2013); 장호상(2013); 이영(2015); Shi(2017); 장새(2018); Lu(2018); 장천(2018); 유봉구(2019) 등이 있다.

로써 시장을 장악하는 양적인 차원의 일차원적인 경쟁이 아니라 표준을 장악하고, 체제와 제도의 성격을 만들어내며, 그로 인해서 문화물을 통한 매력을 발산하는 데까지 이어지는 다차원적 경쟁이라는 점을 밝힌다. 미중 사이에서 비디오 게임을 가지고 벌어지는 경쟁은 단순히 글로벌 시장에서 국가 간의 세력을 다투는 경쟁이 아니라 게임산업의 여러 복합적인 기업들과 소비자들이 같이 관여하는, 즉 전통적인 경제, 안보의 이슈로만은 해석할 수 없는, 새로운 모습의 경쟁이다. 더불어 글로벌 시장 안에서 다양한 행위자들이 벌이는 역동성은 국가가 짜는 제도적 플랫폼 간의 경쟁으로 나타나지만, 어느 한편이 단순하게 힘을 가지고 있다고 해서 승리하는 모습이 아니라 서로 경쟁하면서 공진화[5] 하는 모습으로 진행될 가능성이 크다.

이 글은 다음과 같이 구성되었다. 우선 제2절에서는 문화산업의 경쟁을 국제정치학적으로 어떠한 분석틀을 이용할 수 있는지를 정리한다. 제3절은 미국 게임산업이 그동안 보여준 세계 게임 시장 장악의 비결과 최근 신흥권력으로서 미국의 아성에 도전하는 중국 게임산업의 성장을 비교하고, 정책적, 제도적 표준경쟁의 시각에서 미국 문화산업을 둘러싼 아키텍처 장악의 전략을 국가와 시장의 관계 설정을 통해 살펴보면서 중국 게임산업 발전에 밑거름이 되는 중국 정부의 지원전략의 성격을 비교한다. 더불어 매력경쟁의 시각에서 미국을 중심으로 하는 서구와 중국 게임에 깔린 문화사회학적 의미와 문화콘텐츠의 생산과 소비를 통한 표준의 경쟁을 설명한다. 제4절은 앞서 분석한 미국

---

5   김상배는 이를 '비대칭 망제정치'(asymmetric inter-network politics)라는 용어를 사용해 분석한다. 그에 의하면 문화산업에서 벌어지는 경쟁은 "세력전이 이론이 상정하는 것과 같은 단순한 권력이동의 구도"로서의 "대칭적 국제정치"의 모습이 아니라 "두 개의 네트워크가 서로 공생적인 경쟁"을 펼친다는 것이다. 이에 대한 자세한 내용은 김상배 (2017, 99-127)를 참조할 것.

과 중국의 경쟁을 구조적 맥락으로 놓고, 중견국으로서 한국의 문화산업 전략을 세 가지 차원으로 나누어 모색한다. 결론은 이 글의 주장을 종합, 요약하고 한국의 미래 전략이 가지는 의미를 간략히 짚어본다.

II. 분석틀

문화산업섹터, 특히 게임산업에서 나타나는 미국과 중국 간의 경쟁을 이해하고 중견국으로서 한국의 문화산업 전략을 모색하기 위해 이 글은 김상배의 "기술-표준-매력의 3단 문턱"의 분석틀(김상배 2012; 2017; 2018)을 이용한다. 한 국가의 산업발전의 요인과, 산업이 시장에서 보이는 우위를 이해하기 위해 (국제)정치경제학에서는 주로 경쟁적 우위를 구성하는 요인의 분석이나 기술산업정책적 차원에서의 비교연구에 치중하고 있다. 정보, 문화 산업의 경쟁에서 '산업'에 초점을 맞춘다면 기존의 분석틀로도 충분히 이해할 수 있지만, '경쟁'에 중점이 있다면 자본과 기술의 평면적 경쟁이 아닌 산업 자체의 아키텍처와 매력을 장악하기 위한 입체적 경쟁까지 살펴볼 필요가 있다. 이 글의 목적은 분석틀의 평가가 아니라, 현재 상황을 새로운 틀을 통해 보다 분석적으로 이해하는 데 있다. 이론적 틀의 유용성은 사례연구들이 집적된 뒤 평가되어야 할 것이다. 따라서 여기에서는 기존의 연구들이 주로 사용했던 분석틀로서 마이클 포터의 '경쟁우위'(Porter 1990))를 소개하고, 대안적 틀로서 '3단 문턱'을 제시한다.[6]

---

6 하지만 이 글은 김상배의 3단 문턱의 분석틀을 그대로 사용하지는 않는다. 선도부문과 신흥권력 경쟁을 이해하기 위해서 김상배(2017)는 기술, 표준, 매력의 문턱을 설정하고 그 중에 표준의 문턱을 기술, 비즈니스 및 가치의 표준을 설계하고 장악하는 것으로 해

포터의 경쟁우위 모델, 혹은 다이아몬드 모델은 한 산업이 보여주
는 시장에서의 우위를 측정하고 그 산업 안에서 발전의 역동성이 어떻
게 작동하는지를 알아보기 위해서 쓰이는 체계적인 분석틀이라 할 수
있다(Porter 1990). 국제무역에서 전통적인 이론은 국가의 부를 노동,
자본 및 천연자원과 같이 한 국가가 지니는 생산요소의 절대우위나 비
교우위를 통해 이해하는 반면에 포터는 산업이 가지는 경쟁력과 국가
의 힘은 주어지지 않고 만들어지는 것으로 본다. 다시 말해, 경쟁력은
모델에서 중요하게 다루어지는 요소[7]들과 함께 정책적인 측면까지 포
함해서 동태적으로 구축 또는 발전시킬 수 있다. 포터는 자원의 투입
과 요소의 부존도 같은 정태적 중요성보다는 자국 기업의 혁신과 변화
를 통해서 경쟁력을 창발할 수 있다는 동태적 중요성을 강조한다. 그
리고 다이아몬드 모델에서 요소들의 특성을 분석함으로써 특정 국가
의 경제, 산업발전 단계를 판단하게 된다.[8] 이렇게 포터의 모델은 기존
의 다른 모델에 비교해 볼 때, 상대적으로 직관적(intuitive)이면서도
매우 포괄적(comprehensive)이고 체계적(systematic)이라 할 수 있다.
하지만 포터의 모델은 국내 시장에 한정되어 있으므로 한 국가의 경쟁
력을 깊이 있게 살펴볼 수 있을지는 몰라도, 글로벌화된 시장에서 다른

석한다. 이 글에서는 이를 정책적, 제도적 표준으로 치환하여 사용한다. 김상배는 체제의
적합력이라는 매개변수를 이용해 국가의 정책과 제도가 얼마나 환경변화에 적합하게 반
응하는지를 보고 있다면, 이 글에서는 국가가 설정하는 정책과 제도가 체제표준이 경쟁
의 차원에서 주요 독립변수가 될 수 있다는 차원에서 보다 적극적으로 이용하는 것이다.

7 포터는 내생요소와 외생요소로 구분하여 모델을 설명한다. 내생요소는 모델 안의 변수
에 의해 영향받는 요소로서 생산조건, 수요조건, 관련 및 지원산업의 발전, 기업의 전략
및 구조와 경쟁자 조건이며, 외생요소는 모델 외부에서 다른 변수와 독립적으로 존재하
는 요소로서 정부와 기회이다.

8 포터의 발전 단계에 대한 세부적인 설명은 이 글의 목적과 맞지 않으므로 생략한다. 자
세한 내용은 Porter(1990, 578-594)를 참조할 것.

국가와의 경쟁을 분석하기에는 문제가 있다. 또한, 산업의 모든 가치사슬 구조가 국내의 연관산업으로만 구성되기 힘든 상황에서 포터의 모델은 글로벌 생산 네트워크를 무시하고 있어 폐쇄적이라는 비판을 피해가지 못한다. 더불어 포터는 산업 경쟁력 발전에 있어 정부의 역할을 과소평가하고 있다는 문제점이 있다(조동성·문휘창 2006, 62-75).

이에 반해, 김상배는 정보화시대에 등장하는 정보, 문화 산업의 경쟁과 이를 기반으로 벌어지는 신흥권력 경쟁을 분석하기 위해서 '3단 문턱'의 분석틀을 제시한다(김상배 2017; 2018). 기존의 경쟁이 더 좋은 제품을 더 혁신적인 기술을 통해 더 많이 만들어내기 위해 국가가 나서서 자원을 확보하고 산업 역량을 육성하는 자본과 기술의 평면적 경쟁이었다고 한다면, 선도부문의 경쟁은 이러한 평면적 경쟁과 더불어 정보, 콘텐츠의 제작, 유통의 아키텍처를 만들고 장악하는 것뿐만 아니라 소비자의 취향을 만족시키는 매력적 차원에서의 경쟁이 같이 벌어지는 입체적 경쟁이라는 점을 밝힌다. 김상배의 '3단 문턱' 틀은 입체적 경쟁이 "중첩되면서 동시에 발생"한다는 것을 기본으로 하고 있다(김상배 2017, 104).

우선 기술의 문턱은 물량에서 품질로 가는 기술혁신의 문턱이다. 생산의 기본요소인 토지, 노동, 자본을 투입하면 생산이 늘어난다는 점은 주지의 사실이다. 하지만 양적 증대는 자연적으로 질적 변화를 야기하지는 못하기에 '양'에서 '질'로 넘어가기 위한 혁신이라는 변수가 만들어져야 한다. 새롭게 등장한 '기술'의 변수는 "문화산업의 권력 경쟁"에서 선도를 이끌기 위해서 중요하게 다루어지지만, 기술의 혁신으로 경쟁에서 무조건 승리할 수 있다는 기술결정론적 차원에서의 논리가 아니라, 기존의 물량의 증대라는 기반 아래에서 질적인 변화를 이끄는 핵심 자원으로서의 기술혁신을 의미하는 것이라 할 수 있다(김상배

2017, 103). 문화산업, 특히 게임산업에서 미국과 중국이 벌이는 경쟁은 미국의 아키텍처 장악과 중국의 양적인 성장에 기반한 질적 변화와 그로 인한 세계 시장에서의 추격, 추월의 모습으로 나타나고 있다. 다시 말해서 지금까지의 중국의 성장이 국내 거대 시장의 잠재력으로 이끌어 온 양적 성장에 크게 의존했다면, 세계 시장으로 중국 게임 기업들이 진출해 서구 문화상품과 벌이고 있는 경쟁에서는 기술혁신을 통한 질적 성장의 모습이 나타나고 있다는 것이다.

두 번째는 품질에서 권력으로 가는 표준의 문턱이다. 좋은 제품을 더 많이 생산하는 것이 경쟁력을 증명할 수는 있지만, 그것이 소비자들에게 항상 선택을 받는다는 보장은 어디에도 없다. 다시 말해서 표준의 문턱은 시장의 규칙과 제도의 아키텍처를 설정하고, 시장 안에서의 행위자들이 그 규칙과 제도의 설정 안에서 행동하게 하는 권력의 표준을 장악하는 문제이다(김상배 2017, 104; 2018, 39). 미국과 중국의 비디오 게임산업 경쟁은 플랫폼 사이의 경쟁이기도 하다. 미국은 아케이드, 콘솔, PC 패키지, 온라인, 그리고 모바일까지 모든 게임 플랫폼에서 산업의 표준을 장악, 선도하고 있는 반면에, 중국은 최근에 시장의 중심에 있는 온라인과 모바일 플랫폼에 집중하여 나름의 비즈니스 전략을 펴고 있다. 더불어, 이 문턱에서 중요하게 작용하는 또 하나의 변수는 당해 산업에 적합한 제도 환경을 국가가 어떻게 제공하는가를 놓고 벌이는 소위 '산업모델'의 경쟁이다. 기술환경을 조성하는 산업모델이나 산업패러다임을 통해서 경쟁 원칙을 설정하고 그에 따르게 하는 것은 기술과 산업의 표준을 장악하기 위해서 당연히 포함되어야 한다(김상배 2012, 106-107). 문화산업에서 미국의 신자유주의, 민주주의의 가치를 걸고 세계로 뻗어나가는 문화상품의 패권에 맞서, 중국의 소위 '후발자 추격 전략'으로서의 보호주의의 가치는 1980년대 산업모델로서 소위

발전국가 모델의 또 다른 도전이자 중국이 더 발전하기 위해서 넘어야
하는 한계를 보여준다.

셋째로 매력의 문턱이 있다. 매력의 문턱을 넘으려면 구조와 제도
를 장악하는 차원을 넘어서서 행위자들을 설득하고, 자발적으로 동의
하게 만드는 규범을 설정해야 한다. 특히 문화산업은 문화콘텐츠에 담
겨 있는 의미를 통해 상대방의 마음을 얻을 수 있다. 콘텐츠를 소비하
는 계층의 자발적인 선택에는 그 문화콘텐츠가 가지는 매력의 힘이 작
용한다. 그래서 콘텐츠가 가지는 보편적인 가치관과 세계관이 어떻게
사람들을 끌어들일 수 있게 하는가의 차원에서 경쟁하는 것이라 할 수
있다(김상배 2017, 104; 2018, 39). 앞의 두 개의 문턱과 마찬가지로 미
국의 문화산업은 그 문화콘텐츠가 가지는 보편성과 세계관의 차원에
서 매력의 표준을 장악하고 있지만, 중국 비디오 게임산업이 최근에 벌
이고 있는 "중국 문화"를 기반으로 한 "게임공정"을 동아시아 지역에
서부터 차근히 벌이고 있는 모습에서 중국이 미국의 패권에 도전할 가
능성을 가늠해 볼 수 있다.

III. 미국과 중국의 게임산업 경쟁

1. 비디오 게임의 기술혁신 경쟁

미국은 세계에서 가장 큰 비디오 게임 시장을 보유하고 있다. 한국콘텐
츠진흥원에 따르면, 2017년 기준으로 세계 비디오 게임 시장의 규모는
1620억 7900만 달러에 이르는데 이 중에서 미국 시장은 341억 2100
만 달러로 2016년의 296억 8600만 달러에 비해 14.94% 증가 추세를

보였으며 20.8%의 시장 점유율을 차지했다(한국콘텐츠진흥원 2018, 626). 이는 세계 비디오 게임산업 시장 규모의 증가율인 12%를 상회하는 수치로서 가장 낮은 점유율인 18.6%를 기록한 2012년 이래로 20%를 회복하고 약간이나마 그 점유율을 늘려가고 있는 추세이다. 온라인 게임 플랫폼에서 2011년에 중국이 세계 1위의 시장 점유율을 기록하고 이를 기반으로 전체 비디오 게임 시장에서도 점점 미국을 따라잡을 것이라는 예상과 달리, 미국은 2019년에 온라인 게임 플랫폼에서도 중국을 제치고 가장 큰 시장 점유율을 보이면서 최대의 비디오 게임 시장 보유국 지위를 고수하리라는 전망이 나타났다(Liao 2019). 매출의 규모, 수익성 등으로 순위를 매긴 기업별 경쟁력 순위에서 미국 기업은 상위 10개 중 3개, 20위 중에는 5개에 불과하나, 여전히 2위인 중국에 비해 많은 수를 보유하고 있어서 미국 비디오 게임산업의 세계 시장에서의 파워를 어느 정도 엿볼 수 있다(KAIST 정보미디어연구센터 2015). 하지만, 영화산업처럼 미국 기업들이 시장에서 압도적인 모습을 보여주지는 못하고 있다는 점을 볼 때, 게임산업은 미국과 중국의 혼전 양상을 보여주고 있다고 하겠다.

게임산업의 발원지가 미국이라는 것은 이미 잘 알려진 사실이다

표 1 매출액 기반 상위 5개 비디오 게임 기업 순위 (2010, 2015년)

2010			2015		
순위	국가	회사	순위	국가	회사
1	일본	Nintendo	1	중국	Tencent
2	미국	Electronic Arts	2	미국	Microsoft
3	미국/프랑스	Activision Blizzard	3	미국	Activision Blizzard
4	프랑스	Ubisoft	4	일본	Sony
5	미국	Take-Two Interactive	5	미국	EA

출처: Kerr(2017).

(Kent 2001; Kline et al. 2003). 다른 문화산업에 비해서 역사가 길지는 않지만, 그 길지 않은 역사의 대부분이 미국을 중심으로 이루어졌다. 미국의 게임산업은 1950-60년대 컴퓨터 산업의 발전과 밀접한 관계를 가지고 등장했으며(Wolf 2015, 591-607), 만화, 애니메이션, 영화 등 폭넓은 대중문화의 기반에서 비디오 게임 콘텐츠의 기획을 위한 창의력 있는 인적자원을 가지고 있고(Izushi and Aoyama 2006, 1849-1851), 실리콘밸리의 기술혁신 시스템을 접목해서 하나의 문화산업 클러스터를 형성하고 발전할 수 있었다. 문화산업 중 가장 늦게 시작했지만, 게임산업이 보여준 발전의 속도와 이를 뒷받침하는 창의성은 매출액에서 할리우드 박스오피스를 뛰어넘었을 만큼 놀라운 모습을 보여주고 있다(Shieber 2019).

세계 비디오 게임 시장에서 미국이 주도권을 장악하고 있다는 사실은 이러한 양적인 지표 이외에도 시장의 구조로서 다시 한번 살펴볼 수 있다. 미국 게임 시장은 폭과 깊이를 고루 갖춘 균형적인 시장이다. 비디오 게임을 플랫폼별로 나누어보면 크게 아케이드, 콘솔, PC패키지, 온라인, 모바일로 나누어 볼 수 있는데, 온라인 게임 플랫폼으로 거의 흡수되어 가장 약세를 보이는 PC패키지 플랫폼을 제외하고 거의 모든 플랫폼이 고른 점유율을 보이고 있다. 2016년 기준으로 콘솔은 39.8%로 가장 큰 시장을 점유하고 있으며, 아케이드가 20.8%, 온라인이 11.5%, 그리고 모바일이 25.1%를 보여주었다(한국콘텐츠진흥원 2017, 885). 더불어 미국 게임 시장은 소비자의 연령대가 상대적으로 높고 이들이 게임을 즐기기 위해서 지출하는 금액도 다른 나라에 비해 많으며, 여러 형태와 장르의 게임이 고루 매출을 올리고 있다. ESA(Entertainment Software Association)에 따르면, 미국 내 게임 이용자의 평균연령은 33세, 여성의 비율이 46%에 달했다(ESA 2019, 7).

미국에서 비디오 게임은 어린이들의 놀이가 아닌 경제력을 갖춘 성인들이 즐기는 문화콘텐츠인 것이다. 이러한 미국 게임 시장의 균형적인 구조는 게임 개발자들과 게임 회사들이 다양한 창의적 시도를 할 수 있는 여건을 조성함으로써 새로운 게임 콘텐츠가 지속적으로 만들어지는 근본이 되고 있다.

이미 게임 개발을 위한 가치사슬 구조와 소비를 위한 시장이 고도로 세계화되어 있음에도 불구하고(Kerr 2017, 12-15; Dyer-Witheford and Sharman 2005, 194), 전 세계의 주요 게임 회사들은 미국 실리콘밸리 근처에 지사를 가지고 있다. 그만큼 게임산업은 문화콘텐츠를 통한 엔터테인먼트 산업인 동시에 기술혁신이 중요한 기술집약적 산업이다. 실리콘밸리의 인력과 기술을 클러스터를 형성하여 확보할 수 있을 뿐만 아니라 최신의 정보기술 산업의 동향을 자연스럽게 흡수할 수 있다. 미국 게임산업을 둘러싼 실리콘밸리와의 클러스터는 인적자원의 흐름에서 살펴볼 수 있는데, 실리콘밸리의 고급 인력이 게임과 연관을 맺거나, 역으로 원래부터 게임 개발에 집중하던 인력이 실리콘밸리의 정보기술 산업으로 흘러들어가기도 한다.[9] 예를 들어 현재 최신의 가상현실 기기인 오큘러스 리프트는 이러한 비디오 게임산업과 실리콘밸리 정보기술 산업의 클러스터에서 만들어진 것이다(조귀동 2016).

길게 보아 25년의 짧은 역사에도 불구하고, 중국 게임산업은 놀라운 성장세를 보이면서 미국의 아성에 도전하고 있다. 중국 게임공작위원회(China Game Publishers Association, GPC)의 "2018 중국 게임산

---

9 하지만, 비디오 게임산업을 창의적인 문화콘텐츠를 통한 엔터테인먼트 산업으로 볼 때, 게임 개발사는 다른 산업과는 달리 클러스터를 형성하지 않는 모습을 보이기도 한다. 클러스터가 있으면 개발인력이 더 좋은 조건의 회사로 자연스럽게 이동하기 때문이다. 그래서 창의력 있는 게임 아이디어는 소위 "과학기술의 혁신 모델"에만 의존해서 만들어지는 것은 아니다. Scott(2000); Kerr(2017, 154).

업 리포트"에 의하면, 2004년에 25억 7000만 위안에 불과했던 중국 비디오 게임 시장은 2014년에 1144억 8000만 위안을 거쳐, 2018년 2144억 4000만 위안으로 전 세계 온라인 게임 시장의 23.6%를 점유하면서 미국보다 큰 시장의 크기를 보여주었다(GPC 2018, 1; Sheng 2019, 4). 비록 연평균 30% 이상의 급속 성장률의 추세는 2015년 이래로 줄어들고 있는 것이 사실이지만 여전히 소비자의 구매 잠재력과 시장 성장을 위한 기회를 감안하였을 때 중국 비디오 게임 시장은 매력적이다. 모든 게임 플랫폼을 종합했을 때, 중국 게임산업은 세계 시장에서 15%의 점유율을 가지면서 미국에 이어 2위를 차지하고 있으나, 미국과의 격차가 점점 줄어들고 있다는 점에서 세계 게임 시장에서 중국 시장의 중요성은 날이 갈수록 높아지고 있다(한국콘텐츠진흥원 2017, 814).

이렇게 중국 게임산업이 온라인 게임 플랫폼을 중심으로 급속도로 성장하게 된 이유는 급속 경제성장과 함께 비디오 게임을 즐기는 사람들, 즉 수요가 늘고 있기 때문이다. 2018년 1월 중국 인터넷네트워크정보센터가 발표한 제41차 "중국인터넷발전현황통계보고"에 따르면 2017년 12월 기준으로 중국에서 인터넷을 사용하는 사람들은 7억 7200만 명[10]으로 인터넷 보급률은 55.8%에 불과하지만(CNNIC 2018, 7), 전 세계에서 가장 많은 인구가 인터넷을 사용하는 것으로 집계되었다. 그 중에 57.2%인 4억 4161만 명은 온라인 게임을 즐기고 다른 게임 플랫폼까지 포함하면 5억 8300명[11]으로 이 또한 세계에서 가장 많은 수를 기록하고 있다(CNNIC 2018, 41; Chew 2019, 195). 전체 게임

---

10 이는 다시 2018년 6월 기준으로 8억 200만 명으로 늘었으며, 인터넷 보급률은 57.7%로 집계되었다. 한국인터넷진흥원(2019, 3).
11 게임이용자 수는 2018년 다시 6억 2,600만 명으로 늘어서 동년 대비 7.3%의 증가를 보였다. GPC(2019, 4).

이용자 중 36%는 매일, 46%가 일주일에 적어도 한 번은 게임을 즐기
고, 67.2%의 이용자가 1-4시간의 플레이를 한다(Jiang and Fung 2019,
802). 국가별 게임 시장 10위권 인구 대비 게임이용자 비율을 비교해
보면 중국 게임 시장은 지속적으로 새로운 게임이용자의 유입을 기대
할 수 있는 잠재력을 가지며 그로 인해 성장 가능성 또한 높다고 할 수
있다(한국콘텐츠진흥원 2017, 824).

최근까지 중국 비디오 게임 개발은 독자적인 게임 콘텐츠 구축을
위한 기술력을 가지지 못한 채, 모방 또는 불법복제의 오명을 벗지 못
하고 있었다. 예컨데, 해외 시장에서 좋은 평가를 받은 유수의 게임들
을 그대로 가져와 베껴서 중국 시장에 출시하는 경우가 많았다. 중국
게임 시장은 지속적으로 성장했지만, 그 성장 초기에는 불법적으로 유
통되는 게임을 통해 이루어졌고 해외 유수의 게임 회사들이 중국에 진
출한 이후부터는 수입된 비디오 게임에 의존하는 경향이 매우 강했다.
중국 게임 회사들이 독자적으로 개발한 게임이 오늘날 시장의 대부분
을 차지하고 있지만, 인기 있는 게임은 여전히 해외에서 개발, 수입된
것들이다. 〈표 2〉에서 볼 수 있듯이, 상위 10개의 인기 있는 게임 중에
중국 게임은 3개밖에 되지 않는다(『17173』 2019).

그러나 중국 게임 시장은 해외 개발사들의 독점시장이 아니다. 중
국 시장에서 중국 개발사들이 출시한 게임은 해외에서 수입된 게임의
14배에 달하고 있다(Jiang and Fung 2019, 802). 중국 비디오 게임 개
발사들은 놀라운 성장세를 보여주고 있다. 중국 정부의 게임산업 보호
정책에 따르면, 해외 개발사들이 중국 시장에 자사 게임을 출시하기 위
해서는 반드시 중국 내 퍼블리셔 또는 유통사와 연계해야만 한다. 이
러한 정책 덕에 중국 회사는 게임을 서비스하고 유통하면서 게임 운영
에 필요한 노하우를 축적할 수 있었고 새로운 게임을 기획하고 개발하

표 2 2019년 중국 시장 게임 인기 순위 (모바일 게임 제외)

순위	게임명 (중국 게임명)	국가	개발사
1	던전 앤 워리어 (地下城与勇士)	한국	네오플
2	판타지 웨스트워드 저니 (梦幻西游)	중국	넷이즈
3	패스 오브 엑자일 (流放之路)	뉴질랜드	그라인딩 기어 게임즈
4	월드 오브 워크래프트 (魔兽世界)	미국	블리자드 엔터테인먼트
5	리그 오브 레전드 (英雄联盟)	미국	라이엇 게임즈[12]
6	파이널 판타지 14 (最终幻想14)	일본	스퀘어 에닉스
7	소드넷3 (剑网3)	중국	진산 소프트웨어
8	하스스톤 (炉石传说)	미국	블리자드 엔터테인먼트
9	신티안룽바부 (新天龙八部)	중국	소후창유
10	블레이드 앤 소울 (剑灵)	한국	엔씨 소프트

출처: 17173(2019)의 내용을 바탕으로 필자가 작성.

는 데 필요한 유저들의 성향, 수요, 요구사항 등의 기초 자료를 접할 수 있었다(김준연·박태영·이근 2012, 169). 더불어 이렇게 자본을 축적한 중국 게임 회사들은 해외의 유수 기업을 인수, 합병하면서 이들이 가지고 있었던 게임 콘텐츠와 기술력, 그리고 개발 인력까지 흡수, 몸집을 불려 나가고 있다. 게임 시장에서 세계 1위의 매출액을 기록하고 있는 게임 회사가 바로 중국 기업 텐센트라는 사실은 중국이 머지않아 미국 게임산업과 어깨를 나란히 할 가능성을 점칠 수 있게 한다(Wijman 2019).

12 〈리그 오브 레전드(League of Legend)〉의 개발사인 라이엇 게임즈(Riot Games)는 중국 텐센트(Tencent)가 2011년부터 지분의 50% 이상을 인수하면서 최대주주가 되었고, 2015년 12월 완전 인수함으로써 중국 게임 회사로 볼 수도 있다. 하지만 텐센트에서 경영 간섭을 전혀 하지 않고 라이엇 게임즈 본사 법인은 미국 캘리포니아 주에 속해 있는 데다가 게임 개발, 업데이트를 모두 본사에서 전적으로 담당하고 있어서 여전히 미국 회사로 봐야 한다. Gaudiosi(2015).

표 3 중국 기업의 외국 게임 기업 주요 인수 합병 (2011년부터 2017년까지)

인수 게임 회사	합병 회사	인수금액	국가	연도
Tencent	Riot Games	$400,000,000	미국	2011
Perfect World	Cryptic Studios	$50,000,000	미국	2011
Leyou Technologies	Digital Extremes	$70,000,000	캐나다	2014
Tencent	Supercell	$8,600,000,000	핀란드	2016
Shanghai Giant Network Technology	Playtika	$4,400,000,000	이스라엘	2016
Leyou Technologies	Splash Damage	$150,000,000	영국	2016
Zhongji Enterprise Group	Jagex	$400,000,000	영국	2016
Zhejiang Jinke Peroxide	Outfit7	$1,000,000,000	슬로베니아	2017

출처: Snyder(2018).

2. 정책, 제도 표준경쟁

미국의 정책 시스템은 게임산업이 세계로 뻗어 나갈 수 있도록 경쟁
에 적합한 시장 환경을 조성하면서 시장경제에 전적으로 맡기는 모습
을 보여준다. 정부가 앞장서서 육성을 위해 명시적으로 산업에 직접 지
원하는 정책을 편 것은 아니지만, 미국 정부의 보이지 않는 비디오 게
임 시장에서의 역할은 미국 게임산업의 건전성과 투명성, 그리고 세계
시장에서의 창의성을 기반으로 하는 경쟁력을 갖추는 데 도움을 주었
다. 다시 말해서 산업 육성을 위해 정부가 주도하는 것이 아니라 각 산
업을 구성하고 있는 미국 기업으로 하여금 변화하는 세계 시장의 트
렌드를 주도하게 하는 자발적 산업 육성책[13]을 펴고 있다. 공정한 시장

---

13   엔터테인먼트 산업은 연방정부 차원이 아니라 각 주정부 차원에서 세제 혜택을 주고, 지
     원금을 보조하며, 융자를 지원하는 등의 공공지원제도의 혜택을 받고 있다. 이 또한 비디
     오 게임산업에 대한 집중 육성책이라 볼 수 없고 대부분은 영화산업에 치우쳐 있다. 자
     세한 내용은 한국콘텐츠진흥원(2014)을 참조할 것. 비디오 게임산업에 대한 몇몇 주의
     세제 혜택에 대해서는 EU(2013, 27)를 참조할 것.

의 규칙에 따라, 치열한 경쟁에서 살아남기 위해 개발사들은 혁신을 기반으로 경쟁력을 높여왔다(한국게임산업개발원 2004).[14] 비디오 게임을 구현하는 데 필요한 최신의 기술혁신에 대해서는 적극적으로 지원, 인력을 육성하고 정부에서 필요한 부분을 공동으로 이용하는 시스템[15]을 구축하고 있다. 미국 정부의 기술 정책적 측면에서 어느 정도의 역할을 가늠해 볼 수 있지만 이러한 간접적 정책은 비단 게임산업에만 제한된 것이 아니라 여러 엔터테인먼트산업에 지원되는 정책임을 염두에 두어야 한다.

대외적으로 미국 정부는 비디오 게임을 포함한 디지털 콘텐츠의 자유무역을 보장하는 국제레짐을 수립하고 이를 바탕으로 외국에 문호개방을 요구하는 적극적인 행보를 보였다(CRS 2018). 하지만 영화산업에서 미국영화협회(MPAA)가 헐리우드 영화산업의 이익이 미국 정부를 통해 레짐의 형성 과정에서 적극적인 역할을 했던 것과 달리, 미국 엔터테인먼트 소프트웨어협회(Entertainment Software Association, ESA)는 국제무역에 관해 적극적인 행보를 보이지는 않았다. 이미 영화산업에서 이룩해 놓은 자유무역의 레짐을 디지털 콘텐츠 서비스 분야에 확장하기만 해도 되기 때문이었다. 각국의 이해가 첨예하게 대립하여 디지털 콘텐츠에 대한 자유무역이 완전하게 설정되지 않은 부분에 대해서 미국 정부는 개별국가와의 양자투자협정(Bilateral

---

14   ESA(Entertainment Software Association)의 스테반 미첼은 게임산업을 육성시키기 위한 미국 정부의 정책은 없다고 잘라 말했다. 미국 게임산업에 대한 정책은 일반 기업 주도형이며, 이미 시장의 경쟁력, 교육수준, 인력 등이 세계 최고 수준에 다다랐기 때문에 업계에서는 특별히 정부의 육성 정책을 필요로 하지 않는다고 부연 설명했다.

15   이렇게 미국에서 나타나는 독특한 형태의 기술개발혁신 네트워크를 'MIME (military-industrial-media-entertainment 네트워크'라고 부르기도 한다. Der Derian(2001, 161-162).

Investment Treaty, BIT)을 맺어 무역장벽을 낮추는 방법을 모색하였다(김상배 2017, 119).[16]

대내적으로 미국 정부는 게임 콘텐츠에 대한 직접적인 규제를 하고 있지 않다. 비록 비디오 게임의 무분별한 사용이 어린이들의 정서에 해를 끼치고, 폭력성을 조장하며, 극단적으로 테러에도 연관될 수 있다는 우려의 목소리도 있지만, 기본적으로 문화콘텐츠에 대한 표현의 자유를 헌법적으로 인정하고 있으며, 산업 규율 또한 자율적으로 할 수 있도록 하고 있다. 소비자의 선택 권리를 존중하기 위해서 정부는 필요한 정보를 투명하게 제공하고 소비자는 이렇게 제공된 정보를 믿고 선택하는 구조가 확립된 것이다. 1994년부터 미국 비디오 게임산업은 엔터테인먼트 소프트웨어 등급위원회(Entertainment Software Rating Board, ESRB)를 ESA의 산하에 만들어 등급심의 체계에 따라 대부분의 상업 비디오 게임 콘텐츠의 등급을 부여하고 있다. 법적인 구속력은 없으나 등급을 부여받지 못한 콘텐츠는 시장에서 유통이 어렵기 때문에, 대부분의 게임 회사들은 ESRB의 등급제도에 따른다. ESA에 따르면 77%의 부모들이 자녀의 비디오 게임에 부여된 등급을 정기적으로 보고 있으며 98%가 비디오 게임에 대해서 정확하고 투명한 정보를 제공하고 있다고 답했다고 한다(ESA 2019). 요컨대 미국 게임산업에 대해 미국 정부의 역할은 국가가 나서서 민간 부문을 조종(governing)하기보다는 시장경제의 흐름에서 경쟁을 통해 산업의 발전을 이끌고, 국제적으로 자유무역의 환경을 조성하는 모습을 보인다.

정부의 역할이 앞으로 드러나지 않는 미국의 경우와 달리, 중국의

---

16 이러한 관점에서 현재 트럼프 대통령이 기치를 걸고 있는 "America First"라는 자국중심 보호주의 전략은 이미 세계 시장에 의존하고 있는 미국 비디오 게임 회사들에게 오히려 성장 동력의 유입을 막고 있다는 평가가 나오고 있다. Sarkar(2017).

정책과 제도는 국가가 앞서서 비디오 게임산업의 육성을 위해 이끌어 나가는 소위 "발전국가형 따라잡기" 모델로 개념화할 수 있다(Perez and Soete 1998; 박철·이재학 2010). 정부는 세계화의 흐름 속에서 문화산업에 대한 정책을 대내적으로 추진하고, 무역에 있어 보호주의적 장벽을 사용하는 등 시장에 직접 개입한다. 문화는 이러한 중국 정부의 사회, 시장에 대한 지배 구조를 공고히 하는 새로운 공간으로서 자리매 김하고 있다(Wang 2001, 71). 지앙과 펑은 최근에 보이는 중국 정부의 비디오 게임산업에 관한 정책을 세계화를 선택적으로 받아들여 국가의 이익을 위해 레버리지를 창출하고 민간과 공공 영역의 파트너십을 정부 주도로 설정하고 있다는 점에서 이른바 "신기술민족주의"로 정의한다(Jiang and Fung 2019). 다시 말해서 중국 게임산업의 초기발전 상황에서는 영화나 TV 같은 미디어 엔터테인먼트 매체처럼 중앙정부의 이데올로기적인 사회통제 수단으로 사용하는 모습을 보이지는 않았지만, 그후 게임산업이 발전하면서 국내 경제에 미치는 영향이 커짐에 따라 미래 성장동력이자 대외적으로 '중국 문화'를 널리 선양하는 산업으로 선정, 강력하게 진흥하려고 하고 있다.

중국 문화부(文化部)는 비디오 게임 콘텐츠를 관리, 규율, 통제하는 핵심 기관이다. 중국 시장에 비디오 게임을 출시하기 위해서 해당 회사는 '네트워크 문화경영 허가증(網絡文化經營許可證)'을 받아야 하는데, 문화부는 이 과정에서 게임의 내용을 심사한다. 더불어 비디오 게임 제품을 출판하기 위해서, 각 게임 제품은 반드시 국가신문출판광전총국이 발행하는 '인터넷 출판 허가증(互聯網出版許可證)', 소위 판호라고 불리는 허가증을 획득해야만 한다. 게임의 내용에 대한 심사는 주로 헌법을 위반했는지, 영토 주권을 침해하고 있는지, 국가의 안전을 해치는지, 민족문제를 선동하고 민족단결을 저해하는지, 외설, 도박,

폭력을 선전하고 있는지의 내용에 집중되고 있다. 비디오 게임에 대한 중국 내 사회적 인식은 아직 어린 세대의 전유물 정도로, 게임을 즐기는 행위 역시 마약과 같이 중독으로 이어져 건전한 도덕성을 해치는 것으로 간주된다(Lu 2016, 2190-2191). 중국 게임산업의 자율규제에도 정부의 검열통제와 비슷한 항목을 가지고 있는데, 중국 게임 퍼블리셔 산업의 자율규제 중 제6조에는 "사회주의 정신적, 문화적 문명을 진흥하기 위해서"라는 원칙을 명시함으로써 정치적으로 문제가 될 수 있는 게임 콘텐츠를 개발하지 않으려 한다(Cao and Downing 2008, 524).

중국 정부는 국내 게임산업의 국제경쟁력을 높이기 위해서 외국 기업의 시장 진입을 제한하는 형태의 정책을 펴고 있다. 산업 발전에 필요한 외국인 투자를 유지하면서도, 완전 개방으로 인해 국내 산업이 침체되는 것을 막기 위해 2007년 '외상투자산업 지도목록'을 발표했다(박지혜 2013, 35). 이에 따라서 외국 게임 회사들은 중국 시장에 독자적으로 게임업체 설립을 할 수 없고 중국 시장에 자신의 비디오 게임을 출시하기 위해서는 중국 기업과 합자법인을 설립하여 공동개발을 하거나, 중국 퍼블리셔를 통해 서비스를 해야만 한다. 여기에서 판호는 외국 비디오 게임이 무분별하게 중국 시장에 들어오지 못하게 하는 수문장의 역할을 한다. 2016년 7월에 한국 내에 사드 배치가 확정된 이후, 중국은 이에 대한 보복 조치로 한국에서 들어오는 모든 문화콘텐츠의 수입을 금지시켰다. 게임 분야에서는 중국 시장 진출에 필요한 판호를 발급해주지 않는 방법으로 보복을 가했다. 한국 게임에 대한 판호 발급이 늦어지고 있는 사이에 중국 게임 시장에는 불법으로 유출된 소스코드를 이용, 비슷한 게임이 먼저 출시되는 사례가 속출했다(박태학 2018).[17]

국내 게임 개발과 관련한 기술혁신을 위해 중국 정부는 지원을 아끼지 않고 있다. 1986년 3월 시작된 국가연구개발계획인 863계획은 당시 우주항공, 정보기술, 신소재과학 등 7개 분야의 15개의 주제를 가지고 성과를 이루어냈다. 2003년 10월에 '온라인게임 통용엔진 연구 및 시범 상품 개발'과 '인공지능 커뮤니케이션 인터넷 시범 응용'의 주제가 863계획의 일환으로 정식 채택되었다. 이 두 프로젝트의 목표는 정보화의 수요에 맞추어 온라인게임과 디지털영상의 적용을 통해 기술성과를 종합하고, 경제적, 사회적 효익을 실현하는 상품을 생산하여 시범적으로 운용한다는 것이다. 이를 통해 정부는 기술을 보유하고 있거나 응용할 수 있는 기초기술을 연구개발하는 기업에게 상응하는 자금을 지원하고 기술선정에 있어서 우선권을 부여했다(남영호 2004; Lee 2006).

더불어 문화정책적 차원에서 비디오 게임 콘텐츠를 중국 정부의 이데올로기 교육의 목적으로 이용하려는 움직임도 보인다(Zhong 2002). 예를 들어 2004년에 중국 국가신문출판총서는 '중국민족온라인게임출판공정(中華民族網絡遊戲出版工程)'을 실시했다. 5년간 100개의 우수한 중화민족의 게임을 개발해서 산업의 경쟁력을 강화하고 중국의 정신문화 창달을 고취한다는 목적을 가졌다. 중국의 고전문학과 역사, 중국 신화를 바탕으로 하거나 두뇌계발을 목적으로 하는 게임을 1년에 20개씩 선정해서 개발비를 투자하고 정책적 지원을 아끼지 않았다(손상범 2008). 2010년에는 '중국녹색 인터넷게임 출판 공정'과 '중국민족 창작 인터넷 게임 수출확대 계획'을 발표하고 중화 콘텐

---

17 2018년 4월 중국 정부는 국가신문출판광전총국을 해체하고 당 중앙선전부가 신문, 방송, 출판, 영화 등의 미디어를 총괄하도록 하면서 일부 외국 게임에 대한 판호를 발급하기 시작했다. 그러나 여전히 한국 개발사들이 만든 게임에 대해서는 판호의 문이 열리지 않은 상태다. 김한준(2019).

츠의 개발을 통한 중국 국내 비디오 게임산업의 발전과 해외진출 등을 꾀하기도 했다(온기홍 2010). 요컨대 중국 게임산업의 급속 성장은 중국 정부의 정보기술개발 후발주자로서의 시장에 대한 통제, 보호조치와 함께, 미디어콘텐츠를 통해 중화사상을 전파하려는 시도를 하는 소위 "보이는 손"에 의해 이루어지고 있다.

3. 게임 콘텐츠 매력경쟁

비디오 게임이 젊은 세대, 특히 어린아이들의 놀이를 위한 전유물이라는 인식은 비디오 게임이 대중문화로서 문화코드를 가진, 즉 특정한 문화권력을 생산, 재생산하는 첨병으로서 분석되기 전에 비디오 게임의 소비를 사회적 유용성이라는 틀에 갇히게 하여 그 속에 담겨 있는 의미를 제대로 보지 못하게 하는 역할을 했다. 그러나 비디오 게임을 즐기는 소비자의 폭이 넓어지고, 경제적으로 다른 엔터테인먼트 매체보다 규모가 커지면서, 비디오 게임을 바라보는 시각이 달라지기 시작했다. 비디오 게임은 이야기라는 허구적 속성에 소비자의 행위를 더해 재미와 몰입감을 주고 이를 통해 문화적 서사라는 의미를 획득한다. 기술이 발전하면서 비디오 게임의 영상이 더욱 현실감이 높아지고 화려해지는 상황도 이러한 문화적 서사로서의 비디오 게임이 가진 의미를 강화해 주는 것이라 하겠다(전경란 2009, 14). 기술의 발전으로 가능해진 생생한 영상과 빠른 전개는 영화에 버금가는 시각적, 서사적 성격을 비디오 게임에 부여하고 있으며, 다른 어떠한 문화 서사보다도 통합적인 기호적(symbolic) 특성을 지니게 함으로써 소설, 영화, 애니메이션의 다양한 기호를 통합적으로 생산한다. 그래서 비디오 게임 속에서 재현된 서사들은 단순하게 놀이를 위한 소재가 아니라 하나의 세계관, 문화

코드를 담고 있고, 비디오 게임 속의 세계는 현실 세계의 거울로도 읽힌다(이동연 2010, 187). 게이머의 행위를 통해서 이루어진다는 차원에서 서사는 다르게 경험될 수 있지만,[18] 그러한 경험의 자원들은 비디오 게임의 서사 안에 존재한다. 그 때문에 비디오 게임도 다른 영화 매체와 마찬가지로 문화 코드를 생산, 재생산하는 첨병의 역할을 할 가능성이 있다.

20세기의 할리우드가 미국의 문화를 통한 패권의 상징으로 미국적 가치, 미국적 사고방식을 세계에 퍼뜨렸고, 21세기에는 다소 이념과 가치는 탈색되었지만 여전히 개방적 문화코드와 보편적 이야기를 환상주의 이데올로기에 담아 세계를 사로잡았다면(김상배 2017, 115-116), 21세기 미국 비디오 게임은 또 다른 방식으로의 미국 문화패권의 첨병 역할을 하고 있다. 물론 미국에서 만들어지는 모든 비디오 게임이 미국적인 가치, 사고방식, 정치관, 세계관을 의식적, 무의식적으로 담고 있지는 않다. 하지만, 전쟁을 테마로 하는 일인칭 슈팅 게임 장르[19]에는 미국의 전 세계적인 패권과 함께 미국이 국제정치에서 보여주는 예외주의가 그대로 담겨 있고, 허구의 환상적 서사 안에도 서구의 이데올로기로 대변되는 개방적이고 보편적인 문화코드를 찾아 볼 수

---

18 비디오 게임에서 서사구조는 잠재적으로 존재하다가 게이머에게 선택되거나 조작이 가해지면 그제야 의미를 가지게 되고 표면화된다. 결과적으로 비디오 게임은 문화적 재현물(cultural representation)이라기보다는 문화적 과정(cultural process)이라 할 수 있으며, 그렇기 때문에 객관적인 서사와 이용자의 주관적인 수용이 구분되지 않는다는 점에서 영화매체와 다른 특성을 가진다. Aarseth(1997). 모든 게임이 소비자의 행위의 자유도를 어느 정도 가지고 있다는 점과, 이 자유도의 정도에 따라서 서사의 수용과 해석이 달라질 수 있다는 점은 비디오 게임이 다른 여타의 일방향적 문화매체가 가지지 못한 특수성으로 나타난다.
19 미국 시장에서 액션, 슈팅 등의 장르가 다른 장르들에 비해 월등히 인기를 끌고 있다. Daws(2017); Statistica(2019).

있다.

미국은 비디오 게임 안에서 적대적인 세력에 (현실정치에 존재하고 있든, 완전히 허구의 스토리든 간에 상관없이) 둘러싸여 위협받는 국가로 묘사된다. 예를 들어 북한이 그들의 주도하에 한반도를 통일하고, 이렇게 만들어진 대조선공화국(Greater Korean Republic)은 경제 혼란에 빠진 미국이 아시아 주둔 미군을 본토로 돌려보내자 일본을 점령, 더욱 세력을 확장하여 인도차이나 반도의 대부분을 연방으로 편입, 결국에는 미 서부 전역을 점령하기에 이른다(Chaos Studio 2011). 비디오 게임 〈홈프론트(Homefront)〉의 이러한 미국에 대한 적대적 위협에 대한 설정은 〈콜오브듀티: 모던 워페어 2(Call of Duty: Modern Warfare 2)〉, 〈배틀필드 3(Battlefield 3)〉, 〈콜오브듀티: 블랙 옵스(Call of Duty: Black Ops)〉 등과 맥을 같이 한다. 미국은 적대적인 세력에 의해서 언제나 위협받는 국가이고, 다른 국가들은 굴복했지만 미국만은 끝까지 남아 이들을 자유롭게 해방시키는 책임을 가진 국가로 그려진다(Robinson 2015).

이러한 비디오 게임에서는 할리우드 영화와 마찬가지로 악에 맞서 싸우는 선의 구도가 설정된다. 주로 선택되는 게임의 배경은 무질서한 세계이다. 특히 테러리스트에게 점령된 중동의 도시를 표현하는 경우가 많고, 적대적인 캐릭터 또한 타자화된 중동의 사람들로 설정되었으며, 게이머는 미군이 되어 플레이한다(Höglund 2008; Šisler 2008). 하지만 여기에서 미국은 규칙을 지키기 위해 예외적으로 행동할 수 있는 대상이다. 확립된 세계정치의 구도를 받치고 있는 국가 간의 규칙을 깨버리고 세계의 평화를 무너뜨리는 절대 악에 맞서서 미국은 절대 선으로서 싸워야 한다. 규칙을 회복하기 위해서 미국은 규칙으로 정해진 영역을 넘어 행동할 수 있어야 한다는 것이다(Robinson 2015). 특히

〈레인보우 식스: 시즈(Rainbow Six: Siege)〉에서 한 캐릭터는 부상당한 군인을 고문해 상대방 팀의 위치를 알아내는 능력을 가지고 있고, 〈스프린터 셀: 컨빅션(Splinter Cell: Conviction)〉에서도 주인공이 게임 진행을 위해 필요한 중요한 정보를 얻기 위해서는 다른 캐릭터에 고문을 가할 수밖에 없다. 〈메달 오브 아너(Medal of Honor)〉 시리즈 중에는 원래 주어진 명령에 불복해서 미션을 수행하는 스토리가 진행되기도 한다.

타임지는 2016년에 역대 최고의 비디오 게임 50개를 선정한 바 있다(Fitzpatrick et al. 2016). 밑의 〈표 4〉에서 살펴볼 수 있는 바와 같이, 위에서 언급한 소위 미국 패권 재생산의 문화적 도구로서 비디오 게임이 전적으로 사용되고 있다는 주장은 그렇지 않은 비디오 게임이 더 많다는 점에서 억지가 있을 수도 있다. 오히려 세계에서 인기가 있는 비디오 게임은 대체로 특정 문화를 고려치 않은 보편성을 추구하거나, 게임 제작 기술이 발달한 최근에는 게임의 재미를 통해 상업성을 극대화한 것들이라 할 수 있겠다. 미국의 한 개발사의 사장은 자카리아슨과 한 인터뷰에서 비디오 게임의 창의성은 "재미와 몰입도를 어떻게 비디오 게임에 녹아들게 할 수 있는가"에 따른다라고 말했다(Zackariasson and Wilson 2009). 전 세계의 문화의 다양성을 아우를 수 있으면서도 재미를 추구하기 위한 장치들이 들어가 있는 이러한 비디오 게임들은 미국 게임산업이 가지는 기술력과 문화적 포용성이 드러난 것이라 할 수 있다.

개방적인 문화코드와 보편적 가치를 게임 기술에 담아 게임성을 추구하는 방식으로 세계 시장을 장악한 미국 비디오 게임에 비해 중국 비디오 게임은 어떠한 매력을 가지는가? 중국 비디오 게임은 지리적으로 가깝고, 문화적으로도 중국 문화에 거부감이 비교적 없는 아시아 지역을 거점으로 게임의 매력 포인트를 확립하고 이를 기반으로 세계 시장으로 진출하려 하고 있다. 중국에서 흥행에 성공한 비디오 게임을 보면, 두 가지 정도의 특징을 보여준다. 첫째, 중국에서 서구에서 만들어진 그대로의 스토리라인이나 캐릭터는 게이머들의 선택을 잘 받지 못한다. 현지화는 단순히 게임의 배경을 서구식 풍에서 중국식으로 바꾸거나 게임 캐릭터를 중국 유저들이 친숙하도록 중국풍의 옷을 입히고 동양 캐릭터를 포함하는 등의 작업(translation)에서 끝나지 않는다. 중국 문화, 역사, 심지어 설화까지도 담을 수 있도록 스토리를 첨가하거나 바꾸고, 게임 안에서 이벤트 또한 중국 소비자들이 친숙하게 느끼도록 하는 문화화(culturalization)를 거쳐야 한다. 2000년대 초에 중국에 진출했던 엔씨소프트의 〈리니지(중국명: 天堂)〉는 중국 현지화에 실패하고 중국에서 그다지 인기를 얻지 못한 반면에(송재용·임나정 2016, 12), 위메이드 엔터테인먼트의 〈미르의 전설 2(중국명: 热血传奇)〉는 중국인들이 친숙한 게임성과 함께 중국 문화를 게임에 녹아들게 하는 전략으로 인해 상업적으로 성공했던 사례가 있다. 둘째, 한편의 거대한 스토리를 중심으로 장편 영화나 애니메이션을 보는 것과 같은 캐릭터 육성방식보다는 게임을 이용하는 계층이 진입하기 쉽도록 난이도가 설정되어 있고, 무협 장르와 같이 화려하고 동양적인 색채가 짙은 스토리를 중심으로 게임이 진행된다. 중국 무술 캐릭터(武俠)로 대변되는 서구와는 다른 캐릭터 시스템은 중국 비디오 게임이 가지는 특징으로 생각된다. 예를 들어 〈Ode to Gallantry(俠客行)〉, 〈Three Kingdoms Online〉, 〈Kings of Kings〉 같은 게임들이 있다(Chew 2019, 198). 셋째. 미국을 비롯한 서구에서는 찾아보기 어려운 동양식의 단체대결 모드가 들어가 있는 비디오 게임들이 많다. MOBA(Multiplayer Online Battle Arena) 장르의 이러한 게임은 중국을 중심으로 인기를 끌었다. 이러한 게임들은 혼자서 즐기는 것이 아니라 여럿이서 같이 싸우면서 즐기는 모습을 하고 있다. 예로써, 〈몽삼국2(梦三国2)〉, 〈철갑웅병(铁甲雄兵)〉, 〈300영웅(300英雄)〉, 〈구양신공(九阳神功)〉, 〈영웅삼국(英雄三国)〉 등의 게임들이 있다.

　이들 비디오 게임이 가지는 문화코드를 살펴보면, 2000년대 초반까지는 거의 시장이라고 할 수 없을 만큼 미비했지만 그래도 중국 기반의 비디오 게임이 생겨나고 있었다. 츄에 의하면, 비상업적인 게임 〈侠客行〉이 중국 개발자 팡조우즈(方舟子)에 의해서 개발되었고, 이 게임은 동명의 쿵푸를 기반으로 하는 무협소설의 스토리에 기반하였다. 그러나 시장에서 더욱 성공했던 것은 스토리 라인이 필요 없는 웹 클라이언트 기반의 캐주얼 게임들이었다. "Ourgame"이라는 이름으로 운영되었던 온라인 캐주얼 게임 사이트는 중국 내 인터넷 보급과 더불어 더욱 인기를 끌 수 있었다. 하지만, 이때까지의 중국 비디오 게임은 외국의 게임과는 비교할 수 없을 만큼 조악한 수준을 가지고 있었기 때문에 중국 시장의 등장이라는 차원에서 의미가 있을지는 몰라도, 글로벌 시장에서 통할 수 있는 경쟁력을 갖추지는 못했다.

　2000년대 중반까지만 해도, 중국 비디오 게임산업은 특유의 문화코드를 발현하지 못하고, 한국의 온라인 게임을 기반으로 성장하고 있었다. 이는 2010년까지 이어지는데 중국 게임산업의 성공은 상업적 새로운 비즈니스 모델의 성공과 함께 만들어졌을지는 몰라도, 문화적 창의성에 기반한 것은 아니었다(Chew 2019, 205). 이제 막 생겨나기 시작한 중국 게임 관련 회사들은 한국에서 성공한 게임들을 수입해서 유통, 중국 시장에서 마케팅만을 담당하는 "비창의적" 역할을 하면서 몸집을 불려나갔다. 한국에서 중국으로 게임 문화의 일방향의 흐름 속에서 몇몇의 게임 회사들은 중국 특유의 스토리와 중국적 게임성을 갖춘 게임을 개발했고, 한국이나 베트남 등 아시아 게임 시장에서 성공

표 4 2019년 중국 모바일 게임 시장 인기 순위

순위	게임명 (중국 게임명)	국가	개발사
1	하스스톤 (炉石传说)	미국	블리자드 엔터테인먼트
2	왕자영요 (王者荣耀)	중국	텐센트
3	배틀소드스피릿 (战斗吧剑灵)	중국	텐센트
4	클래시 로얄 (皇室战争)	중국	수퍼셀 / 텐센트
5	마인크래프트 모바일 (我的世界)	스웨덴	Mojang AB
6	라그나로크 RO (仙境传说RO：守护永恒的爱)	한국/중국	그래비티/심동네트워크
7	콜랩스 3 (崩坏3)	중국	미하 투어 네트워크
8	티안롱바부모바일 (天龙八部手游)	중국	소후창유
9	페이트 - 그랜드오더 (命运-冠位指定)	일본	딜라이트웍스
10	클래시 오브 클랜 (部落冲突)	중국	수퍼셀 / 텐센트

출처: 17173(2019)의 내용을 바탕으로 필자가 작성.

을 거둔다. Snail Games의 〈Age of Sailing〉은 한국 시장에서 중국산 게임이 성공할 수 있다는 가능성을 보여주었고, Kingsoft의 〈Jianxia Qingyuan Online〉은 중국 시장에서 흥행하지 못했으나, 베트남 시장에 수출되어 대박을 터뜨렸다(Chew 2019, 202).

2010년부터 중국 시장의 클라이언트 게임과 모바일 게임 플랫폼으로의 급속한 재편은 중국 문화를 기반으로 글로벌 문화의 보편성을 섞은, 즉 이종화된 중국 게임이 세계 시장에서 성공할 수 있는 가능성을 보여주었다. 스마트폰이 보급되면서 터치스크린 인터페이스가 보편화되고, 중국의 소액결제 시스템과 결합되면서 혜성과 같이 등장한 중국 모바일 게임은 온라인 게임 플랫폼의 포화상태, 또는 마케팅에 유리한 몇몇 대기업의 독과점 상태를 돌파할 수 있는 기회가 됐다. 기존에 만들어져 있었던 게임 구조를 그대로 모바일로 이식하면서 애플 앱스토어와 구글 플레이스토어의 글로벌 모바일 게임 시장으로 별다른

어려움 없이 진출할 수 있었다. 그러나 이는 중국 게임 회사들이 세계 시장에 매력적인 보편적 문화 코드를 이용했다기보다는 중국 무협소설, 중국 TV 드라마, 영화 같은 이전부터 중국 문화의 영향을 받던 아시아 지역에 확고히 자리 잡은 중국 콘텐츠를 이용하고 있는 것이라 하겠다(Chew 2019, 208).

IV. 한국의 문화산업전략

지금까지 살펴볼 수 있듯이, 현재 비디오 게임산업에서 벌어지고 있는 미국과 중국 사이의 경쟁은 21세기 문화산업 선도부문의 아키텍처를 설계하는 데에서 파생되는 패권을 차지하기 위한 경쟁의 대표적 사례로, 자세히 볼 필요가 있다. 비교적 최근까지 온라인 게임의 성공으로 일정한 선도의 가능성을 보여준 한국의 입장에서 미국과 중국이 동아시아, 그리고 나아가 글로벌 비디오 게임 시장에서 벌이고 있는 이러한 경쟁 구조를 파악하고, 그 동학을 이해하는 것은 중견국의 입장에서 선결되어야 할 숙제가 아닐 수 없다. 그렇다면, 비디오 게임산업의 경쟁에 대한 이해를 기반으로 중견국으로서 한국이 취할 전략의 방향은 어떻게 잡아야 하는가? 이 절에서는 한국 비디오 게임산업이 처한 현실과 앞으로의 전략적 방향을 3단 문턱의 분석틀을 기반으로 살펴본다.

1. 기술의 혁신

한국은 2017년에 세계 4위의 비디오 게임산업 매출액을 기록하고 있어서 중견국이라기보다는 선진국으로 볼 수도 있다(한국콘텐츠진흥원

2018, 626). 하지만 선진국으로 볼 수 없는 이유를 한국 비디오 게임산 업의 역사는 그대로 보여준다. 2000년대 초반부터 한국 비디오 게임산 업은 온라인 게임 플랫폼의 유례없는 성공으로 인해 전성기를 누려왔 다. 그러나 이 전성기는 10년이 가지 않아 정체기에 접어들게 된다. 산 업은 전성기의 성장동력을 잃어버리고, 한국을 적극적으로 벤치마킹 해 왔던 중국에게 빠르게 추월당했다. 이후 한국 산업은 중국과의 격차 를 좁히지 못하고, 추격해오는 후발 국가들과는 더욱 격차가 줄고 있는 상황이다. 다시 말해서 한국은 그대로 머무르고 있지만, 나머지 경쟁국 들은 성장하고 있다. 온라인과 모바일 게임 플랫폼에 치우쳐진 개발 환 경은 국내 게임산업의 창의성이 고갈되는 풍토와 시장의 급속 포화상 태와 맞물리면서 국내 산업의 자구책만으로는 발전하기 어려운 상황 이다.

한국 게임산업은 2000년대 이후 눈에 띄는 성장력으로 세계 비디 오 게임시장의 주목을 받았다. 그 요인으로는 온라인 게임이라는 새로 운 플랫폼에 기반한 신규시장의 창출과 당시 급속도로 사회에 보급되 던 초고속 인터넷망, PC방을 기반으로 하는 매우 적극적인 게이머들의 활동, 그리고 새로운 경제적 성장동력으로 지원을 아끼지 않았던 정부 의 정책 등을 꼽을 수 있다.[20] 1980-90년대만 해도 비디오 게임 개발능 력이 사실상 없었던 세계 비디오 게임산업의 변방에서 2017년 전체 규 모 13조 1423억 원의 비디오 게임 시장을 자랑하는 산업 대국으로 급 속히 성장하고(한국콘텐츠진흥원 2018, 3), 척박한 산업 환경에서 온라 인 게임 플랫폼이라는 게임 아키텍처를 선점하여 세계의 선도주자로 자리매김했다는 사실은 가히 높게 평가할 수 있다.

---

20 한국 비디오 게임산업의 성장과 성공에 대한 자세한 내용은 위정현·노상규(2007); Wi(2009); Jin(2010) 등을 참조할 것.

산업의 규모는 여타의 문화산업 부문을 앞지를 만큼 커졌지만, 중
요한 점은 그 규모를 유지하고 더 성장할 수 있는 요인을 잃고 있다는
점이다. 국내 비디오 게임 시장의 구성은 특정 부분에 편중되어 있다.
온라인과 모바일 게임 플랫폼을 통해서 지금까지의 성장을 이룩해왔
고, 많은 부분의 매출이 나올 것으로 예상되는 분야이기도 하다. 하지
만 이 두 플랫폼이 국내 전체 게임 시장의 95% 이상의 점유율을 보이
고 있다는 점(한국콘텐츠진흥원 2018, 31)은 이미 급속도로 포화상태에
접어든 국내시장 환경에서 양적 성장은 물론이거니와 기술혁신을 통
한 질적 성장을 기대하기는 어렵게 만든다. 실제로 국내에서 최근에 좋
은 성과를 낸 게임은 대부분 모바일 게임이고, 그마저도 이미 시장에서
좋은 반응을 보여주었던 온라인 게임의 속편 정도에 지나지 않았다(박
세준 2019). 계속해서 게임은 출시되고 있지만, 소비자의 구매 의욕을
이끌 만한 참신하고 새로운 시도가 벌어지지 못하고, 그저 인기가 있었
던 게임을 따라서 우후죽순 내놓는 식의 개발이 고착화되었다. 시장이
포화상태에 이르자, 게임산업은 점점 단기간의 이익이 보장된 게임에
천착하고, 새로운 도전을 꺼리게 되었다. 이미 몸집을 불린 대기업 개
발사들이 국내시장의 주축이 되면서 중소 개발사는 도산하거나 대기
업에 흡수되었다(김미희 2017).

따라서 한국은 앞으로 게임산업의 새로운 혁신을 통한 발전을 위
해 다변화 전략을 구체화할 필요가 있다. 특히 어느 것을 먼저 할 것인
가에 대한 전략적 접근이 필요하다. 물론 원소스멀티유즈(OMSU)의
차원에서 먼저 성공의 경험을 가졌던 온라인 게임 플랫폼과 급속도로
성장하고 있는 모바일 게임 플랫폼을 중심으로 게임 콘텐츠를 개발하
는 것을 우선으로 하고 다른 게임 플랫폼으로 파생, 확장하는 방안을
생각해 볼 수 있겠지만, 다른 플랫폼, 특히 그 중에서도 콘솔 플랫폼으

로의 전환은 쉽지 않다. 콘솔 게임을 개발하기 위해서는 하드웨어와 미들웨어의 게이트웨이를 통과해야 하는 선결과제가 있다. 먼저 만들어진 게임 콘텐츠를 이용해서 확장하는 방안을 먼저 고려해야겠지만, 결과적으로는 콘솔의 시장점유율을 늘리기 위해서 콘솔에서부터 게임을 개발하는 기술력을 키워야 할 필요가 있다. 장기적으로 볼 때, 시장에서 플랫폼의 쏠림현상이 지속되는 것은 급속도로 변화하는 시장의 흐름에서 좋은 전략이 아니다.

다음으로 이러한 다변화 전략에 따라, 한국 정부는 또한 게임산업의 미중 경쟁에서 어떻게 양쪽에 조화할 수 있을 것인지에 대한 구체적인 전략을 만들어야 한다. 글로벌 비디오 게임 시장에서 승자 독식의 원칙만이 작용하는 것이 아닌 미국과 중국 간의 경쟁구도가 지속될 가능성이 있다는 점을 생각해 볼 때, 한국은 경쟁의 게이트웨이가 되는 방안을 모색하는 과정에서 중견국의 역할을 할 수 있을 것이다. 미국 게임산업이 중국 시장으로 진입하기 위해서 한국의 중국 시장 진출 노하우를 사용하고, 중국 게임산업이 세계 시장으로 진출하기 위해서 한국이 이룩해 온 기술혁신의 경험이 중요하게 작용할 수 있는 구조를 따라오게 만드는 유연한 양면 전략이 뒷받침되어야 한다. 다시 말해서 양측이 조화롭게 세계 시장에서 어우러지기 위해 한국이 문지기의 역할을 할 수 있다는 점을 인식시키고 한국 시장 자체가 게이트웨이이자 일종의 실험실로 이용될 수 있다는 매력을 보여줄 필요가 있다. 물론 이러한 전략을 성공적으로 실행하기 위해서는 한국 게임 시장의 건전성을 먼저 회복해야 할 필요가 있다.

2. 정책과 제도

한국의 정책과 제도는 "문화산업정책"이라는 하나의 흐름 안에 짜여 있다기보다는, 다소 정리되지 않은 이중적, 심지어 때로는 상호 배타적인 여러 시스템의 혼재 양상을 보이고 있다. 정부의 주도 아래에 민간의 협력을 통해 산업의 발전을 도모했다는 차원에서 한국만이 가지는 독특한 전략의 방향성이 나타나고, 이러한 정책들은 후발국들에게, 특히 중국이 자국의 산업 성장을 위해, 성공적인 벤치마킹의 대상이 되었다(기획재정부 2014, 12-13). 한국은 문화콘텐츠로서 비디오 게임이 가지는 두 가지의 속성을 모두 고려하는 정책적 특성을 보여준다. 다시 말해 문화적 차원에서 비디오 게임을 소비하는 가운데 잠재적으로 나타나는 사회적 문제점을 해소하기 위해서 콘텐츠 개발과 유통을 규제하고, 산업의 차원에서 경제적인 수익을 가져다줄 수 있는 잠재력을 가진 부문을 진흥하는 모습을 동시에 보여줌으로써 어느 하나의 정책과 제도가 그 원래의 목적을 달성하기 어려운 실정이다.

한국은 1990년대 후반부터 정부 차원에서 한국 사회의 정보화를 이룩하기 위해 인프라를 확충하고 정보기술을 적극적으로 교육하려고 했다. 이러한 시도에서 한국 게임산업은 그 자생적 발전 환경을 자연스럽게 얻었다. 문화산업이라는 영역 안에 비디오 게임을 포함시킴으로써 문화산업진흥기금을 사용케 하는 등의 경제적 지원책과 함께, 병역 특례제도를 적극적으로 사용할 수 있게 하면서 한국 게임산업이 더욱 발전할 수 있는 유인을 제공했다. 게임산업이 경제적인 잠재력과 함께, 사회문화적 파급효과를 가지고 있다는 인식 아래, 문화체육관광부(당시, 문화관광부)가 주도하여 한국 게임산업의 진흥을 위한 법적, 제도적 기틀을 마련했다.[21] 실질적인 산업에 대한 지원은 한국콘텐츠진흥원을 중심으로 이루어진다. 한국콘텐츠진흥원은 게임산업 진흥을 위한 중장기 계획[22]을 기반으로 한국 게임산업이 국내 및 해외 시장에서 자리 잡을 수 있도록 돕는 역할을 하고 있다. 예를 들어, 2017년에는 외산 게임과 외국 자본에 의해 무너지고 있는 한국 게임산업의 생태계를 정상화하기 위해 중소개발사들의 게임 제작 경쟁력을 늘리는 차원에서 콘텐츠 제작에 최대 5억 원의 지원금을 투입하고, 가상현실 및 증강현실을 이용한 게임 시장을 창출하기 위해 13개의 게임콘텐츠를 선정하여 제작을 지원했다. 더불어 한국에서 개발된 게임의 해외 수출 확대를 위해 중국을 비롯한 신흥 게임 시장을 타깃으로 중간 매개체의 역할을 하면서, 국산 게임을 모아 글로벌 시장에 직접 진출할 수 있도록 서비스플랫폼도 개발하여 운영하는 등의 직간접적 도움을 주고 있다(한국콘텐츠진흥원 2018, 642-660).

하지만 한국에는 이러한 진흥정책과 함께, 한국 고유의 게임산업 규제가 있어 성장을 방해하고 있다. 한국 시장에 비디오 게임을 출시하기 위해서는 원칙적으로 모든 게임이 반드시 관계기관의 사전심의를 거쳐야 한다. 현재 민간기관인 게임물등급위원회와 정부기관인 게임물관리위원회의 분업심의제도가 만들어지기 이전까지, 한국 정부는 모든 게임을 사전심의하여 등급을 매겼다. 선정성, 폭력성, 반사회성, 언어적 표현, 그리고 사행성을 각 비디오 게임이 얼마나 가지는지를

---

21   진달용은 1990년대 후반 한국 정부의 적극적인 개입주의에서 신자유주의로의 전환에서 온라인 게임산업이 경쟁력을 가지게 하는 기틀이 되었다고 지적한다. Jin(2010, 35).

22   한국 정부는 2003년에 세계 게임 3대 강국에 진입하는 것을 목표로 제1차 중장기 계획을, 2008년에 미래 신규 시장 창출로 글로벌 선도 국가가 된다는 목표로 제2차 게임산업 중장기 계획을, 그리고 2014년에 창조적 게임강국 실현을 위해 제3차 게임산업진흥 중장기계획을 발표하고 한국 비디오 게임산업의 발전을 위해 법적, 제도적 도움을 아끼지 않고 있다. 문화관광부(2003; 2008); 문화체육관광부(2014).

위원회가 판단하고, 그에 따라 연령등급을 매기게 되는 것이다. 이는 앞서 언급한 미국식의 완전 자율규제와 중국식의 완전 정부 통제 간 절충의 모습을 하고 있지만, 여전히 게임 콘텐츠의 사회적 영향력에 대해 정부가 적극적으로 나서서 역할을 하고 있다는 점에서 한국 사회에서 비디오 게임이 가지는 위상을 엿볼 수 있다.[23] 또한 한국 시장에서의 비디오 게임, 특히 온라인 게임은 셧다운제도의 제한을 받는다. 청소년들이 오전 0시부터 새벽 6시까지 인터넷게임을 하지 못하도록 제한하는 제도인 셧다운제는 한국에만 있는 소위 '갈라파고스 규제' 중 대표적인 하나로 꼽힌다.[24] 게임산업계는 이 제도의 시행과 동시에 헌법 소원을 제기했지만, 청소년의 건전한 성장과 발달, 인터넷 게임 중독을 예방하려는 것으로 합헌결정이 내려지기도 했다(박세준 2019). 이러한 규제들은 기본적으로 한국 게임산업과 시장의 건전성을 고취하기 위한 목적을 가지지만, 오히려 국내 산업에 규제가 집중되는 모습을 하고 있어서 결과적으로 성장을 저해하는 요소로 지목되고 있으며, 규제의 효과 또한 과도한 규제에 비해 미미한 것으로 알려져 개혁의 필요성이 제기된다.

한편, 중국 게임산업의 부상과 세계 시장에서의 중국 비디오 게임 산업의 영향력 증대는 한국에게 기회인 동시에 도전이다. 중국 게임산업의 발전에서 한국 게임산업이 먼저 이룩한 성공의 경험은 중요한 밑거름이 되었고, 중국 시장 또한 한국 게임산업이 놓치지 말아야 하는

---

23 이마저도 행정편의주의적, 천편일률적인 심의로 인해 다양한 이용자와 개발자의 상황을 고려치 않는다는 비판을 받고 있다. 2019년 2월에 있었던 플래시 게임 콘텐츠 플랫폼 주 전자닷컴 서비스금지 통보 사례는 한국 비디오 게임 심의제도의 문제점을 적나라하게 보여준다. 김미희(2019).

24 이 외에 한국에는 결제한도 규제와 웹보드 게임 규제, 확률형 아이텐 자율 규제 등의 주로 비디오 게임이 가지는 사행성에 대한 규제들이 존재한다.

잠재적 시장으로 존재하고 있어, 장차 한국 게임산업이 발전할 수 있는 방향을 긍정적으로 제시하고 있다. 그렇지만 중국 게임시장에만 과도하게 의존하는 현재의 전략은 중국 시장이 항상 한국 산업에 열려 있지 않다는 점에서 위협이 될 수 있다. 현재까지 한국 게임들은 판호를 얻지 못해 중국 시장에 들어갈 수 없는 반면에, 중국 게임들이 오히려 한국 시장을 장악하는 모습이 나타나고 있다는 점은 중국에 과도하게 의존했을 때 한국 산업의 취약성을 그대로 드러낸 것이라 할 수 있다. 따라서 한국은 중국 일변도보다는 세계 시장, 아직 미개척된 시장을 선제적으로 다변화해서 나아가야 할 필요가 있다. 개발 초기 단계부터 해당 시장에 대한 면밀한 파악이 이루어진 이후에 각 시장에 맞춘 지역화가 가능한 게임의 개발이 이루어져야 한다. 하지만, 다변화 이전에 먼저 한국 시장에 대한 취약성을 낮출 수 있는 구체적인 전략을 수립해야 할 것으로 보인다.

둘째, 한국은 글로벌 게임 시장의 흐름을 먼저 읽고 정책적 대응의 방향을 수립할 필요가 있다. 한국은 강점을 지니고 있던 온라인 모바일 게임 플랫폼에 집중해왔다. 다른 플랫폼은 시장의 크기가 작기 때문에, 우선 앞서가고 있는 플랫폼에서 기술력과 게임 제작 능력을 충분히 확보한 뒤 파생해나갈 필요가 있다는 판단에 따른 것이었다. 그러나 플랫폼 간의 장벽이 허물어지는 상황에서 한국도 다른 플랫폼의 개발능력이 있으므로 치우쳐진 시장 중심의 정책은 일정 부분 조정이 필요하다. 이는 한국에 작은 세계 시장을 만드는 것일 수도 있는데, 한국 시장에서부터 미리 스파링을 거친 후에 나갈 수 있는 정책적 환경을 만드는 것이라 할 수 있다. 이러한 관점에서 볼 때, 한국은 국내시장에서 게임산업에 대한 전략적인 지원정책에 대한 고민이 이루어져야 한다. 규제를 없애는 것이 능사는 아니다. 규제가 산업의 경쟁력을 제한하기보다는 오히려 제고하기 위한 것이라는 신호를 지속적으로 산업에 줄 필요가 있다.

마지막으로 한국은 국내적으로 비디오 게임의 사회문화적 위상에 대해 진지하게 고민할 필요가 있다. 그러기 위해서는 산업계가 적극적으로 움직여야 한다. 다시 말해서 한국 게임산업의 발전을 위해서 장기적인 안목에서 업계의 사회적 책임을 다할 필요성이 제기된다. 그동안 한국 게임산업은 지속적인 성장을 가로막는 가장 큰 걸림돌로서 게임에 대해 사회적으로 부정적인 인식이 존재하고, 이에 따라서 정책적으로 불필요한 규제가 있기 때문이라고 지적해 왔다. 그동안 보여주었던 경제적 성장과 앞으로의 잠재력을 가지고 규제개혁의 이유를 모두 아우를 수는 없다. 사회적으로 문제될 수 있는 부분에 대한 인정과 자정 노력을 벌이는 동시에 산업의 진흥과 이용자 보호를 균형 있게 끌어낼 수 있도록 적극적으로 나서야 한다.

3. 게임을 통한 매력

미국 비디오 게임이 개방적인 문화 코드를 가지고 게임성을 추구하는 방식을, 중국 비디오 게임이 지역적 문화 유사성을 기반으로 중국적인 문화 코드를 적극적으로 담고 있는 방식을 통해 매력을 발산하는 데 비해 한국에서 만들어진 비디오 게임은 어떠한 문화적 매력을 가지고 있는가? 2000년대 초반부터 한국 비디오 게임 시장은 온라인 게임 플랫폼을 기반으로 급속 성장할 수 있었다. 한국 시장뿐만 아니라 세계 시장에서 인기를 끌었던 게임을 보면, 한국 전통적인 문화를 비디오 게임이라는 신매체에 녹여낸 것이라기보다는 세계 시장에서 통할 수 있는 보편적 문화 스토리에 한국 특유의 문화를 섞어 만든 이종적 문화

코드를 가지고 새로운 한국적 게임의 매력 포인트를 만들어낸 것이라 하겠다.

한국 온라인 게임을 세계적으로 알리게 된 계기가 되었던 〈리니지〉, 〈리니지 2〉, 그리고 최근의 〈검은사막〉, 〈로스트아크〉는 이러한 한국 온라인 게임의 문화 코드를 보여주는 예라 할 수 있다. 게임은 특정한 국가의 색채가 드러나지 않는 스토리라인을 기반으로 하고 있으나, 게임은 이러한 판타지 스토리에 한국적인 문화를 접목하고 있다. 혼자서 게임을 즐기기보다는 같이하는 것이 유리하며, 서로의 소통, 경합 등의 상호작용이 중요한 요소가 된다. 게임 커뮤니티 간의 경쟁을 통해서 게임 속에서의 소속감이 증가하고 게임을 하는 동기가 부여된다(Jin 2010, 129-132). 그 이외에 한국 시장에서는 일인칭 슈팅 장르나 MOBA 장르 등의 게임들이 인기가 있었다. 예로써, 〈스페셜포스〉, 〈서든어택〉, 〈크로스파이어〉, 〈배틀그라운드〉 등의 게임들이 있다.

하지만 2000년대 초중반 시장이 만들어지던 시기의 한국의 온라인 게임들, 그리고 최근의 몇 개의 인기 대작 게임들만을 가지고 한국적 게임 문화 코드가 확립되었고 한국 게임을 통한 매력이 발산되고 있다고 결론을 내리기에는 어려운 점이 있다. 역사적으로 성공한 한국 게임은 창의성을 기반으로 한 혁신이 소비자들의 취향과 맞물려 시장에서의 수익이 결과적으로 딸려온 것들이기 때문이다. 특히 최근 한국 게임산업은 혁신 없이 규모의 경제만으로 유지되고 있다. 과거의 영광에 도취해 단기적 수익 창출에 급급한 나머지 비디오 게임의 문화적 혁신이라는 명제는 점점 더 빨라지는 세계 게임 시장 트렌드에 비해 없어진지 오래됐다. 성공의 경험은 시장의 트렌드 및 기술의 변화에 민감하게 반응하면서 참신하고 신선한 게임 콘텐츠를 만들게 하는 유인으로 작용하지 못했으며, 단기적 수익이 담보된 콘텐츠로 쏠리는 현상이 나타났다. 소비자의 선택을 받기 위해 게임콘텐츠 개발에 많은 비용, 시간, 인력을 들이는 소수의 대기업과 단기적 수익을 극대화하기 위해 소비자의 과금을 유도하고 새로운 소비자를 끌어들이기 위해 마케팅에 투자하는 양산형 게임 개발사만이 살아남음으로써 산업계는 양분되었다. 게임성이 있는 콘텐츠가 시장에서 반드시 성공하지는 않는 구조를 가지므로, 시장에는 비슷한 게임들만 출시되었다. 즉, 한국 게임 시장은 혁신성이 부족한 게임들이 대량 투입되어 수익을 공유하는 모습으로 나타나고 있다. 이러한 상황에서 소비자들은 한국 개발사에서 만든 비디오 게임에 대한 기대감이 줄어들고, 오히려 게임성과 재미를 추구하는 외산 게임을 선택하게 되며, 이는 다시 국내 게임 회사들이 창의적인 콘텐츠를 만들려고 모험할 기회를 제약하는 악순환 구조를 만들고 있다.

우선 한국 게임의 문화적 매력을 발현, 발산하기 위해 한국 게임산업은 문화콘텐츠 산업으로서 창의성이 중심이 되는 구조로 재편될 필요가 있다. 특히 "기술 패러다임이 진화하면서 무게중심이 후자로 이동하고 있음에 주목"해 볼 때(김상배 2017, 104), 중견국의 지위로 내려앉은 한국의 상황에서 앞의 두 가지 문턱보다 더욱 어렵지만 보다 필요한 작업이다. 이미 시장이 포화상태에 이른 한국의 상황에서 콘텐츠 개발보다는 마케팅에 집중하는 현재의 전략으로는 돌파구를 찾기 어렵다. 해외의 거대 자본, 특히 시장 잠재력을 앞세워 몸집을 이미 키워버린 중국의 자본에 잠식되고 있기 때문이다. 문화상품으로서의 비디오 게임은 산업의 경제적인 논리에 의해서 만들어질 수 있겠지만, 문화물로서의 비디오 게임은 창의성이 뒷받침하지 않는다면 문화적 의미를 상실한 물품에 불과하다. 이를 위해서 한국 게임산업은 모험과 장기적인 안목을 가진 중소기업의 든든한 뒷받침이 있어야 한다. 빠른 시장

트렌드의 변화와 유연한 반응을 위해서 거대하게 경직된 대기업 중심의 구조는 중소개발사들이 중심이 되는 구조로 재편되고, 이들 중소개발사들이 세계시장에서 자리매김 할 수 있는 지원책 또한 전략적으로 마련되어야 한다.

둘째, 문화의 산물로서의 매력은 단순히 상품을 생산하고 소비하는 데에서 그치는 것이 아니라 그 안에서 작동하고 있는 서브컬처에서 파생되는 점이라는 것에 주목할 필요가 있다. 비디오 게임은 문화컨텐츠의 OSMU가 가장 활발하게 일어나는 영역이다. 지금까지의 OSMU는 단순히 이미 성공한 하나의 콘텐츠를 가지고 다른 영역, 플랫폼으로의 확장을 의미했다. 비디오 게임 콘텐츠를 가지고 게임 안에서 여러 플랫폼으로 확장함과 동시에 다른 문화 영역으로 상품을 만들어내고 이를 통해 수익을 다각적으로 이끌어내는 과정으로 이해되었다. 이러한 작업은 앞으로도 계속 이루어져야 하겠지만, 더욱 중요한 것은 더욱 복합적이고 유기적인 비전을 만들어내야 할 필요가 있다는 것이다. 다시 말해서 게임콘텐츠는 결과적으로 산업의 수익을 위한 목적으로 만들어져야 하는 것이나, 그 중간에 콘텐츠를 중심으로 만들어지는 서브컬처의 뒷받침 없이는 장기적인 기대를 하기 어렵다. 게임콘텐츠의 매력은 서브컬처에 얼마나 맞닿아 있는가에 성패가 달려 있다고 해도 과언이 아니다. 콘텐츠를 중심으로 서브컬처 전반으로 유기적인 확장이 이루어지고, 이를 기반으로 자연스럽게 수익구조가 결정되는 데에서 한국 게임의 매력은 만들어질 수 있다.

VI. 맺음말

이상에서 이 글은 정보, 문화 산업의 경쟁과 이를 기반으로 벌어지는 새로운 권력의 경쟁을 분석하는 '3단 문턱'의 틀을 가지고 비디오 게임 산업에서 벌어지는 미국과 중국의 경쟁의 양상을 살펴보고, 이를 기반으로 중견국의 위치로 전락한 한국의 문화산업 전략을 모색했다. 산업 경쟁력의 차원에서 특정 국가에 집중한 분석틀을 넘어서, 기술경쟁, 제도적 표준경쟁, 매력경쟁의 세 가지 차원에서 보는 시도는 경쟁의 구조와 동학을 이해하고 적극적으로 반응하는 데에 매우 중요한 국가전략의 사안이 아닐 수 없다. 비디오 게임을 둘러싼 미국과 중국의 문화산업 경쟁에 대한 연구는 단순히 문화산업의 경제적 중요성을 넘어서 정치경제적 측면에서 세계시장의 판도를 가늠해 볼 수 있다는 점에서 정치학적인 문제의식을 바탕에 깔고 있다. 20세기와 21세기 초반까지 문화산업의 선도주자가 영화산업—미국의 할리우드와 중국 영화산업의 도전으로 나타나는—이었다면, 게임산업은 정보, 문화 산업에서 영화산업의 매출액을 앞지르면서 21세기 중반 이후의 문화산업의 판세에서 그 중요성을 더하고 있다.

먼저 기술경쟁의 시각에서 볼 때, 중국의 비디오 게임산업은 최근의 급속한 양적 성장을 바탕으로 게임 개발 기술의 향상을 위해 노력하고 있다. 특히 자체 기술이 부족한 부분은 합작, 투자, 인수합병 등의 방법을 통해 최신의 게임 개발 기술 역량을 만들어나가고 있다. 연평균 30% 이상의 성장을 지속하고 있는 중국 국내시장은 아직도 소비자의 구매 잠재력과 함께 더욱 성장할 수 있는 기회의 장을 제공하고 있다는 점에서 미국 비디오 게임산업과 어깨를 나란히 하며 경쟁할 가능성이 크다. 둘째, 제도의 경쟁 시각에서 볼 때, 미국은 정책적으로 시장경

제 안에서 경쟁의 공정한 규칙을 확립하고 경쟁력을 갖춘 산업이 글로
벌 시장에 적극적으로 진출할 수 있도록 자유무역의 환경을 조성하는
반면, 중국은 국가가 앞서 산업의 육성을 위해 보호주의의 장벽을 치
고 시장에 적극적으로 개입하는 관리, 규율, 통제의 모습을 보여준다.
중국의 이러한 '발전국가형 따라잡기' 모델은 중국 비디오 게임산업의
발전에 지대한 영향을 주고 있으며, 국가와 시장의 관계에서 거대한 모
델의 충돌이 글로벌 비디오 게임 시장에서 벌어질 수 있다는 차원에
서 주목할 만하다. 셋째, 매력경쟁의 시각에서 볼 때, 미국과 중국의 비
디오 게임의 경쟁은 누가 더 많은 매력을 가진 콘텐츠를 개발하는가에
달려 있다. 글로벌 시장에서의 소비자들의 선택을 받기 위해 미국 게임
산업이 보편성을 추구했다면, 중국은 아직 지리적으로, 문화적으로 유
사한 아시아 지역을 거점으로 중국 게임의 매력코드를 확립하고 확장
시키려고 한다. 미국이 게임성과 재미라는 요소에 문화코드를 녹여 글
로벌 문화 시장에서의 패권을 장악하고 매력을 발산하고 있다면, 중국
은 중국 특유의 스토리라인과 중국적 게임성을 갖춘 게임을 중심으로
문화코드를 확립해나가고 있는 중이다.

2000년대 초반부터 새로운 비디오 게임 플랫폼의 선택과 집중을
통해 성공가도를 달리던 한국의 입장에서 미국과 중국이라는 강대국
의 문화산업 경쟁은 기회인 동시에 도전의 숙제를 안겨주고 있다. 국내
적으로 몇 개의 게임 플랫폼에 시장이 집중되어 있고, 그 또한 포화상
태로 인해 성장동력을 찾기 어려운 상황은, 글로벌 시장에서의 미중 경
쟁이라는 구조적 환경을 만나 더욱 어려운 형국을 맞이하고 있다. 따
라서 이 글에서는 세 가지의 분석 차원에서 한국이 처한 현실을 직시
하고, 그에 따르는 문화산업전략을 제시하고자 했다. 한국은 우선 기술
경쟁의 차원에서 기술혁신을 기반으로 다변화전략을 취하면서 세계

시장에서의 경쟁에서 적극적으로 움직일 구체적인 방안을 만들어야한다. 이는 한국 시장에 대한 취약성을 낮추면서 수출 시장을 넓히는 전략으로 이어지며, 국내적으로 산업의 경쟁력을 만들 수 있는 환경을 조성하기 위해 규제와 제도가 확충될 필요성이 있다. 더불어 한국 게임 산업이 수익성보다는 창의성을 통해 매력을 발산할 수 있는 구조를 만들면서, 사회적으로 비디오 게임에 대한 인식의 변화를 이끌어내고 산업의 사회적 책임을 다하는 모습을 보여야 한다.

무엇보다도 중견국으로서 문화산업의 경쟁력을 발휘하는 데 필요한 것은 '매력'의 창발을 위해 필요한 "창의성"(Creativity)이라 할 수 있다. 이러한 관점에서 지금까지 한국 정부가 주도해 온 한류의 전략을 다시금 정비해 볼 필요가 있다. 지금까지의 한류는 "한국적 가치"를 가지는 문화상품을 세계에 퍼뜨려 한국의 매력을 세계 소비자들이 자연스럽게 느끼고, 그로 인해 한국에 대한 좋은 이미지를 가지게 하는 차원이었다. 비빔밥과 불고기, 그리고 김치의 세계화에는 어울렸을지는 몰라도 영화, 음악, 비디오 게임의 세계 시장에서의 경쟁력과는 다소 거리가 먼 전략이라 할 수 있다. 한류 2.0은 세계 시장에서 소비자의 마음을 감동시킬 수 있는 보편적 가치와 재미를 내재해야 한다. 게임을 통한 원소스멀티유즈 전략은 플랫폼의 확장과 더불어 문화 소비자들의 서브컬처를 만들어줄 수 있는 거대 메타 플랫폼을 기반으로 장기적인 안목에서 만들어져야 한다. 더불어 이러한 가치와 재미를 만들어내는 창조적 능력이 단순 일회성으로 끝나지 않고, 국가 경쟁력으로 이어지기 위해 튼튼한 중간층에 대한 아낌없는 지원이 이루어져야 한다. 규모의 경제를 통해 문화상품 대작이 만들어질 수는 있지만, 창의력이 뒷받침되지 않는다면 소비자는 쉽게 문화콘텐츠에 마음을 주지는 않을 것이기 때문이다.

참고문헌

강명주. 2012. "중국의 온라인(On-line) 게임산업구조 분석."『경영경제연구』제35권 제1호.

기획재정부. 2014.『2014 경제발전경험모듈화사업: 한국 대중문화산업의 성공: 게임산업을
　　중심으로』. 세종: 기획재정부.

김미희. 2017. "게임업계 쏠림 ① 국내 시장 50% 이상이 빅 5에."『게임메카』4월 28일.
　　https://www.gamemeca.com/view.php?gid=1337389 (검색일: 2019. 12. 15.)

_____. 2019. "게임위 "자작 플래시게임도 심의 받는 것이 원칙"."『게임메카』2월 25일.
　　https://www.gamemeca.com/view.php?gid=1531898

김상배. 2012. "표준 경쟁으로 보는 세계패권 경쟁: 미국의 패권, 일본의 좌절, 중국의 도전."
　　『아시아리뷰』2집 2호.

_____. 2014.『아라크네의 국제정치학: 네트워크 세계정치이론의 도전』. 파주: 한울.

_____. 2017. "정보·문화산업과 미중 신흥권력 경쟁: 할리우드의 변환과 중국영화의 도전."
　　『한국정치학회보』51집 1호.

_____. 2018. "신흥 무대 미중 경쟁의 정보세계정치." 하영선·김상배 엮음.『신흥 무대의 미중
　　경쟁: 정보세계정치학의 시각』.

김준연·박태영·이근. 2012. "중국 소프트웨어산업의 기술추격과 정부의 역할."
　　『현대중국연구』13권 2호.

김한준. 2019. "열리지 않는 중국 게임시장... 국내업체 차이나조이 참가율 감소."『ZDNet
　　Korea』7월 9일. https://www.zdnet.co.kr/view/?no=20190709105659

남영호. 2004.『중국 온라인게임 퍼블리싱산업의 가치사슬분석』. 서울: 한국소프트웨어진흥원.

무림. 2012.『한국 온라인게임산업의 해외진출에 관한 연구 - 중국진출을 중심으로』.
　　계명대학교 대학원 무역학과 석사학위논문.

문화관광부. 2003.『게임산업 진흥 중장기계획(2003년~2007년)』. 서울: 문화관광부.

_____. 2008.『The Second Revolution 게임산업 진흥 중장기계획(2008년~2012년)』. 서울:
　　문화관광부.

문화체육관광부. 2014.『"창조적 게임강국 실현을 위한" 게임산업진흥 중장기계획
　　(2015~2019)』. 세종: 문화체육관광부.

박소영. 2012.『중국 온라인 게임산업의 변화와 경쟁력에 관한 연구』. 한국외국어대학교
　　대학원 국제관계학과 석사학위논문.

박세준. 2019. "외풍에 맞고, 내홍에 시달리는 한국 게임산업."『주간동아』1월 14일. http://
　　www.donga.com/news/article/all/20190112/93671706/1

박지혜. 2013. "중국 콘텐츠산업의 규제정책 변화와 시사점."『KIET 산업경제 6월호』.

박철·이재학. 2010. "가치사슬을 통한 온라인게임산업의 경쟁력강화 방안에 관한 연구:
　　Leapfrogging관점에서 한중 비교를 중심으로."『벤처경영연구』13권 2호.

박태학. 2018. "중 판호 규제, 이제는 정부가 나서야 할 때."『INVEN』8월 13일. http://www.
　　inven.co.kr/webzine/news/?news=205041&iskin=lo

손상범. 2008. "중국 온라인게임산업의 변화와 경쟁력 분석에 관한 연구."『中國硏究』44.

손재용·임나정. 2016. "온라인 게임 세계 시장 선점을 위한 도전 – 엔씨소프트의 조기 글로벌화."『Asan Entrepreneurship Review』2(8).

장새. 2018.『한, 중 온라인 게임산업의 특징과 경쟁력 비교분석』. 동아대학교 국제전문대학원 글로벌통상금융전공 석사학위논문.

장호상. 2013.『한, 중 게임산업 발전방향 연구』. 청운대학교 정보산업대학원 방송영상학과 석사학위논문.

장천. 2018.『중국 온라인 게임산업 현황분석을 통한 발전전략 수립』. 신라대학교 일반대학원 통상경제학과 경제학전공 석사학위논문.

전경란. 2009.『디지털 게임, 게이머, 게임 문화』. 서울: 커뮤니케이션북스.

정광호. 2008.『중국 문화산업 정책연구—게임산업 중심으로』. 고려대학교 정책대학원 아태지역연구학과 석사학위논문.

조동성·문휘창. 2006.『국가경쟁력: 이론과 실제』. 서울: 한국경제신문사.

조귀동. 2016. "연간 27조원 규모 초대형 게임시장 고급 인력과 괴짜 문화가 혁신 주도." ECONOMY Chosun 7월 18일. http://economychosun.com/client/news/view. php?boardName=C01&t_num=10144

오려군. 2013.『중국 온라인 게임산업의 국제 경쟁력 연구』. 배재대학교 대학원 국제통상학과 석사학위논문.

온기홍. 2010. "중국 온라인게임 이용 현황과 관련정책(II)." Digital Media Trend. 미디어미래연구소. http://www.mfi.re.kr/publication/3432

유봉구. 2019. "중국 인터넷게임산업의 발전과정과 그 정책적 특징 연구."『외국학 연구』 제48집.

위정현, 노상규. 2007.『한국 온라인 게임산업의 발전과정과 향후과제』. 서울: 서울대학교 출판부.

이동연. 2010.『게임의 문화코드: 갤러스에서 리니지까지 게임으로 문화 읽기』. 서울: 이매진.

이영. 2013.『한국과 중국 온라인 게임산업에 대한 비교연구—중국 온라인 게임산업의 국제 경쟁력을 중심으로』. 인제대학교 대학원 국제통상학과 무역정책전공 석사학위논문.

한국인터넷진흥원, 2019.『(중국) 2018년 글로벌 정보보호 산업시장 동향조사』. 나주: 한국인터넷진흥원.

한국콘텐츠진흥원. 2014.『2014 해외 콘텐츠 시장 동향조사 2. 미주』. 나주: 한국콘텐츠진흥원.

_____. 2017.『게임백서 2017』. 나주: 한국콘텐츠진흥원.

_____. 2018.『게임백서 2018』. 나주: 한국콘텐츠진흥원.

한국게임산업개발원. 2004.『2004 미국 게임산업 보고서』. 서울: 한국게임산업개발원.

Lu, Dongwen. 2018.『중국 모바일 게임산업의 국제경쟁력에 관한 연구 – IP 산업 사슬을 중심으로』. 세종대학교 대학원 경제통상학과 석사학위논문.

KAIST 정보미디어연구센터. 2015.『KAIST 글로벌 엔터테인먼트산업 경쟁력 보고서 2015』.

Shi, Yiling. 2017.『중국 온라인 게임산업의 활성화 방안에 대한 연구』. 세종대학교 대학원 경제통상학과 석사학위논문.

17173. 2019. *Top Games in China*. http://top.17173.com/list-2-0-0-0-0-0-0-0-0-1.html

Aarseth, Espen. 1997. *Cybertext: Perspectives on Ergodic Literature*. Baltimore and London: Johns Hopkins University Press.

Bos, D. 2015. *Answering the Call of Duty: the popular geopolitics of military-themed video games*. PhD thesis in the school of Geography, Politics, and Sociology. New Castle, UK: New Castle University.

Cao, Yong and Downing, John D.H. 2008. "The realities of virtual play: video games and their industry in China," *Media Culture and Society* 30 (4).

Chaos Studio. 2011. *Homefront*.

Chew, Matthew M. 2019. "A Critical Cultural History of Online Games in China, 1995-2015," *Games and Culture* 14 (3).

Chung, Peichi and Yuan, Jiangping. 2009. "Dynamics in the online game industry of China: A political economic analysis of its competitiveness." *Revista de Economía Política de las Tecnologías de la Información y Comunicación*, XI (2).

CNNIC. 2018. *The 41st Statistical Report on Internet Development in China*. Beijing: China Internet Network Information Center.

Cornford, James, Naylor, Richard, and Driver, Stephen. 2000. "New media and regional development: the case of the UK computer and video games industry," in Giunta, Anna, Lagendijk, Arnoud, and Pike, Andy eds. *Restructuring Industry and Territory. The Experience of Europe's Regions*. London: The Stationary Office.

CRS. 2018. "Digital Trade and U.S. Trade Policy," *CRS Report R44565*. May 11.

Daws, Ryan. 2017. "Research: The State of the video game industry in 2017," Developer. April 21. https://www.developer-tech.com/news/2017/apr/21/research-state-video-game-industry-2017/

Der Derian, James. 2001. *Virtuous War*. New York and London: Routledge.

Dyer-Witheford, Nick and Sharman, Zena. 2005. "The Political Economy of Canada's video and computer game industry," *Canadian Journal of Communication* 30 (2).

Ernkvist, Mirko and Ström, Patrik. 2008. "Enmeshed in Games with the Government: Governmental Policies and the Development of the Chinese Online Game Industry." *Games and Culture* 3 (1). pp. 98-126.

ESA. 2019. 2019 Essential Facts About the Computer and Video Game Industry. https://www.theesa.com/wp-content/uploads/2019/05/ESA_Essential_facts_2019_final.pdf

EU. 2013. "UK video games tax relief. Invitation to submit comments pursuant to Article 108(2) of the Treaty on the Functioning of the European Union," 2013.C 152/03. *Official Journal of the European Union 24*. https://eur-lex.europa.eu/legal-content/EN/TXT/PDF/?uri=CELEX:52013XC0530(08)&from=EN

Fitzpatrick, Alex et al. 2016. "The 50 Best Video Games of All Time," *Time*. August 23. https://time.com/4458554/best-video-games-all-time/

Gaudiosi, John. 2015. "This Chinese Tech Giant Owns More Than Riot Games," *Fortune*.

December 22. https://fortune.com/2015/12/22/tencent-completes-riot-games-acquisition/

GPC. 2018. 2018 *China Gaming Industry Report* (2018年中国游戏产业报告). China Book Press. (in Chinese) https://pan.baidu.com/s/1i8phE1eYZ4ECgpNvE4FEXg

Höglund, Johan. 2008. "Electronic Empire: Orientalism Revisited in the Military Shooter," *Game Studies* 8 (1). http://gamestudies.org/0801/articles/hoeglund

Izushi, Hiro and Aoyama, Yuko. 2006. "Industry evolution and cross-sectoral skill transfers: a comparative analysis of the video game industry in Japan, the United States, and the United Kingdom," *Environment and Planning* Vol. 38.

Jin, Dal Yong. 2010. *Korea's Online Gaming Empire*. Cambridge, MA: the MIT Press.

Jiang, Quiaolei and Fung, Anthony Y.H. 2019. "Games With a Continuum: Globalization, Regionalization, and the Nation-State in the Development of China's Online Game Industry," *Games and Culture* 14 (7-8).

Kent, Steven L. 2001. *The Ultimate History of Video Games: From Pong to Pokemon*. New York: Three Rivers Press.

Kerr, Aphra. 2012. "The UK and Irish Game Industries." in Zackariasson, Peter and Wilson, Timothy I. eds. *The Video Game Industry*. New York and London: Routledge. pp. 116-133.

_____. 2017. *Global Games: Production, Circulation and Policy in the Networked Era*. New York and London: Routledge.

Kline, S., Dyer-Witheford, N. and de Peuter, G. 2003. *Digital Play: The Interaction of Technology, Culture, and Marketing*. Montreal and Kingston: McGill-Queen's University Press.

Lee, Chin-Chuan, He, Zhou and Huang, Yu. 2006. "'Chinese Party Publicity Inc.' conglomerated: The case of the Shenzhen Press Group," *Media, Culture and Society* 28 (4).

Liao, Rita. 2019. "China to lost top spot to US in 2019 gaming market," *TechCrunch*. June 19. https://techcrunch.com/2019/06/19/global-gaming-market-2019/

Lu, Zhouxiang. 2016. "From E-Heroin to E-Sports: The Development of Competitive Gaming in China," *The International Journal of the History of Sport* 33 (18).

O'Donnell, Casey. 2012. "The North American Game Industry." in Zackariasson, Peter and Wilson, Timothy I. eds. *The Video Game Industry*. New York and London: Routledge. pp. 99-115.

Perez, Carolta and Soete, Luc. 1998. "Catching up in technology: Entry barriers and windows of opportunity," *Technical Change and Economy Theory*.

Porter, Michael. 1990. *The Competitive Advantage of Nations*. New York: Free Press.

Qiu, Bin et al. 2004. "Current State of China's Online Gaming Industry and the Obstacles in Development," The Forth International Conference on Electronic Business (ICEB2004). pp. 1261-1264.

Robinson, Nick. 2015. "Have You Won the War on Terror? Military Videogames and the State of American Exceptionalism," *Millenium: Journal of International Studies* 43 (2).

Sandqvist, Ulf. 2012. "The Development of the Swedish Game Industry: A True Success Story?" Zackariasson, Peter and Wilson, Timothy I. eds. *The Video Game Industry*. New York and London: Routledge. pp. 134-153.

Sarkar, Samit. 2017. "Trump's policies are hurting the US game industry, say EA and Take-Two," *Poligon*. October 23. https://www.polygon.com/2017/8/2/16083638/trump-game-industry-ea-take-two

Scott, Allen J. 2000. *The Cultural Economy of Cities. Essays on the Geography of Image-Producing Industries*. London: Sage.

Sheng, Jiahui. 2019. "Winter is Still: An Analysis of the Chinese Game Industry," *Master's Projects and Capstones*. Spring 5-16-2019. the University of San Francisco.

Shieber, Jonathan. 2019. "Video game revenue tops $43 billion in 2018, an 18% jump from 2017," *TechCrunch*. January 23. https://techcrunch.com/2019/01/22/video-game-revenue-tops-43-billion-in-2018-an-18-jump-from-2017/

Šisler, Vit. 2008. "Digital Arabs: Representation in video games," *European Journal of Cultural Studies* 11 (2).

Snyder, Matt. 2018. "China's Digital Game Sector," *U.S.-China Economic and Security Review Commission – Staff Research Report*. May 17.

Statistica. 2019. *Genre Breakdown of Video Game Sales in the United States in 2018*. https://www.statista.com/statistics/189592/breakdown-of-us-video-game-sales-2009-by-genre/

Thomas, Douglas. 2002. *Hacker Culture*. Minnesota: University of Minnesota Press.

Wang, Jing. 2001. "Culture As Leisure and Culture As Capital," *Positions* 9 (1).

Wi, Jonghyun, 2009. *Innovation and Strategy of Online Games*. London: Imperial College Press.

Wijman, Tom. 2019. "Top 25 Public Game Companies Earned More then $100 Billion in 2018," *Newzoo*. April 17. https://newzoo.com/insights/articles/top-25-public-game-companies-earned-more-than-100-billion-in-2018/

Wolf, Mark J. P. 2015. "United States of America," in Mark J. P. Wolf ed. *Video Games Around the World*. Cambridge, MA: The MIT Press.

Zackariasson, Peter and Wilson, Timothy L. 2009. "Creativity in the Video Game Industry," in Corrigan, Alessandra M. ed. *Creativity: Fostering, Measuring and Contexts*. New York, NY: Nova Science Publishers. Inc.

Zhong, Yong. 2002. "Debating with muzzled mouths: a case analysis of how control works in a Chinese television debate used for educated youths," *Media, Culture and Society* 24 (1).

제3부 　　국내정치 구조 속의 중견국 외교 3.0

제9장 일본 통상정책의 변화와 중견국 외교: 전략적 다자주의의 부상을 중심으로

이승주(중앙대학교)

* 이 글은 이승주. 2020. "아베 정부와 전략적 다자주의의 부상: TPP/CPTPP 전략을 중심으로." 『국가전략』 제26권 2호에 게재된 것이다.

I. 서론

2010년대 일본 통상정책은 기존 정책과 상당한 차별성을 띠기 시작하였다. 일본 통상정책의 변화의 분수령이 된 것은 TPP 협상 참가였다. 2011년 11월 민주당의 노다 요시히코(野田佳彦) 정부가 TPP 협상 참가 의사를 밝힌 데 이어(『朝日新聞』 2011/11/12), 아베 신조(安倍晋三) 정부가 2013년 3월 TPP 협상 참가를 공식 선언하였다("環太平洋パートナーシップ(TPP) 協定交涉参加に関する件" 2013). 이후 아베 정부는 호주 등 농산물 수출국과의 FTA 협상도 타결시켰을 뿐 아니라, 2017년 12월에는 EU와의 협상에도 합의하는 등 과거와는 차별화된 매우 공세적인 FTA 정책을 펼치고 있다.

　일본 통상정책의 변화는 단순히 TPP 협상에 참가한 데 그치지 않는다. 일본 정부가 TPP 협상에 참가하더라도 농산물 개방 등에 소극적 자세를 견지함으로써 TPP 협상을 장기화시킬 것이라는 일반의 예상과 달리(Mulgan 2013), 아베 정부는 TPP가 21세기 새로운 세계 경제 표준이 될 것으로 보고 협상에 상당히 적극적으로 임하였다. 2010년 협상이 개시된 TPP가 일본 정부의 참가 선언을 계기로 급물살을 타기 시작하여 2015년 10월 타결될 수 있었던 데는 일본 통상정책의 변화가 중요한 역할을 하였다. 일본 정부는 더 나아가 트럼프 행정부가 TPP를 탈퇴한 이후에도, CPTPP 협상의 개시, 타결, 발효에 이르는 전 과정을 주도함으로써 지역 경제 질서의 재편에서 예외적인 리더십을 보여주었다.[1]

---

[1]　미레야 솔리스(Mireya Solís)와 사오리 카타다(Saori N. Katada)는 이러한 변화를 부각하여 일본을 '예상 외의 추축 국가'(unlikely pivotal state)로 명명하였다(Solís and Katada 2015).

이 연구는 일본의 새로운 통상정책을 전략적 다자주의로 규정하고, 이를 중견국 외교의 맥락에서 설명한다. 일본 통상정책의 변화는 '전략적 다자주의'의 성격을 내포하고 있다. 아베 정부의 통상정책이 중견국 외교의 관점에서 전략적 다자주의로 설명될 수 있는 이유는 FTA 따라잡기라는 국익과 지역 질서와 규칙 수립이라는 체제 수준의 공공재의 제공이 일정 수준 병행될 수 있기 때문이다. 아베 정부의 통상정책은 일본 자체적으로는 메가 FTA를 통해 FTA 따라잡기에 성공하였다는 의미가 있다(Sohn 2016). 그러나 일본의 변화된 통상정책은 지역 경제 질서 재편을 촉진한다는 점에서 중견국 외교적 성격을 갖는다. 아베 정부의 통상정책이 역내 주요 국가들로 하여금 '경쟁적 조정'(competitive adjustment)을 하도록 하였다는 점에서 지역 경제 질서의 체제적 변화를 수반하였다(Solís and Katada 2015). 더 나아가 아베 정부의 통상정책은 트럼프 행정부의 양자주의로 인해 발생한 리더십 공백을 메우고, 새로운 지역 경제 질서를 수립하는 데 있어서 규칙 형성(rule-making)을 주도하며, 동류 국가들과의 협력을 추구하였다는 점에서 중견국 외교의 요소를 포함하고 있다.[2]

---

2   요시마츠는 일본 통상정책의 변화를 일본의 역할 개념(role conception)의 변화라는 관점에서 아베 정부의 대외정책을 설명한다. 아베 정부가 미국의 추종자라는 전통적 역할을 유지하는 가운데, 지역 내 자유롭고 개방적인 해양 레짐을 유지해야 할 필요성이 증가함에 따라 보다 주도적 역할을 추구하는 역할 개념의 변화가 발생했다는 것이다 (Yoshimatsu 2018).

II. 일본 통상정책 변화의 성격

1. 선행 연구 검토

일본 통상정책의 변화를 설명하려는 시도는 크게 대외적 차원과 국내적 차원에 초점을 맞추는 연구로 나누어진다. 대외적 차원에 초점을 맞추어 설명하는 연구들은 세계 통상 환경의 변화에 대한 대응 과정에서 일본이 통상정책의 변화를 추구했다고 설명한다. 1990년대 중후반 미국과 유럽 주요국들이 다자 차원의 무역 자유화 협상이 난항에 부딪히자 양자 FTA 정책으로 선회하게 되었다. 세계 무역 환경의 변화는 동아시아 국가들이 FTA 경주에 뛰어들도록 하는 계기로 작용하였고, 일본도 예외는 아니었다(Aggarwal and Urata 2013). 그러나 한국을 포함한 동아시아 경쟁국들이 FTA 추격 전략을 적극적으로 추진한 반면(손열 2006), 일본은 FTA 경주에서 뒤처지게 되었다. 그 결과 2010년대 이후 일본경제단체연합회(日本経済団体連合会: 経団連) 등 경제계가 FTA 추진의 필요성을 반복적으로 제기하였고(一般社団法人 日本経済団体連合会·日本商工会議所·公益社団法人 経済同友会·一般社団法人 日本貿易会 2017), 일본 정부가 FTA 따라잡기를 본격화하게 되었다는 것이다.[3]

일본 통상정책의 변화를 FTA 다자화 또는 메가 FTA로의 전환의 맥락 속에서 설명하기도 한다. 일본은 양자 FTA를 따라잡기의 주요 수단으로 활용하였으나, 2000년대 이후 메가 FTA를 추진하기 시작하였다. 양자 FTA가 따라잡기의 수단으로서 효과가 있었으나, 경제적 효과에 대한 의문이 제기되기 시작하였기 때문이다. 특히, 일본은 국내 농

---

3   다자주의와 양자주의의 차별성에 대한 고전적 연구로는 Irwin(1993) 참조. 다자 무역 협상과 양자 무역 협상에 대한 역사적 검토에 대해서는 Bown(2017) 참조.

업계에 대한 보호 차원에서 무역 자유화의 수준과 범위를 조절하였기 때문에(Ravenhill 2010), 21세기 무역의 현실을 반영하지 못하는 20세기형 FTA에 머무르는 한계를 노정하였다.[4] 더욱이 일본은 FTA 간 낮은 정합성으로 인해 FTA의 효과를 극대화하지 못하는 '국수 그릇 효과'(noodle bowl effect)로 인해(Kawai 2009), FTA 활용이 기대보다 매우 저조한 문제가 발생하였다(Takahashi and Urata 2008; Kawai and Wignaraja 2010). 이러한 시각에 따르면, 아베 정부가 메가 FTA를 적극 추구한 데는 기존 FTA의 문제를 일거에 해결해야 할 현실적 필요성이 증대한 결과이다. 특히 아베 정부가 TPP를 포함한 메가 FTA를 적극적으로 추진하였던 것은 일차적으로 메가 FTA의 경제적 효과가 양자 FTA에 비해 크다는 점과 관련이 있다. 일본 정부가 추진하고 있는 메가 FTA를 성공적으로 체결할 경우, 일본의 FTA 무역의 비중은 62%로 증가할 것으로 추산되었다.[5] 또한 일본은 TPP로 인해 2030년까지 실질 소득이 2.5% 증가하는 효과를 얻을 것으로 기대되었다(Petri and Plummer 2016).[6]

FTA의 전략적 성격에 주목하는 연구들은 중국의 부상 과정에서 대두된 동아시아 지역 차원의 FTA 동학의 변화가 일본 통상정책의 변화 요인으로 작용한 것으로 설명한다. 2000년대 초반 중국은 FTA를 활용하여 동남아시아 국가들에게 '매력 공세'(charm offensive)를 펼치

---

4   21세기 무역의 현실과 20세기 무역 규칙 사이의 괴리에 대해서는 Baldwin(2011) 참조.
5   주요국의 메가 FTA 교역의 비중은 다음과 같다. 한국 83.2%, EU 58.1%, 미국 64.9%. 반면, 멕시코와 싱가포르 등 이미 FTA 교역의 비중이 높은 국가들은 메가 FTA로 인한 추가적 효과가 상대적으로 적은 것으로 추산된다(Solís 2017, 18-19).
6   2030년까지 참가국들의 실질 GDP를 평균 1.1% 증가시킬 것으로 예상되었는데, 특히 베트남과 말레이시아의 실질 GDP 증가는 각각 10%, 8%에 달할 것으로 예상되었다(World Bank Group 2016, 229).

기 시작하였다. 동남아시아 국가들과 양자 FTA를 추진하던 일본에 비해 FTA 경쟁에 뒤늦게 뛰어든 중국이 2000년대 개별 국가가 아닌 아세안과 FTA를 체결함으로써 지역 경제 질서를 형성하는 데 있어서 일본을 따돌리고 주도권을 잡는 변화가 발생하였다. 일본 정부는 중국의 전략에 대응하는 차원에서 FTA 전략의 수정을 추구하게 되었다(이승주 2009). 더 나아가 2010년 일본과 중국의 경제력이 역전되는 현상이 발생하자, 중국의 부상에 대한 위협감이 일본 내에서 광범위하게 공유되기 시작하였다. 이러한 시각에서 볼 때, 일본 정부가 메가 FTA를 추진하게 된 근본 원인은 부상하는 중국이 지역 경제 질서의 재편을 주도하는 데 대한 전략적 대응이라고 할 수 있다(Lee 2016).

이와 관련, 2010년 이후 일본 정부의 메가 FTA 추진을 중국의 부상과 이에 대응하는 미국의 전략을 일본이 수용한 결과로 보는 견해가 있다. 일본 통상정책의 변화는 중국의 부상을 견제하는 수단으로서 지역 다자주의에 대한 미국의 관심이 증가하였고, 일본이 미국의 이해관계를 적극 반영하는 과정에 대두되었다. 미중 관계의 구조적 변화를 반영하여, 일본이 기존의 양자주의에서 탈피하여 지역 차원의 연합 형성을 보다 적극적으로 추구하게 되었다는 것이다(Terada 2014).

둘째, 일본의 FTA 전략의 변화를 국내적 차원에서 설명하는 시도 가운데 일본이 FTA 경쟁에서 뒤처지고 무역 자유화의 수준이 낮은 FTA를 체결하게 된 것은 집권 자민당과 긴밀하게 연계되어 정치적 영향력이 큰 농업계를 포함한 보호주의 세력에 대한 보호의 필요성에 주목한다. 2000년대 초반 이후 고이즈미 정부가 이러한 '철의 삼각'을 약화시키는 데 일정한 성과가 있기는 하였으나, 자민당의 정책결정구조를 재편하여 제도화하는 구조적 개혁에는 미치지 못하였다.

통상정책에도 이러한 논리를 적용할 경우, 일본의 통상정책의 현상 유지 경향은 정책적 과단성을 행사하기 어려운 정치적·제도적 장애 요인이 작용한 결과이다. 일본 정부는 통상 분야에서 파편화된 정책 결정 시스템의 한계를 극복하려는 시도를 여러 차례 하였으나, 실행에 옮기지는 못하였다(이승주 2009). 결국 일본에서 통상정책의 근본적 변화를 추구한다는 것은 정책 결정 체제의 개혁, 더 나아가 이러한 정책 결정 체제의 내구력을 뒷받침한 국내 정치적 이해관계의 근본적 재편 없이는 불가능한 것처럼 인식되었다. 아베 정부가 메가 FTA를 추진할 수 있었던 것은 농업계와의 관계를 재설정하고(Mulgan 2018), FTA 정책결정구조를 제도화하는 데 성공하였기 때문이다.

아베 정부의 FTA 전략을 장기 침체의 탈출과 연계하여 설명하기도 한다. 일본이 1990년대 중반 버블 경제가 붕괴된 이후 장기 불황 국면에서 벗어나는 데 어려움을 겪었던 것이 사실이다. 이는 2000년대 이후 역대 정부가 장기 불황에서 탈피하기 위해 다각적인 노력을 하였으나, 근본적인 개혁을 수반하지 않은 대증적 요법을 우선하였던 것과 무관하지 않다. 아베 정부는 경기 침체에서 벗어나기 위해 과감한 양적 완화 정책을 상당히 오랜 기간 유지하는 가운데, 구조 개혁을 병행하였다. 아베 정부는 이를 위해 국내적 차원에서는 규제 완화, 노동 개혁, 신성장 동력의 발굴 등을 위해 노력하는 한편, 대외적 차원에서는 경제 성장 활력이 높은 아시아태평양 국가들과의 연계를 강화하는 전략을 추구하였다(이승주 2018). 이러한 측면에서 아베 정부의 FTA 전략 변화는 역내 국가들과의 경제 협력 강화라는 대외 경제 정책인 동시에, 경제의 활성화를 위한 국내 대책의 일환이라고 할 수 있다(Solís 2017).

2. 전략적 다자주의

'전략적 다자주의'(strategic multilateralism)는 일본 정부가 통상정책을 전환하는 과정에 대두된 새로운 특징이다. 물론 일본 통상정책에서 '전략적'과 '다자주의' 자체가 생경한 것은 아니다. 일본이 1990년대 후반 양자 FTA 체결을 추진하기 전까지 다자주의는 일본 통상정책의 오랜 패러다임이었다. 미국과 유럽의 주요국들이 FTA로 전환하는 세계 무역 질서의 변화가 진행되는 상황에서도 일본은 동아시아의 일부 국가들과 함께 다자주의의 옹호자로 남아 있었다(Urata 2006). 한편, 일본 통상정책의 전략적 성격은 일본 정부가 2000년대 양자 FTA 정책으로 전환하는 과정에서 부각되기 시작하였다(Solís 2003). 일본은 중국의 부상이 본격화되자 이에 대응하는 수단으로 역내 국가들과 양자 FTA를 체결함으로써 통상정책에 전략적 성격을 가미하였다. 일본 정부는 농업계의 반대를 우려하여 아세안(ASEAN)과의 FTA보다는 동남아시아 개별 국가들과 양자 FTA를 우선 추진하였다. 동남아시아 국가들과 협상에서 비대칭적 국력을 활용하여 농산물 자유화를 최소화하는 FTA를 추진할 수 있을 것으로 판단하였기 때문이다. 그러나 중국이 아세안과 FTA를 본격 추진하자, 일본 정부는 기존 양자 FTA 전략을 일본-ASEAN FTA와 병행하는 변화를 추진하였다(이승주 2009).

　일본의 전통적인 통상정책에서 발견되는 다자주의는 능동적·적극적이기보다는 반응적·추수적이었다는 점에서 전략적 성격을 결여하였다.[7] 또한 2000년대 이후 일본 통상정책에서 전략적 요소가 다소 가미되기는 하였으나, 국내정치적 이유로 인해서 양자 FTA가 주요 수

7　일본 대외 경제 정책의 반응적 성격의 기원에서 대해서는 Calder(1988) 참조.

단이었다는 점에서 다자주의라고 하기에는 미흡하였다.[8] 이러한 시각에서 볼 때, 전략적 다자주의는 2010년대 이후 일본 통상정책에서 새롭게 부상한 현상이라고 할 수 있다. 이 연구가 주목하는 것은 아베 정부의 통상정책이 전략적 이익의 투사와 다자주의를 개별적으로 추구하였던 과거의 통상정책에서 탈피하여, 양자의 결합을 시도하고 있다는 점이다.[9]

일본 정부는 TPP 협상 참여 선언을 계기로 통상정책의 일대 전환을 시도하였다. 이후에도 일본-EU EPA 타결, 트럼프 행정부의 TPP 탈퇴 이후 CPTPP 협상 주도에서 나타나듯이 아베 정부의 전략적 다자주의는 더욱 강화되었다. 일본 정부는 미국의 탈퇴 이후 이익의 균형을 다시 맞추기 위해 상당한 리더십을 발휘하였다. 예를 들어, 일본 정부는 의약품 데이터 보호 기간과 저작권 보호 기간 등 지식재산권 관련 항목과 상대국 정부의 정책 또는 제도 변경으로 손해가 발생할 경우 국제 중재기관에 소송을 제기할 수 있도록 한 ISDS 등 CPTPP 참가국들 사이에 이해관계가 엇갈린 20여 항목들을 동결 조항으로 처리하는 데 리더십을 발휘하였다. 이 조항들은 미국이 복귀하거나 참가국들의 요청이 있는 경우 재검토 과정을 거치도록 하였다. 즉, 일본 정부는 민

---

8   이러한 측면에서 마이클 그린(Michael Green)은 탈냉전 시기 일본 대외 정책의 새로운 특징을 '주저하는 현실주의'(reluctant realism)로 규정하였다. 일본 대외 정책에서 독자적으로 영향력을 행사하려는 경향이 나타나기 시작하였으나, 이러한 변화는 일본의 내재적 변화보다는 중국의 부상과 외부 안보 위협 등 대외 환경의 변화와 일본의 국력 자원에 대한 불안감에서 비롯되었다는 것이다. Green(2001).

9   외교안보 분야의 경우, 아베 정부가 기존의 평화주의와 차별화된 현실주의적 접근을 시도하고 있다는 지적이 이루어지고 있다. 마이클 아우슬린(Michael Auslin)은 중국의 부상에 적극적으로 대응하기 위하여 아베 정부가 '새로운 현실주의'(new realism)를 추구하고 있으며, 이를 위해 국내적 차원에서 제도적, 법적, 외교적, 군사적 개혁을 단행하였다고 주장한다. Auslin(2016).

감한 쟁점을 동결 조항으로 처리함으로써 CPTPP 협상을 타결시키는 한편, 미국의 복귀 가능성을 열어 두도록 참가국들 사이의 합의를 이끌어 내는 과정에서 전략적 리더십을 발휘한 것이다.

일본 정부는 TPP 협상 참여 선언 이후 EU와의 협상에서도 2017년 12월 협상 타결, 2018년 7월 서명, 2018년 12월 발효 등 일본-EU EPA를 매우 적극적으로 추진하였다. 일본-EU EPA는 양측이 전통적인 관세 철폐 또는 인하에 초점을 맞춘 무역 자유화를 넘어, 전자상거래, 정부 조달, 경쟁 정책, 지적재산권, 중소기업 등 다양한 분야에서 협력의 틀을 형성한 데서 알 수 있듯이, 새로운 경제 질서의 표준을 수립하려는 일본 정부의 전략적 의도를 읽을 수 있다(外務省 2018).

아베 정부는 메가 FTA의 추진을 국내 경제 개혁과 연계하였다는 점에서 전략적 다자주의의 국내적 기반을 강화하는 데도 일정한 성과를 거두었다(日本経済再生本部 2016). 아베 정부는 메가 FTA를 일본 기업의 국제 경쟁력 제고와 국내 경제 개혁 목표를 달성하는 수단으로 활용하였다. 아베 정부는 경제 개혁 추진 과정에서 발생할 수 있는 저항에 직면하자 개혁의 잠금(lock-in) 효과를 위해 메가 FTA를 동원한 것이다. 메가 FTA는 다수의 협상 당사국 간 호혜의 원칙에 기반하여 진행된다는 현실을 감안할 때, 개혁에 대한 저항을 완화시키는 효과를 기대할 수 있다(Ravenhill 2010). 특히 아베노믹스는 TPP 등 세계 경제와의 통합을 통해 일본 경제의 구조 개혁을 가속화한다는 목표를 추구하였다는 점에서 FTA의 잠금 효과를 의도하였음을 알 수 있다(Solís 2017).

III. 아베 정부의 통상정책 전환: 주요 특징과 정책결정구조의 변화

1. FTA 추진 현황

일본은 2000년 싱가포르와 FTA 협상을 타결한 이래 다수 국가들과 FTA를 추진하였으나, 아베 정부가 재출범한 2012년까지 그 성과는 상대적으로 미흡하였다. 체결에 성공한 FTA 수가 13개에 불과하였을 뿐 아니라, 미국, 중국, EU 등과 FTA를 체결하지 못함에 따라 전체 무역에서 FTA가 차지하는 비중도 주요 경쟁국에 비해 뒤처지게 되었다. 일본이 FTA 경쟁에서 뒤처지게 된 데는 무엇보다 포괄적 자유화에 대하여 정치적 영향력이 강한 집단들이 저항하였기 때문이다.

그러나 국내적 차원의 반대에도 불구하고, 일본의 FTA 정책은 아베 정부의 재출범과 함께 근본적인 변화를 겪게 되었다. 2019년 9월 기준 일본이 체결하였거나 발효 중인 FTA는 18개에 달한다(그림 1 참조). 일본은 이외에도 ASEAN과 서비스 및 투자 챕터 협상을 진행 중이고, 콜롬비아, 한중일, 터키와 FTA 협상을 진행 중이다. 일본 FTA 체결 현황에 나타난 특징은 아베 정부가 과거와 달리 매우 적극적인 FTA 협상을 추진하고 있다는 점이다. 일본은 자민당 정부는 물론 민주당 정부 시절에도 국내정치적으로 강력한 영향력을 가진 보호무역 세력의 반대를 고려하여 수준 높은 FTA를 체결하는 데 상당한 제약이 있었다. 일본 정부가 중소 규모 국가들과 FTA를 체결하고, 그마저도 농수산물 자유화의 수준을 낮추는 데 초점을 맞춘 FTA를 체결하였던 것도 수준 높은 FTA 체결에 대한 국내적 반대 때문이다.

일본 정부는 FTA를 추진하는 데 있어서 전략적 고려 사항으로는

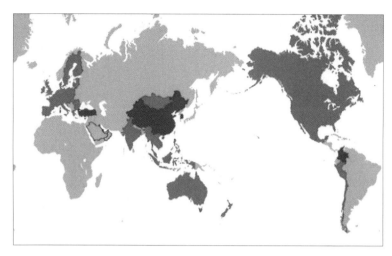

그림 1 일본의 FTA 체결 현황 (2019년 9월 현재)
 ■ 타결, 발효: 싱가포르, 멕시코, 말레이시아, 칠레, 태국, 인도네시아, 브루나이, 아세안, 필리핀, 스위스, 베트남, 인도, 페루, 호주, 몽골, TPP12(서명), TPP11(비준 발효), EU(서명)
 ■ 협상 중: 일본-ASEAN EPA(서비스 및 투자 챕터; 실질적 타결), 콜롬비아(협상 중), 한중일 FTA, RCEP, 터키 (협상 중)
출처: 일본 외무성 홈페이지. http://www.mofa.go.jp/policy/economy/fta/index.htmlOECD(2019).

경제적 기준, 정치적 기준, 정치외교적 기준, 타당성 기준, 시간 기준 등을 제시하고 있다("Japan's FTA Strategy(Summary), https://www. mofa.go.jp/policy/economy/fta/strategy0210.html). 아베 총리가 재집권하면서 일본 FTA 정책의 변화가 초래되었다. 아베 정부는 TPP 뿐 아니라 EU 및 호주와 FTA를 추진하는 등 과거와 달리 매우 공세적인 FTA 전략을 추구하였다. 더 나아가 양자 FTA 상대국인 호주는 물론 TPP 협상 참가국 가운데 미국, 캐나다, 호주, 뉴질랜드는 농산물 수출 국가라는 점에서 과거의 일본 정부가 국내정치적 고려 때문에 소극적인 자세를 취할 수밖에 없었던 상대였다.

　아베 정부는 이 국가들과 협상 개시에서 타결까지의 과정을 신속하게 진행하였다는 점에서도 과거 정부의 점진적 협상 추진과 차별화된 모습을 보였다. 아베 정부는 2007년 협상을 개시한 이후 지지 부진한 상태에 있던 일본-호주 FTA를 재집권 이후 본격적으로 추진 하여 2014년 4월 협상을 타결하고, 이어 2015년 1월에는 발효시키는 데 성공하였다("Japan-Australia Economic Partnership Agreement." https://dfat.gov.au/trade/agreements/in-force/jaepa/Pages/japan-australia-economic-partnership-agreement.aspx).

EU와 2013년 3월 협상을 개시한 이래 18차 협상을 거쳐 2017 년 12월 협상 타결에 성공하였고, 2019년 2월 발효되는 등 인구 6억 명, 세계 GDP의 30%를 차지하는 세계 최대의 FTA 협상을 비교적 신 속하게 추진하였다("EU-Japan Economic Partnership." https://ec. europa.eu/trade/policy/in-focus/eu-japan-economic-partnership-agreement/).[10] 일본과 EU 양측은 이미 2017년 7월 대체적인 합의를 도출한 바 있는데, 일본의 관세 철폐율은 농수산물 분야 관세 82%를 포함하여 94%에 이른다. EU의 관세 철폐율은 99%이다. 아베 총리는 또한 일본과 EU 양측이 보호주의의 유혹을 물리치고 자유롭고 공정한 규칙에 기반한 경제 구역을 건설하게 될 것이라는 전망을 내놓았는데, 이는 미국 트럼프 행정부를 염두에 둔 발언이라고 할 수 있다. 아베 총 리는 더 나아가 일본-EU FTA가 경제적 가치뿐 아니라 전략적 중요성 을 갖고 있다고 평하면서 세계 경제가 자유롭고 개방적이며 공정한 시 장에 기반하여 작동하도록 양측이 함께 노력한다는 데 의미를 부여하 였다.[11] 이처럼 아베 정부는 협상 추진 속도와 수준 면에서 과거와는 차

---

10   아베 총리는 '거대한 경제 지역'(gigantic economic zone)의 탄생이 임박했다고 칭송하 였다(Japan Times 2017/12/9).

11   한편, 일본의 입장에서 일본-EU FTA는 미국이 TPP에서 탈퇴한 데 대한 충격을 완충할 수 있는 새로운 대안이라는 의미를 갖는다.

별화된 매우 공세적인 FTA 정책을 펼쳤다.

2. 아베 정부의 전략

1) 정책결정구조 개혁

아베 정부는 FTA 전략 변경의 장애 요인을 제거하기 위해 TPP 협상을 위한 국내 정책결정구조를 개편하였다. 제도적 차원에서 볼 때, 과거 일본 정부가 FTA 협상에 소극적일 수밖에 없었던 이유는 분산된 정책결정구조를 갖고 있었던 것과 무관하지 않다. 이른바 '4성 체제'는 분산적 정책결정구조의 상징이었다(이승주 2009). 즉, 경제산업성, 재무성, 농림수산성, 후생노동성 등 4개 부처가 FTA 협상 과정에서 자신의 이해관계를 투영하면서 정부 부처 간 조정이 용이하지 않았을 뿐 아니라, 국내정치적으로 강력한 영향력을 행사하던 농업 등 일부 산업 분야에 대한 보호 논리가 인정되었다. 과거 자민당 정부는 물론 민주당 정부가 TPP 협상 참여를 적극 검토하였음에도 공식 참여 선언을 망설였던 것은 이와 같은 제도적 특징 때문이다.[12] 일본의 분산된 정책결정구조는 기본적으로 2013년 아베 총리가 재집권할 때까지 지속되었다.

　　정책결정구조의 한계는 일본이 체결한 FTA 상대국에서 잘 나타난다. 2013년까지 일본이 체결한 FTA 상대국은 싱가포르, 멕시코, 말레이시아, 칠레, 태국, 인도네시아, 브루나이, 아세안, 필리핀, 베트남, 인도, 페루 등이었다. FTA 상대국이 일본의 농산물 수입에서 차지하는

12　이와 관련, 요시마츠는 일본의 통상정책결정구조가 이원적으로 구성되어 있다고 주장한다. 통상정책에 대한 일본 정부의 기본 목표가 주요 사회 집단과 정치인들의 이해관계를 반영하는 '기본 프레임워크'(primary framework)와 변화하는 대외 환경 속에서 일본의 외교안보적 이해관계를 유지하려는 정치 리더십의 선호를 고려하는 '부가적 프레임워크'(supplementary framework)를 기반으로 형성되었다는 것이다(Yoshimatsu 2016).

비중은 약 20%에 불과하였을 뿐 아니라, 상당수 품목은 자유화 대상
에서 제외되었다(Choi and Oh 2017). 일본 정부가 FTA를 체결하는 데
있어서 농업에 대한 충격의 최소화를 그만큼 중요한 요소로 고려하였
음을 알 수 있다. 일본이 TPP 협상에 참여하기 어려울 것으로 예상되
었던 것도 일본 정부가 국내정치적으로 이러한 한계를 극복하기 어려
울 것이라는 판단 때문이었다. 미국, 호주, 캐나다 등 농축산물 수출 대
국이 포함되어 있는 TPP 협상에 참여하는 것은 당시로서는 자민당의
전통적 정치 기반을 재설정하는 지난한 작업을 수반하는 것이었다.

　　아베 정부는 이러한 문제점을 명확히 인식하고 TPP 협상에 적극
적으로 임하기 위해 국내 정책결정구조를 개혁하였다(그림 2 참조). 아
베 총리가 TPP의 효과를 개별 부처가 아닌 정부 전체의 관점에서 산출
되어야 한다고 강조한 것도 이러한 배경이다. 우선, 아베 총리는 TPP

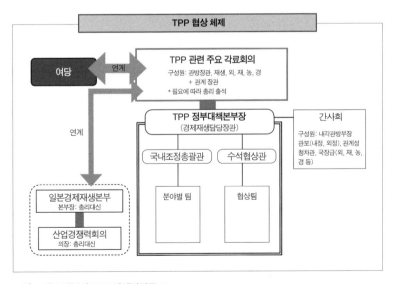

그림 2 일본 정부의 TPP 정책결정구조
출처: 內閣官房(2013).

태스크포스를 설치함으로써 정책결정구조를 일원화하여 경제산업성, 외무성, 농림수산성 등으로부터 70여 명의 관료를 충원하였다. 이러한 정책결정구조의 특징은 더 이상 개별 정부 부처, 특히 보호주의 성향의 부처가 특정 이슈에 배타적 관할권을 가져 협상 전체에 과도한 영향력을 미칠 수 없게 되었다는 데 있다. 이로써 대외 협상을 추진하는 과정에서 농업 등 특수 이익이 과도한 영향력을 행사할 수 있는 통로를 차단하는 한편, 피해 집단에 대한 국내 대책도 효과적으로 수립할 수 있는 제도적 장치를 마련하였다. 이러한 제도적 변화는 특히 무역 자유화를 반대하는 데 강력한 영향력을 행사하였던 농업 세력의 정치적 영향력을 비교적 효과적으로 관리하는 데 기여하였다. 이러한 제도 개혁을 통해 아베 정부는 농산물 수출국인 호주와의 FTA는 물론, 가장 높은 수준의 무역 자유화를 목표로 한 TPP 협상에 참여할 수 있게 되었다(Choi and Oh 2017).

제도 개혁을 바탕으로 아베 정부는 이를 통해 2015년 TPP 협상 참여를 선언할 수 있었다. 제도 개혁의 효과는 TPP 협상 참여에 국한되지 않았다. TPP 협상 참여 선언 이후에도 아베 정부는 호주, 캐나다, EU 등 일본 농업에 영향을 줄 수 있는 상대국들과 FTA를 의욕적으로 추진하였다. 이는 농산물 분야의 개방을 전제로 하였을 때 가능한 것이었다.

2. 총리 리더십의 강화

아베 총리는 총리의 정책 장악력을 제도적으로 강화하는 데도 주력하였다. 수상 관저를 보좌하는 내각관방을 대폭 강화하였다(竹中治堅 2006; Mulgan 2018: 35). 아베 총리는 내각관방을 확대함으로써 아베노믹스를 포함한 상징성을 갖는 정책의 수립뿐 아니라 집행 과정에서도 강력한 영향력을 행사할 수 있게 되었다. 아베 총리는 집권 초기부터 인사권의 적극 활용과 총리 권한의 제도적 강화를 통해 아베노믹스를 일관성 있게 추진할 수 있는 정책 환경을 조성하였던 것이다. 통상정책에서도 아베 정부는 무역 자유화 추진의 장애 요인을 선제적으로 제거하기 위해 정치적 임명을 광범위하게 활용하는 전략을 구사하였다.

아베 총리의 리더십 강화와 이를 제도화하기 위한 노력은 크게 세 가지 차원에서 이루어졌다.[13] 첫째, 아베 총리는 관료에 대한 인사권을 광범위하게 행사함으로써 정책결정에 대한 영향력을 증대시키는 전략을 취하였다. 2014년 내각인사국을 설치하여 이전 총리들이 행사했던 인사권의 3배에 달하는 600여 명에 이르는 관료에 대한 인사권을 장악한 것이 이에 해당한다(Winter 2016). 내각인사국의 설치는 관료에 대한 영향력을 확대하는 제도적 변화로 인식되기에 충분하였다. 또한 아베 총리는 개별 부처에서 단수로 추천한 인사의 임명 여부만을 결정하던 기존의 방식과 달리 개별 부처에 복수의 인사 추천을 요청하는 방식을 도입함으로써 인사권을 실질적으로 강화하였다(중앙일보 2017/11/5).

둘째, 아베 총리는 또한 정부 기관 주요 직책에 정치적 임명을 늘리고 국회 감사를 통한 정책 개입을 확대하는 등의 조치에 착수하였다. 정부 부처별로 1~2명에 불과했던 정치적 임명이 아베 정부에서는 5~7명에 이르고 있다. 정치적 임명의 확대는 단순히 수적 영향력의 증가에 그치지 않는다. 스가 요시히데(菅義偉), 시오자키 야스히사(塩崎恭久), 재무장관 아소 타로(麻生太郎) 등 아베 내각에서 장기 재임하는

13　고이즈미 준이치로 총리도 총리의 정책결정 권한을 강화하는 데 일정한 성과를 거두었으나, 제도화하는 수준까지 이르지는 못했다(淸水眞人 2005; 太田弘子 2006).

장관들이 다수 배출됨에 따라 관료에 대한 장악력이 높아지게 되었다.

셋째, 아베 정부의 정책결정 과정에 나타난 특징은 강력한 권한에 기반하여 정책결정의 중심을 관저로 이동시키되, 정책적 이슈에 대한 이해 관계자들과 지속적인 협의를 시도하였다. 이러한 점에서 아베 총리의 리더십이 '협의된 과단성'(negotiated decisiveness)으로 평가되기도 한다(Solis 2017). 아베 정부는 개혁을 추진하는 데 있어서 포용적이고 합의 지향의 의사결정과 반대 집단의 정치적 영향력을 약화시키는 일견 모순된 전략을 활용하였다. 아베 정부는 이러한 방식을 통해 전통적으로 자민당에 강력한 영향력을 행사했던 집단의 반대에도 불구하고 전력, 의료, 농업 분야의 규제 개혁을 과감히 실행할 수 있었다. 농업 부문에서 전국농업협동조합중앙회(全国農業協同組合中央会, JA-全中) 등 농업 단체를 개혁하고, 농지뱅크(農地バンク)를 창설하는 등 과거 자민당 정부가 시도하기 어려웠던 개혁 조치들을 과단성 있게 실행에 옮겼다(Sasada 2015). TPP 등 FTA를 위한 무역 자유화를 위해 JA-全中의 정치적 영향력을 약화시키는 일련의 조치에 과감하게 착수한 것이 아베 정부의 과단성을 보여주는 좋은 사례이다(Sasada 2015).

3. 전통적 보호무역 세력의 약화

아베 정부는 정치적 영향력이 큰 전통적 보호무역 세력을 약화시키기 위해 두 가지 전략을 채택하였다. 우선, 아베 정부는 자민당의 전통적 지지 집단을 대상으로 한 폐쇄적 정책결정보다는 다양한 이해 관계자들을 의사결정 과정에 참여시키는 방식을 우선하였다(Jakobsen 2014). 개혁 지향의 정치인과 관료를 통해 주요 이해 관계자들과 지속적인 협의 과정을 거친 것이다. 이는 아베 총리가 높은 지지도를 바탕으로 이익집단과 협의를 위한 협의가 아니라 문제 해결을 위한 협의와 타협을 추구하였다는 점에서 과거 자민당의 전통적인 의사결정 방식과 차이를 보인다.

이 과정에서 아베 정부는 '노린조쿠'(農林族)를 정부와 자민당의 주요 직책에 임명함으로써 대대적인 농산물 자유화에 거세게 반대하는 이익집단과 정치인들의 압력을 약화시키도록 하는 전략을 취하였다. 구체적으로 아베 총리는 사이토 켄(齋藤健)을 자민당 농림부회회장과 농림수산성 장관에 임명하고 하리하라 히사오(針原壽朗)를 농림수산성 심의관에 임명함으로써 기존의 폐쇄적인 정책결정구조에 변화를 시도하였다. 정치적 임명은 TPP 협상의 타결 등 농업 자유화에 대한 예상되는 반발에 선제적으로 대처함으로써 농업 개혁과 국제화를 적극적으로 추진하겠다는 정책적 의지를 천명한 것이다(Winter 2016). 이를 통해 아베 정부는 농산물 자유화에 대한 압력을 완화하는 것은 물론, 농업 개혁을 지속적으로 추진할 수 있었다.

아베 정부는 또한 농업계의 반대를 완화시켜 TPP 협상을 원활하게 진행시키기 위해 JA-全中의 약화를 시도하였다. 구체적으로 2014년 아베 정부는 지역 협동조합에 대한 JA-全中의 감사권을 박탈하고, 수익성이 높은 도매 부문을 공사화하는 조치를 취하였다. 아베 정부는 또한 JA-全中의 법적 지위를 변경함으로써 정치 활동에 제약을 가하기도 하였다. 이러한 일련의 시도가 JA-全中의 조직력을 일거에 제거하는 데까지 이르지는 못하였으나, 적어도 TPP에 대한 반대를 전개할 조직적 능력을 약화시키는 데 일정한 효과를 거두었다.

아베 정부의 이러한 노력은 일본이 TPP 협상에서 농업 부문의 자유화에 대하여 유연한 자세를 취할 수 있도록 하는 효과로 이어졌다. 물론 TPP 참가국 가운데 무역 자유화의 수준이 가장 낮으며, 특히 농산물 자유화 수준은 81%에 불과하였다는 점에서 90% 이상의 농산물 자유화를 양허한 다른 참여국들에 비해 높은 수준의 자유화를 허용한 것은 아니다. 그런 점에서 아베 정부가 전통적인 지지 세력인 농업 부문과의 관계를 완전히 단절하였다고 보기는 어렵다. 그럼에도 TPP 협상에서 일본이 양허한 자유화의 수준은 이전 FTA와 비교하기 어려울 정도로 높을 뿐 아니라, 성역으로 알려진 쌀, 소고기/돼지고기, 밀/보리, 유제품, 설탕도 부분적으로 개방하였다는 점에서 일본의 관점에서는 상당한 진전으로 평가하기에 충분하다.

IV. 아베 정부와 전략적 다자주의의 부상

1. TPP 협상 참여와 CPTPP 타결

일본이 과거 역내 무역 질서를 새롭게 형성하는 데 리더십을 행사하기 어려웠던 이유는 능력을 보유하지 못하였기 때문이 아니라, 신뢰를 얻지 못하였기 때문이다. 일본은 경제적 능력을 갖고 있었지만 무역 자유화에 대한 국내 반대를 극복하지 못함으로써 대외 협상에서 리더십을 발휘하는 데 한계를 드러냈다(Solís and Katada 2015). 그러나 아베 정부의 TPP 협상 참여 선언은 일본 FTA 정책의 중대 기로가 되었다. TPP 참가로 인해 한중일 FTA와 RCEP 협상의 모멘텀이 부활하고, EU 또한 일본과의 FTA 협상에 임하게 되었기 때문이다.

　　TPP 협상에 참여함으로써 일본은 또한 FTA 정책에 대한 신뢰가 상승되는 부수적인 효과도 얻게 되었다. 농산물 자유화를 과감하게 수용함으로써 다른 국가들로부터 일본의 전향된 정책에 대한 신뢰를 획득하게 된 것이다. 심지어 일본 정부는 TPP 협상 과정에서 농업 부문의 보호를 우선 추구하였던 과거와 달리, 농업 부문 개방을 대가로 투자와 서비스 분야에서 공세적인 자세를 취하는 변화된 모습을 보이기도 하였다. 이러한 협상 방식의 변화는 일본이 향후 CPTPP 협상에서 주도권을 행사하는 데 긍정적 요인으로 작용하였다. 아베 정부는 TPP 협상 참여를 선언한 이래 농업계 등 피해 집단의 반대에도 불구하고 TPP 협상 타결을 위해 비교적 일관성 있게 노력하는 모습을 보여주었다. 일본 정부가 미국이 탈퇴하기는 하였지만 TPP에서 합의된 내용 중 대다수를 유지하는 가운데 CPTPP 협상을 종결지을 수 있었던 주요 원인은 여기에 있다. 아시아태평양 지역 차원의 무역 규칙 수립을 위한 아베 정부의 새로운 경제 외교가 거둔 성과라고 할 수 있다.

아베 정부 FTA 정책의 공세적 전환을 극명하게 보여준 사례는 CPTPP의 타결이다. 일본이 다자 협상에서, 그것도 미국이 부재한 다자 협상에 리더십을 발휘한 것은 매우 예외적이다(Mulgan 2018). 아베 정부는 CPTPP 협상을 추진하는 과정에서 경제적 효과에 주목하는 한편, 전략적 의미도 간파하여 일본 대외경제정책에서 매우 예외적인 리더십을 행사하였다.[14] CPTPP가 새로운 대안으로 대두되었던 직접적 계기는 잘 알려져 있다시피 트럼프 행정부의 TPP 탈퇴 선언이다. 아베 정부는 미일 관계의 강화, 새로운 경제 질서의 수립, 아베노믹스의 추진 동력 확보 등 다양한 이유에서 TPP를 의욕적으로 추진하였다. 아베 정부는 TPP의 전략적 가치를 강조하여 트럼프 행정부를 설득하는 한편, 미국을 제외한 CPTPP를 추진하기 위해 강력한 추진 의지를 드

---

14   트럼프 대통령이 당선자 시절 TPP 협상 탈퇴를 강력하게 시사하자 아베 총리는 TPP의 전략적 의미를 부각하고, 국내적으로 TPP 비준을 신속하게 처리하는 등 오히려 미국을 압박하는 모습을 보이기까지 하였다.

러냈다. 아베 정부는 경제적 접근에 더하여 TPP에 전략적 의미를 부여함으로써 정당성을 획득하기 위해 노력했다(Yoshimatsu 2016). 대외적 차원에서 아베 총리는 우선 페루에서 개최된 APEC 정상회의에 참가하기 전 미국 뉴욕에서 트럼프 당선자와 가진 회담에서 미국의 대일안보 공약을 재확인하는 한편, TPP의 경제적 가치뿐 아니라 외교안보적 가치를 강조한 바 있다. 아베 정부는 미국에 대한 압박을 강화하는 차원에서 다른 TPP 참여국들에게도 TPP 비준을 신속히 추진할 필요성이 있다는 의사를 표명하였다.

그러나 트럼프 행정부가 결국 TPP 탈퇴를 공식 선언함으로써 경제적 효과가 당초 기대했던 것보다 반감되어 TPP가 좌초될 위기에 처했을 뿐 아니라, 아시아태평양 지역의 경제 질서는 변화의 국면에 진입하게 되었다. 아소 타로(麻生太郎) 재무장관이 2017년 11월 APEC 정상회의 당시까지도 멕시코 및 베트남과 해결해야 할 과제가 남아있기 때문에 최종 합의가 도출될 수 있을지 미지수라고 밝힌 데서 알 수 있듯이 마지막까지 협상 타결을 장담하기 어려운 상황이었다(The Reuters 2017/11/10).

아베 정부는 이처럼 불확실성이 큰 상황에서 호주 및 뉴질랜드와 협력하여 CPTPP의 조기 출범을 위한 노력을 주도하였다. 아베 정부는 비록 경제적 효과가 반감되기는 하였으나 CPTPP의 경제적 효과가 여전히 상당하고 새로운 무역 규칙을 선도적으로 수립한다는 데 커다란 의미를 부여하고 참가국들을 설득하였다. 또한 아베 정부는 트럼프 행정부의 TPP 탈퇴 이후 미국의 리더십 공백을 메우기 위한 노력을 전개하였다. 이를 위해, 트럼프 행정부의 미국이 현 시점에서 보호주의 공세를 펼치고 있으나, 궁극적으로 미국이 TPP에 복귀하여 아시아태평양 지역뿐 아니라 세계 경제 질서의 새로운 표준을 설정하는 전략의 변화를 추구할 것이라는 논리를 펼쳤다(Funabashi 2018).

CPTPP 협상 참여국들은 기존 협상을 최소한으로 수정하여 조기 출범시키자는 측과 미국의 탈퇴로 인해 TPP의 경제적 효과가 반감되었을 뿐 아니라 이익의 균형을 위해 협상을 대폭 수정해야 한다는 측으로 나뉘어 있었다. 특히, 말레이시아 등 동남아시아 국가들은 RCEP 협상의 조기 타결을 위해 노력하는 정책의 선회를 추구하기도 하였다(Johnson 2018). 그러나 CPTPP 협상이 3월, 5월, 8월, 11월에 연이어 개최된 데서 알 수 있듯이, 일본은 CPTPP의 조기 타결을 위해 적극적인 노력을 하였다. 그러나 CPTPP 협상 과정은 지난하였다. 베트남 협상 대표가 협상장에서 나오는가 하면, 캐나다의 쥐스탱 트뤼도(Justin Trudeau) 총리는 정상 모임에 불참함으로써 불만을 우회적으로 표시하는 등 협상 막바지까지 타결을 확신할 수 없는 분위기였다(Smith 2017).

일본이 적극적으로 리더십을 행사한 결과 CPTPP 협상국들은 50개에 달하는 동결 항목 가운데 상당수 항목을 실질적으로 철회하는 유연한 자세를 보였다(日本農業新聞 2017/11/2). 또한 말레이시아의 국영기업, 브루나이의 석탄, 베트남의 분쟁 해결 및 무역 제재, 캐나다의 문화 예외 적용 등 민감한 쟁점들이 다수 있었는데(Helbe and Xie 2017), 일본은 CPTPP 협정문을 Annex 1(협상 개요)과 Annex 2(동결 조항 리스트)로 나눈 이중 구조를 취하는 방식으로 이 문제를 해결하였다. 11개국은 이른바 동결 조항을 제외한 대다수 TPP 규정을 수용하는 한편, 상당한 진전이 이루어졌으나 아직 합의되지 않은 4개 분야를 별도로 표기하는 유연한 방식을 취한 것이다(Takenaka and Tostevin 2017). 국영기업(Annex IV 말레이시아), 서비스 및 투자 미이행 조치(Annex II – 브루나이), 분쟁 해결(무역 제재: Article 28.20), 문화적 예외(캐나다) 등이 여기에 해당한다(內閣官房TPP等政府対策本部 2017).
한편, 트뤼도 총리는 협상 타결 직전 캐나다의 이익에 반하는 협정에
서둘러 합의할 필요가 없다고 발언하는 등 매우 강경한 입장을 고수하
였다(Fenson 2017).[15] 이 과정에서 아베 총리는 트뤼도 총리를 설득하
기 위해 20분으로 예정되었던 면담을 1시간으로 연장하는 등 적극적
인 노력을 기울였다(Nikkei Asian Review 2017/11/11).

CPTPP 참여국들은 CPTPP와 향후 미국의 복귀 가능성의 관계에
대해서도 상이한 입장을 취하였다. 미국의 탈퇴로 인해 경제적 효과가
반감되었기 때문에, CPTPP 참여국들 가운데 상당수 국가들은 트럼프
행정부의 보호주의 성향에도 불구하고, 미국의 복귀에 대해 긍정적인
반응을 보였다. 다만, 미국의 복귀 결정 시 현실적으로 제기될 수 있는
문제는 이익의 균형을 다시 맞추어야 한다는 점이다. 반면, 말레이시아
등 일부 국가들은 미국 탈퇴 이후 CPTPP의 조기 출범에 다소 유보적
태도를 취하였다. 이와 관련, 일본은 CPTPP 조기 출범을 추진한 것은
협정의 수정을 최소한의 수준에 그치도록 함으로써 미국의 복귀와 관
련한 협상의 신속성과 효율성을 높일 수 있다고 판단하였다. 조기 출범
을 지지하는 국가들은 사실상 미국 복귀의 가능성을 열어두자는 입장
을 견지하였다.

CPTPP의 타결은 일본 정부의 리더십의 산물이다. 일본을 포함한
11개국은 CPTPP가 높은 수준, 전체적 균형, TPP와의 일체성 유지 등
을 지향하기로 합의하였다. 협상 참가국들이 8,000페이지 달하는 TPP
협정문의 내용 가운데 유예 조항의 리스트를 20개로 축소할 수 있었다

---

15   트뤼도 총리가 이러한 태도를 취한 이유는 퀘벡 선거를 앞두고 자동차 수입과 문화 관련
     이슈를 유리하게 이끄는 한편, 나프타 협상에서 캐나다의 강경한 입장에 대한 시그널을
     미국 측에 보내려는 의도가 작용하였다(Takenaka and Tostevin 2017).

는 점은 CPTPP가 높은 수준의 FTA라는 목표를 상당 부분 성취한 것이라는 평가가 가능하다. 특히, 협상 참가국들이 미국 시장에 대한 접근이라는 이점이 제거된 상황에서도 수준 높은 협상을 이끌어냈다는 점에서 CPTPP의 의미를 찾을 수 있다. 모테기 토미시츠(茂木敏充) 경제산업성 장관이 CPTPP가 TPP의 높은 수준을 유지하였다는 점을 강조한 데서 알 수 있듯이, 일본 정부의 선호가 상당 부분 관철되었다(Japan Times 2018/10/31). CPTPP는 이런 면에서 아시아 국가들뿐 아니라 다른 지역, 특히 트럼프 행정부의 미국에 보내는 시그널의 성격을 갖는다(Fensom 2017). 일본 정부는 협상 타결로 인해 CPTPP가 아시아태평양 지역의 보다 광범위한 자유무역지대를 형성하는 기반으로 작용할 뿐 아니라, 일본이 현재 추진 중인 FTA 협상을 촉진할 것이라는 기대를 표출하였다. 일본 정부는 더 나아가 CPTPP가 TPP의 내용을 유지함으로써 아시아태평양 지역의 번영을 위한 자유롭고 공정한 경제 질서를 구축하는 한편, 상당한 전략적 의미 또한 내포하는 것으로 평가한다.

2. 전략적 다자주의의 부상

1) 지역 아키텍처의 재설계와 리더십 공백 메우기

일본이 CPTPP를 추진하는 과정에서 과거와 달리 적극적인 리더십을 행사하는 전향적인 자세를 취한 원인은 CPTPP의 다차원적 효과에 주목하였기 때문이다. CPTPP는 일본이 직면하고 있는 경제 침체 등 다양한 난제를 돌파하고, 미일 관계를 재정의하고, 더 나아가 중국의 부상에 대응하는 새로운 질서를 수립하는 데 활용할 수 있는 일종의 다목적 카드이다. 일본이 CPTPP의 조기 발효를 위해 리더십을 행사한 것도 비록 경제적 효과가 반감되기는 하였지만, CPTPP가 아베 정부가 추구해온 전략적 목표를 달성하는 수단으로서의 의미가 여전하기 때문이다.

CPTPP는 아시아태평양 지역의 경제권과 연결함으로써 경제 개혁의 동력으로 활용할 수 있는 가능성이 여전히 남아 있고, TPP 협상의 기본틀을 가능한 한 유지하여 미국이 복귀할 수 있는 통로를 열어둠으로써 미국이 아시아태평양 지역에서 영향력을 강화할 수 있는 가능성을 남겨두었을 뿐 아니라 새로운 규칙 수립을 주도함으로써 부상하는 중국과의 아키텍처 경쟁에서 유리한 위치를 점할 수 있게 된 것이다.

아베 정부는 이러한 목표를 실현하기 위해 미국의 리더십을 잠정적으로 대신하면서 아시아태평양 지역에 자유주의 국제질서를 유지하는 역할을 적극적으로 모색한 것이라고 할 수 있다. CPTPP 협상을 주도한 우메모토 카즈요시(梅本和義) 수석 대표 스스로가 일본이 미국이 다자 무역 협상의 테이블에 복귀할 때까지 '한시적' 리더십을 행사하였으며, 미국의 복귀를 위해 노력할 것이라고 밝힌 바 있다(Japan Times, 2018/2/21). 비록 트럼프 행정부가 자국 우선주의를 추진하고 있으나, 일본 정부가 자유주의 국제질서의 유지자로서 잠정적 리더십을 행사하는 상황에 반대할 이유가 없다. 즉, 일본이 자유주의 국제질서에 기반한 새로운 규칙의 수립을 주도함으로써 중국에 대한 견제를 하게 되었다. 일본이 주도적으로 아시아태평양 지역의 새로운 다자질서를 형성하는 가운데, 트럼프 행정부는 중국에 대한 제도적 견제 필요성에서 벗어나 자국의 이익을 우선 추구할 수 있는 여유를 갖게 된 것이다. TPP11은 미국 내 자유무역 세력의 선호이기도 하다는 점 역시 아베 정부가 아시아 지역의 경제 질서를 수립하기 위해 리더십을 행사하는 동기로 작용하였다. 미국과 일본 사이에 암묵적인 역할 분담이 적어도 단기적으로는 이루어지고 있는 셈이다.

2) 역내 국가들과의 협력

미국의 TPP 탈퇴 이후 TPP와 CPTPP 추진 과정에서 드러나듯이, 아베 정부 하에서 통상정책은 아시아태평양 지역에서 자유롭고 개방적인 질서의 수립을 촉진하는 수단으로서의 의미를 갖는다. 주목할 것은 일본 정부가 아시아 통상 및 지역 질서를 형성하는 규칙 제정자로서 일본의 역할을 확립할 것과 이 과정에서 동류 국가들과의 협력을 강조하였다는 점이다. 즉, 아베 정부가 추진한 메가 FTA는 힘이 아니라 규칙에 기반한 지역 질서를 수립하는 과정에서 일본의 주도적 역할에 초점을 맞추었던 것이다(Mulgan 2016).

물론 트럼프 행정부가 출범 이후 미일 무역 불균형의 시정을 요구하고, 미일 FTA 협상 추진 의사를 밝히는 등 일본 정부를 압박하는 상황이 전개되고 있다. 이에 대해서도 아베 정부는 TPP의 전략적 가치를 강조함으로써 미국의 TPP 복귀를 요구하고, TPP11의 조기 발효를 위해 주도적인 역할을 하되, TPP 협상의 기존 틀을 가능한 한 유지하기 위해 노력하는 것도 향후 아시아태평양 지역에서 새로운 질서를 형성하는 데 미국과의 협력이 역설적으로 중요하다는 점을 인식하고 있기 때문이다. 또한 아베 정부가 미국과의 관계 강화라는 전략적 목표를 부가한 것은 TPP 협상에서 미국의 입지를 강화하는 결과를 초래했다. 미국과 일본은 새로운 규칙의 수립이라는 공통의 목표를 기반으로 새로운 협력의 토대를 마련한 것이다. 일본의 관점에서 볼 때, TPP는 이러한 목적에 잘 부합하는 것으로 미국과 핵심적 이익을 일치시키려는 노력의 일환이라고 할 수 있다.

아시아태평양 지역의 새로운 질서를 선제적으로 수립하는 데 동류 국가(like-minded countries)들과의 협력을 강조하는 점 역시 역 내 국가들과의 연합 형성에 초점을 맞춘 것이라는 점에서 전략적 다 자주의의 가능성을 탐색한 것이라고 할 수 있다. 아베 정부는 TPP와 CPTPP가 아시아태평양 지역에서 권력 기반의 질서가 아니라 규칙 기 반의 질서(rules-based order)를 형성하는 데 핵심적 역할을 할 것으로 기대하였다(Wilson 2015). 일본은 이 과정에서 중국이 미국 및 역내 국 가들이 공동으로 수립한 질서에 편입됨으로써, 중국에 대한 견제가 보 다 효과적으로 이루어질 것이라는 판단이다.

3) 새로운 표준의 수립을 위한 게임 체인저(game changer)

통상정책은 경제적 이익만을 목적으로 하는 것은 아니다. 물론 FTA와 같은 통상정책이 자국의 경제적 이익을 훼손하면서 추진되는 것은 아 니지만, 외교정책의 수단으로서 의미를 갖기 때문이다. 메가 FTA는 지 역 아키텍처를 설계하는 주요 방편이라는 점에서 외교정책 수단으로 서 통상정책의 전형적인 사례에 해당한다. 초강대국이 메가 FTA를 지 역 아키텍처 설계의 수단으로 활용하는 데 유리한 위치에 있는 것이 사실이기 때문에, 중국의 부상에 직면한 일본이 자국에 유리한 지역 아키텍처를 형성하기 위해서는 미국과의 협력이 필수적이다. 이 점에 서 아베 정부는 트럼프 행정부의 등장으로 인해 발생한 아시아태평양 지역의 리더십 공백을 잠정적으로나마 메워야 하는 상황에 있다. TPP 및 CPTPP와 같은 메가 FTA는 이러한 목표에 부합한다. 일본의 TPP 협상 참가 결정은 아시아 지역에서 연쇄 반응을 일으키는 '게임 체인 저'(game changer)의 역할을 하기에 충분하였다. TPP의 무역전환 효 과로 인해 초래되는 중국의 손실은 약 150억 달러에 달할 것으로 예측 되었을 뿐 아니라(Petri et al. 2012), 세계 경제 규모 1위와 3위인 미국과 일본이 공통의 기준과 규칙에 합의할 경우, 새로운 세계 경제 질서의 표준이 될 잠재력을 갖고 있기 때문이다.

TPP와 RCEP 협상의 동시 진행은 미국과 중국의 지정학적 경쟁을 가속화시키는 요인으로 간주되어, 21세기 동아시아 지역의 경제 질서를 둘러싼 대립 구도가 형성되는 것으로 이해되기도 하였다. 이러한 관점에서 볼 때, 미중 경쟁의 심화는 지역 경제 질서의 통합보다는 분산을 초래하는 요인으로 간주되었다(Solís and Wilson 2017). 유럽의 관점에서도 일본의 TPP 참여는 게임 체인저가 되기에 충분했다. TPP는 일본 시장의 개방을 의미할 뿐 아니라 유럽 국가들이 후발 주자로서 수용해야 할 새로운 표준이 될 가능성이 높기 때문이다(Messerlin 2012, 6).

더욱이 TPP 협상 참여 이후 일본 정부는 RCEP에 대해서도 새로운 접근을 시도하였다. RCEP은 아세안의 주도적 역할로 출범할 수 있었음에도 불구하고, 일본의 TPP 협상 참여로 인해 중국이 대안적 질서를 수립하는 수단으로 인식되기 시작하였다. TPP 협상 타결 이후 아베 정부는 과거의 소극적인 자세에서 벗어나 RCEP이 보다 선진적인 규칙과 질서를 지향해야 한다는 점을 강조하기 시작하였다. 일본이 RCEP에 전자상거래와 투자 관련 규칙 등 TPP에 포함되었던 규정들을 포함하기 위해 노력하는 등 RCEP에 대한 전략적 접근의 자세를 전환한 것이 일본 정부의 RCEP에 대한 접근이 새로운 단계로 변화하였음을 의미한다. 이는 관세 철폐에 초점을 맞추어 협상을 진행하고 투자 관련 규칙을 포함시키는 데 신중한 입장을 보이는 대다수 협상 참여국들과 매우 차별화된 전략이다(The Japan Times 2017/9/9). 일본이 이처럼 협상의 타결이 지연되더라도 보다 광범위하고 수준 높은 협상을 위해 공세적인 접근을 한 것은 TPP 협상에 적극적으로 참여하고, TPP11 협상을 주도하였던 경험을 바탕으로 지역 경제 질서의 새로운 표준을 수립하려는 전략의 일환이라고 할 수 있다.

V. 결론

2016년 이후 세계무역질서는 격변기에 접어들고 있다. 세계무역질서가 구조적 변화의 조짐을 보이는 가운데 세계 주요국들이 경쟁적으로 추진해왔던 메가 FTA 시대를 넘어 '포스트 메가 FTA 시대'로 이동하고 있다. 포스트 메가 FTA 시대란 미국, EU, 중국, 일본 등 주요국들이 메가 FTA 추진을 일단락하고, 21세기 세계경제질서를 수립하기 위해 다양한 수단을 동원하고 다양한 층위를 유기적으로 연계하는 가운데 상호 경쟁과 협력의 양면 전략을 추구하는 상황을 말한다. 이러한 상황의 전개는 미국과 중국이 통상전략을 업그레이드하는 과정에서 지역 경제 질서의 동학이 빠르게 변화하고 있음을 의미한다.

이러한 측면에서 볼 때, 아베 정부의 통상 전략은 두 가지 도전 요인에 직면하고 있다. 첫째, 지역 경제 질서의 변화 과정에서 미국과 중국은 물론, 역내 주요국들이 경제와 안보를 긴밀하게 연계하는 경향이 강화되고 있다. 아베 정부는 CPTPP 체결 과정에서 보여주었던 리더십을 유지할 것인지 아니면 경제-안보 연계 현상에 편승하여 FTA를 비롯한 경제적 수단을 외교안보적 목표를 달성하는 데 활용할 것인지의 기로에 놓여 있다. 이는 일본 정부가 그동안 표방해왔던 '계몽된 열린 국익'을 추구할 것인지 또는 협소하게 정의된 배타적인 국익을 추구할 것인지의 문제이기도 하다.

둘째, 미국과 중국은 양자 FTA 또는 메가 FTA를 중심으로 핵심적인 통상 전략을 형성하는 데서 탈피하여, 다자주의, 메가 FTA, 양자주의 등 다양한 쟁점들을 서로 다른 수준에서 연계하는 현상이 발견된다. 미국과 중국을 포함한 주요국들이 세계 경제 질서를 재편하기 위해 메가 FTA에서 다루어지던 주요 쟁점들을 새로운 방식으로 재구성하는 한편, 경제적 이익과 전략적 이익의 선택적 연계를 통해 양자 사이의 상승효과를 추구하는 경향을 강하게 드러내는 중대한 변화가 발생하고 있는 것이다. CPTPP를 포함한 메가 FTA와 같은 지역 차원의 장에 초점을 맞추어 온 일본이 양자 및 다자 수준과의 연계를 어떻게 구축할 것인지는 아베 정부의 또 하나의 숙제이다.

참고문헌

손열. 2006. "한국 FTA 추진의 국제정치경제: FTA 경쟁과 FTA 따라잡기의 동학." 『세계정치』.

이승주. 2009. "일본 FTA 정책의 형성과 변화: 행위자와 제도의 상호작용을 중심으로." 『한국과 국제정치』 25(3): 65-97.

_____. 2018. "아베노믹스의 정치경제: 정책적 차별성의 정치적 기원." 『사회과학연구』 25(4): 95-118.

Aggarwal, Vinod K. and Shujiro Urata, eds. 2013. *Bilateral Trade Agreements in the Asia-Pacific*. Routledge.

Baldwin, Richard. 2011. 21st Century Regionalism: Filling the gap bewteen 21st cnetury trade and 20th century trade rules. World Trade Organization. Economic Research and Statistics Division. Staff Working Paper ERSD-2011-08.

Bown, Chad, et. al. 2017. "Multilateral or bilateral trade deals? Lessons from history," Chad Bown, ed. *Economics and Policy in the Age of Trump*. A VoxEU.org Book: 153-164.

Fensom, Anthony. 2017. "TPP Survives After Canadians 'Screwed Everybody'," *The Diplomat*. November 14.

Funabashi, Yoichi. 2018. "In America's absence, Japan takes the lead on Asian free trade." *The Washington Post*. February 22. https://www.washingtonpost.com/news/global-opinions/wp/2018/02/22/in-americas-absence-japan-takes-the-lead-on-asian-free-trade/

Green, Michael. 2001. *Japan's Reluctant Realism: Foreign Policy Challenges in an Era of Uncertain Power*. Palgrave Macmillan.

Irwin, Douglas A. 1993. "Multilateral and bilateral trade policies in the world trading system: an historical perspective," Jaime De Melo and Arvind Panagariya, eds. *New Dimensions in Regional Integration*. Cambridge University Press: 92-119.

Johnson, Jesse. 2018. "TPP takes back seat as Malaysia sets sights on early conclusion to RCEP trade deal," *Japan Times*. October 17.

Katada, Saori N. and Mireya Solís. 2010. "Domestic sources of Japanese foreign policy activism: loss avoidance and demand coherence," *International Relations of the Asia-Pacific* 10(1): 129–157.

Kawai, Masahiro. 2009. The Asian "Noodle Bowl": Is It Serious for Business? ADBI Working Paper Series No. 136. ADB Institute.

Kawai, Masahiro and Genashan Wignaraja. 2010. "Asian FTAs: Trends, Prospects, and Challenges." ADB Economics Working Paper Series No. 226. Asian Development Bank.

Mathieson, Rosalind. 2017. "Agreeing on RCEP — China's favorite trade deal — set to drag into 2018," *The Japan Times*. November 14.

Mulgan, Aurelia George. 2013. Commentary: Japan's Entry into the Trans-Pacific Partnership: Domestic Priorities and Regional Dynamics. The National Bureau of Asian Research. July 9. https://www.nbr.org/publication/japans-entry-into-the-trans-pacific-partnership

_____. 2016. "Securitizing the TPP in Japan: Policymaking Structure and Discourse," *Asia Policy* 22: 193-221.

_____. 2018. *The Abe Administration and the Rise of the Prime Ministerial Executive.* Routledge.

Sasada, H. 2015. "The "third arrow" or friendly fire? The LDP government's reform plan for the Japan agricultural cooperatives," *The Japanese Political Economy* 41(1-2): 14-35.

Smith, Marie-Danielle. 2017. "'We don't know what Canada wants': Japanese chorus of confusion grows over Trudeau's TPP position," *National Post*. December 21. https://nationalpost.com/news/politics/we-dont-know-what-canada-wants-japanese-chorus-of-confusion-grows-over-trudeaus-tpp-position

Solís, Mireya. 2003. "Japan's New Regionalism: The Politics of Free Trade Talks with Mexico," *Journal of East Asian Studies* 3: 377 – 404.

_____. 2017. *Dilemmas of a Trading Nation: Japan and the United States in the Evolving Asia-Pacific Order.* The Brookings Institution.

Solís, Mireya and Saoir Katada. 2015. "Unlikely Pivotal States in Competitive Free Trade Agreement Diffusion: The Effect of Japan's Trans-Pacific Partnership Participation on Asia-Pacific Regional Integration," *New Political Economy* 20(2): 155-177.

Solís, Mireya and Jeffrey D. Wilson. 2017. "From APEC to mega-regionals: the evolution of the Asia-Pacific trade architecture," *The Pacific Review* 30(6): 923-937.

Takahashi, Katsuhide and Shujiro Urata. 2008. On the Use of FTAs by Japanese Firms. RIETI Discussion Paper Series 08-E-002. Research Institute for Economy, Trade and Industry.

Takenaka, Kiyoshi and Matthew Tostevin. 2017. "UPDATE 1-TPP countries agree to keep trade deal alive, much work remains," *The Reuters*. November 10.

Terada, Takashi. 2014. "Japan's Asian Policy Strategy: Evolution of and Prospects for Multilateralism in Security, Trade and Financial Cooperation," *Public Policy Review* 10(1): 227-252.

Wilson, Jeffrey D. 2015. "Mega-Regional Trade Deals in the Asia-Pacific: Choosing Between the TPP and RCEP?" *Journal of Contemporary Asia* 45(2): 345-353.

Winter, M. 2016. "Abe and the Bureaucracy: Tightening the Reins," *The Diplomat* June 16.

World Bank Group. 2016. *Global Economic Prospects: Spillovers Amid Weak Growth.*

Washington, D.C.: World Bank.

Yoshimatsu, Hidetaka. 2016. "US-Japan Negotiations on the Trans-Pacific Partnership: Domestic Societal Interests and International Power Developments," *Asian Survey* 56(6): 1145-1167.

_____. 2018. "Japan's role conception in multilateral initiatives: the evolution from Hatoyama to Abe," *Australian Journal of International Affairs* 72(2): 129-144.

内閣官房TPP等政府対策本部. 2017. TPP11協定の合意内容について. 11月11日.

外務省. 2018. "日・EU経済連携協定の効力発生のための外交上の公文の交換." https://www. mofa.go.jp/mofaj/press/release/press1_000310.html

一般社団法人 日本経済団体連合会・日本商工会議所・公益社団法人 経済同友会・一般社団法人 日本貿易会. 2017. "11カ国によるTPPの早期実現を求める." http://www.keidanren. or.jp/policy/2017/085.html 10월 23일.

日本経済再生本部. 2016. 日本再興戦略 2016.

日本農業新聞. 2017/11/2.

竹中治堅. 2006. 『首相支配日本　政治の変貌』. 東京: 中公新書.

清水眞人. 2005. 『官邸主導: 小泉純一朗の革命』. 東京: 日本経済新聞社.

太田弘子. 2006 . 『経済諮問会議の戦い』. 東京: 東洋経済新聞社.

제10장   능력–의지 연관 모델을 통해 본
터키 중견국 외교

유재광(국회미래연구원)

* 이 글은 유재광. 2020. "기로에 선 중견국: '능력–의지 연관 모델'을 통해 본 터키 중견국 외교." 『국제정치논총』 제60집 1호. pp. 99-153에 게재된 논문을 수정·보완한 것이다.

I. 연구 퍼즐

중견국 이론은 강대국 중심 국제정치이론의 다양성 확장에 크게 기여해 왔다. 강대국 그룹 바로 밑에 위치하고 약소국의 바로 위에 위치하는 다수의 비강대국 중 그 능력(capability)이 다른 약소국가(small states)에 비해 월등한 일군의 중간에(in the middle) 위치한 국가들은 지난 수십 년 동안 적극적인 외교와 이를 통한 국제사회에서의 영향력 확보를 위해 노력해 왔지만 강대국 중심의 국제정치이론들은 이들 국가의 외교 행태를 강대국과의 동맹(alliance) 혹은 편승(bandwagoning)이라는 제한된 시각에서 설명해 왔다(Schweller 1994).

하지만 이런 강대국 중심의 국제관계이론은 최근 중견국을 연구하는 학자들에 의해 커다란 도전을 받고 있다. 갈등 중재, 반패권주의, 다자주의, 틈새외교 그리고 규범외교의 적자(proper actors)라 불리는 중견국들은 세계정치의 단순한 방관자가 아니라 국제정치의 여러 가지 면에서 실질적 영향력을 발휘할 수 있는 중요한 행위자로 부상하고 있다.[1] 따라서 학자들은 강대국이 아닌 이들 중견국의 외교 행태 역시 주목하고 연구하자는 것이다.

중견국 학자들이 말하는 중견국 외교 행태의 특징은 다음과 같다. 먼저 중견국은 주변 강대국으로부터 끊임없는 정치개입과 군사개입 그리고 혹독한 분쟁을 겪은 나라이기에 기본적으로 반패권주의를 선호하며 이런 성향이 외교정책에 강하게 나타날 것이라는 예측이다(이승주 2016, 95-98). 이런 선호는 중견국의 다극 체제(multipolarity)에

---

[1] 이와 관련된 대표적인 논의로는 강선주(2015, 143-150) 및 김상배(2011, 52-55)를 참고할 것.

대한 선호로 자연스레 이어진다. 학자들은 또한 중견국 외교의 특징으로 중재자(mediator), 브로커(broker) 역할을 제시한다. 강대국 간의 갈등이 공공재(public goods)인 평화와 안정을 훼손할 가능성이 농후하니 역량 있는 중견국들이 연합하여 이 갈등을 중재하고 외교적 해결을 모색하도록 강대국을 설득할 것이라는 것이다. 강대국이 장악한 전통적 안보영역 외의 틈새외교에 연합형성(coalition building)을 통해 참여하는 것도 역시 중견국 외교의 영역이라 주장된다(Cooper 2011, 317-318). 마지막으로 중견국 학자들은 중견국들의 규범외교에 주목한다. 인권과 환경 그리고 개발원조 등의 가치들을 생산하고 담지 및 전파시키는 핵심적인 역할을 중견국이 할 수 있다는 것이다.

하지만 본 논문은 이러한 기존 중견국 학자들의 주장이 현실주의 학자들이 국제체제의 상대적 힘의 분포에서 단일행위체인 강대국의 행위를 연역(deduction)적으로 이론·가설화하여 증명했듯이 중견국 역시 단일 행위자로 가정하고 상대적 국력 혹은 국제체제의 위치에 근거해 그들의 행위를 연역적으로 도출함으로써 중견국 외교 행태를 결정짓는 또 하나의 중요한 변수—즉 국내정치 변수—를 놓치고 있음에 주목한다.[2] 한 국가의 외교 행위가 상대적 힘의 분포라는 구조적 제약뿐 아니라 국내정치적 요소에 강하게 영향을 받는다는 연구는 폭넓게 존재한다. 국내정치의 레짐 타입, 지도자의 성향, 정부–의회 관계, 여론 등이 그것이다. 이들 연구에 비추어 볼 때 기존 중견국 논의에서 국내정치 변수의 영향이 경시되어온 것은 아쉬운 점이다.

주지하다시피 그동안 중견국으로 다루어진 국가들의 국내정치적 질서는 캐나다, 호주 등의 안정되고 공고화된 민주주의 국가부터 남

---

2   중견국 이론화에서 연역적 방법의 보편성에 관한 논의는 Gilley and O'Neil(2014, 7-8)을 참고.

아공과 인도네시아 그리고 한국과 터키와 같은 신생 민주주의를 포함해 상당히 다양하다. 이들 다양한 중견국이 단지 국제체제의 위치 권력(positional power)적 속성 때문에 중견국의 본질적 충동(intrinsic impulse)에 기인하여 일련의 중견국 외교를 행한다는 것은 일견 너무 단순해 보인다. 중견국이 아무리 중견국으로서의 물질적 능력(material capability)을 갖추고 있더라도 국내정치적 조건에 의해 규정되어지는 중견국 외교의 '의지' 없이는 기대되는 중견국 외교 행태를 보이기 어렵기 때문이다.

따라서 본 논문은 중견국의 외교 행태를 결정하는 국제정치적, 국내정치적 조건을 '능력'(capability)과 '의지'(willingness)라는 핵심 개념을 통해 탐색하고자 한다. 전자와 관련하여서는 중견국의 단순한 물질적 능력뿐 아니라 강대국으로부터의 외교적 자율성 역시 포함시켜 살펴보고 후자와 관련하여서는 민주주의라는 공통의 제도적 특성을 좁혀서 중견국가가 과연 신생 민주주의인지 아니면 공고화된 민주주의인지 그리고 이들이 자유주의적 민주주의(liberal democracy)인지 반자유주의적 민주주의인지를 살펴보고자 한다. 논의의 핵심은 중견국 외교에의 공헌도(commitment) 수준은 중견국의 능력과 의지의 함수이며 양자가 모두 충족될 경우 모범적 중견국 외교를 그리고 모두 충족되지 않을 경우 말뿐인 혹은 중견국 외교의 부재를 그리고 어느 한 조건만 충족하면 '불완전한' 중견국 외교를 펼친다는 것이다. 이 가설을 터키(2002-2018)의 중견국 외교 사례를 통해 입증해 보고자 한다.

본 논문은 다음과 같이 구성된다. 2절에서는 지금까지 진행되어 온 중견국에 관한 논의를 자세히 일별하고 이 논의들이 미처 살펴보지 못한 점을 식별해낸다. 그 다음 절에서는 본 논문의 핵심 논의인 '능력과 의지 연관 모델'을 제안하고 이로부터 핵심 가설을 도출한다. 네 번째 절에서는 중견국 외교의 '능력과 의지 모델'에서 생산된 가설을 터키의 2002-2018년 중견국 외교의 사례를 통해 입증한다. 대표적 중견국인 터키의 사례를 통해 중견국 외교의 부침이 중견국의 '능력'뿐만 아니라 '의지'에도 강한 영향을 받으며 이 의지는 해당 중견국의 국내 정치적 제도에 큰 영향을 받는다는 것을 입증한다. 마지막 절에서는 본 연구의 소결을 제시하고 연구가 주는 정책적 함의 및 미래 중견국 연구에의 시사점을 제공하고자 한다.

II. 국제정치 거대 이론들과 중견국 논쟁

중견국 연구 특히 이론화는 1990년대부터 현재까지도 진행형이지만 아직 중견국이 어느 국가들을 지칭하며 이들의 중견국 위치가 어떤 외교정책 행태(foreign policy behavior)를 가져오는지 의견이 분분하다. 중견국 연구는 자신들 스스로가 중견국임을 주장한 1세대 중견국 캐나다와 호주를 연구한 학자들에 의해 본격 논의되기 시작하여 지금은 국제정치 학계에서 광범위하게 논의되고 있지만 여전히 강대국 중심의 현실주의, 자유주의 그리고 구성주의 이론에 밀려 있는 것 역시 사실이다.[3]

예를 들어 신현실주의(neorealism)라는 국제관계의 근간 이론은 주로 세계정치의 거대한 변화, 즉 전쟁과 평화를 실질적으로 좌우하는 강대국에 관한 이론이다(Waltz 1979; Mearsheimer 2001). 따라서 중견국은 이차국가(secondary state) 혹은 비강대국으로 구별되어 강대국

---

3 기존 국제정치 3대 이론인 신현실주의, 자유주의, 그리고 구성주의의 강대국 편향(Bias)에 관한 설득력 있는 비판은 김상배(2008a, 42-45)를 참고할 것.

의 선호에 편승(bandwagoning)이나 동맹(alliance) 파트너의 제한된 선택만 할 수 있다고 여겨져 왔다(Schweller 1994). 국제정치의 또 다른 거대 이론인 자유주의와 구성주의 역시 대표적 강대국에 초점을 두어 전자는 절대적 이익(absolute gain)(Russett and Oneal 2001, 273-305), 후자는 정체성(identity)(Wendt 1999, 246-316)에 의해 이들 국가의 행동 방식을 설명하려 한다.[4]

하지만 최근 중견국 연구는 국가의 물질적 능력이 강대국과 약소국의 중간에 위치하며 국제시스템에서 중간자(middlemen) 역할을 할 수 있는 국가들에 주목한다. 현실주의 계통의 학자들은 강대국의 판별을 국력(national power)의 총합으로 종종 정의한다. 가장 흔히 사용되는 것이 GDP 규모이며 군비(military expenditure)의 규모도 종종 국력 측정 단위로 사용된다. 최근에는 이에 대한 대안으로 국력의 모든 요소를 고려한 CINC(Composite Index of National Capabilities)도 이용된다.[5] 하지만 정작 누가 강대국인지는 질적인 판단을 한다. 2차 대전 이후 강대국의 반열에 오른 나라는 미국, 소련, 러시아, 영국, 프랑스, 독일, 중국 등이다.

이와 마찬가지로 일군의 중견국 학자들은 중견국을 물적 능력 차원에서 정의하려 한다. 학자들은 중견국이 국력 혹은 물적 능력에서 (초)강대국을 제외한 국가로 국력이 '중간' 정도이며 약소국가의 그룹에 들어가지는 못한 말 그대로 중간지대 국가군이다. 중견국이 의미 있는 이유는 강대국의 힘의 행사에는 훨씬 못 미치나 지역적 혹은 글로

---

4   중견국의 정의가 기존 국제정치 거대이론—신현실주의와 자유주의—에서도 가능하다는 논의도 있다. 이와 관련하여서는 김치욱(2009, 17-21).

5   국력의 종합지표와 관련한 개념 및 계량화는 http://www.correlatesofwar.org/data-sets/national-material-capabilities에 자세히 설명되어 있음.

벌 차원에서 국제체제에서 연합형성(coalition building)으로 적극적인 역할을 할 수 있기 때문이다. 따라서 중견국은 가장 먼저 강대국보다는 약하고 약소국보다는 강한 국력 혹은 물질적 능력을 갖추어야 한다. 이런 기준에서 캐나다, 호주, 한국, 인도네시아, 이탈리아, 터키, 타일랜드, 아르헨티나, 멕시코, 폴란드, 사우디아라비아 등이 중견국군(群)으로 연구되어왔다(Giley and O'Neil 2014, 5).[6]

이러한 국력의 상대적, 즉 중간자적 논의에 기반하여 일련의 중견국 학자들은 중견국을 강대국 혹은 약소국과 구별되는 특이한 중간적 '외교 행태'를 보인다고 주장해 왔다. 중견국의 본질적 충동(intrinsic impulse)이라 불리는 이 접근법은 중견국은 기존 강대국과 약소국의 외교 행태와 구별되는 공통적 행위를 보여주는 경향이 강하다는 것인데 이것은 반패권(anti-Hegemony), 다자주의(multilateralism), 중재(medation), 연합형성(coalition buiding), 그리고 틈새외교 및 규범외교(normative diplomacy)의 선호 등이다(Gilley and O'Neil 2014, 12-13). Cox는 중견국 외교의 이러한 특징을 '선한 국제시민'(good international citizens) 외교라고 칭하고 있다(Gilley and O'Neil 2014, 12-13).

하지만 기존의 중견국 이론이 약점이 없는 것은 아니다. 본 연구가 가장 핵심적으로 지적하고자 하는 점은 중견국 이론화에서 기존 연구가 중견국의 강대국으로부터의 자율성을 너무 단순하게 가정하고 있으며 아울러 중견국 내부 '국내정치'(domestic politics)가 중견국 외교에 미치는 영향을 상대적으로 경시해 왔다는 점이다.

지난 반세기 국제정치학의 안보이론은 왈츠(Waltz)의 단일화 국

6　Randall Schweller의 최근 중견국 연구도 이와 크게 다르지 않다. Schweller의 중견국 연구와 관련해서는 Schweller(2017, 3-9) 참조.

가(unitary state) 모델에서 국가 내부의 정치동학 변화와 이것이 국가 외교·안보 정책에 미치는 영향에 대한 관심으로 그 이론적 영역을 넓혀왔다. 그 이유는 왈츠가 말한 국제 무정부의 사회화 효과(socialization effect)가 아무리 강력해도 국가들이 자력구제라는 공통의 외교 행태만 보이는 것이 아니라 수많은 상이한 외교정책을 펴왔기 때문이다. 이러한 국가들이 보여주는 외교 행태의 상이성은 결국 국가 내부의 국내정치적 동학, 즉 제도, 리더십, 국민 및 여론 등에 큰 영향을 받는다는 것이 왈츠 이후 세대 학자들의 중요한 발견이다(Huth and Allee 2003, 68-100). 이를 중견국 개념화에 적용하면 중견국 외교 역시 중견국 내부의 국내정치에 대한 고려 없이는 완전히 설명될 수 없다는 것이다.

간단한 질문을 해보자. 왜 위의 중견국의 물질적 기준을 만족시키는 국가 중 어떤 국가는 모범적인 중견국 외교를 행하며 다른 국가들은 그렇지 못한가? 즉 기존 중견국 이론으로는 중견국의 물질적 조건과 이로부터 연역된 기대되는 행위가설을 비교적 설득력 있게 설명하고 있지만 정작 이들 중견국 외교의 성공, 쇠퇴, 지체 그리고 실패라는 변이(variation)를 잘 설명할 수 없다.

따라서 본 연구에서는 중견국 외교를 좀 더 완벽하게 설명하기 위해서는 중견국 내부의 국내정치적 변수에 대한 고려가 반드시 필요하다고 주장한다. 상대적 물적 능력과 강대국으로부터의 자율성이 만약 성공적인 중견국 외교의 필요조건이라면 이 외교를 마지막으로 결정짓는 충분조건은 중견국 내부의 국내정치이다. 다음 단락에선 중견국 외교의 '능력-의지 연관 모델'을 통해 중견국 국내정치 특히 성숙하지 못한 민주주의—반자유주의적 민주주의의 등장이 중견국 외교의 큰 장애물이라는 주장을 펴고자 한다.[7]

III. 분석틀: 능력-의지 연관 모델

본 절에서는 중견국 외교의 필요충분조건을 탐색해 중견국의 '능력-의지 연관 모델'(capability-willingness nexus model)을 제시하고자 한다. 기존의 많은 중견국 논의에서는 중견국은 물질적 토대가 강대국 다음의 중간에 위치하며 이런 상대적 힘의 위치적 속성상 반패권, 다자주의, 국제기구 선호, 중재 및 규범외교라는 행위적 특성을 추구하게끔 만든다고 주장해왔다. 하지만 중견국 특유의 기대되는 외교 행태만을 나열한 위의 주장은 중견국 기준을 만족시키는 국가 중 어떤 국가는 왜 모범적인 중견국 외교를 비교적 일관되게 행하며 다른 국가들은 심각한 중견국 외교 행태의 부침을 보이는지를 설명하지 못하는 한계점을 드러내고 있다.

　본 연구에서는 이러한 변이를 설명하기 위한 대안 이론으로 중견국 외교의 '능력-의지 연관 모델'을 제시한다. 특정 국가가 국제사회로부터 기대되며 또한 자신이 원하는 외교정책을 수립 집행하기 위해서는 능력과 의지라는 두 가지 조건이 만족되어야 한다.[8] 특정 국가가 중견국으로 고려될 만한 능력이 없으면 군소국가(minor states)로 머물 것이고 설령 능력이 있다고 해도 의지가 없다면 상대적으로 중견국 능력을 구비했음에도 불구하고 그 고유의 외교 행태를 적극 구현하려 들

7　실제 중견국 연구에서 중견국 국내정치적 변수에 초점을 둔 연구가 드물게나마 존재한다. Ravenhill의 연구가 대표적인데 그는 1세대 중견국인 캐나다와 호주의 중견국 외교 정책의 부침을 설명하면서 국내적으로 정파성의 변화(partisanship change)와 이익집단 정치(politics of special interests)가 이런 부침의 원인이라고 지적하고 있다. 이와 관련해서는 Ravenhill(1998, 309-327) 참조.

8　국가 외교 행태에 관한 능력-의지 모델에 관한 고전적 저작으로는 Schweller(2006, 46-47)을 참고할 것.

지 않을 것이기 때문이다. 따라서 본 이론에 따르면 중견국이 그 기대되는 선한 국제시민으로서의 외교 행태를 보이려면 이 능력과 의지가한꺼번에 만족되어야 하며 이 중 어느 하나만 만족되거나 능력과 의지면에서 불충분할 경우 기대되는 중견국 외교 행태를 제대로 구현해 내지 못할 것이라고 주장한다.

그럼 중견국의 '능력'과 '의지'란 무엇이며 이는 무엇에 의해 결정되는가? 먼저 능력과 관련하여 본 논문은 기존의 연구에 기반하여 한국가의 물질적 능력─즉 GDP 규모와 군사력─이 중간그룹에 위치해야 한다고 주장한다. 국제정치는 이미 알려진 대로 무정부 상태에서 국가가 자신의 물질적 능력에 기반해 스스로 인지한 국익을 최대화하려는 생존의 장이다. 따라서 적어도 강대국 수준은 아니지만 상대적 힘의 분포 측면에서 중간에 위치하는 물질적 능력을 갖추어야 잠재적 중견국 국가군에 들어갈 수 있다. 이미 수많은 1세대 중견국 학자들이 중견국의 GDP와 군사력(군비지출) 혹은 국력(national power)을 중견국개념화의 핵심 지표로 사용하는 이유이다.[9]

하지만 이러한 물질적 조건이 중견국의 능력을 완전히 결정하지못한다. 아무리 물질적 조건이 성숙해도 중견국이라는 그 특유의 외교행태를 보이기 위해서는 기존 강대국으로부터 외교 행위의 자율성이확보되어야 하기 때문이다. 이것이 의미하는 바는 상당 수준의 GDP규모, 군비 규모 등의 객관적인 물적 조건을 만족시킨 상황에서 국제체제 힘의 분포에서 최 상층부에 위치하는 (초)강대국─즉 미국─으로

---

9 일정 물적 조건─즉 GDP 규모와 CINC(Composite Index of National Capabilities)─을 상정한 후에 클러스터 분석을 통해 Gilley와 O'Neil은 이탈리아, 멕시코, 대한민국, 스페인, 캐나다, 호주, 인도네시아, 터키, 이란, 폴란드, 네덜란드, 아르헨티나, 사우디아라비아 그리고 타일랜드를 중견국의 범주에 넣고 있다. 자세한 분류기준은 Gilley and O'Neil(2014, 4-8)을 참고할 것.

부터의 일정한 외교적 자율성을 획득해야만 중견국의 '능력'을 비로소 보유하게 된다는 것이다. 가장 큰 이유는 본 논문에서 지적한 많은 수의 중견국이 냉전 시기 그리고 냉전 붕괴 이후 미국과 직간접적인 군사협력체계를 운용하고 있기 때문이다.

　예를 들어 캐나다와 호주 같은 1세대 중견국은 중견국의 물적 조건을 오래전에 만족시켜 왔음에도 미국 주도의 NATO 동맹국 회원으로 그 외교 정책적 자율성이 심하게 제약되어왔고, 1980년대 중반부터 진행된 미소의 긴장 완화와 소련 및 냉전의 붕괴 이후 본격적으로 미국으로부터의 외교적 자율성을 획득하여 이미 구비된 물질적 능력에 기반해 중견국 외교의 지평을 넓혀 온 것은 주지의 사실이다(Ravenhill 1998, 314-315). 냉전 시기와 상호방위조약으로 미국의 외교안보정책에 보조를 맞추어 온 한국 역시 냉전의 붕괴 이후 급성장한 물적 조건 위에 미국으로부터 상당한 외교적 자율성을 확보한 상태에서 중견국 외교를 조심스레 진행해 나갔다(Kim 2014, 84-85). 터키 역시 NATO의 남쪽 날개(Southern Flank)로 그리스와 함께 NATO의 동맹국으로 냉전 시기와 그 이후에도 미국의 막강한 영향력 하에서 봉쇄 및 대결 위주의 외교정책을 집행해 오다 2000년대 초반부터 이어진 급격한 경제성장의 과실 위에 미국의 반테러리즘 집착과 이로 인한 대서양동맹의 갈등(Transatlantic Rift)이 열어준 기회의 창을 이용해 중견국 능력 외교를 수행할 수 있었다(Kardas 2011, 32).

　하지만 이러한 중견국의 능력 배양과 (초)강대국으로부터의 외교적 자율성 획득이 이들 잠재적 중견국가들의 중견국 외교를 자동적(automatic)으로 생성하는 것이 아니라는 점에 유의할 필요가 있다. 가장 큰 이유는 중견국들이 중견국 외교의 능력을 보유한 상태에서 실제 중견국 외교를 집행할 '의지'가 필요하기 때문이다. 그럼 과연 '능력'을 보유한 잠재적 중견국이 그 '의지'에 근거 중견국 외교로 표출하는 조건은 무엇인가? 그 해답은 잠재적 능력을 가진 중견국 내부 정치 상황에 달려 있다고 본 연구는 주장한다.

지난 수십 년 동안 국제정치 학자들은 국내정치가 국가들 간의 외교정책 행태에 상당한 영향력을 발휘함을 체계적으로 증명해 왔다. 국가의 레짐 타입(regime type)에 주목하여 민주주의 국가들의 리더들이 좀더 평화지향적 의지에 기반해 협력적 외교정책 선호를 보이는 반면에 권위주의 국가는 호전적 의지에 기반한 갈등적 외교 행태를 보이며 그 이유는 정치적 책임성(political accountability)의 유무에 달려 있다는 주장이 실증되었다.[10] 일군의 학자들은 또한 민주주의로의 이행(democratic transition)을 겪고 있는 국가 리더들이 내부 정치기반을 강화하기 위해 호전성을 가지고 갈등 지향적인 외교정책을 펼치는 경향이 노골적으로 있음을 증명해 내었다(Mansfield and Snyder 2002). 같은 민주주의 국가라도 우파 정부가 더 군사갈등의 가능성을 키우는 반면 좌파 정부는 갈등을 확대(escalation)시키는 것으로 밝혀졌고 (Palmer et al. 2004; Ostrom and Job 1986) 안정된 민주주의 국가들의 경우도 리더들의 대폭적인 지지율 하락이 이들의 호전적 외교정책의 의지를 가져와 갈등 지향적 외교정책을 추진케 함을 밝혀내었다.[11]

중견국의 맥락에서도 국내정치가 중견국의 대외정책에 상당한 영

---

10 대표적 연구로는 Russett and Oneal(2001); Huth and Allee(2003)을 참고할 것.

11 이러한 미성숙 민주주의의 국내정치적 복잡성의 핵심에는 '비대화된 행정부'의 존재가 자리 잡고 있다. 사실 민주화라는 거대한 변환을 한 이후 실체적 민주주의의 핵심인 민주주의 공고화(actual democratic consolidation)에 이르기까지는 긴 시간이 필요하다. 따라서 학자들은 서구 유럽의 수십 수백 년 전통을 지닌 공고화된 민주주의 레짐에 비해 그 공고화 정도가 부족한 국가들의 합을 어린 민주주의 혹은 미성숙한 민주주의(young or immature democracies)라고 구분한다.

향력을 발휘한다는 점은 이미 논의되어왔다. Ravenhill은 캐나다, 호주 등 1세대 중견국의 중견국 외교 부침에 주목하여 중견국이 그 중견국 능력이 있음에도 불구하고 국내정치적 요소에 의해 그 능력을 때로는 제대로, 때로는 제한적으로 발휘해 왔다고 주장하였다. 특히 국내 경제적 위기와 이에 따른 정파성(partisanship)과 이익집단의 로비가 중견국 리더들이 이전에 표방했던 규범적이고 도덕적인 중견국 약속(commitment)에서 후퇴하게 되는 결정적 이유라고 실증하였다 (Ravenhill 1998, 317-318). Ungerer 역시 중견국은 국내정치의 불안정성 특히 수권 정당과 그 수상의 정파적 차이(partisan difference)가 중견국 리더들의 의지를 퇴색시켜 중견국 외교 행태에 부침(wane and wax)을 가져왔음을 실증하였다(Ungerer 2007).

본 연구 역시 잠재적 중견국의 중견국 외교에서 국내정치적 변수가 중견국(리더들)의 의지에 영향을 미쳐 그 외교 행태의 변이 (variation)의 한 원인이 될 수 있다고 주장한다.[12] 하지만 기존의 1세대 중견국 특히 캐나다와 호주에 관한 연구와는 달리 본 연구는 잠재적 중견국 후보군(群)들의 민주주의 발전 정도(levels of democratic development)에 주목하고자 한다. 캐나다와 호주(혹은 일본)를 제외하면 학자들이 식별한 중견국의 대부분은 어린 혹은 미성숙 민주주의(young or immature democracy)에 머물러 있다(Converse and Kapstein 2008, 135-136). 이런 미성숙 민주주의 국가들은 국제체제의

---

12 중견국 의지는 중견'국'이라는 국가 단위에서 논의되는 반면 중견국 의지는 리더십 혹은 리더 차원에서 논의되는 분석 수준(unit of analysis) 문제가 발생한다. 이를 해결하기 위해 본 논문은 국제정치에서 국가라는 단위체는 곧 외교정책 집행부(foreign policy executive)로 요약(epitomized)된다는 신고전주의적 현실주의(neo-classical realism)의 가정을 받아들여 중견국은 곧 중견국 외교정책 집행부 혹은 리더십으로 정의한다. 이와 관련 자세한 논의는 Lobell et al.(2009, 24-26)을 참조할 것.

힘의 분포 정도에서 아무리 자신이 가진 물질적 조건이 성숙되고 강대
국으로부터 외교적 자율성을 얻어내어 중견국 외교의 충분조건을 만
족시킴에도 불구하고 자동적으로 일련의 중견국 외교를 펼치기 어렵
다. 가장 큰 이유는 이들 미성숙 민주주의 국가들의 국내정치적 동학이
너무 복잡하고 다양해 그 리더 혹은 외교정책 담당자들이 일관된 의지
에 의거 중견국 외교를 추진하기 어렵기 때문이다.

이런 어려움의 핵심적인 원인은 미성숙 민주주의 국가들 자체가
강력한 행정부 혹은 지도자의 자의적 권력 행사에 의해 통치될 가능성
이 크다는 점이다. 신생 민주주의의 가장 큰 특징은 자리 잡지 못한 '약
한 정치제도'(weak political institution)이다(Converse and Kapstein
2008, 135-136). 특히 성숙한 혹은 공고화된 민주주의에 비해서 신생
혹은 미성숙한 민주주의는 경쟁 정당 간 그리고 행정부와 의회 간 견
제와 균형이 효율적으로 작동하지 않는다는 약점이 있다.[13]

먼저 신생 민주주의 집권당과 행정부 혹은 이의 리더들은 특유의
주인 대리자 관계(patron-clientelism)를 통해 자신들의 권력을 비대화
하는 것이 용이하다. 사적 영역의 대기업이나 우월한 사회운동 조직과
주인-대리자 관계를 형성하고 이들 그룹에 정책적, 재정적 혜택을 주
며 이에 대한 반대급부로 자신의 강력한 정치적 지원을 보장받는데 이
것이 정책적 측면에서는 자의력(discretion)으로 나타나게 된다(Keefer
2007, 805). 당연히 집권당은 우월정당(dominant party)화되고 이 정

---

13 중견국이 공고화된 혹은 성숙한 민주주의에 도달할 경우 선한 국제시민 외교가 보장되
    는가 하는 문제는 또 다른 이론적 논의를 필요로 한다. 특히 최근 성숙된 혹은 공고화
    된 민주주의 국가들—미국, 영국, 서유럽—이 겪는 민주주의의 위기(crisis in advanced
    democracies)와 이에 따른 외교의 위기는 공고화된 민주주의가 평화를 가져올 것이라는
    기존의 '민주평화론'의 핵심 명제를 흔들어 놓고 있기 때문이다. 따라서 공고화된 민주주
    의를 가진 중견국의 외교 행태와 관련해서는 앞으로 새로운 연구가 필요한 실정이다.

당은 국내정치 및 외교정책에서 어젠다를 독점하고 이 어젠다를 자신의 선호대로 수행하려 한다.

신생 혹은 미성숙 민주주의의 이러한 우월한 대통령 혹은 정당의 지속은 이들 민주주의 국가 특유의 '일관되고 강한 대안 정치세력' 혹은 '야당'의 부재를 가져온다(Converse and Kapstein 2008, 135-136). 신생 민주주의에서 야당이 약한 이유는 정당 시스템이 불안정하기 때문이다. 신생 민주주의의 경우 선거에서 진 야당이 자신의 유니폼만 갈아입고 새로운 정당을 만들어 내는 것이 다반사다. 수많은 신생 정당들의 등장과 빠른 퇴장이 일어난다. 이와 동시에 많은 정치인들이 자신들의 정치적 선호(partisanship)와 관계없이 우월적 여당으로 이탈을 감행한다. 물론 이 경우 집권세력의 회유(cooptation)도 중요한 역할을 한다. 야당 의원으로 선출되었으나 여당으로의 당적 이전 혹은 여당과의 연립정부(coalition government)에 참여하는 유인이 생기면 본래의 정치적 이데올로기에 충실한 야당으로서의 견제 역할보다는 정부 내에서 자신의 입지 추구(office-seeking)에 매몰된다. 이런 불안정한 정치지형은 당연히 대통령 혹은 수상의 권한 비대를 가져오게 된다.

위의 맥락에서 미성숙한 혹은 어린 민주주의는 약한 법의 지배, 부정부패, 지대추구(rent-seeking) 행위가 성숙한 민주주의에 비해 더 빈번하게 나타난다(Boggards and Boucek 2010, 3). 강력한 야당의 부재 속에서 법을 만드는 입법부가 약화된 상태에서 강력한 행정부 및 지도자는 지대추구의 유인이 커진다. 우월한 시장 행위자와 연합하여 주인-대리자 관계에 의거 정치자금을 받고 이에 대한 대가로 경제적 지대를 제공하는 부패행위가 빈번하며 엽관주의(cronyism) 관행도 광범위하게 나타난다. 강력한 행정부 지도자는 이러한 행위를 제어할 입법에 소극적일 뿐 아니라 입법이 이루어지더라도 검찰과 사법부를 정치화시켜 반부패의 적용과 징벌을 어렵게 한다. 당연히 많은 수의 초기 혹은 미성숙 민주주의들은 강력한 대통령 혹은 수상의 측근 비리, 자신 의 부패 연류, 광범위한 불법 정치자금, 그리고 관료들의 지대추구 행 위를 경험하게 된다(Kang 2009, 11-13).

강력한 야당의 부재와 더불어 미성숙한 민주주의가 보이는 특 징은 약한 시민사회와 제한적 언론의 자유이다. 고전적으로 민주적 시민사회는 민주주의의 학교 역할을 하며 제도화된 통로를 통해 기 존 제도권 정치인들의 일탈을 막는 민주주의의 보호자(guardian of democracy) 역할을 한다(Diamond 1994, 417-418). 하지만 이런 시민 사회가 제대로 자리 잡고 효율적인 감시자 역할을 하기 위해서는 민 주화로의 진행 이후 상당한 시간이 필요로 한다. 민주주의의 공고화 (democratic consolidation)가 강한 시민사회의 존재를 전제로 하는 이 유이다. 따라서 미성숙한 민주주의 국가에서는 이런 시민사회가 제대 로 조직화될 가능성이 적으며 시민운동 그룹의 조직률 또한 떨어지며 이들의 수도 공고화된 민주주의보다 매우 적다. 또한 강한 행정부의 지 원을 받는 관변 시민단체도 다수 존재한다(Foley and Edwards 1996, 6-7). 민주의 파수꾼 역할을 하는 언론(press) 역시 과도화된 행정부의 친위대로 전락할 가능성이 여전히 상존하며 반대 목소리를 내는 언론 이 정치적·경제적 불이익을 받을 가능성도 높다.

마지막으로 위의 세 가지 조건이 상호작용할 경우 미성숙한 민 주주의는 '내전'이나 '혁명' 없이 반자유적 민주주의(illiberal democracy) 혹은 권위주의로 역전(reversal)을 경험할 가능성이 높다. 입법 부와 야당, 사법부, 시민사회 그리고 언론으로부터의 제약에 상대적 으로 자유로운 미성숙 민주주의의 행정부 혹은 리더들은 선거 조작 (electoral rigging)을 통한 권력 연장의 유인이 강하며 지대추구 행위로 얻은 자원을 자신의 정당 선거에 이용해 정권연장을 꾀할 수 있다. 언론과 사법부의 탄압이 이어지고 헌법을 무시하며 시민사회와 언론에 대한 탄압과 감금이 일상화되기도 한다. 학자들은 이 경우 선거와 대의제라는 민주주의 기본원칙은 존재하나 내용적 면에서 반자유주의적 관행이 팽배함을 들어 반자유주의적 민주주의라고 칭한다.[14] 최악의 경우 민주주의의 근간인 선거를 폐지하여 레짐 자체를 권위주의화(autocratization)할 수 있다. 이 경우 야당의 정치활동이 금지되며 비상사태(states of emergency)와 행정부 명령(executive decree)에 기반한 정치가 등장한다. 당연히 행정부 리더는 자신의 임기 제한을 철폐하려 하고 영구집권을 시도한다.

이렇게 미성숙한 민주주주의가 중견국 외교에 미치는 영향은 무엇일까? 본 논문은 중견국의 의지에 초점을 맞추어 이런 초기적 민주주의의 특성이 잠재적 중견국 리더들로 하여금 자국의 중견국 외교에의 의지를 약화시켜 중견국 외교에서 부침(ups and downs) 특히 '퇴행'(retreat)을 가져올 가능성이 높다고 주장한다. 앞서 지적한 대로 중견국은 물질적 조건이 성숙한 상태에서 강대국으로부터의 자율성이라는 기회의 창이 열려야 중견국 외교를 할 수 있는 실질적 능력을 구비하게 된다.

하지만 이런 조건에도 불구하고 중견국 리더들이 국내적으로 견제와 균형에서 상대적으로 자유로우면 외교정책에서 중견국 외교를

14 반자유주의적 민주주의는 Fareed Zakaria에 의해 제기된 개념으로 선거로 인한 민주주의 정체(polity)가 구성되더라도 시민의 자유(civil liberties)가 제대로 작동하지 않는 사회를 일컫는다. 이 경우 통상적으로 선거로 집권세력이 결정되나 언론 및 집회 결사 등 자유주의적 가치가 비대한 행정부 혹은 권위주의적 성향의 리더들에 의해 훼손될 가능성이 크다. 반자유주의적 민주주의에 관한 자세한 정보는 Zakaria(1997, 22-26)을 참조할 것.

펼칠 유인 혹은 의지는 약화될 가능성이 높아진다. 이런 중견국 외교 의지 쇠퇴라는 현상의 가장 큰 이유는 정치적 책임성의 부재이다. 어떤 외교정책을 유지하건 국내적 신상필벌(political punishment)의 가능성이 상대적으로 낮은 상태에서 중견국 리더들은 리더 자신 혹은 자국 위주의 이기적인 행위를 선호할 것이며 이에 반해 다소 이상적이고 이타적인 국제사회의 좋은 시민(good international citizen) 외교를 행할 가능성이 떨어질 것이기 때문이다.

구체적으로 미성숙한 중견국 리더들은 자국의 이익을 팽창적으로 정의할 가능성이 크다. 강대국 다음에 위치하는 물리적 조건이 구비된 상태에서 기존 강대국으로부터의 자율성 확보가 이루어지면 미성숙 민주주의 리더들은 국내정치의 견제 기능 약화를 틈타 역내 자국의 이익을 극대화하려는 현실주의적(real-politik) 외교정책을 펼칠 가능성이 높아진다. 역내 수준이지만 기존의 중간자적 외교를 접어두고 자국의 힘을 과시하려 할 것이며 기존의 라이벌 혹은 이웃 국가들과의 관계에서 잠재되어 있던 갈등—예를 들어 영토갈등 혹은 숙적관계—을 재점화시킬 수 있다(Huth and Allee 2003, 101-123).

이렇게 되면 중견국 외교의 핵심 특징인 '갈등의 평화적 해결', '갈등의 다원주의적 국제기구를 통한 해결', '갈등의 중재자 역할'은 불가능하게 된다. 근시안적인 자국 국익 위주의 외교정책이 최우선순위가 되고 외교와 협상보다는 강제적 외교(coercive diplomacy)와 군사분쟁(militarized inter-state disputes)을 선호하게 되며 국제기구를 통한 분쟁의 해결을 거추장스러워 할 것이며 타국의 중재 외교도 거절할 가능성이 크다.

중견국 외교의 중요한 기준인 국제규범 역시 무시할 가능성도 높아질 것이다. 이미 기존 연구들은 민주주의 성숙 여부는 한 국가의 규범외교에 강한 영향을 미친다는 주장을 설득력 있게 입증하고 있다. 민주평화론자들은 한 국가의 갈등의 평화적 해결, 다자주의, 인도적 개입 등 국제규범이 그 국가의 민주주의 성숙 여부에 영향을 강하게 받음을 입증하였다(Huth and Allee 2003, 117-123). 민주주의 자체가 갈등의 평화적 해결(peaceful resolution of conflict)이라는 핵심 규범을 기반으로 하고 이런 민주주의의 외교정책 리더들은 이 규범을 내재화(internalization)하여 국제관계에도 적용하기 때문이다. 연장선상에서 공고화된 민주주의가 국제사회의 보편적 규범인 인권, 반인종차별 외교, 반대량살상무기, 비핵화 등을 지지하게 만드는 주요 변수라는 연구도 축적되어왔다(Donnelly 1986).

따라서 중견국이 미성숙한 민주주의에 머물 경우 위에서 말한 규범의 내재화가 불완전하게 작동할 가능성이 크다. 국내적으로 반대파 탄압, 언론 탄압, 사법 정의 훼손, 시민사회 압박을 자행하는 미성숙한 중견국 리더들이 오직 대외 외교 행태에서만 보편적 인권과 다원주의 그리고 반패권주의라는 규범을 기꺼이 받아들인다는 것은 모순적이다. 설령 이러한 가치를 대외에 표방한다 해도 내부적으로 정치적 반대자와 시민사회의 힘이 상당히 위축되어 있기 때문에 이들이 국제사회에서 지지할 수 있는 보편적 인권, 평화, 다원주의, 갈등 중재 및 반 패권주의라는 목소리가 비대해진 행정부로 전달될 가능성은 많이 낮아진다. 이상의 중견국 '능력-의지 연관' 모델 논의를 간단히 도식화해 나타낸 것이 〈그림 1〉이다.

〈그림 1〉은 중견국 외교 부침을 이해하기 위해 위에서 설명한 이론적 논의를 간단히 그림으로 도식화한 것이다. 그림에서 보듯이 본 논문은 잠재적 중견국의 중견국 외교 공헌도를 환경 제약과 국내정치적 제약의 함수로 설명한다. 주의할 점은 이 분석틀에서 대상이 되는

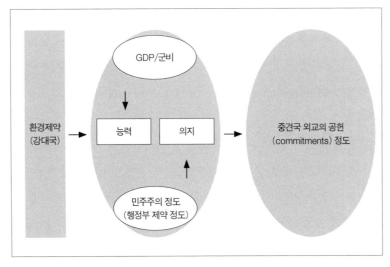

그림 1 중견국 외교 행태 결정 모델

중견국은 중견국이 되기 위한 물질적 조건—즉 GDP 및 군비지출—을 이미 가정하고 있다는 것이다. 기존의 중견국 논의를 받아들여 호주, 캐나다, 인도네시아, 터키, 한국, 남아공, 멕시코 등이 이 범주에 속한 다고 가정한다. 이 가정 하에 각 중견국이 중견국 이론가들이 기대하 는 중견국 외교—즉 규범외교, 다자외교, 틈새외교, 국제기구 존중, 반 패권주의, 그리고 갈등의 중재자 역할—에 기여하는 정도는 환경적 제 약과 국내정치적 제약에 의해 결정된다고 본다. 환경적 제약은 잠재적 중견국의 능력을 통해, 국내정치적 제약은 이들의 '의지'에 영향을 미 쳐 중견국들의 다양한 중견국 외교 공헌(commitment)을 가져오게 되 는 것이다.

　일정 중간자적 물적 조건이 성숙한 상태에서 환경적 제약은 강 대국으로부터의 외교적 자율성의 획득을 말한다. 먼저 이 환경적 제 약이 감소되어 외교적 자율성을 얻을 수 있는 기회의 창(window of opportunity)이 열려야 잠재적 중견국은 본연의 중견국 외교를 행할 수 있는 능력을 발휘할 수 있게 된다. 하지만 이 능력은 중견국 외교의 필요조건이지 충분조건은 아니다. 그림이 보여주듯이 중견국 외교가 실제 집행되기 위해서는 해당 국가 리더들의 의지가 있어야 한다. 이 의지가 바로 충분조건이 되는 것이다. 본 논문에서는 이 충분조건이 해당 중견국의 민주주의 성숙도에 의해 결정된다고 본다. 공고화된 민주주의가 국내적으로 존재해야 리더들이 중견국 외교에 의지를 지니고 일련의 반패권, 다자외교, 연합형성 외교, 갈등의 중개자, 규범외교를 할 수 있으며 반대로 중견국 민주주의 발달 정도가 미성숙 혹은 유아기 단계에 머무르면 기대되는 중견국 외교 행태를 수행할 의지가 약화된다는 것이다.

　이상의 논의는 "중견국 외교는 중견국 리더들이 그 능력을 확보해도 국내적으로 민주주의의 미성숙이라는 조건 하에 놓이면 중견국 외교의 의지가 약화되어 중견국 외교에의 공헌 혹은 약속(commitment)에서 체계적으로 후퇴할 가능성을 높인다"는 가설로 구체화될 수 있다.

IV. 방법론: 핵심사례기법

많은 수의 국제정치학 논문은 암묵적으로 핵심사례기법(crucial case study)이라는 아주 간단한 방법론을 채택하고 있다. 본 연구 또한 채택하고 있는 이 사례연구 방법론이 국제정치 및 외교정책 분야에서 활발하게 사용되는 이유는 그것이 이론적으로 도출된 가설을 아주 중요한, 즉 핵심적인 사례(crucial or illustrative case)를 통해 '확증'(confirmation) 혹은 '반증'(disconfirmation)하는 데 효과적으로 사용될 수 있기 때문이다(Gerring 2007, 231; Levy 2008, 18).

본 연구에서 발전시킨 이론적 프레임워크는 "중견국의 능력-의지 연관 모델"이다. 기존의 국제정치학 이론 중 신고전현실주의와 민주평화론을 결합하여 만든 이 모델은 강대국 다음의 물질적 조건을 충족하여 중견국의 위치에 들어선 국가들이 본격적인 중견국 외교를 수행하기 위해서는 능력과 의지가 있어야 하는데 전자는 물질적 능력과 기존 강대국과의 관계 특히 강대국으로부터의 자율성 확보를 의미하며 후자는 국내적으로 성숙한 민주주의를 발전시키고 있어야 한다는 것이다. 이런 두 개의 변수의 여러 가지 조합—즉 능력만 존재하는 경우, 의지만 존재하는 경우 그리고 의지와 능력이 모두 존재하는 경우 마지막으로 능력과 의지 모두가 부재한 경우—이 결국 해당 국가의 중견국 외교의 정도 혹은 부침을 결정한다는 모델이며 여기서 가설이 도출된 것이다.

이러한 가설을 검증하기 위하여 본 논문은 터키의 중견국 외교 (2002-2018년)에 초점을 맞추었다. 터키는 모든 중견국 외교 문헌이 동의하고 있는 대표적인 중견국이다. 물질적 능력 특히 GDP 성장률과 규모 면에서 그리고 군사력 규모 면(상대적 힘의 분포)에서 강대국의 아래에 위치하며 적극적인 중간자 역할을 한 국가이다. 하지만 이러한 중견국 외교가 통시적으로 일관되게 유지된 것은 아니다. 중견국 외교가 기존 이론가들의 기대대로 잘 이루어진 시기가 있었던 반면 그 기대에서 크게 후퇴한 시기도 존재한다. 한마디로 터키만큼 중견국 외교에서 큰 부침을 겪은 나라도 드물 것이다.

본 논문에서 발전시킨 능력-의지 연관 모델의 핵심 인과 기제 (causal mechanism)는 두 가지다. 먼저 중견국은 물질적 능력이 중간에 위치하고 기존 패권국으로부터 외교적 자율성을 얻어야 그 '능력'

이 작동(enabled)된다는 것이다. 두 번째는 이러한 능력이 작동해도 국내정치적으로 안정된 민주주의가 유지되어야 '의지'를 갖고 일관적으로 중견국 외교를 펼칠 수 있다는 것이다. 터키의 사례연구를 통해 본 연구는 터키의 중견국 외교의 변화가 이러한 이론적 가설을 충실하게 지지하고 있음을 밝히고 있다.

하지만 본 논문은 터키라는 중요사례를 이용한 사례연구 방법에서 도출된 결론은 새로운 이론적 가설—즉 중견국 능력-의지 모델—을 지지하여 새로운 이론적 논의의 가능성을 열었음에도 이러한 경험적 발견은 철저히 터키라는 중요 사례국과 비슷한 사정의 중견국들의 맥락에서만 이해되어야 한다는 점을 명확히 하고자 한다. 본 이론적 논의가 중견국 연구에서 좀더 강한 설명력과 일반성을 갖추기 위해서는 많은 중견국 연구가 본 연구에서 도출된 이론 및 가설을 배경으로 그 외적 적합성(external validity)을 입증해야만 한다.

V. 경험적 증거: 터키 중견국 외교 2002-2018

1. 터키의 성장과 중견국 능력 배양

많은 중견국 학자들은 특정 국가들이 중견국으로 분류되고 중견국에 기대되는 외교 행태를 보이기 위해서는 가장 먼저 물질적 능력을 갖추어야 한다고 본다. 고전적인 국가들의 힘의 분류 특히 상대적 힘의 분포(relative power distribution)에서 적어도 중간 혹은 강대국 아래의 국력은 보유해야 중견국으로 활동할 수 있는 물적 조건이 형성된다는 것이다. 이러한 개념적, 조작적 정의의 필요성은 수많은 논란에도 불

구하고 왜 다수의 중견국 학자들이 고전적 국력 척도인 GDP 규모, 군
비지출, 국력지수(Composite Index of National Capability), 그리고
G20 멤버 여부를 중견국 분류의 한 수단으로 사용하는지를 설명한다
(Gilley and O'Neil 2014, 4-6).

터키가 이러한 중간적 위치 권력(positional power)을 본격적으로
누리게 된 것은 2000년대 초반 이후 급성장한 GDP 성장과 이에 따른
역내 '상대적' 군사적 지위의 상승에 근거하고 있다. 이러한 터키의 물
적 성장의 변화는 아래 그래프를 통해 확인할 수 있다.

이 그래프에서 보듯이 터키는 2001년 금융위기를 극복한 후 빠른
경제성장, 즉 GDP 성장률을 보였다.[15] 2001년 이후 에르도안 현 대통
령에 의해 형성된 정의와 발전당(AKP)[16]은 발 빠른 경제 개혁과 위기
탈출로 터기 경제부흥의 초석을 놓았다. 중견국 학자들 특히 중견국을
연구하는 터키 학자들은 2002-2007년 시기 터키가 중동과 발칸 그리
고 흑해 연안 국가 중 가장 강력한 경제성장(평균 6% 이상)을 이루어
낸 국가임에 주목하고 이런 물적 토대에 기초해 2000년 중반부터 터키
가 국력의 상대적 분포라는 측면에서 중견국에 진입했다고 주장한다
(Önis and Kutlay 2016, 7-11).

구체적으로 에르도안 하의 AKP는 2001년 경제위기를 극복하

---

15   2001년 터키의 위기는 기본적으로 눈덩이처럼 불어난 터키 정부의 부채(budget
      deficit)와 이의 폭발성을 우려한 외국인 투자자들의 이탈로 시작되었다. 달러의 막대한
      이탈은 터키 정부가 발행한 국채(bond)에 대한 대응을 무기력화했으며 이로 인해 주식
      시장의 붕괴와 이자율 3,000%라는 최악의 경제 상황을 맞이하였다. 다행히 IMF가 개입
      하여 11억 달러의 구제금융을 받았고 터키는 이후 대규모 국영기업의 민영화, 복지지출
      의 삭감 그리고 이로 인한 대량실업이라는 뼈아픈 구조조정에 들어가야만 했다.

16   정의와 발전당은 터키어로 Adalet ve Kalkınma Partisi로 쓰인다. 그 뜻이 영어로 The
      Justice and Development Party이며 AKP는 전자를 약자로 표현한 것이다.

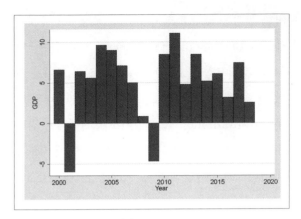

그림 2 터키의 실질 GDP 성장률 (2000-2018년)

출처: OECD Turkey Report에 근거 저자가 작성.[17]

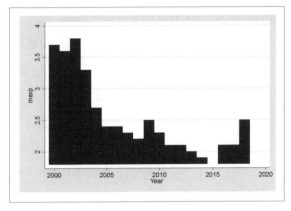

그림 3 터키의 실질 GDP 성장률 (2000-2018년)

출처: SIPRI Turkey Report에 근거 저자가 작성.[18]

면서 2002년부터 금융권 과도대출 규제에 이어 공적 금융(public

---

17 터키 GDP 관련 데이터는 다음 웹사이트에서 확인 가능함. https://data.oecd.org/gdp/
real-gdp-forecast.htm
18 2015년 성장률(1.8%)이 기본값으로 잡혀 있기 때문에 이 시기 군비 성장률은 0으로 표
시되어 있다.

financing)의 무분별한 확장을 막았고 터키 근대화 과정에서 유래를 찾기 힘든 외국인 직접투자(foreign direct investment, FDI)의 황금기를 주도했으며 본격적인 경제체질 구조조정을 통한 생산력 증가를 성공적으로 이루어 내었다(Acemoglu and Ucer 2015, 2). 아울러 터키 현대사에 유례없는 민영화(privatization)를 광범위하게 진행시켜 경쟁력 있는 사기업이 시장에서 경쟁을 통해 터키 생산력을 끌어 올리도록 유도하였으며 인플레이션과 이자율을 대폭 낮추고 재정 건전성(fiscal austerity)을 빠르게 확보하였다(Bank and Karadag 2013, 293).

하지만 2000년대 초반의 경제성장은 꾸준한 군비지출 증가로 이어지지는 않았다. 오히려 2002년부터 시작된 긴축과 내실에 근거한 경제성장은 2001년 경제위기의 한 축이었던 과도한 군비지출을 상당 규모 정상화시켰다. 하지만 역내 군사력의 상대적 분포 측면에서 보면 이 시기 터키는 중동에서 사우디아라비아에 이은 두 번째 군사 강국 지위를 유지하고 있음을 알 수 있다. 아래 〈그림 4〉는 이를 잘 보여주는 그래프이다.

군비지출 측면에서 바라본 터키의 중견국 위치는 위의 그림에서도 잘 나타난다. 중동 내부의 역내 주요행위자인 사우디아라비아, 터키, 이스라엘, 이란, 이집트, 시리아 그리고 요르단 중에서 터키는 1990년대 중반 2위로 올라선 이후 지속적으로 2위를 유지하고 있다. 이는 터키가 중동과 북아메리카(Middle East and North Africa, MENA) 지역의 핵심 국가임을 잘 보여주고 있다. 군사력은 그 특성상 절대치보다는 해당 국가가 다른 경쟁국에 비해 얼마만큼의 힘을 갖고 있느냐는 상대적(relative) 의미가 중요하다. 이 기준에서 볼 때 터키는 MENA 지역의 주요 이해관계자인 미국과 러시아의 아래층에 위치하는 중간 정도의 군사력을 확보 및 유지해온 셈이다.

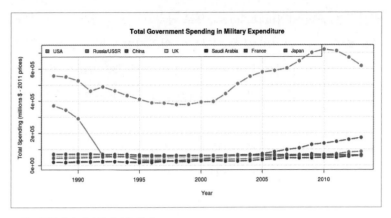

그림 4 중동에서 터키 군비지출 위치
출처: https://socialpulses.wordpress.com/2014/08/23/five-interactive-plots-a-view-of-world-military-spending/

2. 터키 강대국 관계 변화와 중견국 외교의 창

앞서 언급한 물적 조건, 즉 괄목할 만한 경제성장과 군비의 안정적 증가는 터키가 잠재적 중견국이 되는 토대를 마련하였다. 하지만 이런 물적 토대가 중견국의 '능력'으로 현실화되기 위해서는 터키가 2차 대전 후 마주했던 환경적 제약—즉 미소 냉전 중 NATO의 멤버로서 미국으로부터의 제약—에서 벗어나서 외교정책에서 자율성(autonomy)을 어느 정도 얻어야 했다. 터키는 이런 외교의 자율성을 아이러니하게도 미국의 단극체제(unipolar moment)가 극점에 이른 2003년 이라크 침공 시기에 확보하게 된다.

터키는 2003년 미국의 대테러전쟁으로 발생한 유럽 대륙과 미국의 분열(Transatlantic Rift)을 적극적으로 이용 터키 외교에서 탈미국 및 탈NATO 정책을 추진해 나간다. 잘 알려진 대로 9·11 테러로 미국의 대전략(grand strategy)은 중동에서의 테러리즘 억제와 민주주의의 군사력을 통한 이식(installment)으로 급격하게 선회한다(Jervis 2003, 366-369). 여러 가지의 부침과 갈등이 있었지만 미국은 중동의 최대 동맹국인 터키의 협조가 필수적이었고 이런 미국의 전략적 절실함을 터키는 자국의 외교 공간 확보의 기회로 적극 이용하게 된다(Kardas 2011, 34).

미국의 이라크 침공은 독일과 프랑스를 중심으로 한 서유럽 국가들의 강한 반발을 가져온다. 터키는 이런 미국과 유럽의 불화를 적절히 이용해 미국의 일방주의(unilateralism)적 중동 정책을 비판하며 프랑스와 독일에 협력하여 자신의 외교적 자율성을 확보하고 나선다. 따라서 미국이 중동지역 테러전쟁과 미국-대서양 연합 간에 나타난 불화는 터키 외교에 보기 힘든 기회의 창(window of opportunity)을 열었고 터키는 이런 구조적 기회를 십분 활용해 자신의 외교에서의 과거 친미 위주의 성향을 걷어내고 외교에서 고유의 정체성 및 독립성을 찾기에 몰입하게 된다(Kardas 2011, 35).

이 시기 유럽연합(EU)과의 밀접한 협력도 터키가 미국에서 벗어나 자율성을 가진 중견국 외교를 추진하게 된 바탕을 마련하였다. 터키는 수십 년간 이어진 NATO 중심의 외교정책에서 벗어나 외교 다각화를 원했고 이의 구체적 모멘텀을 EU 가입에서 찾으려 하였다. 2004년부터 시작된 터키의 EU 가입 협상 재개는 따라서 터키가 강대국 미국의 영향력에서 벗어나 미국과 이라크전으로 대척점을 진 유럽과 협력하여 자신의 정체성에 입각한 독자적 외교 노력을 추진하게 된 주요 배경으로 작용하였다.[19]

---

19   2004년 시작된 터키의 EU 가입 협상(access negotiations)은 터키 국내 정치에서 민주주의 확대의 중요한 원인이 되기도 한다. EU가 새로운 회원국의 조건으로 '민주주의'와 '인권'을 강한 전제조건(prerequisites)으로 설정하고 있었던 만큼 EU 가입을 원했던 당

비슷한 맥락에서 미국발 2008년 금융위기는 터키에게 국제 경제의 영역에서 중견국으로서의 입지를 다지고 그 목소리를 내는 기회를 마련하였다. 2008년 금융위기는 미국의 모기지 관련 파생상품의 대형 부실을 떠안게 된 대형 은행과 대형 투자회사의 파산으로 시작됐으나 이것이 거미집처럼 얽힌 세계화된 금융 벨트를 통해 여타 국가들로 순식간에 전염(contagion)되었다. 이런 거대하고 구조적인 금융위기는 두 가지 효과를 국제사회에 가져왔는데 첫 번째는 미국 중심의 국제 금융 거버넌스에 대한 근본적인 회의 및 불신과 두 번째로는 국제 금융 거버넌스에서 비강대국 행위자 특히 G20의 진입이다. 터키는 G20라는 다자 플랫폼을 적극적으로 이용하여 국제 경제 영역에서 핵심 중견국 역할을 추진하고자 하였다(Önis and Kutlay 2016, 9).

요약하자면 2001년 경제위기 극복과 이후에 이루어낸 가파른 경제적 성장과 역내 군사력의 상대적 우월성이라는 터키의 물적 조건은 미국의 대테러전쟁 몰입과 유럽과의 불화라는 기회의 창을 통해 얻어진 터키 외교의 자율성 획득과 맞물려 터키가 중견국으로 활동할 수 있는 능력 마련의 핵심적 역할을 하였다.

3. 터키 중견국 외교 의지와 성과, 2002-2011년

터키 중견국 외교의 전성기는 내부적으로는 터키 역사상 유례가 없는 정치적 안정성과 민주주의의 발전에 기반하고 있었다. 이미 2002년 총선에서 터키 정치사에서 11년 만에 2/3의 절대 과반수를 안정적으로 확보한 AKP는 2007년 총선에서 다시 압승을 거두었다. 이 기간 동안

시 터키는 형식적이긴 하지만 상당한 수준의 민주주의 확대를 대내적으로 실현해낸다.

AKP는 과감한 민주주의 개혁을 통한 정치 발전을 추진한다. 물론 이 기간 동안 AKP의 민주주적 개혁은 EU 가입을 위한 코펜하겐 기준(the Copenhagen Criteria of the Europan Union)을 충족시키기 위해 진행된 측면도 있다. 하지만 AKP와 그 리더인 에르도안 자체가 터키 유권자들에게 무슬림 사회에서의 민주주의가 가능하다는 것을 어필해서 정치적 정당성을 확보하고 차기 선거에서의 재집권을 위해 민주적 정치 발전을 추진했다는 것은 부인할 수 없는 사실이다. 이러한 노력은 실용주의에 기반한 각종 민주적 개혁조치와 종교적 온건주의로 구체화되었다(Yilmiz and Bashirov 2018, 1816).

이 기간 터키 민주주의 발전의 핵심은 세속적 군부(secular military)의 약화이다. 그 탄생부터 이슬람 국가 비전 운동인 Islam National Outlook Movement(Milli Gorus Haraketi, MHG)의 영향을 받은 에르도안 하의 AKP는 정교분리와 민족주의 성향의 케말리스트 전통(Kemalist Tradition)을 갖고 터키 정치에 깊숙이 개입해온 세속주의적 군부 세력(secularlist military establishment)을 정적(政敵)으로 대척점에 세운 후 자신의 민주적 정당성을 이용 이들의 숙청을 감행한다. 비슷한 맥락에서 관료사회 그리고 사법부의 요직에 포진해 있던 이들 세속주의적 정치적 반대자들(veto players)의 숙청과 퇴출을 이끌어 낸다. 이러한 정적의 제거는 AKP가 주도하는 터키 정국의 안정으로 이어졌고 이 기반 위에 에르도안과 그 참모들은 언론의 자유를 확장시키고 여성과 소수자에 대한 권리 보호 역시 개선해 나갔다.

이러한 국내적, 정치적 안정성과 민주주의 발전은 터키 리더십 특히 에르도안의 중견국 외교에의 강한 의지로 구체화된다(Önis and Kutlay 2016, 7). 안정된 민주정치로 요약되는 이러한 터키의 국내정치 조건이 터키 리더십의 중견국 외교 의지를 끌어올리는 이유는 비교적 단순하다. 한 국가에서 민주주의 제도와 규범이 자리 잡고 있다는 것은 이 국가의 지도자들이 대외 외교에서 갈등보다는 외교와 경제적 협력을 중시하며 갈등의 중재자 역할에 관심을 두며 다자외교와 강대국 중심의 일방주의를 경계하게 하며 국제규범에 맞는 외교를 하도록 유도한다(Huth and Allee 2003, 101-123).

따라서 이 시기 터키는 여러 중견국 외교의 특징 중 '패권국 미국의 그림자 걷어내기', '국제제도에서의 활동', '주변국과의 경제적 협력' 그리고 '민주주의 및 정체성 외교', '갈등의 중재자 외교' 그리고 국외 '개발원조 및 인도주의적 지원' 외교 등을 추구하게 된다. 이러한 소위 선한 국제시민 외교는 과거 터키의 갈등 지향적이고 고립적인 외교와 완벽히 구별되는 새로운 외교방식이었다.

먼저 에르도안의 터키는 2002년부터 등장한 터키를 과거 발칸, 중동, 북아프리카 지역에서 미국의 하수인(puppet)이라 불린 냉전의 전사(The Cold-War Warrior) 이미지를 걷어내고 이 지역에서 책임 있는 혹은 자비로운 역내 강대국(benign regional power)으로 재이미지화하려고 노력하였다. 특히 이러한 노력은 터키 스스로를 핵심국(central country)으로 정의하면서 이루어졌다. 이 외교정책의 핵심은 터키가 지난 세기 NATO에 의존하여 가상의 위협에 근거한 안보 중심의 대립적 외교정책에서 탈피함을 의미함과 동시에 주변국과의 새로운 협력 어젠다의 발굴 및 이의 적극적인 추진이 위치한다.

터키가 2009년부터 추진한 무역 국가(trading state) 역시 터키의 중견국 외교에의 의지를 잘 보여주는 장면이다. 과거 숙적관계였던 그리스와 사이프러스(Cyprus)와의 화해(rapprochement)에 기반해 적대감을 털어내고 실용적인 경제적 상호이익에 기반한 양자 교역액을 크게 늘렸으며 이를 바탕으로 외교적 신뢰를 구축해 나갔다. 이런 흐름은 독일, 이라크, 아제르바이잔, 그리고 불가리아와의 교역 확대로 이어져 2006년 $85billion에 머물던 터키의 대외무역 총액은 2011년 경 $150billion까지 약 2배까지 가파르게 상승하게 된다(Ozdemir and Serin 2015, 473).

또 하나의 터키 중견국 외교의 핵심은 터키 외교에서 민주주의적 전환(democratic turn) 이니셔티브이다. 먼저 터키의 집권당 AKP와 지도자 에르도안은 국내적으로 터키 정치 불안정성의 근원인 군의 정치적 영향력을 대폭 약화시키고 그 어느 때보다 선거로 선출된 민간 정치인의 영향력을 증대시켜 터키 민주주의의 기반을 놓게 된다. 이런 국내정치에서의 민주주의 발전을 기반으로 터키는 국제무대에서 권위주의(authoritarianism)가 규범인 중동에서 민주주의 모범이자 수출국이 되겠다고 공언하기에 이른다(Önis and Kutlay 2016, 9).

터키의 또 다른 중견국 외교의 핵심은 적극적인 갈등 중재자(mediator of conflicts) 외교였다. 국제사회의 주목을 끈 구체적인 사례는 이스라엘과 하마스의 오래된 갈등 중재 노력과 터키-브라질-이란 간의 핵연료 스왑 협정 중재 등이다(Önis and Kutlay 2016, 7). 아울러 미국의 중동에서의 일방적인 대테러전쟁에 비판적이었으나 미국의 아프칸 침공 후 공백이 된 아프칸 정부의 재건사업에 적극 참여하였으며 전쟁 후 재건사업에 핵심인력인 아프칸 경찰과 군인의 훈련 지원도 수행하였다. 특히 터키가 미국이 애초 계획한 탈레반을 제외한 전후 정치협상에서 이의 한계를 지적하고 많은 탈레반 계열 반군들을 미국 주도의 아프칸 정상화 과정에 참여토록 중재한 점은 상당히 인상적인 중견국 외교의 사례로 꼽힌다(Kardas 2011, 41).

미국의 침공 여파로 내전으로 치닫던 이라크의 안정화 계획(post-Stabilization plan)에서 터키는 또 한 번의 중재자 역할을 해낸다. Al

Maliki 정부 시아(the Shiite) 편중이 이라크 안정화에 전혀 도움이 되지 않는다고 파악한 터키는 이라크 정상화 작업에 수니 무슬림(the Sunni Arabs) 세력의 참여를 적극 중재한다. 이는 미국 오바마 행정부의 미군 철수와 맞물려 터키를 전후 이라크 안정화의 가장 중요한 공헌자로 부각시키게끔 만든다(Kardas, 2011, 42).

터키의 중견국 외교, 그 중 갈등 중재자 외교가 가장 잘 구체화된 것이 2011년부터 시작된 시리아 내전 관리 및 중재이다(Kardas, 2011, 42). 터키는 가장 먼저 시리아 내전으로 발생한 약 25만 명의 난민을 수용하고 이들을 위한 14개의 보호 캠프를 시리아와 터키 국경지대에 설치한다. 아울러 2011년 말과 2012년 초에 시작된 아랍리그(the Arab League) 중심의 두 가지 시리아 평화안을 적극 지지했으며 전직 UN 사무총장인 코피 아난(Kofi Annan)이 주도한 UN 시리아 평화협상에 적극적으로 참여하여 갈등 중재 노력을 이어갔다(Altunisik 2016, 41).

이 시기 터키의 중견국 중재 외교에서 빼놓을 수 없는 것이 발칸반도에서 여전히 진행 중이었던 민족 및 인종 분규에 대한 개입과 중재 노력이다. 보스니아, 코소보, 마케도니아 간의 내전과 이에 따른 인종 참사(ethnic cleansing)가 지나가고 2007-2008년 발칸반도는 강대국 특히 미국과 유럽의 관심을 받지 못하였다. 터키는 이 빈 공간을 적극적인 예방외교(preventive diplomacy)를 통해 개입하여 이들 민족 혹은 인종 간의 새로운 갈등 발생을 적극적으로 억제하였다. 터키가 중간에서 보스니아-헤르체코비나(Bosnia-Herzegovina)와 세르비아 세력과 보스니아 헤르체코비나와 크로아티아(Croatia) 세력 간의 삼자 정상회담(trilateral summits)을 두 번이나 중재하였으며 이는 코소보의 독립(independence of the Kosovo)에 결정적 역할을 하게 된다(Kardas 2011, 42).

터키의 개발원조 역시 이 시기 급증하게 된다. 공적개발원조 (Official Development Aid, ODA)의 경우 2006년 $714million에 머물던 것이 2012년경에는 $2533million으로 급증하게 된다(Piccio 2014). 비슷한 맥락에서 터키의 인도적 지원(humanitarain aid)의 액수도 2014년경 $1.60billion까지 증가하여 미국과 영국 그리고 EU에 이은 4위에 랭크가 되었다(Dal 2016, 1435). 이러한 해외에의 물질적 지원은 아프간 재건사업과 시리아 난민구호사업과 밀접하게 연결되어 있다는 점에서 이타성(altruism)을 중시하는 중견국 외교에의 함의가 더 크다할 수 있겠다.

4. 터키 정치의 반동과 에르도안 술탄리더십

터키 중견국 외교에서 가장 흥미로운 사건은 2011년 AKP의 총선 압승과 2012년부터 시작된 터키 레짐의 반자유주의적 회귀(illiberal turn)이다. 앞서 설명한 대로 이 시기 전 터키는 상당 수준의 중견국 외교 행태를 보여왔으며 중동에서 모범적 중견국 외교의 선봉에 서 왔다. 하지만 2012년 이후로 너무도 가파르게 중견국 외교에서 후퇴한다. 즉 중견국으로서의 '의지'를 체계적으로 상실해 버리고 만 것이다.

이 시기 터키의 중견국 외교 능력은 큰 변화를 보이지 않았다. 지속적인 경제성장과 상대적 군사력의 우위는 안정적으로 유지되었다. 미국으로부터의 외교 자율성 공간은 오히려 더 크게 늘어났다. 부시 행정부의 일방주의 노선에 대폭 수정을 가한 오바마 정부는 다자주의, 반패권, 국제기구 존중, G20 껴안기, 그리고 각종 국제규범—특히 인권과 환경—존중 등 일명 자유주의적 국제주의(liberal internationalism)를 회복시켰다(Indyk et al. 2012). 오바마 행정부는 대터키 정책에서 시리아 반군의 지원과 반ISIS 공격에의 참여 등을 요구했으나 터키 외교의 틀 자체를 강제하는 강요성 외교(coercive diplomacy)는 하지 않았다.

따라서 이 시기 터키 중견국 외교의 양상은 터키 내부의 정치적 동학에 매우 큰 영향을 받았다. 그동안 터키 중견국 외교의 상징으로 불린 '중동의 모델 민주주의'와 이의 주변국으로의 확산이 그 뿌리부터 흔들리게 된다. 2012년 후반을 기점으로 이미 터키는 에르도안이라는 지도자가 민주적 지도자에서 권위주적 술탄으로 회귀하는 것을 목도해야만 했다. 2002년 2007년 총선에서 이미 압승한 에르도안은 2011년 총선에서 현직의 이점(incumbency advantage)과 대중주의(populism)를 적극 사용하여 선거를 대승으로 이끌어 12년이라는 장기 집권의 발판을 마련한다. 주요 도시의 대규모 프로젝트를 통한 재생사업, 인프라 강화, 2023년을 타깃으로 한 '위대한 터키 프로젝트' 그리고 지속적인 경제성장과 안정을 화두로 선거에 임해 압승을 이끌어낸다(Tezcur 2012, 126). 아래 〈그림 5, 6〉은 2007-2014년 동안의 터키 총선의 결과를 간단히 시각화한 것이다.

앞서 언급되었듯이 에르도안이 이끄는 AKP는 2007년 총선에서 대승을 거둔다. 총 550명의 의원 중 341명이 당선되었고 집권 AKP는 60% 이상의 의석을 점유하게 된다. 반면 가장 유력한 야당이었던 공화당(CHP)은 약 20%의 의석 점유율을 보이게 된다.[20] 2011년 총선에서 역시 AKP는 47%의 득표를 얻어 550석 중 327석을 차지하여 유력 야당인 CHP가 얻은 20%(112석)의 두 배 이상의 의석을 확보한다.

이러한 선거 결과는 터키 정치에서 행정 수반인 에르도안 총리의

---

20 야당인 공화당의 명칭은 터키어 Cumhuriyet Halk Partisi를 축약한 것이며 영어로는 공화당(Republican People's Party)이라고 불린다.

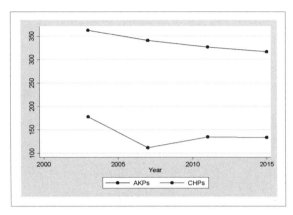

그림 5 터키 총선 의석수 (2002-2015년)

출처: European Election Database에 근거 저자가 시각화.[21]

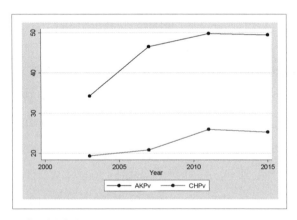

그림 6 터키 총선 득표율 (2002-2015년)

출처: European Election Database에 근거 저자가 시각화.

권위주의적 권력 행사의 제도적 기반으로 작동한다. 반대정당 CHP의 몰락과 AKP의 우월정당으로의 등장은 터키 의회 내에서 견제와 균형을 무너뜨려 후자가 정치적 어젠다를 독점하도록 허락하고 만다. 전체

---

21 원 데이터는 다음 웹사이트에서 확인 가능함. https://nsd.no/european_election_database/country/turkey/parliamentary_elections.html

의석의 약 2/3를 차지하게 된 에르도안은 자신의 정당인 AKP가 터키 국내정치에서 유일한 우월정당 위치를 획득하자 자신의 뒤에는 50%의 국민의 지지가 있음을 상기시키며 빠른 속도로 터키 정치의 반자유주의화를 감행한다.

에르도안은 제도적으로 보장된 강력한 행정권을 자신의 권력 확대 및 사유화에 적극 사용 한다. 가장 먼저 에르도안 정부의 타깃이 된 정치세력은 시민사회와 언론이었다. 그 유명한 '게치공원 반정부시위'(the Gezi Park Protests) 사건은 2011년 총선 이후 에르도안 정부가 어느 정도로 반자유주의적 민주주의로 후퇴하고 있었는지를 상징적으로 보여주는 사건이다.

2013년 5월에 발생한 게치공원 저항 사건의 시작은 이스탄불의 한 공원에 대한 개발계획에 반대하는 시민운동가들의 자율적인 평화행진을 에르도안 정부가 무자비하게 탄압하면서 발생하였다. 이미 시작된 언론자유 탑압과 인권유린 그리고 비대해진 에르도안의 권력에 대응해 시위는 격화되었고 정부의 탄압도 거세져 8000여 명의 시민이 부상당하고 5명이 사망하는 참사가 벌어진다.

비슷한 시기에 에르도안 정부의 대규모 부패 스캔들이 터진다. 키퍼(Philip Keefer)는 신생 민주주의의 가장 큰 특징으로 주인-대리자 관계(patron-clientelism)에 기반한 정치적 부패와 지대추구 행위 및 이에 따른 정치인들의 신뢰성(credibility) 상실을 지적하고 있다(Keefer 2007, 805-806). 에르도안 정부도 예외는 아니어서 2013년 세 명의 내각장관이 자신의 아들들과 관련된 부패 스캔들이 밝혀져 사임했고 에르도안 자신도 부동산 스캔들로 국민들의 빗발치는 사임 압력을 받았다(Spencer 2013).

에르도안은 자신의 부패혐의를 게치공원 반대자들과 연결시켜 자신에게 닥친 정치적 위기를 탈출하려 시도한다. 하지만 부패 스캔들은 국민들을 더욱 자극시켜 대규모 반정부 시위로 번지게 된다. 이에 맞서 에르도안은 경찰의 부패 수사 배후에 그의 정치적 반대자 귈렌(Fethullen Gülen)이 있다고 주장하며 귈렌과 외국의 음모(foreign plot)가 민주적인 정당성을 가진 자신의 권력을 찬탈하려 한다며 부패 스캔들을 무력화시키려 한다.[22] 하지만 뉴욕타임즈는 이런 에르도안의 터키를 다음과 같이 날카롭게 비판하였다

"터키의 위기는 그동안 터키가 중동의 유일한 민주주의 원칙에 근거한 무슬림 국가이자 번영하는 국가의 이미지와 아주 상반됨을 보여준다.(The crisis strikes a sharp contrast to the image that Turkey has projected as an exemplar of a prosperous, Muslim-majority country based on democratic principles.)"(Arango 2013)

따라서 반에르도안의 목소리는 내부 정당 시스템이 아닌 시민사회에서 터져 나오기 시작했다. 과거 세속주의 케말리스트임을 자처하던 군부의 힘을 약화하는 데 있어 동맹(allies)으로 활동하던 에르도안과 귈렌니스트 집단은 에르도안의 권력 사유화에 관한 갈등으로 결별하고 만다. 이후 귈렌 추종자들은 에르도안 정부의 부패 스캔들—즉 에르도안과 대형 건설업자 간의 유착—을 이용 본격적으로 에르도안의 반자유주의적 성향을 비판하게 된다(Williams 2013).

22 귈렌은 터키에서 가장 영향력 있는 무슬림 성직자(Muslim Cleric)였다. 한때 에르도안 수상을 도와 터키 정치에서 군부세력의 숙청을 돕기도 했지만 비대해진 권력에 취한 에르도안은 귈렌을 정치적 반대자들의 배후로 지정 정적들의 숙청에 이용하게 된다. 이들의 관계에 대한 자세한 내용은 Tattersall and Butler(2014) 참고.

하지만 제도화되지 못한 반대 세력의 목소리는 철저히 에르도안의 정치적 술수(political maneuvering)에 무력화되고 만다. 에르도안은 귈렌과 그 추종자들을 정조준하여 귈렌을 친이스라엘 및 친미 정치인의 프레임에 가두어 버린다. 이런 주장에 기반해 에르도안은 귈렌니스트들이 광범위하게 진출했던 관료사회에 대한 대규모 숙청에 나서고 이를 이용해 자신에게 가해진 부패혐의를 벗어나려 시도한다(Taspinar 2014, 54-55).

바로 이 시기 2013-2014년은 터키 중견국 외교에서 중요한 시기이다. 에르도안은 이미 2013년 9월에 MIKTA 이니셔티브에 조인하였으나 그해 12월 대규모 부패 스캔들과 이로 인한 저항에 직면하고 에르도안은 이를 극복하고자 1993년 이후 폐지된 대통령제를 부활시켜 2014년에 12대 대통령이 된 후 권력의 사유화를 더욱 전진시킨다. 이를 서양 언론에서는 과거 오토만식 권위주의에 빗대어 술탄 정치(Sultanist politics)의 복귀라 부르게 된다(Popham 2015).

VI. MIKTA와 터키 중견국 외교의 후퇴

터키는 이미 2007년 개헌(referendum)에서 대통령 직선제를 도입하기로 결정했다. 이때까지 총리가 모든 행정에 관한 실질적 권한을 행사하고 국회에 책임을 지는 내각책임제를 유지했으며 집권당인 AKP는 2007년과 2011년 총선에서 절대 다수를 획득하였다. 이후 합의된 개헌안을 통해 2014년 8월 10일 에르도안은 터키 대통령으로 다시 취임한다. 터키 중견국 외교의 상징처럼 불리는 믹타(MIKTA)의 설립과 참여는 따라서 에르도안 권력이 사유화와 AKP라는 과대 정당의 제도화를 배경으로 추진된 대표적인 중견국 외교 이니셔티브이다.

많은 학자들은 터키 중견국 외교의 상징으로 MIKTA를 꼽아오고 있다. 이는 국력이 국제체제에서 중간에 위치한 일련의 국가들이 연합해 만든 중견국 플랫폼에 터키가 수립 및 그 활동에서 상대적으로 적극적으로 임했기 때문이다. MIKTA는 2008년 국제 금융위기의 관리체제로 탄생한 G20에 기원하고 있다. 2008년 위기극복에 기여하였으나 이내 강대국 G7과 BRICS의 첨예한 이해 갈등으로 인해 2008년의 국제 금융 관리체제 개혁에 관한 논의는 그 동력을 잃어갔다. 이 흐름을 막고자 G20와 BRICS 사이의 일련의 중개국들 연합체가 형성되었는데 이것이 2013년 9월 68차 UN총회에서의 MIKTA 출범을 추동한다.

MIKTA는 공동 강령으로 1) 민주주의와 시장경제, 2) 구매력 기준의 1조 달러 GDP, 3) 유엔 안보리 상임이사국이 아닌 비핵 국가, 4) 각자가 속한 동북아, 동남아, 대양주, 중남미, 중동에서의 영향력 있는 지위, 5) 2008년부터 G20 정상회담에 중견국으로 참여를 택하고 있다.[23] MIKTA가 추진하는 공동의 외교 목표는 따라서 1) 에너지 협력, 2) 테러방지, 3) 평화유지, 4) 무역과 경제 협력, 5) 성 평등, 6) 인권 및 민주주의, 7) 양질의 거버넌스 그리고 8) 지속가능 개발 등이었다.[24]

하지만 이러한 여러 어젠다 중에서 그동안 MIKTA가 추진해온 공동의 노력은 지속 가능 개발에 관한 의제 설정과 협력방안 논의 그리고 실천방안 모색에 집중되었다(Haug 2017, 65). 호주(2014), 한국(2015), 호주(2016), 터키(2017)에서 열린 MIKTA 외교부장관 회의에서는 개발도상국(developing countrues)의 안정과 번영을 뒷받침하기

---

23 자세한 내용은 MIKTA 홈페이지 http://www.mikta.org/news/articles.php?at=view &idx=256에서 확인 가능(검색일: 2019. 12. 15.)

24 *Ibid.*

위한 전 지구적 노력 증진에 MIKTA 멤버들이 가장 발 빠르게 공헌할
수 있음을 공식화하고 이를 개발협력(development cooperation)으로
명명했다.

터키는 MIKTA 중심의 중견국 외교에서 저개발 국가(Least
Developed Countries, LDCs)에 대한 지원에서 큰 역할을 한 것으로
평가된다. 앞서 지적한 바와 같이 터키는 2007년부터 2011년 중견국
외교의 황금기에 ODA 면에서 뚜렷한 성과를 보여줬다. 터키의 저개
발국 지원은 이런 맥락의 연장선상으로 읽혀야 한다. 이미 MIKTA 수
립 이전인 2011년에 터키 수도 이스탄불에서 제4차 LDC 회의를 개최
하였으며 터키 과학 및 기술 연구위원회(Scienfic and Technological
Council)를 통해 다른 공여국과 연합으로 UN산하 저개발 국가 기술
은행, 즉 UN Technology Bank for LDCs을 설립하는 데 주도적인 역
할을 하였다(Haug 2017, 67).

하지만 터키의 중견국 특히 MIKTA 외교는 이전 시기(2007-2011
년) 터키가 행해왔던 다양한 중견국 외교, 즉 갈등의 중재자, 개발 협력
및 인도적 지원, 민주주의 확산, 그리고 반패권 및 국제제도를 통한 외
교에 비하면 그 범위와 공헌도가 크게 하락했다고 평가된다. 즉 2013
년 이후부터 터키는 국제정세와 그 능력 면에서 중견국의 이상을 실현
하기 수월한 환경 속에서 국내정치적 퇴행으로 인해 그 의지를 상실하
고 만다. 이 시기에 개발원조라는 영역에서의 제한적 중견국 외교를 해
왔을 뿐이며 그 이외 기대된 중견국 외교의 영역에서는 중견국이라기
보다 역내 패권국(regional hegemon)의 모습을 보이게 된다.

이렇게 터키가 명목적 MIKTA 중심의 제한된 중견국 외교에 머
문 가장 큰 원인은 터키 국내정치 조건, 즉 반자유주의적 민주주의
(illiberal democracy)로의 퇴행에 있다. 2012년경부터 터키의 민주주

의는 형식적으로만 존재하였으며 이마저도 2014년 8월 실시된 첫 대통령 선거에서 에르도안이 51.8%의 득표율로 당선되면서 반자유주의적 정치적 반동을 경험하게 된다. 에르도안은 제대로 된 견제정당이 없는 의회에서 의제(agenda)를 독점했으며 국내 정치 과정의 민주주의 제도와 절차들을 체계적으로 해체하고 만다.

먼저 에르도안은 그의 정치적 반대자를 귈렌 추종자들이라 낙인찍고 광범위한 탄압을 자행했다. 또한 미국에 스스로 가택연금 중인 귈렌을 십분 활용 외국과의 공모(foreign conspiracy) 가설을 확대 재생산해 반대자들을 체계적으로 제거한다. 경찰력을 광범위하게 사용해 이들 반대자들을 체포 구금했으며 정식 재판 절차 없이 구금을 연장한다. 시위대에 대한 과잉 진압 역시 일상화됐으며 미디어 그룹 소유자들에게 금융지원 중단을 무기로 자기검열(self-censorship)을 하도록 유도했으며 수많은 비판적 언론인들을 해고했다(Taspiner 2014, 55). 아울러 그 정의조차 명확하지 않은 반테러법(the Anti-Terror Law)을 이용 수천 명의 쿠르드 분리주의자 그룹을 구금했으며 쿠르드 계열 언론인 역시 이러한 표적의 대상이 됐다. 따라서 2013년을 시점으로 2014년을 거쳐 그 이후 지금까지 터키는 반자유주의적 민주주의라는 오명을 얻고 있다. 이러한 터키 국내정치 영역에서 민주주의의 후퇴 양상은 아래 Freedom House의 민주주의 자유화 수준의 변화에서 극명하게 관찰된다.

이런 국내정치적 반동(backlash)은 에르도안의 중견국 의지를 앗아가고 역내 패권국 외교에의 의지를 드러내게 만든다. 터키는 이제 반패권과 역내 균형자가 아닌 중동 내 패권국을 꿈꾸기 시작하였으며 역내 갈등의 중재자가 아닌 이의 촉진자 역할을 하고 만다. 민주주의와 인권, 언론자유에서의 후퇴는 말할 것도 없으며 다원주의와 국제제도

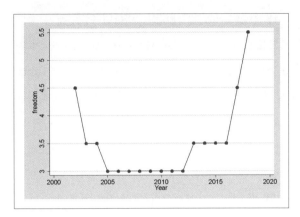

그림 7 터키의 Freedom House Index (2002-2018)
출처: Freedom House Score: Turkey Report(2002-2018).

에 기반한 외교 행태보다는 이들을 무시한 전형적인 강대국 간 편승 (band-wagoning) 전략으로 미국과 서방세계와 등을 지게 된다. 이러 한 터키의 반중견국적 외교는 2016년 7월 15일 쿠데타가 실패한 후 에 르도안이 자신의 권력 기반을 재공고화하면서 특히 두드러지게 나타 나게 된다.

가장 먼저 터키는 시리아 내전에 깊숙이 개입함으로써 중견국의 상징인 공정한 중개자(honest broker) 역할을 포기한다. 터키는 아랍 의 봄 이전까지는 시리아와 냉전 시기 적대감을 떨쳐내고 비교적 평 화로운 무역 및 외교 관계를 유지하였으나, 시리아가 내전으로 빠져 들고 아사드가 반군과의 협상 의지를 철회하자 시리아의 정치적 반대 자 대부분에게 터키 내에서 활동할 기회를 부여해 준다. 심지어 반대 자들 간의 다양한 목소리를 한목소리로 강제하면서 통일된 반아사드 반군의 수립을 촉구하고 터키 정보기관(Turkish National Intelligence Organization)으로 하여금 이들을 훈련 무장시키게 한다(Bozkurt, 2019).

터키의 시리아 내전에의 과도한 개입은 1984년 이후 터키 적대감을 지속해온 쿠르드노동자당(Kurdistian Workers' Party, KPP)이 지지하는 쿠르드민족방어그룹(the Kurdish People's Protection Units, YPG)이 통제력이 상실된 시리아 북부 지역을 차지하면서 정점에 이른다. 오래된 숙적 쿠르드족이 시리아 북부를 차지하고 ISIL(ISIS)과 연계된 것을 확인한 터키는 시리아 반체제 단체를 무장시켜 아사드레짐을 정조준한다(Abda 2019). 이에 한발 더 나아가 아스타나 프로세스(Astana process)를 통해 이란 및 러시아와 연합하여 기존의 동맹국 미국 및 유럽과 시리아 문제와 관련해서는 결별 수준에 이르게 된다(Cook 2018b, 2). 터키는 이후 총 8번에 걸쳐 공식적으로 터키군의 시리아 북동부지역 장악을 지시하겠다고 서방 국가들에게 협박하였고 결국 이는 터키의 시리아 북서부지역 침공으로 이어지게 된다(Regan and Britton 2019). 이로써 터키는 공정한 중개자라는 중견국의 이미지를 스스로 내던지게 된다.

터키는 이집트와 관련 다시 한번 중재자의 역할을 던져버리고 무리한 개입을 감행한다. 아랍의 봄(The Arab Spring) 이후 불안해진 중동 정국에서 터키는 이집트의 내정에 간섭하기 시작한다. 이집트 시민혁명으로 집권한 모하메드 모르시(Mohammed Morsi)의 무슬림 부라더후드(Muslim Brotherhood)를 자신의 정치적 동맹이라 믿었던 에르도안은 모르시 정부를 무너뜨리고 집권한 시시(Abdel Fattah El-Sisi) 군부 정부에 노골적으로 반기를 들고 모르시하의 무슬림 브라더후드 세력이 현 정권을 무너뜨리고 재집권해야 한다고 요구하고 모르시가 사망하자 이집트를 법정에 세우겠다는 초강경 발언을 한다(El-Sisi 2019).

에르도안의 터키는 이러한 주변국 개입을 넘어서 터키 외교의 스

타일을 상당히 강성으로 바꾸며 터키 밖에서의 공세적 군사력 운용
에 대한 의지를 관철시켜 나갔다. 터키 미디어에 의해 '에르도안 독트
린'(Erdogan Doctrine)으로 불린 이 공세적 외교정책에서 에르도안은
터키는 외부의 위협에 관해 선제적 군사력을 사용(preemptive military
option)해야 하며 기존의 동맹국—즉 NATO—과 조율되지 않더라
도 일방적으로 선제적 군사력을 사용할 수 있다고 천명한다(Haugom
2019, 210). 이런 독트린은 앞서 언급된 시리아 내전에의 무력 개입으
로 현실화된다.

에르도안의 터키는 또한 카타르와 소말리아에 군사기지를 건설하
였으며 수단과 디부티에서도 동일한 작업을 수행할 것임을 명확히 했
다(Iddon 2019). 중견국 외교의 가장 큰 특징이 패권에 대한 저항과 다
자주의에 대한 선호임을 상기한다면 터키는 이미 중견국의 족쇄를 걷
어내려 하고 있다. 특히 자국의 라이벌 국가인 사우디아라비아와 아랍
에미레이트(UAE)를 견제할 목적으로 해외 건설 운영 중인 소말리아의
터키 군사기지와 트레이닝 캠프는 반패권주의와는 역방향으로 간다는
인상을 지울 수 없게 만들고 있다.

터키의 대NATO 외교는 터키가 중견국의 정체성을 벗어버린 또
다른 예이다. 중견국은 자신을 포함한 국제분쟁에서 중간자적 입장을
취하는 경향이 강하다고 중견국 학자들은 주장해 왔다. 하지만 터키는
자신의 EU 회원국 가입 협상에서 인권과 민주주의를 이유로 지속적으
로 가입을 반대해 오던 오스트리아의 NATO 파트너십 체결을 체계적
으로 방해했다(Haugom 2019, 211). 이와 반대로 에르도안의 터키는
미국의 시리아 정책에 노골적으로 저항하며 러시아와의 밀월을 강화
하고 있는데 이는 중견국이 비슷한 처지의(like-minded) 국가들과 연
합형성을 통해 일련의 국제사회의 선한 시민이 되려 하기보다는 강대

국과의 동맹과 편승 사이의 줄타기 전략을 구사하고 있음을 보여준다 (Điđićand Kösebalaban 2019, 1-6).

에르도안 정부의 공세적인 편승—즉 러시아에 편승—선호는 최근 러시아산 S-400 미사일 시스템의 미사일 방어 시스템 구축에서도 확인된다. 시리아의 북서쪽 지역에서 쿠르드 반군과 ISIS에의 전략적 우위를 점하기 위해 러시아의 도움을 받은 것 역시 이런 공세적인 편승 전략의 하나이다. 심지어 NATO 동맹의 맹주인 미국이 시리아 내 쿠르드족 반군을 지원한 점을 들어 중국 주도의 상하이 협력기구(the Shanghai Cooperation Organization)를 대항마로 인식해 그 핵심에 있는 BRICS와 활발한 외교적 교류를 이루어 가게 된다(Önis and Kutlay 2016, 121-122).

에르도안의 반중견국적 외교 행태는 그의 유럽 거주 이슬람 커뮤니티에 대한 정책에서 그 정점을 찍는다. 에르도안과 그 핵심참모들은 국영 매체를 이용하여 유럽 특히 서유럽이 이슬람 공포증에 사로잡혀 있다고 비난하며 유럽 거주 터키인들과 무슬림 공동체에게 무슬림 정체성을 지키고 자신들이 살고 있는 서방세계의 가치체계를 포기할 것을 공세적으로 유도했다. 2019년 3월 지방선거전 중 에르도안 대통령 스스로가 뉴질랜드에서 일어난 백인 우월자에 의한 무슬림 모스크 테러공격을 예로 들며 "만약 호주 혹은 뉴질랜드 시민들이 반무슬림 정서로 터키를 방문할 경우 1차 대전 칼리폴리 전투에서 그들의 조상들이 마주한 참상을 그대로 겪게 될 것이며 관에 실려 고국으로 돌아갈 것"이라는 원색적이고 공격적인 언사를 내뱉었다(Berlinger 2019).

지방선거 패배 후 에르도안은 반서방 특히 반미정서의 고취에도 열을 올렸다. 20% 이상의 인플레이션과 13.5%의 실업률의 와중에 치러진 지방선거에서 에르도안은 미국이 투기자본의 탈출을 이용해 터키 환율의 극단적인 불안정성을 조장하고 인플레이션 악화를 조장했다며 이것이 지방선거에서 AKP의 패배 원인이라고 미국을 맹비난했다(Cook 2018a).

이상에서 설명했듯이 터키의 중견국 외교는 에르도안 수상(이후 대통령) 및 그의 친위정당 AKP의 장기집권과 이로 인한 국내정치의 급격한 반자유주의적 경향의 등장으로 인해 그 근간이 흔들리고 있다. 민주주의에서 다수당이 나오는 것은 어찌 보면 당연한 현상이다. 하지만 터키의 문제는 다수당 리더격인 에르도안 현 대통령이 발 빠르게 반자유주의로 퇴행하는 것을 제도적으로 제어하지 못했다는 점이다. 2007년 대통령제를 에르도안 권력의 사유화에 대한 고민 없이 도입했으며 2014년 첫 대통령 선거를 앞둔 2012년 총선에서 강력한 야당의 탄생과 이의 제도화에 실패했다. 제도권 정치 밖에서 이 역할을 해줄 것으로 기대했던 시민사회와 언론은 조직화되어 있지 못했고 에르도안의 탄압으로 이내 무력화되고 만다. 이런 에르도안 하의 터키 반자유주의화는 에르도안이 패권형 의지를 발현시켜 그동안 터키가 쌓아온 중견국 외교의 업적을 뿌리부터 부정하게 만들었다.

VII. 결론 및 함의

본 논문은 중견국의 성공과 실패의 조건을 중견국 연합체인 MIKTA, 그 중에서도 주요 멤버인 터키에 한정해서 살펴보았다. 비록 터키라는 단일 사례에 논점을 두고 있으나 본 연구는 중견국이라 칭하는 일련의 국가들의 중견국다운 외교 행태를 제대로 이론화하고 경험적인 연구로 뒷받침하기 위해서는 중견국은 단일한 국가 행위자라는 현실주적 가정을 뛰어넘어야 한다는 주장을 펴고 있다. 다시 말해 중견국이라 칭하는 국가들의 국내정치적 조건들에 관한 체계적인 이해 없이는 국제 시스템상의 위치 권력적 속성에 기반한 중견국 외교 행태 설명 노력은 한계가 있을 수 있음을 터키의 사례를 통해 실증하려 한 것이다.

본 연구가 기존의 중견국 연구에 공헌할 수 있다 믿는 바는 크게 나누어 두 가지로 정리할 수 있다. 가장 먼저 본 연구는 기존의 문헌에서 지적된 중간의 위치에서 연역된 중견국 외교정책 이론, 즉 중간의 위치가 이들 국가들의 반패권주의 성향, 틈새외교, 다자주의 및 국제제도 선호, 규범과 규칙에 기반한 국제질서 존중, 그리고 분쟁의 중재자 등 이른바 선한 국제시민 외교를 자동적으로 보장하지 않는다는 것을 설명하기 위해 중견국 외교의 '능력과 의지 연관 모델'을 제안하였다. 기존의 중견국 이론은 무정부 하의 국제체제에서 힘의 분포, 즉 중간적인 힘의 분포가 이들 국가의 중견국 본능(intrinsic impulse)을 자극해 자연스레 중견국 외교를 가져온다고 주장해 왔다. 하지만 본 모델은 기존의 분쟁과 갈등 이론 중 민주평화론이 주장하는 무정부하 국제질서에서도 단일체(unitary actor)로 보이는 국가들이 국내정치적 변수에 의해 상이한 외교정책 행태를 보인다는 소위 민주평화론의 제도주의 이론과 규범이론을 적극 수용하여 중견국 외교 행태 역시 국제시스템상의 위치로부터 동일하게 규정된다는 것은 지나친 단순화라 주장하며 이 행태의 변이(variation)를 설명하기 위해 중견국의 국내정치 특히 민주주의 공고화 정도를 면밀히 살펴봐야 한다는 주장을 펼쳤다.

두 번째 본 연구는 비록 수월한 사례연구이긴 하지만 핵심사례 기법을 이용해 터키의 중견국 외교를 체계적으로 분석하여 위의 이론적 논의에서 도출된 가설들을 경험적으로 입증하고 있다. 놀랍게도 중견국 학자들에게 중견국의 핵심 멤버로 여겨지는 터키가 사실은 스스로 중견국 외교의 이니셔티브를 취한 MIKTA 외교 출발점, 즉 2013년 이 전에 자신의 중견국 외교 행태에서 후퇴하기 시작했으며 2014년 이후 에는 오히려 노골적인 역내 패권국 외교로 후퇴하고 있음을 본 연구 는 실증하였다. 이러한 중견국 외교의 '쇠퇴'의 핵심에는 터키의 휘발 성 강한 국내정치적 혼란이 자리 잡고 있었다. 11년을 터키 민주주의 의 상징으로 역할한 에르도안 수상은 그의 정당인 AKP가 총선에서 절 대 우세정당(a dominant party)의 위치를 연속 획득하자 터키 신생 민 주주의의 약점—즉 야당을 통한 견제 균형의 미비, 약체의 사법부, 독 립적 언론의 부재 그리고 맹아기의 파편화된 시민사회—을 적극적으 로 공략해 터키의 정치 시스템을 반자유주의로 후퇴시켰으며 터키 중 견국 외교의 급격한 쇠퇴를 가져오고 있음을 입증하였다.

따라서 이 시기의 터키 중견국 외교는 기존 이론 수준에서 설명하 지 못하는 상당한 변이(variation)를 보이게 된다. 중견국 외교 실천의 상징으로 여겨진 MIKTA 외교에서 터키는 다른 멤버들과 같이 각종 중 재자 외교, 가교 외교, 중견국 역할의 중요성 등의 수사적 논의를 진행 하고 확인(confirmation)했으나 지속가능 발전(SDGs)에 대한 금융 및 기술지원 이외에는 뚜렷한 성과를 보여주는 데 실패했다. 오히려 터키 는 이 기간 동안 시리아 내전에의 깊숙한 개입으로 인해 갈등의 중재 자가 아닌 유발자가 되었으며 공공연히 역내 패권국 지향적 외교를 추 진했다. 아프리카에 군사기지를 건설 강화했으며 이들을 훈련시켰고 반서구 외교를 통해 유럽에서의 무슬림들의 선동을 조장했으며 수십 년 동맹국인 미국과 갈라서고 러시아와 무기거래를 하는 전형적인 편 가르기 외교를 수행했다. 아울러 과거 숙적이었던 사우디아라비아와 UAE와의 관계를 일방적으로 악화시켰으며 이집트 민주화 과정에 편 파적으로 개입했으며 BRICS로 대변되는 신흥 강대국 국가와 관계를 개선 역내 패권국의 기초를 다지는 전형적인 현실주의 외교를 진행하고 있다.

본 연구가 앞으로의 중견국 연구에 주는 함의는 비교적 단순하고 명확하다. 앞으로 중견국 연구는 중견국 내부 정치적 변수에 좀 더 큰 비중을 두어 중견국이 학자들이 기대하는 모범적 외교를 가능케 하는 국내정치적 조건들을 탐색해야 한다. 본 연구에서는 가장 큰 틀의 민주주의 공고화 문제를 거론했지만 향후 연구는 국내정치적 문화, 리더십, 시민사회와 언론의 민주화 정도 등 수많은 변수들에 초점을 두어 중견국 연구를 수행하여야 한다.

더불어 본 연구는 한국의 중견국 외교에 관한 몇 가지 정책적 함의를 제공하고 있다. 먼저 한국은 어느 면에서 보거나 중견국 외교의 능력을 가지고 있다. 하지만 본 연구가 보여주듯이 중견국가가 중견국 외교를 실행하려는 의지 역시 필요하다. 한국은 1987년 민주화 이후 반패권주의, 다자주의 옹호, 그리고 국제규범과 원칙의 준수라는 중견국의 외교 행태를 지속적으로 강화해 왔다. 하지만 이러한 중견국 외교가 국내정치의 미성숙한 민주주의로 부침을 겪은 것 또한 사실이다. 특히 북미 핵협상과 관련해서는 정권마다 심각한 부침을 겪으면서 공정한 중개자를 자처하기도 한 반면 미국에 의한 예방전쟁과 핵무장이라는 극단적 현실주의 정책을 오가는 갈지자 외교를 보여왔다. 개발과 원조, 녹색성장, 인권과 민주주의 확산 역시 한국 민주주의 특유의 미성숙성—특히 정권교체마다 전 정권의 외교정책을 완전히 부정하려는 노력—에 의해 그 중견국적 함의를 퇴색시키고 말았다. 모범적인 중견국은 이미 물질적으로 성장한 한국 내부의 민주주의 공고화가 제공하는 안정성과 예측성에서 기인할 것이라는 점을 본 연구는 명확히 밝히고 있다.

참고문헌

강선주. 2015. "중견국 이론화의 이슈와 쟁점."『국제정치논총』제5집 1호.
김상배. 2008a. "네트워크 세계정치이론의 모색: 현실주의 국제정치이론의 세 가지 가정을
　　넘어서."『국제정치논총』제48집 4호.
＿＿＿. 2008b. "네트워크 권력의 세계정치: 전통적인 국제정치 권력이론을 넘어서."『한국
　　정치학회보』제42집 4호.
＿＿＿. 2011. "네트워크로 보는 중견국 외교전략: 구조적 공백과 위치권력 이론의 원용."
　　『국제정치논총』제51집 3호.
김치욱. 2009. "국제정치의 분석단위로서 중견국가(Middle Power)."『국제정치논총』제49집
　　1호.
이승주. 2016. "연합형성과 중견국 외교: 믹타(MIKTA)의 사례."『국제지역연구』25권 2호.
전재성·주재우. 2012. "미중관계의 변화와 한국의 미래외교 과제." EAI 국가안보패널 보고서:
　　2020 한국 외교 10대 과제 EAI.
손열·김상배·이승주 편. 2016.『한국의 중견국 외교: 역사, 이론, 실제』. 서울: 명인문화사.

Abda, Cameron. 2019. "Why is Turkey fighting Syria's Kurds?" *Foreign Policy* (Oct., 17).
　　https://foreignpolicy.com/2019/10/17/turkey-claim-syrian-kurds-terrorists-not-isis-
　　ypg-pkk-sdf/
Acemoglu, Daron and Murat Ucer. 2015. "The Ups and Downs of Turkish Growth,
　　2002-2015: Political Dynamics, the European Union and the Institutional Slide."
　　Unpublished Manuscript, Department of Economics, MIT.
Altunisik, Meliha Benli. 2016. "The Inflexbibility of Turkey's Policy in Syria," *IEMed*.
　　Mediterranean Yearbook.
Arango, Tim. 2013. "Corruption Scandal Is Edging Near Turkish Premier." *New York
　　Times* Dec., 25. https://www.nytimes.com/2013/12/26/world/europe/turkish-
　　cabinet-members-resign.html(검색일: 2019. 11. 30.)
Aslan-Akman, Canan. 2012. "The Parliamentary Elections in Turkey and Challenges
　　Ahead for Democratic Reform under a Dominant Party System," *Mediterranean
　　Politics* 17-1.
Bank, Andre and Roy Karadag. 2013. "The 'Ankara Moment': the Politics of Turkey's
　　Regional Power in the Middle East, 2007-2011," *Third World Quarterly* 34-2.
Berlinger, Joshua. 2019. "Turkey's Erdogan sparks diplomatic row by invoking Gallipoli
　　in aftermath of Christchurch terror attack." *CNN* March, 20. https://edition.cnn.
　　com/2019/03/20/australia/erdogan-gallipoli-christchurch-attack-intl/index.html
　　(검색일: 2019. 11. 31.)
Boggards, Matthijs and Françoise Boucek. 2010. "Introduction: Setting a Bew Agenda

for Research," in Matthijs Bogaards and Françoise Boucek (eds.), *Dominant Parties and Democracy: Concepts, Measures, and Comparisons*. London and New York: Routledge.

Bozkurt, Abdulla. 2019. "Secret plans show how Turkey armed, trained and equipped Syrian rebels." *Nordic Research Monitoring Network* Dec., 6. https://www. nordicmonitor.com/author/abdullahbozkurt/ (검색일: 2019. 12. 20.)

Cha, Victor and Marie Dumond eds. 2017. *The Korean Pivot: The Study of South Korea as a Global Power*. Washington, DS: CSIS.

Converse, Nathan and Ethan B. Kapstein. 2008. "The Threat to Young Democracies," *Survival* 50-2.

Cook, Steven A. 2018a. "Erdogan is Weak. And Invincible," Foreign Policy (March).

_____. 2018b. "Erdogan Plays Washington Like a Fiddle," *Foreign Policy* (Sept.).

Cooper, David A. 2011. "Challenging Contemporary Notions of Middle Power Influence: Implications of the Proliferation Security Initiative for "Middle Power Theory"," *Foreign Policy Analysis* 7-3 (JULY).

Dal, Emel Parlar. 2016. "Conceptualizing and Testing the Emerging Regional Power of Turkey in the Shifting International Order," *Third World Quarterly* 37(8).

Diamond, Larry. 1994. "Rethinking Civil Society: Toward Democratic Consolidation," *Journal of Democracy* 5-3.

Đidić, Ajdin and Hasan Kösebalaban. 2019. "Turkey's Rapprochement with Russia: Assertive Bandwagoning," *International Spectator* 54-3.

Donnelly, Jack. 1986. "International human rights: a regime analysis," *International Organization* 40-3.

El-Sisi, Abdel Fattah. 2019. "Turkish president Erdogan denounces Egypt's Sisi over executions Aljazeera," *Alzazeera* Feb., 29. https://www.aljazeera. com/news/2019/02/turkish-president-erdogan-denounces-egypt-sisi-executions-190224060937038.html (검색일: 2019. 12. 19.)

Foley, Michael W. and Bob Edwards. 1996. "The Paradox of Civil Society," *Journal of Democracy* 7-3.

Gerring, John. 2007. "Is There a(Variable) Crucial-Case Method?" *Comparative Political Science* 40-3 (March).

Gilley, Bruce and Andrew O'Neil. 2014. "China's Rise through the Prism of Middle Powers," in Bruce Gilley and Andrew O'Neil(eds.) *Middle Powers and the Rise of China*. Washington D.C.: Georgetown University Press.

Haug, Sebastian. 2017. "Exploring 'Constructive Engagement': MIKTA and Global Development," *Rising Powers Quarterly* 2-4.

Haugom, Lars. 2019. "Turkish Foreign Policy under Erdogan: A Change in International Orientation?" *Comparative Strategy* 38-3.

Huth, Paul and Todd Allee. 2003. *The Democratic Peace and Territorial Conflict in the*

Twentieth Century. New York: Cambridge University Press.

Iddon, Paul. 2019. "The significance of Turkey's overseas military bases." *Ahval* Jul. 13. https://ahvalnews.com/turkish-military/significance-turkeys-overseas-military-bases (검색일: 2019. 12. 2.)

Indyk, Martin S., Kenneth G. Lieberthal and Michael E. O'Hanlon. 2012. "Scoring Obama's Foreign Policy: A Progressive Pragmatist Tries to Bend History," *Foreign Affairs* 91-3.

Jervis, Robert. 2003. "Understanding the Bush Doctrine," *Political Science Quarterly* 118-3.

Kang, David. 2009. *Crony Capitalism*. New York: Cambridge University Press.

Kardas, Saban. 2011. "Turkish-American Relations in the 2000s: Revisiting the Basic Parameters of Partnership," *Perception* 16-3 (Autumn).

Kapstein, Ethan B. and Nathan Converse. 2008. *The Fate of Young Democracy*. New York: Cambridge University Press.

_____. 2009. "Why democracies fail," *Journal of Democracy* 19-4.

Keefer, Philip. 2007. "Clientelism, credibility, and the policy choices of young democracies," *American Journal of Political Science* 51-4.

Kim, Dongfi. 2014. "South Korea's Middle Power Response to the Rise of China," in Gilley and O'Neil (eds.) *Middle Powers and the Rise of China*. Washington D.C.: Georgetown University Press.

Levy, Jack. 2008. "Case Studies: Types, Designs, and Logics of Inference," *Conflict Management and Peace Science* 25-1.

Lobell, Steven E., Norrin M. Ripsman and Jeffrey W. Taliaferro. 2009. *Neoclassical Realism, the State, and Foreign Policy*. New York: Cambridge University Press.

Mansfield, Edward and Jack Snyder. 2002. "Democratic transitions, institutional strength, and war," *International Organization* 56-2.

Ozdemir, Elvan and Zehra Vildan Serin. 2015. "Trading State and Reflections of Foreign Policy: Evidence from Turkish Foreign Policy," *Istanbul Conference of Economics and Finance, ICEF* (October).

Önis, Ziya and Mustafa Kutlay. 2016. "The Dynamics of Emerging Middle Power Influence in Regional and Global Governance: the Paradoxical Case of Turkey," *Australian Journal of International Affairs* 71-2.

Ostrom, Charles W. and Brian L. Job. 1986. "The President and the Political Use of Force," *American Political Science Review* 80(2).

Palmer, Glenn, Tamar London and Patrik Reagan. 2004. "What' Stopping You: Source of Domestic Constraints in Parliamentary Democracies," *International Interaction* 34(1).

Piccio, Lorenzo. 2014. "Post-Arab Spring, Turkey flexes its foreign aid muscle." Davex 17 February. https://www.devex.com/news/post-arab-spring-turkey-flexes-itsforeign-aid-muscle-82871 (검색일: 2019. 12. 2.)

Popham, Pepter. 2015. "Recep Erdogan profile: The President of Turkey... who would be sultan." *Economist* Jun., 15. https://www.independent.co.uk/news/people/ recep-erdogan-profile-the-president-of-turkey-who-would-be-sultan-10301362. html (검색일: 2019. 12. 3.)

Ravenhill, John. 1998. "Cycles of Middle power Activism: Constraint and Choice in Australian and Canadian Foreign Policies," *Australian Journal of International Affairs* 52-3.

Regan, Helen and Bianca Britton. 2019. "Turkey launches military offensive in Syria a day after Trump announced pullback of US troops." *CNN* Oct., 10. https://edition. cnn.com/2019/10/09/politics/syria-turkey-invasion-intl-hnk/index.html(검색일: 2019. 12. 10.)

Russett, Bruce and John Oneal. 2001. *Triangulating Peace: Democracy, Interdependence, and International Organizations.* New York: W. W. Norton & Company.

Schweller, Randall L. 1994. "Bandwagoning for Profit: Bringing the Revisionist State Back In," *International Security* 19(1): 72-107.

Schweller, Randall L. 2006. *Unanswered Threat.* Princeton, NJ: Princeton University Press.

_____. 2017. "The Concept of Middle Power," in Victor Cha and Marie Dumond(eds.) *The Korean Pivot: The Study of South Korea as a Global Power.* Washington, DS: CSIS.

Spencer, Richard. 2013. "Turkish PM Erdogan struggles to hold on to job as corruption scandal widens." Telegraph Dec., 26. https://www.telegraph.co.uk/news/ worldnews/europe/turkey/10538228/Turkish-PM-Erdogan-struggles-to-hold-on- to-job-as-corruption-scandal-widens.html (검색일: 2019. 11. 4.)

Taspiner, Omer. 2014. "The End of the Turkish Model," *Survival* 56-2.

Tattersall, Nick and Daren Butler. 2014. "Turkey dismisses corruption case that has dogged PM Erdogan." *Reuter* May 3. https://www.reuters.com/article/us-turkey- corruption/turkey-dismisses-corruption-case-that-has-dogged-pm-erdogan- idUSBREA410NE20140502 (검색일: 2019. 11. 22.)

Tezcur, Günes Murat. 2012. "Trends and Characteristics of the Turkish Party System in Light of the 2011 Election," *Turkish Studies* 13-2.

Ungerer, Carl. 2007. "The Middle Power Concept in Australian Foreign Policy," *Australian Journal of Politics and History* 53-4.

Vidino, Lorenzo. 2018. "Erdogan's Long Arm in Europe," *Foreign Policy.*

Wendt, Alexander. 1999. *Social Theory of International Politics.* New York: Cambridge University Press.

Williams, Greg. 2013. "Erdogan v Gulen: Who Will Prevail." *Economist* Dec., 15.

https://www.economist.com/node/21591645/comments (검색일: 2019. 11. 23.)

Yilmiz, Ihsan and Galib Bashirov. 2018. "The AKP after 15 Years: Emergence of Erdoganism in Turkey," *Third World Quarterly* 39(9).

Zakaria, Fareed. 1997. "The Rise of Illiberal Democracy," *Foreign Affairs* 76-6.

제11장   중견국 외교의 제약된 자율성:
민주화와 경제발전에 따른 대만
외교정책의 변화

최경준(제주대학교)

* 이 글은 2020년 "Weapons Brushed By the Enemy: The Bounded Autonomy of Taiwan's Middle Power Foreign Policy"라는 제목으로 *The Korean Journal of International Studies*, Vol. 18, No. 1에 게재된 논문을 일부 수정하여 우리말로 작성한 것이다.

I. 서론

2차 세계대전의 종전 후 아시아, 아프리카, 남미 등에서 많은 신생 독
립국가들이 출현하였다. 그러나 이들 국가들 중 민주화와 경제발전이
라는 두 가지 목표를 동시에 이룬 사례는 많지 않다. 대부분 민주화와
경제발전 중 단 하나만을 이루거나 어느 하나도 성취하지 못했다. 오직
소수만이 경제적 저발전의 늪에서 벗어났고, 민주주의 물결에 동참했
던 많은 국가들이 민주주의의 역행 또는 권위주의로의 회귀를 경험하
였다. 반면 1960년대 이후 급속한 경제성장을 이루고, 1980년대 후반
부터 안정적인 민주화를 달성한 대만의 사례는 성공적인 정치와 경제
발전의 조건뿐만 아니라, 약소국에서 중견국으로 부상한 국가가 보여
주는 대외정책의 특성과 변화가 무엇인지를 관찰할 기회를 제공한다.
본 논문은 대만의 사례를 통해 민주화와 경제성장을 이룬 중견국이 보
여주는 외교정책의 특성을 정책결정자가 지닌 대내외적 제약성과 자
율성의 측면에서 규명하는 것을 목표로 한다.

1648년 유럽에서 웨스트팔리아 체제가 형성된 이후 주권의 독
립성과 평등성, 대내적 문제에 대한 불간섭주의가 국제정치의 규범
과 원칙으로 수립되었지만, 국가 간에 존재하는 힘의 불평등에서 기원
한 강대국의 약소국에 대한 제약과 내부 간섭 그리고 종속관계는 현
실의 국제정치에서 지속되어 왔다. 약소국에서 중견국으로의 위상 변
화는 국가가 받는 외부로부터의 정책 제약을 감소시켜 국가의 자율성
을 증가시킬 것을 기대하게 만든다. 그러나 중견국 지위로의 도약을 야
기한 경제발전과 민주화라는 대내적 변화는 국가의 자율성을 내부로
부터 제약하는 또 다른 결과를 야기하고, 중견국은 상호작용하는 외
부적 제약과 내부적 제약을 동시에 받는 이중적 제약의 상황에 놓인

다. 본 논문은 이러한 대내외적 제약성에도 불구하고 민주화와 경제발전이 중견국에게 규범과 물질이라는 새로운 외교정책의 수단을 제공하기에 중견국이 제약성 속에서도 자율성을 발휘하는 "제약된 자율성"(bounded autonomy)을 지니게 됨을 주장한다.

본 논문에서 이루어지는 중견국 외교정책의 제약된 자율성에 대한 규명은 중견국 외교를 설명하는 기존의 "밖에서 안으로 접근법"(outside-in approach)과 "안에서 밖으로 접근법"(inside-out approach)이 지닌 한계를 극복하고, 안과 밖으로부터의 이중적 제약성을 지닌 중견국 외교정책의 자율성과 정책 수단의 특성을 보여주기 위한 시도다. 특히 대만의 사례를 통해 본 논문은 인접한 강대국으로부터 초래되는 안보위협이라는 국제적 환경 속에서 민주화와 경제발전을 통해 중견국 형성이 어떻게 가능한지를 분석하고, 중견국으로 도약하면서 나타난 새로운 내부적 정책 제약과 정책 수단의 등장이 중견국에게 어떠한 외교정책의 전략과 행동 변화를 야기하는가를 설명한다는 점에서 의미가 있다. 중견국 대만의 외교정책 사례는 대내적인 변수와 대외적인 변수 그리고 이들 사이의 상호작용이라는 구조적 조건 속에서 다양한 외교정책 수단을 모색하고 활용하는 정책결정자들이 지닌 자율성과 제약성이 중견국 외교정책의 주요 특성임을 보여주고 있다.

II. 중견국 외교정책

1. 중견국 개념과 중견국 외교

국가 간 존재하는 권력의 불평등성과 상이한 힘을 가지고 있는 국가들이 보여주는 외교정책의 특성과 역할을 설명하고자 하는 노력의 일환으로 그동안 중견국에 대한 논의가 국제정치학자들에 의해 전개되어 왔다. 그러나 중견국을 어떻게 개념적으로 규정할 것인가에 대한 명확한 합의가 부재한 채 학자들마다 상이한 개념들을 제시하면서 중견국에 대한 개념적 모호성과 혼란이 지속되어 왔다. 쿠퍼, 히곳, 그리고 나살(Cooper et al. 1993)은 지리적(geographic), 규범적(normative), 위치적(positional) 그리고 행태적(behavioral) 차원에서 다섯 가지 상이한 중견국 개념이 혼재되어 왔음을 지적한다. 로버츠슨(Robertson 2017) 역시 전통적인 중견국 개념이 강대국 사이에 놓인 위치(location), 강대국과 약소국 사이의 크기(size) 그리고 이념과 정치체제에 있어서 두 극단 사이의 입장(position)이라는 세 가지 유형으로 구분된다고 말한다.

이들이 제시하는 중견국의 상이한 유형들을 통해 알 수 있듯이 기존 중견국 개념은 중견국에 해당된다고 여겨지는 국가들의 객관적인 조건(지리, 크기)과 주관적인 특성(규범)뿐만 아니라 이들이 대외관계에서 보여주는 정책적 행위(위치, 입장, 행태)까지 중견국 개념에 포함시킴으로써 중견국 외교정책의 원인과 결과가 모두 하나의 개념 속에 혼재되어 버리는 문제점을 지니고 있다. 즉, 중견국 개념 자체가 중견국이 보여주는 외교정책 행위라는 결과(종속변수)와 그 행위를 야기한 원인(독립변수)까지 모두 담게 되면서 중견국 외교정책을 설명할 분석적 도구로서의 가치와 유용성에 있어 한계를 드러내고 있다. 중견국 개념이 담고 있는 독립변수와 종속변수를 구분하지 않는다면 "중견국이기에 중견국 외교정책을 보인다"는 동어반복(tautology)의 문제로부터 자유로울 수 없다. 따라서 중견국에 대한 이러한 개념적 모호성을 극복하기 위해서는 특정 국가가 지닌 지리적 조건, 영토적 크기와 국력, 내부적으로 공유되는 규범 등을 중견국의 특성으로 규정하여 이것이 야기하는 외교정책의 전략과 행동을 분석하거나, 이와 반대로 특정 국가가 보여주는 위치, 입장, 행태를 중견국의 특성으로 개념 규정하여 그것을 야기한 다양한 원인을 규명하는 방식으로 중견국 외교정책 연구가 진행될 필요가 있다.

중견국이 처해 있는 영토적 크기, 지리적 위치, 정치체제의 특성 등 여러 조건들 중에서 특히 객관적인 경제발전(경제력) 수준 그리고 가치와 규범이라는 주관적 요소가 제도화된 정치발전(민주주의) 수준은 중견국이 보여주는 외교정책의 행위를 능력(capacity)과 수단(means)의 차원에서 분석하고 이해하는 데 있어 중요한 변수이다. 국가의 경제적 능력은 군사적 능력을 구축하고 유지하는 데 필요한 핵심적인 역량임과 동시에 타 국가에 대한 투자, 원조, 국제무역의 비중, 그리고 국제기구 내의 지분 등을 통해 그 자체로 국제사회에 영향력을 행사할 수 있는 중요한 외교정책 수단이다. 국가가 지닌 높은 수준의 민주주의 제도화는 국제사회의 주요 국가들이 자유와 인권 등 민주주의 가치를 보편적인 규범으로 받아들이고 있다는 점에서 권위주의 정치체제를 지닌 국가로부터 안보위협을 받고 있는 중견국이 민주주의를 신봉하는 국가, 시민 그리고 국제기구로부터 지지를 획득할 수 있는 주요 수단으로 기능할 수 있다.

〈표 1〉이 제시하는 바와 같이 정치발전과 경제발전의 수준에 따라 아홉 가지 상이한 국가 유형의 분류가 가능하다. 이 중 넓은 의미의 중견국에 포함될 수 있는 것은 '물질적 준중견국(II)', '규범적 준중견국(IV)', '물질-규범적 중견국(V)', '물질적 준강대국(VI)' 그리고 '규범적 준강대국(VIII)' 다섯 가지 유형이나, 물질(경제력)과 규범(민주주의)의 측면에서 어느 한 가지를 명확히 결핍하고 있거나, 어느 한 가지를 완

표 1 국내적 정치발전과 경제발전에 따른 국가 분류

경제발전(경제력)

		낮음	중간	높음
정치발전 (민주화)	낮음	I 약소국 (Small Power)	II 물질적 준중견국 (Material Quasi-middle Power)	III 물질우위 비대칭국 (Material-first Asymmetric Power)
	중간	IV 규범적 준중견국 (Normative Quasi- middle Power)	V 물질-규범적 중견국 (Material-Normative Middle Power)	VI 물질적 준강대국 (Materal Quasi-great Power)
	높음	VII 규범우위 비대칭국 (Normative-first Asymmetric Power)	VIII 규범적 준강대국 (Normative Quasi-great Power)	IX 강대국 (Great Power)

출처: 저자.

벽하게 갖추고 있는 유형들과 달리 두 측면에서 모두 중간 수준의 능력과 제도를 지니는 '물질-규범적 중견국(V)'이 엄밀한 의미의 중견국 개념에 해당한다고 할 수 있다.

특정 국가가 이러한 아홉 가지 유형 중 어느 곳에 위치해 있는가 그리고 그 국가가 상대하는 주요 안보위협 대상국이 어디에 속해 있는 가는 해당 국가가 대외적으로 사용하는 외교정책 수단의 선택과 효용성에 영향을 미친다. 안보위협국에 비해 경제발전과 정치발전의 수준이 높은 국가는 경제력이라는 물질적인 수단과 민주화라는 규범적 수단을 국제정치에서 안보위협국을 상대하기 위한 정책수단으로 활용할수 있는 반면, 경제와 정치에서 낮은 발전 수준을 지닌 국가는 자신보다 높은 발전 수준을 지닌 국가를 상대하기 위해 이러한 수단을 활용하는 것에 제약을 받는다. 또한, 경제와 정치 중 어느 한 가지에서 상대국보다 우위를 갖는 국가는 자신이 우위를 지니고 있는 영역의 수단을

표 2 대만과 중국의 상이한 발전 경로 (1949년-현재)

시기	1949년 정권수립 -1960년대 초반	1960년대 중반 -1980년대 중반	1980년대 후반 -현재
중국	물질적 준중견국(II)	물질적 준중견국(II)	물질우위 비대칭국(III)
대만	약소국(I)	물질적 준중견국(II)	물질-규범적 중견국(V)
대외정책 수단	중국의 물질적 수단 우위	양국 간 물질적 수단의 경합	중국의 물질적 수단 우위 vs. 대만의 규범적 수단 우위

출처: 저자.

해당 안보위협국을 상대하기 위한 외교정책에서 활용하는 것이 가능하다.

예컨대 1949년 국민당에 의한 대만 정권 수립 이후 대만은 1950년대까지 '약소국'에서, 1960년대 초반에서 1980년대 중반까지 '물질적 준중견국'을 거쳐, 1980년대 후반부터 현재까지 '물질-규범 중견국'으로 그 지위가 변화해 왔다(I → II → V). 반면, 공산당 지배하의 중국은 1949년 중화인민공화국 수립부터 1980년대 중반까지 '물질적 준중견국'의 지위에 있다가 개혁개방이 경제적 성과를 본격적으로 드러내는 1980년대 후반부터 '물질우위 비대칭국'으로 진입하였다(II → III). 이를 시기별로 살펴보면 〈표 2〉와 같이 1940년대 후반에 상호 적대적인 분단된 정권들이 대륙과 섬에서 각기 수립된 이후 1960년대 초반까지는 '물질적 중견국'(중국) 대 '약소국'(대만), 1960년대 중반부터 1980년대는 두 개의 '물질적 중견국', 그리고 1980년대 후반부터 현재까지는 '물질우위 비대칭국'(중국) 대 '물질-규범적 중견국'(대만)이 경합해 왔다. 그리고 이 시기 동안 중국이 동원할 수 있는 대외정책 수단이 주로 물질적 수단에 머물러 온 반면, 대만은 자체의 물질적, 규범적 가용수단 없이 강대국의 지원 특히 미국과의 동맹에 의존해 오던

시기에서 벗어나 자체적인 물질적 수단을 확보하고 이후 규범적 수단
까지 확보하는 단계로 변화해 왔다.

　각 국가들이 직면한 이러한 외교정책 수단의 제약성은 현재 보유
하고 있는 수단의 유지와 강화뿐만 아니라 새로운 수단의 확보를 위한
내부적 발전 전략에도 영향을 미쳤다. 대만은 안보의 위협이 되는 중국
보다 물질적 수단이 취약한 상황에서 이를 만회하기 위한 물질적 능력
을 경제성장을 통해 확보하기 위한 노력을 기울임과 동시에 민주화를
통한 규범적 수단을 확보하기 위한 정책들을 추구해 왔다. 반면, 대만
보다 물질적 능력의 우위에 있던 중국은 1960년대부터 1970년대 시기
동안 대만의 경제성장과 중국의 경제적 혼란으로 인해 더 이상 물질적
우위를 점하기 어려운 상황에 직면하면서 1980년대 들어 경제적 개혁
개방을 통해 물질적 우위를 회복하기 위한 노력을 기울이게 된다. 즉,
국가주도형 산업화를 통해 경제성장을 이룬 대만과 대약진운동과 문
화대혁명을 거치며 경제위기를 겪은 중국이 '물질적 중견국'으로 경합
하던 시기를 거쳐 1990년대 이후로는 민주화를 통해 규범적 수단에 비
교우위를 지니고 있는 대만과 개혁개방을 통해 물질적 수단에 비교우
위를 지닌 중국이 양안에서 경쟁하는 시기로 진입하게 된다. 이는 대외
적인 안보위협이 민주화와 경제발전이라는 국가 내부의 변화와 발전
에 영향을 미칠 수 있다는 국제정치-국내정치의 연결성(nexus)을 보
여주고 있다.

2. 외교정책의 '제약된 자율성'

국제정치와 국내정치의 연결성에 대한 국제정치학의 기존 연구는 국
제와 국내 중 어느 한쪽이 다른 한쪽에 영향을 미치는 일방향적인 관

점을 정책결정자의 제약성을 중심으로 제시해 왔다. 즉, 국가의 외교정책이 국제체제 및 제도 등 외부적 요인에 의해 결정되는 '밖에서 안으로 접근법'(outside-in approach)을 취하거나(Waltz 1993; Keohane 1984), 정치–사회 세력들의 연합을 비롯한 국내적 정치경제구조와 정책 이념 등 내부적 요인에 의해 외교정책이 결정되는 '안에서 밖으로 접근법'(inside-out approach)을 견지해 왔다(Rogowski 1989; Hiscox 2001; Pepinsky 2008; Katzenstein 1996).

그러나 이러한 일방향적 접근법은 외교정책 결정자들이 직면한 제약성의 어느 한 측면만을 보여줄 수 있을 뿐 국제적, 국내적 수준에서 오는 영향으로부터 동시에 제약을 받는 정책결정자의 상황을 총체적으로 분석하는 데 한계가 있다. 또한 안보위협을 비롯한 국제적 변수와 민주주의 및 경제발전이라는 국내적 변수가 서로 상호작용하며 영향을 준다는 측면을 담아내지 못한다는 점에서 문제점을 지니고 있다.

국가가 처한 안보환경이 정치와 경제발전이라는 내부 문제에 미치는 영향은 역사사회학자들에 의해 일찍부터 주목을 받아왔다. 틸리(Tilly 1990)는 성공적인 전쟁수행의 필요성이 과세를 비롯한 효율적인 자원동원의 필요성을 낳고 이것이 국가의 관료제적 발전을 야기하여 근대국가의 제도적 발전을 초래함을 주장한다. 반면 힌체(Hintze 1975), 다우닝(Downing 1988), 라스웰(Lasswell 1997) 등은 강력한 외부적 군사위협이 군대에 대한 의회의 민주적 통제보다는 군주와 통치자에 의한 확고한 명령체계에 따라 움직이는 군사조직의 성장과 국가 내에서 군대의 영향력을 증대시켜 민주주의 발전을 저해하는 부정적인 정치적 결과를 야기함을 주장한다.

이러한 기존 연구들은 국제정치가 초래하는 국내적 변화를 이해하는 데 기여하고 있으나, 외부 안보위협이 관료제 발전과 효율적 경제

운영에 미치는 긍정적인 영향만을 보거나, 그것이 민주주의에 미치는 부정적인 영향만을 살펴봄으로써, 외부로부터의 안보적 위협이 민주주의와 경제발전에 미치는 긍정적, 부정적 영향을 종합적으로 규명하는 데 한계를 지니고 있다. 〈표 3〉이 보여주듯 외부로부터의 군사적 위협 또는 강력한 외적의 존재는 민주주의와 경제발전에 대해 이중적 영향을 동시에 가한다.

표 3 안보위협이 중견국 형성에 미치는 영향

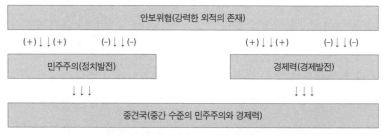

출처: 저자.

첫째, 정치발전은 외부로부터의 안보위협으로부터 긍정적 영향과 부정적 영향을 동시에 받는다. 강력한 외적의 존재 특히 권위주의 국가를 적으로 대면하고 있는 상황은 민주화를 위한 노력을 국제사회에 과시하여 국제사회의 지지를 얻을 동기를 만들어 낸다. 그러나 안보위협은 국가 내부의 군사화를 초래하고 폭력 수단을 보유한 국가조직의 과다 성장을 야기하여 민주주의에 부정적인 영향을 미친다(Woo 2011).

둘째, 안보위협은 경제발전에 긍정적 영향과 부정적 영향을 동시에 미친다. 외적과의 군사적 경쟁과 갈등은 군사력을 뒷받침할 경제발전에 대한 필요성과 동기를 부여한다. 그러나 강력한 외적의 존재는 군대육성에 대한 지나친 강조와 군사부문에 대한 가용자원의 과도한 투자를 야기하여 비군사 경제부문에 대한 투자와 이윤의 축적을 제

약하여 경제발전에 부정적인 영향을 초래한다(Deger and Smith 1983;
Nolan 1986).

　기존 국제정치학과 역사사회학이 국제정치-국내정치 연결성에
대해 보여준 기여와 한계의 바탕 위에서 본 논문은 〈그림 1〉이 보여주
는 바와 같이 '제약된 자율성'(bounded autonomy) 접근법을 대안적
모델로 제시한다. 안보환경이라는 바깥으로부터의 영향, 민주화와 경
제성장이라는 안으로부터의 영향 속에서 외교정책 결정자들은 제약을
받음과 동시에 자율성을 발휘한다. 그리고 이 모델에서 대외적 안보환
경은 대내적 민주화와 경제성장에 영향을 미치는데 이는 정책결정자
의 안보위협 인식이 대내적 정책목표의 선택과 집행에 영향을 주기 때
문이다. 정책결정자는 구조에 의해 지배되는 수동적인 존재가 아니라
구조의 제약을 받지만 스스로의 정책목표 설정과 집행을 통해 구조적
변화에 영향을 주고 새로운 정책적 수단들을 끊임없이 모색하는 '제약

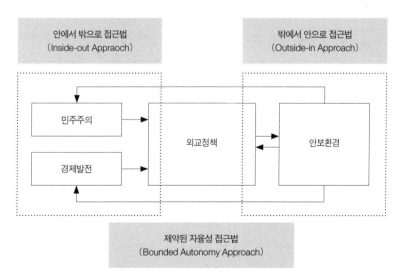

그림 1 중견국 외교정책에 대한 세 가지 접근법
출처: 저자.

된 자율성'을 지닌 적극적인 행위의 주체이다.

　다음 절에서 다루어지는 대만 사례연구는 대만이 독특한 안보환경 속에서 어떻게 민주화와 경제발전을 통한 중견국의 형성을 이루었고, 이러한 내부적 변화가 외교정책 결정자로 하여금 어떠한 새로운 외교적 수단을 제공함과 동시에 새로운 제약을 가져다주었는지를 분석한다. 이를 통해 안과 밖으로부터의 제약된 자율성을 지닌 중견국이 보여주는 외교정책의 특성이 무엇인지를 보여줄 것이다.

III. 안보환경과 중견국 대만의 형성

국민당이 공산당 정권에 대한 군사적 저항을 지속할 것을 결정하고 1949년 대만에 요새화된 국가를 건설한 이후 대만은 중국으로부터의 압도적인 군사적 위협과 국가생존의 절박성에 직면하였다. 이러한 안보 상황은 대만의 정치 엘리트로 하여금 특수한 정치적 결정과 경제정책을 선택하도록 하였고, 중국으로부터의 군사적 위협은 대만의 정치와 경제발전에 부정적 영향과 긍정적 영향을 동시에 미치면서 대만이 중견국가로 성장하도록 만들었다.

1. 안보위협과 정치발전

대만이 직면한 군사적 대외 위협은 내부적으로 국가의 군사화 또는 병영국가의 형성을 야기함으로써 대만의 정치발전에 부정적인 영향을 주었다. 국민당은 대만으로 들어온 이후 헌법을 정지시키고 계엄령을 전 영토에 시행하였다. 권위주의 통치 시기 동안 장제스(蔣介石)의 주요 목표는 군사력을 회복하고 대륙의 공산당 정부에 대항할 군사적 기지를 대만에 구축하는 것이었다. 반공의 기치와 대륙회복의 목표는 국민당 정부의 불가결한 국가 정책이 되었다(McBeath 1979, 163).

공산주의 중국에 의한 위협으로부터 초래된 국가안보의 위기는 국민당 정권이 군대와 경찰을 비롯한 안보조직들을 정권 안보를 위한 정치적 도구로 사용할 수 있도록 만들었다. 중국과의 군사적 대치와 냉전기 국제적 안보환경의 위기는 국민당 정권이 정치적 반대세력을 억압할 수 있는 강력한 명분을 제공하였다. 정권에 대한 어떠한 국내적인 정치적 반대 활동도 대만해협 건너편에 있는 중국 공산당과 결탁한 반국가적 행위로 손쉽게 낙인되어 탄압될 수 있었다. 대만에서 국가조직의 기능과 역할은 국민당 정권의 국가안보에 대한 깊은 우려를 반영하였다. 중국으로부터의 안보위협은 대만 정부가 민주주의 운동에 대한 억압을 비롯한 매우 포괄적인 역할을 수행하는 강력한 공권력 조직을 창출 및 유지하는 것을 대내적으로 정당화시켰다. 억압적 국가조직을 통해 국민당 정부는 정권 안보를 확보할 수 있었다(Martin et al. 2006, 231-233).

그러나 대륙과의 분단과 중국으로부터의 안보위협은 역설적으로 대만의 민주화에 긍정적인 영향 또한 미쳤다. 대만은 영토, 국민 그리고 안정적으로 작동하는 정부와 같은 주권국가로서의 질적 요건을 모두 소유하고 있음에도 1971년 10월 25일 국제연합(UN)으로부터 강제적으로 탈퇴당한 뒤 국제사회로부터 주권국가로서의 지위를 인정받지 못하는 독특한 국제적 상황에 놓이게 되었다(Martin 2014, 462). 국제사회에서 자신의 잃어버린 지위를 회복하고 주권국가로 인정을 받기 위해 대만은 자신이 경합하는 중국보다 민주주의 측면에서 정치적 우위에 있음을 증명하고 과시할 필요에 직면해 왔다.

국제사회에서의 인정에 대한 필요성은 대만에서 국민당 권위주의 시기에도 지방 수준에서는 제한적인 선거 민주주의가 시행되도록 만들었다. 비록 헌법의 중지가 중앙 수준에서 거의 모든 선거를 금지시켰고 국민당이 중국에서 패퇴한 1949년 이전에 대륙에서 선출된 의원들이 선거 중지로 인해 사실상 종신직을 유지할 수 있었음에도 불구하고, 국민당은 지방 차원에서의 선거를 허용하였다(Cha and Myers 1998). 1951년부터는 현시정부(縣市政府)의 현장(縣長)과 시장(市長)에 대한 선거가, 1954년부터는 대만성(臺灣省) 입법원에 대한 선거가 시행되어, 권위주의 지배 시기 동안 대만의 지방정치는 권위주의라는 바다 속에 존재하는 일종의 민주주의 섬으로 존재하였다. 국내정치에 있어서 이러한 민주주의 요소는 대륙의 공산당 정부에 의한 독재와 대만의 국민당 정부를 대조시키기 위한 노력의 일환이었다(Hughes 1997, 33, 50).

물론 대만에서 권위주의 시기 동안 허용된 지방 수준의 민주적 선거는 한계를 지니고 있었다. 국민당은 지역 정치 세력들이 국민당 정권에 도전하는 것을 막기 위해 입후보 과정에 상당한 영향력을 행사하였고, "분리하여 통치"하는 전략에 따라 국민당은 대만의 거의 모든 시와 현에서 두 개 이상의 파벌들이 국민당의 지원을 놓고 경쟁하도록 만들었다. 또한 지역에서 선출된 관리들은 제한된 예산 승인권과 최소한의 규제 권한만을 지니고 있었고, 현직 관리의 임기를 두 번으로 제한하여 빈번한 교체가 이루어지도록 하는 제도적 장치를 마련해 놓았다(Mattlin 2011, 49).

그러나 이러한 한계에도 불구하고 지방 차원의 선거 민주주의는 1980년대 후반 대만에서 민주주의가 본격적으로 발현하는 데 중요한 밑바탕이 되었다. 국민당 출신이 아닌 당외(黨外) 인사들이 지방선거

표 4 대만 입법원 정당별 의석 비율 (단위: %)

	1986	1989	1992	1995	1998	2001	2004	2008
국민당	79	72	59	52	55	30	35	72
민진당	12	16	32	33	31	39	40	24
전체	100	100	100	100	100	100	100	100

출처: Rigger(2014, 108).

에서 당선되기 시작하였고, 당외 세력이 공식화된 정당으로 발전한 민
진당은 2000년과 2004년 총통선거, 2001년과 2004년 입법원 선거에
서 국민당을 상대로 승리하였다. 〈표 4〉에서 보듯 대만 정치는 두 개의
주요 정당이 입법원의 의석을 놓고 경합하는 양당제로의 발전을 이루
어 갔다. 또한, 국민당과 민진당 사이의 총 세 번에 걸친 평화로운 정권
교체는 정당정치에 기반한 민주주의가 대만에서 공고화의 단계로 나
아가고 있음을 보여주고 있다.

　〈그림 2〉에서와 같이 1950년대부터 거의 비슷한 민주주의 수준
을 유지하던 대만과 중국이 1980년대 중후반부터 대만의 본격적인 민
주화와 함께 거대한 분기가 나타난 것은 외부 안보위협의 대상이 되는
중국과 스스로를 차별화하여 국제사회의 지지와 인정을 받고자 하는
대만의 전략적인 노력과 정책에서 상당 부분 기인하였다. 중국 내에서
의 민주화 운동은 중국의 민주화를 가져오는 데에는 실패하였지만 역
설적으로 대만의 민주화에 기여를 하였는데, 이는 대만이 권위주의적
중국과 다르다는 것을 국제사회 특히 미국에게 보여줘야 하는 압력에
대만 집권 세력이 놓여 있었기 때문이다. 1989년 6월 4일 중국에서 발
생한 천안문 사태는 대만 국민당으로 하여금 자신이 대만 내의 정치적
인 반대운동을 중국이 하는 방식과는 다른 방식으로 다루고 있다는 것
을 보여줘야 할 압력을 받도록 만들었다(Wachman 1994, 227). 대만

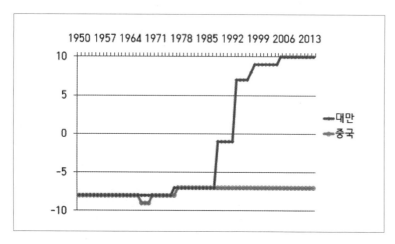

그림 2 대만과 중국의 민주주의 수준 (1950-2013)
출처: The Polity IV data of Marshall and Gurr(2014).

정부가 대외적으로 중국 내 학생운동을 지지하면서 이를 탄압하는 중
국 정부를 비판하고 중국의 계엄령 해제를 요구함과 동시에 국내적으
로 자국의 민주화 운동을 탄압하는 것은 스스로 모순을 드러내는 것이
었으며, 이러한 이율배반적 상황은 대만 내의 민주화를 통해 해소될 필
요가 있었다(deLisle 2014, 280-281).

　이렇게 대중 관계 맥락 속에서 이루어진 민주화에 대한 정책결정
자들의 정책적, 전략적 판단은 대만 민주화가 장징궈(蔣經國)와 리덩
후이(李登輝)를 비롯한 집권 엘리트에 의한 위로부터의 노력과 저항
엘리트와의 합의를 통해 비교적 평화적이고 점진적인 방식으로 이루
어지는 데 기여하였다. 이후 대만은 중국과 정치체제에서 뚜렷이 구별
되는 민주주의 정치체제를 공고화시키는 단계로 진입하게 되었고, 이
는 대만 외교정책 결정자에게 새로운 정책 수단을 제공함과 동시에 또
다른 제약을 가하게 된다.

2. 안보위협과 경제발전

중국의 군사적 위협이 대만의 경제발전에 미친 부정적인 영향은 과도
한 국방비의 지출에서 찾아볼 수 있다. 강력한 대외적 군사위협, 특히
분단상황 속에서 군사적 공격의 가능성이 상존하는 안보환경은 과도
한 국방비의 지출을 야기한다. 이는 다른 경제 영역에 사용될 자원의
감소를 초래하여, 저축률의 감소, 민간 경제에 대한 대내외로부터의 투
자의 제한, 자본(capital stock)의 양적, 질적 저하 등을 가져와 경제성
장을 방해하는 요인으로 작용한다(Deger & Smith 1983).

〈표 5〉에서 보듯 대만은 중국으로부터 자신을 보호하기 위해 과도
한 국방예산을 지출해야 하는 부담에 놓여왔다. GDP 대비 국방비의
비율은 1960년대 중반까지 10%를 상회하였고, 비록 이 비율이 2000
년대 들어 상당히 감소하여 왔지만 1990년대 중반을 제외하면 대부분
의 시기 동안 중국보다 높았다. 대만의 국방비 지출을 위한 경제적 부

표 5 대만, 중국, 한국의 국방비 비교 (GDP 대비 국방비 비율, 단위: %)

연도	대만	중국	한국
1955	10.4	n.a.	5.3
1965	11.3	n.a.	2.4
1970	8.7	n.a.	3.7
1975	6.9	n.a.	3.4
1980	8.0	5.4	4.3
1985	6.6	2.9	5.2
1990	5.4	3.1	4.4
1995	5.0	5.7	3.4
2000	5.6	3.9	2.8
2005	2.2	1.3	2.6
2010	2.0	1.3	2.4
2015	1.9	1.2	2.4

출처: IISS, The Military Balance(1987-2017).

담은 비슷한 안보환경에 놓여 있던 한국(남한)과 비교할 때도 높은 수준이다. 대만은 북한으로부터의 상시적인 위협에 직면하여 많은 국방비를 지출해 온 한국보다도 GDP 대비 국방비 비율에서 2000년대 초반까지 항상 높은 수준을 유지하였다. 이러한 수치는 대만이 안보위기를 심각한 문제로 인식하고 군사력 확장을 위해 많은 비용을 지불해 왔음을 보여주고 있다.

그러나 안보환경이 초래하는 이러한 부정적인 영향에도 불구하고 대만의 불안정한 안보조건은 경제발전을 위한 긍정적인 결과를 초래하였다. 자신보다 물질적 능력 면에서 크고 강력할 뿐만 아니라 군사적인 공격을 감행할 의도를 지닌 국가를 적으로 대면하고 있는 물질적으로 작고 약한 국가는 자신의 군사력을 강화하는 데 필요한 경제발전에 대한 강력한 욕구와 동기를 지닌다. 중국으로부터의 군사적 위협은 대만에게 중국에 대항할 군사적 능력을 뒷받침할 경제발전을 이루어야 할 절박한 필요성과 이를 국가주도형 산업화의 방식을 통해 달성할 정책적 수단들을 제공하여 대만의 경제발전에 긍정적인 기여를 하였다.

이는 경제발전 모델에 반영되어 나타났는데 경제성장을 달성하기 위해 국민당 정권은 발전국가 모델에 기반한 국가주도형 산업화를 추진하였다. 자신보다 경제적으로 우월한 중국을 따라잡아야 한다는 급박성과 강력한 경제적 민족주의는 국민당 정권으로 하여금 정부와 기업이 산업화와 경제성장을 위해 협력적 관계를 맺는 것을 가능케 하였다. 정부에 의한 자원 배분의 통제, 국내경제와 국제경제에 대한 국가의 개입, 기술 개발을 위한 정부의 역할과 효율적인 공기업의 활동 등을 통해 대만은 단기간 내에 국제적인 경쟁력을 지닌 국가경제를 구축할 수 있었다(Wade 1990).

또한, 대만은 경제발전을 위해 냉전의 안보환경 속에서 수출지향

적인 경제전략을 채택하였고 이는 냉전기 미국의 안보이익과 부합하
였다. 대만이 과도한 국방비를 지출하면서도 높은 수준의 경제성장을
지속할 수 있었던 것은 수출지향적 경제전략을 통해 세계시장에서 경
쟁하면서 인적자본과 상품의 질 향상, 상업적 적응성 등을 확보할 수
있었기 때문이다(Chan 1988, 918-919). 대만의 수출지향 정책이 성공
할 수 있었던 데에는 냉전기 안보환경 속에서 이루어진 미국의 역할을
배제할 수 없다. 공산주의 팽창을 동아시아에서 봉쇄해야 한다는 미국
의 안보이익은 미국으로 하여금 자국의 국내시장을 대만에 개방하고
대만의 수출품을 흡수하는 등 우호적인 무역정책을 대만에 시행하여
대만의 수출지향적 국가주도형 산업화의 성공이 가능하도록 하였다
(Pempel 1999). 이와 같은 과정을 통해 대만은 〈표 6〉에서 보듯 경제
성장률, 투자, 수출, 1인당 소득 등의 지표에서 높은 경제적 성과를 이
루게 된다.

　요컨대, 중국과의 분단 상황과 중국으로부터의 군사적인 안보위
협이 대만의 정치와 경제에 미치는 부정적인 영향에도 불구하고, 대만
은 이러한 안보환경 속에서 민주화와 경제발전이라는 두 가지 목표를
모두 이루게 된다. 중국으로부터의 상시적 군사위협 속에서 "중국과
군사적으로 같아져야 한다"라는 물질적 능력 강화의 필요성은 대만의

표 6 대만의 경제 지표들 (1967-1995, 단위: 연간 성장률)

	국민총생산	투자(GFCF)	수출	1인당 소득
1967-80	9.8	13.8	18.6	6.8
1981-86	8.0	1.9	12.5	6.2
1987-90	8.5	13.8	7.2	7.5
1991-95	6.4	8.7	6.1	5.4

출처: Howe(1996, 1172).

경제발전에 긍정적인 기여를 하였고, 중국과 차별성을 드러내어 국제
사회의 지지를 확보하기 위해 "중국과 정치적으로 같아서는 안 된다"
라는 규범적 능력 강화의 필요성은 대만의 민주주의가 제도적으로 발
전하는 데 긍정적인 기여를 하였다. 중견국 대만의 출현은 중국으로부
터의 군사적 위협이라는 안보환경과 대만의 대외정책이 국내적인 정
치 및 경제와 상호작용하여 나타난 결과임을 말해주고 있다.

IV. 중견국 대만의 외교정책

1. 수교외교의 위기와 가입외교의 모색

1949년에서 1960년 이전 시기 동안 대만의 외교정책은 반공동맹의 형
성, 미국과의 관계개선, 중국의 UN 가입 저지, 그리고 대만과 여전히
공식적인 외교관계를 맺고 있는 나라들이 중국 쪽으로 돌아서는 것을
예방하는 데에 주된 목표를 두었다. 이 시기 동안 대만은 비공산주의
국가들이 중국에게 경제적, 군사적 지원을 하거나 중국을 외교적으로
인정하는 것을 막고자 하였으며, 대만이 중국을 대표하는 유일한 합법
적인 정부임을 국제사회에 강조하였다. 중국에서 공산주의 정부가 수
립된 직후 거의 모든 공산주의 국가들이 중국을 외교적으로 인정한 반
면, 오직 소수의 비공산주의 국가들만이 중국 쪽으로 돌아섰다. 비공
산주의 국가들의 이러한 태도는 한국전쟁과 냉전의 전개로 인한 중국
에 대한 적대적 태도의 형성과 미국의 중국에 대한 반공 억제정책에
기인한 바 크다. 덴마크, 네덜란드, 스웨덴, 영국이 1950년에, 프랑스가
1964년에 중국을 공식 인정했지만, 이들은 UN 내에서는 대만에 대한

지지를 유지하였다. 한국, 필리핀, 태국, 남베트남 등의 아시아 국가들, 중국을 인정한 이라크, 시리아, 예멘 등 몇몇 국가들을 제외한 대부분의 중동 국가들, 그리고 아프리카와 남미의 많은 국가들이 대만과 공식적 외교관계를 유지하였다. 이러한 분위기 속에서 대만은 1971년까지 UN 내 절반 이상의 국가들로부터 지지를 받아 합법적으로 중국을 대표하는 국가로서의 지위를 유지할 수 있었다(Wang 1990, 3-4).

그러나 1970년대 들어 대만은 심각한 외교적인 위기에 직면하게 된다. 대만의 수교국은 〈표 7〉에서 보는 바와 같이 1970년대 들어 급격히 감소하여 중국의 수교국 숫자에 추월당하게 된다. 1970년 캐나다가 중국을 승인한 이후 일련의 중국 승인 도미노 현상이 나타났다. 대만이 "중국과 같은 하늘 하에 살 수 없다"는 정책 하에 중국과 수교한 국가를 비우호적 국가로 규정하고 이들과 공식적 관계를 단절했던 반면, 중국은 이 시기 "반서구제국주의", "반자본주의", "세계공산주의 혁명" 등 공격적이고 강한 원칙을 내세우던 경직된 외교에서 탈피하여 탄력적이고 실용적인 노선으로 전환하면서 많은 국가들을 외교 파트너로 끌어들일 수 있었다. 대만은 1971년 UN에서의 지위를 상실하였고, 1972년 일본이, 1978년에는 미국이 대만을 대신하여 중국과 수교하였다(Wang 1990, 8-10).

수교의 측면에서 대만의 국제사회 내 외교적 존재감은 지속적으

표 7 대만과 중국의 공식 수교국 숫자의 변화

	대만	중국
1970	71	48
1973	39	84
1979	24	117

출처: Wang(1990, 7-8).

로 감소하여 2010년대 들어 대만의 수교국은 21개로 감소하였다. 국
제기구에의 참여 역시 주권국가라는 국가성을 가입 요건으로 하는 국
제기구들은 중국의 반대로 인해 가입이 무산되어 왔다. 대만의 관리들
은 외교업무로 해외로 나가 외국 정부의 고위 관리들과 상호작용할 수
있는 능력이 제약되어, 대만이 미국에 설치한 경제문화대표부(Taipei
Economic and Cultural Representative Office in the United States),
미국이 대만에 세운 미국재대협회(American Institute in Taiwan)와 같
은 조직을 통한 비공식적인 관계만을 유지할 수밖에 없는 상황에 놓였
다(Chen 2016, 41).

　　대만은 수교국들의 급격한 이탈에 직면하면서 추가적인 이탈을
막고 새로운 수교국을 모색하기 위한 정책적 변화를 시도하였다. 1970
년대 수교국 이탈을 야기한 경직된 외교적 접근법을 탈피하여 중국과
수교한 국가와도 수교관계를 맺거나 유지할 수 있다는 입장을 취하였
다. 1988년 사우디아라비아가 중국과의 국교 정상화를 향한 1차 단계
돌입을 선언하였을 때 대만은 중국과 국교를 맺고 있는 나라와의 수
교 거절을 더 이상 고집하지 않겠다고 밝혔다. 1989년 "한 국가, 두 개
의 동등한 정부(one country, two equal government)"의 모델에 기반
하여 Grenada가 중국과의 국교 관계를 유지하면서 대만과 수교한 이
후 Liberia, Lesotho, Guinea Bissau도 같은 방식의 이중 인정(dual
recognition) 모델에 기반하여 대만과 국교를 체결하였다(Hughes
1994, 54-55).

　　아울러 대만은 공산주의 종식과 함께 경제개혁을 시도하면
서 해외투자를 필요로 하던 동유럽과 소련 등의 구공산주의 국가들
을 새로운 수교 대상으로 보고 자신의 경제력을 무기로 접근하였다
(Tubilewicz 2004). 〈표 8〉에서 보듯 대만은 1980년대 후반과 1990

년대 초반 사이 유럽의 구공산주의 국가뿐만 아니라 아시아, 아프리카, 중남미 국가들을 대상으로 한 대규모 해외 원조를 단행하였고, 이를 바탕으로 Bahama, Belize, Grenada, Nicaragua, Central African Republic, Liberia, Niger 등과 공식적인 수교관계를 맺을 수 있었다.

또한 〈표 9〉에서 보듯 대만은 자신의 신장된 경제력을 바탕으로 2010년대 이후 매년 2억 7000만 달러 이상의 해외개발원조(Official Development Assistance)를 지속적으로 단행해 왔다. 이는 대만의 국민총소득(Gross National Income)에서 0.05% 이상을 차지하는 액수이다. 대만은 해외원조정책의 목표를 자신의 외교적 동맹국들과 우호적인 국가들이 지속가능한 발전을 이루도록 도와줌으로써 자국과의 협력관계를 증진시키고 이들과의 양자관계를 더욱 공고화시키기 위한 것으로 설정하고 있다(Ministry of Foreign Affairs 2009, 41).

한편 대만은 개별 국가들을 대상으로 한 수교관계에 있어서 위기와 한계에 직면하면서 국제기구에의 가입과 참여에 관심과 노력을 기울였다. 국가 자격으로 참석하는 국제적 정부간기구(IGOs)뿐만 아니라 국가 자격이 아닌 다른 자격으로 참석할 수 있는 국제적 비정부간기구(INGOs)도 대만 가입 외교의 주요 대상이었다(Hughes 1994, 49).

1992년 9월 29일 관세 및 무역에 관한 일반협정(GATT)은 대만에 "대만, 펑후, 킨먼, 마쯔의 관세 지대(Customs Territory of Taiwan, Penghu, Kinmen, and Matsu)"의 지위를 부여함으로써 참관인(observer) 자격으로 참여할 수 있는 자격을 부여하였다(Hughes 1994, 55). 그리고 2002년 1월 1일 세계무역기구(WTO)는 대만에 GATT가 부여했던 것과 같은 이름으로 정식 회원자격을 부여하는 것을 결정하였다(Winkler 2014, 248). 대만은 아시아개발은행(Asian Development Bank), 아시아태평양경제협력기구(Asia-Pacific

표 8 대만의 주요 해외 원조 (1988-1992)

국가	연도	규모/내용
Belarus	1992	100만 US$/금융과 의료지원
Hungary	1991	경공업 관리자 기술훈련
Russia	1992	1만 톤/쌀
Ukraine	1992	150만 US$/의료지원
Indonesia	1989-91	170만 US$
Philippines	1990	20만 US$/지진피해원조; 30만 US$/직업훈련; 150만 US$/ 어류연구
Thailand	1989-91	170만 US$
Mongolia	1992	2000 톤/쌀
Bahamas	1989	250만 US$
Belize	1989	50만 US$/도로와 전력발전소 건설
Costa Rica	1988-90	900만 US$/수출처리지대; 5천 5백만 US$/저리대출
Grenada	1989	1000만 US$
Honduras	1991	2000만 US$/저리대출
Nicaragua	1990	1억 US$/3년 저리대출
Panama	1989-90	7백 80만 US$/수출처리지대
Paraguay	1989-91	320만 US$/구호 및 프로젝트 펀딩
Central African Republic	1992	20만 US$/수단 이민자 및 기술지원
Lesotho	1989-92	3000만 US$/알려지지 않음; 100만 US$/식량원조
Liberia	1989	2억 1200만 US$/고속도로프로젝트 대출과 교육
Malawi	1992	300만 US$/가뭄 피해지원
Niger	1992	5000만 US$/경제지원
South Africa	1991	6000만 US$/저리대출
Swaziland	1992	100만 US$/식량원조
Papua New Guinea	1989	1765만 US$/건설프로젝트
Solomon Islands	1989-91	71만 US$
Jordan	1991	2000만 US$/걸프전 기아구호
Kurdish refugees	1991	1000만 US$/걸프전 기아구호
Turkey	1991	200만 US$/걸프전 기아구호
Asian Development Bank	1992	1500만 US$/"아시아 개발기금"
Central American Bank for Economic Development	1991	1억 5000만 US$/"중앙아메리카 경제 및 사회발전기금"
European Bank for Reconstruction and Development	1991	1000만 US$/동유럽을 위한 "중국타이베이-유럽은행 협력기금"
South Pacific Forum	1992	개별 회원국에 대한 경제지원 가능

출처: Lee(1993, 47-48).

표 9 대만의 해외개발원조 (2009-2018) (단위: 1백만 달러)

연도	2009	2010	2011	2012	2013	2014	2015	2016	2017	2018
총액	411	380	381	304	271	273	277	327	310	301
GNI 내 비중(%)*	0.130	0.101	0.093	0.061	0.054	0.050	0.052	0.060	0.054	0.051

출처: National Development Council, 2012-2019.
*GNI는 국민총소득(Gross National Income)을 의미.

Economic Cooperation, APEC) 등 약 30여 개의 정부간기구에 가입하였고, 1984년 대만 경제인 모임이 태평양지대경제협의체(Pacific Basin Economic Council, PBEC)에 '대만 주재 PBEC 중국인 구성원 협의체'의 이름으로 회원자격을 취득한 것을 비롯하여 약 20여 개의 비정부기구 및 그 산하 단체에 참관인 또는 회원의 자격을 지니고 있다(Chen 2016, 42; Hughes 1997, 49).

그러나 대만이 국가 자격으로 참석하는 정부간기구에 가입하는 것은 중국의 반대와 압력에 의해 많은 난관에 봉착하였다. 대만은 관세지역의 지위로 WTO의 회원자격을 취득하였으나 WTO 산하의 정부조달협약(Government Procurement Agreement, GPA)에 대만이 들어가려는 시도는 주권과 관련된 문제를 야기하였다. 대만은 WTO의 회원으로서 이 협약에 들어갈 수 있는 기본적인 요건은 갖추었으나 정부의 민간조달을 주요 안건으로 다루는 협약의 특성상 각종 문서와 회의에서 대통령(총통)실, 외교부, 국방부와 같이 정부의 부서에 대한 용어를 사용하는 것이 불가피하여 대만을 관세지역이 아닌 정식 주권국가로서의 법적 지위를 사실상 인정하게 되는 문제가 발생하였다. GPA는 대만을 협약에 받아들이는 조건으로 가입문서에 주석을 달아 협약국 명단에 대만의 이름이 올라가는 것이 대만의 주권국 지위를 인정하는 것이 아님을 명시하는 안을 제안하였다. 대만은 천수이볜(陳水扁) 정부 시기 이러한 제안을 거부하였으나 이후 마잉주(馬英九) 정부가 이 안을 수용하면서 GPA에 가입하게 되었다(Winkler 2014, 250).

또한, 대만은 1972년 UN에서 축출되면서 상실한 세계보건기구(WHO) 회원의 자격을 회복시키기 위한 노력을 1997년에 재개하였다. 참여자격으로 국가요건을 요구하는 UN 산하 전문 조직이기에 WHO 가입은 대만의 주권 문제와 밀접히 관련된 사안이었다. 1997년부터 대만은 WHO의 고위급 회담인 세계보건총회(World Health Assembly, WHA)에 참관자(옵저버) 자격을 지속적으로 신청하였지만 번번이 거부되었다. 2007년 천수이볜 정부가 제출한 정식 회원국 자격 신청은 접수조차 거부되었다. 그러나 이후 2008년 마잉주 정부는 대만이 아닌 "중국 타이베이"(Chinese Taipei)의 이름으로 참관자 자격을 신청하였고 2009년부터 WHA의 초청을 받게 되었다(Winkler 2014, 250-256).

2. 중견국 외교정책 수단

대만이 1970년대 직면했던 수교외교의 위기를 극복하기 위한 타개책을 모색하고 가입외교를 통한 대안적 노력을 기울일 수 있었던 것은 대만이 경제성장과 민주화를 통해 중견국으로 발전했기에 가능한 일이었다. 중견국 대만이 보유한 경제력과 민주주의는 대만의 외교정책에 필요한 새로운 정책적 도구를 제공하였다.

먼저 민주화는 대만이 국제사회에서 자신의 이념적, 규범적 정당성을 증대시키기 위한 중요한 외교적 수단으로 기능하고 있다. 대만은 자신의 민주주의 성과를 내세워 해협 너머 권위주의 국가와 구별되는 자신만의 독립적인 민주주의 정치체의 존재와 자유를 수호하고자 노력하는 "자유와 민주주의의 투사"로서의 이미지를 국제사회에 전달하고자 시도하였다(Horowitz & Tan 2007, 124). 대만의 민주주의는 대륙에서 중국이 보여주는 권위주의 체제의 지속과 인권탄압과 비교되어 국제사회에서 중국과 경쟁하기 위한 규범적 수단으로 활용되었다(Wang 1990, 11).

특히 대만의 민주주의가 공고화 단계로 진입하면서 대만은 자신의 민주주의 성과를 외교정책의 수단으로 적극적으로 활용하고 있다. 자신이 가입할 수 있는 거의 모든 국제조직에 적극적으로 가입하려는 대만의 시도는 비록 국제적으로 주권국가로서의 승인을 얻고자 하는 의도에서 이루어지고 있으나 핵심적인 국제레짐이 효과적으로 작동하는 데 있어 자신의 참여가 매우 중요하며 자신이 폭넓게 공유되는 국제사회의 목표와 가치를 증진시키기 위해 기여해 왔음을 강조하고 있다. 예컨대 유엔 시민적·정치적 권리규약(International Covenant on Civil and Political Rights, ICCP), 경제적·사회적 및 문화적 권리에 관한 국제규약(International Covenant on Economic, Social and Cultural Rights, ICESCR)에 가입하려던 대만의 노력은 비록 승인을 얻어내지는 못했지만, 자신이 이 규약들을 실천하고 있다고 주장하면서 민주주의 국가로서 국제규범의 준수와 확립에 기여하고 있음을 대외적으로 알리고자 하였다(deLisle 2014, 278).

이를 통해 대만은 국제적인 사안에 대해 호소력 없고 위협적인 접근을 취하는 중국과 달리 자신은 국제사회의 규범에 대한 지지와 체제 수호적인 입장을 지니고 있음을 강조해 왔다. 대만은 중국과 달리 범세계주의적(cosmopolitan)인 민주주의 규범, 인권, 그리고 법치를 공유하고 있음을 강조하는 전략을 통해 가치에 기반한 호소력을 확보하여 안보 강화를 포함한 자신의 목표를 이룰 능력을 국제사회의 지지를 통해 증대시키고자 한다. 자신의 민주주의에 대해 중국 역사상 최초의 민주주의라는 의미를 부여하면서 대만은 자신이 대륙의 중국이 어떻게 변화해야 할 것인가에 대한 모델이자 경고의 표지(beacon)이며 이것이 미국을 비롯한 국제사회가 대만을 지지해야 하는 이유라 주장한다 (Hughes 1994, 42).

대내적인 민주주의의 성과를 바탕으로 민주주의 규범을 대외적인 수단으로 사용하는 대만의 외교전략은 특히 대미외교에서 적극 활용되고 있다. 2019년 3월 26일 차이잉원(蔡英文) 총통은 태평양의 외교 동맹국들인 팔라우(Palau), 나우루(Nauru), 마샬 군도(Marshall Islands)를 방문하고 귀국하는 길에 하와이를 경유방문(stopover)하였다. 하와이에서 차이 총통은 "미국-대만 관계가 그 어느 때보다 강력"하다고 평가하면서도, 중국의 해로운(malign) 영향력이 도처에서 분명히 드러나고 있지만 미국의 존재감이 대체로 부재하고 있음을 지적하면서, 미국이 "대만의 민주주의에 침투하고 이를 약화시키고 궁극적으로는 없애려고 하는 중국의 무지막지한 노력이 지닌 위험성을 자각해야"함을 촉구하였다(Rogin 2019). 또한 같은 해 7월 12일 카리브해 4개국 순방길에 미국을 경유하며 컬럼비아 대학에서 개최한 좌담회에서 차이 총통은 대만이 "전 세계적으로 민주주의 이행의 표준을 설정"했으며, 대만이 "인도-태평양 지역에서 민주주의의 핵심적인 요새"이므로 대만의 생존은 단지 양안관계의 문제에 머물지 않으며, 따라서 "자유롭고 민주적인 대만"에 대한 국제사회의 지지가 필요함을 역설하였다(Yang and Chin 2019, 1). 이는 권위주의 체제에 기반한 중국이 민주주의 체제에 대해 국제적인 위협을 가하는 상황에서 미국이 대만을 포함한 민주주의 체제 국가들을 수호해야 함을 피력한 것으로서 대만 정부가 민주주의 규범을 자국의 안보 목적을 위한 외교적 수단으로 활용하고 있음을 보여주고 있다.

한편, 대만의 경제력 증강 역시 대만으로 하여금 국제적인 고립 상태를 타개하기 위한 수단을 제공하였다. 대만은 국제사회에서 외교적 인정을 받지 못하는 자신의 취약성을 경제적 관계 형성을 통해 만회하는 전략을 사용하였다(Hughes 1994, 49). 대만의 경제적 성공은 대만에게 외교정책을 위한 중요한 수단을 제공하였다. 국제사회에서 대만이 지닌 위상은 전후 급속한 경제성장을 통한 글로벌 교역국과 기술적으로 진보된 경제로 도약한 데에서 많은 부분 기원한다. 그러나 경제력을 외교정책의 수단으로 활용하는 대만의 전략은 단순히 물질적 자원을 수교나 자신에 대한 지지를 확보하기 위한 물량 공세적인 "은탄외교"(銀彈外交)에 머물지 않는다. 대만은 단순히 양적 측면의 경제적 중요성뿐만 아니라 점차 자유주의에 기반한 세계화된 경제 속에서 시장경제, 투명성, 법치, 지적 재산권을 중시하는 책임감 있는 협력적 파트너로서의 자기 이미지를 구축하고자 한다. 이를 통해 대만은 현상 변경 또는 위협국으로서의 중국을 자신과 대조시키고 대만이 미국 등 여러 선진국들과 공통점을 지니고 있음을 강조하며 지지를 촉구하고 있다. 대만이 WTO에 지속적으로 가입을 추진할 때 대만은 중국과는 달리 자신이 GATT의 규칙과 자유주의 경제원칙을 존중하고 지키고 있음을 강조하였다. 이를 통해 대만은 국제사회에서 받아들여질 자격이 있는 호소력 있는 중견국(appealing lesser power)이라는 메시지를 전달하고자 하였다. 대만은 WTO와 환태평양경제동반자협정(Trans-Pacific Partnership Agreement, TPP)에 가입을 추구할 때에도 기존의 국제적 규범과 제도를 자신이 지지하고 있음을 주장하였다(deLisle 2014, 276-277).

제도화된 규범으로서의 민주주의를 실행하고 국제사회의 자유주

표 10 외교수단과 외교대상에 따른 중견국 외교정책의 다양성

외교 수단

		경제력	가치
외교 대상	국가	I. 포섭적 수교외교 (Cooptive Diplomacy)	II. 대항적 규범외교 (Counter-Norm Diplomacy)
	국제기구	III. 이해적 가입외교 (Benefit Sharing Diplomacy)	IV. 보편적 규범외교 (Universal Norm Diplomacy)

출처: 저자.

의 시장경제의 원칙을 존중하는 발전된 경제체제를 지닌 중견국으로의 성장은 대만이 단순히 개별적인 국가를 대상으로 물질적 수단을 수교의 도구로 사용한 '은탄외교'에서 벗어나 〈표 10〉에서 보는 바와 같이 개별국가와 국제기구를 상대로 자신의 경제능력과 규범능력으로 접근하는 다양한 외교정책을 펼치는 것을 가능하게 하였다.

이들 네 가지—①'포섭적 수교외교', ②'대항적 규범외교', ③'이해적 규범외교', ④'보편적 규범외교'—의 외교정책들은 자신보다 물질적 능력에서 강력하지만 규범적 측면에서 취약한 중국을 상대로 대만이 효과적으로 국제사회의 지지를 얻어 자신의 안보환경의 위기를 극복하기 위한 수단으로 활용된다는 점에서 공통점을 지니고 있다. 민주주의와 시장경제에 바탕을 둔 국제협력과 공동번영이라는 규범 자체가 대만이 궁극적으로 실현하고자 하는 목표로 제시되고 있지만, 이러한 규범이 대만의 안보이익이라는 현실적인 목표를 위해 구체적인 외교정책으로 활용되고 있다는 점이 중견국 대만이 보여주고 있는 독특한 외교정책의 특성이다.

3. 대내외적 정책제약

중견국으로 성장한 대만이 민주화와 경제발전이 제공하는 새로운 수
단들을 보다 효율적이고 폭넓은 방식으로 외교정책에 활용할 수 있게
되었지만, 민주화와 경제발전은 대만의 외교정책을 제약하는 변수로
도 기능하고 있다. 이는 대만과 민족적 정체성의 문제와 얽혀 있고 점
차 대만의 경제에서 중요한 비중을 차지하는 중국과의 대외적 관계를
어떻게 설정할 것인가의 문제가 대만 내부의 정치경제적 갈등과 결합
되고 이것이 정책결정자에게 영향을 주면서 나타나고 있다.

　　1986년 등장한 대만 최초의 야당이자 두 번의 정권교체를 통해 집
권여당의 지위를 차지한 민진당은 중국으로부터 독립적인 대만의 정
체성에 기반한 주권국가의 수립을 지향하는 반면, 국민당은 중국으로
서의 정체성을 대만이 유지할 것과 중국과의 통일을 국가적 목표로 제
시하고 있다. 중국과의 관계와 대만의 미래에 대한 이러한 상이한 아이
디어와 정책은 이 두 정당 사이 그리고 이를 지지하는 집단들 사이의
정치적 갈등과 정체성 충돌의 문제와 깊이 연관되어 있다(Wang and
Chang 2006, 377).

　　그러나 앞서 논의한 대만의 민주화와 민주주의 국가로서의 대만
의 새로운 정체성은 정책결정자들이 중국에 대한 대외정책을 단순히
중국인으로서의 정체성과 대만인으로서의 정체성이라는 이분법적 구
조가 아니라 보다 복잡한 정책 제약 속에서 추진하게 만들었다. 민주
화가 전개되던 1990년 6월의 한 서베이에서 1,128명의 응답자 중 "만
약 중국이 일당 독재를 지속한다면" 대만의 독립을 지지할 것이라고
답한 비율이 42%였던 반면, "만약 중국이 민주주의와 자유를 실행한
다면" 대만의 독립을 지지할 것이라고 답한 비율은 5%였다. 이는 대

만의 국내적인 민주화와 중국의 정치발전 상황이 대만 외교정책 결정자의 대중 정책에 대해 새로운 제약으로 기능하고 있음을 말해 준다(Wachman 1994, 231). 이러한 현상은 2019년 송환법 사태로 촉발된 홍콩 시위가 2020년 총통 선거를 앞둔 대만의 대선 후보 지지도에 미친 영향을 통해서도 잘 드러난다. 2019년 상반기까지 국민당 한궈위(韓國瑜) 후보에게 지지율에서 밀리고 있던 차이 총통은 홍콩 사태가 격화되던 7월부터 지지율 역전이 일어나 10월 여론조사에서는 52%를 기록하여 한궈위 후보의 39%를 크게 앞지르게 되었다(정용환 2019). 즉, 중국인 정체성을 대변하는 국민당도, 대만인 정체성을 대변하는 민진당도 중국의 정치적 민주주의 상황에 따라 중국에 대한 대외정책을 달리 판단하고 접근해야 하는 새로운 제약에 직면하게 되었다.

대만의 경제발전과 중국과의 경제적 관계 확대 역시 대만의 정책결정자에게 또 다른 제약을 제공한다. 대만과 중국 사이의 경제적 관계는 냉전의 종식과 세계화의 전개 이후 급속히 심화되었다(오승열 2017). 비록 이 두 국가 사이의 군사적 긴장과 갈등은 여전히 지속되고 있으나 자본과 물적, 인적 차원의 교류를 통한 경제와 문화 영역에 있어서는 상당한 관계개선이 그 동안 이루어졌다. 이러한 국제적 조건의 변화는 중국을 능가하는 경제력을 구축하자는 경제민족주의의 목표 하에 국가주도형 산업화 정책을 추진하던 과거의 단순한 정책적 접근법과는 달리 대만이 경제정책 차원에서 어떻게 중국을 대해야 할 것인가와 관련하여 국내적인 갈등과 결합된 새로운 정책적 제약에 직면하게 만들었다.

대만 경제가 고속성장기를 지나 점차 성장이 둔화되고 경제구조 면에서 중국과의 교역과 교류에 크게 의존하게 되면서 대만의 정책결정자들은 중국과 우호적인 관계에 기반한 경제성장과 경제적 이익을 달성하고자 하는 집단들의 정치적 압력으로부터 자유로울 수 없게 되었다. 이와 함께 중국으로부터의 강력한 군사안보적 위협이 여전히 지속되는 상황에서 중국과의 경제관계 확대와 심화가 대만의 대중국 의존성과 취약성을 증대시킬 것을 우려하는 집단들 또한 강하게 존재하고 있다. 이러한 내부적 갈등은 대만의 대중국 경제정책과 관련하여 상충하는 정치적 압력을 정책결정자들에게 가하고 있으며, 국민당과 민진당은 상이한 정책방안을 유권자들에게 제시해 왔다. 국민당은 2008년 입법원 선거에서 중국과의 무역확대를 통한 경제성장을 주장하였고, 2012년 입법원 선거에서는 중국과의 경제협력구상협정(Economic Cooperation Framework Agreement, ECFA)을 통해 지속적인 경제성장을 이루겠다고 공약하였다. 이 두 선거에서 연이어 승리한 국민당은 중국과 ECFA에 조인하였고 이후 중국과의 전면적인 무역관계 확장에 돌입하였다. 그러나 이 두 선거에서 민진당은 중국과의 무역 확대를 주장하는 국민당의 공약이 대만의 대중국 경제종속을 강화하고 부의 불평등을 초래할 것이라 비판하였다(지은주 2016, 67). 2016년 총통선거에서 승리하여 집권한 차이 총통은 대만 경제의 중국 의존도를 낮추기 위한 일련의 탈중국 정책을 시행하였으나 이는 중국으로부터의 경제보복을 초래하였다. 이후 대만경제가 어려워지면서 차이 정부는 2018년 11월 지방선거에서 참패하였고 이는 2020년 총통 재선에서 민진당 집권에 대한 전망을 어둡게 만들었다. 중국에 대한 경제정책을 둘러싼 대만 내부의 이러한 갈등은 국민당과 민진당 모두 중국에 대한 외교정책에 있어 대내적 차원의 이익집단의 목소리와 대외적 차원의 대중국 경제의존이라는 새로운 정책적 제약 속에서 중견국 외교를 전개해 나아야 함을 의미하고 있다.

V. 결론

본 논문은 강력한 군사적 위협이 상존하는 안보환경 속에서 민주화와 경제발전에 기반한 중견국이 어떻게 형성되고, 새롭게 중견국으로 부상한 국가가 보여주는 외교정책의 특성이 무엇인가를 대만의 사례를 통해 정책결정자에게 주어진 정책수단과 정책제약을 중심으로 살펴보았다. 강력한 외부위협의 존재라는 안보환경은 정치발전과 경제발전에 부정적인 영향을 미친다는 전통적인 관점과는 달리 대만의 중견국으로의 성장은 안보위협이 민주화와 경제발전에 긍정적인 영향을 미칠 수 있음을 보여주고 있다. 중견국 대만의 외교정책 사례에 대한 분석을 통해 본 논문은 경제성장과 정치발전이 물질적 능력과 규범적 능력을 양자관계와 국제기구와의 관계에 있어 정책적 수단으로 사용하는 보다 다양한 외교정책의 수행이 가능하도록 함과 동시에 새로운 국내적, 국제적 제약을 정책결정자에게 부과하여 중견국 외교정책에 있어 제약된 자율성이 나타나게 됨을 제시하였다.

이는 중견국 외교정책이 해당 국가의 경제발전과 민주화의 수준, 경쟁하는 국가 내부의 정치경제적 특성, 그리고 수교와 가입 정책 등 외교정책의 대상이 되는 국제사회의 물질적, 규범적 특성에 영향을 받으며, 따라서 중견국의 형성에 대한 이해뿐만 아니라 중견국이 보여주는 외교정책의 특성을 규명하기 위해서는 국가의 내부적 속성과 외부적 속성, 그리고 이 둘 사이의 상호작용에 대한 분석이 이루어져야 함을 말해주고 있다. 외교정책 결정자는 국가의 내부로부터 주어지는 제약과 국제정치의 구조와 규범으로부터 가해지는 제약으로부터 자유롭지 않다. 그러나 물질과 규범 등 활용 가능한 외교정책의 수단을 확대하고 강화하기 위한 정책결정자의 국내외적 차원의 노력과 성과는 외교정책의 수단과 대상의 범위를 늘릴 수 있다는 측면에서 자율성의 존재를 보여준다.

　대만 사례는 중견국 외교정책이 지닌 '제약된 자율성'의 특성을 규범과 가치가 국가의 안보 이익을 위해 적극적인 수단으로 활용된다는 특수성의 측면에서 보여주고 있다. 이는 중국과의 분단 상황과 국가의 요건을 갖추고 있음에도 국제사회에서 국가로서의 인정과 승인을 받지 못하는 불완전 주권(incomplete sovereignty)이라는 대만이 직면한 특수한 조건에서 기인한다. 반면 대만과 달리 한국은 국제사회에서는 국가로서의 인정과 승인을 이미 객관적으로 획득하고 있으나 북한과의 영토적 통일을 이루지 못해 내부적으로 불완전 주권을 지니고 있다고 인식하는 이질적인 조건을 지니고 있다. 한국처럼 상이한 국내외적 조건에 놓여 있는 중견국의 외교정책은 물질적 능력과 규범을 국제사회의 공식적인 승인과 인정을 얻기 위한 하나의 정책수단으로 활용하는 대만의 양상과는 다를 수 있다. 대만에 대한 사례분석은 중견국 외교정책의 보편성과 특수성을 이해하기 위한 출발점이 될 수 있으며, 다른 중견국들과의 비교사례 연구를 통해 중견국 외교정책의 공통점과 다양성, 그리고 이를 야기하는 원인과 조건에 대해 규명하는 작업이 이루어질 필요가 있다.

참고문헌

오승열. 2017. "대만 경제 '중국 의존' 현상의 경제적 요인 및 함의." 『중소연구』 41 (2): 225-262.

지은주. 2015. "경제이슈, 정당 재편성, 그리고 중국요소: 대만의 사례." 『국제정치논총』 55 (1): 65-99.

Chan, Steve. 1988. "Defense Burden and Economic Growth: Unraveling the Taiwanese Enigma," *The American Political Science Review* 82 (3): 913-920.

Chao, Linda, and Ramon H. Myers. 1998. *The First Chinese Democracy: Political Life in the Republic of China on Taiwan.* Baltimore: The Johns Hopkins University Press.

Chen, Dean P. 2017. *US-China Rivalry and Taiwan's Mainland Policy: Security, Nationalism, and the 1992 Consensus.* Cham: Palgrave Macmillan.

Chen, Lung-Chu. 2016. *The U.S.-Taiwan-China Relationship in International Law and Policy.* Oxford: Oxford University Press.

Cooper, Andrew F., Richard Higgott and Kim Nossal. 1993. *Relocating Middle Powers: Australia and Canada in a Changing World Order.* Vancouver: UBC Press.

Deger Saadet, and Ron Smith. 1983. "Military Expenditure and Growth in Less Developed Countries," *The Journal of Conflict Resolution* 27 (2): 335-353.

deLisle, Jacques. 2014. "Taiwan and Soft Power: Contending with China and Seeking Security," In Jean-Pierre Cabestan and Jacques deLisle (eds.), *Political Changes in Taiwan under Ma Ying-jeou: Partisan Conflict, Policy Choices, External Constraints and Security Challenges.* London: Routledge.

Downing, Brian. 1988. "Constitutionalism, Warfare, and Political Change in Early Modern Europe," *Theory and Society* 17: 7-56.

Hintze, Otto. 1975. "Military Organization and the Organization of the State," In Felix Gilbert (ed). *The Historical Essay of Otto Hintze.* Oxford: Oxford University Press.

Hiscox, Michael J. 2001. "Class versus Industry Cleavages: Inter-Industry Factor Mobility and the Politics of Trade," *International Organization* 55 (1): 1-46.

Horowitz, Shale, and Alexander C. Tan. 2007. "Rising China versus Estranged Taiwan," In Shale Horowitz, Uk Heo, and Alexander C. Tan (eds.), *Identity and Change in East Asian Conflicts: The Cases of China, Taiwan, and the Koreas.* New York: Palgrave Macmillan.

Howe, Christopher. 1996. "The Taiwan Economy: The Transition to Maturity and the Political Economy of Its Changing International Status," *The China Quarterly* 148: 1171-1195.

Hughes, Christopher. 1997. *Taiwan and Chinese Nationalism: National Identity and*

Status in International Society. London: Routledge.

International Institute for Strategic Studies (IISS). 1987-2017. *The Military Balance*. London: Institute for Strategic Studies.

Johnson, Chalmers A. 1982. *MITI and the Japanese Miracle: The Growth of Industrial Policy, 1925-1975*. Stanford: Stanford University Press.

Katzenstein, Peter J. 1996. *Cultural Norms and National Security: Police and Military in Postwar Japan*. Ithaca: Cornell University Press.

Keohane, Robert. 1984. *After Hegemony: Cooperation and Discord in the World Political Economy*. Princeton: Princeton University Press.

Lasswell, Harold. 1997. *Essays on the Garrison State*. New Brunswick: Transaction Publishers.

Lee, Wei-Chin. 1993. "Taiwan's Foreign Aid Policy," *Asian Affairs: An American Review* 20 (1): 43-62.

Lin, Syaru Shirley. 2016. *Taiwan's China Dilemma: Contested Identities and Multiple Interests in Taiwan's Cross-Strait Policy*. Stanford: Stanford University Press.

Lo, Chang-fa. 2011. "Taiwan: External Influences Mixed with Traditional Elements to Form its Unique Legal System," In E. Ann Black and Gary F. Bell (eds.). *Law and Legal Institutions of Asia: Traditions, Adaptations and Innovations*. Cambridge: Cambridge University Press.

Martin, Jeffrey. 2014. "The Confucian Ethic and the Spirit of East Asian Police: A Comparative Study in the Ideology of Democratic Policing," *Crime, Law, and Social Change* 61: 461-490.

Martin, Jeffrey, Charles K. Chang, and Sandy Y. Yeh. 2007. "Police Professionalism in Taiwan China, 1953-1993." The 7th AAPS Annual Conference Paper in Thailand, pp. 228-239.

Mattlin, Mikael. 2011. *Politicized Society: The Long Shadow of Taiwan's One-Party Legacy*. Copenhagen: Nordic Institute of Asian Studies.

McBeath, Gerald. 1979. "Political Training and Attitudes of Taiwan's Police Recruits," *International Journal of Comparative and Applied Criminal Justice* 3 (2): 157-166.

Ministry of Foreign Affairs. 2009. White Paper on Foreign Aid Policy. Republic of China, Taiwan.

Nolan, Janne E. 1986. *Military Industry in Taiwan and South Korea*. New York: Palgrave Macmillan.

Pempel, T. J. 1999. "The Developmental Regime in a Changing World Economy," In Meredith Woo-Cumings (ed.), *The Developmental State*. Ithaca, New York: Cornell University Press.

Peng, Ming-min. 1971. "Political Offences in Taiwan: Laws and Problems," *The China Quarterly* 47: 471-493.

Pepinsky, Thomas B. 2008. "Capital Mobility and Coalitional Politics: Authoritarian
    Regimes and Economic Adjustment in Southeast Asia," *World Politics* 60: 438-474.
Rigger, Shelley. 2014. "Political Parties and Identity Politics in Taiwan." In Larry
    Diamond and Gi-Wook Shin (eds.), *New Challenges for Maturing Democracies in
    Korea and Taiwan*. Stanford: Stanford University Press.
Robertson, Jeffrey. 2017. "Middle-Power Definitions: Confusion Reigns Supreme,"
    Australian Journal of International Affairs 71 (4): 355-370.
Rogowski, Ronald. 1989. *Commerce and Coalitions: How Trade Affects Domestic
    Political Alignments*. Princeton: Princeton University Press.
Tilly, Charles. 1990. *Coercion, Capital, and European States, AD 990-1990*. Oxford:
    Basil Blackwell.
Tubilewicz, Czeslaw. 2004. "Breaking the Ice: The Origins of Taiwan's Economic
    Diplomacy towards the Soviet Union and Its European Allies," *Europe-Asia
    Studies* 56 (6): 891-906.
Wachman, Alan M. 1994. *Taiwan: National Identity and Democratization*. London:
    Routledge.
Wade, Robert. 1990. *Governing the Market: Economic Theory and the Role of
    Government in East Asian Industrialization*. Princeton: Princeton University
    Press.
Waltz, Kenneth N. 1993. "The Emerging Structure of International Politics," *International
    Security* 18 (2): 44-79.
Wang, Yu San. 1990. "Foundation of the Republic of China's Foreign Policy," In Yu
    San Wang (ed.), *Foreign Policy of the Republic of China on Taiwan*. New York:
    Praeger.
Wang, T.Y., and G. Andy Chang. 2006. "External Threats and Political Tolerance in
    Taiwan," *Political Research Quarterly* 59 (3): 377-388.
Winkler, Sigrid. 2014. "Taiwan in International Organizations: New Road Ahead or
    Dead-end?" In Jean-Pierre Cabestan and Jacques deLisle (eds.), *Political Changes
    in Taiwan under Ma Ying-jeou: Partisan Conflict, Policy Choices, External
    Constraints and Security Challenges*. London: Routledge.
Woo, Jongseok. 2011. *Security Challenges and Military Politics in East Asia: From State
    Building to Post-Democratization*. New York: Continuum.

신문자료
정용환. 2019. "홍콩 지켜보던 대만인들 '독립 필요없어...지금처럼 살겠다.'"『중앙일보』
    (11/6).
Rogin, Hosh. 2019. "The United States Must Help Taiwan Resist Chinese Dominance."
    The Washington Post (March 28).
Yang, Chun-hui, and Jonathan Chin. 2019. "Tsai Touts Democracy, Calls for Support,"

Taipei Times (July 14), p.1.

인터넷자료

Marshall, Monty G., and Ted Robert Gurr, Polity IV Project: Political Regime
    Characteristics and Transitions, 1800-2013 (Center for Systemic Peace). https://
    www.systemicpeace.org/polity/polity4.htm (접속일: 2019. 5. 20.)

National Development Council. Taiwan Statistical Data Book, 2012-2019.https://www.
    ndc.gov.tw/en/News.aspx?n=607ED34345641980&sms=B8A915763E3684AC
    (접속일: 2019. 12. 27.)

제12장   '지도자-중심 접근법'을 통해서 본
중견국 한국의 안보외교: 2018년
북미 핵협상 과정을 중심으로

장기영(경기대학교)

* 이 글은 장기영, 『미래정치연구』 제10권 1호(2020)에 게재된 논문을 수정·보완한 것이다.

I. 서론

2017년 미국의 트럼프 대통령은 냉전 이후 처음으로 핵으로 무장한 적국에 대하여 "명시적, 공개적 그리고 반복적으로"(explicitly, publically, and repeatedly) 전쟁위협을 가하였다(Jackson 2019, 1). 당시 많은 미국 언론에서는 북한이 탄도미사일에 탑재할 수 있는 핵탄두 소형화에 성공했다는 미 정보당국의 보고서를 대대적으로 보도하였지만, 이 같은 상황에서도 트럼프 대통령은 북한이 '화염과 분노'에 직면할 것이라며 아주 강경한 대북한 경고를 하였다. 더 나아가 트럼프 대통령은 2017년 9월 19일 유엔 총회 기조연설에서 만약 미국이나 미국의 동맹국이 북한으로부터 공격을 받는다면 북한을 완전히 파괴할 수 있다고 경고하였고, 이에 북한은 미국의 위협에 맞서 트럼프 정부가 시사했던 예방전쟁에 대한 대응으로 미국령인 괌을 폭격할 수 있다고 위협하였다. 유엔 총회에서 북한의 완전한 파괴를 언급하고 김정은 북한 국무원장을 '로켓맨'으로 조롱하며 김정은 위원장이 자살임무를 수행하고 있다고 비난했던 트럼프 대통령은 1년 후인 2018년 9월 25일에 같은 자리의 유엔 총회 연설에서 김정은 위원장의 용기와 그가 취한 조치에 대해 감사하다며 사의를 표명했다. 그렇다면 악화일로를 걸었던 북미 관계는 어떻게 1년 만에 극적으로 반전될 수 있었을까?

본 연구는 기존의 국가 중심의 구조주의적 시각에서 벗어나 강대국의 국내정치적 동학을 중심으로 중견국의 안보외교를 다루며, 그 사례로 제1차 북미 핵협상 과정에서 중견국인 한국 정부의 전략적 역할 및 기여에 대하여 분석한다. 구체적으로 본 연구는 북미 간 군사적 긴장 속에서 북한이 핵을 빌미로 역내 국제관계를 극단적으로 악화시키는 것을 막았던 한국 정부의 외교적 역할을 재조명함으로써 상위정치

(high politics)인 안보 영역에서 중견국의 외교가 취할 수 있는 다양한 전략적 가능성에 대하여 생각해 본다.

본 연구는 중견국 외교 분야에서 다음과 같은 학문적 기여를 할 것으로 기대된다. 첫째, 본 논문은 중견국의 안보외교를 분석하기 위해 국가를 단일한 합리적 행위자로 간주하는 '국가-중심 접근법'(state-centric approach)에서 벗어나 강대국 지도자의 이익과 국가 전체의 이익을 구분하는 '지도자-중심 접근법'(leader-centric approach)[1]을 사용한다. 본 연구는 기존의 중견국 연구에서 많이 사용되었던 구조주의적 또는 국가 중심적 접근법과는 달리 최근 국제정치학계에서 새롭게 조명되고 있는 지도자 중심의 접근법을 통해 국가지도자의 경험, 한계, 선호 등을 강조함으로써 중견국 외교전략의 이론적 지평을 넓혀 줄 수 있을 것으로 기대된다. 본 연구는 중견국 안보외교의 전략적 확장성에 중점을 두고 있기에 분석의 편의상 외교대상 국가의 경우와는 달리 중견국의 국내정치 동학은 특별하게 고려하지 않는다.[2] 둘째, 본 연구는 중견국 안보외교의 사례로 당초 북한에 대한 선제공격 검토를 지시했던 미국 트럼프 대통령이 결과적으로 북미 간의 협상을 택한 정치적 배경을 분석함으로써 중견국의 안보외교가 강대국 지도자의 전략적

---

1 부에노 데 메스키타(Bueno de Mesquta 2006)는 유사한 의미로 '정치경제 접근법'(political economy approach)이라는 용어를 사용한다. 그는 게임이론과 국가지도자의 국내적 이익과 유인에 관한 정치경제적 모형의 가정들이 전쟁과 평화에 관한 국제정치 연구의 발전에 많은 기여를 했다고 주장한다.

2 본 연구에서 사용하는 분석틀은 로버트 퍼트남(Putnam 1998)의 '양면게임'(two-level game)에 사용되는 '메아리'(reverberation) 전략의 경우에서와 비슷하다고 할 수 있다. 메아리 전략은 국가A가 외교대상 국가인 국가B 지도자의 윈셋 범위를 확대하기 위하여 국가B의 국민들이 국가A가 제시하는 협상조건에 더욱 우호적인 태도를 취하도록 여론의 변화를 도모하는 국가A의 외교전략으로 정의된다. 이 경우 외교대상 국가인 B국은 국가 지도자와 국내정치 행위자를 구분하는 반면 A국은 분석의 편의상 단일한 국가 행위자로 가정한다.

인식 및 정책 선호에 미친 영향을 구체적으로 조명한다. 이러한 연구는 국제정치의 구조적 제한 속에서 중견국 안보외교의 피동적 또는 제한적 측면을 강조했던 기존의 연구에서 벗어나 중견국 외교의 보다 능동적이고 동태적인 양상을 조명하는 동시에 안보 영역에서 중견국 외교의 확장 가능성을 시사한다.

　　본 논문은 다음과 같은 순서로 구성되어 있다. 제2절에서는 지금까지 중견국 외교를 설명해온 기존의 '국가-중심 접근법'을 비판하고 '지도자-중심 접근법'의 발전이 중견국 외교의 이론적 또는 분석적 지평을 확장할 수 있음을 보여준다. 제3절에서는 지도자-중심 접근법을 바탕으로 제1차 북미 핵협상 과정에서 중견국인 한국의 안보외교가 기여한 바에 대하여 구체적으로 알아본다. 제4절에서는 강대국의 국내 정치적 동학 및 강대국 지도자의 이해관계를 중심으로 중견국 안보외교의 확장 가능성 및 한계에 대하여 재조명한다. 마지막으로 결론에서는 본 논문의 내용을 요약하고 함의를 제시한다.

II. 중견국 외교: '국가-중심 접근법' vs. '지도자-중심 접근법'

1. '중견국' 이론화 현황

중견국은 강대국과 약소국 사이의 국가군을 지칭하는 개념이다. 그렇다면 중견국 외교는 국제적 위계체계 속에서 한 국가의 지위를 정의하는 현실주의에 기반한 '구조론'이라고 할 수 있다(손열·김상배·이승주 2016, 4). 실제로 많은 국제정치학자들은 강대국이 아닌 국가들의 외교나 국제정치를 설명하기 위하여 일정 부분 체제 수준의 구조변화를 중요시하고 있다. 일찍이 코헤인(Keohane 1969, 296)에 따르면 강대국은 국가지도자가 단독으로 국제체제에 결정적인 영향을 끼칠 수 있는 국가, 차등국가(secondary power)는 지도자가 결정적인 영향은 아니지만 국제체제에 어느 정도의 영향력을 행사할 수 있는 국가, 중견국(middle power)은 지도자가 단독으로 효과적으로 행위할 수는 없지만 작은 규모의 집단이나 국제기구를 통해서 체계적인 영향력을 행사할 수 있는 국가, 그리고 약소국(small power)은 단독이나 집단적인 행위로 체제에 심각한 영향력을 행사할 수 없는 국가로 정의한다.[3] 이처럼 중견국에 대한 많은 연구들은 체제 수준의 변화를 중심으로 강대국-중견국-약소국과 같은 국가군의 범주를 정하고, 국가의 힘은 주로 GDP, 영토, 군사적 자원과 같은 물질적 자원의 규모에 따라 정의하며, 강대국이 아닌 국가들은 '국제정치라는 비정한 바다에서 대외적으로는 무기력하며 생존의 위협을 끊임없이 받는 존재'로 간주해 왔다(Goetschel 1998, 13).

　한편 중견국에 대한 몇몇 다른 연구들은 물질적 기반을 중요시하는 현실주의적 권력 개념이 아닌 권력에 대한 다양한 정의를 통하여 중견국 외교에 대한 이론적 기반을 제공하고 있다.[4] 예를 들어 바넷과

3　일찍이 오건스키(Organski 1958)의 세력전이이론(power transition theory)에서도 국가를 그 속성에 따라 지배국가, 강대국, 중견국, 약소국의 네 개 계층으로 구분한 바 있다. 최근 레이크(Lake 2009) 역시 근대국가들(nation-states)이 신현실주의에서 가정하는 무정부상태(anarchy)에서 시작된다고 하더라도 주권적 결정에 따라 정당한 권위에 근거한 위계상태(hierarchy)가 창출된다고 주장한다. 레이크에 따르면 지배국가(dominant state)은 규범을 창출하거나 강제할 수 있는데 이는 복종국가(subordinate state)에 의하여 정당한 것으로 인식되어진다. 복종국가는 실제적 또는 상징적인 복종을 통하여 주어진 위계질서를 인정하게 되고 이러한 질서 안에서 자신들의 실재적 이익을 극대화한다고 한다.

4　강선주(2015)의 분류에 따르면 현실주의에 기반을 둔 중견국 개념은 국가의 능력(capabilities)에 기반한 '국가 속성 접근법'(national attributes approach)에 해당된

듀발(Barnett and Duvall 2005)은 권력의 형태(kinds)에 따라 상호작용 권력과 구성적 권력(Goetschel 1998, 13)으로 나누고 권력의 특성(specificity)에 따라 직접적/즉시적인 권력과 간접적/분산적인 권력으로 나누었는데 이러한 기준을 종합적으로 적용하면 권력은 강압적 권력(compulsory power), 제도적 권력(institutional power), 구조적 권력(structural power), 그리고 생산적 권력(productive power)으로 분류된다. 이러한 연구들은 힘에 대한 다양한 시각을 발전시킴으로서 강압적 권력 외에 다른 종류의 권력 역시 존재함을 밝히고 있으며 중견국 외교에 대한 연구들은 비강압적 권력이 작동되는 분야에서 중견국 외교의 동태적 측면을 규명하고자 한다. 롱은 바넷과 듀발의 연구를 변용하여 자원-중심적(resource-based power) 또는 강제적인 힘(compulsory power)의 개념을 중심으로 약소국[5]의 힘을 평가하기는 어렵지만 약소국은 로비, 비대칭 동맹 조작, 제휴 및 연합 등의 수단을 바탕으로 하는 힘이 존재한다고 주장한다(Long 2017). 김우상 역시 중견국인 한국은 최근 강화되고 있는 소프트 파워(soft power)를 최대한 활용하여 성공적인 공공외교를 추진할 수 있어야 한다고 말한다(김우상 2013). 또한 김상배는 집합권력(collective power), 위치권력(positional power), 설계권력(programming power)의 세 가지 차원에서 네트워크 권력이 실제로 어떻게 중견국 외교전략에 영향을 미치

다. 이 밖에 중견국은 국제규범을 상대적으로 더욱 옹호하거나 중재, 연합 형성, 다자주의 등과 같은 행위로서 구분될 수 있다는 '행태적 접근법'(behavioral traits approach)이 있으며, 중견국을 속성/능력이 아닌 정체성으로 정의하는 '정체성/아이디어 접근법'(identity and idea approach)이 있다.

5   롱(Long 2017)은 따로 중견국의 개념을 사용하지 않고 강대국과 약소국으로 양분하여 국제정치를 설명하고 있다. 따라서 롱의 약소국은 중견국을 포함하는 개념이라고 할 수 있다.

는지를 분석하였다(김상배 2011a; 2011b).[6] 이러한 관점에서 볼 때, 중
견국 외교에 대한 많은 연구들은 전통안보 영역이 아닌 이슈 영역에서
중견국 외교의 다양한 가능성을 논의하는 연구가 대다수라고 할 수 있
다. 예를 들어 손열 외의 중견국 금융외교, 규범외교, 공공외교, 사이버
안보외교, 환경외교 등에 대한 연구 성과들이 그러한 경향을 보여준다
고 말할 수 있다(손열·김상배·이승주 2016, 4).

안보 분야에서 소수의 중견국 외교 연구는 대체로 중견국의 상대
적인 힘의 한계를 염두에 두고 구조적 변화 속에서 중견국이 취할 수
있는 지역질서 전략을 조명하고 있다. 예를 들어, 전재성은 공격적 현
실주의 세계에서는 중견국의 안보역할이 지극히 제한되어 있지만 방
어적 현실주의 세계에서는 중견국이 강대국 간 불신을 완화하고 지역
안보질서의 창출과 변화에 일정한 영향을 미칠 수 있는 여지가 있다
고 주장한다(전재성 2016). 즉, 이러한 관점에 따르면 역내 강대국과 역
외 강대국들의 역할이 역내 중견국에 비하여 얼마나 압도적인가에 따
라 중견국 안보전략의 비중이 결정된다고 할 수 있다(Kelly 2007). 이
와 관련하여 전재성은 과거 노태우 정권의 북방정책은 현실주의 국제
정치관에 입각하여 냉전이라는 시대적 조건이 근본적으로 변화하는
시기에 한반도 차원의 외교전략을 벗어나 동아시아 지역 구조와 지구
적 차원에서의 외교지평을 넓히고자 했던 외교전략이었고 중견국 외
교의 원형을 서서히 갖추던 시기로 간주될 수 있다고 주장한다(전재성
2012). 이와 같은 중견국 안보외교에 관한 연구들은 대부분 구조적 변

---

6   비슷한 맥락에서 최근 렌숀(Renshon 2017)의 연구는 중견국에 관한 연구는 아니
     지만 국제정치에서 국가의 지위(status)는 특정 국가의 위치적(positional), 인식적
     (perceptual), 사회적(social) 속성이 결합되어 해당 국가의 지위에 대한 행위자(국가)
     공동체의 집합적 믿음을 형성한다고 주장한다.

화를 중심으로 중견국이 취해야 할 외교전략의 유용성에 중점을 두고 있다.

2. '지도자-중심' 접근법

이처럼 중견국 외교에 대한 기존의 연구들은 권력에 대한 다양한 정의를 시도하는 구성주의 기반의 연구나 강대국의 우월한 힘을 전제로 하는 구조주의적 또는 국가-중심 접근법을 취하고 있다. 하지만 국가-중심 접근법을 넘어서 지도자-중심 접근법을 선택하면 중견국 안보외교의 다양한 전략적 사고가 가능해진다. 흔히 지도자-중심 접근법은 국가지도자의 이익을 국민 전체 또는 국가의 이익과 구분하여 설명한다. 예를 들어, 북한의 김정은, 미국의 트럼프, 한국의 문재인과 같은 국가지도자는 개인적 또는 특정 소수집단에게는 유리하지만 국가 전체로 봤을 때는 해가 되는 행위를 할 수도 있다. 단적으로 말하면 지도자-중심 접근법은 국가지도자들이 권력을 유지하기 위해 채택하는 정책들이 종종 국민들을 더욱 어렵게 만들 수 있다는 점을 인식하고 있다 (Acemoglu 2001; Bueno de Mesquita et al. 2003; McGuire and Olson 1996).

지도자-중심 접근법을 취하고 있는 많은 연구들은 국제적 분쟁에 대한 원인과 해결책은 국가의 내부를 살펴봄으로써 더욱 잘 이해될 수 있다고 주장한다(Bueno de Mesquita et al. 2003; Fearon 1994; Schultz, 2001; Werner 1996). 부에노 데 메스키타는 국가지도자를 국가와 구분하는 지도자-중심 접근법이 국가를 단일한 실체로 강조하는 현실주의를 넘어서 국제정치학의 가장 중요한 발전의 한 단계로 간주될 수 있다고 주장한다(Bueno de Mesquita 2006). 국제정치학의 주류

담론 중의 하나인 신현실주의적 시각에서는 체제 수준의 변화를 강조하고 국가를 유일한 행위자로 간주하지만, 사실 안보 분야에서조차 오래전부터 안보정책 선택에 대한 인과적 설명을 국내정치에서 찾는 적지 않은 이론들이 생산되어 왔다. 예를 들어, 많은 안보 전문가들은 이익집단이나 국내제도를 통하여 무역을 설명하는 방식과 비슷하게 국방예산 및 국방정책 결정 과정에 대하여 연구하였다. 많은 현실주의자들은 1차 세계대전 이전 독일이 해군을 창설한 이유를 영국과의 라이벌 관계 때문이라고 설명하겠지만, 국내정치 중심의 설명에 따른다면 당시 철강산업은 수요가 부족했고 군 역시 많은 예산을 원했던 상황에서 철강산업과 군과의 이익이 연계된 국내 로비로 인하여 독일의 해군이 창설되었다고 주장할 수 있다(Kehr 1977; Snyder 1991).

특히 정치지도자의 영향을 강조하는 접근법은 안보정책에 대한 결정이 정부, 정권, 국가에 의해 행해진 것이 아니라 국가지도자의 결정에 의한 것임을 강조한다. 대부분의 국가지도자 중심의 연구들은 현 지도자가 어떻게 계속에서 권좌에 남아 있는지 아니면 국가제도가 어떻게 국가 간 분쟁의 개시, 확대, 종식 등에 영향을 미쳤는지에 대하여 중점을 둔다(Bueno de Mesquita et al. 1999; Chiozzaand Goemans 2004; Croco 2011). 최근 국제정치학계에서는 국가지도자의 개인적인 경험이나 신념을 통하여 분쟁행위를 설명하는 이론들이 등장하고 있다. 예를 들어 호로위츠 등은 후세인, 가다피, 빌헬름 2세와 같이 군 경험은 있으나 전투경험이 없는 국가지도자들은 군사문화, 군 조직, 군사적 능력에 익숙한 반면 전투의 잔혹성을 경험하지 않았기 때문에 전투경험이 있는 지도자나 군경험이 전무한 지도자들보다 상대적으로 분쟁을 개시할 확률이 높다고 주장한 바 있다(Horowitz et al. 2015). 맥마너스 역시 확장억지(extended deterrence)를 설명하면서 강대국 지도자는 피후견국가 수호에 대한 강대국의 결연한 의지를 피후견국가 개별 방문과 같은 외교행위를 통한 지도자 특화된 신호 형태로 잠재적인 적국에게 보낼 수 있다고 주장한다(McManus 2018).

월츠의 *Man, the State, and War* 이후 많은 국제정치학자들은 국제정치적 변화를 이해하기 위해 세력균형과 같은 구조적 요인을 강조해 왔다. 또한 민주평화론과 같이 체제 수준의 접근법에 비판적인 이론들도 국내 정치제도와 같은 단위 요인들에만 중점을 두는 경향이 있었다. 그 결과 국제정치학계에서 국가지도자 역할에 대한 이론적 논의는 제한되었다고 할 수 있다. 하지만 다양한 외교정책 또는 외교전략을 분석하기 위해서는 국가지도자의 영향을 무시할 수 없다. 우리는 지난 미국의 대선 과정을 통하여 힐러리와 트럼프 두 후보가 서로 다른 세계관을 견지하고 있었으며, 이와 같은 개인 수준의 차이가 현재 미국 외교정책의 많은 변화를 야기하고 있다는 것을 알 수 있다. 힐러리는 미국의 국제적 개입에 더욱 찬성했던 반면, 트럼프는 보다 일방적이고 고립적인 접근법을 선호하고 있음을 보여주었다. 만약 힐러리가 미국 대통령으로 당선이 되었다면 국제평화나 대북해법과 관련하여 현재의 트럼프와는 다른 양상을 보여주고 있었을 것이라는 합리적 예측이 가능하다.

따라서 중견국 외교에 대한 분석틀 역시 국가지도자가 누구인지 상관없이 국가를 동일한 '당구공'으로 간주하는 구조주의적 관점에서 벗어날 필요가 있다. 구조적이나 제도적 변수 외에 국가지도자 개인의 특성을 고려할 때 중견국은 보다 다양하고 동태적인 외교적 전략을 고려할 수 있다. 일반적으로 지도자의 역할을 중요시하는 접근법에는 두 가지가 있다. 첫째는 외부변수들이 국가지도자의 선택을 형성하는 관점이고, 두 번째는 국가지도자의 주체성을 더욱 강조하여 지도자-특화

된 선호(leader-specific preference)가 국가행위를 형성하는데 있어 중
요한 역할을 한다는 것이다(Horowitz and Fuhrmann 2018, 2073). 본
논문은 두 번째 관점에 중점을 두고 대북정책에 있어서 트럼프 대통령
의 개인적 믿음, 선호, 인식 등을 고려하면서 중견국 한국의 외교가 제1
차 북미 핵협상 과정에 미친 영향에 대해 분석하고자 한다.

III. 제1차 북미 핵협상과 중견국 한국의 안보외교

신현실주의를 비롯하여 중견국 외교의 이론적 근간이 되는 많은 연구
들은 국가를 단일한 합리적 행위자로 간주하고 있다. 이러한 배경에는
안보 문제가 일상적인 국내정치와 구분되는 상위정치로 국제정치의
구조적인 변화가 가장 중요하다는 사실을 전제로 하고 있다. 하지만 1
차 북미협상 사례는 중견국의 안보외교를 분석하기 위해서 때로는 정
치지도자의 이익과 국가 자체의 이익을 구분하는 지도자-중심 분석틀
이 중요하다는 사실을 보여준다. 취임 직후 북한에 대한 선제공격 검토
를 지시했던 트럼프 대통령이 결과적으로 북한과의 협상을 선택하게
되었는데, 이러한 과정에서 중견국인 한국의 안보외교가 트럼프 대통
령의 대외정책 선호 변화에 기여한 바가 크다고 할 수 있다.

  우드워드의 평가에 의하면 트럼프 대통령은 적어도 2017년 당시
'감정적으로 과도한, 변덕스러운, 예측하기 어려운' 지도자였다고 한다
(Woodward 2018, 12). 이전의 대통령들과는 달리 트럼프 대통령은 취
임 한 달 만에 '대북 선제공격' 시나리오 검토를 지시했을 뿐만 아니라
당시 매티스(James Mattis) 국방장관을 제외한 모든 트럼프 각료들이
북한에 대하여 선제타격(preemptive attack)을 원하고 있었다(Jackson

2019, 2). 특히 2017년 봄과 여름에 트럼프는 북한에 대한 위협 발언 수위를 높였는데, 4월 27일 북한과의 대규모 분쟁 가능성을 묻는 로 이터와의 인터뷰에서 "북한과의 중대한 갈등을 결단코 끝내버릴 기회 가 있다"[7]라고 언급하였다. 또한 9월 19일 유엔 총회에서는 "미국은 강 력한 힘과 인내심을 갖고 있지만 만약 미국과 동맹국을 지켜야 한다면 북한을 궤멸시키는 것 외에는 다른 대안이 없다. '로켓맨'(김정은)은 그 자신이나 북한 정권을 위하여 자살임무를 수행하고 있다"고 경고하였 다.[8] 2017년 당시 북한과의 군사적 갈등이 고조되는 가운데 10월 8일 공화당의 밥 코커(Bob Corker) 상원 외교위원장은 미국이 점차 제3차 세계대전을 향해 나아가고 있다는 사실을 트럼프 대통령이 인지하지 못하고 있다고 비판하였다.[9]

흥미롭게도 트럼프는 북한에 대한 위협을 고조시키는 상황에서도 동맹국인 한국과 새로운 긴장관계를 유지하고 있었다. 트럼프는 우선 기존의 한미 자유무역협정(Free Trade Agreement)은 그의 정적이었 던 힐러리가 주도한 끔찍한 거래의 결과이며 만약 이러한 협정에 대하 여 재협상을 하지 않는다면 한미 자유무역협정 자체를 폐기할 수 있다 고 공공연하게 언급하였다. 또한 협상이 끝난 미사일 방어체계 배치에

---

7   Stewart, Phil. "Highlights of Reuters Interview with Trump." https://www.reuters. com/article/us-usa-trump-interview-highlights-idUSKBN17U0D4 (검색일: 2020. 1. 5.)

8   White House. "Remarks by President Trump to the 72nd Session of the United Nations General Assembly." https://www.whitehouse.gov/briefings-statements/ remarks-president-trump-72nd-session-united-nations-general-assembly/ (검색일: 2020. 1. 5.)

9   Martin, Jonathan and Mark Landler. "Bob Corker Says Trump's Recklessness Threatens 'World War III'." https://www.nytimes.com/2017/10/08/us/politics/ trump-corker.html (검색일: 2020. 1. 5.)

대하여도 미사일을 곧장 하늘 밖으로 날려버리는 역사상 가장 놀라운 무기에 대하여 한국이 10억 달러를 추가로 부담해야 한다고 지속적으로 요구하였다(Prum 2018).

이렇듯 취임 한 달 만에 '북한 선제공격' 검토를 지시하였고 동맹국인 한국과도 경제 문제 및 국방비 분납에 관하여 갈등을 야기했던 트럼프 대통령이 결과적으로 북한과의 협상을 선택하였던 배경에는 중견국인 한국의 외교적 노력이 중요했다고 말할 수 있다. 특히 한국은 북미 간 '약속이행 문제'(commitment problem)를 일정 부분 해소하고, 미국 국내정치에서 트럼프 대통령의 정치적 입지를 강화시키면서, 서로 다른 국가지도자들 사이에서 신뢰감을 구축하고자 노력하였다. 결과적으로 한국의 이와 같은 외교전략이 제1차 북미 핵협상을 가능하게 하였으며, 이러한 과정에서 달성한 한국의 안보외교 성과를 통해 국제관계에서 중견국의 능동적인 안보외교 가능성을 조명해 볼 수 있다.

1. '정직한 중재자': 적대적 국가지도자 간 '약속이행 문제' 완화

'전쟁 거래이론'(bargaining theory of war)에 따르면 국가 간 전쟁을 유발하는 요인은 크게 1) (정보의) 불확실성, 2) 약속이행의 문제, 3) 이슈의 불가분성이라는 세 가지 문제로 압축될 수 있다(Fearon 1995; Slantchev 2003). 흔히 전쟁 거래이론으로 알려져 있는 합리주의적 접근법(rationalist approach)에서 협상결렬(bargaining failure)이 일어나는 세 가지 원인들 중 북한과 미국 사이의 핵문제를 해결하는 데 있어 가장 큰 문제는 '약속이행의 문제'라고 할 수 있다. 북한의 김정은 국무위원장은 최근 지속적으로 비핵화 의지를 밝혀 왔으며, 미국의 트럼프 대통령 역시 북한의 정권교체를 위한 프로그램은 없을 것이며 북한이 핵을 포기하면 막대한 경제적인 대가가 있을 것이라고 공언해 왔다. 원칙적으로 비핵화와 평화보장 및 경제적 보상은 표면상 양립하는 조건으로 보이지만 약속이행의 문제로 인하여 실행되기 어렵다고 할 수 있다. 즉, 양측 간 신뢰할 만한 약속의 부재(또는 신뢰의 부재)로 합의 내용이 충실히 이행될 수 있다는 믿음이 결여되어 있기 때문에 한반도 핵문제에 관한 해결책 합의가 어렵다고 할 수 있다.

북미 간 심각한 약속이행의 문제는 일차적으로 북한과 미국이 상대방의 약속이행에 관한 평판에 대하여 부정적으로 인식하기 때문이며, 이러한 부정적인 평판은 과거 일련의 사건들을 통하여 강하게 형성되었다고 할 수 있다. 정세현 전 통일부 장관에 따르면 북한의 입장에서 한반도 사태가 악화되었던 것은 미국이 지난 북미 간 합의사항을 제대로 이행하지 않았기 때문이라고 한다. 예를 들어, 미국의 빌 클린턴 대통령은 1994년 10월 '북미 간 제네바 기본합의'를 통하여 북한이 영변 원전 가동을 중지하는 3개월 이내에 북미 수교협상을 개시하고 북한에 영변 원전 발전량의 400배에 해당하는 전기를 제공한다고 약속하였으나, 한 달 뒤 중간선거에서 야당인 공화당이 다수당이 되자 3개월 내 북미 수교협상을 개시하겠다는 약속을 이행할 수 없게 되었다. 또한 1997년부터 2002년까지 한반도 에너지 개발기구(KEDO)를 통하여 경수로 공사가 지속되는 과정에서 미국의 조지 부시 대통령이 갑작스럽게 북한이 농축 우라늄 핵폭탄을 개발한다는 새로운 의혹을 제기하여 북한으로 하여금 KEDO의 원전 공사를 중단시켰고, 이후 핵 활동을 재개한 북한을 6자회담의 틀로 복귀시켜 2005년 북한은 모든 핵무기를 파기하고 NPT로 복귀하는 대신 미국은 한반도 평화협정을 지지하고 북한에 대한 핵무기 공격을 하지 않겠다는 9·19 공동성명

이 나왔으나 부시 정권은 방코델타아시아의 북한 비자금을 이유로 대북제재를 시작했었다.[10]

　반면 미국 역시 북한 정권의 비핵화 약속이행 의지에 대하여 강하게 불신하고 있다. 최근 미국의 폼페이오(Michael Pompeo) 국무장관 역시 북미 간 '깊은 불신'을 거론하고 김정은 북한 국무위원장의 비핵화 약속이행을 촉구하였다.[11] 미국 입장에서 북한 및 김정은 국무위원장은 신뢰하기 어렵다고 할 수 있는데, 이는 북한이 과거 수십 년 동안 경제제재를 완화시키는 대신 자신의 핵프로그램을 종식하겠다는 약속을 종종 해왔기 때문이다. 2009년 미 국방장관 로버트 게이츠(Robert Gates)가 미국은 "똑같은 말을 두 번 사는 것에 지쳤다"(tired of buying the same horse twice)고 말했듯이 김일성 사후 1994년 권좌에 오른 김정일은 1994년, 2000년, 2005년, 2007년 핵무기나 핵미사일을 종결하는 데 동의하였으나 매번 북한은 비밀리에 핵실험과 미사일 개발을 계속해 왔다. 이렇듯 북한은 국제관계에서 비핵화 이슈를 '협상칩'(bargaining chip)으로 종종 사용해 왔기 때문에 미국 입장에서 북한은 약속이행 문제가 심각하게 우려되는 대상이라고 할 수 있다.

　당초 북한은 핵과 미사일 능력의 고도화에 몰두하면서 미국과의 협상을 거부하였지만 김정은 위원장은 2018년 1월 1일 신년사를 통하여 북한이 핵 무력의 완성을 이루었음을 강조하였고 평창 동계올림픽 참가 의사와 남북한 관계를 개선하고 싶다는 의향을 밝혔다. 김정은의 2018년 1월 1일 신년사에 대하여 트럼프 대통령은 2일 자신의 트위터

10　허만섭. "정세현 전 통일부 장관 "미국은 문 대통령을 '노무현 버전2'로 의심 文, 힘들어질 것." http://news.donga.com/3/all/20170819/85890387/1 (검색일: 2020. 1. 5.)
11　송수경. "폼페이오 "북미 깊은 불신 있어…김정은, 약속 실제로 이행해야." https://www.yna.co.kr/view/AKR20190319180100071?input=1195m (검색일: 2020. 1. 5.)

를 통해 "김정은은 핵단추가 항상 자기 책상 위에 있다고 했는데 이 굶주린 정권의 누군가가 김정은에게 나 역시 핵단추를 가지고 있다고 알려줬으면 좋겠다. 내 단추는 김정은이 가진 것보다 훨씬 크고 강력하며, 실제로 작동한다"며 감정적으로 응답하였다. 그러나 트럼프와는 대조적으로 문재인 대통령은 김정은의 신년사에서 북한이 핵의 완성을 강조하는 동시에 군사적 긴장완화를 원하고 있다는 점에서 새로운 기회를 찾았다(Jackson 2019, 169).

이처럼 북미 간 심각한 약속이행 문제가 존재하는 가운데 1차 북미정상회담 과정에서 한국의 문재인 대통령은 한편으로는 '정직한 중재자의 역할'(the role of honest broker)을 담당하면서 미국의 트럼프 대통령과 북한의 김정은 위원장 사이 약속이행 문제를 완화시키기 위해 노력하였으며, 다른 한편으로는 자신보다는 트럼프 대통령과 김정은 위원장을 부각시켜 전 세계 언론의 스포트라이트를 받도록 하였다.[12] 문재인 대통령은 2018년 2월 10일 방문한 김여정 북한 노동당 중앙위원회 제1부부장을 통하여 남북관계 발전을 위하여 북미 간 조기 대화가 반드시 필요하며, 미국과의 대화에 북한이 더욱 적극적으로 나서 달라고 당부하였다. 또한 2018년 3월 5일부터 6일까지 정의용 청와대 국가안보실장을 수석특사로 하는 특별사절단을 북한에 파견하였고, 당시 김정은 위원장은 북한의 한반도 비핵화 의지와 미국과의 대화 의지를 표명하고 핵실험과 탄도미사일 시험발사 중단 등을 약속하였다. 반면에 2018년 3월 8일 정의용 청와대 국가안보실장은 미국에서 트럼프 대통령을 만나 김정은 위원장이 트럼프 대통령을 만나고 싶다는 의사를 전달하였고, 트럼프 대통령이 김정은 위원장과 5월 안에 만

---

12 Bicker, Laura. "Trump and North Korea talks: The political gamble of the 21st Century." https://www.bbc.com/news/world-asia-43334320 (검색일: 2020. 1. 5.)

날 것이라고 화답함으로써 북미정상회담이 본격적으로 추진되었다(정성장 2018, 1-6). 또한 5월 22일 문재인 대통령은 미국을 방문하여 트럼프 대통령을 만나고 다가오는 트럼프-김정은 사이의 정상회담의 진전을 도모하였다.

이처럼 2017년부터 2018년 중반까지 한국은 서로 신뢰하지 않았던 북미 양국 지도자 사이의 의사소통을 효과적으로 증진할 수 있었다. 이와 관련하여 미국의 빌 클린턴(Bill Clinton) 전 대통령은 2018년 6월 4일 미국 방송사인 NBC에 출연해 북미 간 대화 진전 상황과 관련하여 지금까지의 과정에서 진정한 영웅은 한국의 문재인 대통령이며, 문재인은 북한으로 하여금 2018년 평창 동계올림픽에 참가하도록 하였고 남과 북이 단일팀을 이루어 참가하였다. 북한이 경제상황을 개선하기를 진심으로 원하며, 결단코 북한 정권을 전복하는 것을 원하지 않는다며 김정은 위원장을 설득했다고 평가했다.[13] 중재자로서의 한국은 고착상태였던 북미 지도자들의 대외적 체면을 세워주고, 북한의 비핵화와 미국의 종전선언 및 경제지원 등을 협상 어젠다로 상정하게 만들었으며, 북미 지도자의 입장을 가감 없이 전달하여 해당 지도자들로부터 신뢰를 쌓음으로써, 북미 양국 간 고착상태를 타파하였으며 북미 간 대화를 지속하게 만들었다고 할 수 있다.

2. 강대국 지도자의 국내정치적 입지 강화를 통한 안보정책 변화

트럼프 대통령은 미국의 국제정치적 역할에 대하여 대통령 후보 시절부터 민주당 후보인 클린턴이나 여타 다른 공화당 후보들과는 상이한

---

13 차대운. "빌 클린턴 "진짜 영웅은 문재인 대통령"." https://www.yna.co.kr/view/AKR 20180608173300009 (검색일: 2020. 1. 5.)

견해를 표명해 왔다. 특히 트럼프는 사실상 오바마가 찬성한 모든 정책에 대하여 반대하는 입장을 견지했다. 그는 북대서양 조약기구(North Atlantic Treaty Organization, NATO)는 낡은 제도라고 주장하였고, 미국의 동맹국들이 안보 유지에 대한 비용을 더 많이 지불할 것을 요구하였으며, 국제개입, 국제무역 협약, 대쿠바와 대이란 정책, 기후온난화, 무기 감축 등과 관련하여 전임 대통령인 오바마와는 완전히 다른 정책을 추구하였다. 트럼프는 오바마의 정치적 업적에 대하여 참담하다(disastrous)고 묘사하였으며, 대통령 취임 직후 기자회견장에서 "사실상 나는 난장판인 상태로 대통령직을 물려받았다…안밖으로 엉망 진창이다…우리는 모든 회사들이 미국을 떠나 멕시코나 다른 지역으로 이동하는 것, 박봉이나 저임금, 해외 많은 지역에서 정치불안정 등을 목도하고 있다. 중동은 재앙이며 북한은 우리가 추후에 신경써야 한다"[14]라고 언급하였다. 이러한 기저에는 트럼프 대통령이 전임 대통령들과는 달리 새로운 방식으로 국내외 문제를 해결해 정치적으로 인정받고자 하는 강한 심리적 기제가 존재하고 있다.

특히 북핵 문제는 트럼프가 해결하고자 하는 핵심 의제 중의 하나이기 때문에 한반도 비핵화는 전임인 오바마 대통령과 차별화할 수 있는 중요한 과제라고 할 수 있다. 트럼프는 대선 이틀 후인 2016년 11월 10일 백악관에서 열렸던 오바마 대통령과의 회담을 끝내고 나오면서 "내가 북한을 어떻게 다루었는지에 따라 추후에 평가될 것이다"고 말하였다(Jackson 2019, 90). 이는 트럼프 역시 미국의 대북정책을 핵심 이슈로 인식하고 있음을 보여준다. 2017년 당시 국제사회는 북한에 대한 경제·외교적 제재를 가하며 최대 압박(maximum pressure)을 가하

---

14 Baker, Peter. "Can Trump Destroy Obama's Legacy?" https://www.nytimes.com/2017/06/23/sunday-review/donald-trump-barack-obama.html (검색일: 2020. 1. 5.)

는 한편, 임박한 북한의 핵미사일 개발을 저지하기 위한 새로운 해법이 모색되고 있었다. 북한의 핵미사일 개발을 막기 위해서 당시 트럼프 대통령이 전임인 오바마 정부의 '전략적 인내'(strategic patience)[15]나 오바마가 트럼프에게 대북문제 해법으로 제안한 직접적인 관여(direct engagement)와 중국을 통한 압력[16]은 트럼프에게 있어 매력적인 정책 옵션이 아니었다.

당시 오바마가 제안한 방법 외에 트럼프가 사용할 수 있었던 북핵 해법은 크게 두 가지가 있었다. 첫째, 북한의 핵미사일 시험 움직임이 심상치 않을 경우 북한의 핵시설에 정밀 타격이나 국지적 타격을 가해 북한을 항거불능 상태로 만든 뒤 협상 테이블로 끌어낸다는 선제적 군사옵션이다. 상대의 특정한 부분에 치명적 피해를 입히는 외과식 타격을 의미하는 이른바 '코피전략'(bloody nose)이 이에 해당된다고 할 수 있다. 이 같은 선제적 군사옵션은 트럼프 대통령이 원래 갖고 있

---

15 '전략적 인내'는 오바마 정부의 대북정책으로서 경제적 제재를 계속하면서 북한의 붕괴를 기다리겠다는 것이 전략의 기본개념이다. 오바마 대통령은 북한의 거듭되는 도발에도 불구하고 북한의 핵문제에 대하여 무시로 일관하는 전략적 인내 정책을 추진하였다. 그 결과 북한의 4차 핵실험 이후 오바마의 전략적 인내 정책은 민주당과 공화당 모두에게 비판을 받기도 하였으며, 2016년 9월 22일 오바마 대선캠프 한반도 정책팀장이었던 프랑크 자누지 미국 맨스필드재단 대표는 북한이 변하기를 기다리는 전략적 인내 정책은 실패했다고 자인하였다. 『동아일보』, "美 '전략적 인내'에서 '선제 타격론'으로… 한국은 공조하고 있나." http://news.donga.com/List/ColumnSasul/3/040109/20160923/80428626/1 (검색일: 2020. 1. 5.)

16 존 울프스탈(Jon Wolfsthal) 백악관 국가안보회의 군축·핵비핵산 담당 선임국장은 오바마 정부는트럼프에게 북핵 위협을 다루는 두 가지 옵션을 제시했는데 그 중 하나는 직접적인 관여(direct engagement)를 통하여 북한의 핵과 미사일 프로그램을 동결시키는 것이고, 다른 하나는 중국을 통하여 북한에 대하여 압력을 높이는 방안이었다고 한다. 울프스탈에 따르면 오바마는 실현 가능한 시나리오로 두 번째 방안을 제안했다고 한다. Lee, Jenny. "Aide Says Obama Urged Trump to Press China on North Korea." https://www.voanews.com/a/aide-says-obama-urged-trump-to-press-china-on-north-korea/3736300.html (검색일: 2020. 1. 5.)

었던 정책선호에 부합한다고 할 수 있다. 예를 들어 2000년에 출판된 *The America We Deserve*에서 당시 트럼프는 대통령 선거 출마를 고려하고 있음을 밝히면서 자신은 북한의 영변 핵시설을 폭파할 준비가 되어 있음을 다음과 같이 밝히고 있다.[17]

> "나는 이 미치광이들이 핵미사일을 시카고, LA나 뉴욕에 보낼 능력이 있다면 이들과 협상하는 것은 무익할 것이라고 여러분들에게 말할 수 있다. 나는 열핵전쟁(thermonuclear war)을 지지하지는 않지만, 만약 협상이 실패한다면 이 무법자들이 실재적 위협을 띠기 전에 이들에 대하여 정밀타격(surgical strike)을 할 것을 주장한다…나는 걸핏하면 발포하는 사람은 아니며 또한 무력행사를 가볍게 생각하는 사람도 아니다. 그러나 만약 북한에 대한 공격이 북한의 핵위협이나 미국 국민들의 파멸을 막을 수 있다면 대통령으로서 나는 [대통령이 된다면] 북한 내 목표물에 대하여 재래식 무기를 이용한 공격을 명령할 준비가 되어 있다. 나는 지금 북한에 대한 확대된 항공전을 말하는 것이나 지상전을 말하고 있는 것이 아니다. 나는 매우 구체적인 목표물을 제거하고 나서 협상 테이블로 돌아가는 것을 말하고 있다."(Trump and Shiflett 2000, 130)

두 번째 해법은 최대압박을 통해 북한을 협상 테이블로 끌어내고, 북한과의 협상을 통하여 비핵화를 달성하는 방식이다. 이러한 해법은

---

17 비슷한 맥락에서 2019년 12월 최근 피터 버건이 출간한 *Trump and His Generals*은 트럼프가 취임 초 북한에 경고 신호를 보내기 위해 국방부 관리들의 반발에도 불구하고 한국에 거주하는 미국 민간인 소개령을 내리기를 원했다는 사실을 폭로하고 있다. Bergen(2019).

한국 정부의 외교적 노력으로 전략적으로 가시화되었다고 할 수 있다. 당초 미국은 북한과의 협상을 추진하고 종전선언을 채택하는 데 있어 소극적인 태도를 보였지만, 한국 정부가 북한과의 화해·평화 무드를 조성함으로써 트럼프 대통령이 북핵협상을 반대하는 미국 국내 보수 진영의 비판을 보다 쉽게 극복할 수 있게 하였다. 더 나아가 제1차 북미협상 과정을 통해 트럼프 대통령 자신이 전임인 오바마 대통령을 포함하여 이전의 정권과는 달리 새로운 방식으로 외교적 난제 중의 하나인 북핵 문제에 관하여 구체적 성과를 남길 수 있음을 대내외적으로 과시할 수 있었기에 트럼프에게 북미협상은 매력적인 해결방안으로 부상할 수 있었다. 트럼프는 전임인 오바마 정권이 남긴 정치적 업적에 대하여 참담하다고 인식할 정도로 그 성과를 부정하고 있었고, 전임 대통령들과는 달리 새로운 방식으로 국내외 문제를 해결하여 정치적으로 인정받고자 하는 강한 정치적 욕구가 있었다. 북핵 문제 역시 그러한 관점에서 바라보고 있음을 보여주는 사례는 다음과 같다.

> 트럼프 대통령은 2018년 10월 14일 방영된 미국 CBS 방송의 시사프로그램 〈60분〉과의 대담에서 "우리는 오바마 행정부가 아니다"라며 자신은 제재를 완화하지 않았고, (제재와 관련해) 아무것도 하지 않았다고 말했다. 또한 "북한은 그동안 미사일과 로켓, 핵 실험을 하지 않았고, 김 위원장과 자신이 현재 좋은 관계를 맺고 있다"며 북한으로부터의 위협이 더 이상 없다는 점을 강조했다…"나는 취임 하루 전날 오바마와 함께 있었고, 우리는 북한과의 전쟁으로 향하고 있었다. 이제는 더 이상 이런 말을 들을 수 없는 것은 물론 김정은 위원장이나 미국도 전쟁을 원하고 있지 않다. 김정은은 비핵화를 이해하였고 여기에 동의까지 했다."[18]

결과적으로 집권 초기에 제한된 선제타격을 선호했던 미국의 트럼프 대통령이 북미협상을 선택하게 되었던 정치적 과정에는 중견국 한국의 안보외교가 중요한 역할을 하였으며, 이는 미국 트럼프 대통령의 전략적 인식 및 정책선호 변화 과정에 미친 영향에 대해 체계적으로 분석함으로써 알 수 있다.

IV. 중견국 안보외교의 가능성과 한계: 북핵 문제에 대한 트럼프의 선호 변화

1. 트럼프의 대북정책 선호

본 장에서는 트럼프 개인의 선호 및 효용함수 변화를 중심으로 당초 북한에 대한 제한된 선제공격을 선호했던 미국 트럼프 대통령이 결과적으로 북미협상을 선택하게 되었던 정치적 배경에 대하여 분석한다. 우선 앞장에서 설명하였듯이 트럼프의 대북정책에 대한 선택가능 집합 S^{NK}에는 다음과 같은 두 개의 정책 옵션이 존재하였다고 볼 수 있다.

$$S^{NK} = \{제한된\ 선제타격,\ 협상을\ 통한\ 해결\}\ (1)$$

또한 트럼프의 선택가능 집합(1)의 두 개의 개별 대북정책에 대한 트럼프의 효용함수는 다음과 같이 설정해 볼 수 있다. 조건 (2)와 (3)은 각각 제한된 선제타격(A)과 북미협상(N)에 대한 트럼프의 기대효용

---

18   함지하. "트럼프 '대북제재 해제 준비 안 해…김정은과 좋은 관계'." https://www.voakorea.com/a/4613631.html (검색일: 2020. 1. 5.)

(expected utility) 함수를 보여준다.

$$EU(트럼프|선제타격) = \pi A(m,f,c,...)^S + (1-\pi)A(m,f,c,...)^F \ (2)$$

$$EU(트럼프|북미협상) = pN(m,t,p,...)^S + (1-p)N(m,t,p,...)^F \ (3)$$

방정식 (2)와 (3)에서 A^S와 N^S는 각각 성공적인 선제타격과 북미협상에서 오는 정치적 대가를 의미하며 A^F와 N^F는 실패한 대북정책에서 오는 정치적 비용을 나타낸다($A^F\langle 0, N^F\langle 0$). 반면에 π와 p는 선제타격과 북미협상이 각각 성공할 확률이며 $1-\pi$와 $1-p$는 해당 정책이 실패할 확률이다. 조건 (2)와 (3)을 고려할 때 트럼프 대통령은 북미협상을 추구할 때의 기대효용이 선제타격에서 오는 기대효용보다 클 때, 북미협상을 추구할 유인을 갖는다고 가정할 수 있다.

$$EU(트럼프|북미협상) \rangle EU(트럼프|선제타격)$$

$$= pA(m,f,c,...)^S + (1-p)A(m,f,c,...)^F \rangle \pi N(m,t,p,...)^S + (1-\pi)N(m,t,p,...)^F$$

(4)

2. 중견국 안보외교

합리적 국가 행위자로서 미국의 일차적인 목표는 북한이 핵 프로그램을 완전히 포기한 뒤 핵확산금지조약(NPT)의 비핵위원국으로 돌아가는 것이라 한다면, 재선을 앞두고 있는 국가지도자 개인으로서의 트럼프의 목표는 무력행사나 협상카드를 선택하든 간에 그가 선택한 대북정책이 성공적이었다는 평가를 받고, 그러한 정치적 평가가 미국 국민들에게 트럼프의 능력에 대한 '신호'(signal)로 작용하여, 궁극적으로 미국 대통령으로서 괄목할 만한 업적을 남기거나 권력을 계속해서 유지하는 것이라 가정해 볼 수 있다.[19] 따라서 현재 트럼프는 전임인 오바마의 대북정책을 완전히 부정하면서 자신의 국내외적 정치입지를 강화하는 데 가장 도움이 되는 대북정책을 선호한다고 할 수 있다.

CNN 방송에서 국가안보 해설가로 활동하는 피터 버건의 *Trump and His Generals*에 따르면 미국과 북한은 한때 전쟁 위기로까지 치달았으나 2018년 평창올림픽을 계기로 획기적인 전환점을 맞이하였다(Bergen 2019). 문재인 대통령이 북한을 평창 동계올림픽에 초청하고 개막식에서 남한과 북한의 공동입장을 본 트럼프 대통령은 이를 위기 타개의 기회로 간주하였고, 이후 북한과 싸우는 대신 자신과 김정은 위원장의 만남에 집중했다고 한다. 결과적으로 한국이 막후에서 중재 노력을 기울이는 가운데 그해 3월 8일 트럼프는 김정은 위원장의 만남 요청에 응하였다. 따라서 적어도 2018년 이후 트럼프 대통령의 대북정책 선호는 (5)와 같이 변화되었다고 할 수 있다.

2018년 이전: EU_{t0}(트럼프|선제타격) 〉 EU_{t0}(트럼프|북미협상)

2018년 이후: EU_{t1}(트럼프|북미협상) 〉 EU_{t1}(트럼프|선제타격) (5)

중견국인 한국의 문재인 대통령은 북미협상 과정에서 자신을 내세우기보다는 트럼프 대통령의 공헌 및 노력을 강조하였다. 이는 강대국 국가지도자의 외교적 성과를 강조함으로써 그의 국내정치적 입지

---

19 예를 들어 스미스는 지도자가 대외적 위협을 실행에 옮기지 않게 되었을 때 받게 될 부정적 국내정치 결과를 설명하는 피어론의 '국내청중비용이론'(domestic audience cost theory)을 설명하면서, 정치인에 대한 정보가 상대적으로 부재한 국내 유권자들 입장에서 국내청중비용을 일으키는 지도자는 능력이 없는 지도자로 인식한다고 가정하였다. Smith(1998).

를 강화시키고자 했던 외교전략의 일환이었다고 할 수 있다. 예를 들어 문재인 대통령은 2018년 9월 25일 미국 팍스 뉴스(Fox News)의 브렛 베이어(Bret Baier)와의 인터뷰에서 "북한의 완전한 비핵화라는 어떤 위대한 역사를 만들어낼 수 있는 인물은 트럼프 대통령밖에 없다고 그렇게 믿고 있습니다"라고 언급하였다.[20] 또한 2018년 역사적인 4·27 남북정상회담 이후 문재인 대통령, 트럼프 대통령, 김정은 북한 국무위원장 등의 노벨평화상 수상 가능성이 공공연히 거론되는 가운데 문재인 대통령은 "노벨상은 트럼프 대통령이 받고 우리는 평화만 가져오면 된다"라고 하였다.[21]

이와 관련하여 "트럼프가 가장 절실히 갈망하는 것은 바로 그가 그토록 덧없게 여기는 찬사이다…무조건적인 칭찬과 아부에 대한 트럼프의 욕구는 다른 의견을 터놓고 말할 수 있는 것을 바탕으로 번성하는 민주주의와 언론의 자유에 대해 그가 갖는 적대감도 이해하게 해준다"는 리의 분석(Lee 2017, 118)은 트럼프 대통령의 개인적 성향을 고려할 때 한반도 비핵화 과정의 적지 않은 정치적 공로를 트럼프 대통령에게 돌렸던 것이 그의 신뢰를 얻는 데 많은 도움이 되었다는 사실을 뒷받침해준다. 결과적으로 조건 (3)에서 볼 때, 중견국인 한국은 성공적인 북미협상에서 오는 트럼프 개인의 정치적 대가인 N^S를 늘리기 위하여 노력했다고 할 수 있다.

반면에 한국은 북미 양국 사이에 계속해서 존재해 왔던 구조적 불신을 근본적으로 해결하기보다 북미 양 지도자 사이의 신뢰를 새롭게

---

20 청와대. "문재인 대통령, 미국 Fox News '스페셜리포트'와 인터뷰." https://www1.president.go.kr/articles/4383 (검색일: 2020. 1. 5.)

21 임형섭. "문 대통령 "노벨상은 트럼프가… 우리는 평화만 가져오면 돼"." https://www.yna.co.kr/view/AKR20180430147900001 (검색일: 2020. 1. 5.)

구축하고자 하였고, 두 지도자 사이의 구축된 신뢰를 바탕으로 '하향
식'(Top-down) 방식의 외교를 통하여 북한 비핵화 문제를 해결하고
자 하였다. 1996년 4월 16일 제주에서 개최된 김영삼 대통령과 클린턴
대통령의 정상회담에서 제의한 한반도 평화체제 수립을 위한 4자회담
이나 북한의 핵문제 해결을 위해 2003년 8월 27일에 처음 열린 6자회
담은 차관보급의 실무논의를 거친 뒤 국가지도자에게 승인받는 '상향
식'(Bottom-up) 방식이었으나 제1차 북미협상 과정에서는 이러한 실
무논의 대신 특사와 핫라인을 활용한 외교 속도전에 돌입하였다. 김정
은은 평창올림픽 개회식에 여동생인 김여정 노동당 중앙위 제1부부장
을 특사로 보냈고, 트럼프 역시 마이크 펜스 부통령을 고위급 대표단으
로 파견했다. 문재인 대통령은 두 사람과 면담한 뒤 북미대화를 위한
자신의 전략적 구상을 설명하였다. 북한은 평창올림픽 폐회식에 김영
철 노동당 중앙위 부위원장을 파견하였고, 미국은 트럼프 대통령의 딸
인 이방카 백악관 선임고문을 보냈다. 올림픽 기간 동안 북미 고위급
인사들과 면담을 한 뒤 문재인 대통령은 정의용 청와대 국가안보실장
과 서훈 국가정보원장을 대북 특사로 파견하였고 김정은 위원장은 특
사단에게 북미대화 및 비핵화 구상을 전달했고 정의용 실장과 서훈 원
장은 트럼프 대통령에게 김정은 위원장의 뜻을 전달하였다. 이에 트럼
프 대통령은 2018년 5월 북미 정상회담 개최를 약속하였다.[22] 따라서
중견국 한국은 '정직한 중재자의 역할'을 자처하면서, 조건 (3)에서 북
미협상이 성공할 확률인 p를 높이는 전략을 추구하였다. 이는 북미협
상을 통하여 트럼프 개인의 정치적 대가를 상승시키는 전략과 함께 대
북 해법에 대한 트럼프 대통령의 인식이나 선호체계에 많은 영향을 미

22 강준구. "南-北-美, 전례 없는 '톱 다운' 북핵 외교." http://m.kmib.co.kr/view.asp?
   arcid=0012189921#RedyAi (검색일: 2020. 1. 5.)

쳤던 것으로 보인다.

3. 중견국 안보외교의 한계

강대국 지도자의 안보정책 선호 및 그를 둘러싼 국내정치를 반영하는
중견국 안보외교는 궁극적으로 강대국 지도자의 안보인식 변화에 민
감할 수밖에 없다. 현재까지 트럼프 대통령은 적어도 선제적 군사행동
이 초래할 비용에 대하여 민감하게 인식하고 있는 것으로 보인다. 미국
의 전기 작가인 더그 웨드가 최근 발간된 *Inside Trump's White House*
에서는 통상 TV에 출현한 전문가들의 견해에 따르면 미국이 북한과
전쟁을 하면 전쟁 사망자가 10만 명에서 20만 명이 발생한다는 것과
달리 트럼프는 한국의 수도인 서울이 국경 바로 근처에 있고 북한은
핵무기 외에 대포 1만개를 갖고 있기에 전쟁이 일어나면 3천만 명에서
1억 명의 사상자가 발생할 수 있다고 예측하였다고 한다(Wead 2019).
주한미군 23,000여 명과 주한 미군 가족 6,000여 명을 포함해 한국에
거주하고 있는 20여만 명의 미국 민간인 역시 북한의 공격에 직간접
적으로 노출되어 있는 것을 감안하면 선제적 군사행동이 초래할 비용
인 A^F에 대하여 트럼프 역시 민감하게 인식하고 있음을 보여준다. 또
한 북한이 핵무기를 포함한 대량살상무기(WMD)를 얼마나 소유하고
있으며 어디에 배치하고 있는지 정확하게 알지 못하기 때문에(Bennet
2012), 현재 선제타격이 성공할 확률인 π 역시 객관적으로 높다고 보
기는 어렵다고 할 수 있다.

　문제는 선제적 군사행동이 초래할 높은 비용 A^F에도 불구하고 선
제적 군사행동이 야기하는 정치적 이익 A^s가 더욱 크게 인식될 수 있
다는 점이다. 이와 관련하여 중요한 문제는 선제공격에 대한 미국의 기

대효용과 트럼프 대통령 개인의 기대효용이 다를 수 있다는 점이다. 전쟁은 때로는 지도자의 능력을 보여줄 기회를 제공해 주기 때문에 합리적인 국가 행위자 전체가 겪어야 할 전쟁비용은 막대하더라도 국가지도자 개인의 전쟁비용은 심각하지 않을 수 있다(Smith 1998; Chiozza and Goemans 2004). 조건 (6)은 선제공격에 대한 미국의 기대효용이 북미협상에 대한 기대효용보다 낮지만 선제공격에 대한 트럼프 개인의 기대효용이 협상에서 오는 것보다 높은 경우를 보여준다. 예를 들어 2020년 재선을 노리고 있는 트럼프는 북한이 고강도의 도발을 계속하거나 트럼프의 재선에 걸림돌이 되는 정치적 상황이 전개될 때 답보상태의 북미협상보다는 대외적 모험을 통해 국내정치적 반전의 기회를 노릴 가능성이 있다.

$$EU(트럼프|선제타격) \neq EU(미국|선제타격)$$

$$EU(트럼프|선제타격) > EU(미국\ or\ 트럼프|북미협상) > EU(미국|선제타격)\ (6)$$

또 다른 문제는 북미협상에서 오는 정치적 대가 N^s가 낮아지는 경우이다. 저비스와 랩-후퍼(Jervis and Rapp-Hooper 2018, 110)에 따르면 북한은 핵과 대륙간탄도미사일과 관련한 기술적인 목표를 거의 달성하고 있는 상태이기에 미국은 대북외교에서 '시간-기술 딜레마'(time-technology dilemma)에 처해 있다. 이는 시간이 지남에 따라 미국은 협상에서 얻을 수 있는 것이 점차 적어지는 반면 북한은 더 많은 것을 얻을 수 있다는 것을 의미한다. 따라서 북한은 국제사회로부터 상당한 정도의 안보보장이나 경제제재 해제에 대한 대가로 사소한 양보만을 할 가능성이 있다. 이처럼 미국의 외교가 북한에게 기술개발을 위한 시간만을 주고 북한의 실질적인 양보를 얻어내지 못한다고 생각될 경우, 미국은 북한을 상대로 제한된 '예방타격'(preventive attack)이나 더 나아가 '예방전쟁'(preventive war)을 수행할 가능성이 있다.

마지막으로 북미 간 심각한 약속이행의 문제는 양국 지도자가 협상을 개시하는 시점보다 비핵화 로드맵에 합의하고 이행하는 과정에서 더욱 두드러지게 등장할 수 있다. 이러한 약속이행 과정에는 중견국 한국의 정직한 중재자의 역할을 넘어서 한층 복잡하고 구조적인 문제가 내포되어 있다. 현재 미국은 실패한 북미협상에서 오는 정치적 비용인 N^F를 가능한 최소화하기 위해 비핵화에 대하여 일관되게 '일괄타결식 빅딜'(big deal)을 주장하고 있다. 이는 북한이 과거 비핵화 이슈를 종종 '협상칩'(bargaining chip)으로 사용해 왔기 때문에 똑같은 말을 두 번 사지 않으려는 트럼프는 영변을 포함한 모든 핵 시설의 신고·폐기·검증과 모든 대량살상무기 동결·폐기 등 '완전한 비핵화'와 '제재 해제'를 맞교환하려고 한다. 반면에 북한은 비핵화 단계마다 보상을 받으려는 '스몰딜'(small deal) 방식을 선호하고 있다.[23] 북미 간 비대칭 군사력 하에서 비핵화는 북한의 힘이 더욱 약화됨을 의미하기 때문에 북한은 비핵화 이후 미국의 약속이행 문제를 심각하게 우려하고 있다.

비록 비핵화 로드맵 합의 및 이행 과정에서 한국의 안보외교 영향력은 이전보다 상대적으로 줄어들 수밖에 없을지라도 중견국 한국은 양국의 지도자로 하여금 약속이행 문제를 완화시킬 수 있는 보다 현실성 있는 접근법을 취하도록 국제정치적 여건을 조성할 필요가 있다.[24]

---

23 안준용. "美는 비핵화 '빅딜'… 靑은 '굿 이너프 딜'." https://news.chosun.com/site/data/html_dir/2019/03/19/2019031900186.html (검색일: 2020. 1. 5.)

24 '동아시아 연구소 12대 정책제언'에 따르면 현재로서는 미국과의 긴밀한 공조하에 '포괄적 합의 후 단계적 이행' 방안을 일관적으로 추진하는 것이 중요하다고 한다. 동아시아연구원. "정책토론회 – EAI 12대 정책제안." http://www.eai.or.kr/main/research_

비핵화라고 하는 최종 목표에 관련 모든 국가들이 동의한다고 하더라도 북미 간 구조적 불신으로 인한 비핵화 로드맵에 관한 이견은 중견국인 한국이 중재하고 해결하기에는 근본적인 한계가 있을 것이다. 우선 당장 북한이 포괄적 로드맵을 수용하거나 미국이 단계적 비핵화를 받아들일 가능성은 크지 않아 보인다. 그러나 중견국인 한국이 비핵화 로드맵에 대한 트럼프 개인의 기대효용에 좀 더 관심을 갖고 일차적으로 북핵 문제가 2020년 트럼프 재선의 주요 이슈가 되도록 만든다면, (7)에서와 같이 '포괄적 합의 후 단계적 이행'은 보다 실현 가능한 비핵화 방안이 될 수 있을 것이다.[25]

$$EU(트럼프|포괄적 합의 후 단계적 이행) \neq EU(미국|포괄적 합의 후 단계적 이행)$$

$$EU(트럼프|포괄적 합의 후 단계적 이행) > EU(트럼프|선제공격) \quad (7)$$

V. 결론

본 연구는 중견국 안보외교에 관한 기존의 국가 중심 또는 구조주의적 시각에서 벗어나 강대국 지도자를 둘러싼 국내정치적 동학을 바탕으

---

view.asp?intSeq=10315&code=75&keyword_option=&keyword=&gubun=research (검색일: 2020. 1. 5.)

25 이와 관련하여 최근 중앙대 교수인 이혜정은 프레시안과의 인터뷰에서 트럼프 입장에서 북핵 문제는 국내 정치용이기 때문에 궁극적으로 2020년 대선에 도움이 된다면 트럼프는 빅딜이든, 스몰딜이든 미디엄딜이든 간에 문제해결에 앞장설 것이라고 주장한다. 전홍기혜·이명선. "영변+스냅백, '굿 이너프 딜' 가능하다." http://www.pressian.com/news/article?no=235109 (검색일: 2020. 1. 5.)

로 중견국 안보외교의 새로운 분석틀을 제공하고 중견국 외교의 확장 가능성에 주목하였다. 구체적으로 본 연구는 제1차 북미 핵협상 과정에서 북핵 해법에 관한 트럼프 대통령의 선호체계 변화에 중견국인 한국 정부가 미쳤던 영향을 분석함으로써 상위정치인 안보 영역에서 중견국 한국 외교가 취할 수 있는 전략적 가능성에 대하여 재조명하였다. 2017년 악화일로를 걸었던 북미 양국은 평창 동계올림픽을 계기로 트럼프 대통령이 북한과 직접적으로 싸우는 대신 김정은 북한 국무위원장과의 만남에 더욱 방점을 두면서 한때 전쟁 위기로까지 치달았던 북미 관계가 획기적인 전환점을 맞이하게 되었다. 북미 간 군사적 긴장 속에서 한국의 문재인 대통령은 한편으로는 정직한 중재자의 역할을 자처하며 북미 지도자 간 심각한 약속이행의 문제를 완화시키고자 하였고, 다른 한편으로는 전략적으로 북미협상 과정에서 자신보다는 트럼프 대통령의 공헌 및 노력을 강조하여 트럼프의 국내정치적 입지를 강화하고자 노력하였다. 이러한 중견국 한국의 안보외교 전략은 결과적으로 전임인 오바마 대통령의 정치적 성과를 완벽하게 부정해 왔던 트럼프 대통령이 외교적 난제인 북한 비핵화 문제를 새로운 방식으로 해결해 자신의 역량을 국내외에 과시하려는 그의 정치적 선호에 완벽하게 부합되었다고 볼 수 있다.

본 연구는 강대국 지도자의 선호 및 효용함수 변화를 중심으로 제1차 북미 핵협상 과정을 조명함으로써 중견국 안보외교의 다양한 가능성을 제시하였지만 동시에 강대국 지도자인 트럼프 대통령의 선호 변화에 주안점을 두는 중견국 안보외교의 구조적 한계에 대하여도 언급하였다. 예를 들어 미국의 외교가 북한에게 기술개발을 위한 시간만을 주고 북한의 실질적인 양보를 얻어내지 못한다고 생각될 경우, 미국은 북한을 상대로 제한된 예방타격을 수행할 가능성이 있으며, 북한이 트럼프의 재선에 걸림돌이 되는 고강도의 도발을 개시할 때 트럼프가 대외적 모험을 통해 국내정치적 반전 기회를 노릴 가능성이 있다. 또한 한반도 비핵화 문제가 궁극적으로 미국, 중국, 러시아, 일본과 같은 강대국들 간 구조적 힘의 역학 속에서 그 해법이 모색될 때 중견국의 안보외교는 본질적인 한계에 봉착할 수밖에 없을 것이다.

그럼에도 불구하고 본 연구는 국가지도자의 경험, 한계, 선호 등을 강조하는 지도자-중심 접근법을 취하고 있기에 기존의 구조주의적 또는 국가 중심적인 시각이 담아내지 못했던 중견국 안보외교의 다양한 가능성을 제시해 줄 수 있다고 생각한다. 춘추시대 중원의 전략적 요충에 자리하여 진(晉)과 초(楚) 양대 강국의 틈에 끼인 정나라는 번번이 두 강대국의 침입을 받았다. 이에 정의 자산은 진과 초나라의 내정에 대한 면밀한 분석결과 진나라의 왕은 겉으로는 중원의 패자라는 명분을 내세우지만 실리에 연연하고 있으며, 초나라의 장왕은 중원의 국가로 인정받는 것이 가장 중요하다는 것을 알아내었다. 따라서 이에 적합한 외교전략을 세워 결국 정나라는 중원의 '작지만 강한 나라'와 '허브 국가'가 될 수 있었다. 정나라의 사례처럼 중견국 한국의 안보외교 역시 강대국 지도자를 둘러싼 국내외적 상황을 면밀히 분석한 뒤 전략적으로 다양하게 접근할 수 있는 외교적 혜안이 요구된다고 하겠다.

참고문헌

강선주. 2015. "중견국 이론화의 이슈와 쟁점." 『국제정치논총』 제55집 1호.

김상배. 2011a. "네트워크로 보는 중견국 외교전략: 구조적 공백과 위치권력 이론의 원용." 『국제정치논총』 제55집 3호.

_____. 2011b. "한국의 네트워크 외교전략: 행위자-네트워크 이론의 원용." 『국가전략』 제17권 3호.

김우상. 2013. "대한민국의 중견국 공공외교." 『정치·정보연구』 제16권 1호. pp.331-350.

손열·김상배·이승주. 2016. 『한국의 중국 외교-역사, 이론, 실제』. 서울: 명인출판사.

전재성. 2012. "북방정책의 평가: 한국 외교대전략의 시원." 강원택 편. 『노태우 시대의 재인식: 전환기의 한국사회』. 서울: 나남.

_____. 2016. "아시아 안보와 중견국의 역할." 손열·김상배·이승주 편. 『한국의 중견국 외교-역사, 이론, 실제』. 서울: 명인출판사.

정성장. 2018. "2018년 북한의 대남·대외 정책 평가와 2019년 전망." 『정세와 정책』 14호.

Acemoglu, Daron and James A. Robinson. 2001. "A Theory of Political Transitions," *American Economic Review* 91-4.

Barnett, Michael and Raymond Duvall. 2005. "Power in International Politics," *International Organization* 59-1..

Bennet, Bruce W. 2012. "Deterring North Korea from Using WMD in Future Conflicts and Crises," *Strategic Studies Quarterly* 6-4.

Bergen, Peter. 2019. *Trump and His Generals: The Cost of Chaos.* New York: Penguin Press.

Bueno de Mesquita, Bruce. 2006. "Game Theory, Political Economy, and the Evolving Study of War and Peace," *American Political Science Review* 100-4.

Bueno de Mesquita, Bruce, James D. Morrow, Randolph M. Siverson and Alastair Smith. 1999. "An Institutional Explanation of the Democratic Peace," *American Political Science Review* 93-4.

Bueno de Mesquita, Bruce, Alastair Smith, Randolph M. Siverson and James D. Morrow. 2003. *The Logic of Political Survival.* Cambridge: MIT Press.

Chiozza, Giacomo and Hein E. Goemans. 2004. "International Conflict and the Tenure of Leaders: Is War Still Ex Post Inefficient?" *American Journal of Political Science* 48-3.

Croco, Sarah E. 2011. "The Decider's Dilemma: Leader Culpability, War Outcomes, and Domestic Punishment," *American Political Science Review* 105-3.

Fearon, James D. 1994. "Domestic Political Audiences and the Escalation of International Disputes," *American Political Science Review* 88-3.

_____. 1995. "Rationalist Explanations for War," *International Organization* 49-3.

Goetschel, Laurent. 1998. "The Foreign and Security Policy Interests of Small Staes in Today's Europe," In Laurent Goetschel. ed. *Small States Inside and Outside the European Union.* Boston, MA: Springer.

Horowitz, Michael C., Allan C. Stam and Cali M. Ellis. 2015. *Why Leaders Fight.* Cambridge: Cambridge University.

Horowitz, Michael C. and Matthew Fuhrmann. 2018. "Studying Leaders and Military Conflict: Conceptual Framework and Research Agenda," *Journal of Conflict Resolution* 62-10.

Jackson, Van. 2019. *On the Brink: Trump, Kim, and the Threat of Nuclear War.* Cambridge: Cambridge University Press.

Jervis, Robert and Mira Rapp-Hooper. 2018. "Perception and Misperception on the Korean Peninsula," *Foreign Affairs* 97-3.

Keohane, Robert. 1969. "Lilliputians' Dilemmas: Small States in International Politics," *International Organization* 23-2.

Kehr, Eckart. 1977. *Economic Interest, Militarism, and Foreign Policy: Essays on German History.* Berkeley: University of California Press.

Kelly, Robert E. 2007. "Security Theory in the New Regionalism," *International Studies Review* 9-2.

Lake, David. 2009. *Hierarchy in International Relations.* Cornell University Press.

Lee, Bandy X. 2017. *The Dangerous Case of Donald Trump.* Thomas Dunne Books.

Long, Tom. 2017. "Small States, Great Power? Gaining Influence through Intrinsic, Derivative, and Collective Power," *International Studies Review* 19-2.

McGuire, Martin and Mancur Olson. 1996. "The Economics of Autocracy and Majority Rule," *Journal of Economic Literature* 34-1.

McManus, Roseanne W. 2018. "Making It Personal: The Role of Leader-Specific Signals in Extended Deterrence," *Journal of Politics* 80-3. 982-995.

Organski, A. F. K. 1958. *World Politics.* New York: Alfred A. Knopf.

Powell, Robert. 2006. "War as a Commitment Problem," *International Organization* 60-1.

Prum, David. 2018. *Trumpocracy: The Corruption of the American Republic.* Harper Collins Publishers.

Putnam, Robert D. 1998. "Diplomacy and Domestic Politics: The Logit of Two-Level Games," *International Organization* 42-3.

Renshon, Jonathan. 2017. *Fighting for Status.* Princeton University Press.

Schultz, Kenneth A. 2001. *Democracy and Coercive Diplomacy.* Cambridge: Cambridge University Press.

Slantchev, Branislav L. 2003. "The Principle of Convergence in Wartime Negotiations," *American Political Science Review* 97-4.

Smith, Alastair. 1998. "International Crises and Domestic Politics," *American Political Science Review* 92-3.

Snyder, Jack L. 1991. *Myths of Empire: Domestic Positions and International Ambition.* Cornell University Press.

Trump, Donald J. and Dave Shiflett. 2000. *The America We Deserve.* Los Angeles, CA: Renaissance Books.

Waltz, Kenneth N. 1979. *Theory of International Politics.* Boston, MA: McGraw-Hill.

Wead, Doug. 2019. *Inside Trump's White House: The Real Story of His Presidency.* NY: Hachette Book Group.

Werner, Suzanne. 1996. "Absolute and Limited War: The Possibilities of Foreign Imposed Regime Change," *International Interactions* 22-1.

Woodward, Bob. 2018. *Fear: Trump in the White House.* New York: Simon & Schuster.

지은이

김상배 서울대학교 정치외교학부 교수
서울대학교 외교학과 학사 및 석사, 미국 인디애나대학교 정치학 박사
『신흥무대의 미중경쟁: 정보세계정치학의 시각』 (2018, 공저)
『버추얼 창과 그물망 방패: 사이버 안보의 세계정치와 한국』 (2018)
『아라크네의 국제정치학: 네트워크 세계정치이론의 도전』 (2014)
『정보혁명과 권력변환: 네트워크 정치학의 시각』 (2010)

신승휴 서울대학교 국제문제연구소 미래세계정치센터 조교
호주국립대학교 국제안보학 학사, 서울대학교 외교학 석사과정
『신흥권력과 신흥안보: 미래 세계정치의 경쟁과 협력』 (2016, 공저)

최종현 중앙대학교 접경인문학 연구단 HK연구교수
서울대학교 외교학과 학사 및 석사, 미국 플로리다대학교 정치학 석사, 노트르담대학
    교 정치학 박사
"Civil Society and Labour Rights Protection in Asia and the Pacific." *Pacific
    Affairs* 93(1): 89-111. (2020, 공저)
"Effects of Regime Type on Managing Economic Crisis: Evidence from the
    Great Recession." *Korean Political Science Review* 53(6): 5-35. (2019)
"Determinants of Anti-Government Protests in Asia." *Journal of East Asian
    Studies* 19(3): 315-338. (2019, 공저)

문용일 경남대학교 극동문제연구소 조교수
서울대학교 외교학과 학사 및 석사, 미국 조지워싱턴대학교 정치학 박사
"Cause Lawyering and Movement Tactics: Disability Rights Movements in South

Korea and Japan." *Law and Policy* Vol. 42, No. 1. (2020, 공저)

"남아프리카공화국의 핵규범외교: 비핵화 공표와 아프리카비핵지대조약을 중심으로." 『평화연구』 봄호. (2020)

"불가리아의 정치적 양극화와 불가리아 헌법재판소의 정치화." 『세계헌법연구』 제26권 제1호. (2020)

송태은 외교부 국립외교원 외교안보연구소 외교전략센터 연구교수

성균관대학교 정치외교학과 학사, 미국 캘리포니아대학교 샌디에이고 국제관계학 석사, 서울대학교 외교학 박사

"사이버 심리전의 프로퍼갠더 전술과 권위주의 레짐의 샤프파워: 러시아의 심리전과 서구 민주주의의 대응." 『국제정치논총』 제59집 2호. (2019)

『지구화 시대의 공공외교』 (2019, 공저)

『인공지능, 권력변환과 세계정치』 (2018, 공저)

"디지털 커뮤니케이션 시대 남북한 문화예술 교류협력의 모색: 한반도 한류의 창출과 북한 국제평판의 쇄신." 『정치정보연구』 제21권 3호. (2018)

전재성 서울대학교 정치외교학부 교수

서울대학교 외교학과 학사 및 석사, 미국 노스웨스턴대학교 정치학 박사

『동북아 국제정치이론: 불완전 주권국가들의 국제정치』 (2020)

『주권과 국제정치: 근대 주권국가체제의 제국적 성격』 (2019)

『정치는 도덕적인가: 라인홀드 니버의 초월적 국제정치사상』 (2012)

『동아시아 국제정치: 역사에서 이론으로』 (2011)

차태서 성균관대학교 정치외교학과 조교수

서울대학교 외교학과 학사 및 석사, 미국 존스홉킨스대학교 정치학 박사

"Is Anybody Still a Globalist? Rereading the Trajectory of US Grand Strategy and the End of the Transnational Moment." *Globalizations* 17(1). (2020)

"Republic or Empire: The Genealogy of the Anti-Imperial Tradition in US

Politics." *International Politics* 56(1). (2019)

"Competing Visions of a Postmodern World Order: The Philadelphian System vs. The Tianxia System." *Cambridge Review of International Affairs* 31(5). (2018)

"담론분석이란 무엇인가? 국제정치학의 경우."『국제지역연구』29(1). (2020)

양종민 서울대학교 국제문제연구소 선임연구원

서울대학교 외교학과 학사 및 석사, 미국 플로리다대학교 정치학 박사

"Governing Video Games in South Korea." PhD thesis, University of Florida. (2018)

이승주 중앙대학교 정치국제학과 교수

연세대학교 정치외교학과 학사 및 석사, 미국 캘리포니아대학교 버클리 정치학 박사

The Political Economy of Change and Continuity in Korea: Twenty Years after the Crisis. (2018, 공저)

『사이버 공간의 국제정치경제』(2018, 편저)

『일대일로의 국제정치』(2018, 편저)

『일대일로: 중국과 아시아』(2016, 편저)

유재광 국회미래연구원 부연구위원 (국제전략 담당)

연세대학교 정치외교학과 학사, 미국 뉴욕대학교 정치학 석사, 오하이오주립대학교 정치학 박사

"Domestic Loss and Risk-Seeking in Korea-Japan Relations." *Journal of East Asian Studies* Vol. 20, No. 1. (2020, 공저)

"Assessing APEC in an Era of US-China Rivalry -APEC's Transition from a Talking Shop to a Showroom." *Journal of APEC Studies* Vol. 11, No. 2. (2019, 공저)

"ASEAN Regional Forum's Experts and Eminent Persons System: Achievements,

Weaknesses and Prospects." *Global Governance* Vol. 23, Issue 3.
(2017, 공저)

최경준 제주대학교 사회교육과 조교수

서울대학교 외교학과 학사 및 석사, 미국 워싱턴대학교 정치학 박사

"Democratic Constitutions Against Democratization: Law and Administrative
Reforms in Weimar Germany and Implications for New Democracies." *The
Korean Journal of International Studies* Vol. 17, No. 1. pp. 31-53. (2019)

『법집행의 정치: 신생민주주의 국가의 법집행과 공권력의 변화』(2018)

"중국의 부상과 동아시아: 투영된 과거, 블랙박스 처리된 현재, 추정된 미래."『국제정
치연구』21집 1호. (2018)

"정치구조의 변화와 법치: 민주화 이후 대만의 경쟁적 정치구조와 법집행의 위기."
『한국정치학회보』51집 5호. (2017)

장기영 경기대학교 국제관계학과 조교수

서울대학교 동양사학과 학사 및 외교학 석사, 미국 노스캐롤라이나대학교 정치학 석
사, 메릴랜드대학교 정치학 박사

"North Korea and the East Asian Security Order: Competing Views on What
Ought to Do." *Pacific Review* 31(2). (2018, 공저)

"The Valence Gap: Economic Shocks, Perceptions of Competence, and Party
System Performance." *Electoral Studies* 45: 163-172. (2017, 공저)

"킬러로봇 규범을 둘러싼 국제적 갈등: '국제규범 창설자'와 '국제규범 반대자' 사이
의 정치적 대립을 중심으로."『국제지역연구』29(1). (2020)

"냉전초기(1945-1952) 안보환경 변화와 미국 정치엘리트들의 재일조선인 인식: 구성
주의 시각을 중심으로."『국제정치논총』58(2). (2018)